점술학의 최고봉, 실증사례를 통한
시가기문 핵심 이론의 천기누설

기문둔갑(奇門遁甲)의 맥(脈)
- 연국기문 편 -

기문둔갑(奇門遁甲)의 맥(脈) - 연국기문 편 -
점술학의 최고봉, 실증사례를 통한 시가기문 핵심 이론의 천기누설

초판 1쇄 발행 2025년 12월 1일

지은이 태천(台千)
펴낸이 장길수
펴낸곳 지식과감성#
출판등록 제2012-000081호

교정 김지원
디자인 이현, 정윤솔
편집 윤혜성
검수 한장희
마케팅 김윤길

주소 서울시 금천구 벚꽃로298 대륭포스트타워6차 1212호
전화 070-4651-3730~4
팩스 070-4325-7006
이메일 ksbookup@naver.com
홈페이지 www.knsbookup.com

ISBN 979-11-392-2909-7(93180)
값 45,000원

- 이 책의 판권은 지은이에게 있습니다.
- 이 책 내용의 전부 또는 일부를 재사용하려면 반드시 지은이의 서면 동의를 받아야 합니다.
- 잘못된 책은 구입하신 곳에서 바꾸어 드립니다.

지식과감성#
홈페이지 바로가기

점술학의 최고봉, 실증사례를 통한
시가기문 핵심 이론의 천기누설

奇門遁甲
기문둔갑의 맥脈

연국기문 편

태천(台千) 저

표지는 '은입사 호상'으로 생문궁의 생기를 보호하고 사문궁의 사기를 막는 만트라이다.
저자의 스승이자 기문둔갑의 대가이신 故 이을로 선생께서 정과 망치로 철판을 36만 번 쪼음하고 불을 먹인 후, 순은선으로 호랑이를 입사하여 저자에게 내려주신 작품의 사진이다.

머리글

　대기업에 신입 사원으로 입사하여 증권회사에서 임원으로 직장 생활을 마무리했기 때문에, 인생 컨설팅 연구소를 낸다니 주변 지인들이 하나같이 의아하게 생각했다. 거액을 굴려 가며 자본시장의 끝을 달리던 사람이 동양철학을 한다니 뭔가 매칭이 되지 않은 모양이었다.

　어려서 무속인이었던 외할머니의 영향을 받아 그런지, 사주팔자의 영향인지는 몰라도 형이상학적 세계와 존재의 의미, 삶과 죽음, 미지의 세계 등에 관심이 많아 책과 영화도 그런 부류로 찾아보게 되었고, 사주 명리와 주역·풍수지리·육효 등 동양철학 관련 강좌와 책을 틈틈이 학습하였다. 2002년 월드컵 때 친구들이 광화문광장에 나가 응원한다고 했을 때, 동양역학 강의를 듣고 있었던 모습이 지금도 생생하다.

　바쁜 직장 생활과 가정생활로 동양역학에 관심이 잦아들 무렵, 우연한 기회에 동양역학의 최고봉이라는 기문둔갑을 접할 기회가 있었다. 기문둔갑의 포국이 너무 어려워 처음에는 고생했지만 학습할수록 너무 신기하고 신묘하며 또 정확도가 매우 높아 기문의 매력에 빠져들게 되었다. 하나의 책을 마스터하면 또 다른 강의를 찾아 들었고, 직접 찾아가 수업 듣기도 하였다. 여기저기 이책 저책 섭렵하다 기문둔갑의 이론을 사례로 실증하신 학선 류래웅 선생님의 홍연찰요, 기문연구반 강의에 감탄하며 몇 번이고 반복하며 듣고 또 들었다.

　기승전 기문에 빠져있던 시기 故 두강 이을로 선생님에게 중국의 연국기문을 배우게 되었다. 기문둔갑에 대한 무한한 지적 호기심으로 두강 선생님과 학습하고 함께 연구하며 술 한잔 기울이는 시간이 너무 즐거워 두강 선생님 연구실에 찾아뵙는 날을 매일 소풍 가듯 기다렸던 것 같다.

회사 생활을 하면서 1만 명 이상을 만나보았다. 핸드폰에 저장된 전화번호만 3천 명이 넘었으니 말이다. 그러나 그 사람들이 내 개인 사정과 속내를 본인이 직접 말하기 전엔 알 수 없을 것이다. 큰아들과 가장의 역할을 하면서도, 직장 생활을 하면서도, 친구들과 어울리면서도, 역학의 세계는 또 다른 나의 세상이었기에, 회사 생활을 그만두면 동양역학을 본격적으로 연구하고자 하는 것은 나에게 있어서 당연한 수순이었다.

지금 와서 보면 모든 게 정해진 운명의 틀에서 이리저리 분주히 움직여 '참나'를 찾아 헤맸던 것 같다.

기문둔갑을 처음 학습했을 때 저자가 느꼈던 막연함을 알기에 초학자가 이해하기 쉽고, 기문둔갑의 저변을 확대하고자, 저자가 배우고, 깨우치고, 고민하고, 발견하며, 10여 년간 정리한 낡은 노트 4권을 활자화하기로 하였다.

난해하고 어렵지만 또 깨우치고 나면 경쾌하고 명확하며 섬세한 학문인 기문둔갑에 대해, 초학자가 접근하기 좋고 이해하기 쉬우며 실증사례를 추가하여 바로 실생활에 응용할 수 있게 하는 것이 책의 목표였다.

그렇기 때문에 이 책의 집필 방향은 너무 깊지도 너무 넓지도 않은 중간 어디쯤을 목표로 하고, 저자 본인의 실증사례와 한국 현대 기문둔갑의 대가 선생님들의 이론을 취사선택하여 최대한 쉽게 편집하려 했다.

운명학으로서 최고 정확성을 자랑하는 동국기문과, 점술학으로 최고 봉인 연국기문을 저자의 욕심이 넘쳐 동시에 출간하게 되었다. 두 권을 하나로 합치자니 책이 두꺼워져 부담됐고, 동국과 연국기문 이론의 주안점이 달라 책을 합본하면 강조하는 주제가 난립하여 독자가 학습하기는 오히려 혼란스러울 것 같았다.

또 연국기문은 故 두강 이을로 선생님과 함께 중국 기문학자 장지춘, 두신회 선생님의 사례를 연구하고 실증하여 책으로 내려 했다가, 선생님께서 갑자기 돌아가시면서 물거품이 되었다. 선생님의 뜻을 받들어 연국기문 서적을 별도로 출판하는 것이 맞다고 판단하였다. 독자들은 본인의 필요에 따라 동국기문과 연국기문을 선택하여 학습할 수 있을 것이다.

소박하지만 거창한 저자의 뜻대로 초학자가 이해하기 쉽게 써졌는지, 어려운 이론을 쉽게 풀어냈는지, 지식이 짧아 잘못 기술한 부분이 있지 않은지, 쉽게 썼다고 했는데 어려움만 가중했는지 여러모로 걱정되고 두려운 마음이 앞선다.

부족하지만 기문둔갑의 저변을 확대하고, 독자들의 기문둔갑 이해에 도움이 되는 마음이 간절할 따름이다.

동양역학에 빠져 가족과 여행 한번 제대로 가지 못했지만 언제나 남편으로서 아빠로서 응원해 주고 격려해 주는 부인과 딸들에게 감사하고 고맙다는 말을 전하며 글을 마친다.

2025년 여의도 연구소에서
태 천(台千) 拜

일러두기

본서는 총 4부로 구성되어 있다.

1부 기초이론
2부 기문이론과 포국법
3부 점사이론
4부 사안별 용신 및 해단 사례

'1부 기초이론'은 음양오행과 같은 역학의 기본이론으로 구성되어 있고, '2부 기문이론과 포국법'은 기문둔갑만의 독특한 이론과 포국 방법을 기술하였다. 기문둔갑 포국이 복잡하여 초학자들의 접근이 쉽지 않기에 포국 단계별로 포국 사례를 넣어 이해를 최대한 돕고자 하였다.

요즘은 기문둔갑 프로그램이 발전하여 복잡한 조식을 직접 짜지 않아도 점사이론만 알면 점사 해석이 가능하다. 따라서 기문 포국을 이미 알거나 건너뛰고자 하는 독자들은 '3부 점사이론'에서부터 학습해도 점사의 길흉, 사안의 예측 그리고 응기 등을 풀어낼 수 있을 것이다.

'3부 점사이론'에서 고전적이고 전통적인 해석 대신 독자가 이해하기 쉽고 기억하기 쉽게 변형하여 기술하였다. 이 책에서 다루지 않고 부족한 정통 연국기문 이론은 우리나라의 대표 연국기문 학자인 박흥식, 장태상, 오청식 선생님의 관련 서적으로 보충하길 바란다.

'4부 사안별 용신 및 해단 사례'에서는 하나의 주제에 대해 용신과 판단기법, 적용 사례들을 순차적으로 기재하여 책의 흐름대로 학습하면 어떻게 점사를 풀어내는지 쉽게 이해할 수 있게 사례를 주제마다 첨부하였다.

또 연국 기문둔갑 권위자인 중국의 장지춘, 두신회 선생님의 저서 사례와 저자의 실증사례를 곳곳에 넣어 연국기문 이론이 점사에 어떻게 적용되고 활용되는지 학습할 수 있도록 하였다.

과학기술이 발달하지 않던 과거 수렵 및 농경시대에는 하늘의 기상과 질병은 인간의 생로병사에 가장 중요한 사항이었다. 이 때문에 기상과 질병 예측은 인류의 숙원이었고 동양 역학의 중요한 큰 줄기를 차지하였다.

AI 인공지능 시대에 살고 있는 현재는 누구도 역학을 통해 날씨를 예측하지 않는다. 또 종합병원의 MRI와 초음파를 신뢰하지, 동양 역학의 질병 예측에 의존하는 사람은 드물다. 따라서 본서에서는 날씨에 대한 부분은 배제하였으며, 질병 예측은 필요하다고 생각되는 사례를 위주로 기술하였다.

본서는 기문둔갑의 연국편이다. 인사의 길흉, 생로병사, 사람과의 관계, 운, 응기 등을 사람의 사주 없이도 시간점을 통해 알아내는 점사 성격의 기문이다. 사람의 타고난 성격과 운, 육친관계, 대운 흐름 등의 인사적 해단에 있어 뛰어난 적중도를 보여주는 '동국기문둔갑'은 저자의 별도의 서적으로 구분하여 출판하였다.

목차

기문둔갑이란

1. 기문둔갑(奇門遁甲)의 어원 … 28
2. 기문둔갑의 특징 … 28
3. 기문둔갑의 유래 … 29
   (1) 중국의 기문둔갑 … 29
   (2) 우리나라의 기문둔갑 … 30
4. 기문둔갑의 분류 … 31
   (1) 동국기문(東國奇門) … 31
   (2) 연국기문(煙局奇門) … 31

1부
기초이론

1장. 음양(陰陽)과 오행(五行) … 34
1. 음양(陰陽) … 34
2. 오행(五行) … 36
   (1) 목(木) … 36
   (2) 화(火) … 37
   (3) 토(土) … 38
   (4) 금(金) … 39
   (5) 수(水) … 40

2장. 상생상극(相生相剋) … 41
1. 상생(相生) … 41
2. 상극(相剋) … 41

3장. 십천간(十天干)·십이지지(十二地支)   43

    1. 십천간(十天干)   43
    2. 십이지지(十二地支)   45
    3. 육십갑자(六十甲子)   47

4장. 하도(河圖)와 낙서(洛書)   49

    1. 용마하도(龍馬河圖)   49
    2. 신구낙서(新龜洛書)   51
    3. 하도와 낙서 특징   52
       (1) 탄생의 의미   52
       (2) 주요 특징   52
       (3) 체(體)와 용(用)   53

5장. 구궁(九宮)과 팔괘(八卦)   54

    1. 구궁(九宮)   54
       (1) 구궁(九宮) 기본도   54
       (2) 구궁의 수리   54
    2. 팔괘(八卦)   56

6장. 사주입명   58

    1. 달력   59
    2. 연주(年柱)   61
       (1) 입춘 기준   61
       (2) 동지 기준   62
       (3) 환신불환군설(換臣不換君說)   62
    3. 월주(月柱)   63
    4. 일주(日柱)   64

5. 시주(時柱)	64
(1) 정자시법(正子時法)	66
(2) 야자시와 조자시	67
(3) 조선의 자시(子時)	67

7장. 십이운성(十二運星)과 왕상휴수사(旺相休囚死)   69

1. 십이운성(十二運星)	69
(1) 십이운성의 의미	69
(2) 단계별 십이운성	70
2. 왕상휴수사(旺相休囚死)	72
(1) 기본개념	72
(2) 왕상휴수사 세기	72

8장. 합(合)과 충(沖)   74

1. 천간합(天干合)	74
2. 지지합(地支合)	75
3. 천간충(天干沖)	77
4. 지지충(地支沖)	77

2부
기문이론과 포국법

1장. 육의삼기(六儀三奇)   79
    1. 육의삼기 개념   79
      (1) 육의(六儀)   79
      (2) 삼기(三奇)   80
    2. 지반육의삼기(地盤六儀三奇) 포국   81
      (1) 삼원(三元)   82
      (2) 삼원국수(三元局數)   83
      (3) 만세력 이용   84
      (4) 지반육의삼기 포국 예   85
    3. 천반육의삼기(天盤六儀三奇) 포국   86

2장. 초신접기법(超神接氣法)·절보법(折補法)   88
    1. 개념의 이해   88
      (1) 정수기(正授奇)   89
      (2) 초신(超神)   89
      (3) 접기(接氣)   90
      (4) 절보법(折補法)   91
    2. 적용의 문제   92

3장. 팔문(八門)   93
    1. 일가팔문(日家八門)과 시가팔문(時家八門)   93
    2. 팔문의 의미   93
    3. 시가팔문의 포국   96
    4. 포국 예   97

4장. 팔장(八將) … 99
1. 개념 … 99
2. 종류 … 99
3. 팔장포국 … 101
4. 포국 예 … 102

5장. 구성(九星) … 105
1. 천봉구성(天蓬九星) … 105
  (1) 의미와 종류 … 105
  (2) 천봉구성의 내용 … 106
  (3) 포국 방법 … 109
  (4) 포국 예 … 110
2. 태을구성(太乙九星) … 112
  (1) 의미와 종류 … 112
  (2) 태을구성의 내용 … 113
  (3) 포국 방법 … 114
  (4) 포국 예 … 115
  (5) 구성조견표(九星早見表) … 119

6장. 직부(直符), 직사(直使), 천을(天乙) … 121
1. 직부(直符) 및 천을(天乙) … 121
  (1) 개념 … 121
  (2) 직부궁, 천을궁 포국 예 … 122
2. 직사(直使) … 125
  (1) 개념 … 125
  (2) 직사 포국 예 … 126

7장. 공망(空亡) 및 십이운성(十二運星)   129

   1. 공망(空亡)의 종류   129
   2. 시주공망(時柱空亡)   130
     (1) 시주공망의 의미   130
     (2) 공망 포국   130
   2. 십이운성의 포국   131
     (1) 홍국기문(洪局奇門)   131
     (2) 연국기문(煙局奇門)   133

8장. 복음(伏吟) 및 반음(反吟)   135

   1. 복음(伏吟)   135
     (1) 복음의 의미   135
     (2) 복음의 종류   136
   2. 반음(反吟)   139
     (1) 반음의 의미   139
     (2) 반음의 종류   140

9장. 육의격형(六儀擊刑) 및 삼기입묘(三奇入墓)   142

   1. 육의격형(六儀擊刑)   142
     (1) 개념   142
     (2) 육의격형과 준(準)육의격형   143
     (3) 육의격형 영향   143
   2. 삼기입묘(三奇入墓)   144
     (1) 개념   144
     (2) 육의(六儀)입묘와 삼기(三奇) 입묘   144
     (3) 삼기입묘의 영향   144

3부
점사이론

1장. 육의삼기 및 십간대응결 146

1. 육의삼기(六儀三奇) 146
 (1) 육의(六儀) 146
 (2) 삼기(三奇) 149

2. 십간대응결(十干對應訣) 150
 (1) 천반의기(天盤儀奇) 갑(甲) 151
 (2) 천반의기(天盤儀奇) 무(戊) 154
 (3) 천반의기(天盤儀奇) 을(乙) 158
 (4) 천반의기(天盤儀奇) 병(丙) 161
 (5) 천반의기(天盤儀奇) 정(丁) 165
 (6) 천반의기(天盤儀奇) 기(己) 169
 (7) 천반의기(天盤儀奇) 경(庚) 172
 (8) 천반의기(天盤儀奇) 신(辛) 175
 (9) 천반의기(天盤儀奇) 임(壬) 178
 (10) 천반의기(天盤儀奇) 계(癸) 182

2장. 해단요소의 점단함의(占斷含意) 185

1. 구궁(九宮) 185
 (1) 감궁(坎宮) - 고난궁, 비밀궁 186
 (2) 곤궁(坤宮) - 가정궁, 어머니궁, 직장궁 186
 (3) 진궁(震宮) - 시작궁, 발전궁 186
 (4) 손궁(巽宮) - 발전궁, 사업궁, 교제궁 187
 (5) 중궁(中宮) - 제왕궁 187
 (6) 건궁(乾宮) - 권위궁 188
 (7) 태궁(兌宮) - 유희궁, 금전궁 188
 (8) 간궁(艮宮) - 변화궁 189
 (9) 리궁(離宮) - 학문궁, 문서궁 189
 (10) 구궁도(九宮圖) 요약 190

2. 팔문(八門)　　　　　　　　　　　　　　　190
　(1) 생문(生門) - 土, 大吉　　　　　　　　191
　(2) 상문(傷門) - 木, 凶　　　　　　　　　192
　(3) 두문(杜門) - 木, 平　　　　　　　　　193
　(4) 경문(景門) - 火, 小吉　　　　　　　　194
　(5) 사문(死門) - 土, 大凶　　　　　　　　195
　(6) 경문(驚門) - 金, 小凶　　　　　　　　196
　(7) 개문(開門) - 金, 大吉　　　　　　　　197
　(8) 휴문(休門) - 水, 吉　　　　　　　　　198
3. 직부팔장(直符八將)　　　　　　　　　　 199
　(1) 직부(直符)　　　　　　　　　　　　　199
　(2) 등사(騰蛇)　　　　　　　　　　　　　200
　(3) 태음(太陰)　　　　　　　　　　　　　202
　(4) 육합(六合)　　　　　　　　　　　　　203
　(5) 구진(句陳)　　　　　　　　　　　　　204
　(6) 주작(朱雀)　　　　　　　　　　　　　204
　(7) 백호(白虎)　　　　　　　　　　　　　205
　(8) 현무(玄武)　　　　　　　　　　　　　206
　(9) 구지(九地)　　　　　　　　　　　　　207
　(10) 구천(九天)　　　　　　　　　　　　 208
4. 천봉구성(天蓬九星)　　　　　　　　　　 209
　(1) 천봉성(天蓬星)　　　　　　　　　　　209
　(2) 천임성(天任星)　　　　　　　　　　　210
　(3) 천충성(天冲星)　　　　　　　　　　　211
　(4) 천보성(天甫星)　　　　　　　　　　　212
　(5) 천영성(天英星)　　　　　　　　　　　213
　(6) 천예성(天芮星)　　　　　　　　　　　214
　(7) 천주성(天柱星)　　　　　　　　　　　215
　(8) 천심성(天心星)　　　　　　　　　　　216
　(9) 천금성(天禽星)　　　　　　　　　　　217

3장. 팔문(八門)의 결합함의(結合含意)   218

1. 팔문(八門)과 팔문(八門)   218
    (1) 생문(生門)   219
    (2) 상문(傷門)   220
    (3) 두문(杜門)   221
    (4) 경문(景門)   222
    (5) 사문(死門)   224
    (6) 경문(驚門)   225
    (7) 개문(開門)   226
    (8) 휴문(休門)   227

2. 팔문(八門)과 육의삼기(六儀三奇)   229
    (1) 생문(生門)   229
    (2) 상문(傷門)   230
    (3) 두문(杜門)   231
    (4) 경문(景門)   231
    (5) 사문(死門)   232
    (6) 경문(驚門)   232
    (7) 개문(開門)   233
    (8) 휴문(休門)   234

3. 팔문(八門)과 천봉구성(天蓬九星)   234

4장. 기문격국(奇門格局)   236

1. 기문격국 일반적 사항   236
    (1) 격국(格局)의 구조   236
    (2) 격국에서 직부(直符)와 직사(直使)   237
    (3) 주객이론(主客理論)   237

2. 길격(吉格)   238
    (1) 구둔격(九遁格)   238
    (2) 삼사오가격(三詐五假格)   244
    (3) 삼기득사격(三奇得使格)   248
    (4) 청룡회수격(青龍回首格)   249

(5) 천현시격(天顯時格) ... 250
  (6) 비조질혈격(飛鳥跌穴格) ... 250
  (7) 옥녀수문격(玉女守門格) ... 251
  (8) 기의록위격(奇儀錄位格) ... 251
  (9) 삼기귀인승전격(三奇貴人昇殿格) ... 252
3. 흉격(凶格) ... 253
  (1) 연격(年格)·경격(庚格) ... 253
  (2) 월격(月格)·경격(庚格) ... 254
  (3) 일격(日格)·경격(庚格)·복간격(伏干格) ... 254
  (4) 시격(日格)·경격(庚格) ... 255
  (5) 비간격(飛干格)·경격(庚格) ... 255
  (6) 비궁격(飛宮格) ... 255
  (7) 복궁격(伏宮格) ... 256
  (8) 형입태백격(熒入太白格) ... 256
  (9) 태백입형격(太白入熒格) ... 256
  (10) 형격(刑格) ... 257
  (11) 대격(大格) ... 257
  (12) 소격(小格) ... 258
  (13) 문박격(門迫格) ... 258
  (14) 패격(悖格) ... 259
  (15) 오불우시격(五不遇時格) ... 259
  (16) 삼기입묘(三奇入墓) ... 260
  (17) 시간입묘(時干入墓) ... 260
  (18) 삼기수제(三奇受制) ... 260
  (19) 청룡도주격(青龍逃走格) ... 261
  (20) 백호창광격(白虎猖狂格) ... 261
  (21) 주작투강격(朱雀投江格) ... 262
  (22) 등사요교격(騰蛇夭矯格) ... 262
  (23) 천망사장격(天網四張格) ... 263

4부
사안별 용신 및 해단 사례

1장. 길흉분석 일반론 … 264
1. 점사 기준시 … 264
  (1) 개인의 사주(四柱) … 264
  (2) 촉발시(觸發時) … 264
  (3) 문점시(問占時) … 265
2. 일사일점주의(一事一占主義)와 차객법(借客法) … 265
3. 용신(用神)설정 … 266
  (1) 인간관계 … 266
  (2) 점사 객체 … 267
3. 왕쇠(旺衰)와 생극(生剋) 비교 … 268
  (1) 용신(用神)의 왕쇠(旺衰) … 268
  (2) 생극 비교 … 269
4. 응기(應期) … 269
  (1) 내궁(內宮)과 외궁(外宮) … 269
  (2) 응기 판단 … 270

2장. 사안별 분석 및 사례 … 276
1. 개점(開店)·개업(開業) … 276
  (1) 용신(用神) … 276
  (2) 판단기법 … 276
  (3) 사례 … 278
    ① 사례 1 – 개업을 위한 상가 점포 계약
    ② 사례 2 – PC방 인수
    ③ 사례 3 – 개업 후 이익 여부
    ④ 사례 4 – 음식점 개업

2. 합작(合作)·동업(同業)   291
   (1) 용신(用神)   291
   (2) 판단기법   291
   (3) 사례   292
     ① 사례 1 - 식기 공장의 합자
     ② 사례 2 - 유치원 공동투자
     ③ 사례 3 - 동업자와의 관계
     ④ 사례 4 - 합작 공장 운영

3. 경영(經營)·상거래(商去來)   304
   (1) 용신(用神)   304
   (2) 판단기법   304
   (3) 사례   307
     ① 사례 1 - 신발 도매업
     ② 사례 2 - 스포츠마사지 업소 경영
     ③ 사례 3 - 수건공장의 경영
     ④ 사례 4 - 석탄 중개업
     ⑤ 사례 5 - 숙박업의 확장
     ⑥ 사례 6 - 하청업체의 납품 재개
     ⑦ 사례 7 - 외자 유치
     ⑧ 사례 8 - 기업 경영

4. 부동산 매매 및 임대   331
   (1) 용신(用神)   331
   (2) 판단기법   331
   (3) 사례   333
     ① 사례 1 - 주택의 매입
     ② 사례 2 - 점포의 매입
     ③ 사례 3 - 상가주택의 매입
     ④ 사례 4 - 개발사업부지의 매입
     ⑤ 사례 5 - 토지 매매 시기
     ⑥ 사례 6 - 술집의 임대연장
     ⑦ 사례 7 - 아파트 매매 시기
     ⑧ 사례 8 - 점포 임대는 나가는가

5. 투자(投資)·경매(競買) ... 356
   (1) 용신(用神) ... 356
   (2) 판단기법 ... 356
   (3) 사례 ... 357
   ① 사례 1 - 비트코인 매도
   ② 사례 2 - 주유소 경매
   ③ 사례 3 - 땅에 대한 투자
   ④ 사례 4 - 그림 투자

6. 대출(貸出)·추심(推尋) ... 368
   (1) 용신(用神) ... 368
   (2) 판단기법 ... 368
   (3) 사례 ... 371
   ① 사례 1 - 은행 대출 가능 여부
   ② 사례 2 - 지인에게 꿔준 돈 회수
   ③ 사례 3 - 채권 회수
   ④ 사례 4 - PF대출 승인
   ⑤ 사례 5 - 공사 미수금 회수
   ⑥ 사례 6 - 대출금 회수
   ⑦ 사례 7 - 빌려준 돈을 받을 수 있는지
   ⑧ 사례 8 - 여자 친구에게 돈을 빌릴 수 있는지

7. 민사안건(民事案件)·민사소송(民死訴訟) ... 390
   (1) 용신(用神) ... 390
   (2) 판단기법 ... 390
   (3) 사례 ... 392
   ① 사례 1 - 과다 청구된 수도세
   ② 사례 2 - 상가 명도소송
   ③ 사례 3 - 이혼 소송
   ④ 사례 4 - 소유권 관련 소송 승소 여부
   ⑤ 사례 5 - 승소가 가능할까?

8. 형사안건(刑事案件)·형사소송(刑死訴訟) ... 407
   (1) 용신(用神) ... 407
   (2) 판단기법 ... 407

  (3) 사례   409
   ① 사례 1 - 동료의 구금
   ② 사례 2 - 북경은행 강도 사건
   ③ 사례 3 - 아동유괴
   ④ 사례 4 - 아버지의 석방 여부
   ⑤ 사례 5 - 철도 폭탄 테러
 9. 구직(求職)·적성(適性)·승진(昇進)·발령(發令)   425
  (1) 용신(用神)   425
  (2) 판단기법   425
  (3) 사례   435
   ① 사례 1 - 승진 발표 시기와 승진자
   ② 사례 2 - 증권사의 팀 단위 채용
   ③ 사례 3 - 승진 가능 여부
   ④ 사례 4 - 직위 변동 여부
   ⑤ 사례 5 - 인력 구조조정
   ⑥ 사례 6 - 직장 이동 시기
   ⑦ 사례 7 - 직장에서 징계
   ⑧ 사례 8 - 퇴직
   ⑨ 사례 9 - 적성에 맞는 부서
   ⑩ 사례 10 - 직장의 이동
   ⑪ 사례 11 - 퇴직 및 전직
 10. 시험(試驗)·고시(考試)·대입(大入)   461
  (1) 용신(用神)   461
  (2) 판단기법   461
  (3) 사례   464
   ① 사례 1 - 딸의 미국 의사 시험 합격 여부
   ② 사례 2 - 대학 입학
   ③ 사례 3 - 공무원 시험
   ④ 사례 4 - 수시전형 대학 입학
   ⑤ 사례 5 - 대학원 박사과정 입학
   ⑥ 사례 6 - 전업주부의 공무원 시험
   ⑦ 사례 7 - 아들의 대학 입학
   ⑧ 사례 8 - 막내아들의 대입시험

11. 연애(戀愛)·결혼(結婚)·이별(離別)·이혼(離婚)   482
   (1) 용신(用神)   482
   (2) 판단기법   482
   (3) 사례   494
      ① 사례 1 – 결혼 후 시어머니와의 합가
      ② 사례 2 – 아들의 결혼 시기
      ③ 사례 3 – 여자 친구의 애인
      ④ 사례 4 – 부부관계
      ⑤ 사례 5 – 결혼식의 연기
      ⑥ 사례 6 – 유부남과의 결혼 문의
      ⑦ 사례 7 – 폴리아모리
      ⑧ 사례 8 – 아들의 결혼 성사

12. 건강(健康)·질병(疾病)·수술(手術)·출산(出産)   517
   (1) 용신(用神)   517
   (2) 판단기법   517
   (3) 사례   521
      ① 사례 1 – 이모의 병 치료
      ② 사례 2 – 딸 불치병 점단
      ③ 사례 3 – 조카의 퇴원 시기
      ④ 사례 4 – 제왕절개 수술 시간
      ⑤ 사례 5 – 딸의 출산 시기
      ⑥ 사례 6 – 얼마나 더 살 수 있는가
      ⑦ 사례 7 – 임신이 언제 가능한지?
      ⑧ 사례 8 – 아버지의 병 치료
      ⑨ 사례 9 – 사위의 건강 회복 시기
      ⑩ 사례 10 – 암 치료 가능 여부
      ⑪ 사례 11 – 부인 죽지 않는다
      ⑫ 사례 12 – 아내의 순산 여부
      ⑬ 사례 13 – 태아가 기형인지?

13. 신수(身手)·선택(選擇)·길흉(吉凶)   553
   (1) 용신(用神)   553
   (2) 판단기법   553

(3) 사례   556
    ① 사례 1 - 신수운세
    ② 사례 2 - 올해의 길흉화복
    ③ 사례 3 - 책임자 선정
    ④ 사례 4 - 올해의 운세
    ⑤ 사례 5 - 2월의 재물운
    ⑥ 사례 6 - 구청 위생 점검
    ⑦ 사례 7 - 부족한 배추의 공급처
    ⑧ 사례 8 - 딥페이크 협박

14. 선거(選擧)   580
    (1) 용신(用神)   580
    (2) 판단기법   580
    (3) 사례   581
    ① 사례 1 - 이스라엘 총리 선거
    ② 사례 2 - 트럼프와 해리스
    ③ 사례 3 - 대한민국 20대 대선
    ④ 사례 4 - 2000년 미국 대선

15. 전쟁(戰爭)·재난(災難)   593
    (1) 용신(用神)   593
    (2) 판단기법   593
    (3) 사례   597
    ① 사례 1 - 미국과 이라크 전쟁
    ② 사례 2 - 히틀러의 유럽 침공
    ③ 사례 3 - 홍수가 끝나는 시기
    ④ 사례 4 - 러시아·우크라이나 전쟁
    ⑤ 사례 5 - 인류에게 재앙이 일어날 것인가
    ⑥ 사례 6 - 매몰된 광부의 구출
    ⑦ 사례 7 - 대통령의 계엄선포

16. 출행(出行)·출국(出國)·여행(旅行)   617
    (1) 용신(用神)   617
    (2) 판단기법   617

(3) 사례 620
      ① 사례 1 - 세월호 참사
      ② 사례 2 - 제주항공 무안공항 참사
      ③ 사례 3 - 기차 여행의 길흉
      ④ 사례 4 - 가족 여행의 길흉
      ⑤ 사례 5 - 딸의 귀가 시점
      ⑥ 사례 6 - 딸의 가출
      ⑦ 사례 7 - 프랑스 강연을 위한 여권 발급

17. 스포츠·경기(競技) 639
   (1) 용신(用神) 639
   (2) 판단기법 639
   (3) 사례 641
      ① 사례 1 - 세계탁구선수권대회 남자 결승
      ② 사례 2 - 세계탁구선수권대회 여자 단체전 결승
      ③ 사례 3 - 세계탁구선수권대회 남자 단체전 결승
      ④ 사례 4 - 유로 2000 축구 경기

18. 기문래정법(奇門來情法) 650
   (1) 용신(用神) 650
   (2) 판단기법 650
   (3) 사례 652
      ① 사례 1 - 말을 안 해도 알 수 있다
      ② 사례 2 - 입을 안 열어도 안다
      ③ 사례 3 - 손금은 모르나 어떤 문제인지 알 수 있다

19. 부동산의 길흉(吉凶)·풍수(風水) 661
   (1) 용신(用神) 661
   (2) 판단기법 662
   (3) 사례 665
      ① 사례 1 - 흉한 집을 계약했다
      ② 사례 2 - 기문 풍수지리
      ③ 사례 3 - 계속 망했던 가게의 신규 임차
      ④ 사례 4 - 회사의 풍수는 길한가

참고 문헌 676

기문둔갑이란

1. 기문둔갑(奇門遁甲)의 어원

　기문둔갑(奇門遁甲)이라는 학문은 천지반 육의삼기(六儀三奇)에서의 '기(奇)'와 팔문(八門)의 '문(門)', 음양둔(陰陽遁)에서의 '둔(遁)'과 '숨기다'는 뜻의 '둔(遁)', 육십갑자(六十甲子) 또는 십간의 지존인 '갑(甲)'이 한 글자씩 합쳐 기문둔갑이 되었다고 알려진다. 둔갑연의(遁甲演義)에서 이르길 갑(甲)은 태을인군(太乙人君)의 상(象)인데 십천간의 첫머리로서 항상 육의(六儀)의 아래에 숨어 있으므로 둔갑(遁甲)이라 하였다고 한다.

2. 기문둔갑의 특징

　예로부터 "동양의 신묘삼수(神妙三數) 기을임(奇乙壬) 가운데 하나를 모르는 자와는 동양학을 논하지 말라"는 말처럼 독보적인 자리에 있는 것이 기문둔갑이다. 삼수(三數)는 기문둔갑·태을수(太乙數)·육임(六壬)을 말한다.

　명리학은 음양오행을 기본 바탕으로 하여 일간 중심으로 연·월·일·시의 시간개념만을 유추하여 판단 이용하나, 기문둔갑은 시간 위에 공간이라는 개념을 도입하여 시간과 공간을 한데 섞어 미래를 예측하는 학문이다.

3. 기문둔갑의 유래

(1) 중국의 기문둔갑

5천 년 전인 기원전 3000년경(BC 3000) 중국의 황제 헌원씨가 탁록에서 치우천왕과 전쟁을 할 때 고전을 면치 못하자 자부선사를 찾아가 동방(東方) 은서(隱書)인 기서(奇書)를 전수받고 돌아와 신구(神龜)의 등에 새겨진 낙서(洛書)와 문왕의 후천팔괘 합쳐 군사인 풍후에게 명령하여 문자로 완성한 것이 기문둔갑의 시작이었다. 풍후는 병법 13편과 고허법 12권을 지었고 둔갑 1,080국을 정립하였다.

주나라(BC 1046~BC 256)에 이르러 무왕의 군사(軍師)였던 강태공(姜太公)이 병법을 깨우치고 기문 72국을 정립하여, 상나라를 치는 데 큰 역할을 하였다.

한고조 유방을 도와 중국을 통일하는 데 큰 공을 세운 장자방(將子房)이 황석공으로부터 삼략을 전수받아 기문 18국으로 정립하였다. 동지 이후의 12절기를 양 9국으로 하지 이후의 12절기를 음 9국으로 1년을 18국으로 정립한 것이다.

삼국시대에 촉한(蜀漢) 제갈량(諸葛亮)은 기문둔갑통종대전(奇門遁甲通宗大典)과 금함기문둔갑비급전서(金函奇門遁甲秘笈全書)를 저술하였다. 제갈량은 기문둔갑에 통달하였고 하늘의 기운과 땅의 이치, 사람의 길흉을 이용해 전투에서 승리를 거듭하였다.

수나라 시대에는 기문둔갑이 민간에 전파되는 것을 금하였다. 금지령에서 신도방둔갑(信都芳遁甲), 둔갑경(遁甲經), 둔갑입성법(遁甲入成法), 양둔갑용국법(陽遁甲用局法), 둔갑록(遁甲錄) 등 13종의 기문둔갑 서적을 적시하였다.

당나라 시대 이정(李靖)은 당태종 이세민(李世民)을 보좌하면서 기문둔갑을 활용해 큰 공을 세웠는데 둔갑만일결(遁甲萬一訣) 3권과 둔갑천일만일결(遁甲天一萬一訣)을 저술하였다. 당나라 역시 민간에 기문둔갑 서적의 유통을 금지했고, 관련 서적을 소장한 자는 2년의 징역형에 처했는데 금지 조치는 송나라 시대까지 이어졌다. 송대 양유덕이 저술한 기문둔갑부응경(奇門遁甲符應經)이 전해진다.

명나라 유백온은 주원장을 보좌하며 많은 공을 세웠는데, 제갈량이 저술한 책인 금함기문둔갑비급전서(金函奇門遁甲秘笈全書)를 다시 편집하였으며, 기문둔갑천지서(奇門遁甲天地書), 양택둔갑도(陽宅遁甲圖) 등의 기문 서적을 저술하였다.

(2) 우리나라의 기문둔갑

고구려 고국천왕의 국사(國師) 을파소(乙巴素)가 청구기문좌우총방(靑邱奇門左友總房)을 창시하여 기문둔갑에 정통했다고 하며, 연개소문도 기문둔갑에 능통하였다고 전해진다.

통일신라 사천박사(司千博士)이자 김유신의 손자인 김암(金巖)이 둔갑입성법(遁甲立成法)을 만들어 병사들에게 팔진병법(八陣兵法)을 가르쳐 국방력을 강화했다고 전해진다.

조선시대에 이르러 이율곡(李栗谷), 박설천(朴雪川), 기로사(奇蘆沙) 선생 등이 기문을 사용하였다고 전해지며, 특히 화담(花潭) 서경덕(徐敬德) 선생과 토정(土亭) 이지함(李之菡) 선생이 기문에 능통하였다고 전해진다. 특히 서경덕은 일가팔문 부법의 시조로 대우받고 있으며, 이 때문에 일가팔문을 화기팔문이라 부르기도 한다.

우리나라의 기문 저서로는 홍연진결(洪烟眞訣), 홍연정결(洪烟正訣), 설강국비결(設罡局秘訣), 현무발서(玄武發書), 신통력도술천서(神通力道術天書) 등이 있다.

4. 기문둔갑의 분류

(1) 동국기문(東國奇門)

동국기문은 우리나라에서 발전한 기문둔갑으로 자평명리를 기문둔갑식으로 활용하여 사람의 미래 운명을 예측하고 길흉을 예단하는 학문이다. 홍국기문(洪局奇門)이라고도 한다.

홍국(洪局)은 홍국수·팔괘·일가팔문·태을구성으로 구성되어 있고, 연국(煙局)은 육의삼기·시가팔문·천봉구성·직부팔장으로 구성되어 있는데, 동국기문이라고 해서 연국적 요소를 배제하지 않는다. 우리나라의 기문서인 홍연진결(洪烟眞訣)이 홍국(洪局)과 연국(烟局)의 진결(眞訣)이라는 뜻만 봐도 홍연국의 조합을 통해 인간의 세상 이치를 풀어가는 것이라는 것을 알 수 있다.

동국기문에서는 시가팔문(時家八門)을 사용하지 않고 일가팔문(日家八門)만을 사용하며 홍국수를 기준으로 육신을 구분하여 인사의 해단에 폭넓게 사용하고 있다. 홍국은 천간과 지지 중 지지를 주로 활용한다.

(2) 연국기문(煙局奇門)

중국의 유구한 역사와 맥을 같이하는 역학으로 중국기문(中國奇門)

이라고 하며, 시가팔문(時家八門)을 주로 이용한다고 하여 시가기문(時家奇門)이라고도 한다.

중국기문은 인간의 행위에 대한 길흉과 천시와 지리, 방위 등을 점단하는 데 주로 사용하기 때문에, 지지보다는 하늘의 기운인 천간을 주로 사용하고, 시시각각 변하는 기운의 상황에 맞춰 시주 기준인 시가팔문을 주로 활용한다.

1부
기초이론

1장. 음양(陰陽)과 오행(五行)

1. 음양(陰陽)

음양(陰陽)은 그늘 음(陰)과 볕 양(陽)의 회의(會意)자이다. 음(陰)은 '그늘'이나 '응달', '음기'를 의미하고, 양(陽)은 '양달', '볕', '낮'을 의미한다.

음양은 동양의 이분법적인 분류 개념에서 시작해 현상과 사물들을 서로 상대적이거나 상반되는 두 개의 측면으로 나누고, 이것을 각각 음과 양이라는 말로 일반화한 것으로 의미가 확장되었다.

<음양 형상>

음(陰)	양(陽)	음(陰)	양(陽)	음(陰)	양(陽)
여자	남자	멈춤	운동	물	불
땅	하늘	겨울	여름	뒤	앞
달	해	적음	많음	오른쪽	왼쪽
밤	낮	약함	강함	오목	볼록
아래	위	짧음	강함	무형	유형
짝수	홀수	모친	부친	가을	봄
어둠	밝음	아내	남편	병	약

음양은 상반의 속성을 가졌다. 남과 여, 물과 불, 밝음과 어두움 등은 상반의 속성에 따라 분류된 것이다.

음양은 서로 의존한다. 음양의 의존성에 의해 음과 양은 서로 균형을 유지한다. 만약 이 균형이 깨지면 태과(太過)로 그 사주가 파격(破格)이 된다.

음양은 변화한다. 높은 것을 양, 낮은 것을 음으로 보나, 음으로 보았던 '낮은 것'보다 '더 낮은 것'과 비교할 때는 양이 된다.

음양은 서로 선호하는 경향이 있다. 남자가 여자를 좋아하고, 자석의 N극은 S극과 향하며, 물은 높은 곳에서 낮은 곳으로 떨어진다. 음은 양으로 양은 음으로 향하는 속성이 있다.

음양의 상호선호성이 만물의 역동성을 낳으며, 모든 사물은 그 나름대로 존재의 틀을 만든다. 『주역』의 지천태괘(地天泰掛)와 천지비괘(天地否卦)의 해석을 보면 이러한 속성을 분명하게 이해할 수 있다. 지천태의 괘상은 곤지(坤地)인 땅이 위에 있고 건천(乾天)인 하늘이 아래에 있으니 당연히 사람이 이루어지고 태평해지는 것을 뜻한다.

또한, 안으로는 건금(乾金)의 굳셈이 있고 밖으로는 곤지의 순한 덕이 있어서 상하가 교류하는 태평한 세상을 뜻하기도 한다. 반대로 천지비의 괘상은 건천인 하늘이 위에만 있고 곤지인 땅이 아래에만 있어서 서로 교류하지 못하고 비색(否塞: 운수가 막힘)해지는 것을 의미한다.

2. 오행(五行)

　오행(五行)이란 말은 요순시대 '상서(尙書)' 감서편(甘誓篇)에 처음 등장하는데 수(水)는 적셔 내려가고 화(火)는 타오르며 목(木)은 굽고 곧으며 금(金)은 따르고 바뀌며 토(土)는 심고 거둔다며 오행의 특성을 설명하였다.

<오행의 기본적 성질>

목(木)	출생, 시작, 희망, 진취, 생동, 솔선, 인자, 고집, 상승, 자상, 낙천
화(火)	성장, 확산, 활발, 명랑, 솔직, 성급, 폭발, 즉흥, 예의, 열정, 폭열
토(土)	조화, 화합, 과묵, 신뢰, 소극, 안정, 중재, 충실, 신뢰, 포용
금(金)	수확, 결실, 강직, 냉혹, 승부, 살기, 예리, 의리, 변혁, 결단, 폭력
수(水)	저장, 영리, 은밀, 사교, 계책, 지혜, 잔꾀, 적응, 융통성, 색정, 내숭

　자연계 만물의 발전과 변화는 다섯 가지의 상이한 속성의 물질이 끊임없이 운동하고 상호작용한 결과로 해석하며 동양만의 독창적인 철학사상을 담아내고 있다.

(1) 목(木)

① 목(木)은 발생과 시작이다.

　목은 생명의 탄생으로 살아있는 생물이 하늘의 양기를 호흡하고 땅의 물질을 쉴 새 없이 흡수하는 형상을 표상(表象)한 것으로 목은 생명이 발동하는 시발점이다.

② 목은 곡선으로 자란다.

목이 솟아오를 때 직선처럼 보이나 성장하는 형상을 자세히 보면 나선형으로 자란다.

아기는 태어날 때 자궁 안에서 몸을 시계 방향으로 돌리고, 넝쿨식물은 시계 방향으로, 소라의 껍데기도 시계 방향으로, 나선형으로 자란다. 총알이 빠르게 날아가기 위해 시계 방향의 강선이 필요하다. 생명현상은 시계 방향과 관련이 있고 이것을 역학에서는 좌선이상승(左旋而上升)이라 한다. 정지된 상태에 힘이 가해지면 을(乙) 자 형태로 바뀌어 움직임이 생기는데 바로 태극(太極)의 형상이다.

③ 목은 생물의 대명사다.

화금(火金)이나 토수(土水)는 물질적 형상과 에너지는 가지고 있으나, 하나의 성질과 특성만을 갖고 있으나 목은 오행의 다섯가지 성질을 고루 갖추고 있다. 木 속에 들어 있는 火의 성질은 꽃으로서 목의 기운이 넘쳐흐르면 꽃이 피고 목 속에 들어있는 금의 성질은 단단하게 열매를 여물게 하고 나무 자체도 단단하게 하며 속에 들어있는 수의 성분은 수분이고 씨앗이다. 목은 또 다른 생명을 키워내기도 하기에 토의 성질도 갖고 있다.

(2) 화(火)

① 화(火)는 성장과 변화의 대명사다.

화는 '꽃 화(꽃)', '될 화(化)', '그림 화(畵)', '화려할 화(華)'와 상통하며, 화는 모든 것을 성장시키고 변화시키는 모체로서 그 주체는 하늘의 태양이며, 그 태양의 빛과 열 때문에 만물의 씨앗을 생물로 움트게 하고 잎과 꽃을 피우는 등 온갖 변화의 원동력이 되며, 우주는 캄캄한 지옥에서 광명을 보고 지구는 엄동설한의 동토가 되지 않는 것이다.

火는 '사람[人]'이 두 팔을 힘차게 하늘을 향해서 뻗어 보이는 씩씩한 형상으로 나무가 자라나면 꽃이 피고 해가 중천에 오르면 뜨거운 열기를 내뿜으며, 소년이 성장하면 불처럼 정열적인 청년이 되듯이 꽃과 여름 등을 상징하는 오행을 화라 한다.

② 화는 분열과 번성, 허장성세이다.

불은 가벼워 아래에서 위로 올라가고 확산하며 주위 모든 것을 태우고 파괴하니 분열을 상징한다. 불은 뜨겁고 밝으며 강렬하여 주위를 따뜻하게 해주고 어둠을 환하게 밝히니 번성을 의미한다. 그러나 그렇게 맹렬하고 화려한 불빛도 만져보면 아무것도 잡히지 않는 빈 껍데기이기에 화려해도 실속 없는 허장성세의 성질도 있다. 젊은 여름날로서 겉이 화려해지면 속은 공허한 것으로 잎이 무성한 여름철의 뿌리는 약이 되지 않고, 털이 예쁜 새일수록 속의 몸통은 보잘것 없다.

③ 화는 연소 작용이다.

화(火)는 연료 없이 존재할 수 없다. 태양의 불꽃도 태양에 가득한 헬륨과 수소의 기체를 연료로 하여 발산하는 것이다. 기름(水)과 연료(木)의 질량에 정비례하며 연소한다. 수와 목이 뒷받침하지 않는 화는 연소할 수 없으므로 화의 성질을 발현할 수 없다.

(3) 토(土)

토(土)는 음양의 결합체로 만물의 자궁이다.

오행 중 음양을 고루 갖추고 있는 오행은 오직 토(土)뿐으로 양을 의미하는 「+」자와 음을 상징하는 「-」자를 합친 음양의 통일체로 모든 것을 조절하고 수용한다.

어린 새싹(木)이 성장하여 아름다운 꽃(火)으로 변하고 꽃이 지면 열매(金)가 생기듯이 소년이 자라나면 청년(火)이 되고 자식(金)을 낳는데, 그 열매를 창조하는 어머니의 자궁이 바로 흙으로서 흙이 없으면 씨앗을 뿌릴 수 없고 자랄 수도 없다.

식물(木)은 물론 물(水) 역시 흙(土) 위에서 흐르고 화(火)도 흙 위에서 타며, 금(金) 역시 흙 속에서 캐내니 흙은 오행의 자궁이요 보금자리이다.

(4) 금(金)

① **금은 무르익은 오곡백과다.**
꽃이 피고 잉태한 열매가 자라서 무르익으면 곡식, 과일처럼 단단한 오곡백과로 변하니 그 쇳덩이처럼 단단하게 무르익은 열매를 금이라 하며 금은 돈으로 통하고 경제로 통용된다.

하루의 결실은 저녁이고 일 년의 결실은 가을이며 인생의 결실은 장년이고, 방향은 서쪽이 금이다.

② **금은 단단하고 죽이는 힘이다.**
오행 중에서 가장 강건한 성분으로 단단해야 대우를 받고 그 단단함은 열을 견디고 나온 다음에 얻어지는 것이기에 고열을 받을수록 더욱 단단해진다.

금은 또 무엇을 잘라내고 도려내는 연장으로서 견제의 기능이 있어 생명을 죽이는 힘, 즉 숙살지기(肅殺之氣)와 매운맛을 지니고 있다.

③ 금은 화의 소생이다.

철광은 땅에서 생산되는 토의 소생이지만 흙에서 파낸 광물은 그대로 쓸 수는 없고 반드시 화를 통해서 녹이고 분석하여 상품으로 만들어야 하며, 실질적으로 그 광물을 제련하여 쓸모 있는 상품으로 만드는 것은 불더미의 용광로이다.

(5) 수(水)

① 수는 만물의 젖줄이다.

모든 것은 양의 기(氣)와 음의 질(質)로 만들어진 음양의 조화이듯이, 물 또한 음인 수소와 양인 산소로 이루어져 대지를 촉촉이 적시고 생기와 윤기를 흐르게 하여 만물의 씨앗을 부화시키고 동물과 식물을 성장시킨다.

② 수는 정신의 원동력이다.

정신과 육신이 다 같이 수의 작용으로 수가 풍족하면 육체가 건강하면서 정신도 건전하고, 수가 부족하면 육체도 정신도 허약해진다. 따라서 수가 풍부하면 정신력이 왕성하여 포부와 야망도 크며, 수가 부족하면 큰 뜻과 욕망을 성취하기가 어렵다. 그러나 수(水)의 기운이 태과하면 사기성이 짙거나 여색으로 패가망신할 수도 있다.

2장. 상생상극(相生相剋)

1. 상생(相生)

　우주의 모든 만물은 음양의 상대적인 인과(因果) 속에서 서로 의존하며 생성하고 또한 끊임없이 원운동을 하며 순환하고 있다. 하늘과 땅이, 남자와 여자가, 불과 물이 잘 조화되어야 만물이 생육(生育)하고 성장할 수 있다.

　자연의 변화하는 모습을 나타낸 오행이 질서 있게 조화를 이루며 나아가는데, 상생(相生)이란 '서로 상(相)'과 '살릴 생(生)'이 합쳐져서 '서로가 서로를 살린다'라는 뜻을 가지고 있다. 생이란 '낳는다'라는 뜻도 되고 '살린다'라는 뜻도 가지고 있으며, 넓게는 '보호한다'라는 뜻으로 해석하여, 상생이란 한마디로 '서로를 돕고 이해하며 서로를 위해 더불어 살아가는 관계'라고 말할 수 있다.

- 목생화(木生火): 나무는 불을 일으킨다.
- 화생토(火生土): 불이 타고 나면 재가 남고 흙이 된다.
- 토생금(土生金): 땅속에서 쇠가 난다.
- 금생수(金生水): 쇠는 차가워서 물이 난다.
- 수생목(水生木): 물은 나무를 자라게 한다.

2. 상극(相剋)

　만물이 생장쇠멸(生長衰滅)하는 법칙은 처음에는 생(生)하고 다음에는 극(剋)함으로써 이루어진다. 극은 나무를 다듬어 가구로 만들 듯 발전하는 측면에서 긍정적인 의미도 있으며, 힘의 대결을 통한 정복과 피정복의 충돌을 의미하기도 한다.

인간의 본성이 전쟁보다는 평화와 공존을 추구하는 것처럼 오행의 상생과 상극이 함께 있다면, 상극보다는 상생 작용이 이루어지는데 이를 '탐생망극(貪生忘剋)'이라 한다.

- 화극금(火克金): 불은 쇠를 녹인다.
- 금극목(金克木): 쇠는 나무를 절단한다.
- 목극토(木克土): 나무가 땅속에 뿌리를 박는다.
- 토극수(土克水): 흙은 물길을 막는다.
- 수극화(水克火): 물은 불을 끈다.

3장. 십천간(十天干)·십이지지(十二地支)

십천간(十天干)은 하늘과 기둥을 상징하는 천간(天干) 10자를 의미하며, 십이지지(十二地支)는 땅과 가지를 상징하는 지지(地支) 12자를 의미한다.

"중국 황제 시대에 치우가 나와 세상을 혼란스럽게 하니 황제가 백성의 고통을 알고 탁록(啄鹿)이란 들에서 치우와 싸워 치우를 죽였다. 이때 치우의 피가 백 리를 덮어 나라를 다스리기 어렵게 되자 하늘에 제사를 지냈다. 이에 하늘에서 천간 10자와 지지 12자를 내려보냈다. 황제가 10자를 둥글게 펴서 하늘을 상징하고, 지지 12자를 모나게 펴서 땅을 상징하여 그 빛을 널리 퍼지게 하니 나라가 평화롭게 되었다. 그 후에 대요(大撓)가 나와 천간 10자와 지지 12자를 합하여 육십갑자를 만들었다."

1. 십천간(十天干)

천간은 갑(甲), 을(乙), 병(丙), 정(丁), 무(戊), 기(己), 경(庚), 신(辛), 임(壬), 계(癸)를 말한다.

① 갑목(甲木): 양목(陽木), 크고 곧은 나무를 상징한다. 동량지목(棟梁之木), 대림목(大林木).

② 을목(乙木): 음목(陰木), 습목이고 풀과 같은 초목, 새싹.

③ 병화(丙火): 양화(陽火), 태양, 용광로, 화산 같은 큰불.

④ 정화(丁火): 음화(陰火), 촛불, 화롯불, 모닥불, 형광등과 같은 작은 불이다.

⑤ 무토(戊土): 양토(陽土), 산, 벌판, 들판, 평야 등과 같은 넓은 땅이다.

⑥ 기토(己土): 음토(陰土), 습토이며 화분의 흙 같은 좁은 땅.

⑦ 경금(庚金): 양금(陽金), 바위, 쇳덩어리, 무쇠 같은 큰 바위나 큰 쇳덩이다.

⑧ 신금(辛金): 음금(陰金), 칼, 도끼, 바늘, 보석 등과 같은 작은 금속이다.

⑨ 임수(壬水): 양수(陽水), 강, 바다, 호수 등과 같은 큰물이나 많은 물이다.

⑩ 계수(癸水): 음수(陰水), 안개, 비 등 소량의 물이다.

<십간 음양오행>

十干	木		火		土		金		水	
	甲	乙	丙	丁	戊	己	庚	辛	壬	癸
	양	음	양	음	양	음	양	음	양	음
	3	8	7	2	5	10	9	4	1	6
	春		夏		四季		秋		冬	
	東		南		中		西		北	

2. 십이지지(十二地支)

지지는 자(子), 축(丑), 인(寅), 묘(卯), 진(辰), 사(巳), 오(午), 미(未), 신(申), 유(酉), 술(戌), 해(亥)의 12자로 이루어져 있으며, 12지지라고도 한다. 1년은 12달이고, 하루 24시간을 2시간씩 묶어서 12지지로 나타내며, 해를 상징하는 띠 동물도 12가지다.

① 자수(子水): 양수(陽水), 맑고 차가운 물을 상징한다. 밤 11시 30분부터 새벽 1시 30분까지, 절기상 자월은 대설부터 소한 전까지다.

② 축토(丑土): 음토(陰土), 좁은 땅, 정원의 흙, 화분의 흙을 상징한다. 새벽 1시 30분부터 3시 30분까지이며, 축월은 절기상 소한부터 입춘 전까지다.

③ 인목(寅木): 양목(陽木), 큰 나무, 고목을 상징한다. 인시는 새벽 3시 30분부터 5시 30분까지이며 인월은 절기상 입춘부터 경칩 전까지다.

④ 묘목(卯木): 음목(陰木), 작은 나무, 화초, 풀을 상징한다. 묘시는 아침 5시 30분부터 7시 30분까지이며, 묘월은 절기상 경칩부터 청명 전까지다.

⑤ 진토(辰土): 양토(陽土), 넓은 땅, 들판 등 습기가 있는 흙을 상징한다. 진시는 아침 7시 30분부터 9시 30분까지이며, 진월은 절기상 청명부터 입하까지다.

⑥ 사화(巳火): 음화(陰火), 큰불, 태양, 용광로를 상징한다. 사시는 아침 9시 30분부터 오전 11시 30분까지이며, 사월은 절기상 입하부터 망종까지다.

⑦ 오화(午火): 양화(陽火), 작은 불, 촛불 등을 상징한다. 오시는 오전 11시 30분부터 오후 1시 30분까지이며, 오월은 절기상 망종부터 소서까지다.

⑧ 미토(未土): 음토(陰土), 정원의 흙, 화분의 흙 등 작고 적은 흙을 상징한다. 미시는 오후 1시 30분부터 3시 30분까지이며, 미월은 절기상 소서부터 입추까지다.

⑨ 신금(申金): 양금(陽金), 큰 쇳덩이, 바위 등을 상징한다. 신시는 오후 3시 30분부터 5시 30분까지이며, 신월은 절기상 입추부터 백로 전까지다.

⑩ 유금(酉金): 음금(陰金), 작은 금속, 보석, 칼 등을 상징한다. 유시는 오후 5시 30분부터 7시 30분까지이며, 유월은 절기상 백로부터 한로 전까지다.

⑪ 술토(戌土): 양토(陽土), 넓은 땅, 들, 벌판을 상징한다. 술시는 오후 7시 30분부터 9시 30분까지이며, 술월은 절기상 한로부터 입동 전까지다.

⑫ 해수(亥水): 음수(陰水), 큰물, 바닷물, 강물, 호수 등을 상징한다. 해시는 오후 9시 30분부터 11시 30분까지이며, 해월은 절기상 입동부터 대설 전까지이다.

<십이지지 음양오행 및 특성>

오행	木		土	火		土	金		土	水		土
지지	寅	卯	辰	巳	午	未	申	酉	戌	亥	子	丑
음양	양	음	양	음	양	음	양	음	양	음	양	음
계절	春			夏			秋			冬		
방위	東北	東	東南	南東	南	南西	西南	西	西北	北西	北	北東
음력	1	2	3	4	5	6	7	8	9	10	11	12

3. 육십갑자(六十甲子)

천간(天干)과 지지(地支)를 산술적으로 조합했을 때 얻어지는 개수는 총 120개이다. 그러나 천간이 한 번 진행할 때 지지도 한 번 진행하므로 천간과 지지의 조합으로 얻어지는 개수는 60개가 된다. 갑자(甲子)에서 시작하여 갑(甲)이 을(乙)로 진행할 때 자(子) 역시 축(丑)으로 진행하므로 을자(乙子)나 갑축(甲丑)이 되지는 않는다.

천간은 양(陽)으로 움직이는 것이고, 지지는 음(陰)으로 고정된 것이므로 천간이 움직이면서 각 지지를 만나게 된다.

천간의 기준인 갑(甲)이 여섯 번 지지를 만나서 돌아오므로 육십갑자(六十甲子)를 육갑(六甲)이라고도 하고, 천간 열 글자가 여섯 번 진행하면서 각기 다른 지지를 만나 제자리로 돌아오는 것이므로 육순(六旬)이라고도 한다. 순(旬)이란 열흘, 열 번, 십 년의 뜻으로 숫자

10을 뜻한다.

60 甲子									
甲子	乙丑	丙寅	丁卯	戊辰	己巳	庚午	辛未	壬申	癸酉
甲戌	乙亥	丙子	丁丑	戊寅	己卯	庚辰	辛巳	壬午	癸未
甲申	乙酉	丙戌	丁亥	戊子	己丑	庚寅	辛卯	壬辰	癸巳
甲午	乙未	丙申	丁酉	戊戌	己亥	庚子	辛丑	壬寅	癸卯
甲辰	乙巳	丙午	丁未	戊申	己酉	庚戌	辛亥	壬子	癸丑
甲寅	乙卯	丙辰	丁巳	戊午	己未	庚申	辛酉	壬戌	癸亥

4장. 하도(河圖)와 낙서(洛書)

기문둔갑은 '시간'의 요소인 간지(干支)를 구궁(九宮)이라는 '공간'에 뿌려 판단의 체계를 만들고, 이것을 해석하여 사람의 길흉화복을 논하는 학문이다. 따라서 이것을 '시공착종(時空着縱)'의 학문이라고도 한다.

기문둔갑에서 공간의 기초인 구궁에서 용마하도(龍馬河圖)와 신구낙서(新龜洛書) 그리고 팔괘의 결합을 살펴본다.

1. 용마하도(龍馬河圖)

BC 6700년경 중국 황하(黃河)에서 나타난 머리는 용, 몸은 말인 용마(龍馬)의 등에 복희씨가 그린 그림에 근본을 두고 있다.

이것을 용마에 그려진 상(象)에서 얻은 것이라 하여 용마하도(龍馬河圖)라고 한다. 용마하도는 오행의 상생으로 이루어져 생명의 탄생을 상징한 선천(先天)의 그림이다.

55개의 점으로 그려져 있는데 1에서 10까지의 자연수가 동서남북 사방과 중앙에 배치되어 있는데, 홀수 1·3·5·7·9는 양(陽)으로 흰점이고, 짝수 2·4·6·8·10은 음(陰)으로 검은 점이며, 중앙수 5와 10으로 흰 점과 검은 점이다.

동서남북 사방에 배치된 1~10의 자연수는 각각 둘씩 짝을 이루어 오행과 방위와 계절을 나타낸다.

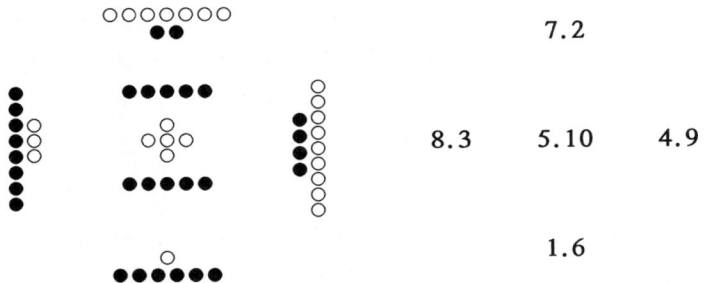

선천하도(先天河圖)는 음양의 상대적인 수로 이루어져 있다. 생수(生數)(1, 2, 3, 4, 5)를 성수(成數)(생수 1, 2, 3, 4, 5에 5를 더한 수로 6, 7, 8, 9, 10을 말한다.)가 외부에서 둘러싸고 있어서 생(生)의 의미를 표현하지만, 내적으로는 고요한 상태를 보여준다.

하도의 오행은 시계 방향으로 회전하면서 서로 상생하는 방향으로 흐르는 생명 창조의 원리로 생(生)의 근원이 양(陽)이면 형체는 음(陰)이 되고, 그 근원이 음이면 형체는 양이 된다.

- 1.6은 오행은 수(水), 계절은 겨울, 방위는 북이다.
- 2.7은 오행은 화(火), 계절은 여름, 방위는 남이다.
- 3.8은 오행은 목(木), 계절은 봄, 방위는 동이다.
- 4.9는 오행은 금(金), 계절은 가을, 방위는 서이다.
- 5.10은 오행은 토(土), 계절은 환절기, 방위는 중앙이다.

2. 신구낙서(新龜洛書)

낙서는 BC 3000년경 하(夏)나라 우(禹)임금 때 낙(洛)이라는 물에서 거북의 등에 그려진 그림이 나왔다. 이 거북의 등에 45개의 점으로 이루어져 있던 그림을 신구낙서라 한다. 낙서 역시 홀수는 양점(陽點: ○)으로 짝수는 음점(陰點: ●)으로 표시되어 있지만, 중앙의 10이 없어지고 5만 남아 있다.

또한 하도(河圖)에서는 양수(陽數)와 음수(陰數)가 짝을 이루어 동서남북 사방에 자리 잡고 있지만, 낙서에서는 그러한 조합 없이 각각의 수가 따로 자리하고 있다. 더불어 낙서의 숫자 배열은 가로·세로·대각선의 합이 모두 15가 된다.

가장 큰 차이점은 하도의 오행은 시계 방향으로 회전하면서 서로 상생하는 방향으로 흘러가지만, 낙서는 그와 반대로 시계 반대 방향으로 회전하면서 수극화(水剋火)→화극금(火剋金)→금극목(金剋木)→목극토(木剋土)→토극수(土剋水)를 한다는 점이다. 선천도가 상생의 도를 밝힌 것이라면, 이 그림은 상극의 도를 밝힌 것이다.

<신구낙서 및 후천수(後天數)>

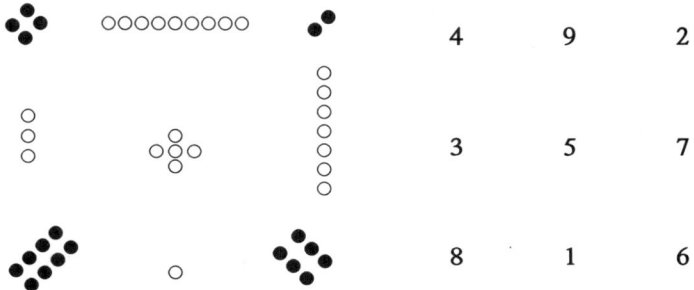

3. 하도와 낙서 특징

(1) 탄생의 의미

용마하도(龍馬河圖)의 선천도가 탄생의 공간적 의미라면, 신구낙서(新龜洛書)의 후천도는 탄생한 후 자연이 운행하고 작용하는 시간적 의미가 강하다. 곧 춘하추동을 의미하는 팔괘로 배치되어 있다.

<계절과 낙서, 팔괘>

춘		하		추		동	
3	4	9	2	7	6	1	8
震	巽	離	坤	兌	乾	坎	艮
☳	☴	☲	☷	☱	☰	☵	☶

(2) 주요 특징

선천도는 탄생을 위한 고요함이 특징이고, 후천도는 정방위에 양수가 있고 모퉁이에 음수가 있으며 상호 순차적인 극(剋)을 한다. 그래서 탄생 뒤의 활동을 하는 역동적인 상이 된다.

중궁수를 보면 후천도에는 10의 수가 없다. 창조된 뒤에 창조의 본체는 피창조물과 같이 있을 필요가 없기 때문이다.

또 후천에는 대칭되는 자리의 수끼리 합하면 10이 되고, 어떠한 선위에 있는 모든 수를 더해도 15가 나오는, 일명 '마방진(魔方陣)'의 형태를 취한다.

결국 상극의 논리를 갖지만, 자세히 살펴보면, 후천도에서 지향하는 것은 상극 속의 생과 창조의 논리이다.

(3) 체(體)와 용(用)

복희씨(伏羲氏)가 만든 선천팔괘(先天八卦)는 음양(陰陽)이 소장변화(消長變化)하는 기본 원리로서 천도(天道)의 운행을 나타낸다.

선천팔괘를 바탕으로 주나라 무왕이 만든 후천팔괘(後天八卦)는 음양이 교류하여 변화하고 오행이 상생 상극하는 이치를 나타낸다.

천도의 운행을 나타낸 선천팔괘는 체(體)이고 음양에 따라 교류하고 변화하는 후천팔괘인 문왕팔괘(文王八卦)는 용(用)이 된다. 구궁도에는 후천팔괘가 배열되는데 용(用)의 주인인 감·리(坎·離)가 상하 정위(定位)에 배치되고, 서쪽과 남쪽에는 음괘(陰卦)인 손·리·곤·태가, 북쪽과 동쪽에는 양괘(陽卦)인 건·감·간·진이 배열되어 음양이 서로 통하고 남녀가 상합하는 이치를 나타낸다.

<구궁에 배치된 팔괘와 오행, 수리>

손궁(巽宮)	리궁(離宮)	곤궁(坤宮)
진궁(震宮)		태궁(兌宮)
간궁(艮宮)	감궁(坎宮)	건궁(乾宮)

5장. 구궁(九宮)과 팔괘(八卦)

1. 구궁(九宮)

(1) 구궁(九宮) 기본도

구궁(九宮)은 기문둔갑의 기초가 된다. 신구낙서(神龜洛書)의 구궁 수리를 이용하여 홍국수 및 구성(九星), 팔문(八門) 등의 순행과 역행 포국 행로를 정하게 된다.

<구궁(九宮)>

손(巽)	리(離)	곤(坤)
진(震)	중(中)	태(兌)
간(艮)	감(坎)	건(乾)

<구궁수(九宮數)>

四	九	二
三	五	七
八	一	六

<구궁오행(九宮五行)>

목(木)	화(火)	토(土)
목(木)	토(土)	금(金)
토(土)	수(水)	금(金)

<구궁방위(九宮方位)>

南東	南	南西
東		西
北東	北	北西

(2) 구궁의 수리

① 일(一)

음양(陰陽)은 양(陽), 오행은 수(水), 구궁은 감궁(坎宮)이다. 모든 수리의 기본이 되는 수이며 우주 만물이 생성되기 전의 혼돈된 상태인 태극(太極)으로 본다.

② 이(二)
음양(陰陽)은 음(陰), 오행은 화(火), 구궁은 곤궁(坤宮)이다. 일(一)에서 파생하여 만물의 시작이 된다.

③ 삼(三)
음양(陰陽)은 양(陽), 오행은 목(木), 구궁은 진궁(震宮)이다. 천지인(天地人)과 상중하원의 삼원(三元)을 상징한다.

④ 사(四)
음양(陰陽)은 음(陰), 오행은 금(金), 구궁은 손궁(巽宮)이다. 태양(太陽)·태음(太陰)·소양(少陽)·소음(少陰)의 사상(四象)과 춘하추동 사계절의 이치를 담고 있다.

⑤ 오(五)
음양(陰陽)은 양(陽), 오행은 토(土), 구궁은 중궁(中宮)이다. 목화토금수의 오행을 상징한다.

⑥ 육(六)
음양(陰陽)은 음(陰), 오행은 수(水), 구궁은 건궁(乾宮)이다. 성수(成數)의 시발점이다. 천지인의 중복으로 육효(六爻)를 상징한다.

⑦ 칠(七)
음양(陰陽)은 양(陽), 오행은 화(火), 구궁은 태궁(兌宮)이다.

⑧ 팔(八)

음양(陰陽)은 음(陰), 오행은 목(木), 구궁은 간궁(艮宮)이다. 팔괘(八卦)·팔방위(八方位)를 상징하며, 64괘의 기본이 된다.

⑨ 구(九)

음양(陰陽)은 양(陽), 오행은 금(金), 구궁은 리궁(離宮)이다. 구궁(九宮)의 이치를 상징한다.

⑩ 십(十)

음양(陰陽)은 음(陰), 오행은 토(土), 기본수의 완성수이다. 하도(河圖)에서 나타난 수를 전부 합하면 55이고, 낙서(洛書)에서 나타난 수를 합계하면 45인데, 이를 모두 합하면 백(百)이 된다.

2. 팔괘(八卦)

건 (乾)	태 (兌)	리 (離)	진 (震)	손 (巽)	감 (坎)	간 (艮)	곤 (坤)
☰	☱	☲	☳	☴	☵	☶	☷

① 건괘(乾卦) ☰

건삼련(乾三蓮)으로 건(乾)은 천지인(天地人) 삼재(三才)를 대표하는 주체이다. 하늘, 아버지, 노인, 금(金), 강건함, 우주, 백색, 초겨울을 상징한다.

② 태괘(兌卦) ☱

태상절(兌上絶)로 태(兌)는 음(陰)이 양(陽)보다 위에 있어 음의 기운이 발산된다. 연못, 소녀(少女), 희열·오락, 금(金), 백색, 가을을 상징한다.

③ 리괘(離卦) ☲

리허중(離虛中)으로 리(離)는 바깥쪽의 양(陽)의 기운이 중간의 음(陰)을 막고 있어 불과 같이 환히 밝히는 형상이다. 화(火), 태양, 광명(光明), 중녀(中女), 전기, 번개, 전화, 적색, 여름 등을 상징한다.

④ 진괘(震卦) ☳

진하련(震下蓮)으로 진(震)은 양(陽)으로 음(陰)을 받히니 밝은 생명이 생동하여 진출하는 괘이다. 우레, 장남, 악기, 청색, 봄을 상징한다.

⑤ 손괘(巽卦) ☴

손하절(巽下絶)로 손(巽)은 강한 양(陽) 밑에서 음(陰)이 공손히 따르는 형상이다. 바람, 장녀, 목재, 녹색, 초여름을 상징한다.

⑥ 감괘(坎卦) ☵

감중련(坎中蓮)으로 감(坎)은 밝은 양(陽)이 어두운 음(陰) 사이로 빠져들어 험난함을 겪는 형상이다. 물, 중남, 개울, 은둔, 도둑, 겨울, 흑색을 상징한다.

⑦ 간괘(艮卦) ☶

간상련(艮上蓮)으로 간(艮)은 밝은 양(陽)이 어리고 약한 음(陰)을 보호하고 굳건히 지키는 형상이다. 산, 흙, 소남, 정지, 변화, 초봄, 황색을 상징한다.

⑧ 곤괘(坤卦) ☷

곤삼절(坤三絶)로 곤(坤)은 모두 음(陰)으로 구성되어 하늘의 양(陽)의 기운을 받아들여 만물을 숙성시키는 형상이다. 땅과 어머니, 늙은 여자, 늦여름, 황색을 상징한다.

6장. 사주입명

천체는 태양과 달과 모든 별이 각자 궤도에 따라 순행되고 완전한 주기성에 의해 일사불란하게 운전되고 있는 가운데 지구의 자전과 공전에 따라 시간개념이 발생된다. 천체의 운동과 지구의 회전운동으로 의해 N극과 S극의 자기장이 지구 전체를 감싸며 사람에게 영향을 미치게 된다. 인간사에서 일어나는 크고 작은 모든 사건들은 바로 천체의 운행에서 생겨나는 우주의 섭리가 인간에게 표상된다는 전제하에 이의 변화를 관찰하는 학문이 역학이다. 즉 사주명리, 기문둔갑, 육임, 자미두수 등 대부분의 역학은 지구의 공전과 자전에 의한 시간 변화에 이론적 토대를 두고 있다.

행성	공전주기
수성	90일
금성	225일
지구	365일
화성	687일
목성	12년
토성	29년

또한 역학의 역(易)은 '바뀔 역', '쉬울 이'의 뜻을 모두 가지고 있다. 따라서 역이란 쉽게 바뀌는 것, 즉 변화를 뜻하기도 하고, 태양(日)과 달(月), 낮과 밤을 뜻하는 두 글자가 만나서 태양과 달의 운행의 변화, 자연현상의 변화를 뜻하기도 하는 것으로 역학의 기본 바탕이 '천체의 변화에 따른 시간'이라는 것을 단적으로 보여준다.

역학의 기본 바탕인 연월일시의 시간을 통해 사주를 세우는 것이 간명의 첫 단계이다.

1. 달력

역(曆)은 인간과 밀접한 관계에 있는 자연계의 주기에 따라 만들어져야 한다. 임의의 주기로 세월을 나누면 합리적인 역이 될 수 없다. 역에 쓰일 수 있는 좋은 주기는 지구의 자전주기와 지구의 공전주기, 지구에 대한 달의 공전주기이다. 지구의 자전주기는 1태양일을 만들고, 지구의 공전주기는 1태양년을 이루며, 달의 공전주기는 1태음월을 정해준다. 태양년을 기준으로 만든 역이 태양력(太陽曆)이고, 태음월을 기준으로 한 역이 태음력(太陰曆)이다. 그러나 대부분 국가에서 실제 일반적으로 사용한 음력은 태음태양력(太陰太陽歷)이라 하여 달의 삭망에 충실히 따르면서 가끔 윤달을 넣어서 계절에 맞도록 한 역이다.

중국을 비롯한 동아시아에서는 태양력의 일종인 24절기를 일찍부터 태음력과 함께 사용해 왔다. 24절기는 12개의 절기(節氣)와 12개의 중기(中氣)로 되어 있다. 절기는 양력 매월 4~8일 사이에, 중기는 19~23일 사이에 온다. 고대 중국 주나라 때 달의 삭망 변화를 기준으로 날짜를 계산하는 태음력이 계절의 변화를 반영하지 못하자 이를 보완하기 위해 태양의 움직임을 기준으로 24절기 역법을 고안하였다.

24절기는 천구상에서 태양이 움직이는 길인 황도를 동쪽으로 15° 간격씩 24점으로 나누었을 때 태양이 각 점을 지나는 시기를 말한다. 즉 24절기는 지구 자전축이 공전궤도에 수직인 방향으로부터 23.5° 기울어진 채 태양을 중심으로 공전하므로 생기는 계절의 변화 현상을 24개의 절기로 구분한 것이다.

절기	특징	양력일	황도 위치
입춘	봄의 시작	2.3 ~ 5	315°
우수	봄비가 내리고 싹이 틈	2.18 ~ 20	330°
경칩	개구리가 겨울잠에서 깸	3.5 ~ 7	345°
춘분	낮이 길어지기 시작	3.20 ~ 22	0°
청명	맑고 밝은 봄날이 시작	4.4 ~ 6	15°
곡우	농사비가 내림	4.19 ~ 21	30°
입하	여름의 시작	5.5 ~ 7	45°
소만	여름의 기운이 더해감	5.20 ~ 22	60°
망종	볍씨 뿌리는 시기	6.5 ~ 7	75°
하지	낮이 가장 김	6.21 ~ 24	90°
소서	여름 더위의 시작	7.6 ~ 8	105°
대서	가장 더운 시기	7.22 ~ 24	120°
입추	가을의 시작	8.7 ~ 9	135°
처서	더위가 가고 일교차가 큼	8.23 ~ 24	150°
백로	이슬이 내리기 시작	9.7 ~ 9	165°
추분	밤과 낮의 길이가 같음	9.22 ~ 24	180°
한로	찬 이슬이 내리기 시작	10.8 ~ 9	195°
상강	서리가 내리기 시작	10.23 ~ 25	210°
입동	겨울의 시작	11.7 ~ 8	225°
소설	눈이 내리기 시작	11.22 ~ 23	240°
대설	겨울 큰 눈이 내림	12.6 ~ 8	255°
동지	밤이 가장 긴 시기	12.21 ~ 23	270°
소한	겨울 추위의 시작	1.5 ~ 7	285°
대한	겨울 큰 추위	1.20 ~ 21	300°

역일(曆日)이 계절에 맞게 하도록, 즉 1태양년과 1태음년을 일치시키기 위해 윤달을 두는데 윤달을 넣는 방법은 여러 가지가 가능하다.

2. 연주(年柱)

연주는 출생한 해의 간지 또는 시간점을 칠 때 연도, 태세를 말한다.

(1) 입춘 기준

고대의 임금들에게 가장 중요한 일은 농사를 제때 잘 지어 풍년이 들게 해 백성들을 배불리 먹이고, 법이나 규범을 정하여 나라를 안정되게 다스리는 것이었다. 농사의 흥망 성패에 따라 왕조 존립이 좌우되기 때문에 농사를 보다 안정적이고 효율적으로 지을 수 있게 농사 위주의 역법이 발달하였다. 그래서 봄의 시작을 알리는 입춘을 중국 한나라부터 한 해의 시작으로 보았다.

목화토금수, 생장화수장(生長化收藏)의 이치에 따라 봄(春)이 천시(天時)가 드러나는 계절의 맨 앞에 놓이게 되었고, 절기상 봄이 들어서는 입춘(立春)을 한 해의 기점인 정월 세수(歲首)로 삼게 되었다.

대부분의 역학에서 연(年)을 구분하는 기준을 입춘으로 한다. 음력 정월 초하루나 양력 1월 1일이 아니라 입춘이 한 해의 시작점이 되는 것이다. 한해는 24절기의 첫 절기인 입춘(立春)이 시작되는 시각부터 다음 해 입춘(立春)이 들어오기 직전까지의 시간 단위를 말한다. 따라서 비록 달력상 정월(正月) 초하루가 지났다고 해도 입춘(立春)이 들어오지 않았으면 새해로 간주하지 않는다. 이러한 역법(曆法)은 태양의 운행 도수, 즉 태양력(太陽曆)을 기준으로 한 것인데 절기는 음력 기준이 아니라, 1태양년 즉 365일 1/4로 배분하고 있기 때문이다.

기문둔갑에서는 입춘을 기준으로 일주를 세우고, 조식을 위해 음양둔을 구분할 때 동지와 하지를 기준으로 삼는다.

(2) 동지 기준

천개어자(天開於子) 지벽어축(地闢於丑)의 이치에 따라 천도(天道)의 운행은 자(子)에서 시작되므로 마땅히 한 해의 운행도 동지(冬至)가 있는 자월(子月)로부터 시작되어야 한다는 이론이다.

주로 전쟁, 환란, 천재지변, 국가창업과 쇠퇴 등의 하늘의 섭리를 이해하기 위해 발전된 특수목적의 일부 역학은 입춘 기준이 아닌 동지 기준으로 일 년을 정하고 있다.

천체의 운동에서 유일하게 부동한 북두칠성의 기준점이 동지이므로 동지가 만물의 근원이며 근본이라는 논리로 1년의 기준점을 동지라고 주장하는 것이다.

또 동지를 한 해의 기준으로 하는 것은 수렵민족에서 나왔고, 입춘을 기점으로 하는 것은 농경민족에서 발달했다는 설명이 있다. 동지 때 양기가 일어나기 시작하므로 낮의 길이가 길어지고, 입춘부터 온도가 올라가 농사를 시작하는 때라는 것이 이유이고, 중국에서 1990년 출간된 송영성(宋英成)의 『팔자진결계시록(八字眞訣啓示錄)』에서 입춘을 기준으로 했을 때 설명되지 않는 사주를 동지 기준 사주로 뽑아 간명한 사례가 있다.

(3) 환신불환군설(換臣不換君說)

신하(臣下)는 바꾸는 것이 허물이 되지 않지만, 군주(君主)를 바꾸는 것은 "충신(忠臣)은 불사이군(不事二君)"이란 원리에 어긋난다는 뜻으로 연주는 군주, 황제를 의미하니 입춘 절기 도래 여부와 상관없이 생월(生月)은 절입(節入)을 따르지만 생년(生年)은 절입(節入)과 관계없이 당년(當年)으로 계산한다는 의견이다.

정월(正月) 초일일(初一日)과 입춘(立春) 절입일(節入日)이 일치하는 경우는 드물다. 정월 초순에 절입(節入)될 때도 있고, 중순일 때도 있으며, 전년(前年)의 십이월(十二月)에 이미 절입(節入)될 때도 있다.

예를 들면 병오년(丙午年) 입춘(立春)의 절입일(節入日)이 을사년(乙巳年) 십이월(十二月) 이십일(二十日)에 해당한다면 을사년(乙巳年) 십이월(十二月) 이십삼일생인(二十三日生人)은 병오년(丙午年) 경인월생(庚寅月生)으로 보는 것이 아니라 을사년(乙巳年) 경인월(庚寅月)로 봐야 한다.

환신불환군설은 기문둔갑 일부 학파에서 사용하고 있다.

3. 월주(月柱)

월주(月柱)는 출생한 달의 간지 또는 시간 점사시의 해당 월을 말한다.

월주도 달의 변화나 달력상의 초하루와는 상관없이 철저히 절기 위주로 결정한다. 이런 점은 연주를 결정하는 것과 방법에 있어서는 같다고 할 수 있다. 입춘을 새로운 연(年)의 시작점으로 보는 것과 같이 월(月)도 시작하는 각 절기(節氣)가 따로 있다. 즉 사주명리학에서 각 달의 기점은 음력 초하루, 양력 1일이 아니라 각 달의 절입일(節入日)이 월의 기점이다.

1월은 인(寅)월, 2월은 묘(卯)월, 3월은 진(辰)월, 4월은 사(巳)월, 5월은 오(午)월, 6월은 미(未)월, 7월은 신(申)월, 8월은 유(酉)월, 9월은 술(戌)월, 10월은 해(亥)월, 11월은 자(子)월, 12월은 축(丑)월이다.

월건을 결정하는 절기는 정월(正月) 입춘(立春), 2月 경칩(驚蟄), 3月 청명(淸明), 4月 입하(立夏), 5月 망종(芒種), 6月 소서(小暑), 7月 입추(立秋), 8月 백로(白露), 9月 한로(寒露), 10月 입동(立冬), 11月 대설(大雪), 12月 소한(小寒)이다.

신사년(辛巳年정) 정월(正月) 경인월(庚寅月)은 정월 12日부터 비로소 경인월(庚寅月)이라는 월건(月建)을 쓸 수 있다. 바꾸어 말하면 신사(辛巳)년 음력 정월 11日의 연주(年柱)와 월주(月柱)는 경진년(庚辰年) 기축월(己丑月)로 써야 한다는 뜻이다.

역학에서 월지는 태어난 계절을 나타내므로 사주 전체 음양오행의 기운을 좌우하고 있어 매우 중요하게 작용하고 있다.

4. 일주(日柱)

일주는 태어난 날 또는 시간 점사시 일주를 말한다. 일진(日辰)이라고도 한다. 일진(日辰)의 시작이 子時의 접입 시간인데, 우리나라의 경우 23시 30분이 子時의 접입 시간이다. 子時를 기준으로 그 이전 시간에 태어나면 그날의 干支를 그대로 쓰지만, 그 이후에 시간이라면 그다음 날의 干支를 일주로 써야 한다. 역학(易學)에서 우리나라는 동경 135° 기준이 아닌 대략 동경 127.5° 기준으로 하는 것이 무난하다.

5. 시주(時柱)

태어난 시 또는 시간 점사시의 시주를 말한다. 시주를 세울 때 시지는 십이지지 순서를 따르므로 시간만 알면 된다. 시간은 일간이 무엇이냐에 따라 결정된다. 그 원리를 살펴보면 천간합과 오행의 상극 작용이 바탕을 이루고 있다. 즉 일간의 천간합을 극하는 양 오행을 시간으로 삼는 것이다.

예를 들어 일간이 갑(甲)이나 기(己)이면 갑자(甲子), 을(乙)이나 경(庚)이면 병자(丙子), 병(丙)이나 신(辛)이면 무자(戊子), 정(丁)이나 임(壬)이면 경자(庚子), 무(戊)나 계(癸)이면 임자(壬子)시로 시작한다.

갑기합(甲己合)은 토(土)가 되는데, 토를 극하는 목(木) 중에서 양인 갑목(甲木)을 천간으로 삼아 갑자시(甲子時)가 시작되고, 을축시(乙丑時)·병인시(丙寅時) 순서로 시가 결정된다.

을경합(乙庚合)은 금(金)이 되는데, 금을 극하는 화(火) 중에서 양인 병화(丙火)를 천간으로 삼아 병인시(丙寅時)가 시작되고, 정축시(丁丑時)·무인시(戊寅時) 순서로 시가 결정된다.

병신합(丙辛合)은 수(水)가 되는데, 수를 극하는 토(土) 중에서 양인 무토(戊土)를 천간으로 삼아 무자시(戊子時)가 시작되고, 기축시(己丑時)·경인시(庚寅時) 순서로 시가 결정된다.

정임합(丁壬合)은 목(木)이 되는데, 목을 극하는 금(金) 중에서 양인 경금(庚金)을 천간으로 삼아 경자시(庚子時)가 시작되고, 신축시(辛丑時)·임인시(壬寅時) 순서로 시가 결정된다.

무계합(戊癸合)은 화(火)가 되는데, 화를 극하는 수(水) 중에서 양인 임수(壬水)를 천간으로 삼아 임자시(壬子時)가 시작되고, 계축시(癸丑時)·갑인시(甲寅時) 순서로 시가 결정된다.

<일(日)·시간(時間) 조견표>

구분	甲己	乙庚	丙辛	丁壬	戊癸
23:30 ~ 01:30	甲子	丙子	戊子	庚子	壬子
01:30 ~ 03:30	乙丑	丁丑	己丑	辛丑	癸丑
03:30 ~ 05:30	丙寅	戊寅	庚寅	壬寅	甲寅
05:30 ~ 07:30	丁卯	己卯	辛卯	癸卯	乙卯
07:30 ~ 09:30	戊辰	庚辰	壬辰	甲辰	丙辰
09:30 ~ 11:30	己巳	辛巳	癸巳	乙巳	丁巳
11:30 ~ 13:30	庚午	壬午	甲午	丙午	戊午
13:30 ~ 15:30	辛未	癸未	乙未	丁未	己未
15:30 ~ 17:30	壬申	甲申	丙申	戊申	庚申
17:30 ~ 19:30	癸酉	乙酉	丁酉	己酉	辛酉
19:30 ~ 21:30	甲戌	丙戌	戊戌	庚戌	壬戌
21:30 ~ 23:00	乙亥	丁亥	己亥	辛亥	癸亥

(1) 정자시법(正子時法)

자시(子時)는 밤 11시 30분부터 밤 1시 30분 바로 전까지이다. 전통적으로 동아시아에서는 자시(밤 11시)를 기점으로 새로운 날이 시작된다고 인식하였다. 야자시, 조자시를 주장하는 근거는 밤 12시를 기점으로 하루가 바뀐다는 서양의 관습에 따른 것으로 서양의 기준으로 동양의 학문인 사주명리학을 해석한다는 것은 앞뒤가 맞지 않는다는 견해이다. 야자시, 조자시 이론을 따르게 되면 양력 1월 1일부터 입춘까지는 전년도 1월이 되고, 입춘부터는 올해 1월이 되는 상황이 되어버리는 경우와 같다고 한다.

남송의 정치가이자 문학자인 문천상(文天祥)의 저술 문산집(文山集), 명나라의 경학자 손곡(孫穀)이 편술한 고미서(古微書), 청나라의 역산가(曆算家) 매문정(梅文鼎)이 편술한 역산전서(曆算全書), 조선 전기의 대문호인 서거정(徐居正)의 저술 필원잡기(筆苑雜記) 등 많은 문헌에서 사주의 총개수를 518,400개로 상정하고 있다는 사실은 당시는 야자시가 아니라 정자시를 통용했다는 사실을 방증하는 것이라 말할 수 있다.

(2) 야자시와 조자시

자시(子時)는 당일 밤 11시 30분부터 익일 새벽 01시 30분까지로, 시(時)는 자시(子時) 하나인데 일(日)은 2일이 되어 시간을 다르게 사용해야 한다는 이론이다. 즉 야자시(밤 11시~밤 12시)는 자정 전이므로 당일이 되고, 조자시(밤 12시~밤 1시)는 자정 후이므로 다음 날이 된다. 야자시인 경우 일주는 당일로 쓰고 시주는 다음 날 자시를 당겨쓰기 때문에 야자시와 조자시는 시주는 같지만 날짜(일주)가 다르다.

중국 명청대의 문헌인 삼명통회(三命通會)·성평대성(星平大成)·삼재발비(三才發秘) 등에서도 야자시에 관해 소략하게 언급하고 있으나 야자시와 정자시 중 어느 것으로 간명해야 하는지에 대해서는 설명이 전혀 없고, 삼재발비(三才發秘)에서 '자각(子刻)은 양시(兩時)가 있다'라고 한 것을 근거로 야자시와 조자시의 이론을 주장한다.
중화민국의 원수산(袁樹珊)·서락오(徐樂吾), 대만의 오준민(吳俊民) 등은 자신들의 저술인 명리탐원(命理探原)·자평수언(子平粹言)·명리신론(命理新論) 등에서 야자시는 음이 다하고 양이 일어나는 뜻이라면서 역법의 이치상 야자시법이 타당하다고 주장하였다.

(3) 조선의 자시(子時)

명리학적 주장에서 벗어나 과거 우리 조상들의 일상생활 속에서의 하루 변경 기준점에 대해 살펴본다. 조선시대는 하루의 변경 기준시는 조선 중기를 기점으로 전과 후가 달랐다. 조선 중기 이전까지는 자시(子時)를 기준으로 날짜를 변경하였으니 명리학적 관점에서는 정자시법을 따른 것이다. 정자시법을 따르던 조선 사회가 야자시와 조자시를 나눈 것은 1654년 효종 때에 이르러서이다. 서양 달력의 수치와 계산법을 적용한 시헌력을 청나라에서 도입하여 시를 1/8로 나누어 일각, 이각, 삼각, 반각, 오각, 육각, 칠각, 정각으로 구분하였다. 예를 들면 23시는 자시 정각, 23시 15분은 자시 일각, 23시 30분은 자시 이각, 23시 45분은 자시 삼각, 24시는 자시 반각, 24시 15분은 자시 오각, 24시 30분은 자시 육각, 24시 45분은 자시 칠각으로 나누었다.

조선 효종 이전에는 분 단위가 없었기에 하루의 시작은 '자시'였고 명리학적 개념으로는 정자시법을 따랐으며, 시헌력 도입 이후 하루의 시작은 '자시 반각'이었으므로 야자시·조자시법을 따른 것으로 이해할 수 있다.

7장. 십이운성(十二運星)과 왕상휴수사(旺相休囚死)

1. 십이운성(十二運星)

(1) 십이운성의 의미

오행이 살아가는 과정을 사람이 살아가는 과정에 견주어 탄생부터 죽음에 이르기까지 각 단계를 십이운성에 대입하여 표시한 것이다.

아무것도 없는 절연된 상태[포(胞) 또는 절(絶)]에서 어머니의 뱃속에서 잉태[태(胎)]되어, 어머니의 자궁 속에서 일정 기간 자라며[양(養)], 세상에 태어난다[생(生)].

탄생 후 편안한 엄마 자궁 속에서 세상에 나와 목욕[욕(浴)]하여 첫 시련을 겪고, 어린 시절 부모 밑에서 자라다 비로소 성인이 된다[관대(冠帶)]. 성인이 된 후 직장에 취직하여 월급도 타고 승진도 하며[건록(建祿)], 승승장구하여 인생의 황금기[제왕(帝旺)]를 누린다.

나이 들어 노쇠하고 위세는 쇠락해지고[쇠(衰)], 나이가 들면 병들어[병(病)], 궁극에는 죽는다[사(死)]. 시신은 묘지[묘(墓)]에 들어간다. 이런 인생 사이클은 자연의 원리와 같다.

(2) 단계별 십이운성

胞 포	胎 태	養 양	生 생	浴 욕	帶 대	建 건	旺 왕	衰 쇠	病 병	死 사	墓 묘

① 포(胞), 절(絶)

무극(無極)의 상태로 무에서 유로 만들어지기 전, 아무것도 없는 무형무체(無形無體)의 상태이다. 어떠한 원기도 없기에 십이운성 중에 가장 약한 상태이다.

② 태(胎)

땅속에서 씨앗이 발아되고, 어머니 자궁 속에 태아가 형성되는 것 같은 상태이다. 포와 함께 기가 가장 약하다.

③ 양(養)

씨앗이 땅속에서 대지의 기운을 거두어 자라나고, 태아가 자궁 속에서 어머니의 영양분을 섭취하며 자라나는 상태이다.

④ 장생(長生)

인간이 처음 출생하고 식물의 싹이 트여 대지 위로 자라나는 상태이다. 무(無)에서 유(有)가 발생하는 상태이다.

⑤ 목욕(沐浴)

사람이 출생한 후에 목욕을 시켜 때를 씻고 식물의 새싹이 파랗게 돋는 것과 같은 상태를 일컫는다. 자궁 속의 편안함에서 처음 시련을 겪는 때이다.

⑥ 관대(冠帶)

인간이 점차 성장하여 어른이 되어 사회 구성원의 일원이 되는 상태이다. 공직에 입직하여 관을 쓰고 허리 대를 차는 것과 같다고 하여 관대라고 한다.

⑦ 건록(建祿)

사람이 장성하여 관리에 임명되어 세상을 다스리는 것과 같이 활동의 중추가 되는 상태를 지칭한다. 사회에 나와 처음으로 돈을 번다는 의미도 있다.

⑧ 제왕(帝旺)

인간이 체력과 지력, 권력이 최고의 단계에 도달한 것과 같아, 위세와 권세, 정력이 극도로 왕성한 상태를 말한다.

⑨ 쇠(衰)

신체적, 정신적, 사회적인 전성기를 지나 기력이 쇠퇴하는 상태를 말한다.

⑩ 병(病)

노쇠 단계가 심화되어 병이 들고 기력이 없는 상태다.

⑪ 사(死)

병들고 노쇠하여 죽음에 이르게 된 상태이다.

⑫ 묘(墓:庫)

죽은 시신이 묘지에 묻히는 단계를 말한다. 십간이 앉은 자리에서 쇠하거나 실령하면 묘(墓)이고, 왕하거나 득령하면 물건을 거둬들여 창고에 들인다는 의미인 고(庫)로 본다.

2. 왕상휴수사(旺相休囚死)

(1) 기본개념

왕상휴수사는 천간과 오행의 관계를 표현한 것이다.

봄에는 목이 왕(旺)하다. 천반 또는 지반이 을목(乙木)이라면, 사주 월지(月支)가 십간인 목(木)과 같은 오행인 목(木)이라면 왕(旺)의 상태이고, 월지가 목(木)을 생(生)하는 오행인 수(水)인 겨울이면 상(相)의 상태이다. 월지가 목(木)이 극하는 오행인 토(土)가 되면 수(囚)의 상태이며, 월지가 목(木)을 극하는 오행인 금(金)이면 사(死)의 상태이다.

십이운성과 왕상휴수사는 용신이 되는 천반의 십간과 지반의 십간이 제자리에서 힘이 강한지 약한지를 살피는 데 이용된다.

<왕상휴수사>

	春(木)	夏(火)	秋(金)	冬(水)
왕(旺)	木	火	金	水
상(相)	水	木	土	金
휴(休)	火	土	水	木
수(囚)	土	金	木	火
사(死)	金	水	火	土

(2) 왕상휴수사 세기

왕(旺): 용신 십간과 같은 오행에 속한 계절은 <왕>

상(相): 용신 십간을 생하는 오행에 속한 계절은 <상>

휴(休): 용신 십간이 생하는 오행에 속한 계절은 <휴>

수(囚): 용신 십간이 극하는 오행에 속한 계절은 <수>

사(死): 용신 십간이 극을 당하는 오행에 속한 계절은 <사>

용신의 힘의 세기를 측정하는 데 사용되는 왕상휴수사 개념은 처한 상태의 순서대로 힘의 강도가 정해진다. 가장 힘의 크기가 센 것은 왕한 상태이다. 힘이 센 순서부터 나열하면 다음과 같다.

왕(旺)→상(相)→휴(休)→수(囚)→사(死)

8장. 합(合)과 충(沖)

1. 천간합(天干合)

열 개의 천간(天干) 중 다섯 개는 양간(陽干)이고, 다섯 개는 음간(陰干)으로 구분하는데, 음양은 상합(相合)하는 이치가 있으므로 양간과 음간이 짝을 이룬다. 그리고 짝을 이룬 천간(天干)들은 오행의 기본 본성에 상관없이 다른 오행으로 변할 수 있다.

천간합	甲 陽木	乙 陰木	丙 陽火	丁 陰火	戊 陽土
	己 陰土	庚 陽金	辛 陰金	壬 陽水	癸 陰水
合化	土	金	水	木	火

점사에서는 부부간, 애인 간의 애정사를 분석, 상대방이 있는 거래, 동업 등의 길흉화복을 예측할 때, 연명의 천간합을 이용하여 상대 및 배우자의 용신을 찾는다.

① 갑기합(甲己合) - 중정지합(中正之合)

갑목(甲木)은 곧은 마음을 대표하고 기토(己土)는 중용을 대표하는 천간으로 분수를 지키며, 마음이 넓어 타인과 다투지 않는 마음이 있으며, 매사 공명정대하며 품위와 절도가 있다. 격국이 흉하면 너무 강직하여 본인의 생각을 꺾지 않는 고집과 답답함이 있다고 판단한다.

② 을경합(乙庚合) - 인의지합(仁義之合)

을목(乙木)은 유연하고 경금(庚金)은 의리와 강건함이 있으니, 합이 되면 인의가 있고 과감 강직하며 의리가 있으며 아첨하지 않고 진퇴가 분명하다. 격국이 흉하면 혼탁하면 자기만 옳다고 여기며 남을 무시하는 독불장군이 되거나, 매사에 과단성과 용맹이 넘쳐 극단적인 행동으로 치달을 수 있다.

③ 병신합(丙辛合) - 위엄지합(威嚴之合)

병화(丙火)는 양(陽) 중의 양으로 만물을 비추고, 신금(辛金)은 예리함을 가진 음금이니 위엄과 강압의 합이라고 격국이 흉하면 성격이 잔인하거나 편굴하고, 냉정한 면이 있으며, 은혜를 모르고 의리가 없으며 뇌물을 좋아하거나 호색(好色)하는 경향을 가지고 있다고 본다.

④ 정임합(丁壬合) - 인수지합(仁壽之合)

정화(丁火)는 등대라 보고 임수(壬水)를 바다로 본다면 낭만적인 모습이다. 이 합이 있으면 감정적으로 흐르는 경향이 있고, 장정의 丁과 정력적인 壬의 합으로 음란지합(淫亂之合)이라 하기도 한다. 격국이 길하면 다정다감하며 정신력이 뛰어나고 자부심이 강하면서도 인자하다고 평가하고, 흉하면 소심하고 질투심이 강하며, 성질이 편협하고 노(怒)하기 잘하며 신의가 없다고 판단한다.

⑤ 무계합(戊癸合) - 무정지합(無情之合)

무(戊)는 큰 산이고 계(癸)는 안개, 비로 산을 적시는 형국이다. 두 천간의 합은 계(癸)가 무(戊)를 따르는 일방적인 합이다. 따라서 정이 없는 무정지합이라 부른다.

2. 지지합(地支合)

지지 육합은 천문에서 비롯된 것으로 여섯 개의 양(陽)의 지지(地支)와 여섯 개의 음(陰)의 지지(地支)가 상합(相合)하여 짝을 이룬다.

합한 지지들은 본성에 상관없이 다른 오행으로 변할 수 있다.

① 자축합화토(子丑合化土)
너무 습하고 냉하여 생명체의 번식이 어렵거나 애로가 있는 동토(凍土)가 된다.

② 인해합화목(寅亥合化木)
목(木)을 양육시키는 형태로 합력(合力)이 강하다.

③ 묘술합화화(卯戌合化火)
목(木)이 토(土)를 극하는 형태로 합을 하였다. 묘(卯)가 있어 도화지합(桃花之合)이라 한다. 서로 극하면서 합을 이루게 되며, 상대를 견제하는 관계이다.

④ 진유합화금(辰酉合化金)
습한 진토(辰土)가 유금(酉金) 생조하니 금(金)이 결과물로 완성되었다.

⑤ 사신합화수(巳申合化水)
금(金)과 수(水)의 장생지인 사(巳)와 신(申)이 만나, 합(合)이 되기도 형(刑)이 되기도 한다.

⑥ 오미합(午未合)
오미(午未)는 적도의 합이다. 화(火)의 기운이 강할 뿐 합하여 생산되는 것은 없다.

3. 천간충(天干沖)

천간충은 음양이 동일하고, 방위가 반대이며 나를 극(剋)하는 일곱 번째 간(干)과의 충돌을 말한다. 무(戊)와 기(己)는 동일한 오행, 동일한 방위라 충이 되지 않는다.

<십간 음양오행>

十干沖	木		火		土		金		水	
	❶甲	❷乙	❸丙	❹丁	❺戊	❻己	❼庚	❽辛	❾壬	❿癸
	양	음	양	음	양	음	양	음	양	음
	春		夏		四季		秋		冬	
	東		南		中		西		北	

- 갑경충(甲庚沖, ❶❼沖): 금목상충(金木相沖)
- 을신충(乙辛沖, ❷❽沖): 금목상충(金木相沖)
- 병임충(丙壬沖, ❸❾沖): 수화상충(水火相沖)
- 정계충(丁癸沖, ❹❿沖): 수화상충(水火相沖)

4. 지지충(地支沖)

지지충은 음양이 동일하고, 극하는 관계이며, 방위가 대충방(對沖方)일 경우 지지(地支)끼리의 충돌을 말한다. 축미(丑未), 진술(辰戌)은 오행(五行) 상극하는 관계가 아닌데도 서로 대충방에 자리하고 있어 충을 이루고 있다.

<지지육충>

```
辰       午       未
巳               申

    卯   ✶   酉

丑       子       戌
寅               亥
```

- 자오충(子午沖): 수화상충(水火相沖)

- 묘유충(卯酉沖): 금목상충(金木相沖), 원수 간의 충으로 가장 극렬한 충돌

- 인신충(寅申沖): 금목상충(金木相沖), 인신사해 생지끼리의 충, 역마충

- 사해충(巳亥沖): 수화상충(水火相沖), 인신사해 생지끼리의 충

- 진술충(辰戌沖): 붕충(朋沖)

- 축미충(丑未沖): 상친상소(相親相疏)의 충

2부
기문이론과 포국법

1장. 육의삼기(六儀三奇)

1. 육의삼기 개념

육의삼기란 십간을 의미한다. 십간 중 갑(甲)을 숨기기에 둔갑(遁甲)이라 한다. 십간 중 갑(甲)을 제외한 나머지를 육의(六儀)와 삼기(三奇)로 구분한다.

육의(六儀)	무(戊), 기(己), 경(庚), 신(辛), 임(壬), 계(癸)
삼기(三奇)	정(丁), 병(丙), 을(乙)

(1) 육의(六儀)

기문에서 갑(甲)이 둔갑(遁甲)을 하는 가장 큰 이유는 갑(甲)이 경금(庚金)의 충돌을 두려워하기 때문이다. 그래서 자신을 드러내지 않고 갑(甲)을 대신하는 육의인 무·기·경·신·임·계(戊·己·庚·辛·壬·癸)로 둔갑하여 나타난다.

60갑자는 10개 단위로 묶이는데 이를 순(旬)이라 하고 총 6개의 순으로 구분된다. 6개의 순을 대표하는 육의를 순수(旬首)라 한다.

<60갑자와 순수>

순수	60甲子								
甲子 -戊	甲子	乙丑	丙寅	丁卯	戊辰	己巳	庚午	辛未	壬申	癸酉
甲戌 -己	甲戌	乙亥	丙子	丁丑	戊寅	己卯	庚辰	辛巳	壬午	癸未
甲申 -庚	甲申	乙酉	丙戌	丁亥	戊子	己丑	庚寅	辛卯	壬辰	癸巳
甲午 -辛	甲午	乙未	丙申	丁酉	戊戌	己亥	庚子	辛丑	壬寅	癸卯
甲辰 -壬	甲辰	乙巳	丙午	丁未	戊申	己酉	庚戌	辛亥	壬子	癸丑
甲寅 -癸	甲寅	乙卯	丙辰	丁巳	戊午	己未	庚申	辛酉	壬戌	癸亥

(2) 삼기(三奇)

갑(甲)이 충돌을 두려워하는 경금(庚金)을 막고자 갑목(甲木)의 동생인 을목(乙木)을 경금(庚金)의 부인으로 하여 경금의 폭주를 완화시켰고(乙庚合), 갑의 아들인 병화(丙火)는 경금을 충(沖)하고, 갑의 딸인 정화(丁火)는 경금을 극(剋)하므로 을병정(乙丙丁)은 삼기(三奇)를 이룬다.

2. 지반육의삼기(地盤六儀三奇) 포국

기문둔갑의 지반육의삼기 포국은 정해진 음양 18국의 국(局)에 따라 육의삼기를 구궁(九宮)에 배치하는 것이다. 음국 9개, 양국 9개를 합해 총 18개의 국이 있다.

음국과 양국의 구분은 일주(日柱)를 기준으로 동지상원~망종하원까지가 양국, 하지상원~대설 하원까지가 음국에 해당한다.

지반육의삼기를 붙이는 순서는 다음과 같다.

먼저 육의삼기의 선행주자인 무(戊)의 위치를 정하기 위해 사주에서 일주의 삼원수(三元數)를 삼원분류표 및 삼원국수표에 따라 산출한다.

이후 일주의 삼원수가 있는 고유의 구궁(九宮)에서 무(戊)를 출발시키되, 그 순서는 양둔과 음둔을 구별하여 구궁 순행시키거나 구궁 역행시킨다.

즉 일주(日柱)가 동지부터 하지 사이인 양둔인 경우는 지반육의삼기를 구궁에 무·기·경·신·임·계·정·병·을(戊·己·庚·辛·壬·癸·丁·丙·乙)의 순으로 순행시키고, 일주가 하지부터 동지인 음둔에 속하는 경우는 육의삼기를 구궁 역행시킨다.

일주가 양둔 상원 1국이라고 하면, 후천수 1에 해당하는 감궁(坎一宮)에서 갑자순중부두인 무(戊)를 일으켜 기(己)·경(庚)·신(辛)·임(壬)·계(癸)·정(丁)·병(丙)·을(乙)의 순서대로 구궁 순행하여 포국한다.

(1) 삼원(三元)

<삼원분류표>

三元	소속간지			
上元	甲子	乙丙丁戊 丑寅卯辰	甲午	乙丙丁戊 未申酉戌
	己卯	庚辛壬癸 辰巳午未	己酉	庚辛壬癸 戌亥子丑
中元	甲寅	乙丙丁戊 卯辰巳午	甲申	乙丙丁戊 酉戌亥子
	己巳	庚辛壬癸 午未申酉	己亥	庚辛壬癸 子丑寅卯
下元	甲辰	乙丙丁戊 巳午未申	甲戌	乙丙丁戊 亥子丑寅
	己丑	庚辛壬癸 寅卯辰巳	己未	庚辛壬癸 申酉戌亥

삼원(三元)이란 하늘을 상징하는 상원(上元)과 사람을 표상하는 중원(中元), 땅을 상징하는 하원(下元)을 말한다.

1년을 24절기로 하고 매 절기를 15일간으로 배정하면 1년은 360일이 된다. 1일은 12지지의 시간으로 구성되니, 5일이면 60갑자가 일회전하게 되어 5일은 일원(一元)으로 하고 한 절기의 15일은 5일간씩 상원, 중원, 하원으로 구분한다.

육십갑자를 상·중·하 3개의 원으로 나누고, 갑(甲), 기(己)에 자오묘유(子午卯酉)가 붙으면 상원, 인신사해(寅申巳亥)가 붙으면 중원, 진술축미(辰戌丑未)가 붙으면 하원으로 나눈다.

(2) 삼원국수(三元局數)

<삼원국수표>

절기		입하	소만	망종	하지	소서	대서	입추	처서	백로
국수	상원	四	五	六	九	八	七	二	一	九
	중원	一	二	三	三	二	一	五	四	三
	하원	七	八	九	六	五	四	八	七	六
절기		춘분	청명	곡우				추분	한로	상강
국수	상원	三	四	五				七	六	五
	중원	九	一	二				一	九	八
	하원	六	七	八				四	三	二
절기		입춘	우수	경칩	동지	소한	대한	입동	소설	대설
국수	상원	八	九	一	一	二	三	六	五	四
	중원	五	六	七	七	八	九	九	八	七
	하원	二	三	四	四	五	六	三	二	一

사립(四立: 입춘·입하·입추·입동), 이지(二至: 동지·하지), 이분(二分: 춘분·추분) 절기의 상원수(上元數)는 구궁의 후천 고유수를 취하여 삼원수의 기본이 된다. 입하인 경우 손궁(巽宮)에 속하므로 상원수가 4이다.

사립·이지 이분의 중원수(中元數)·하원수(下元數)는 순역삼진법(順逆三進法)에 따라 계산한다.

동지부터 하지까지의 양둔절에는 역행으로 세 걸음 간 구궁의 기본수를 취하고, 하지부터 동지까지의 음둔절에는 순행으로 세 걸음 간 기본수를 취한다.

예를 들어 동지의 상원수는 1인데 중원수는 1에 해당하는 감궁(坎宮, 1)에서 리궁(離宮, 9), 간궁(艮宮, 8), 태궁(兌宮, 7)으로 세 걸음

역행하여 멈춘다. 태궁은 7이 되니 동지의 중원수는 7이 되고, 하원수는 태궁에서 건궁(乾宮, 6), 중궁(中宮, 5), 손궁(巽宮, 4)에서 멈추니 4가 하원수가 된다.

다른 절기의 상·중·하원수를 정하는 원칙은 양둔절에는 초입절(初入節)의 상·중·하원수에 1을 더하여 산출한다. 음둔절에는 초입절의 상·중·하원수에서 1을 빼어 산출한다. 다만 각 계산에서 10이 나올 때는 '10수 불용'의 원칙을 따라 쓰지 않는다. 예를 들면 다음과 같다. 동지의 상원수는 1이므로 소한은 1을 더한 2가 상원수가 되며, 대한은 다시 1을 더한 3이 상원수가 된다. 상원수로부터 중원수·하원수를 산출하는 방법은 앞에서 기술한 순역삼진법에 따른다.

- 동지의 상·중·하원수는 1.7.4
- 소한의 상·중·하원수는 2.8.5
- 대한의 상·중·하원수는 3.9.6

(3) 만세력 이용

일주를 기준으로 삼원분류와 삼원국수표에 따라 지반육의삼기를 포국하는 것이 기본 원리이며, 만세력을 통해 보다 쉽게 포국할 수 있다.

2023년 양력 12월 17일(음력 11월 5일) 기유일(己酉日)을 예를 들어 설명한다.

<2023 계묘년(癸卯年) 기유일>

절기					동지						
음력	11.05	6	7	8	9	10	11	12	13	14	15	16	17
양력	12.17	18	19	20	21	22	23	24	25	26	27	28	29
일진	己酉	庚戌	辛亥	壬子	癸丑	甲寅	乙卯	丙辰	丁巳	戊午	己未	庚申	辛酉
음양국	동지 양둔 상원 1국					동지 양둔 중원 7국				동지 양둔 하원 4국			

기문둔갑 전용 만세력을 보면 기유일 음양국에 동지 양둔 상원 1국으로 표시되어 있다. 따라서 무(戊)를 감궁에서 출발시켜 구궁 순행하여 지반육의삼기를 포국한다.

<양둔 상원 1국 지반육의삼기 포국 예>

辛	乙	己
庚	壬	丁
丙	戊	癸

(4) 지반육의삼기 포국 예

예를 들어 2024년 12월 29일(음력)을 포국하면 다음과 같다.

<사주>

丁	丁	丁	甲
未	酉	丑	辰

일주인 정유(丁酉)일을 역행하여 헤아리면 갑오(甲午)에 닿는다. 자오

묘유(子午卯酉)는 상원(上元)이므로 정유일(丁酉日)은 상원(上元)에 속하며, 대한을 지나고 입춘 절기 전이므로 양둔국이고 삼원국수는 삼(三)이다.

양둔삼국(陽遁三局)이므로 진궁(辰宮)에 무(戊)를 위치시키고 무·기·경·신·임·계·정·병·을(戊·己·庚·辛·壬·癸·丁·丙·乙) 순서로 순행한다.

음둔삼국라면 구궁 낙서에 따라 역행하여 포국하든지 을·병·정·계·임·신·경·기·무로 역순으로 포국하든지 선택하여 부포한다.

<지반육의삼기 포국 예>

양둔 3국			음둔 3국		
己	丁	乙	乙	辛	己
戊	庚	壬	**戊**	丙	癸
癸	丙	辛	壬	庚	丁

3. 천반육의삼기(天盤六儀三奇) 포국

천반육의(天盤六儀)를 붙이는 방법은 시간(時干)에 해당하는 지반육의삼기에 시주의 순수를 올리고, 차례로 지반육의삼기에 구궁 중 가까운 쪽으로 돌린 다음 지반육의삼기에 올려 포국한다. 이 경우 '가까운 쪽'으로 돌린다는 의미는 구궁의 가는 방향을 가장 가까운 지름길을 선택하여 간다는 뜻이다. 좌회전이든 우회전이든 어느 방향을 선택하든 같은 결과로 포국된다. 지반육의삼기 포국 예에서 천반육의삼기를 포국해 본다.

<사주>

丁	丁	丁	甲
未	酉	丑	辰

<지반육의삼기>

己	丁	乙
戊	庚	壬
癸	丙	辛

시주 정미(丁未)의 순수(旬首)는 임(壬)이다. 순수 임(壬)을 시간 정(丁) 위에 올리고 동일 규칙대로 천반육의삼기를 포국한다. 시간이 중궁에 있다면 중궁은 곤궁과 같은 것으로 보고 곤궁에 순수를 올리고 포국한다.

<시주 순수 포국 예>

己	壬 旬首 丁 時干	乙
戊	庚	壬
癸	丙	辛

천반 의기 규칙을 찾는다. 태궁(兌宮)의 지반 임(壬)이 리궁(離宮)의 천반으로 올라왔으니 동일한 규칙으로 리궁의 지반 정(丁)이 진궁(辰宮)의 천반으로 올라간다. 이와 같은 방식으로 천반 육의삼기를 배포하면 아래의 표와 같다.

<천반육의삼기 포국 예>

乙 己	壬 旬首 丁 時干	辛 乙
丁 戊	庚	丙 壬
己 癸	戊 丙	癸 辛

2장. 초신접기법(超神接氣法)·절보법(折補法)

일 년간 지구가 태양을 한 바퀴 공전(公轉)하는 데 걸리는 시간은 365.2422일인데 일 년은 24절기로 고정되어 있고, 한 절기는 삼원(三元) 15일로 구성되어 360일이 된다. 그러므로 일 년에 5.2422일이 남게 되므로 매 절기마다 정수(正授)가 될 수가 없어 초신(超神)이나 접기(接氣)의 상황이 발생한다.

1. 개념의 이해

초신(超神)과 접기(接氣)는 절후(節候)와 삼원(三元)이 일치하지 않는 현상이다. 음력에는 큰 달, 작은 달, 윤달이 있는 까닭에 절후와 삼원이 일치하지 않으므로, 초신접기의 원칙에 따라 윤국(閏局)을 두기 위해 사용하는 개념이다.

절후와 삼원의 부두(符頭)가 일치하는, 즉 각각의 절기가 드는 날의 일진이 갑자, 갑오, 기묘, 기유가 되면 정수기(正授寄)라 한다. 이런 경우 초신접기의 이론이 필요 없다. 정수기가 아닌 경우에 초신과 접기현상이 일어난다.

(1) 정수기(正授奇)

<2022 임인년(壬寅年) 동지 정수기 예>

절기					동지						
음력	11.24	25	26	27	28	29	12.01	2	3	4	5	6	7
일진						己酉						
국	음둔 1국				동지 양둔 1국			양둔 7국			

(2) 초신(超神)

부두(符頭)가 절기보다 먼저 이르는 경우이다.

<부두일> ---------- <절기일>

<2023 계묘년(癸卯年) 동지 초신 예>

절기					동지						
음력	11.05	6	7	8	9	10	11	12	13	14	15	16	17
양력	12.17	18	19	20	21	22	23	24	25	26	27	28	29
일진	己酉	庚戌	辛亥	壬子	癸丑	甲寅	乙卯	丙辰	丁巳	戊午	己未	庚申	辛酉
음양국	동지 양둔 상원 1국				동지 양둔 중원 7국			동지 양둔 하원 4국			

2023년 동지는 음력 11월 10일, 양력 12월 22일이다. 기유(己酉) 상원부두가 절기인 동지보다 미리 들어와 있으므로 음력 11월 5일부터 앞당겨 동지 상원 1국으로 둔다.

초신은 절후일로부터 10일까지만 된다. 초신의 기간이 10일을 넘으면 망종과 하지 사이, 대설과 동지 사이에 윤국을 두어야 한다. 치윤이라는 조정을 거쳐 실제 하지와 동지를 인위적으로 맞추는 작업이다.

치윤은 망종절이나 대설절에서 윤국을 두어 상·중·하원을 한 번 더 반복하는 것을 말한다.

(3) 접기(接氣)

절후를 지나서 상원일이 드는 현상을 말한다. 즉 부두가 닿기 전에 절기가 먼저 들어왔으므로 절기를 승접(承接)한다의 의미에서 접기라고 한다.

<절기일> ---------- <부두일>

<2016 병신년(丙申年) 동지 접기 예>

절기	동지										
음력	11.23	24	25	26	27	28	29	30	12.1	2	3	4	5
양력	12.21	22	23	24	25	26	27	28	29	30	31	1.1	1.2
일진	丁丑	戊寅	己卯	庚辰	辛巳	壬午	癸未	甲申	乙酉	丙戌	丁亥	戊子	己丑
음양국	대설 음1국		동지 양1국					동지 양7국					양4국

2016년 동지는 음력 11월 23일, 양력 12월 21일이다. 동지 절기가 기묘(己卯) 상원부두보다 먼저 들어와 있으므로, 동지부터 상원 부두일 전 2일간은 앞의 대설 하원 1국을 두고, 부두일부터 동지 상원 1국이 시작된다.

(4) 절보법(折補法)

절보법도 초신접기법과 같이 하나의 절기 내에는 상·중·하 3원이 있고, 부두도 역시 갑기일(甲己日)이다. 삼원국수표와 같이 자·오·묘·유는 상원, 인·신·사·해는 중원, 진·술·축·미는 하원이다. 초신접기와 다른 점은 절기가 들어오면 즉시 절기 내에 규정된 국수를 쓴다는 점이다.

새로운 절기가 들어오기 전에는 해당 절기의 상·중·하원 국수를 중복하여 사용하고, 새로운 절기가 들어오면 새로운 국수를 시작한다. 절기가 들어오는 시점에 해당 절기의 상원이 시작되기 때문에 해당 국의 날짜가 정확히 5일이 안 될 수 있으나, 중원과 하원을 다 돌고 나서 다시 상원이 적용되니 결국에는 5일이 된다. 절국(折局)이란 국을 빼는 것이고, 보국(補局)이란 국을 보태주는 것으로, 절국보국에서는 하나의 절기 중에 삼원이 중복될 수 있다.

<2016 병신년(丙申年) 동지 절보법 예>

절기	동지											
음력	11.23	24	25	26	27	28	29	30	12.1	2	3	4	5
양력	12.21	22	23	24	25	26	27	28	29	30	31	1.1	1.2
일진	丁丑	戊寅	己卯	庚辰	辛巳	壬午	癸未	甲申	乙酉	丙戌	丁亥	戊子	己丑
음양국	동지 양둔 하원 4국				동지 양둔 상원 1국					동지 양둔 중원 7국			

부두에 따르지 않고 동지 절기에 맞춰 삼원을 나눈다. 동지인 음력 11월 23일은 정축일(丁丑日)이므로 진술축미에 해당하여 하원이고 삼원국수표에 따라 4국이 된다. 음력 11월 28일 임오일(壬午日)은 자오

묘유에 해당하여 상원이고 국수표에 따라 1국이 된다. 동지를 지나기 때문에 모두 양둔이다.

2. 적용의 문제

　기문둔갑 학자들 사이에 초신접기와 절보법에 대해 의견이 분분하다. 인위적으로 치윤하게 되는 초신접기법은 지구가 태양을 공전하는 자연법칙은 맞지 않는다는 무윤파(無閏派)와 고대의 선인부터 사용해 온 초신접기가 실증적, 경험적으로 정확하다는 정통학자 사이에서의 주장이 충돌하고 있다.

　사주명리, 기문둔갑과 같이 수천 년 전부터 내려온 역학은 사회과학이자 통계학적 성격을 갖고 있다. 과거의 수많은 실증적 경험이 누적되어 하나의 이론이 탄생했기에 필자는 한 사람의 인생을 간명하는 평생국과 신수국을 분석할 때는 여러 현인들이 연구해 온 초신접기법을 적용하여 분석한다. 그래야 평생운세 및 신수운을 정확히 예측할 수 있다. 우리나라의 동국기문은 초신접기법을 사용하는 게 절대적이다.

　그러나, 시가기문둔갑과 같이 점사를 목적으로 기문둔갑 조식을 할 때는 다르다. 시가기문둔갑(時家奇門遁甲)은 우리나라보다 해외에서 많이 연구되어 발전된 학문으로 절기 중심의 절보법 사례가 주를 이루고 있어 점사의 실증적 측면에서도 뛰어나다. 홍콩과 대만은 초신접기법을 중국은 절보법을 주로 사용한다.

　점사는 시간점이다. 문점하는 당시의 시간으로 포국한다. 시간의 변화가 점사에 많은 영향을 끼치므로 태양 공전운동과 가장 일치하는 절기 중심의 절보법이 적합하다.

3장. 팔문(八門)

1. 일가팔문(日家八門)과 시가팔문(時家八門)

팔문(八門)이란 생문(生門), 상문(傷門), 두문(杜門), 경문(景門), 사문(死門), 경문(驚門), 개문(開門), 휴문(休門) 등 8개 문을 말한다. 기문둔갑에서 팔문은 크게 두 가지로 나눌 수 있는데, 시가팔문과 일가팔문이 그것이다. 이것은 사주의 어떤 기둥을 기준으로 하는가에 따른 분류이다. 시가팔문은 원칙적으로 시주(時柱)를 변화의 출발로 삼는 방법이며, 일가팔문은 일주(日柱)를 기준으로 부설한다. 일반적인 평생운, 신수운을 볼 때 쓰이는 것이 일가팔문인데. 화담 서경덕 선생이 창안하였다 하여 화기팔문(花奇八門)이라고도 부른다. 점사국을 위해 쓰이는 팔문은 시간 단위로 변화하는 시가팔문을 위주로 하고 일가팔문은 사용하지 않는다.

2. 팔문의 의미

<팔문의 정위(定位)>

두문(杜門)	경문(景門)	사문(死門)
상문(傷門)		경문(驚門)
생문(生門)	휴문(休門)	개문(開門)

<지지 방위>

남동(辰巳)	남(午)	남서(未申)
동(卯)		서(酉)
북동(丑寅)	북(子)	북서(戌亥)

① 생문(生門)

생문(生門)은 간궁(艮宮)에 위치하여 소남(少男)의 속성을 가진 것으로, 생동하고 활동하는 전진의 문이 된다. 생문(生門)은 오행상 토

(土)에 속하며, 축인(丑寅)방에 위치한 길문이다. 계절로는 정월로서 겨울이 끝나고 봄이 도래하는 상태이므로 나이 어린 남자아이와 같이 희망에 부풀어 활동하려는 의욕이 증대되는 기운이다. 생문(生門)이란 글자 그대로, 태어나서 생동하기 시작한다는 뜻이다. 주로 생활력, 활동, 혼인, 출산 등을 의미한다.

② 상문(傷門)

상문(傷門)은 진궁(震宮)에 위치하여 장남(長男)의 속성을 가진 것으로, 활동하다 상해를 당하는 투쟁의 문이 된다. 상문(傷門)은 오행상 목(木)에 속하며, 묘(卯)방에 위치한 흉문이다. 봄이 도래하여 만물이 약동하는 시기이니 장남궁이라 하여 이제 막 사회진출을 시작하는 때이므로 상처받기 쉽고, 좌절하기 쉬운 기운이다. 즉 활동 중에 상심하고 신체를 손상하게 되어 투쟁, 시비가 끊이지 않는다. 상문(傷門)은 주로 질병, 사고, 도적, 재난 등을 내포하는 불길한 문이다.

③ 두문(杜門)

두문(杜門)은 손궁(巽宮)에 위치하여 장녀(長女)의 속성을 가진 것으로, 정적이고 막힌 문이 된다. 두문(杜門)은 오행상 목(木)에 속하며, 진사(辰巳)방에 위치한 반흉반길의 문이다. 계절상으로는 3, 4월이므로 봄에서 여름이 시작되는 시기의 따뜻함과 서늘함을 겸유하고 있다. 두문(杜門)의 특성은 담을 쌓고 은둔하여 활동하지 않거나 대인관계가 단절되어 숨어 지내는 것이다.

④ 경문(景門)

경문(景門)은 리궁(離宮)에 위치하여 중녀(中女)의 속성을 가진 것으로, 잔치를 베풀고 즐겁게 즐기는 문이다. 경문(景門)은 오행상 화(火)에 속하며, 오(午)방에 위치하고 있는 문으로 길흉이 함께하는 문이다. 계절상으로는 5월이므로 한여름이 되고, 화기의 뜨거운 열정과

화락한 즐거운 분위기를 나타낸다. 경문(景門)은 문장, 오락, 화합, 열정, 잔치 등을 주장하는 사교적이고 인기적인 문(門)으로 두문(杜門)과는 반대되는 특성을 지니고 있다. 즐거움 끝에 고통이 올 수 있듯이 격국이 흉하면 소란스럽고 관재구설이 동반되는 반길반흉의 문이다.

⑤ 사문(死門)

사문(死門)은 곤궁(坤宮)에 위치하여 어머니의 속성을 가진 것으로, 쇠락하고 전락하는 죽음의 문이 된다. 사문은 오행상 토(土)에 속하며, 미신(未申)방에 위치한 흉문(凶門)이다. 계절상으로는 6, 7월이므로 가을이 시작되려는 시기이므로 화기(火氣)와 금기(金氣)가 상교(相交)하여 왕성하던 만물이 꺾이는 순간에 놓여 있는 형상이다. 변화가 있고, 활동하다가 정지하는 것이므로 활동력을 잃고 죽음을 기다리는 것을 의미한다. 사문은 실패, 좌절, 상사, 죽음, 경찰, 검찰 등 권력 기관, 도적, 전통적인 것, 죽음 등을 다양하게 함의하고 있다.

⑥ 경문(驚門)

경문(驚門)은 태궁(兌宮)에 위치하여 소녀(少女)의 속성을 가진 것으로, 불안하고 변동하는 전환기의 문이 된다. 경문(驚門)은 오행상 금(金)에 속하며, 유(酉)방에 위치하고 있는 흉문(凶門)으로 계절상 8월 한가을로 숙살의 기운인 금기(金氣)가 작용한다. 경문은 경거망동, 놀램, 성급, 공포, 독기, 자신만만, 허황한 생각 등을 의미한다.

⑦ 개문(開門)

개문(開門)은 건궁(乾宮)에 위치하여 아버지의 속성을 가진 것으로, 개척하고 시작하는 개시의 문이 된다. 개문(開門)은 오행상 금(金)에 속하며 술해(戌亥)방에 위치하고 있는 길문(吉門)이다. 계절상으로는 가을에서 겨울로 넘어가는 9, 10월인데 결실을 거두고 새롭게 도약하는 의미가 담겨 있다.

⑧ 휴문(休門)

휴문(休門)은 감궁(坎宮)에 위치하여 중남(中男)의 속성을 가진 것으로, 준비하고 감추며 쉬는 문이 된다. 휴문(休門)은 오행상 수(水)에 속하며 자(子)방에 위치하고 있는 길문(吉門)이다. 계절상으로는 11월 한겨울로 수(水)의 지혜, 차분함, 치밀성 등을 나타낸다. 겨울을 맞아 휴식하여 봄에 활동할 준비를 갖춘다는 평안한 의미가 있다.

3. 시가팔문의 포국

시주(時柱)의 순수(旬首)가 있는 구궁의 정위치의 자리에 있는 팔문을 찾고, 음둔, 양둔을 구별하여 음둔인 경우는 역행하고, 양둔인 경우는 순행하여 시주가 닿는 궁을 찾는다.

시주가 닿는 궁에 시 순수가 있던 궁의 원래 위치에 있던 팔문(八門)을 옮겨놓고, 다음으로는 음둔 양둔을 가리지 않고 구궁 좌전 순행시켜 구궁에 배치한다.

만일 순수가 입중(入中)한 경우에는 곤궁(坤宮)의 팔문을 시주가 닿는 궁으로 옮겨 붙인다. 주의할 것은 순수만 곤궁에 있는 것을 쓰고, 처음 헤아리기 시작하는 경우에는 순수가 중궁에 있더라도 곤궁으로 내보내지 않고 중궁으로부터 음둔 양둔에 따라 순행 또는 역행한다는 점이다. 또한 시주가 중궁에 닿는 경우는 곤궁으로 내보내어 팔문을 붙인다.

4. 포국 예

① 포국 예 1

2024년 12월 29일(음력) 未時

丁	丁	丁	甲
未	酉	丑	辰

乙 己	壬丁 ③	辛 乙
丁 戊	庚	丙 壬 **驚門(정위)** ①
己 癸 ②	戊 丙 ④	癸 辛

정미시(丁未時)의 순수는 갑진임(甲辰壬)이다.
임(壬)이 앉아 있는 궁은 태궁으로 정위치 팔문은 경문(驚門)이다.

양둔국이므로 갑진(甲辰) - 을사(乙巳) - 병오(丙午) - 정미(丁未) 순서로 세 걸음 양둔 순행하면 감궁에 닿고 이 자리에 경문(驚門)을 포국시킨다.

음양둔 구분 없이 팔문 순서대로 경문(驚門), 개문(開門), 휴문(休門), 생문(生門), 상문(傷門), 두문(杜門), 경문(景門), 사문(死門)로 좌전 순행하여 포국한다.

<팔문 포국 예 1>

乙 己 生門	壬 丁 傷門	辛 乙 杜門
丁 戊 休門	庚	丙 壬 景門
己 癸 開門	戊 丙 **驚門**	癸 辛 死門

② **포국 예 2**

양둔 9국 임신시(壬申時)일 경우 순수는 갑자무이고, 리궁에 위치하여 정위치의 팔문은 경문(景門)이 된다.

임신시까지 순행하여 헤아리면 간궁에 경문을 포국하여 좌전순행시킨다.

壬 驚門	戊 開門	庚 休門
辛 死門	癸	丙 生門
乙 **景門**	己 杜門	丁 傷門

4장. 팔장(八將)

1. 개념

 직부팔장(直符八將)은 기문에서 8개의 신장(神將)을 말하는데 줄여서 팔장(八將)이라 한다. 기문에서는 팔장을 보필하는 기운이라고 해석하는데, 십이운성·신살과 연계하여 각 구궁의 상인(象人)인 팔문(八門)을 보조적으로 보필한다.

 기문에서는 양둔과 음둔을 구별한 총 10개의 신장에서 8개의 신장을 쓰기 때문에 팔장이라 한다.

<기문 팔장>

양둔	직부(直符), 등사(螣蛇), 태음(太陰), 육합(六合), 구진(勾陳), 주작(朱雀), 구지(九地), 구천(九天)
음둔	직부(直符), 등사(螣蛇), 태음(太陰), 육합(六合), 백호(白虎), 현무(玄武), 구지(九地), 구천(九天)

 단, 시가팔문(時家八門)에서는 음둔팔장(陰遁八將)만 사용하여 포국하기 때문에, 양둔팔장(陽遁八將) 중 '구진'과 '주작'을 쓰지 않고 '백호'와 '현무'로 포국한다.

2. 종류

① 직부(直符)

 영수지신(領袖之神)으로 육갑(六甲)에 속한 모든 신(神)의 원수(元首)이며, 지극히 높고, 존귀한 길신으로서 화기(火氣)에 속한다. 모든 흉액을 소멸시키는 별로서, 영도자·통수권자·귀인·장자 등을 상징하고,

태백 경금(庚金)을 가장 꺼린다. 사물로는 철물, 금은, 재백, 보물 등을 상징한다. 삼기(丁丙乙)와 삼길문(개문·생문·휴문)과 동궁하고 길격을 이루면 직부는 만사형통과 고귀함을 나타낸다.

② 등사(螣蛇)

허모지신(虛耗之神)으로 겉은 부드럽고, 온화하지만 실은 독선적이고, 변동을 많이 갖는 흉신이다. 주로 공포, 괴이함, 추잡함, 요사(妖邪), 영적인 일, 신비주의 등과 관련한다. 매사에 충동적, 우발적으로 대치하고, 변화무쌍한 신으로서 불성실, 거짓, 사기, 질병 등을 일으킨다. 육친궁에 있으면 흉하고 경황스럽고 놀랄만한 말을 듣고 질병의 우려가 있다.

③ 태음(太陰)

음우지신(陰佑之神)으로 은닉하고 암장을 주관하고, 부부간의 은밀한 일, 기만하는 일과 음사(陰私)를 관장한다. 태음은 은둔한 귀인이며 직부는 명현적 귀인이다. 일간에 있으면 길하나 재궁(財宮)에 있으면 음란, 사통의 우려가 있다. 점사에서 태음은 계획, 계략, 술수, 이성과의 음란한 일, 간음 등의 상의를 보인다.

④ 육합(六合)

호위지신(護衛之神)으로 평화·화합·교역·혼인·연회 등을 주관하는 온화하고 부드럽고 화합의 신이다. 태음(太陰)과 비슷한 성격을 갖고 있다. 육합이 임한 방위로 담판이나 교역·혼인 등에 길하다.

⑤ 백호(白虎)

강맹지신(剛猛之神)으로 서방(酉方)을 지배하는 경금(庚金)의 신(神)이다. 살상·투쟁·전쟁·소송·질병·횡포·포악함을 주관하는 혈광지사(血光之事) 흉신이다. 일간, 육친궁에 있으면 질병, 상해 등의 흉사가 있다.

⑥ 현무(玄武)

도적지신(盜賊之神)으로 북방(北方)의 수신(水神)이다. 도적·사기·음모·도망·공포·질병·사악함 등을 주관하는 흉신이다. 일간에 있으면 도적지심이 있고 간사하며 관귀궁(官鬼宮)에 있으면 질병을 유발한다. 재궁(財宮)에 있으면 오히려 길하다.

⑦ 구지(九地)

견뇌지신(堅牢之神)으로 팔방(八方)을 지배하는 반흉반길(半凶半吉)의 신(神)이다. 주로 근신·침묵·고사(古事)·여인·매장 등의 일을 주관한다. 일간에 있으면 중후하고 온화하고 모사와 재능이 뛰어나나 지나치면 공상이 많고, 재궁에 있으면 평온하고 길하다.

⑧ 구천(九天)

위한지신(威悍之神)으로 강렬하고 활동적인 신이다. 주로 문서·인신(印信)·화재·정직·순리·강건·권위 등을 관장한다. 격의 길흉에 따라 길흉 역할이 바뀌는 반길반흉(半吉半凶)의 신이다. 구천 방위는 큰 계획을 도모함에 이롭다. 일간궁에 있으면 강직함으로 화를 초래할 경우가 있다.

3. 팔장포국

홍국기문(洪局奇門)에서의 팔장(八將)은 양둔(陽遁)과 음둔(陰遁)에 따라 다르게 붙인다. 그러나 시가기문(時家奇門)에서는 음·양둔(陰·陽遁)의 구분 없이 음둔팔장만 사용한다. 즉, 구진과 주작을 사용하지 않기에 주의가 필요하다.

사주의 시간(時干)에 해당하는 지반육의삼기가 위치한 궁에 직부(直符)를 붙이고 양둔절인 경우 좌전순행(左轉順行), 음둔절인 경우 우전역행(右轉逆行)하여 직부(直符)·등사(螣蛇)·태음(太陰)·육합(六合)·백호(白

虎)·현무(玄武)·구지(九地)·구천(九天) 순으로 포국한다.

단, 시간에 해당하는 지반육의삼기가 입중하면 그 지반이 곤궁(坤宮)에 있는 것으로 간주하여 곤궁에 직부를 붙이고 나머지 팔장을 순행하여 부포(附佈)한다.

시간이 갑(甲)이면 시주의 순수(旬首)에 직부를 붙인다. 갑자시(甲子時)에는 무(戊)에, 갑술시(甲戌時)에는 기(己)에, 갑신시(甲申時)에는 경(庚)에, 갑오시(甲午時)에는 신(辛)에, 갑진시(甲辰時)에는 임(壬)에, 갑인시(甲寅時)에는 계(癸)에 붙인다.

4. 포국 예

① 포국 예 1 - 양둔 9국 계묘일 정사시(丁巳時)

乙 壬 白虎	辛 戊 玄武	壬 庚 九地
己 辛 六合		戊 丙 九天
丁 乙 太陰	丙 己 騰蛇	癸 丁 ← 直符

시간(時干)이 정(丁)이므로 지반 육의삼기 정(丁)이 자리한 건궁(乾宮)에서 직부(直符)를 시작한다. 양둔국이므로 좌전순행하여 순차적으로 부포한다.

② 포국 예 2 - 음둔 4국 갑진일 기사시(己巳時)

壬 戊 九天	庚 壬 九地	丁 庚 玄武
戊 己 直符 ↓		丙 丁 白虎
己 癸 騰蛇	癸 辛 太陰	辛 丙 六合

시간(時干)이 기(己)이므로 지반 육의삼기 기(己)가 자리한 태궁(兌宮)에서 직부(直符)를 시작한다. 음둔국이므로 우전역행하여 순차적으로 부포한다.

③ 포국 예 3 - 양둔 7국 임신일 갑진시(甲辰時)

丁 丁 九地	庚 庚 九天	壬 壬 直符 ↓
癸 癸 玄武		戊 戊 騰蛇
己 己 白虎	辛 辛 六合	乙 乙 太陰

시간(時干)이 갑(甲)이므로 지반 육의삼기 중 갑진(甲辰)의 순수 임(壬)이 자리한 곤궁(坤宮)에서 직부(直符)를 시작한다. 양둔국이므로

좌전순행하여 순차적으로 부포한다.

④ 포국 예 4 – 음둔 7국 을해일 갑신시(甲申時)

辛 辛 太陰	丙 丙 螣蛇	癸 癸(庚) ← 直符
壬 壬 六合	庚 ↗	戊 戊 九天
乙 乙 白虎	丁 丁 玄武	己 己 九地

시간(時干)이 갑(甲)이므로 지반 육의삼기 중 갑신(甲辛)의 순수 경(庚)가 자리한 곤궁(坤宮)에서 직부(直符)를 시작한다. 음둔국이므로 우전역행하여 순차적으로 부포한다.

5장. 구성(九星)

1. 천봉구성(天蓬九星)

(1) 의미와 종류

기문둔갑과 풍수지리와 같이 시간과 공간의 입체적인 영향을 분석하는 역학에서는 천(天), 인(人), 지(地) 개별인자가 인간에게 미치는 영향 및 요소들의 상호작용이 어떻게 우리에게 영향을 미치는지를 중요 연구 대상으로 하고 있다. 인(人)에 해당하는 팔문, 지(地)에 해당하는 팔괘와 더불어 천(天)에 해당하는 구성의 의미를 이해하고 해석하는 것이 그래서 중요하다.

옛 선현들은 별들이 운행하는 것을 관찰하여 천체운동과 별자리를 근거해 국가, 사회 또는 개인의 모든 일에 영향을 미치고 있다고 인식했는데 그중 대표적인 아홉 개 별을 선택, 지상의 구궁 팔괘와의 대응 관계를 구별해 놓았다.

<구성의 종류>

- 천봉(天蓬): 일명 탐랑(貪狼)으로, 감1궁에 배치되고, 오행은 수이다.
- 천임(天任): 일명 좌보(左輔)로, 간8궁에 배치되고, 오행은 토이다.
- 천충(天衝): 일명 녹존(祿存)으로, 진3궁에 배치되고, 오행은 목이다.
- 천보(天甫): 일명 문곡(文曲)으로, 손4궁에 배치되고, 오행은 목이다.
- 천영(天英): 일명 우필(右弼)로, 리9궁에 배치되고, 오행은 화이다.

- 천예(天芮): 일명 거문(巨門)으로, 곤2궁에 배치되고, 오행은 토이다.
- 천주(天柱): 일명 파군(破軍)으로, 태7궁에 배치되고, 오행은 금이다.
- 천심(天心): 일명 무곡(武曲)으로, 건6궁에 배치되고, 오행은 금이다.
- 천금(天禽): 일명 염정(廉貞)으로, 중5궁에 배치되고, 오행은 토이다.

<구성과 팔괘의 정위치(定位置)>

천보(天甫) 木 陽星	천영(天英) 火 陰星	천예(天芮) 土 陰星
천충(天沖) 木 陽星	천금(天禽) 土 陽星	천주(天柱) 金 陰星
천임(天任) 土 陰星	천봉(天蓬) 水 陽星	천심(天心) 金 陰星

(2) 천봉구성의 내용

① 천봉성(天蓬星)

원명(原命)은 탐랑성(貪狼星)이며 북방의 감괘와 대응하는데 양성(陽星)이고 오행으로는 수(水)에 속한다. 겨울에 왕하니 한냉하고 음을 좋아하고 양을 해치기 때문에 사람들은 천봉성을 도적의 출몰과 관계가 있다고 생각하여 흉성(凶星) 또는 도성(盜星)이라 한다. 천봉성이 감궁(坎宮)에 임하면 성의 축성, 수리하거나 토목공사, 진지 구축에는 길하나 그 외의 일은 흉하다. 점사에서의 천봉성은 도둑, 관재구설, 사기, 혼란, 분란, 파국, 소송 등의 일이 발생하는 것으로 해석된다.

② 천임성(天任星)

원명은 좌보성(左輔星)이며 동북방 팔궁(八宮)의 간괘(艮卦)와 서로 대응하는 음성(陽星)이며 오행으로는 토(土)에 속한다. 사람들은 그는 만물을 생할 수 있고 또 봄에는 만물이 움터 올라오는 때라고 생각하기 때문에 길성(吉星)이라고 부른다. 천임성이 토궁(土宮)에 앉으면 국가적인 대사, 도적 소탕, 백성의 교화에 길할 뿐 아니라, 재운이 대통하고 적의 침입이 없는 대길성(大吉星)이다. 점사에서의 천임성은 나아감과 물러남을 알고 기회를 잘 포착하며 개혁변동에 능하며, 구직, 청탁, 이사, 혼인 등에 길하다고 해석한다.

③ 천충성(天沖星)

원명은 녹존성(祿存星)이며 동방 삼궁(三宮)의 진괘(震卦)와 서로 대응하는데 양성(陽星)이고 오행으로는 목(木)에 속한다. 활동성, 추진력, 민첩성 등을 의미하는 소길성(小吉星)이다. 천충성이 정위(定位)인 진궁(震宮)에 임하면 공격, 이사, 매매에는 길하나 그 외에는 그렇지 않다.

④ 천보성(天甫星)

원명은 문곡성(文曲星)이며 동남방 사궁(四宮)의 손괘(巽卦)와 서로 대응하는데 양성(陽星)이고 오행으로는 목(木)에 속한다. 문곡성이므로 문화 및 교육사업과 관계가 있는 대길성(大吉星)이다. 천보성이 손궁(巽宮)에 임하면 출행, 축재, 사업, 인사, 청탁, 결혼 등에 길하고 귀인의 도움이 있다. 점사에서 흉문 흉괘이면 사치, 호사에 빠져 곤란을 겪을 수도 있는 것으로 해석하기도 한다.

⑤ 천영성(天英星)

원명은 우필성(右弼星)이며 남방 구궁(九宮)의 리괘(離卦)와 서로 대응하는 음성(陰星)이며, 오행으로는 화(火)에 속한다. 천영성은 성질이 급하고 쉽게 강폭해지며, 쉽게 타오르나 쉽게 꺼지기에 무리한 확장, 공격에 따른 실패를 가져오는 소흉성(小凶星)으로 본다. 천영성이 리궁(離宮)에 임하면 모사와 계책, 귀인을 만나는 일 등에는 좋지만 구재(求財)나 고시, 혼인, 이사 등에는 좋지 않다.

⑥ 천예성(天芮星)

원명(原命)은 거문성(巨門星)이며 서남방 곤궁과 대응하는데 음성(陰星)이고 오행으로는 토에 속한다. 천예성은 팔문 중 사문(死門)과 서로 대응하기 때문에 천예성은 질병을 의미하는 병성(病星)이며 흉성(凶星)이다. 점사에서는 질병, 도난, 구설, 수술, 이간질, 손재를 뜻하고, 신수국에서 천예성이 생왕하거나 길문과 동궁하면 임신을 의미하기도 한다.

천예성이 곤궁에 있다면 스승에게 학문을 배우거나 친구와의 교제, 진지에 주둔하며 진영을 지키는 일에는 길하다.

⑦ 천주성(天柱星)

원명은 파군성(破軍星)이며 서방 칠궁(七宮)의 태괘(兌卦)와 서로 대응하는 음성(陰星)이며 오행은 금(金)이다. 천주성은 금기(金氣)를 띄고 가을의 숙살지기를 맡고 있으므로 죽이는 것과 싸움하기 좋아하며 놀람과 두려움과 괴이한 일, 파괴, 훼손 등과 관련이 있는 흉성(凶星)이다. 천주성은 재물 손실, 질병, 모략, 살기 등을 의미하며 도망자 체포, 제사에는 길하나 입관, 이사, 상거래, 매매 등에는 흉하다고 본다.

⑧ 천심성(天心星)

원명은 무곡성(武曲星)이며 서북방 육궁(六宮) 건괘(乾卦)와 서로 대응하는 음성(陰星)이며, 오행으로는 금(金)에 속한다. 천심성은 동(動)할 수도, 정(靜)할 수도 있고, 계획을 세우는 일, 약자를 돕는 일, 악을 응징하는 일에 능하다고 여긴다. 적극적이며 창의적인 일에 길하며, 군사, 병사 지위, 병의 치료 등에 길한 대길성(大吉星)이다.

⑨ 천금성(天禽星)

원명은 염정성(廉貞星)이며 중앙 오궁(五宮)과 서로 대응하는 양성(陽星)이며 오행으로는 토(土)에 속한다. 만물을 생하고 중궁은 둔갑원수(遁甲元帥)가 직부(直符)하는 자리이므로 대길성(大吉星)이라 부른다. 천금성이 중앙에 임하면 모든 일에 길하다.

(3) 포국 방법

사주의 시주(時柱) 순수(旬首)가 지반(地盤)에 앉은 구궁(九宮)의 정위(定位)의 구성(九星)이 천반(天盤) 순수를 따라간다. 지반은 과거, 천반은 현재를 상징하기 때문에 시 순수가 있는 지반에서 순수가 천반 어디로 이동했는지가 기준점이 된다.

가령 순수 무(戊)가 진궁(震宮) 지반에 있는데, 천반 무(戊)는 곤궁(坤宮)에 있다면 진궁 자리의 원래 구성인 천충성이 과거에서 현재로 날아가 천반 무(戊)가 있는 곤궁에 있게 되는 이치이다. 곤궁에 자리한 천충성부터 시계 방향으로 좌전순행하여 천봉(天蓬)·천임(天任)·천충(天沖)·천보(天甫)·천영(天英)·천예(天芮)·천심(天心)·천금성(天禽星) 순서대로 부포한다.

또 다른 포국 방법은 감궁(坎宮)의 지반(地盤) 육의삼기(六儀三奇)와 동일한 천반(天盤) 육의삼기궁을 찾아 그 궁부터 천봉성을 시작으로 좌전순행하여 차례로 부포한다. 결과는 당연히 상기 방법과 같게 포국된다.

다만, 사주의 시 순수에 해당하는 지반육의삼기가 입중(入中)되면 천예(天芮)를 입중시키고 천금(天禽)이 천반(天盤) 시주 순수 궁에 붙는다. 천금이 앉은 궁부터 천금·천주·천심·천봉·천임·천충·천보·천영 순서로 좌전순행하여 부포한다.

곧 천금(天禽)은 시 순수가 입중되었을 때 외에는 구궁(九宮)에 나타나지 않는다. 물론 천반육의삼기의 부법처럼 순복음·반복음이면 구성이 원래 자리에 그대로 위치한다.

(4) 포국 예

① 포국 예 1

양둔 3국 경오시(庚午時)

丙 己	癸 丁	戊 (순수) 乙
辛 戊 (순수) 정위: 천충성↗	庚	己 壬
壬 癸	乙 丙	丁 辛

丙 己 천봉성	癸 丁 천임성	戊 乙 **천충성**
辛 戊 천심성	庚 천금성	己 壬 천보성
壬 癸 천주성	乙 丙 천예성	丁 辛 천영성

경오시(庚午時)의 순수(旬首)는 갑자무(甲子戊)이다.

무(戊)의 지반육의는 진궁(震宮)에 앉았다. 진궁의 정위(定位) 천봉구성은 천충성(天沖星)이다. 순수 갑자무가 앉은 천반육의 자리는 곤궁(坤宮)이다.

정위의 천봉구성은 순수가 이동한 천반육의삼기 자리로 날아가 붙는다고 하였으니, 곤궁에서 앉게 된다. 즉 곤궁이 천충성의 자리이고 그 자리에서 시계 방향으로 천충(天沖)·천보(天甫)·천영(天英)·천예(天芮)·천심(天心)·천금성(天禽)·천봉(天蓬)·천임(天任) 순서대로 부포한다.

감궁(坎宮) 지반 육의삼기는 병(丙)으로 동일한 천반은 손궁(巽宮)에 앉았다. 손궁부터 천봉(天蓬)·천임(天任)·천충(天沖)·천보(天甫)·천영(天英)·천예(天芮)·천심(天心)·천금성(天禽星)으로 부포해도 결과는 같게 된다.

② 포국 예 2 – 시 순수가 입중

양둔 3국 갑신시(甲申時)

己 己	丁 丁	乙 (庚) 乙 (庚) ↙정위: 천예성		己 己 천보성	丁 丁 천영성	乙 乙 천금성
戊 戊	**庚** **(순수)**	壬 壬		戊 戊 천충성	庚 천예성	壬 壬 천주성
癸 癸	丙 丙	辛 辛		癸 癸 천임성	丙 丙 천봉성	辛 辛 천심성

갑신시(甲辛時)의 순수(旬首)는 갑신경(甲辛庚)이다. 경(庚)의 지반육의는 입중(入中)하여 천예(天芮)를 입중시키고 천금(天禽)이 시주(時柱) 천간 순수 자리에 앉는다. 천반 순수 경(庚)은 곤궁에 있으니, 천금성

은 곤궁에 앉게 된다. 천금이 앉은 궁부터 천금·천주·천심·천봉·천임·천충·천보·천영 순서로 좌전순행하여 부포한다.

③ 포국 예 3 - 시 순수가 입중

양둔 1국 병오시(丙午時) - 병오(丙午)의 순수는 임(壬)

癸 辛	戊 乙	丙 己 (壬)
丁 庚	**壬**	庚 丁
壬 丙	乙 戊	辛 癸

천심	천봉	천임
천주		천충
천금	천영	천보

2. 태을구성(太乙九星)

(1) 의미와 종류

태을구성(太乙九星)이란 9개의 별로 지구 자전운동에 따라 1일에 1궁씩 이동하는 일주(日株) 중심으로 운행한다. 홍연진결(洪烟眞訣)에는 태을구성법이 없고 중국 고대 기문둔갑금함옥경(奇門遁甲金函玉境)에 기재되어 있다. 태을(太乙)·섭제(攝堤)·헌원(軒轅)·초요(招搖)·천부(天符)·청룡(靑龍)·함지(咸池)·태음(太陰)·천을(天乙) 순서로 양둔 순행, 음둔 역행한다.

<태을구성의 정위(定位)>

❹ 초요(招搖) 木	❾ 천을(天乙) 火	❷ 섭제(攝堤) 土
❸ 헌원(軒轅) 木	❺ 천부(天符) 土	❼ 함지(咸池) 金
❽ 태음(太陰) 土	❶ 태을(太乙) 水	❻ 청룡(靑龍) 金

(2) 태을구성의 내용

- 태을(太乙): 감궁(坎宮) 수성(水星), 길성으로 모든 일에 귀인의 도움을 받는다. 일이 성취된다.

- 섭제(攝堤): 곤궁(坤宮) 토성(土星), 흉성으로 소란을 주도하는 별이다. 소동, 사고가 따르며 재난이 발생한다. 사문(死門)과 함께하면 흉은 배가된다. 저장하고 은닉하는 일은 길하다.

- 헌원(軒轅): 진궁(震宮) 목성(木星), 평성(平星)으로 분류되나 도적과 관재(官災)가 따른다. 어렵고 불안정하다. 일은 얽히고설키고 추구하는 일은 지지부진해진다.

- 초요(招搖): 손궁(巽宮) 목성(木星), 흉성으로 쟁투(爭鬪)와 불성(不成)을 주도한다. 투쟁, 음해가 따르고 추구하는 일은 결과가 따르지 않는다.

- 천부(天符): 중궁(中宮) 토성(土星), 흉성으로 질액(疾厄)과 구설(口舌)이 따른다.

- 청룡(靑龍): 건궁(乾宮) 금성(金星), 길성으로 모든 일에 길하게 작용한다. 매매와 투자에 길하며 경영하는 일에 큰 이익이 온다. 추구하는 일은 성취되며 축재(蓄財)한다. 만사형통이다.

- 함지(咸池): 태궁(兌宮) 금성(金星), 흉성이며 관재구설 및 질병을 주관한다.

- 태음(太陰): 간궁(艮宮) 토성(土星), 길성으로 숨은 기운의 도움을 주사하는 구성이다. 귀인의 도움이 있으며 경사가 발생한다. 이성과의 관계도 좋아진다.

- 천을(天乙): 리궁(離宮) 화성(火星), 길성이며 모든 일에 크게 길한 기운을 이끈다. 만사 순조롭고 하늘의 은혜를 입는다. 재물이 발생하고, 출세, 성공하며 직장에서 영전하는 기운이 강하다.

(3) 포국 방법

사주의 일주(日柱) 순수(旬首)를 확인하여 양·음둔에 따라 순수가 시작되는 궁을 찾는다. 순수가 앉은 궁을 낙재궁(落在宮)이라 하는데, 양둔(陽遁)이면 구궁 순행, 음둔(陰遁)이면 구궁 역행하여 순수부터 일주(日柱)까지 구궁을 헤아려 일주가 자리한 궁을 찾는다.

태을 순수 배치표-양둔			태을 순수 배치표-음둔		
❹ 甲寅癸	❾ 甲戌己	❷ 甲午辛		❾ 甲申庚	❷ 甲子戊
❸ 甲辰壬					❼ 甲辰壬
❽ 甲子戊	❶ 甲申庚		❽ 甲午辛	❶ 甲戌己	❻ 甲寅癸

일주가 을미일(乙未日)이라면 일주의 순수는 갑오신(甲午辛)이 되

고, 갑오신은 곤궁에서 출발한다. 갑오(甲午) - 을미(乙未) 순으로 진행하니 곤궁이 갑오(甲午)이면 일주 을미(乙未)는 진궁(震宮)이 된다.

일주(日柱)에 해당하는 궁을 시작궁으로 하여 태을(太乙)·섭제(攝堤)·헌원(軒轅)·초요(招搖)·천부(天符)·청룡(青龍)·함지(咸池)·태음(太陰)·천을(天乙) 순서로 구궁 운행하여 포국한다.

단, 양둔일주는 간궁부터 순행하는 양둔정위표를, 음둔일주는 곤궁부터 역행하는 음둔정위표를 참고한다.

(4) 포국 예

① 포국 예 1 – 양둔

을미일(乙未日) 임오시(壬午時)- 일주 순수는 갑오신(甲午辛)

		↙❷ 甲午 (일주 순수)	丙 己 ❹ 섭제	癸 丁 ❾ 함지	戊 乙 ❷ 천을
❸ 乙未 (태을 시작)			辛 戊 ❸ 태을↑	庚 ❺ 헌원	己 壬 ❼ 천부
			壬 癸 ❽ 청룡	乙 丙 ❶ 태음	丁 辛 ❻ 초요

일주(日柱) 순수는 갑오신(甲午辛)이고 양둔이므로 곤궁(坤宮)이 시작점이다.

갑오(甲午) - 을미(乙未) 순으로 진행하니 곤궁이 갑오(甲午)이면 일주 을미(乙未)는 진궁(震宮)에 해당된다.

진궁부터 태을(太乙)·섭제(攝堤)·헌원(軒轅)·초요(招搖)·천부(天符)·청룡(青龍)·함지(咸池)·태음(太陰)·천을(天乙) 순서로 구궁 순행하여 순서대로 부포한다.

② 포국 예 2 – 양둔

경오일(庚午日) 갑신시(甲申時) – 순수는 갑자무(甲子戊)

❹ 己巳	❾ 乙丑	❷ 丁卯
❸ 戊辰	❺ 庚午 (태을 시작)	
❽ 甲子↗ (일주 순수)	❶ 丙寅	

辛 辛 ❹ 천을	乙 乙 ❾ 천부	己 己 ❷ 함지
庚 庚 ❸ 태음	❺ 태을↘	丁 丁 ❼ 헌원
丙 丙 ❽ 초요	戊 戊 ❶ 청룡	癸 癸 ❻ 섭제

일주(日柱) 순수는 갑자무(甲子戊)이고 양둔이므로 간궁(艮宮)이 시작점이다.

갑자(甲子)–을축(乙丑)–병인(丙寅)–정묘(丁卯)–무진(戊辰)–기사(己巳)–경오(庚午) 순으로 진행하니 간궁이 갑자(甲子)이면 일주 경오(庚午)는 중궁(中宮)에 해당된다.

중궁부터 태을(太乙)·섭제(攝堤)·헌원(軒轅)·초요(招搖)·천부(天符)·청룡(青龍)·함지(咸池)·태음(太陰)·천을(天乙) 순서로 구궁 순행하여 순서대로 부포한다.

③ 포국 예 3 - 음둔

정축일(丁丑日) 무신시(戊申時) - 순수는 갑술기(甲戌己)

	❾ 乙亥	❼ 丁丑 (태을 시작)
❽ 丙子	❶ 甲戌 ↑	

丙 己 ❹ 초요	乙 癸 ❾ 태음	壬 辛 ❷ 청룡
辛 庚 ❸ 천부	戊 ❺ 헌원	丁 丙 ❼ 태을
癸 丁 ❽ 천을	己 壬 ❶ 함지	庚 乙 ❻ 섭제

일주(日柱) 순수는 갑술기(甲戌己)이고 음둔이므로 감궁(坎宮)이 시작점이다.

갑술(甲戌)-을해(乙亥)-병자(丙子)-정축(丁丑) 순으로 구궁 역행하여 진행하니 감궁이 갑자(甲戌)이면 일주 정축(丁丑)는 태궁(兌宮)에 해당된다.

태궁부터 태을(太乙)·섭제(攝堤)·헌원(軒轅)·초요(招搖)·천부(天符)·청룡(靑龍)·함지(咸池)·태음(太陰)·천을(天乙) 순서로 구궁 역행하여 순서대로 부포한다.

④ 포국 예 4 – 음둔

갑신일(甲申日) 갑술시(甲戌時)- 순수는 갑신경(甲申庚)

	❾ 甲辛 (태을 시작)		乙 乙 ❹ 청룡	辛 辛 ❾ 태을	己 己 ❷ 태음
			戊 戊 ❸ 함지	丙 ❺ 천부	癸 癸 ❼ 헌원
			壬 壬 ❽ 섭제	庚 庚 ❶ 천을	丁 丁 ❻ 초요

일주(日柱) 순수는 갑신경(甲辛庚)이고 음둔이므로 리궁(離宮)이 시작점이다.

순수 갑신(甲辛)이 곧 일주가 되므로 리궁에서부터 태을(太乙)·섭제(攝堤)·헌원(軒轅)·초요(招搖)·천부(天符)·청룡(靑龍)·함지(咸池)·태음(太陰)·천을(天乙) 순서로 구궁 역행하여 순서대로 부포한다.

상기 포국 방법이 어렵거나 포국의 시간을 단축하기 위해 태을구성양둔조견표를 사용하면 태을구성포국이 간편하다.

(5) 구성조견표(九星早見表)

<양둔조견표(陽遁早見表)>

甲 癸 壬 辛 庚 己 戊		
子 酉 午 卯 子 酉 午		
靑龍	攝提	招搖
天符	咸池	天乙
太乙	軒轅	太陰

乙 甲 癸 壬 辛 庚 己		
丑 戌 午 辰 丑 戌 未		
天符	太乙	軒轅
招搖	靑龍	太陰
天乙	攝提	咸池

丙 乙 甲 癸 壬 辛 庚		
寅 亥 申 巳 寅 亥 申		
招搖	天乙	攝提
軒轅	天符	咸池
太陰	太乙	靑龍

丁 丙 乙 甲 癸 壬 辛		
卯 子 酉 午 卯 子 酉		
軒轅	太陰	太乙
攝提	招搖	靑龍
咸池	天乙	天符

戊 丁 丙 乙 甲 癸 壬		
辰 丑 戌 未 辰 丑 戌		
攝提	咸池	天乙
太乙	軒轅	天符
靑龍	太陰	招搖

己 戊 丁 丙 乙 甲 癸		
巳 寅 亥 申 巳 寅 亥		
太乙	靑龍	太陰
天乙	攝提	招搖
天符	咸池	軒轅

庚 己 戊 丁 丙 乙		
午 卯 子 酉 午 卯		
天乙	天符	咸池
太陰	太乙	軒轅
招搖	靑龍	攝提

辛 庚 己 戊 丁 丙		
未 辰 丑 戌 未 辰		
太陰	招搖	靑龍
咸池	天乙	攝提
軒轅	天符	太乙

壬 辛 庚 己 戊 丁		
申 巳 寅 亥 申 巳		
咸池	軒轅	天符
靑龍	太陰	太乙
攝提	招搖	天乙

<음둔조견표(陰遁早見表)>

甲 癸 壬 辛 庚 己 戊		
子 酉 午 卯 子 酉 午		
太陰	軒轅	太乙
天乙	咸池	天符
招搖	攝提	青龍

乙 甲 癸 壬 辛 庚 己		
丑 戌 午 辰 丑 戌 未		
咸池	攝提	天符
太陰	青龍	招搖
軒轅	太乙	天符

丙 乙 甲 癸 壬 辛 庚		
寅 亥 申 巳 寅 亥 申		
青龍	太乙	太陰
咸池	天符	軒轅
攝提	天乙	招搖

丁 丙 乙 甲 癸 壬 辛		
卯 子 酉 午 卯 子 酉		
天符	天乙	咸池
青龍	招搖	攝提
太乙	太陰	軒轅

戊 丁 丙 乙 甲 癸 壬		
辰 丑 戌 未 辰 丑 戌		
招搖	太陰	青龍
天符	軒轅	太乙
天乙	咸池	攝提

己 戊 丁 丙 乙 甲 癸		
巳 寅 亥 申 巳 寅 亥		
軒轅	咸池	天符
招搖	攝提	天乙
太陰	青龍	太乙

庚 己 戊 丁 丙 乙		
午 卯 子 酉 午 卯		
攝提	青龍	招搖
軒轅	太乙	太陰
咸池	天符	天乙

辛 庚 己 戊 丁 丙		
未 辰 丑 戌 未 辰		
太乙	天符	軒轅
攝提	天乙	咸池
青龍	招搖	太陰

壬 辛 庚 己 戊 丁		
申 巳 寅 亥 申 巳		
天乙	招搖	攝提
太乙	太陰	青龍
天符	軒轅	咸池

6장. 직부(直符), 직사(直使), 천을(天乙)

직부(直符), 직사(直使), 천을(天乙)은 연국기문(煙局奇門에)에서 용신으로 많이 이용된다.

소송점에서는 직부가 원고, 천을이 피고가, 승진점에서는 직부는 상사, 상급기관이 되기도 하고, 대출거래에서는 직부는 채권자, 직사는 채무자가 되기도 한다. 매매점에서는 직부는 매도인, 직사는 매수인이 되기에 직부, 직사, 천을을 정확한 이해가 필요하다.

직부, 직사, 천을은 시가기문(時家奇門)의 핵심으로 점사 길흉의 시발점이 되기 때문이다.

1. 직부(直符) 및 천을(天乙)

(1) 개념

직부는 점사시의 사주에서 시주(時柱)의 지반 순수(旬首)가 임해있는 정위(定位) 천봉구성(天蓬九星)을 말한다. 천을(天乙)은 직부(直符)가 앉은 궁의 정위(定位) 구성이 자리한 궁을 말한다.

<천봉구성 정위(定位)>

천보(天甫)	천영(天英)	천예(天芮)
천충(天沖)	천금(天禽)	천주(天柱)
천임(天任)	천봉(天蓬)	천심(天心)

(2) 직부궁, 천을궁 포국 예

① 포국 예 1 - 양둔국

양둔 2국 경오시(庚午時)라면 다음과 같이 지반육의삼기가 포국된다.

<양둔 2국 경오시 지반육의삼기>

庚	丙	戊 旬首
己	辛	癸
丁	乙	壬

경오시는 갑자순(甲子旬)이므로 순수(旬首)는 무(戊)가 된다. 무(戊)는 곤궁(坤宮)에 임하였기에, 곤궁의 정위(定位) 천봉구성인 천예성(天芮星)이 비도(飛到) 궁인 곤궁이 직부궁(直符宮)이 된다.

<양둔 2국 경오시 直符宮>

直符 天芮 庚	天柱 丙	天心 戊(辛)旬首
天英 己	辛	天蓬 癸
天甫 丁	天沖 乙	天任 壬

직부(直符)가 앉은 궁인 곤이궁의 정위(定位) 천봉구성은 천보성(天甫星)이다. 양둔 2국에서 천보성은 간팔궁(艮八宮)에 앉았기에 간궁(艮宮)이 천을궁(天乙宮)이 된다.

<양둔 2국 경오시 天乙宮>

直符 天芮 庚	天柱 丙	天心 戊(辛)旬首
天英 己	辛	天蓬 癸
天乙 天甫 丁	天冲 乙	天任 壬

② 포국 예 2 – 음둔국

음둔 1국 을유시(乙酉時)라면 다음과 같이 지반육의삼기가 포국된다.

丁	己	乙
丙	癸	辛
庚 旬首	戊	壬

天心 丁	天蓬 己	**直符 天任** 乙(癸)
天柱 丙	癸	天冲 辛
天乙 天芮 庚	天英 戊	天甫 壬

을유시는 갑신순(甲申旬)이므로 순수(旬首)는 경(庚)가 된다. 경(庚)은 간팔궁(艮八宮)에 자리하였으므로 간팔궁의 정위(定位) 천봉구성은 천임성(天任星)이 된다. 천임성이 음둔 1국에 곤이궁(坤二宮)에 비도(飛到)되었으므로, 곤이궁이 직부궁(直符宮)이 된다. 곤궁의 정위(定位) 구성은 천예성(天芮星)이므로 천예성이 떨어진 간궁(艮宮)이 천을궁(天乙宮)이다.

③ 포국 예 3 – 순수 입중 사례

양둔 1국 병오시(丙午時)인 경우이다. 병오시는 갑진순(甲辰旬)으로 순수는 임(壬)이 된다. 순수 임(壬)이 입중(入中)되었다.

辛	乙	己
庚	壬 旬首	丁
丙	戊	癸

天心 辛	天蓬 乙	**天乙** **天壬** 己(壬)
天柱 庚	天芮 壬	天沖 丁
直符 **天禽** 丙(時干)	天英 戊	天甫 癸

시주(時柱) 순수(旬首)가 입중(入中)하여 천금성(天禽星)이 임한 자리가 직부궁(直符宮)이 되는데, 천봉구성 포국법에서 살펴본 것과 같이, 시주 순수가 입중하면 천예(天芮)가 입중하고 천금(天禽)이 사주의 시간(時干) 위에 붙기 때문에, 시간 병(丙) 위에 천금(天禽)이 날아가 붙은 간팔궁(艮八宮)이 직부궁이 된다.

직부궁(直符宮)이 앉은 간팔궁(艮八宮)의 정위(定位) 천봉구성은 천임성(天任星)이니, 천임성이 비도(飛到)된 곤이궁(坤二宮)이 천을궁(天乙宮)이 된다.

④ 포국 예 4 – 순수 입중 사례

양둔 1국 임자시(壬子時)인 경우이다.

辛	乙	己
庚	壬 旬首	丁
丙	戊	癸

天甫 辛	天英 乙	**直符** **天禽** 己(壬)
天沖 庚	**天乙** **天芮** 壬 旬首	天柱 丁
天壬 丙	天蓬 戊	天心 癸

시주(時柱) 순수(旬首)가 입중(入中)하여 천금성(天禽星)이 임한 자리가 직부궁(直符宮)이 되는데, 천금성은 시간(時干) 위에 붙으므로 곤이궁(坤二宮)이 직부궁이 된다.

직부궁(直符宮)이 앉은 곤이궁(坤二宮)의 정위(定位) 천봉구성은 천예성(天芮星)이니, 천예성이 비도(飛到) 된 중궁(中宮)이 천을궁(天乙宮)이 된다.

2. 직사(直使)

(1) 개념

직사(直使)는 점사시의 사주에서 시주(時柱)의 지반 순수(旬首)가 임해있는 정위(定位) 팔문(八門)이 앉은 자리의 궁을 말한다. 사(使)란 순수인 직사가 시지(時支)를 따라 특사처럼 일을 수행한다는 뜻이다.

<팔문의 정위(定位)>

두문 (杜門)	경문 (景門)	사문 (死門)
상문 (傷門)		경문 (驚門)
생문 (生門)	휴문 (休門)	개문 (開門)

(2) 직사 포국 예

① 포국 예 1 - 양둔국

양둔 9국 경오시(庚午時)라면 다음과 같이 지반육의삼기가 포국된다.

<양둔 9국 경오시 지반육의삼기>

壬	戊 旬首	庚
辛	癸	丙
乙	己	丁

경오시는 갑자순(甲子旬)이므로 순수(旬首)는 무(戊)가 된다. 무(戊)는 리구궁(離九宮)에 임하였으므로 리궁(離宮)의 정위(定位) 팔문은 경문(景門)이 된다. 경문(景門)이 임한 간팔궁(艮八宮)이 직사궁(直使宮)이 된다.

<양둔 9국 경오시 직사궁>

休門 壬	生門 戊 旬首	傷門 庚
開門 辛	癸	杜門 丙
驚門 乙	死門 己	**直使 景門** 丁

② 포국 예 2 - 음둔국

음둔 6국 병술시(丙戌時)라면 다음과 같이 지반육의삼기가 포국된다.

庚 旬首	丁	壬
辛	己	乙
丙	癸	戊

生門 庚 旬首	傷門 丁	**直使 杜門** 壬
休門 辛	己	景門 乙
開門 丙	驚門 癸	死門 戊

병술시는 갑신순(甲申旬)이므로 순수(旬首)는 경(庚)이 된다. 경(庚)은 손사궁(巽四宮)에 임하였으므로 손사궁의 정위(定位) 팔문은 두문(杜門)이 된다. 음둔 6국에 두문(杜門)은 곤이궁(坤二宮)에 거했다. 곤이궁이 직사궁이 된다.

③ 포국 예 3 – 순수 입중 사례

음둔 5국 병인시(丙寅時)인 경우이다. 병인시는 갑자순(甲子旬)으로 순수는 무(戊)가 된다. 순수 무(戊)가 입중(入中)되었다.

己	癸	辛
庚	戊 旬首	丙
丁	壬	乙

驚門 己	開門 癸	休門 辛
直使 死門 庚	戊 旬首	生門 丙
景門 丁	杜門 壬	傷門 乙

시주(時柱) 순수(旬首)가 입중하면 곤궁에 기탁한다. 곤이궁의 팔문 정위(定位)는 사문(死門)이므로 사문이 앉은 궁이 직사궁(直使宮)이 된다.

7장. 공망(空亡) 및 십이운성(十二運星)

공망(空亡)은 연주(年柱), 월주(月柱), 일주(日柱), 시주(時柱)의 천간 10개의 간지와 결합하지 못한 2개의 지지를 말한다. 공망은 통상 일주와 시주만을 사용한다.

空亡	六旬									
戌亥	甲子	乙丑	丙寅	丁卯	戊辰	己巳	庚午	辛未	壬申	癸酉
申酉	甲戌	乙亥	丙子	丁丑	戊寅	己卯	庚辰	辛巳	壬午	癸未
午未	甲申	乙酉	丙戌	丁亥	戊子	己丑	庚寅	辛卯	壬辰	癸巳
辰巳	甲午	乙未	丙申	丁酉	戊戌	己亥	庚子	辛丑	壬寅	癸卯
寅卯	甲辰	乙巳	丙午	丁未	戊申	己酉	庚戌	辛亥	壬子	癸丑
子丑	甲寅	乙卯	丙辰	丁巳	戊午	己未	庚申	辛酉	壬戌	癸亥

1. 공망(空亡)의 종류

- 일주공망(日柱空亡): 일주기준의 공망, 홍국기문에서 사용
- 시주공망(時柱空亡): 시주기준의 공망, 연국기문에서 사용
- 총공망(總空亡): 중궁 지반수 총괘궁(總卦宮) 공망으로 홍국기문에서 주로 사용
- 거공망(居空亡): 지반 홍국수 정위궁(定位宮)의 공망으로 홍국기문에서 사용(예, 7이 간궁에 앉아 寅이 공망일 때)
- 고허방(孤虛方): 공망과 대충방에 있는 궁을 말한다.

2. 시주공망(時柱空亡)

(1) 시주공망의 의미

연국기문(煙局奇門)은 시시각각 역동적으로 변하는 천인지(天人地)의 유기적 상호영향 속에서 어떤 행위가 우리 인간에게 어떻게 영향을 미치는지, 즉 길흉화복이 어떠한지를 예측하는 학문이다. 따라서 하루 단위로 변하는 일주 기준보다 시주를 더 중요하게 본다. 문점자(問占者)가 예측을 구하는 시간을 점사시(占事時)라 하고, 점사시의 사주팔자로 기문둔갑 조식하기 때문에 같은 날이라도 조식을 하는 시간에 따라 결과는 달라지게 된다. 따라서 연국기문에서는 시주를 기준으로 한 공망만을 사용하며, 총공, 거공 등은 사용하지 않는다.

점사를 할 때 어떠한 행위 길흉 분석을 위해 비교 대상군이 필요하다. 이를 용신이라 한다. 가령 대출을 희망할 때 대출해 주는 기관의 용신은 직부이고 대출을 희망하는 사람의 용신은 직사이다.

이런 용신이 공망을 맞으면 길흉이 감소하거나, 추진하는 일 또는 행하고자 하는 일이 성사되지 않는다. 공망을 맞으면 공망이 해소될 때 즉 해공(解空)될 때 비로소 일이 성사되는데, 이를 응기라고 한다. 한편, 시가기문에서는 직부(直符)를 용신으로 많이 삼기도 하고, 용신이 아니더라도 보통은 태세와 더불어 최고, 상급 기관이나 사람, 절대자 등을 의미하기에 직부가 공망이면 모든 게 위태롭다고도 한다. (直符空亡年命不保)

(2) 공망 포국

시주를 중심으로 어느 순(旬)인지 분별하여 그 순에 해당하는 공망의 지지를 판별한 다음, 공망에 해당하는 지지가 속해 있는 해당 구궁에 공망(空亡)으로 표시한다.

<양둔 2국 임오시 공망>

癸庚	壬丙	**時空** 乙戊
戊己	辛	**時空** 丁癸
丙丁	庚乙	己壬

辰巳	午	**未** **申**
卯		**酉**
丑寅	子	戌亥

임오시(壬午時)는 갑술순(甲戌旬)으로 공망은 신유(申酉)이다. 신(申)은 곤궁, 유(酉)는 태궁이 지지 방위이다. 따라서 공망의 지지 방위에 해당하는 곳이 시공망(時空亡)이 된다.

2. 십이운성의 포국

(1) 홍국기문(洪局奇門)

홍국기문(洪局奇門)에서는 세효(世爻)의 홍국수(洪局水)를 기준으로 하여 세효의 양·음(陽·陰)에 따라 양순음역(陽順陰逆)으로 부포하든지, 양음(陽陰)에 상관없이 순행(順行) 부포하든지 선택적으로 적용한다.

<포궁(胞宮) 시작 지지>

십간	甲	乙	丙	丁	戊	己	庚	辛	壬	癸
세수	3	8	7	2	5	10	9	4	1	6
포지	申	酉	亥	子	亥	子	寅	卯	巳	午

<구궁지지 배속>

辰巳	午	未申
卯		酉
丑寅	子	戌亥

<양의 홍국수 포 위치>

1		3
9		5, 7

<음의 홍국수 포 위치>

	6	
4		8
	2, 10	

　세효(世爻)의 수(數)에 따라 포(胞)의 위치를 배속한 후 포·절(胞·絶)-태(胎)-양(養)-장생(生)-목욕(浴)-관대(帶)-건록(建祿)-왕(旺)-쇠(衰)-병(病)-사(死)-묘(墓) 순으로 포국한다. 이때 양순음역(陽順陰逆) 또는 양음(陽陰) 구별 없는 순행(順行)을 선택하여 부포한다. 항상 순포 시에는 포위 위치가 양순음역 방식과 다르다. 저자의 다른 책 동국기문에서 별도 설명하였다.

(2) 연국기문(煙局奇門)

연국기문(煙局奇門)에서는 천반육의삼기(天盤六儀三奇)를 기준으로 부포하여 십간(十干)의 양음에 따라 양순음역(陽順陰逆) 포국한다.

<육의삼기 포(胞) 위치>

壬	癸	
辛		乙
庚	丁, 己	丙, 戊

<육의삼기 장생 위치>

庚	乙	壬
癸		丁, 己
丙, 戊	辛	甲

< 육의삼기 제왕 위치>

丁, 己	丙, 戊	辛
		庚
乙	壬	癸

<육의삼기 목욕 위치>

乙	庚	丁, 己
丙, 戊		壬
癸		辛

< 육의삼기 건록 위치>

丙, 戊	丁, 己	庚
乙		辛
	癸	壬

<육의삼기 입묘 위치>

辛, 壬		乙, 癸
丁, 己, 庚		乙, 丙, 戊

<십이운성표(양순음역 기준)>

구분	甲	乙	丙	丁	戊	己	庚	辛	壬	癸
胞	申	酉	亥	子	亥	子	寅	卯	巳	午
胎	酉	申	子	亥	子	亥	卯	寅	午	巳
養	戌	未	丑	戌	丑	戌	辰	丑	未	辰
生	亥	午	寅	酉	寅	酉	巳	子	申	卯
浴	子	巳	卯	申	卯	申	午	亥	酉	寅
帶	丑	辰	辰	未	辰	未	未	戌	戌	丑
建	寅	卯	巳	午	巳	午	申	酉	亥	子
旺	卯	寅	午	巳	午	巳	酉	申	子	亥
衰	辰	丑	未	辰	未	辰	戌	未	丑	戌
病	巳	子	申	卯	申	卯	亥	午	寅	酉
死	午	亥	酉	寅	酉	寅	子	巳	卯	申
墓	未	戌	戌	丑	戌	丑	丑	辰	辰	未

8장. 복음(伏吟) 및 반음(反吟)

1. 복음(伏吟)

(1) 복음의 의미

　복음(伏吟)은 천반과 지반의 십간이 동궁하거나, 같은 구성(九星)과 팔문(八門)이 정위(定位)에 있는 것을 말한다. 천반육의삼기는 시간(時干) 위에 시주(時柱)의 순수(旬首)를 올리게 되는데, 시간(時干)이 갑(甲)으로 시작되면 갑(甲)이 둔갑으로 나타나지 않고 시의 순수로 치환하게 된다. 즉 시간(時干)과 시순수(時旬首)가 같아지는데 이때 육의삼기 천지반이 같아지는 복음이 발생하게 된다. 이런 경우에는 육의삼기뿐 아니라 구성(九星)과 팔문(八門)도 본래의 정위(定位)에 앉게 된다.

　육의삼기복음(六儀三奇伏吟) 외에도 구성(九星)이 운행하지 않고 정위(定位) 앉아서 동하지 않고 있으면 구성복음(九星伏吟), 천봉복음(天蓬伏吟)이라 하며, 시가팔문이 기본 정위(定位)에서 동하지 않으면 팔문복음(八門伏吟)이라 한다.

　복음은 제자리에서 동(動)하지 않고 있으므로 활기가 떨어지고 기(氣)의 흐름이 정체된다. 따라서 행위에 대한 길흉, 관계에 대한 길흉, 성패에 대한 길흉에서 대단히 불리한 작용을 한다. 다만, 주객(主客)에서 주에게 유리하며, 매입하는 일, 거두어들이는 일, 빚 받는 일 등에는 길하다.

(2) 복음의 종류

① 육의삼기복음(六儀三奇伏吟)

천반(天盤)과 지반(地盤)의 육의삼기(六儀三奇)가 동일한 조식을 말한다. 구성복음(九星伏吟)과 함께 나타난다. 육의삼기와 구성이 복음인데 팔문이 다른 자리로 옮겨 팔문복음(八門伏吟)이 발생하지 않는 경우를 반복음(半伏吟)이라 한다.

<양둔 5국 丙辰日 甲午時>

乙 乙 杜門 天甫	壬 壬 景門 天英	丁 丁 死門 天芮
丙 丙 傷門 天沖	戊	庚 庚 驚門 天柱
辛 辛 **生門** 天壬	癸 癸 休門 **天蓬**	己 己 開門 天心

<음둔 8국 壬午日 甲辰時>

壬 壬 杜門 天甫	乙 乙 景門 天英	丁 丁 死門 天芮
癸 癸 傷門 天沖	辛	己 己 驚門 天柱
戊 戊 **生門** 天壬	丙 丙 休門 **天蓬**	庚 庚 開門 天心

<양둔 9국 甲子日 戊辰時>
半伏吟

壬 壬 景門 天甫	乙 乙 死門 天英	丁 丁 驚門 天芮
癸 癸 杜門 天沖	辛	己 己 開門 天柱
戊 戊 傷門 天壬	丙 丙 **生門** **天蓬**	庚 庚 休門 天心

<음둔 5국 甲戌日 辛未時>
半伏吟

己 己 傷門 天甫	癸 癸 杜門 天英	辛 辛 景門 天芮
庚 庚 **生門** 天沖	戊	丙 丙 死門 天柱
丁 丁 休門 天壬	壬 壬 開門 **天蓬**	乙 乙 驚門 天心

② **구성복음(九星伏吟)**

　구성(九星)은 9개의 별을 의미하는 것으로 하늘을 상징한다. 길흉을 점칠 때에는 길흉은 하늘로부터 나오기 때문에 하늘의 기운을 상징하는 구성(九星)이 중요하다. 구성이 복음이 되면 하늘의 기운이 제자리이며 생기를 잃어 천시(天時)에 불리하게 된다. 구성은 지반육의가 가는 방향을 따라가기 때문에 천봉복음은 육의삼기복음과 함께 나타난다.

<양둔 9국 丙戌日 癸巳時>

丁 壬 杜門 天甫	己 戊 景門 天英	乙 庚 死門 天芮
丙 辛 傷門 天沖	癸	辛 丙 驚門 天柱
庚 乙 **生門** 天壬	戊 己 休門 **天蓬**	壬 丁 開門 天心

③ 팔문복음(八門伏吟)

지구가 자전하기 때문에 하늘과 땅과 사람의 감응 역시 시시각각 변하는데 사람에게 이로운 방향과 불리한 방향을 8개 방위의 팔문으로 나타내었다. 팔문(八門)은 천인지(天人地) 중 인반(人盤)에 해당하는데, 인간의 출행에 따른 길흉화복은 팔문으로부터 발생된다. 하늘의 기운과 땅의 현상에 대한 원인과 결과는 결국 인간에게 따르기 때문이다.

<양둔 8국 丙申日 癸巳時>

庚癸 杜門 天蓬	戊己 景門 天壬	壬辛 死門 天沖
丙壬 傷門 天心	丁	癸乙 驚門 天甫
乙戊 **生門** 天柱	辛庚 休門 天芮	己丙 開門 天英

<음둔 9국 丙寅日 癸巳時>

庚癸 杜門 天柱	辛戊 景門 天心	乙丙 死門 天蓬
丙丁 傷門 天芮	壬	己庚 驚門 天壬
戊己 生門 天英	癸乙 休門 天甫	丁辛 開門 天沖

2. 반음(反吟)

(1) 반음의 의미

반음(反吟)은 천봉구성(天蓬九星), 팔문(八門)이 기본 정위궁의 대충궁(對沖宮)에 앉는 것과 육의삼기 반음(천반 戊 지반 辛, 천반 己 지반 壬, 천반 庚 지반 癸, 천반 辛 지반 戊, 천반 壬 지반 己, 천반 癸 지반 庚일 경우)을 말하나, 구성반음과 팔문반음이 점단에 주로 사용된다.

백사에 불길하다. 흉격, 흉성과 동궁 시 그 피해는 더욱 크다. 또 반음은 빠르고, 반복되는 것을 의미한다. 공간적으로 먼 곳, 외지(外地)를 나타내기에 주객(主客)에서 객(客)이 유리하게 된다. 객은 적극적, 주동적으로 움직이는 것을 말하니 객이 유리하다고 판단되면 보수적, 방어적, 수세적에서 공격적, 주동적, 공세적으로 전환해야 본인에게 유리하게 된다.

(2) 반음의 종류

① 구성반음(九星反陰)

천봉구성(天蓬九星)의 정위(定位)는 감궁(坎宮)인데, 대충궁인 리궁(離宮)에 앉은 것을 말한다.

<양둔 5국 己亥日 辛未時>

己 乙 天心	癸 壬 **天蓬**	辛 丁 天壬
庚 丙 天柱	戊 天芮	丙 庚 天沖
戊 辛 天禽	壬 癸 天英	乙 己 天甫

<음둔 7국 壬午日 戊申時>

己 辛 天心	丁 丙 **天蓬**	乙 癸 天壬
戊 壬 天柱	庚 天芮	壬 戊 天沖
癸 乙 天芮	丙 丁 天英	辛 己 天甫

② 팔문반음(八門反陰)

생문(生門)의 정위(定位)는 간궁(艮宮)인데, 대충궁인 곤궁(坤宮)에 앉은 것을 말한다.

<양둔 5국 庚辰日 辛巳時>

辛 乙 開門	丙 壬 休門	乙 丁 **生門**
癸 丙 驚門	戊	壬 庚 傷門
己 辛<死門	庚 癸 景門	丁 己 杜門

<음둔 3국 甲申日 己巳時>

庚 乙 開門	壬 辛 休門	戊 己 **生門**
丁 戊 驚門	丙	乙 癸 傷門
癸 壬 死門	己 庚 景門	辛 丁 杜門

9장. 육의격형(六儀擊刑) 및 삼기입묘(三奇入墓)

1. 육의격형(六儀擊刑)

(1) 개념

천반(天地盤) 육의(六儀) 순수(旬首)가 형(刑)에 해당하는 지지의 방(方)에 앉는 것을 말한다.

- 자묘형(子卯刑): 갑자무(甲子戊)가 지지 묘방(卯方)인 진궁(震宮)에 앉은 경우

- 술미형(戌未刑): 갑술기(甲戌己)가 지지 미방(未方)인 곤궁(坤宮)에 앉은 경우

- 인신형(寅申刑): 갑신경(甲申庚)이 지지 인방(寅方)인 간궁(艮宮)에 앉은 경우

- 사신형(巳申刑): 갑신경(甲申庚)이 지지 사방(巳方)인 손궁(巽宮)에 앉은 경우

- 인사형(寅巳刑): 갑인계(甲寅癸)가지지 사방(巳方)인 손궁(巽宮)에 앉은 경우

- 오오자형(午午自刑): 갑오신(甲午辛)이 오방(午方)인 리궁(離宮)에 앉은 경우

- 진진자형(辰辰自刑): 갑진임(甲辰壬)이 진방(辰方)인 손궁(巽宮)에 앉은 경우

(2) 육의격형과 준(準)육의격형

전통적 의미의 육의격형(六儀擊刑)은 60간지(干支)를 대표하는 육갑(六甲) 순중 부두인 육의(戊·己·庚·辛·壬·癸)가 구궁(九宮)에 배치되어 있는 12지(支)와 형(刑)의 관계를 이루고 있는 것을 말한다.

<육의격형>

壬癸	辛	己
戊		
庚		

<준육의격형>

		辛辛
庚癸		

준육의격형(準六儀擊刑)은 천반(天盤)과 지반(地盤) 육의삼기가 형(刑)의 관계를 이루는 것을 말한다.

천반 갑오신(甲午辛)이 지반 갑오신(甲午辛) 위에 앉은 경우 오오자형(午午自刑)이 되며, 갑신경(甲申庚)과 갑인계(甲寅癸)가 천지반을 이루면 인신형(寅申刑)을 이루어 전통적인 육의격형과 같은 효과를 낸다.

(3) 육의격형 영향

육의격형은 단절과 모순으로 인해 도모하는 일이 풀리지 않고 악화된다. 파재·질병·상해·송사·구금·사망 등의 흉사가 발생할 수 있으니 일체의 거동을 피하고 관망해야 한다.

2. 삼기입묘(三奇入墓)

(1) 개념

삼기입묘는 삼기(三奇)인 정(丁), 병(丙), 을(乙)이 12운성법(運星法) 또는 삼합(三合)의 원리인 생, 왕, 묘(生, 旺, 墓)에서 묘고(墓庫)에 드는 것을 말한다. 육의삼기가 입묘되면 흉격이 되어 하는 일이 지체되고 무력하게 된다. 그중에서도 삼기는 기문국 전체의 방향성을 가늠하는 중요한 요소인데 이것이 묘(墓)에 들어가면 더욱 흉하다고 보는 것이다. 그래서 고서에서는 '삼기입묘(三奇入墓)에는 일체 출입과 거동이 마땅하지 않다' 하였다.

(2) 육의(六儀)입묘와 삼기(三奇) 입묘

<육의입묘>

壬辛		癸
庚己		戊

<삼기입묘>

丁		乙丙

(3) 삼기입묘의 영향

삼기입묘는 폐색불통(閉塞不通)하고 혼미암매(昏迷暗昧)하여 백사에 마땅하지 않다. 역량(力量)을 발휘하기가 어렵게 되어, 길사(吉事)도 길하지 않고, 흉사(凶事)도 흉하지 않게 된다. 무력지상(無力之象)

이다. 흉한 정도가 커서 성사(成事)하기 어렵게 된다. 삼기가 왕하면 잠시 곤경에 처하지만 충출(沖出)되는 때를 기다리면 성사(成事)할 수 있다.

3부
점사이론

1장. 육의삼기 및 십간대응결

기문둔갑은 육의삼기와 구성, 팔문, 팔장의 상의, 궁에서의 힘의 세기, 궁과 궁의 생극 관계로 인간사의 길흉화복을 풀어내기 때문에 각각의 고유의 상의 및 조합 시의 확장된 의미가 매우 중요하다고 하겠다. 또 육의삼기가 천반과 지반에 결합되면서 새로운 의미가 형성되고 격국(格局)이 만들어지기 때문에, 육의삼기 고유의 의미와 결합된 의미의 이해가 매우 중요하다.

1. 육의삼기(六儀三奇)

(1) 육의(六儀)

① **육무(六戊)**
천문(天門), 천무(天武), 큰 산, 화로, 자본, 돈

- 성정: 기지가 있으나 교활하고 거짓을 일삼는다. 돈과 관련이 있다.
- 인물: 귀인, 투자자
- 함의: 자본, 상점, 돈, 투자금, 재물

② 육기(六己)

지호(地戶), 감옥, 작은 산, 작은 돌, 옥토, 습토, 부정적 객체

- 성정: 온화하고 성실한 성정이지만 유약한 면이 있다. 불합리한 측면이 있다. 정당하지 않은 행동을 한다.
- 주사: 음모와 밀계(密計)를 꾸미는 일에 적당하다.
- 함의: 음모, 꼬인 실마리, 사기, 은밀함, 송사, 질병

③ 육경(六庚)

천옥(天獄), 천리(天利), 태백, 백호, 도끼, 바위, 쇳덩이, 군인

- 성정: 정이 많으나 소홀하고 불안하다. 막힘이 있다.
- 주사: 옥에 들어가는 것, 신체의 손상, 출행의 불리함을 주관한다.
- 함의: 범죄, 흉사, 질병, 남자, 막힘

연기(煙奇)에서 육경 태백(太白)은 범죄, 형벌, 죄인, 흉사 등을 뜻하기도 하고, 남녀 사이 문제에서는 여자는 을(乙), 남편을 경(庚)으로 보기도 하며, 형사 문제에서는 범인을 천봉구성으로 경찰을 경(庚)과 경문(驚門)으로 보기도 한다. 경(庚)과 경(庚)이 동궁하는 복음(伏吟)이나 경(庚)과 병(丙)이 동궁하여 화금상전(火金相戰)하는 국을 흉격이라고도 한다.

④ 육신(六辛)

백호, 천적, 보석, 기와, 주옥, 도끼, 칼, 침, 낫, 범죄인

- 성정: 냉담하고 강하며 중용의 성정이 있다. 잘못된 생각을 한다, 잘못된 행동을 한다.
- 주사: 형벌을 당하는 것, 상매(商買)의 불리함, 관직의 불길함을 주관한다.

- 함의: 범죄, 범인, 흉사

연기(煙奇)에서 형사사건 점단 시 범인, 범죄, 도망자 등을 뜻한다.

⑤ 육임(六壬)
강, 바다, 호수, 지뢰(地牢), 천망(天網), 탁수(濁水), 현무(玄武), 소사(小蛇), 그물

- 성정: 용감하고 급하며 적극적인 성정이다. 유동적(有動的)이다.
- 주사: 죄수가 형을 당하는 것, 감추고 숨기는 것, 암계를 쓰는 일. 인구가 느는 것을 주관한다.
- 함의: 도적, 여자, 간음, 실수

⑥ 육계(六癸)
천장(天藏), 지망(地網), 화개(華蓋), 계수(谿水), 이슬, 봄비, 흐린 구름, 안개, 시냇물, 개천, 현무

- 주사: 낙직(落職)과 죄를 묻는 일, 형옥을 정하는 일을 주관한다.
- 성정: 부당한 요구를 한다, 막힘이 있고 명확하지 않다.
- 함의: 도적, 여자, 간음, 실수, 아랫사람, 불확실성

연기(煙奇)에서 육계(六癸)는 천망이므로 격국의 길흉을 따져 해단한다. 길격이면 화개(華蓋)라 하여 길한 것으로 판단하고, 흉격이면 답답하고 지체되는 상황으로 판단한다.

(2) 삼기(三奇)

① 을기(乙奇)

천귀(天貴), 천덕(天德), 봉성(蓬星), 옥토(玉兎), 귀인, 작은 나무, 꽃, 잡초, 덩굴, 청룡, 도화(桃花), 부인, 여자, 좋은 소질

- 주사: 출행과 도망, 적이 스스로 망동하는 일을 주관하지만 스스로 귀함이 있어 귀인이나 승도를 만나고 길사(吉事)가 오는 것을 주관하기도 한다.
- 함의: 소소한 일, 적은 재물, 농작물, 여자

연기(煙奇)에서 남녀 문제, 애정사를 점단 시 여자, 부인, 먼저 만난 애인, 첫 번째 여자 등의 용신이 된다.

② 병기(丙奇)

천성(天成), 천위(天威), 명당, 큰불, 태양, 형혹성, 봉황, 달

- 주사: 요청하고 구하는 일, 재보(財寶)와 문서를 얻는 일을 주관한다.
- 인물: 장군, 수상, 종교인, 성격이 불같은 사람, 질서를 따르지 않는 사람
- 옥사: 법정, 대궐 같은 큰 집
- 물건: 상품, 보석, 붉은색이 나는 물건
- 함의: 문서·계약서, 소식, 도로(道路), 귀인

연기(煙奇)에서 남녀 문제, 애정사를 점단 시 남자, 두 번째 만난 남자, 남편 이외의 애인, 불륜의 대상, 나중에 만난 남자 등을 상징하며, 육경금(六庚金)과 동궁하여 화금상전(火金相戰)을 이루는 것이 가장 흉한 흉격 중 하나로 본다.

③ 정기(丁奇)

태음, 옥녀(玉女), 작은 불, 달, 주작, 구설, 형혹성, 여자 애인

- 지리: 불탄 자리나 번영하는 자리
- 인물: 딸, 첩(乙: 부인)
- 성정: 고립되거나 포악하고 조급하다. 소질이 있다.
- 주사: 모사와 암계, 사통(私通), 여자와 관련된 일을 주관한다.
- 함의: 문서·계약서, 소식, 송사, 귀인, 여자, 여자 애인

연기(煙奇)에서 남녀 문제, 애정사를 점단 시 여자, 두 번째 만난 여자, 부인 이외의 애인, 불륜의 대상, 나중에 만난 여자 등을 상징하며, 소식을 구하는 점단 시 정기(丁奇)는 소식을 상징하기도 한다. 육계(六癸)와 동궁 시 구설수, 소란 등의 흉의를 띤다.

2. 십간대응결(十干對應訣)

십간대응결(十干對應訣)이란 천지반 육의삼기가 어떠한 상태로 결합되어 있는지를 나타내는 말이다. 육의삼기는 각 궁에 천반과 지반으로 배치되는데, 이것을 각각의 의미로 별도 분리해서 해석하지 않고 둘이 결합된 하나의 별도의 의미로 본다. 무(戊)와 계(癸)가 천지반으로 결합되어 있다면 무가계(戊加癸)로 읽고 쓴다. 천반육의가 지반육의에 더해진다는 뜻이다. 이 경우 무가계위 암석침식(戊加癸爲 岩石浸蝕)이라 하여, 큰 산이 작은 물 때문에 밑부분이 계속 침식당하는 형상을 나타낸 것이므로 모든 일이 점차 흉해진다고 해석할 수 있다.

(1) 천반의기(天盤儀奇) 갑(甲)

기문둔갑에서 갑(甲)은 둔갑하기 때문에 무(戊)로 모습이 나타난다. 그러나 갑자일(甲子日) 갑자시(甲子時)를 갑자무(甲子戊)로 둔갑했다고 해서 무자일(戊子日) 무자시(戊子時)와 같이 십간대응결을 해석하는 것은 이치에 맞지 않는다. 경금을 피해 직부 갑이 둔갑(遁甲)한 것이지 속성까지 무(戊)로 바뀐 것은 아니기 때문이다. 따라서 갑자직부(甲子直符)의 무(戊)는 갑(甲)으로 보고 다른 직부의 무(戊)는 무(戊)로 보는 것으로 해결한다. 고서 기문둔갑비급대전에 천지지서 천지배합 편에는 갑가병(甲加丙)과 무가병(戊加丙)을 다르게 해설하였다.

① 갑가갑(甲加甲)

갑가갑위 쌍목성림(甲加甲爲雙木成林)으로 큰 나무가 숲을 이룬 형상으로 정직과 위엄으로 부귀와 영화가 올 기운으로 본다. 하지만 복음격(伏吟格)에 해당하여 동함보다는 정함이 길하며, 공격보다 수성, 방어가 길하다.

갑가가위 복음준산(伏吟俊山 靑龍受困) 형상으로 재물을 거둬들이는 것, 약속하고 사귀고 가까운 이를 만나는 것, 금전과 재물을 구하는 것, 지위와 명성을 구하는 것은 길하다.

② 갑가을(甲加乙)

갑가을위 등라반목(甲加乙爲藤蘿絆木)으로 칡과 등나무가 얽힌 형상이다. 천덕(天德)과 천귀(天貴)가 합하여 있어 청룡상비(靑龍相比)라 하여 매사가 대립 관계에 있다.

팔문(八門)이 길하면 길하게, 흉하면 흉하게 본다.

③ 갑가병(甲加丙)

갑가병위 청룡반수(甲加丙爲靑龍反首)이다. 해 위에 청룡이 날아가는 형상이다. 흉(凶)이 변해 길(吉)해지고 움직이면 이익이 있을 기운이다. 청룡이 명당에 들어 처음에는 건조한 땅이라 고난이 있지만 금방 길해질 기운으로 본다. 단, 성문(星門)이 흉하면 그 역할을 다하지 못한다.

청룡회수격은 갑가병(甲加丙)을 말한다. 갑자직부(甲子直符)에서 무(戊)를 갑(甲)으로 보기 때문에 시주가 갑자(甲子), 을축(乙丑), 병인(丙寅), 정묘(丁卯), 무진(戊辰), 기사(己巳), 경오(庚午), 신미(辛未), 임신(壬申), 계유(癸酉)인 경우에는 기문국에서 무가병(戊加丙)을 갑가병(甲加丙)으로 본다.

기문길격(奇門吉格) 14격의 하나다. 이 격은 모든 일을 이루는 데 어려움이 없고 장애가 없음을 나타낸다.

④ 갑가정(甲加丁)

고서에서는 갑가정위 건목열화 청룡광요명 염천파선(甲加丁爲乾木烈火靑龍光耀明 炎天破扇)이라 했다. 즉 불에 나무를 말리는 형상이다. 귀인을 만나고 서로 합할 징조로 본다. 청룡이 옥녀의 빛을 받는 형상이니 귀인을 만나는 것은 길하다. 흉괘를 만나면 더운 날씨에 부채를 꺾는 형상으로 본다.

지위와 명성을 구하는 것, 교섭하고 방문하고 금전을 다루는 것. 남자가 약속하고 사귀고 결혼하고 가까운 이를 만나는 것, 상업에서 재물을 취하는 것, 각종 시험을 치르는 것에 길하다.

⑤ 갑가무(甲加戊)

고서에서 갑가무위 독산고목 고립무원 과부적중(甲加戊爲禿山孤木孤立無援寡不敵眾)이라 했다. 대머리 산에 홀로 선 나무 형상으로 고립되어 외로운 기운이다. 정지하면 길하고 홀로 낚시하는 상으로 보기도 한다. 격국으로도 흉격에 속하는 청룡수곤격(青龍囚困格)이다.

⑥ 갑가기(甲加己)

갑가기위 근제발토(甲加己爲根制髮土)라 기름진 흙에 뿌리를 내리고 있는 형상으로 모든 것이 길한 기운이다. 그러나 천덕(天德)이 육기지호(六己地戶)에 뿌리 내린 형상이므로, 매사에 확장하려 하지 말고 분수를 지키는 것이 중요하다.

⑦ 갑가경(甲加庚) - 비궁격(飛宮格)

갑가경위 비궁작벌(甲加庚爲飛宮斫伐)으로 강한 칼 위에 놓여 있는 나무 형상이다. 모든 것이 분열하고 헤어지는 흉한 기운이다.

길괘문을 만나도 흉해지고 흉괘문을 만나면 더욱 흉해지는 매우 흉한 기운이다. 각종 사고가 자주 발생하여 다툼이 많다.

⑧ 갑가신(甲加辛)

갑가신위 목곤쇄와(甲加辛爲木棍碎瓦)이다. 몽둥이로 기와를 깨뜨리는 형상이므로 왕래가 불리하고 움직임이 좋지 않고 재물을 잃고 발에 병이 나는 것으로 본다. 그러나 길문이면 천덕(天德)이 천진(天眞)인 육신(六辛)을 만난 것이므로 대체로 길하다고 본다.

⑨ 갑가임(甲加壬)

갑가임위 쌍범표양(甲加壬爲雙帆漂洋)이다. 바다에 떠 있는 쌍돛단배의 형상으로 가는 자만 있고 오는 자가 없는 홀로 외로운 기운이다. 청룡이 천뢰(天牢)에 갇힌 상으로 매사 불성하는 기운으로 판단하기도 한다.

⑩ 갑가계(甲加癸)

갑가계위 수근로수(甲加癸爲樹根露水)이다. 나무가 뿌리를 물에 박고 있는 형상이므로 서로 돕고 화가 길로 변할 기운이다. 청룡이 화개(華蓋)를 만나 길격에는 반길(半吉)하고 흉격에는 다툼과 시비구설이 생기는 기운이기도 하다.

사람을 만나고 연회나 친목을 도모하는 것, 결혼하고 가까운 이를 만나는 것에는 길하다.

(2) 천반의기(天盤儀奇) 무(戊)

① 무가무(戊加戊)

무가무는 갑갑비견(甲甲比肩)이니 복음(伏吟)을 이룬다. 매사는 불리하고 길은 막히니 움직이지 말고 고수함이 좋다. 큰 산이 겹쳐 첩첩산중의 형상으로 모든 일이 막히고 근신하며 자신의 분수를 지켜야 할 기운이다. 또한 청룡이 곤함에 처해 있는 형국으로 보기도 한다. 그래서 근신이 필요한 기운이다. 복음은 본지(本地)·내부(內部)·지연(遲延)을 주관한다. 만약 육갑의 시진에 문사(問事)하면, 오히려 모위(謀爲)하고 행동할 수 있다. 방어에 최선을 다해야 할 기운으로 본다.

② 무가을(戊加乙)

갑을(甲乙)은 동방목(東方木), 청룡(靑龍)이니 청룡화회(靑龍和會)라고 말한다. 길문(吉門)이면 길하고 흉문(凶門)이면 흉하다.

③ 무가병(戊加丙)

무가병은 전반적으로 큰 산에 해가 막 떠오르는 형상으로 새벽이 곧 물러나듯 시작은 어렵지만 나중은 길하여질 기운으로 본다.

천반 갑목(甲木)이 병화(丙火)를 생(生)하고, 지반 병화(丙火)는 다시 천반 무토(戊土)를 생(生)한다. 병화(丙火)는 갑목(甲木)의 아들이면서 경금(庚金)을 극하여 아버지 갑목(甲木)을 보호해 주니 제일 길한 격으로 본다. 청룡회수격(靑龍回首)이다.

구혼(求婚), 구학(求學), 구재(求財), 구관(求官), 출행(出行), 건축(建築), 출전(出戰), 전쟁(戰爭) 등 모든 일에 길하다. 그러나 문박격(門迫格: 문(門) 오행이 궁 오행을 극함), 입묘(入墓), 격형(刑)이 되면, 길(吉)의 정도가 크게 줄어들어, 길사(吉事)가 이루어지지 않거나, 심하면 길사(吉事)가 흉하게 된다. 이 격은 호사(好事)에 유리하므로 나쁜 일에 이를 만나면 도리어 불길하게 된다.

④ 무가정(戊加丁)

큰 산이 작은 불로 뜨거워지는 형상이니 작은 것으로 큰 것을 이기고 소수로 많은 수를 이길 기운이다. 무가정을 화소적벽이라 한다. (戊加丁爲火燒赤壁)

천반 갑목(甲木)이 지반 정화(丁火)를 생(生)하고, 정화(丁火)가 다시 천반 무토(戊土)를 생한다. 무가병(戊加丙)과 작용 기제가 같다. 정화(丁火)는 갑목(甲木)의 딸로서 무가정을 청룡요명(靑龍耀明)이라고도 한다.

구혼(求婚), 구학(求學), 구관(求官), 구재(求財) 등 방면에 대길(大吉)하고, 갑자무(甲子戊)는 원수(元帥)이니, 상사(上司)와 귀인(貴人) 만남에 길할 것이며, 또 정기(丁奇)는 문서(文書), 문명(文明)에 해당하니 공명과 부귀를 추구함에도 길하다. 그러나 정기(丁奇)가 입묘(入墓), 문박, 격형이면 길함이 크게 감소되거나 시비(是非)를 초래하게 된다.

⑤ 무가정(戊加己)

갑자무(甲子戊)는 천반에 있고, 갑술기(甲戌己)는 지반에 있다. 천반 무토가 지반 술토의 묘고(墓庫)에 드니 귀인입묘(貴人入墓) 흉격이다.

큰 산과 작은 산이 모여 있는 형상으로 일하는 노고를 싫어하고 매사 공허로 끝나는 흉한 기운이다. 무가기위 물이류취(戊加己爲物以流聚)이다. 천문(天門)이 지호(地戶)에 떨어진 격으로 보기도 한다.

매사 공허로 끝나고 되는 일이 없으며 백사가 불리하다. 다만 묘고를 충출(沖出)할 때를 기다리면 전기(轉機)가 있을 수 있다. 이는 천반 갑자무를 귀인(貴人)으로 보는 측면에서 설명한 것이다.

⑥ 무가경(戊加庚) - 비궁격(飛宮格)

무가경위 조침위학(戊加庚爲助針爲虐)으로, 큰 산이 형혹(熒惑)을 끌어안고 있는 형상으로 모든 일이 흉해질 기운이다. 길문이 있어도 흉하게 보며 시비와 송사에 휘말리고 진흙에서 달리는 형상으로 본다.

갑자무(甲子戊)와 갑신경(甲申庚)이 묶여있는 상태이다. 직부(直符) 갑(甲)은 경금(庚金)을 제일 두려워하여 경금(庚金)을 만나면 달아나는 격(格)이니 직부비궁(値符飛宮)격이다.

갑(甲)은 청룡(靑龍)이고 경(庚)은 백호(白虎)이니 좋은 일은 불길하고 흉한 일은 더 흉하게 되니 이익을 탐하면 이익이 없고 질병(疾病)

을 점한다면 흉하다고 본다.

점사에서 용신이 무가경이라면 이곳은 다른 곳보다 못하니 자리를 옮기든지, 이 사람은 다른 사람보다 못하니 동업자나 같이 함께하는 사람을 바꿔야 한다.

⑦ 무가신(戊加辛)

무가신위 반음설기(戊加辛爲反吟洩氣)라 하여 큰 산을 갈아 작은 침을 만드는 형상으로 모든 일이 힘들고 실패할 기운이다. 협조자가 전혀 없는 고독한 상태이며, 각종 사고가 자주 발생하고 다툼이 있고, 재물을 구하는 데도 불리하다.

신금(辛金)이 갑목(甲木)을 극하고 갑자무(甲子戊)와 갑오신(甲 午申)이 한데 묶여 자오충(子午冲)한다. 용이 다리가 잘린다 하여 청룡절족(青龍絶足)이라 한다. 그나마 길문, 길괘이면 무언가 도모할 수 있으나 흉문, 흉괘이면 재해(災害), 손재(損財), 질병(疾病)이 따른다.

⑧ 무가임(戊加壬)

천반은 갑자무(甲子戊)이고 지반은 갑진임(甲辰壬)이다. 임(壬)은 천뢰(天牢)이고 갑(甲)은 청룡(青龍)이며, 자수(子水)가 진토(辰土) 묘고(墓庫)에 드니 청룡입천뢰(青龍入天牢)라 한다. 청룡이 천뢰에 들어갔으므로 공개적인 일이든 암암리에 진행한 일이든 모두 불리하다.

단, 무가임위 산명수수(戊加壬爲山明水秀)라 하여 큰 산이 큰 강을 끼고 있는 형상으로 용기백배의 자세로 임하면 불리했던 일도 궁극에는 해결될 수 있는 것으로 보기도 한다.

⑨ 무가계(戊加癸)

갑자무(甲子戊)와 갑인계(甲寅癸)의 만남이다. 갑(甲)은 청룡(靑龍)이고 계(癸)는 지망(地網) 또는 화개(華蓋)이니 무가계를 청룡화개(靑龍華蓋)라 한다. 갑과 계는 가장 가한 양과 음이며 계수는 갑목을 생하니 문과 괘에 따라 길흉이 결정된다.

무가계위 암석침융(戊加癸爲岩石浸蝕)으로 큰 산이 작은 물로 계속 침식당하는 형상이라 전반적으로 길함보다는 흉함의 기운이 강하다.

(3) 천반의기(天盤儀奇) 을(乙)

① 을가무(乙加戊)

을기(乙奇)와 갑자무(甲子戊)가 한데 묶였다. 오행 목(木)이 음과 양으로 만났는데 을목(乙木)은 객(客)으로 동하고, 무토(戊土)는 주(主)로서 정지하여 있으니 객 을목(乙木)이 주 무토(戊土)를 목극토(木剋土)하여 음해양문(陰害陽門)격이다. 따라서 여자와 은밀한 사연 등 음인음사(陰人陰事)에는 이로우나, 남자와 공개적인 사연인 양인양사(陽人陽事)에는 불리하다.

을가무위 선화명병(乙加戊爲鮮花名甁)이라 하여 산 위에서 한 송이 꽃이 아름다운 형상으로 풍류가 아름답고 혼인사가 길한 기운으로 보기도 한다.

을가무(乙加戊)가 휴문(休門)과 동궁하고 감궁(坎宮)에 있으면 구둔격(九遁格) 중 길격인 용둔(龍遁)에 속한다.

을가무(乙加戊)는 반길반흉(半吉半凶)으로 팔문의 길흉, 문박, 형격 등에 따라 좋고 나쁨이 결정된다.

② 을가을(乙加乙)

을(乙)과 을(乙)은 비견(比肩)이니 일기복음(日奇伏吟), 복음잡초(伏吟雜草)이다. 잡초가 뒤엉켜 있는 형상으로 나가는 것은 좋지 않고 본분을 지키는 것이 길하다. 상급자, 직장 상사, 귀인을 만나는 일은 불길하고 명예와 이익을 추구함에도 불길하니 본분을 지키고 동(動)하지 않아야 한다.

③ 을가병(乙加丙)

천반 을기(乙奇)와 지반 병기(丙奇)의 만남으로 을목(乙木)이 병화(丙火)를 생(生)해 주고 있으며, 을병정 삼기(三奇)가 순서대로 있는 형상이니 기의순수(奇儀順遂), 삼기순수(三奇順遂)라 한다.

을가병(乙加丙) 또는 을가정(乙加丁)을 교태격이라 하는데 천반육의 을(乙)이 지반에서 병·정(丙·丁)을 만나 이루는 격이다. 기문길격 14격의 하나다. 객생주(客生主)라 하여 주인에게 이롭고 객에게는 불리한 격이다. 도모하는 일은 길하며 직장에서의 승진, 재물과 명성을 취하는 일, 상업활동에 길하다.

그러나 을기(乙奇)는 처(妻)이고 병기(丙奇)는 남편이 아닌 제삼자 애인(愛人)이니 길성, 길문이면 여자는 본성이 좋은 사람으로 판단하고, 흉성, 흉문이면 이별수가 있다고 판단한다.

④ 을가정(乙加丁)

천반 을기(乙奇)가 지반 정기(丁奇)를 목생화(木生火)하며 삼기(三奇)가 같이 있으니 삼기상좌(三奇相佐), 기의상좌(奇儀相佐)라고 한다.

을가병(乙加丙)과 함께 교태격으로 길격(吉格)이며, 동함을 불리하게 본다. 문서나 시험에 대길(大吉)하며 도모하는 일은 모두 뜻대로 이루어진다.

⑤ 을가기(乙加己)

천반 을기(乙奇)는 지반 술토(戌土)에 입묘(入墓)하니 을기입묘(乙奇入墓)로 흉격(凶格)이다. 그러나 을가기는 삼기득사격(三奇得使格)의 하나이고, 시가팔문 개문(開門)과 동궁하면 지둔(地遁)이 되어 길격(吉格)이 된다.

길격이 되면 삼기가 원군을 얻은 것처럼 꽃이 옥토를 얻은 형상으로 어려움을 이길 수 있고 승리를 쟁취할 수 있다. 남자 또는 여자가 사람을 만나고 연회나 친목을 도모하는 것. 특수한 영업을 하는 이가 금전과 재물을 구하는 것, 회사원 공무원 중 일반 여성이 지위와 명성을 구하는 것, 여자가 약속하고 사귀고 결혼하고 가까운 이를 만나는 것, 회사원이 지위와 명성을 구하는 것, 각종 시험을 치는 것, 공무원과 유사한 직종에 있는 사람이 교섭하고 방문하고 금전을 다루는 것에 길하다.

⑥ 을가경(乙加庚)

천반은 을(乙)이고 지반은 경(庚)이니, 부부의 합인 을경합(乙庚合)을 했으나 여자인 을이 천반에 있어 양상음하(陽上陰下)인 전통적인 상하관계를 위반하였다. 이 때문에 경금(庚金)이 을목(乙木)을 극형(克刑)하는 격이라 일기피형(日奇被刑)이라 한다.

재산과 여자 때문에 분쟁이 있고 부부간의 불화가 있을 기운이다. 천귀(天貴) 을(乙)이 천옥(天獄)에 떨어진 격으로 보기도 한다.

⑦ 을가신(乙加辛) - 청룡도주격(青龍逃走格)

을기(乙奇)가 신금(辛金)을 만났다. 을기(乙奇)는 청룡(青龍)이고 신금(辛金)은 백호(白虎)이니 청룡도주(青龍逃走) 흉격이다. 신금(辛金)은 을목(乙木)의 칠살(七殺)에 해당한다.

하급자, 직원, 자녀가 재산을 낭비하고, 재산이 흩어지며, 나를 돕는 사람은 떠나며, 혼사는 취소된다.

⑧ 을가임(乙加壬)

천반 을기(乙奇)가 지반 갑진임(甲辰壬)을 만났으니 임(壬)은 천라(天羅)라 을기입천라(乙奇入天羅) 흉격이다.

을가임은 존비패란(尊卑悖亂)으로 존경받을 사람이 비천한 사람에게 욕보이는 것이고 관송시비(官訟是非)가 벌어지고 모함을 당하는 일이 벌어진다. 다만 왕하고 길성, 길문이 동궁하면 을가임위 하엽련화(乙加壬為荷葉蓮花)로 봐, 연못에 핀 연꽃과 같은 형상과 같이 남자는 천하를 주름잡고 여자는 왕후의 귀함을 얻는 기운이기도 하다.

⑨ 을가계(乙加癸)

천반 을기(乙奇)가 지반 갑인계(甲寅癸)와 만났다. 계수(癸水)가 을기(乙奇)를 생(生)한다고 볼 수 있지만 계수(癸水)는 지망(地網)이라 을기입지망(乙奇入地網)으로 흉격이다.

을가계위 녹야조로(乙加癸為祿野朝露)라 숲속에 아침이슬이 내린 형상이다. 기운을 감추고 적당히 숨어서 하거나 한발 물러서면 길하지만 적극적으로 나서거나 나아가면 불리하다. 이는 휴문(休門)을 만나면 용둔 길격이 될 수도 있다.

(4) 천반의기(天盤儀奇) 병(丙)

① 병가무(丙加戊)

지반 갑자목(甲子木)이 천반 병화(丙火)를 생하고 병화가 다시 무토(戊土)를 생한다. 병화(丙火)는 객(客), 무토(戊土)는 주(主)인데, 주객(主客)이 상생하는 길격이다. 병화(丙火)는 갑목(甲木)의 아들로서 주동적으로 어머니 품에 돌아오는 격이 되었으니 비조질혈(飛鳥跌穴)이며, 삼기가 협력하는 형상으로 병기득사격(丙奇得使格)으로 기문길격 14격의 하나이다.

백사(百事)에 길하다. 특히 임금이 자신을 도울 충신을 만난 것과 같고, 상업에서 재물을 취하는 것, 금전과 재물을 구하는 것, 사람이 교섭하고 방문하고 금전을 관리하는 것, 학문에 정진하는 것, 직장을 얻는 것, 명예를 얻는 것, 결혼하고 가까운 이를 만나는 것 등에는 큰 힘을 들이지 않고도 성사된다.

반면, 문(門) 오행이 궁(宮) 오행을 극하거나, 입묘(入墓), 격형(擊刑)인 상황에는 길함이 크게 떨어진다.

② 병가을(丙加乙)

태양이 꽃 위에서 노는 형상으로 병(丙) 천성(天成)이 천귀(天貴) 위에 노니는 모양으로 주작합화격(朱雀合花格)이다. 또 양(陽)인 천반 병기(丙奇)가 음(陰)의 지반 을기(乙奇)에 자연스레 놓여있는 형상이니 일월병행(日月幷行)이라고도 한다.

기문길격 14격의 하나이며, 공적인 일뿐만 아니라 사적인 일에도 모두 길하다.

③ 병가병(丙加丙)

병가병위 복음홍광(丙加丙爲伏吟弘光)으로 불 속에 불이 있는 형상으로 위세만 있고 실속이 없는 기운이다. 천지반이 모두 병화(丙火)이니 월기복음(月奇伏吟)이다. 오오자형(午午自刑)과 같은 현상이며 월기패사(月奇悖師)격이라 한다. 병기(丙奇)가 복음국(伏吟局)이니 병화(丙火)의 포악스러운 성질이 한층 가중되어 정상적인 규칙을 벗어나고, 급하게 처리하다 일을 그르치게 된다.

　병가병(丙加丙)은 패격(悖格) 중 하나로 모든 일에 기강이 문란해지고, 아랫사람의 배반, 자식의 경거망동, 소란스러운 신하, 협조자 없는 고독 등의 파괴된 질서로 인한 문제가 발생한다. 문서 방면, 재물 방면에서 유실이나 불명확한 일이 벌어진다.

④ 병가정(丙加丁)
　삼기가 나란히 있는 형상으로 삼기순수(三奇順遂)격이다. 양(陽)인 천반 병(丙)이 음(陰)인 지반 정(丁)과 정상적으로 있으니 길격(吉格)이다. 병화(丙火)는 주작(朱雀)이고 정화(丁火)는 성기(星奇)이니 성기주작(星奇朱雀)격이다. 만약에 개문(開門), 휴문(休門), 생문(生門)의 3길문(吉門)을 만나면 천둔(天遁) 길격이니 더욱 길하다.

　교섭하고 방문하고 금전을 관리하는 것, 결혼하고 가까운 이를 만나는 것, 상거래에서 재물을 취하는 것에 길하다. 평범한 사람은 안락(安樂)하고 귀인(貴人)은 문서(文書) 방면에 길하다.

⑤ 병가기(丙加己)
　천반 병기(丙奇)와 지반 갑술기(甲戌己)가 만나서 병기(丙奇)가 술토(戌土)에 입묘(入墓)하니 화패입형(火悖入刑)이다.

　길문(吉門)이면 태양이 옥토를 쬐는 형상으로 모든 것이 길해질 기운으로 보고, 흉문(凶門)이면 육병(六丙) 천위(天威)가 지호(地戶)를 비추니 문서수는 불길하고 죄인은 형벌을 당하는 것으로 판단한다.

⑥ 병가경(丙加庚) - 형입태백격(熒入太白格)
　천반 병기(丙奇)는 형혹화성(熒惑火星)이고, 지반 경금(庚金)은 태백

금성(太白金星)이다. 살기를 띠고 형혹성이 태백성에 들어오는 형국이니 형입태백(熒入太白)이다. 양화(陽火)가 양금(陽金)을 극하니 둘 사이의 전쟁이 그치지 않는 대흉격(大凶格)이다.

병든 용이 비를 만난 것과 같아 이루어짐이 없다. 재물을 구하는데 불리하며, 각종 사고와 다툼이 발생한다. 협조자가 없어 고독하다. 단 객(客)은 흉하지 않다.

⑦ 병가신(丙加辛)

양(陽)인 천반 병(丙)이 음(陰)인 지반 신(辛)을 극하기도 하면서 음양의 합을 이루고 있으니 월기상합(月奇相合)이다. 태양이 주옥을 비추듯 일·월이 어우러지는 형상으로 모든 일의 성취가 가능하다.

시험을 치는 것, 상업에서 재물을 취하는 것, 교섭하고 방문하고 금전을 관리하는 것, 금전과 재물을 구하는 것, 결혼하고 가까운 사람을 만나는 것, 병을 치료하는 것에 길하다.

⑧ 병가임(丙加壬)

천반 병화(丙火)가 지반 임수(壬水)에 충을 당하니 불길함이 보인다. 병가임위 강휘상영(丙加壬爲江揮相映)으로 햇빛이 강물을 비추는 형상으로 큰 이익은 있으나 너무 밝아 재액이 빈번해질 수도 있는 기운이다. 임수(壬水)는 천라(天羅)이니 화입천라(火入天羅)로 흉격(凶格)이다.

객에게 불리하므로 동하는 것은 흉하고, 정하고 숨기고 암계를 쓰는 것은 길하다. 시비(是非)가 많이 벌어진다.

⑨ 병가계(丙加癸)

천반 병기(丙奇)가 지반 계수(癸水)에 극(剋)을 당한다. 병가계위 흑운차일(丙加癸爲黑雲遮日)으로 태양을 물기 있는 구름이 가리는 형상이다. 숨은 자의 방해가 있고 재화(災禍)가 잦아질 흉격이다. 지망(地網) 계수(癸水)가 지반에 있으니 월기지망격(月奇地網格)이다.

모든 일은 암매부명(暗昧不明)이라 음험한 자가 암암리에 조잡스러운 짓을 하니 해를 입고 화를 당한다. 되는 일이 없다.

(5) 천반의기(天盤儀奇) 정(丁)

① 정가무(丁加戊)

지반 갑자무(甲子戊)가 천반에 정기(丁奇)를 생하고, 천반 정기는 다시 지반 무(戊)를 생하는 주객상생 구조이다. 청룡요명(靑龍耀明), 청룡전광(靑龍轉光)이라 한다. 또 정가무위 유화유로(丁加戊爲有火有爐)라 하여 불이 질그릇 화로에 있는 형상이고 육정(六丁) 옥녀가 천문(天門)에 노니는 격으로 모든 일에 성공을 기약하는 길격으로 본다.

구혼(求婚), 구직(求職), 구관(求官), 구학(求學), 구재(求財) 등 모든 일이 길하고 순조롭다. 그러나 입묘(入墓), 문박(門迫), 격형(擊形)에는 길함이 감소된다.

② 정가을(丁加乙)

정가을위 소전종작(丁加乙爲燒田種作)으로 불이 밭에 나는 듯하고 옥녀 정(丁)이 승도구류하고 천덕(天德)을 베푸는 형상이다. 마치 잡초를 태워 옥토를 만드는 격이니 발전하고, 축재할 길한 기운이다. 정화(丁火)는 옥녀(玉女)인데 을기(乙奇)의 생을 받으니 옥녀기생격(玉女奇生格)이라고도 한다.

기문길격 14격의 하나이며 주인이 객(客)을 생하여 객에게 이로운 격이다. 귀인(貴人)은 승진하고 평범한 사람이라도 혼인(婚姻), 재물(財物) 방면에 길하다.

③ 정가병(丁加丙)

음(陰)인 천반 정(丁)이 양(陽)인 지반 병(丙)과 주객이 전도되어 짝을 이루고 있으니 음상양하(陰上陽下)라 성수월전(星隨月轉)이라 한다. 정가병위 항아분월(丁加丙爲 姮娥奔月)이라 달이 해 위에 노니는 형상이고 옥녀 육정(六丁)이 명당에 닿는 격으로 관직에 있는 사람은 승진하고, 일반 사람도 발전할 기운이지만 즐거움이 극에 달해 뒤에는 흉해질 수도 있는, 늙은 호랑이가 이빨을 가는 격이라고도 한다.

귀인(貴人)이라면 음양(陰陽)의 상호 보좌하는 위세를 교묘하게 이용하여 승진이 급을 초월하여 길하게 되지만, 일반인은 음상양하(陰上陽下)의 불길한 상태를 이용하지 못하여 불길해지는데 뜻밖의 희사(喜事)가 발생하니 기쁨의 지나친 마음과 행동으로 불행을 초래한다.

④ 정가정(丁加丁)

정가정위 양화성염(丁加丁爲兩火成炎)으로 불이 합해져 환해지는 형상이다. 성기복음길격(星奇伏吟吉格)으로 기타의 천간이 복음이 되면 모두 불길하고 동(動)함에 마땅하지 않지만, 오직 정기의 복음만큼은 도리어 길하게 된다.

문서수와 소식에 있어 길하고 기쁜 일이 생긴다. 희사(喜事)는 마음대로 되며, 만사(萬事)가 뜻대로 이루어진다. 근신(勤愼)하면 놀라지 않는다.

⑤ 정가기(丁加己)

천반 정기(丁奇)가 지반 갑술기(甲戌己)를 만났다. 술토(戌土)는 양화(陽火)의 묘고(墓庫)이나 기토(己土)는 음화(陰火)의 묘고(墓庫)이다. 또 기토(己土)는 구진(勾陳)이니 화입구진(火入勾陳)이라 한다. 삼기가 구진(勾陳)에 떨어지고 육정(六丁) 옥녀가 지호(地戶)에 당도하여 해침을 당하는 형상이니 여인과 재물 때문에 시비가 생기는 상이다.

은밀한 사연이 발생하며 계획하는 일은 뜻대로 되지 않는다. 간통, 간음, 불륜 등 사생활 문제가 발생할 수 있다.

⑥ 정가경(丁加庚)

천반은 정기(丁奇)이고 지반은 경(庚)이다. 경금(庚金)은 바위, 큰 돌덩이로 물줄기나 바람, 소식 등을 가로막는 조격지신(阻隔之神)이다. 정기는 문서, 소식이니 소식은 통하지 않고 문서는 막히는 성기수조(星奇受阻)격이다.

한편, 정가경위 화련진금(丁加庚爲 火煉眞金)으로 불 속에 철을 녹여 보석을 만드는 형상으로 기다리는 문서나 사람이 반드시 도달할 기운으로 보기도 한다. 격국, 문, 성의 길흉에 따라 판단하여야 한다.

⑦ 정가신(丁加辛)

천반 정(丁)이 지반 갑오신(甲午辛)과 짝이 되었다. 신(辛)은 죄인, 감옥으로 보기도 한다. 따라서 주작인 정이 감옥에 들었다고 해서 주작입옥(朱雀入獄)이라 하는데 지반인 신의 기준으로 설명한 것이다. 만약 천반인 정기의 기준에서 설명할 경우, 정기는 관인(官人)이고 귀인(貴人)인데, 착오(錯誤)와 범죄(犯罪)의 용신인 신을 만나면, 직권(職權)이 있는 현직자가 착오를 범해서 뢰옥(牢獄)의 재앙이 있게 되므로, 반드시 원래의 지위를 상실하므로 관인실위(官人失位, 관리는 지위를 잃음)하게 된다.

  정가신위 소전주옥(丁加辛爲 燒殿珠玉)으로 옥녀가 천정(天庭)에 앉아 하늘만 쳐다보고, 불 속에 보석을 넣어 더럽히는 형상으로 원한을 당하고 실직을 당할 기운이다. 그러나 죄인은 사면으로 풀려나는 것으로 본다.

⑧ 정가임(丁加壬)
  천반은 정기(丁奇)와 지반은 임수(壬水)이니 기위상합(奇位相合)이라 한다. 임수(壬水)는 천라(天羅)이니 송사수옥(訟事囚獄)과 관련 있고 귀인(貴人) 정화(丁火)의 도움으로 송사와 재판에 공정함이 따를 것이다. 하지만 만약 애정 문제를 점한다면 정임합(丁壬合)은 음탕합(淫湯合)으로 보기도 한다.

  정가임위 성기득사(丁加壬爲星奇得使)로 육정(六丁) 옥녀가 천뢰(天牢)에 있는 형상이고, 삼기가 군졸을 얻은 형상으로 귀인의 도움을 받고 다툼도 해결되는 기운이다. 모사와 암계를 주로 하는 것이 더욱 좋다고 본다. 격으로는 삼기득사격으로 길격에 속한다.

⑨ 정가계(丁加癸) - 주작투강격(朱雀投江格)
  천반 정기(丁奇)가 지반 계수(癸水)를 만나 음(陰)과 음(陰)이 극하고 있다. 둘이 서로 대충(對沖)으로 주작투강(朱雀投江)이라 한다.

  주작구설(朱雀口舌)이 강에 떨어지고 육정(六丁) 옥녀가 천망(天網)에 떨어지는 형상이니, 문서 착오수가 있고 사안의 지체가 있으며, 구설 시비가 있으며, 다툼도 반드시 패하게 된다. 동(動)함보다 정(靜)함이 길하다.

(6) 천반의기(天盤儀奇) 기(己)

① 기가무(己加戊)

천반 갑술기(甲戌己)가 지반 갑자무(甲子戊)를 만났으니, 술(戌)은 견구(犬狗)이고 갑은 청룡(青龍)이니 견우청룡(犬遇青龍)이라 한다. 작은 산을 큰 산 위에 놓아 귀인을 만나는 형상으로 모사가 이루어지고 귀인을 만나는 즐거움이 있는 기운으로 보기도 한다.

팔문(八門)이 길하면 길하고, 흉하면 흉하게 본다.

② 기가을(己加乙)

문전옥답에 싹이 돋아나는 형상으로 상호 간 뜻이 통하여 남녀가 장래를 약속하는 기운이다. 육기지호(六己地戶)가 을기(乙奇)인 봉성(蓬星)을 만나 지호봉성격(地戶逢星格)이라 부른다.

범사가 매우 암매하여 무엇을 도모하기는 어려우나, 종적을 감추고 본분을 지키며, 물러나 수양 은둔하는 것은 길하고, 여자가 결혼하고 가까운 이를 만나는 데 길하다고 본다.

③ 기가병(己加丙)

천반 갑술기(甲戌己)가 지반 병화(丙火) 위에 있다. 술(戌)은 병화(丙火)의 묘지이고 己土를 地戶라 하니 이격은 화패지호(火悖地戶)라 한다. 습한 흙이 태양을 가린 형상이고 지호(地戶)가 육병(六丙)인 천성(天成)을 가린 형상으로 귀인은 상해당하고 평범한 사람은 음란해질 기운이다.

점사 시 건명이면 원한을 갚기 위하여 상해(相害)하는 일이 있게 된다고 판단하고 곤명이면 음사, 애정사에 곤란한 일을 겪는다고 판단한다.

④ 기가정(己加丁)

천반은 갑술기(甲戌己)이고 지반은 정기(丁奇)이다. 술토(戌土)는 화의 묘지(墓地), 정기(丁奇)는 남방화(南方火)이며 주작(朱雀)이니 주작입묘(朱雀入墓)라 한다. 천반 기토 기준으로 지호(地戶)가 정기(丁奇)를 만났으니 지호주작(地戶朱雀)으로 봐도 무방하다.

묘 속에 주작을 들인 형상이고 옥녀가 묘에 빠진 형상으로, 소식이나 다툼이 처음에는 굽어지다가 결국은 바르게 될 기운으로 보고, 먼저 흉함이 벌어지지만 후에는 길해지기에 신중히 도모하며 소신을 굽히지 않고 끝까지 완주하는 것이 중요하다.

⑤ 기가기(己加己)

천지반이 모두 갑술기(甲戌己)이다. 기(己)는 지호(地戶)이니 지호봉귀(地戶逢鬼)라 복음흉격(伏吟凶格)이다.

모래성을 모래성 위에 쌓는 형상으로 모든 일에 실패하고, 파재하며, 병자는 반드시 흉할 기운이다. 음모와 밀계에 적당하고 복음격으로 공격보다는 방어로 추진해야 할 기운이다.

⑥ 기가경(己加庚)

천반 갑술기(甲戌己)가 경금(庚金) 흉신(凶神)을 만났으니 형격반명(刑格反名) 흉격(凶格)이다. 기가경위 전도형리(己加庚爲 顚倒刑利)라 작은 산이 살기 있는 형혹을 안고 있는 형상이다.

모든 일은 도모하지 않는 것이 좋고, 송사가 있다면 반드시 먼저 움직이는 사람은 불리하며, 다툼으로 인한 해로움이 있고, 각종 사고가 발생하며, 질병으로 크게 흉할 기운이다.

⑦ 기가신(己加辛)

천반 갑술기(甲戌己)가 지반 갑오신(甲午辛)에 뿌려졌다. 기가신위 습니오옥(己加辛爲 濕泥汚玉)으로 습한 진흙을 주옥에 뿌려 더럽히는 형상이다. 술(戌)은 오화(午火)의 묘지(墓地)이고, 기토(己土)는 지호이며, 신은 죄인, 귀신이다. 그러므로 이 격은 유혼입묘(遊魂入墓格)이라 한다.

산 사람과 귀신이 상호 침범하니 흉한 일이 벌어지며, 재앙이 발생하기 쉽다. 범사(凡事)에 조심하고 근신해야 한다.

⑧ 기가임(己加壬)

기(己)는 지호(地戶)이고 임(壬)은 천망(天網)이다. 기상임하(己上壬下)이니 지망고장(地網高張)이라 하고 흉격(凶格)에 속한다. 갑술기의 술토(戌土)와 갑진임의 진토(辰土)가 암암리에 충극한다.

기가임위 반음탁수(己加壬爲反吟濁水)라 진흙을 물에 푸는 형상으로 상호 간의 본분을 잃고 서로를 해쳐 망신할 기운이다. 교활한 소년이 음녀와 간통하는 형상으로 보기도 한다. 재물을 구하는 데 불리하고, 각종 사고가 자주 발생하고, 다툼이 있으며, 협조자가 전혀 없는 고독한 상태이다.

⑨ 기가계(己加癸)

천반 갑술기(甲戌己)가 지반 갑인계(甲寅癸)를 만났다. 흙이 도적의 상징인 계수(癸水) 현무(玄武)를 안고 있는 형상이니 지형현무(地刑玄武)라 한다.

엎친 데 덮친 격이며, 늙은 쥐가 수렁에 빠진 꼴이다. 병세는 위급(危急)해지고, 송사와 구금 등 관사에 흉한 일이 발생한다. 매사 나서지 말고 지키고 있어야 피해가 줄어든다.

(7) 천반의기(天盤儀奇) 경(庚)

① 경가무(庚加戊) - 복궁격(伏宮格)
천반 갑신경(甲申庚)이 지반 갑자무(甲子戊)를 누르고 있어 꼼짝할 수 없으니 직부복궁(値符伏宮), 천을복궁(天乙伏宮)이라 한다.

시가기문에서는 천반의기를 용신으로 주로 삼는다. 따라서 경가무(庚加戊)는 갑자무(甲子戊) 기준으로는 대흉하나, 천반인 갑신경(甲辛庚) 기준으로는 흉하지 않다. 구재는 오히려 길할 수 있다.

다만 경과 갑은 언제나 상충상극(相沖 相剋)하고 있으니 경(庚)과 무(戊)의 왕상휴수사에 따라 길흉이 변하게 되니, 점사에서 경가무(庚加戊)는 자리를 옮기거나, 사람을 바꿔 일을 도모하는 것이 길하다고 한다.

② 경가을(庚加乙)
경금(庚金) 태백성이 여린 나무인 을목(乙木) 봉성(蓬星)을 가로막고 있는 형상으로 태백봉성(太白逢星) 흉격이다.

경금이 을을 극하고, 또한 을경(乙庚)이 상합하므로, 객(客)에게 유리하고 주(主)에 불리하다. 전진하고 동하면 흉하고, 물러나고 정하면 흉하지 않다.

③ 경가병(庚加丙) - 태백입형격(太白入熒格)
경가병위 태백입형(庚加丙爲太白入熒)으로 태백 금성이 형혹 위에 있는 형상으로, 도적이 오고 손재(損財)가 있는 기운이다.

천반 경금(庚金)과 지반(丙火)의 만남이다. 병화는 경금을 극할 수 있으나 천반은 객(客)이라 방비하지 않은 병화를 치니 무방비한 병화는 당할 수밖에 없다.

점사 시 적이 반드시 오기 때문에, 진영을 습격하는 것과 도적이 집에 들어와 재물을 강탈하는 것을 방비해야 한다. 따라서 방어적으로 지키는 것이 좋다. 점사시의 용신은 천간을 위주로 한다. 따라서 일간이나 용신이 경금이면 길격이 되며, 객이 유리하기 때문에 공세적, 주동적으로 나서야 길하게 된다.

④ 경가정(庚加丁)

천반 경금(庚金)이 지반 정기(丁奇)를 안고 있는 격이다. 경가정위형형지격(庚加丁爲 亨亨之格)으로 쇠가 불로 녹여져 기물(器物)이 되고 태백이 태음(太陰)에 드는 형상이다.

혹은 경(庚)은 남자이고 丁奇는 甲木의 딸이자 여인, 옥녀(玉女)이니 경금이 집에 애인을 사사로이 숨겨두는 현상을 빗대어 금옥장교(金玉藏嬌)라고도 한다.

남녀 관계로 인한 시비, 바르지 못한 일을 하다가 구설을 자초한다. 팔문이 길하면 흉함은 풀리나, 팔문이 흉하면 흉한 일을 면치 못하게 된다.

⑤ 경가기(庚加己) - 형격(刑格)

천반 갑신경(甲申庚)이 지반 갑술기(甲戌己)를 만났으니 관부형격(官府刑格)이다. 경금(庚金)은 막거나 차단하는 조격지신(阻隔之神)이고, 기토(己土)는 지호(地戶)이고 경(庚)의 묘지(墓地)이니 주객(主客) 모두 불길하다.

쇠가 더러운 진흙 속에 빠지고, 태백이 지호에 드는 형상으로, 관사, 소송의 흉사가 발생할 수 있고, 색정(色情)에 빠져 음란한 일이 있을 기운이다.

⑥ 경가경(庚加庚)

경가경위 복음전격(庚加庚爲伏吟戰格)으로 태백 금성이 겹쳐 있는 형상이다. 두 흉신이 함께 있으니 상호 간의 투쟁은 치열하여 태백동궁(太白同宮)을 전격(戰格)이라 한다.

동료나 친구, 형제, 동업자 사이에 화목하지 않고, 모사(謀事)는 불리할 뿐만 아니라, 갈등과 대립, 불화의 연속이다.

⑦ 경가신(庚加辛)

경(庚)과 신(辛)은 백호(白虎)이니 두 백호의 만남이라 백호간격(白虎干格)이라 한다. 경은 태백(太白) 금성이므로 태백형격(太白刑格)이라고도 한다. 또 무거운 쇠로 주옥(珠玉)을 깨뜨리는 형상이고 태백 금성이 경(庚)이 천진(天進)을 치는 모양으로 철퇴쇄옥(撤退碎玉)이라고도 한다.

장거리 여행을 하지 말아야 하며, 모든 변동에 불리한 운이며, 각종 사고 및 다툼이 자주 발생한다.

⑧ 경가임(庚加壬) - 소격(小格)

무거운 쇠가 강에 빠지고 태백이 지망(地網)에 드는 형상으로 모산소격(耗散少格)이라 한다. 임수(壬水)는 동(動)하여 흐르고, 경(庚)은 조격지신(阻隔之神)이니 멀리 행하면 길을 잃고, 소식은 통하지 않는다. 천반 경금 기준으로 보면 흐르는 임수를 만났으니 변동, 변화하게 되니 이탕격(移蕩格)이라고도 한다.

소모적인 일이 발생하고, 멀리 여행하면 길을 잃고 헤맬 수 있고, 좋은 소식은 들려오지 않는다. 변동, 변화가 따르며 손상이 많이 발생한다.

⑨ 경가계(庚加癸) - 대격(大格)

경가계위 반음대격(庚加癸爲反吟大格)으로 쇠붙이 밑에 물이 있어서 녹이 나는 형상으로, 사고·재액(災厄)과 아는 사람으로부터 오는 흉화가 있을 기운이다. 갑신경(甲申庚)과 갑인계(甲寅癸)가 만났으니, 인신(寅申) 상충 상형이라, 대흉지격이다.

경(庚)은 도로에 해당하니 교통사고수가 있으며, 관재(官災)와 송사(訟事)는 끝이 없고, 생육(生育)을 예측하면 모자(母子)가 모두 손상될 수 있다. 재물을 구하는 데 불리하고 협조자가 없는 고독한 상황이다.

(8) 천반의기(天盤儀奇) 신(辛)

① 신가무(辛加戊)

천반 갑오신(甲午辛)과 지반 갑자무(甲子戊)의 만남이라 곤룡피상(困龍被傷)이다. 지반 갑자무(甲子戊)의 갑목(甲木)이 신금(辛金)의 충격을 받으니 흉격이다. 또 신가무위 반음피상(辛加戊爲反吟被傷)이라 하여 백호가 산 위에서 뛰어다니는 형상으로 관청의 일 때문에 파재를 당하고 망동(妄動)으로 재앙을 당할 기운으로 본다.

망동(妄動)하면 화앙(禍殃)이 따라오거나, 송사에 시달리거나 파재(破財)되고 결손(缺損)되기에 자기 본분을 지키고 제자리에서 때를 기다리는 것이 좋다. 다만, 용신이 천반의 신이라면 자오충으로 큰 이득은 보기 어려우나 큰 손해도 없게 된다.

② 신가을(辛加乙) - 백호창광(白虎猖狂)

신가을위 백호창광(辛加乙爲白虎猖狂)으로 백호가 수풀에 숨어 미쳐 날뛰는 형상이다. 천반 신금(辛金)이 지반 을목(乙木)을 극하니 늙은 나무가 도끼를 맞는 흉격이다.

사람이 도모하는 일이 망하고 가업도 무너지며, 원거리 여행에 재앙이 온다. 재물을 구하는 데 불리하고, 각종 사건, 사고, 다툼이 자주 발생하고, 혼인점에서 이격은 남자가 이혼하고 집안을 깨뜨린다고 보며 색정 문제에 얽히는 기운으로 본다. 객(客)은 그다지 흉하지 않다고 본다.

③ 신가병(辛加丙)

천반은 신(辛)이고 지반은 병(丙)으로 음양이 전도되어 있어, 병신합(丙辛合)을 하지만 길한 정도는 감소된다. 그러므로 간합패사(干合悖師)라 한다.

길문(吉門)이면 매사는 길해지고 흉문(凶門)이면 매사가 흉해진다. 만약 합작하는 자와 구재(求財)하는 일이 있다면 재물(財物)로 인한 송사(訟事)가 벌어진다.

④ 신가정(辛加丁)

백호가 삼기를 얻은 형상이며 죄인(罪人), 옥신(獄神)인 천반 갑오신(甲午辛)이 지반 정기(丁奇)를 얻었으니 옥신득기(獄神得奇)라 한다.

상거래, 상업, 투자에서 배의 이익을 얻을 수 있으며, 기타 일에도 의외의 소득이 있다. 만약에 착오를 범하거나 그릇된 일을 저질렀다 할지라도 처분을 면할 수 있으며 옥살이를 하는 자는 죄를 면하게 되고 풀려나게 된다.

⑤ 신가기(辛加己)

죄인(罪人)인 천반 갑오신(甲午辛)이 지반 갑술기(甲戌己) 감옥(監獄)에 들어가는 현상, 보석이 스스로 진흙에 뛰어드는 현상이니 입옥자형(入獄自刑)이라 한다.

착오(錯誤)는 자기로부터 발생되며, 억울한 사연은 호소할 곳이 없으며, 아랫사람이 배신하는 기운이다.

⑥ 신가경(辛加庚)

신(辛)은 천옥(天獄)이며 지반 경금(庚金)을 만났으니 칼과 도끼의 충돌이다. 천옥자형(天獄自刑)이라 한다. 백호와 태백의 두 살기가 같이 있는 형상으로 신가경위 백호출력(辛加庚爲 白虎出力)이라고도 한다.

칼과 도끼가 서로 싸워 상처를 주니 주객(主客)이 모두 불리하다. 서로 물러서면 흉하지 않으나 강하게 나오면 서로에게 주는 피해가 막심하다.

⑦ 신가신(辛加辛)

갑오신(甲午辛)과 갑오신(甲午辛)의 만남이니, 오오자형(午午自刑)이다. 신은 천옥(天獄) 또는 천정(天庭)이니 복음천정(伏吟天庭)이라 하며, 복음상극(伏吟相剋)으로 부르기도 한다.

두 보석을 한 주머니에 넣은 형상으로, 사사로운 이익을 취하여 스스로 죄를 뒤집어쓰며, 매사 자신의 잘못으로 실패하고, 공적인 일은 필패한다. 송사, 옥살이하는 일이 벌어진다면, 모두 스스로 죄명을 초래한다. 복음격으로 망동은 피하고 정(靜)하는 것이 좋다.

⑧ 신가임(辛加壬)

신금(辛金)은 뢰옥(牢獄)이고 임수(壬水)는 흉사(凶蛇)이니 흉사입옥(凶蛇入獄)이라 한다. 주옥을 빠뜨린 찬 연못에 달그림자만 비추는 형상이니 한당월영(寒塘月影)이라고도 한다.

거동은 있으나 실속은 없고 헛심만 쓰게 되며, 백호가 육임(六壬)인 천뢰(天牢)에 갇히는 상이므로 투쟁과 송사는 끝이 없고 선동(先動)하면 불리하다.

⑨ 신가계(辛加癸)

신(辛)은 천뢰(天牢)이고, 계(癸)는 화개(華蓋)이므로 천뢰화개(天牢華蓋)라 하며 백호가 화개에 빠졌다 하여 천혈화개(天穴華蓋)라고도 한다.

이 격(格)은 해와 달이 빛을 잃고, 천망(天網)에 잘못 들어 불길하니, 움직임과 도모에 불길하다. 날짐승이 그물인 천망(天網)에 걸린 형상으로 진퇴양난의 어려운 상황으로 본다.

(9) 천반의기(天盤儀奇) 임(壬)

① 임가무(壬加戊)

천반 갑진임(甲辰壬)이 지반(地盤) 갑자무(甲子戊)를 만났다. 큰 물이 큰 땅에서 노는 형상으로 뱀이 용이 된다 하여 소사화룡(小蛇化龍)이라 한다.

남자는 승진하고 발달하며, 여자는 귀해지고 출산하는 기운이다.

② 임가을(壬加乙)

갑진임(甲辰壬)이 천반에 있고 을기(乙奇)가 아래에 있어 양상음하(陽上陰下)의 자연현상에 부합한다. 임수는 소사(小蛇)로 삼기 중 하나인 을기(乙奇)를 만나 길해져 소사득세(小蛇得勢)라 한다. 물상적 측면에서는 큰 물이 작은 도화(桃花)로부터 희롱당하는 형상으로 봐 축수도화(逐水桃花)라고도 한다.

여자는 유순(柔順)하고 남자는 발달하게 된다. 만약 잉육(孕育)을 예측하면 자식을 낳을 수 있고, 직업을 얻을 수 있으며, 축재도 가능하다.

③ 임가병(壬加丙)

천반 임(壬)과 지반 병(丙)이 만났다. 임은 소사(小蛇)이니 소사입화(小蛇入火)라고 하기도 하며, 바다에 일몰이 들어 붉게 물드는 형상으로 일락서해(日洛西海)라고 이르기도 한다.

아직 밤이 되지 않아 시기가 이르지 않았기에 만사가 불통이고 관재구설, 흉사가 끊이지 않는다. 양패구상(兩敗具傷)이라 양쪽 모두 손상을 입는다.

④ 임가정(壬加丁)

갑진임(甲辰壬)은 천반(天盤)에 있고 지반(地盤)은 정기(丁奇)이니 정임합(丁壬合)이요, 임(壬)은 소사(小蛇)이니 간합사형(干合蛇刑)이라 하며, 정기 측면에서 간합성기(干合星奇)라고도 한다.

정임합목(丁壬合木)의 형상으로 문서는 순리에 맞고 귀인이 돕는 기운이다. 천반 임은 양(陽)이고 남자이니, 정기를 만나 상합하면 자연히 길하게 되니 남자는 길하다고 보고, 지반 정은 음(陰)이고 여자인데, 위에 천라(天羅)인 임이 머리를 덮고 있으므로 불길하니 여자는 흉하다고 본다.

⑤ 임가기(壬加己)

천반 갑진임(甲辰壬)과 지반 갑술기(甲戌己)의 만남이니 천지반이 서로 상충(相冲)한다. 임수는 소사(小蛇)이니 반음사형(反吟蛇刑)이라 하고, 물을 흙에 부어 진흙처럼 짓이기는 형상이라 하여 반음니장(反吟泥漿)으로 하기도 한다.

육임(六壬)인 지망(地網)이 지호(地戶)와 합해져 격국이 길할 때는 음모 밀계를 쓰는 것이 좋으나, 일반적으로는 재액이 오고, 파재(破財), 송사 다툼, 관사패소(官司敗訴)하고, 협조자가 없는 고독한 상황이니 본분을 지키고 순리에 따라야 한다. 망동(妄動)하면 필연적으로 흉하게 된다.

⑥ 임가경(壬加庚)

임은 사(蛇)이고 경은 태백(太白)이다. 사(蛇)가 태백을 만나 조격(阻隔)을 당하므로 태백금사(太白擒蛇)라 한다.

물이 칼날 위에 서 있는 형상으로 마냥 불안해질 기운이다.
모든 일은 진전(進展)하기 어렵다. 다만 송사(訟事)가 있다면 판결은 공정하게 된다.

⑦ 임가신(壬加辛)

천반(天盤) 갑진임(甲辰壬)이 지반(地盤) 신(辛)을 만났으니 신(辛)은 진(辰)에 입묘(入墓)하고, 임수는 등사(螣蛇)이니 신금(辛金)이 등사에게 감긴 형태라 등사상전(螣蛇相纏)이라 한다. 물을 부어 주옥을 닦는 형상으로 도세주옥(淘洗珠玉)이라고도 한다.

다툼과 송사는 공평해지고 올바름과 틀림이 분명해질 기운이다. 흉문을 얻으면 타인에게 기만, 사기를 당한다.

⑧ 임가임(壬加壬)
갑진임(甲辰壬)이 천지반에서 만나 진진자형(辰辰自刑)이 되었다. 임(壬)은 사(蛇), 지라(地羅), 천옥(天獄)이니 사입지라(蛇入地羅)라 하며, 복음지망(伏吟地網)이라고도 한다.

혼탁한 물을 더러운 물에 더하는 형상으로 복음격 중 임가임(壬加壬)은 지라점장격(地羅占藏格)으로 도모하는 일은 성사(成事)되지 않고, 재앙(災殃)과 우환이 따르고, 재물을 구하는 데 불리하고, 일이 지체되고 협조자가 하나 없게 된다. 흉격인 지망차적격(地網遮寂格)도 된다.

⑨ 임가계(壬加癸)
임수(壬水)는 천라(天羅)이고 계수(癸水)는 지망(地網)이니 천라봉지망(天羅逢地網)이다. 양수(陽水)는 위에 있고 음수(陰水)는 아래에 있으니 음양(陰陽)의 교화(交和)이고, 수(水)는 현무(玄武)로서 曖昧之事(애매지사)이니, 이 격은 또한 유녀간음격(幼女奸淫格)이라 한다.

큰 물이 제 길을 가지 않고 시내로 가려 하는 형상으로, 젊은 여자가 간음하고 집안에 귀성(鬼聲)이 가득해질 기운이다. 남녀 간의 애매한 일로 인하여 흉한 재앙(災殃)을 초래하게 된다. 길괘문이면 화를 적게 미치게 된다.

(10) 천반의기(天盤儀奇) 계(癸)

① 계가무(癸加戊)

갑인계(甲寅癸)와 갑자무(甲子戊)의 만남이다. 지반 자수(子水)는 천반 인목(寅木)을 생하고, 천반 계수(癸水)는 지반 무토(戊土)와 무계합(戊癸合)을 이루니 상생상합(相生相合)이다. 그러니 천을회합(天乙會合)이라 한다.

시냇물이 큰 땅으로 자연스레 흐르는 형상으로 길격이다.
길문(吉門)이면 구재(求財), 혼인(婚姻)과 길한 일은 은인의 도움으로 성사될 것이고, 흉문(凶門), 궁박(宮迫), 문박(門迫)이라면 재화(災禍)와 시비(是非)를 초래한다.

② 계가을(癸加乙)

천반(天盤) 계수(癸水)가 지반(地盤) 을기(乙奇)에 내린다. 봄비가 꽃을 흩날리는 형상으로 이화춘추(梨花春雨)라고 하며, 계(癸) 화개(華蓋)가 을기(乙奇) 봉성(逢星)에 앉았으므로 화개봉성(華蓋逢星)이라고도 한다.

만약 길문이며 승진·발전할 기운이며, 귀인(貴人)은 봉록이 있고 일반인이라도 편안함이 있다. 흉문이면 옷에 흙칠을 하는 형상으로 흉하다고 본다.

③ 계가병(癸加丙)

천반(天盤)에 음수(陰水) 계수(癸水)와 지반(地盤)에 양화(陽火) 병화(丙火)와의 만남이다. 계수를 화개(華蓋)라 하고, 병은 패사(悖師)라 하니 이 둘을 합쳐 화개패사(華蓋悖師)라 하고, 화개자사(華蓋字師)라고도 한다. 주(主)인 병이 차가운 물인 계수를 비춘다는 월조한담(月照寒潭)이라 하여 객(客)의 입장에서는 편안함과 한가로움이 있다고도 본다.

팔문이 길하면 귀인은 봉록을 타고 평범한 사람은 평안하다고 고 볼 수 있다. 화개가 명당에 닿았으니 귀인을 만나는데 길하다. 팔문이 흉하면 흉해지는데 수양(修養)이 되고 인품 훌륭한 사람은 인내하여 이겨내기 때문에 흉을 길로 변모시킬 수 있으나, 그렇지 않은 사람은 흉하다고 볼 수 있다.

④ 계가정(癸加丁)
천반(天盤) 계수(癸水)와 지반(地盤) 정화(丁火)가 만났다. 계는 등사(螣蛇)이고 음화 정에 타므로 불에 타서 꿈틀거리는 현상이라 등사요교(螣蛇妖嬌)라 한다.

모르는 사람의 음해를 받으며, 문서가 흉하고, 소송, 구설, 다툼, 시비, 관사가 발생한다.

⑤ 계가기(癸加己)
천반 계(癸)는 화개(華蓋)이고 기토(己土)는 지호(地戶)이다. 작은 웅덩이에 물이 고여 있는 형상으로 화개지호(華蓋地戶)라 한다.

기다리는 소식은 오지 않고, 모든 상황이 불안한 기운이다. 물이 없는 곳에 우물을 파지 말고 재난이 예견되니 몸을 피하는 게 흉함을 막는 최선의 방법이다.

⑥ 계가경(癸加庚)
천반 계수(癸水)와 지반 경금(庚金) 위에 앉았다. 계수(癸水)는 지방(地網)이고 경금은 태백(太白)이니 태백입망(太白入網)이라 한다. 갑인계(甲寅癸)와 갑신경(甲申庚)의 만남이니 인신충(寅申冲)하는 흉격이다.

이슬방울이 칼날 위에 달린 형상으로 모든 일이 불안해지고 백사는 성사되지 않는다. 길사(吉事)라 할지라도 허망하며, 폭력으로 대처하면 죄에 대한 책임은 스스로 받게 된다.

⑦ 계가신(癸加辛)

천반 계수(癸水)는 지망(地網)이고, 지반 신금(辛金)은 천뢰(天牢)이니 망개천뢰(網蓋天牢)라 한다.

이슬방울이 얇은 칼날 위에 있는 형상으로 죄를 지은 자는 책임을 피할 수 없고, 질병 있는 자는 쾌유가 어렵다.

⑧ 계가임(癸加壬)

음수인 천반 계수(癸水)가 양수인 지반 임수(壬水) 위에 앉았다. 계수와 임수 모두 등사(螣蛇)이니 복견등사(復見螣蛇)라 한다. 작은 물이 큰 물에 합해져서 넘치는 형상이 충천분지(沖天奔地)라고도 한다.

모든 일에 순서를 잃어버리거나 중혼(重婚)할 수 있고, 다시 결혼해도 자식이 없고, 급하게 하여 일을 그르친다. 점사에서는 새로운 회사, 새로운 동업자, 새로운 길을 찾아야 흉함을 면할 수 있다고 본다.

⑨ 계가계(癸加癸)

천지반(天地盤)이 모두 계수 지망(地網)이니 천망사장(天網四張)이라 한다. 복음천라(伏吟天羅)라고도 한다.

도모하는 일은 성사되지 않는다. 강행하면 흉함만이 발생할 뿐이다. 행인(行人)은 동반자를 잃고, 질병과 송사는 결과가 좋지 않다.

2장. 해단요소의 점단함의(占斷含意)

1. 구궁(九宮)

<구궁에 배치된 팔괘와 오행, 수리>

손궁(巽宮)	리궁(離宮)	곤궁(坤宮)
진궁(震宮)		태궁(兌宮)
간궁(艮宮)	감궁(坎宮)	건궁(乾宮)

　기문둔갑은 구궁(九宮)의 바탕에 육의삼기, 팔문, 구성, 팔장을 포국하여 용신의 궁에서의 힘의 세기 그리고 궁과 궁끼리의 상생·상극, 궁과 팔문의 결속 관계 등을 통해 길흉화복을 점치는 학문이다.

　따라서 기문둔갑의 바탕인 구궁의 상의를 이해해야만 용신과의 관계, 궁과 궁끼리의 관계, 팔문과 궁의 관계를 정확히 인지하고 해단할 수 있게 된다.

(1) 감궁(坎宮) - 고난궁, 비밀궁

- 계절(季節): 겨울, 자월(子月)
- 방위(方位): 북(北)
- 천문(天文): 비
- 지리(地理): 해양, 강과 호수, 습지
- 인물(人物): 중남(中男), 부하, 종업원, 수재(秀才)
- 함의(含意): 냉정, 고민, 방탕, 음탕, 곤란, 비밀, 수련, 임신
- 신체(身體): 자궁, 신장, 방광, 생식기, 혈액순환계통
- 물품(物品): 병, 찻잔, 도료, 기름
- 옥사(屋舍): 수각(水閣), 주점, 수상 건축물
- 업종(業種): 해운업, 어업, 염전, 주류 판매

(2) 곤궁(坤宮) - 가정궁, 어머니궁, 직장궁

- 계절(季節): 늦여름, 미월(未月)/신월(申月)
- 방위(方位): 남서(南西)
- 천문(天文): 흐린 날
- 지리(地理): 논, 밭, 대지
- 인물(人物): 노모(老母), 여자, 시골 사람, 고향 친구
- 함의(含意): 인색, 유순, 끈기, 옛것, 노력
- 신체(身體): 어깨, 비장, 위장, 복부, 소화기계통
- 물품(物品): 골동품, 집, 헌것, 오래된 것, 곡식
- 옥사(屋舍): 저층의 집, 창고, 시골집, 허름한 집, 중소기업
- 업종(業種): 근로자, 회사원, 농업, 자영업, 소규모상업, 목축

(3) 진궁(震宮) - 시작궁, 발전궁

- 계절(季節): 봄, 묘월(卯月)

- 방위(方位): 동(東)
- 천문(天文): 우레, 번개
- 지리(地理): 번화가, 도로, 삼림
- 인물(人物): 장남, 미남미녀
- 함의(含意): 활기, 전진, 활동, 조급, 구설, 허풍, 요란
- 신체(身體): 왼팔, 간, 발, 관절, 목구멍, 허리, 콩팥
- 물품(物品): 전기전자제품, 악기, 총
- 업종(業種): 새로운 시작, 개업, 아이디어, 목공

(4) 손궁(巽宮) - 발전궁, 사업궁, 교제궁

- 계절(季節): 늦봄, 진월(辰月)/사월(巳月)
- 방위(方位): 동남(東南)
- 천문(天文): 바람
- 지리(地理): 도로, 먼 곳, 초원
- 인물(人物): 장녀, 중년여성, 과부
- 함의(含意): 여행, 거래, 유학/이민, 교제/교류, 상거래, 가출
- 신체(身體): 어깨, 대장, 소장, 호흡기, 왼손, 신경계
- 옥사(屋舍): 지하철, 항구, 은행
- 물품(物品): 침, 실, 긴 물건, 파이프, 향기·맛이 짙은 물건
- 음식(飮食): 밀가루, 국수, 짠맛의 물건
- 업종(業種): 무역, 의원, 세관, 상거래, 장사

(5) 중궁(中宮) - 제왕궁

- 중궁에 자리한 육의삼기는 곤궁에 기탁
- 중궁에 자리한 구성은 기문국의 전반적 기운을 좌우함

(6) 건궁(乾宮) - 권위궁

- 계절(季節): 늦가을, 술월(戌月)/해월(亥月)
- 방위(方位): 서북(西北)
- 천문(天文): 맑음
- 지리(地理): 옛 성, 고적, 고지
- 인물(人物): 아버지, 남편, 윗사람, 권위자, 귀인
- 함의(含意): 강건, 무용(武勇), 투자, 확장, 도약, 결단
- 신체(身體): 오른쪽 다리, 머리, 골격, 뇌혈관
- 물품(物品): 귀중품
- 옥사(屋舍): 관공서, 높은 장소, 일류대학, 병원, 대기업
- 업종(業種): 사업, 종교, 공기업/공무원, 대기업, 군인, 경찰

(7) 태궁(兌宮) - 유희궁, 금전궁

- 계절(季節): 가을, 유월(酉月)
- 방위(方位): 서(西)
- 천문(天文): 달
- 지리(地理): 연못, 낮은 곳
- 인물(人物): 소녀, 막내딸, 여자
- 함의(含意): 유흥, 향락, 낭비, 현금입출입, 지출, 언어구설, 감언이설, 현금, 결실
- 신체(身體): 오른팔, 치아, 폐, 대장, 입, 혀, 호흡기, 허리
- 물품(物品): 현금, 지갑, 칼, 항아리(U)와 같이 움푹한 물건
- 옥사(屋舍): 연회장, 유흥시설, 응접실
- 음식(飮食): 과일, 유류(乳類), 매운맛
- 업종(業種): 오락·유흥업

(8) 간궁(艮宮) - 변화궁

- 계절(季節): 늦겨울/초봄, 축월(丑月)/인월(寅月)
- 방위(方位): 북동(北東)
- 천문(天文): 안개
- 지리(地理): 산, 제방, 언덕
- 인물(人物): 막내아들, 종교·역학인, 친구, 조상, 형제
- 함의(含意): 유산·상속, 저축, 이직·이사, 개업, 개혁, 교대, 정지, 침체, 지체, 반역, 근검
- 신체(身體): 왼쪽 다리, 비, 위장, 척추, 코, 맹장
- 업종(業種): 부동산업, 종교인, 가업승계, 금융기관

(9) 리궁(離宮) - 학문궁, 문서궁

- 계절(季節): 여름, 오월(午月)
- 방위(方位): 남(南)
- 천문(天文): 태양
- 지리(地理): 번화가, 화려한 곳
- 인물(人物): 차녀, 문인(文人)
- 함의(含意): 계약, 문서, 명예, 공부, 소송, 재판, 이혼·이별, 주식, 재판, 관재구설, 폭로
- 신체(身體): 머리, 심장, 소장, 정신, 눈, 혈관, 안과 계통
- 물품(物品): 서적, 주식, 전기전자제품, 전등
- 옥사(屋舍): 법원, 학교, 도장, 연구기관
- 업종(業種): 판·검사, 교육자, 연구원, 학자, 연예인

(10) 구궁도(九宮圖) 요약

<십이지-월 배분>

辰巳	午	未申
卯		酉
丑寅	子	戌亥

<방위>

南東	南	南西
東		西
北東	北	北西

<인물-육친>

장녀	중녀	어머니
장남		소녀
소남	중남	아버지

<신체 부위>

어깨	머리	어깨
팔		팔
다리	자궁	다리

2. 팔문(八門)

팔문(八門)이란 생문(生門), 상문(傷門), 두문(杜門), 경문(景門), 사문(死門), 경문(驚門), 개문(開門), 휴문(休門)의 여덟 문을 말하며, 팔문의 상의를 정확히 이해하고 있어야 팔문(八門)과 육의삼기(六儀三奇)의 결합, 팔문(八門)이 비도(飛到)되어, 정위(定位)의 팔문궁에 이르렀을 때의 결합된 상의를 이해하고 점단할 수 있다.

<팔문의 정위(定位)>

두문 (杜門)	경문 (景門)	사문 (死門)
상문 (傷門)		경문 (驚門)
생문 (生門)	휴문 (休門)	개문 (開門)

(1) 생문(生門) - 土, 大吉

생문(生門)은 축(丑), 인(寅) 자리인 간토궁(艮土宮)에 있는 문으로 12월 동토를 헤치고 막 솟아오르는 변화의 시기다. 간궁의 차남과 같이 변화와 개혁을 추구하는 속성을 가졌다.

생문은 정월의 생명력이 있는 길문이며 당장은 위축될 수 있으나 장차 푸른 싹이 돋고 찬란한 꽃을 피게 하는 생명력의 문이다. 생문은 쓰러졌던 자가 다시 일어나고 병든 이가 건강을 되찾는 문이며 장차 전성기를 맞이할 문이다. 전진, 취직, 혼인, 이사, 구재 등에 길하나, 매장, 장례에는 길하지 못하다.

<생문(生門)>

길흉	대길
득령 (得令)	축인(丑寅) 연월일시
왕상 휴수사	토(土) 계절에 왕(旺), 여름에 상(相), 가을에 휴(休), 겨울에 수(囚), 봄에 사(死)
거궁(居宮) 시 門의 환경	간궁복음(艮宮伏吟) 곤궁반음(坤宮反吟) 손궁입묘(巽宮入墓) 진궁수극(震宮受克) - 木剋土 궁박(宮迫) 리궁대길(離宮大吉) 감궁극궁(坎宮克宮) - 土剋水 박제(迫制) 건태궁차길(乾兌宮次吉)
직업	부동산, 금융, 투자, 농업
길사	구재, 투자, 상업
흉사	매장, 장례
기타 함의	투자 시 이윤, 이자, 매매차익, 매각차익, 배당금, 투자수익, 뛰어난 능력, 높은 수입

(2) 상문(傷門) - 木, 凶

상문(傷門)은 묘(卯) 자리인 진목궁(震木宮)에 있는 문(門)으로 땅속에 있던 씨앗이 싹을 틔우고 땅 위로 막 오르려다가 스스로 상처받는 시기다.

진궁은 인사로 보면 장남인데, 장남이 생활을 위해 사회의 나와서 분주히 활동하다 보니 타인의 음해와 모략, 쟁투, 심신의 고통과 경제적 고충, 사교상 실패, 명예훼손, 재물 손재 등이 허다하여 상심할 일이 많다. 상문은 이렇게 상처를 받는 시기로 볼 수 있으나 장남의 호연지기가 있어서 기본적으로는 투쟁과 투기의 성격을 갖는다.

범인을 체포하거나 빚을 독촉하는 일, 도박, 상품 운반 등은 매우 길하나, 기타 일체는 길하지 못하다. 상문방으로 이사나 직업 이동을 하게 되면 흉한 일이 발생한다.

<상문(傷門)>

길흉	흉
득령 (得令)	묘(卯) 연월일시
왕상 휴수사	봄에 왕(旺), 겨울에 상(相), 여름에 휴(休), 토(土) 계절에 수(囚), 가을에 사(死)
거궁(居宮) 시 門의 환경	진궁복음(震宮伏吟) 태궁반음(兌宮反吟) 곤궁입묘(坤宮入墓) 건궁수극(乾宮受克) - 金剋木 궁박(宮迫) 감궁대흉(坎宮大凶) - 水生木 간궁극궁(艮宮克宮) - 木剋土 박제(迫制) 리궁설기(離宮洩氣) - 木生火
직업	경찰, 채권추심업자, 사냥꾼, 어부
길사	채권추심, 범인 체포, 도박

흉사	구재, 질병, 건축, 결혼 등 일체 흉함
기타 함의	형사안건 점단 시 범죄인을 辛/천봉으로 보고, 경찰을 상문/경문(驚門)으로 본다. 채권추심업자, 자동차/기차, 적극성

(3) 두문(杜門) - 木, 平

두문(杜門)은 진(辰), 사(巳) 자리인 손목궁(巽木宮)에 있는 문(門)으로 장녀의 지혜로 돋아난 싹을 보호하듯 닫아서 지켜야 할 문이다. 바깥은 움직임이 없는 정적인 상태지만, 안은 미래의 즐거움을 대비하는 문이기도 하다.

진(辰)의 지장간에 계(癸)가, 사(巳)의 지장간에 경(庚)이 있어 온랭을 함께 가지고 있어 양면적인 경향을 가진 문으로 본다. 외부로는 쉬고 닫혀 있는 상태이지만, 내부로는 내일을 향해 전진을 준비하는 문이기도 하여 소흉문, 소길문의 양면적 성향을 가지고 있다. 밖으로는 고요하고 안으로는 움직임이 있는 시기 선택의 문이기도 하다.

<두문(杜門)>

길흉	중평(中平), 소길문, 소흉문
득령 (得令)	진(辰), 사(巳) 연월일시
왕상 휴수사	봄에 왕(旺), 겨울에 상(相), 여름에 휴(休), 토(土) 계절에 수(囚), 가을에 사(死)
거궁(居宮) 시 門의 환경	손궁복음(巽宮伏吟) 건궁반음(乾宮反吟) 곤궁입묘(坤宮入墓) 태궁수극(兌宮受克) - 金剋木 궁박(宮迫) 감궁수생(坎宮受生) - 水生木 간궁극궁(艮宮克宮) - 木剋土 박제(迫制) 리궁설기(離宮洩氣) - 木生火

직업	비밀기관, 정보기관, 기술자, 군인, 경찰, 안전
길사	토목, 도망, 피난, 저장, 은둔
흉사	대체로 흉하다
기타 함의	내향적, 특수한 기술, 기술자, 혈전, 중풍, 범인 은신처 드러나지 않음, 떠나지 않음, 닫힘, 막힘, 은밀함(庚+두문→은밀한 기습), 비밀 사연, 체포(두문+壬癸庚辛→범인 꼭 잡는다)

(4) 경문(景門) - 火, 小吉

경문(景門)은 오(午) 자리인 리화궁(離火宮)에 있는 문(門)으로 태양이 가장 뜨거운 5월에 당령한다. 만물이 폐장하는 감궁과 대충하고 있다.

겉으로는 화려하나 실속이 없는 문이다. 마치 잔치처럼 겉으로는 흥겨움이 있지만 안으로는 소비가 있고 근심이 있어서 소길(小吉)의 문이 된다. 인사로 보면 중녀(中女)와 같아서 이상은 높고 화려함만 즐기기 때문에 자신의 성공을 위해 분주다사하고 교제·호색·사치·변화의 문으로 본다.

잔치를 맞이하여 마음껏 먹고 마시며 흥겨워하는 모습이니 외양은 낙원인 듯 보이나, 소비가 많아 재산상의 손실, 정신적인 후유증이 있어 타격을 받게 된다. 오락에 도취하다가 서로 시기하고 미워하며 질투와 쟁투, 투서, 고소, 중상, 모략, 관재, 구설도 당할 우려가 있다. 태양이 가장 빛난 후 광량이 점차 줄어드는 것처럼 장차 쇠퇴하는 의미가 있다.

<경문(景門)>

길흉	소길문
득령 (得令)	오(午) 연월일시
왕상 휴수사	여름에 왕(旺), 봄에 상(相), 토(土) 계절에 휴(休), 가을에 수(囚), 겨울에 사(死)
거궁(居宮) 시 門의 환경	리궁복음(離宮伏吟) 감궁반음(坎宮反吟) 건궁입묘(乾宮入墓) 진손궁수생(震巽宮受生) - 木生火 태궁극궁(兌宮克宮) - 火剋金 박제(迫制) 간곤생(艮坤生) - 火生土
직업	학문연구, 화가, 화약, 전기, 문화, 연예인, 오락, 주점, 예능
길사	교제, 잔치, 나눔, 인허가, 관광, 취직
흉사	재산 손실, 방탕
기타 함의	소송장, 문서, 미모(美貌), 총명, 도로, 번뜩이는 아이디어, 생기발랄

(5) 사문(死門) - 土, 大凶

사문(死門)은 미(未), 신(申) 자리인 곤토궁(坤土宮)에 있는 문(門)으로 미(未)는 6월의 조토(燥土)이다. 미토는 메마르게 고갈되어 사람과 짐승이 갈사(渴巳)한다. 또 미(未)의 지장간에 을목(乙木)이, 신(申)의 지장간에는 임수(壬水)가 암장되어 무성한 초목이 가을로 교체되어 성장을 멈추고, 사망하는 시기에 해당한다.

인사로는 곤궁은 노모인데 늙은 어머니처럼 매사에 의욕이 없고 죽음만 기다리는 것과 같다. 더 나아갈 수 없고 앞길이 차단되는 순간이며 생동감 넘치는 초목이 흉하게 변하는 죽음의 문이다.

<사문(死門)>

길흉	대흉
득령 (得令)	미신(未申) 연월일시
왕상 휴수사	토(土) 계절에 왕(旺), 여름에 상(相), 가을에 휴(休), 겨울에 수(囚), 봄에 사(死)
거궁(居宮) 시 門의 환경	곤궁복음(坤宮伏吟) 간궁반음(艮宮反吟) 손궁입묘(巽宮入墓) 진궁수극(震宮受克) - 木剋土 궁박(宮迫) 리궁생왕(離宮生旺) - 火生土 대흉(大凶) 감궁극궁(坎宮克宮) - 土剋水 박제(迫制) 大凶 건태궁생(乾兌宮生) - 土生金
직업	의사, 검경, 교도관, 장례사, 정육업
길사	형의 집행, 매장, 살생
흉사	모두 흉하다.
기타 함의	토지, 분묘, 상처, 질병, 부작위(不作爲) 정신상태 불량

(6) 경문(驚門) - 金, 小凶

경문(驚門)은 유(酉) 자리인 태금궁(兌金宮)에 있는 문(門)으로 절후로 8월이며 겨울을 대비하고 변동을 준비하는 변환기의 문이다.

태궁은 소녀(少女)궁으로 부모를 잃고 방황하며 떠도니 불안과 초조, 절망과 실패의 기운을 내포하지만, 정신을 가다듬어 전진하면 즐거움이 있는 문이기도 하다. 경문은 마음가짐에 따라 행복과 불행이 결정되는 개혁과 변동의 문이다.

<경문(驚門)>

길흉	소흉
득령 (得令)	유(酉) 연월일시

왕상 휴수사	가을에 왕(旺), 토(土) 계절에 상(相), 겨울에 휴(休), 봄에 수(囚), 여름에 사(死)
거궁(居宮) 시 門의 환경	태궁복음(兌宮伏吟) 진궁반음(震宮反吟) 간궁입묘(艮宮入墓) 리궁수극(離宮受克) - 火剋金 궁박(宮迫) 감궁생궁(坎宮生宮) - 金生水 손궁극궁(巽宮克宮) - 金剋木 박제(迫制) 곤궁수생(坤宮受生) - 土生金 건궁비화(乾宮比和)
직업	변호사, 검찰, 경찰, 교사, 외교관
길사	소송, 재판, 사냥, 체포, 도박
흉사	소송, 구설, 다툼, 사업, 부상, 실명(失明)
기타 함의	경찰, 검찰, 관재구설, 시비, 근심·걱정, 우려

(7) 개문(開門) - 金, 大吉

개문(開門)은 술(戌), 해(亥) 자리인 건금궁(乾金宮)에 있는 문(門)으로 절후로는 가을의 마지막인 9월과 겨울의 시작인 10월이다. 그동안 고생했던 노력의 결실을 맺어 수확의 기쁨을 얻을 수 있다. 술의 지장간에 정화(丁火)가, 해의 지장간에는 갑목(갑목)이 목화(木火)의 기운이 있기 때문에, 재도전하고 개척하는 기운이 있다고 본다.

<개문(開門)>

길흉	대길
득령 (得令)	술(戌), 해(亥) 연월일시
왕상 휴수사	가을에 왕(旺), 토(土) 계절에 상(相), 겨울에 휴(休), 봄에 수(囚), 여름에 사(死)

거궁(居宮) 시 門의 환경	건궁복음(乾宮伏吟)	
	손궁반음(巽宮反吟)	
	간궁입묘(艮宮入墓)	
	리궁수극(離宮受克) - 火剋金 궁박(宮迫)	
	감궁생궁(坎宮生宮) - 金生水	
	진궁극궁(震宮克宮) - 金剋木 박제(迫制)	
	곤궁수생(坤宮受生) - 土生金	
	태궁비화(兌宮比和)	
직업	공직자, 대기업, 고위직 기관장	
길사	시험, 승진, 취직, 이사, 건축, 질병 치료, 사업, 경영, 무역, 상거래 등 대부분 길	
흉사	진궁에서 궁을 극하면 길함을 성취하기 어려움, 정치, 염탐	
기타 함의	법원, 재판관, 점포, 공장, 상점, 직장, 공개적인 것, 외향적, 나아가다, 동의하다, 실행하다(天乙+開門 → 채무자가 빚을 갚는다), 길함, 열린다, 미모, 새어 나간다. 뛰어난 능력, 책무 완성	

(8) 휴문(休門) - 水, 吉

휴문(休門)은 자(子) 자리인 감수궁(坎水宮)에 있는 문(門)으로 절후로는 동지의 11월 한겨울이다. 한파로 만물이 움츠러들어 꼼짝달싹 못하는 시기이니 휴식을 갖고 쉬는 시기이며, 봄을 준비하는 희망의 시기이다.

무리한 활동보다는 내일의 출발을 위해 힘을 저축하는 시기이므로 외견은 고요하나 이면은 새출발을 위해 주도면밀하게 준비하는 시기이다. 활동이 정지되는 측면에서는 길하다고 볼 수 없으나 음둔에서 양둔으로 변화하는 시기이며 미래의 길운을 맞이하는 시기이니 길문이다.

<휴문(休門)>

길흉	길문
득령 (得令)	자(子) 연월일시
왕상 휴수사	겨울에 왕(旺), 가을에 상(相), 봄에 휴(休), 여름에 수(囚), 토(土) 계절에 사(死)
거궁(居宮) 시 門의 환경	감궁복음(坎宮伏吟) 리궁반음(離宮反吟) - 水剋火 박제(迫制) 손궁입묘(巽宮入墓) 간곤궁수극(艮坤宮受克) - 土剋水 궁박(宮迫) 건태궁대길(乾兌宮大吉) - 金生水 진궁차길(震宮次吉)
직업	공무원, 사무직, 편한 직업, 한가한 직업, 퇴직자, 게으른 자, 놀기 좋아하는 사람
길사	상거래, 건축, 휴양, 오락, 요양, 학습, 수양
흉사	형의 집행
기타 함의	삼길문(개, 휴, 생) 중 하나, 길하다, 그치다, 멈추다, 유지하다, (전투력이) 약하다, 여행하다, 한가하다, 게으르다

3. 직부팔장(直符八將)

(1) 직부(直符)

　육갑(六甲)에 속한 모든 신(神)의 원수(元首)이며, 지극히 높고, 존귀한 길신이다. 점사에서는 주로 높고, 명망 있고, 훌륭하고, 값지고, 귀하고, 권위 있는 사람과 사물을 상징한다.

<직부(直符)>

인물	대통령 회장, 대표이사, 사장 고위직, 고위급 상사 장군, 장교 시험감독관, 시험 출제위원 최고책임자 전문가
장소	국가기관 상급기관 공기업, 대기업 은행 거래시장(주식시장, 채권시장, 부동산시장, 금시장 등)
점사 역할	❶ 채권자 ❷ 원고(原告) ❸ 판매자(매수자는 직사, 천을)
사물	명품, 진품(가품은 玄武, 螣蛇), 비싼 물품
성정	• 일 처리가 타당하다. • 조직 관리 능력이 강하다, 리더십이 있다. • 위풍당당하다, 장악력이 뛰어나다. • 스케일이 크다.
기타	전쟁에서 수비하는 방향

(2) 등사(螣蛇)

겉은 부드럽고, 온화하지만 실은 독선적이고, 변동을 많이 갖는 흉신이다. 주로 공포, 괴이함, 추잡함, 요사함, 영적인 일 등에 응용된다. 매사에 충동적, 우발적으로 대치하고, 변화무쌍한 신으로서 불성실, 거짓, 사기, 질병 등을 뜻한다.

<등사(螣蛇)>

인물	사기꾼 음모를 꾸미는 자 교활한 자 간음인, 불륜인, 음탕한 사람 의심이 많은 사람 사치스러운 사람, 허영 있는 사람
장소	종교기관 무속, 무당집
점사 역할	종교인 무속에 빠진 사람
행동	• 변화한다. • 변화무쌍하다. • 감싼다. (재물을, 사연을 감싸고 숨긴다.) • 변질된다. 저급이다. 　(매매점, 時干+螣蛇 → 저급, 변질된 상품)
성정	• 놀란다, 근심한다. • 경박스럽다, 공격적이다. • 겉과 속이 다르다. 성격이 꼬여 있다. • 명확하지 않다. 　(景門+螣蛇 → 소송 내용이 불분명하다.) • 자기 잇속만 챙긴다. • 거짓말한다. 　(天乙+螣蛇 → 채무자는 거짓말한다.) • 전염시키다. 　(天芮+螣蛇 → 전염병에 걸린다.) • 저조하다. 　(용신+螣蛇 → 학업 성적이 저조하다.)
기타	미지의 현상, 해몽

(3) 태음(太陰)

은닉하고 암장을 주관하고, 부부간의 은밀한 일 등에 응(應)하며, 만사가 뜻대로 즐겁게 성사된다는 길신이다. 점사에서 태음은 계획, 계략, 술수, 이성과의 음란한 일, 간음, 귀인의 도움 등의 상의를 보인다.

<태음(太陰)>

인물	음험(陰險)한 사람 은닉(隱匿)한 사람
장소	사당
점사 역할	❶ 왕할 시: 혼인, 경사, 임신, 사면, 생산 ❷ 쇠할 시: 음란, 음사, 근심, 의심, 구설, 음모, 저주, 사통, 사기
행동	• 간음한다. 불륜한다. • 사기 치려 한다. (삼기+삼길문+太陰: 진사격 → 상대방을 사기 치려 한다. 사기 치는 데 길하다.) • 해치려 한다. (日干+太陰 → 小人이 나를 해치려 한다.) • 상호 존중한다. (丁+休門+太陰 → 혼인점에서 백년해로한다.)
성정	• 사고력이 뛰어나다. • 정직하다. 온화하다. 유머 감각 있다. • 애정에 일편단심이다. (혼인점에서 격국이 길할 때) • 길(吉)하다. (고시점, 丁+休門+太陰 → 시험에 합격한다.) • 계책을 잘 세운다. (日干+太陰 → 대책 세우는데 길하다.) • 추문이 멀리 퍼진다. • 문란하다, 호색하다.

(4) 육합(六合)

태음(太陰)과 비슷한 성격을 갖고 있는데 온화하고 부드럽고 화합을 주도하는 신이다. 평화, 혼인, 화합, 중개, 다수(多數) 등의 함의를 갖고 있다.

<육합(六合)>

인물	중개인, 중매인, 브로커 외교관 무역업자
장소	극장, 교역장, 술집
점사 역할	❶ 증인·증거 (소송점, ㉠ 六合宮이 공망 또는 杜門 → 증거가 없거나 부족 ㉡ 六合宮 生 원고 → 원고가 유리, ㉢ 六合宮+삼길문 → 증거 충분하다) ❷ 도주범 (형사점, ㉠ 六合 剋 傷門 → 체포하지 못한다. ㉡ 六合이 간궁에 있으면, 범인은 동북방에 은둔)
행동	• 중재한다. (六合宮이 공망 또는 삼기입묘 → 중재는 어렵거나 실패한다. 또는 중개인이 기만한다.) • 화합한다. (日干+六合 → 상대와 합의 혹은 합의가 길하다.) • 동업한다. 교역한다. • 혼인한다.
성정	• 온화하다. 선량하다. • 대인관계가 좋다. 베풀기를 좋아한다. • 담판에 소질이 있다. • 수량, 종류가 많다. (時干+六合 → 매매점, 매입품 종류 또는 수량이 많다.) (生門+六合 → 투자점, 이윤이 많다.)

(5) 구진(句陳)

우직하고 보수적이며, 타협이나 임기응변에 능하지 못하다. 인색하고 구두쇠적인 면이 강하지만 뒤에서 간교한 짓은 하지 않는다.

<구진(九陣)>

인물	❶ 왕할 시: 장군, 고위관리 ❷ 쇠할 시: 목수, 농부, 경찰, 군인, 운동선수
행동	• 지체한다. • 혼인을 방해한다.
성정	• 위엄이 있다. • 불안정하다. • 털털하고 완고하다.

(6) 주작(朱雀)

문서, 소식, 구설의 신(神)이다. 보통은 흉신으로 작용한다. 머리는 영민하나, 말이 많고 남에게 들은 말을 바로 타인에게 전해서 구설이 되기 쉽고, 말썽을 일으키기 쉽다. 관재, 형액을 당하기 쉽고, 경솔한 행위로 인한 구설수가 발생한다.

<주작(朱雀)>

인물	❶ 왕할 시: 배우, 작가 ❷ 쇠할 시: 도적, 술집 종업원
점사 역할	❶ 왕할 시: 소식, 문서 (시험점, 朱雀 生 景門 또는 丁 → 합격한다) ❷ 쇠할 시: 구설, 시비, 손실
행동	• 남의 흉을 본다. • 구설을 일으킨다.
성정	• 소란스럽다. 시끄럽다. • 남의 흉을 본다, 간사하다. • 명랑하다.

(7) 백호(白虎)

서방(西方)을 지배하는 경금(庚金)의 신(神)으로서, 살상, 투쟁, 질병, 횡포, 포악함을 주관하는 흉신이다.

<백호(白虎)>

인물	검사, 경찰, 군인 외과의사 무속인, 장의사
장소	도로(道路)
점사 역할	❶ 흉사·질병·살상·사고 ❷ 검찰, 경찰 　(白虎宮 尅 辛 → 검경에서 범죄인 체포한다) ❸ 시비·다툼·구설 ❹ 흉기·칼·기계
행동	• 손실이 발생한다. • 다툼이 발생한다. 　(이혼점, 乙庚에 현무, 백호 시 매일 따지고 싸운다.) • 수술한다. 　(天芮+開門白+白虎 → 수술 가능성 있다.) • 지체·지연된다. 　(신수점, 日干+白虎 → 지체되고 막힌다.)
성정	• 위엄 있다, 의리를 중시한다. • 성질이 곧다, 무뚝뚝하다. • 폭력적이다. 사납다. 　(天乙+白虎 → 채무자는 사나운 성격이다.) • 상해가 발생한다. 　(天芮+白虎 → 상처가 발생한다.)

(8) 현무(玄武)

북방(北方)의 수신(水神)이며 도적, 사기, 음모, 공포, 질병 등을 주관하는 흉신이다.

<현무(玄武)>

인물	도둑·사기꾼·소매치기 부패한 관리 교활한 자
장소	
점사 역할	❶ 도둑·불량배 ❷ 구설 ❸ 변질·가짜 (매매점, 時干+玄武 → 가품) ❹ 광고·소문
행동	• 도둑질한다. (도적지신: 盜賊之神) (天乙+玄武 → 채무자는 갚지 않으려 한다.) (時干+玄武 → 직원이 횡령한다.) • 구설을 일으킨다, 비방한다. (이혼점, 乙庚에 현무, 백호 시 매일 따지고 싸운다) • 명백하지 못하다. 애매하다. (애매지신: 曖昧之神) • 불륜을 저지른다. (혼인점, 己辛壬癸+玄武 → 또 다른 애인이 있다.) • 사실이 아니다, 거짓이다. (소송점, 景門+玄武 → 소송 내용은 거짓이다.) • 뇌물을 주거나, 요구하거나, 획득한다. (生門 生 日干+玄武 → 부당한 재물 획득한다.) • 술에 취해 정신을 잃는다.
성정	• 교활하다, 잔꾀를 부린다, 도둑 심보이다. • 방탕하다, 투기성이 있다. • 파재한다. (출행점, 日干+玄武 → 파재한다.) • 융통성 있다. • 여성스럽다, 문장력이 좋다.

(9) 구지(九地)

팔방(八方)을 지배하는 반흉반길(半凶半吉)의 신(神)이다. 주로 근신, 침묵, 고사(古事), 여인, 지체 등의 일을 주관한다.

<구지(九地)>

인물	여인, 어머니, 교도관
점사 역할	❶ 장시간, 오래된 것 ❷ 쇠할 시: 구설, 시비, 손실

행동	• 지체된다.
	  (매매점, 日干+九地 → 매입이 늦어진다.)
	  (추심점, 傷門+九地 → 채권회수가 늦어진다.)
	• 매장하고 숨기는 데 좋다.
	  (삼기+삼길문+九地: 중사격 → 구재에 길하다.)

성정	• 유연하다.
	• 마음이 깊다.
	  (혼인점, 용신+九地 → 속마음 깊고 내성적이다.)
	• 침착하다, 내성적이다. (왕할 시)
	• 고집이 있다, 답답하다. (쇠할 시)
	• 오래되었다.
	  (매매점, 時干+九地 → 오래된 물건이다.)
	  (출행점, 日干+九地 → 오래전부터 떠날 생각을 했다.)
	  (질병점, 天芮+九地 → 지병(持病))
	• 폐쇄적이다.
	• 내성적이다, 조용함을 즐긴다.
	• 일 처리가 늦다. 늦어진다.
	  (결혼점, 결혼응기 점단 시 일정이 늦어진다.)

(10) 구천(九天)

강렬하고 활동적인 신으로서 주로 문서, 인신, 화재, 정직, 순리, 강건, 권위 등에 해당되는데, 격의 길흉에 따라 길흉 역할이 바뀌는 반길반흉(半吉半凶)의 신이다.

<구천(九天)>

인물	영도자·지도자 아버지, 노인 상급자·간부
점사 역할	❶ 외향적, 활동적 ❷ 멀리, 먼 곳
행동	• 주도적으로 활동한다. 　(사업점, 日干+九天 → 적극적으로 사업을 확장하면 이득 본다.) • 멀리 이동한다. 광역 이동한다. 　(매매점, 時干+九天 → 먼 곳으로 팔려 나간다.) 　(승진점, 戊加庚+九天 → 자리를 옮겨 먼 곳으로 발령 난다.) 　(형사점, 현무/천봉/辛+壬/癸+九天 → 범죄자는 전국을 돌아다니며 범죄를 저지른다.) • 크게 일을 벌인다.
성정	• 성질이 강하다, 건방져 보인다. • 활동적이다. • 원대하다. • 허황(虛荒)되다. 허세가 있다. • 뜬구름만 잡는다. • 빠르다. 　(결혼점, 결혼응기 점단 시 일정이 빨라진다.)

4. 천봉구성(天蓬九星)

(1) 천봉성(天蓬星)

원명(原命)은 탐랑성(貪狼星)이며 북방의 감괘와 대응하는데 양성(陽星)이고 오행으로는 수(水)에 속한다. 겨울에 왕하니 한랭하고 음을 좋아하고 양을 해치기 때문에 사람들은 천봉성을 도적의 출몰과 관계가 있다고 생각하여 흉성(凶星) 또는 도성(盜星)이라 한다.

<천봉성(天蓬星)>

길흉	대흉성(大凶星)
길의 (격국 길할 시)	대담하다. 스케일이 크다. 포부가 크다. 큰일을 이루어낸다.
흉의 (격국 흉할 시)	파재한다. 파국이다. 하극상을 일으킨다, 범죄를 저지른다. 떠돌아다닌다. 손실을 초래한다. 좋은 일에 마가 낀다. 관재구설 발생한다.
점사에서의 역할	• 중범죄자, 강도, 살인범 　(天蓬 + 庚 → 교활·간사 흉악범, 天蓬 + 辛 → 　전과자, 天蓬 + 壬·癸 → 도피 중인 범인) • 대형 경제사범
성정	색정에 대담하다. 게으르다. 총명하다.
외모	얼굴색이 검다. 눈썹이 짙다.
기타 함의	장군(왕할 시)

(2) 천임성(天任星)

원명은 좌보성(左輔星)이며 동북방 팔궁(八宮)의 간괘(艮卦)와 서로 대응하는 음성(陽星)이며 오행으로는 토(土)에 속한다. 대지는 만물을 생(生)할 수 있고 또 봄에는 만물이 움터 올라오는 때라고 생각하기 때문에 길성(吉星)이라고 부른다.

<천임성(天任星)>

길흉	대길성(大吉星)
길의 (격국 길할 시)	상업, 혼인에 길하다. 토궁(土宮)에 임하면 재운이 대통한다. 이사에 길하다. 귀인, 상급자 만남에 길하다. 재산을 안정적으로 지킨다. 개혁변동을 과감히 실행한다.
흉의 (격국 흉할 시)	주위와 불협화음으로 실패한다.
점사에서의 역할	길하다. (매매점, 生門+天任 生 日干 → 이윤이 크다)
성정	너그럽다. 인덕이 있다. 근면하다. 성심성의 남에게 베푼다. 기회를 잘 포착하여 나갈 시기를 안다. 고집이 세다.
외모	얼굴빛이 누런색이다. 다소 살이 쪘다.
기타 함의	

(3) 천충성(天沖星)

원명은 녹존성(祿存星)이며 동방 삼궁(三宮)의 진괘(震卦)와 서로 대응하는데 양성(陽星)이고 오행으로는 목(木)에 속한다. 활동성, 추진력, 민첩성 등을 의미하는 소길성(小吉星)이다. 천충성이 정위(定位)인 진궁(震宮)에 임하면 공격, 이사, 매매에는 길하나 그 외에는 그렇지 않다.

<천충성(天沖星)>

길흉	소길성(小吉星)
길의 (격국 길할 시)	행동이 빠르다. 싸움·경쟁에 길하다. 깔끔하다. 일 처리가 빠르다. 정벌·이사·매매에 길하다.
흉의 (격국 흉할 시)	거칠다. 꼼꼼하지 못하다. 좌충우돌한다. 나그네 신세
점사에서의 역할	신속한 일 처리, 일사천리 빨리 이루어진다.
성정	남에게 베푼다. 말이 빠르다. 난폭하다. 화나면 물불 가리지 않는다.
외모	키가 크다.
기타 함의	검찰, 경찰, 군인, 운동선수

(4) 천보성(天甫星)

원명은 문곡성(文曲星)이며 동남방 사궁(四宮)의 손괘(巽卦)와 서로 대응하는데 양성(陽星)이고 오행으로는 목(木)에 속한다. 문곡성이므로 문화 및 교육사업과 관계가 있는 대길성(大吉星)이다. 천보성이 손궁(巽宮)에 임하면 출행, 축재, 사업, 인사, 청탁, 결혼 등에 길하고 귀인의 도움이 있다. 점사에서 흉문 흉괘이면 사치, 호사에 빠져 곤란을 겪을 수도 있는 것으로 해석하기도 한다.

<천보성(天甫星)>

길흉	대길성(大吉星)
길의 (격국 길할 시)	문화·교육사업 상업에 길하다. 인사·청탁·시험·교육에 길하다. 건축에 길하다.
흉의 (격국 흉할 시)	숨기는 일이 있다. 사치·호사에 빠져 곤란을 겪는다.
점사에서의 역할	• 학술·교육 • 학문, 학업 능력 　(丁 生 天甫 → 학생이 실력이 있다.) • 시험 합격 여부, 시험 장소 　(시험점, 開門 生 天甫 → 합격한다. 天甫 生 日干 　→ 합격한다.)
성정	고상하다. 우아하다. 교양이 있다. 교육 정도가 깊다, 지식인이다. 재간이 출중하다. 처세에 능하다.
외모	미모(美貌), 키가 크다.
기타 함의	한의사, 대학, 시험감독관

(5) 천영성(天英星)

원명은 우필성(右弼星)이며 남방 구궁(九宮)의 리괘(離卦)와 서로 대응하는 음성(陰星)이며, 오행으로는 화(火)에 속한다. 천영성은 성질이 급하고 쉽게 강폭해지며, 쉽게 타오르나 쉽게 꺼지기에 무리한 확장, 공격에 따른 실패를 가져오는 소흉성(小凶星)으로 본다. 천영성이 리궁(離宮)에 임하면 모사와 계책, 귀인을 만나는 일 등에는 좋지만 구재(求財)나 고시, 혼인, 이사 등에는 좋지 않다.

<천영성(天英星)>

길흉	중평(中平), 소흉성(小凶星)
길의 (격국 길할 시)	원행에 길하다. 찬란하다. 학문 성과를 낸다. 시험·문서·계약에 길하다. 명랑하다.
흉의 (격국 흉할 시)	속이 좁다, 성질이 급하다. 무리한 확장으로 실패를 겪는다. 사그라든다. 금전 소모가 심하다. 도중에 파산한다.
성정	활발하다. 영리하다. 성질이 급하다. 욕심이 많다.
외모	얼굴빛이 붉다.

(6) 천예성(天芮星)

원명(原命)은 거문성(巨門星)이며 서남방 곤궁과 대응하는데 음성(陰星)이고 오행으로는 토에 속한다. 천예성은 팔문 중 사문(死門)과 서로 대응하기 때문에 천예성은 질병을 의미하는 병성(病星)이며 흉성(凶星)이다. 점사에서는 질병, 도난, 구설, 수술, 이간질, 손재를 뜻하고, 신수국에서 천예성이 생왕하거나 길문과 동궁하면 임신을 의미하기도 한다.

<천예성(天芮星)>

길흉	대흉성(大凶星)
길의 (격국 길할 시)	수련에 길하다. 스승·친구 만남에 길하다.
흉의 (격국 흉할 시)	이간질한다. 불만족한다. 손재·구설·시비를 초래한다. 남에게 해를 끼치려 하다 도리어 당한다.

점사에서의
역할
	• 임신
	  (임신점, 天芮가 생왕 또는 길문과 함께하면 임신, 천예성 천지반으로 태아·산모 건강 판단)
	• 질병
	  (질병점, 天芮 + 死門 → 병으로 위독하다.
	  天芮 + 白虎 → 수술 가능성
	  天芮星이 리궁에 → 머리에 질병)
	• 변질된 것
	  (六合+天芮 → 증거가 변질, 부족)
	• 종업원
	  (天芮 生 六戊 → 종업원이 사장에게 이익을 가져다준다.)

성정	영리하다. 성질이 급하다. 서툴다. 욕심이 많다.
외모	키가 작다. 몸이 뚱뚱하다. 피부가 나쁘다.
기타 함의	시골 출신, 임산부

(7) 천주성(天柱星)

원명은 파군성(破軍星)이며 서방 칠궁(七宮)의 태괘(兌卦)와 서로 대응하는 음성(陰星)이며 오행은 금(金)이다. 죽이는 것과 싸움하기 좋아하며 놀람과 두려움과 괴이한 일, 파괴, 훼손 등과 관련이 있는 흉성(凶星)이다. 천주성은 재물 손실, 질병, 모략, 살기 등을 의미하며 도망자 체포, 제사에는 길하나 입관, 이사, 상거래, 매매 등에는 흉하다고 본다.

<천주성(天柱星)>

길흉	소흉성(小凶星), 파군성(破軍星)
길의 (격국 길할 시)	고수(固守), 수성(守城)에 길하다. 숨기는 일, 은밀한 일에 길하다. 도망자 체포에 길하다. 총명·영리하다. 부유하다.
흉의 (격국 흉할 시)	공포, 놀랄 일 모략·변절·반역 흉사·파재 발생한다. 사고를 저지른다. 빈곤하다. 사업, 원행 강행하면 파재한다. 쾌락에 빠진다. 결단력 부족
성정	전쟁을 즐긴다. 구설수가 많다.
외모	야위었다. 키가 작다. 피부가 하얗다.
기타 함의	군·경, 외교관

(8) 천심성(天心星)

원명은 무곡성(武曲星)이며 서북방 육궁(六宮) 건괘(乾卦)와 서로 대응하는 음성(陰星)이며, 오행으로는 금(金)에 속한다. 천심성은 동(動)할 수도, 정(靜)할 수도 있고, 계획을 세우는 일, 약자를 돕는 일, 악을 응징하는 일에 능하다고 여긴다. 적극적이며 창의적인 일에 길하며, 군사, 병사 지휘, 병의 치료 등에 길한 대길성(大吉星)이다.

<천심성(天心星)>

길흉	대길성(大吉星)
길의 (격국 길할 시)	질병을 치료한다. 작전에 길하다. 계획이 준비되어 있다. 큰 업적을 달성한다. 존경과 신망 귀인을 만난다. 상업·혼인에 길하다. (開門+天心 生 日干 → 장사하면 돈을 번다)
흉의 (격국 흉할 시)	베풀다 심보가 뒤틀린다.
점사에서의 역할	의사, 의약품 (天心 剋 天芮 → 질병이 치료된다)
성정	정직하다. 사고력이 좋다. 자애롭다. 강건하다. 다재다능하다.
외모	명문 가정 출생자 뛰어난 외모와 하얀 피부
기타 함의	의사, 아버지, 리더

(9) 천금성(天禽星)

원명은 염정성(廉貞星)이며 중앙 오궁(五宮)과 서로 대응하는 양성(陽星)이며 오행으로는 토(土)에 속한다. 만물을 생하고 중궁은 둔갑원수(遁甲元帥)가 직부(直符)하는 자리이므로 대길성(大吉星)이라 부른다.

<천금성(天禽星)>

길흉	소길성(小吉星)
길의 (격국 길할 시)	만사 대길하다. 귀인 만남에 길하다. 취직·구관에 길하다. 상업·혼인에 길하다.
흉의 (격국 흉할 시)	융통성 없이 추진하다 실패한다. 야만적이다.
점사에서의 역할	강하게 추진 (日干이 중궁(天禽星 정위) → 강하게 밀어붙여야 한다)
성정	너그럽다. 도량이 크다. 장군과 같은 기개 신의가 있다. 정직하다.
외모	단정한 외모 얼굴은 넓고 둥글다.
기타 함의	원수(元首), 충성스러운 사람, 패륜아, 무속인

3장. **팔문(八門)의 결합함의(結合含意)**

팔문과 팔문, 팔문과 육의삼기, 팔문과 구궁의 관계를 통틀어 팔문극응(八門剋應)이라 한다. 십간대응결(十干對應訣), 팔문극응(八門剋應), 기문격국(奇門格局)이 시가기문(時家奇門)의 점단(占斷)을 위한 기본 뼈대가 된다.

1. 팔문(八門)과 팔문(八門)

팔문(八門)이 12시지(時支)에 변동하며 구궁도를 순환·이동하여 당도했을 때의 궁과 그 궁의 정위(定位) 팔문과 만나 결합하게 된다. 날아온 팔문과 해당 정위궁의 팔문이 결합했을 때 함의는 각각의 팔문의 의미와는 다르게 해석하는 데 이를 팔문의 결합함의라 한다.

<팔문의 정위(定位)>

두문 (杜門)	경문 (景門)	사문 (死門)
상문 (傷門)		경문 (驚門)
생문 (生門)	휴문 (休門)	개문 (開門)

시간국 포국 시 생문(生門)이 리궁(離宮)에 임했다면, 리궁의 정위 팔문은 경문(景門)이므로 일차적으로 생문의 내재적인 뜻과 성격을 분석해야 하지만, 생문과 경문의 결합함의를 추가적으로 분석하여 점단해야만 정확한 해석과 해결책을 풀이할 수 있게 된다.

(1) 생문(生門)

시간의 변화에 따라 이동하며 구궁(九宮)에 비도(飛到) 된 생문(生門)은 궁(宮) 정위(定位)의 팔문과 결합하여 '~ 증가한다, ~ 늘어난다', '~ 생산된다, ~ 발생한다', '~ 생긴다', '~ 길하다'라는 뜻으로 해석된다.

<생문(生門) +>

定位門	落宮	含意
생문(生門)	간궁	「~ 길하다.」 • 원행(遠行)에 길하다. • 재산에 길하다. 재산이 늘어난다. • 혼인에 길하다.
상문(傷門)	진궁	「~ 생긴다.」 • 변동이 생긴다. 친구는 변동이 있다. • 흉사가 생긴다. • 도로에서 불길하다.
두문(杜門)	손궁	(막힘, 음모, 불통)「~ 발생한다.」 • 음모가 생긴다. • 계략이 발생한다. • 파재가 일어난다.
경문(景門)	리궁	「~ 발생한다.」 • 구설수가 발생한다. • 문서 문제가 발생하나, 후에 길해진다.
사문(死門)	곤궁	「~ 발생한다.」 • 부동산(사문의 함의) 문제가 발생한다. 「~ 증가한다.」 • 병이 증가한다. 병세가 깊어진다.
경문(驚門)	태궁	「~ 증가한다.」 • 근심·걱정이 깊어진다. 「~ 길하다.」 • 재산 문제는 천천히 길해진다. • 송사 문제는 추후 해결된다. • 질병은 늦게 치유된다.

定位門	落宮	含意
개문(開門)	건궁	「~ 증가한다.」 • 길함(開門)이 증가한다. • 귀인을 상봉한다. • 재산이 증가한다. • 경영에 성과를 낸다. • 개업에 길하다.
휴문(休門)	감궁	「~ 길하다.」 • 길함(休門)이 증가한다. • 구재(求財)에 있어 길하다.

(2) 상문(傷門)

시간의 변화에 따라 이동하며 구궁(九宮)에 비도(飛到)된 상문(傷門)은 궁(宮) 정위(定位)의 팔문과 결합하여 '~ 상한다', '~다친다', '~ 불리하다', '~ 흉하다', '~ 변동한다', '~ 문제가 발생한다'라는 뜻으로 해석된다.

<상문(傷門) +>

定位門	落宮	含意
생문(生門)	간궁	「~ 안된다.」 • 생육(生門)이 안된다. • 농업, 양식업이 흉하다. • 부동산(생문의 함의)이 좋지 않다.
상문(傷門)	진궁	팔문복음(八門伏吟) • 사연에 변동이 발생한다. • 원행(遠行)하면 손상된다.
두문(杜門)	손궁	「~ 상한다.」 (정(停)함, 가둠이) 상한다. • 변동된다. • 만사가 흉하다. • 갇히고 상한다. 즉 구속된다.
경문(景門)	리궁	「~ 문제가 발생한다.」 • 문서·서류 문제가 발생한다. • 구설수가 발생한다.

사문(死門)	곤궁	「~ 흉하다.」 • 병이 깊어진다. • 문서·소식이 흉하다. 「~ 문제가 발생한다.」 • 도모하는 일에 문제가 발생한다. • 근심이 생긴다.
경문(驚門)	태궁	「~ 흉하다.」 • 근심·걱정이 깊어진다. • 질병으로 놀란다. • 도모하는 일이 불리해진다.
개문(開門)	건궁	「~ 상한다.」 • 길함(開門)이 상해 줄어든다. 「~ 불리하다.」 • 귀인을 만나는 일이 불리하다. 「~ 문제가 발생한다.」 • 개업에 문제가 발생한다. • 경영이 어렵다.
휴문(休門)	감궁	「~ 흉하다.」 • 구재(求財)에 있어 흉하다. 「~ 문제가 발생한다.」 • 타인 도움을 받을 수 없다. • 명예·일에 문제가 발생한다.

(3) 두문(杜門)

시간의 변화에 따라 이동하며 구궁(九宮)에 비도(飛到)된 두문(杜門)은 궁(宮) 정위(定位)의 팔문과 결합하여 '~ 막힌다, 막는다', '~ 차질 있다', '~ 문제가 발생한다', '~를 가둔다', '파재(破財)하고~'라는 뜻으로 해석된다.

<두문(杜門) +>

定位門	落宮	含意
생문(生門)	간궁	「~ 막힌다.」 • 부동산 거래가 막힌다. • (재물이 막히니) 파재(破財)한다. • 구설수가 있다.
상문(傷門)	진궁	「~ 막힌다.」 • (관계가) 상하고 막힌다. • 형제간에 상쟁(相爭)한다. • (재산이 상하고 막히니) 파재(破財)한다.
두문(杜門)	손궁	팔문복음(八門伏吟) 「~ 문제가 발생한다.」 • 만사가 흉하다. • 부모에게 흉사가 발생한다.
경문(景門)	리궁	「~ 문제가 발생한다.」 • 문서·계약서 문제가 발생한다. • 구설수가 발생한다.
사문(死門)	곤궁	「~ 문제가 발생한다.」 • 부동산(사문의 함의)이 문제가 발생한다. • 관재구설이 발생한다. • 문서·계약서 문제가 발생한다.
경문(驚門)	태궁	「~ 차질 있다.」 • 근심·걱정이 깊어진다. • 관재구설 문제가 발생한다.
개문(開門)	건궁	「~ 가둔다.」 • 귀인 만남이 있다. (귀인을 가둔다.) 「파재하고~」 • 먼저 파재(破財)한 후 길해진다.
휴문(休門)	감궁	「~ 가둔다.」 • 구재(求財)에 있어 길하다. (길함을 가둔다.)

(4) 경문(景門)

시간의 변화에 따라 이동하며 구궁(九宮)에 비도(飛到)된 경문(景門)은 궁(宮) 정위(定位)의 팔문과 결합하여 '~ 데에 밝아진다', '~ 데에 경사스럽다', '~에 즐거움이 있다', '~에 길하다', '~ 데에 소란스럽다', '~ 불리해진다'라는 뜻으로 해석된다.

<경문(景門) +>

定位門	落宮	含意
생문(生門)	간궁	「~ 길하다.」 • 생산하는 데 길하다. • 구재(求財)에 길하다. • 출행(出行)에 즐거움이 있다.
상문(傷門)	진궁	「~ 소란스럽다.」 • (관계가) 소란스럽다. • 가족·형제간에 구설수가 있다.
두문(杜門)	손궁	「~ 불리해진다.」 • (품고 있는 것이) 불리해진다. • 문서·계약서가 불리해진다. • 나의 재물이 불리해진다. 파재한다.
경문(景門)	리궁	팔문복음(八門伏吟) 「~ 밝아진다.」 • 문서·서류를 보지 않아도 알 수 있다. 「~ 불리해진다.」 • 남자에게 질환이 발생한다.
사문(死門)	곤궁	「~ 불리해진다.」 • 부동산(사문의 함의)이 불리해진다. 「~ 소란스럽다.」 • 관재구설에 시끄러워진다. • 송사 문제로 소란스럽다.
경문(驚門)	태궁	「~ 소란스럽다.」 • 근심·걱정으로 소란스럽다. 「~ 불리해진다.」 • 우환질고(憂患疾故)로 상황이 불리하다.
개문(開門)	건궁	「~ 밝아진다.」 • 공직자는 밝아진다. 승진한다. • 문서·서류에 길하다. • 취업, 개업에 길하다.

| 휴문(休門) | 감궁 | 「~ 소란스럽다.」
• (편안함이) 소란스러워진다.
• 문서·서류를 유실한다.
• 쟁송시비가 끊이지 않는다. |

(5) 사문(死門)

시간의 변화에 따라 이동하며 구궁(九宮)에 비도(飛到)된 사문(死門)은 궁(宮) 정위(定位)의 팔문과 결합하여 '~ 데에 흉하다', '~ 죽는다', '~ 어려움이 있다', '~에 아프다', '죽음이 ~', '흉함이 ~'라는 뜻으로 해석된다.

<사문(死門) +>

定位門	落宮	含意
생문(生門)	간궁	「흉함이 ~」 • 생사의 갈림길에 있다. • 상사(喪事)가 있다. • 죽음에서 살아 돌아온다. (병이 치유된다) • 구재(求財)에서 흉함이 사라진다.
상문(傷門)	진궁	「~ 죽는다」 • 상하고 죽는다. 「~ 흉하다.」 • 유병자(有病子)는 대흉(大凶)하다. • 관재구설로 흉해진다.
두문(杜門)	손궁	「~ 흉하다.」 • (품고 있는 것이) 죽는다. 흉해진다. • 나의 재물이 흩어진다. • 문서·계약서가 흉해진다. • 부인에게 병이 생긴다.
경문(景門)	리궁	「~ 흉하다.」 • 문서·계약서에 흉함이 있다. • 송사 문제가 발생한다. (선노후희(先怒後喜): 관재 및 송사 문제는 궁극에는 좋은 방향으로 해결된다.)

사문(死門)	곤궁	팔문복음(八門伏吟) 「~흉하다.」 • 송사 문제가 발생한다. • 문서·계약서가 대흉(大凶)하다. • 들려오는 소식은 흉하다.
경문(驚門)	태궁	「~ 아프다.」 • 근심·걱정으로 병에 걸린다.
개문(開門)	건궁	「흉함이 ~」 • 흉함이 사라지고 귀인상봉은 길하다. • 문서·계약서에 길하다.
휴문(休門)	감궁	「~ 흉하다.」 • (길함이) 흉해진다. • 구재(求財)에 불길하다.

(6) 경문(驚門)

시간의 변화에 따라 이동하며 구궁(九宮)에 비도(飛到)된 경문(驚門)은 궁(宮) 정위(定位)의 팔문과 결합하여 '~에 놀란다, ~ 놀랄 일이 벌어진다', '~ 우려·걱정이 끊이지 않는다', '~ 놀라지만 흉함은 없다'(개·휴·생 삼길문방과 결합 시)라는 뜻으로 해석된다.

<경문(驚門) +>

定位門	落宮	含意
생문(生門)	간궁	「~ 놀라지만 흉하진 않다.」 • 출산으로 놀라지만 흉하지는 않다. • 구재(求財)가 우려스럽지만 길해진다. 「~ 우려스러운 일이 벌어진다.」 • 부동산(생문의 함의)으로 우려할 만한 일이 벌어진다.
상문(傷門)	진궁	「~ 놀랄 일이 벌어진다.」 • 타인을 해코지하려다 들통난다. • 관재구설이 발생한다.

定位門	落宮	含意
두문(杜門)	손궁	「~ 놀라지만 흉하진 않다.」 • (품고 있는 것이) 흩어질지 우려스러우나, 흉함은 없다. • 파재(破財)를 두려워하나 흉하지 않다.
경문(景門)	리궁	「~ 우려가 끊이지 않는다.」 • 문서·계약서에 대한 걱정이 계속된다. • 송사 문제가 끊이지 않는다. • 질병의 걱정이 있다.
사문(死門)	곤궁	「~ 놀랄 일이 벌어진다.」 • 집안에 괴이한 일이 끊이지 않는다. • 시비가 발생한다.
경문(驚門)	태궁	팔문복음(八門伏吟) 「~ 놀랄 일이 벌어진다.」 • 질병에 놀랄 일이 발생한다. • 근심할 일이 발생한다.
개문(開門)	건궁	「~ 놀라지만 흉하진 않다.」 • 관재구설 우려는 있으나 흉하지 않다. • 흉함이 있어도 귀인을 만나 도움을 받으니 흉하지 않다.
휴문(休門)	감궁	「~ 놀라지만 흉하진 않다.」 • 관재구설에 우려스럽지만 길해진다. • 구재(求財)가 우려스럽지만 길해진다.

(7) 개문(開門)

시간의 변화에 따라 이동하며 구궁(九宮)에 비도(飛到)된 개문(開門)은 궁(宮) 정위(定位)의 팔문과 결합하여 '~에 길하다', '~ 열린다, ~ 나간다', '~ 맞이한다', '열고 나가니 ~', '길함이 ~'라는 뜻으로 해석된다.

<개문(開門) +>

定位門	落宮	含意
생문(生門)	간궁	「~에 길하다.」 • 귀인을 만난다. • 소망이 성취된다. • 모든 일이 길하다.

상문(傷門)	진궁	「열고 나가니 ~」 • 변동·변화가 불길하다. • 이동·이사에 흥하다.
두문(杜門)	손궁	「열고 나가니 ~」 • (문 열고 나가다) 어딘가에 막힌다. • 문서·계약서 방면에 막히는 데가 있다. 「~ 나간다.」 • (품고 있던 것이) 나간다. • 물건을 잃어버린다.
경문(景門)	리궁	「열고 나가니 ~」 • 귀인을 상봉하여 즐겁다. • 문서·계약서 방면이 시끄럽다, 불리하다.
사문(死門)	곤궁	「열고 나가니 ~」 • 흥하고 근심하나 후에 길해진다. • 관재구설로 놀라고 근심하나, 시간이 지나면 길해진다.
경문(驚門)	태궁	「열고 나가니 ~」 • 놀라는 일이 생긴다. • 만사가 불리하다.
개문(開門)	건궁	「~에 길하다.」 • 구재(求財)에 길하다. • 재물에 길하다.
휴문(休門)	감궁	「~에 길하다.」 • 귀인을 만난다. • 재물에 길하다. • 개업에 길하다. • 경영에 길하다.

(8) 휴문(休門)

시간의 변화에 따라 이동하며 구궁(九宮)에 비도(飛到)된 휴문(休門)은 궁(宮) 정위(定位)의 팔문과 결합하여 '~에 길하다', '~ 유지한다', '~ 상태이다', '~ 멈춘다, 그친다', '소망·도모·길함·구재는 ~'이라는 뜻으로 해석된다.

<휴문(休門) +>

定位門	落宮	含意
생문(生門)	간궁	「~에 길하다.」 • 재물을 얻는 데 길하다. • 소망이 다소 늦게 성취된다. • 귀인을 만난다.
상문(傷門)	진궁	「~에 길하다.」 • 관직·취직에 길하다. (진궁은 시작·발전궁이니 진궁에 길문인 휴문이 날아들면 길하게 해석) 「길함이 ~」 • 구재(求財)에 불길하다. • 도모하는 일은 불길하다.
두문(杜門)	손궁	「~ 유지한다.」 • 재산을 잃는다. • 물건을 잃는다. • 도모하는 일은 이루어지지 않는다. ('막힘'이 유지, '불통'인 상태)
경문(景門)	리궁	「~ 상태이다.」 • 구설수가 발생한다. (소란스러운 상태) 「~ 멈춘다, 그친다」 • 기다리는 문서·소식은 오지 않는다.
사문(死門)	곤궁	「~ 유지한다.」 • 문서·계약서 방면에 흉하다. • 관재구설로 불길하다. • 원행(遠行)에 불길하다. • 질병으로 흉하다. ('흉함'이 유지, '흉'한 상태)
경문(驚門)	태궁	「도모·길함·구재는 ~」 • 손재(損財)가 발생한다. • 시비가 발생하고 우려스러운 일이 있다. • 질병이 발생한다.

개문(開門)	건궁	「~ 상태이다.」 • 구재(求財)에 길하다. • 개업·경영에 길하다. • 귀인을 상봉한다.
휴문(休門)	감궁	「~ 상태이다.」 • 귀인을 만난다. • 재물에 길하고 자산이 증식된다. • 개업에 길하다. • 식솔이 늘어난다.

2. 팔문(八門)과 육의삼기(六儀三奇)

팔문(八門)이 12시지(時支)에 변동하며 구궁도를 순환·이동하여 당도했을 때의 궁과 그 궁의 천지반 육의삼기(六儀三奇)와 만나게 된다. 날아온 팔문과 육의삼기를 하나로 묶인 함의(含意)는 점사 해단의 중요 요소 중 하나이다.

(1) 생문(生門)

구궁(九宮)에 비락(飛落)된 생문(生門)은 육의삼기와 만나 주로 긍정적인 육의삼기와는 '~ 길하다', 부정적인 육의삼기와는 '(흉함을) 얻는다' 틀에서 해석된다.

<생문(生門) +>

六儀三奇	含意
戊	• 혼인에 길하다. • 구재(求財)에 길하다. • 귀인을 만난다.
乙	• 생산이 길하다. • 출산이 길하다. • 백사(百事)가 길하다.

六儀三奇	含意
丙	• 혼인에 길하다. • 문서·계약서가 길하다.
丁	• 송사가 길하다. • 혼인에 길하다. • 구재(求財)에 길하다.
己	• 귀인의 도움을 받는다.
庚	• 재산 문제에 있어 시비와 송사가 있다. • 재산 다툼으로 파산한다.
辛	• 임산부는 질병이 있으나 후에 치유된다.
壬	• 재물을 잃었다가 다시 회복한다.
癸	• 혼인은 성사되지 않는다. • 기타 사연은 길하다.

(2) 상문(傷門)

구궁(九宮)에 비락(飛落)된 상문(傷門)은 육의삼기와 만나 주로 '~ 다치고, 상한다', '~ 잃는다, 분실한다'라는 부정적인 의미로 해석된다.

<상문(傷門) +>

六儀三奇	含意
戊	재물을 잃는다, 자산을 잃는다, 물건을 잃는다.
乙	도모하는 일은 성사되지 않는다. 재물을 잃는다.
丙	도로에서 손실을 입는다.
丁	들려오는 소식은 불길하다.
己	재물은 흩어지고, 사람에게 흉한 일이 생긴다.
庚	송사 문제에 휘말리고, 형(刑)을 받는다.
辛	부부는 각자 사정으로 마음이 변하고 원한이 생긴다.
壬	범죄자, 도둑과 연루된다.
癸	형(刑)을 받는 것과 같이 억울한 사연이 있어도, 하소연할 곳이 없다.

(3) 두문(杜門)

구궁(九宮)에 비락(飛落)된 두문(杜門)은 육의삼기와 만나 주로 '~ 막힌다', '시비를 초래한다'라는 부정적인 의미로 해석된다.

<두문(杜門) +>

六儀三奇	含意
戊	도모하는 일은 성사되지 않는다. 은밀한 구재(求財)는 득할 수 있다.
乙	(陽人의) 재물은 암암리에 득할 수 있다. 뜻밖의 관재구설 시비가 발생한다.
丙	문서·계약서가 유실된다.
丁	(陽人은) 관재구설 시비가 발생하고, 형을 받는다.
己	타인을 해치려 몰래 도모하다 시비를 초래한다.
庚	여자로 인한 송사 문제에 휘말리고, 형(刑)을 받는다.
辛	타인을 상하게 하고 송사 문제가 발생한다.
壬	간음, 불륜 사건과 연루된다.
癸	만사는 막히고 해결되지 않으며, 병으로 고생한다.

(4) 경문(景門)

구궁(九宮)에 비락(飛落)된 경문(景門)은 육의삼기와 만나 주로 '~ 휘말린다', ' 초래한다' 등 주로 부정적인 의미로 해석된다.

<경문(景門) +>

六儀三奇	含意
戊	재산으로 인한 송사가 있다. 원행(遠行)에 길하다.
乙	송사는 성공하지 못한다.
丙	문서·계약서는 급박하나 서두르면 불길해진다.
丁	문서·계약서로 시비를 초래한다.

六儀三奇	含意
己	관사(官司)에 연루된다.
庚	죄인은 스스로 자백한다.
辛	(陰人이) 소송사건에 휘말린다.
壬	범죄, 흉사에 연루된다.
癸	아랫사람으로 인하여 화를 입는다.

(5) 사문(死門)

구궁(九宮)에 비락(飛落)된 사문(景門)은 육의삼기와 만나 주로 '~ 흉하다', ' 빼앗긴다' 등 부정적인 의미로 해석된다.

<사문(死門) +>

六儀三奇	含意
戊	재물에 대한 허위적인 일을 벌인다.
乙	도모하는 일은 성사되지 않는다.
丙	우려스러운 소식이 들린다.
丁	(남성 노인) 질병이 있다.
己	송사(訟事)가 끊이지 않는다. 질병으로 지속적 고생한다.
庚	출산한다면 태아와 산모 모두 흉하다.
辛	재산을 잃거나 빼앗기나, 회복하기 어렵다.
壬	송사를 한 자가 스스로 자백한다.
癸	여자의 결혼은 흉하다.

(6) 경문(驚門)

구궁(九宮)에 비락(飛落)된 경문(驚門)은 육의삼기와 만나 주로 '~ 흉하다', ' 빼앗긴다' 등 부정적인 의미로 해석된다.

<경문(驚門) +>

六儀三奇	含意
戊	기다리는 소식은 막히고 손재수만 따른다.
乙	재물을 도모하나 얻지 못한다.
丙	문서·소식 등에 놀라고 근심할 사연이 발생한다.
丁	송사(訟事) 문제에 연루된다.
己	비천한 자로 인해 사람이 상하고, 송사(訟事)가 발생한다.
庚	도로(道路)가 단절되고, 강도·악인(惡人)을 만난다.
辛	여인이 송사하여 흉해진다.
壬	관재구설로 구금당한다. 병자(病子)는 치유되지 못하고 악화된다.
癸	재물을 빼앗기거나 도둑맞고, 찾지 못한다.

(7) 개문(開門)

구궁(九宮)에 비락(飛落)된 개문(開門)은 육의삼기와 만나 주로 '~ 득하고, 만난다'라는 긍정적인 의미와, '어긋나고, 빼앗긴다'라는 부정적인 의미가 육의삼기의 길흉에 따라 해석된다.

<개문(開門) +>

六儀三奇	含意
戊	재물과 명예를 얻는다.
乙	소소한 재물은 취할 수 있다.
丙	문서·계약서 등은 길하고, 귀인을 만난다.
丁	오랫동안 기다리던 소식이 온다.
己	일의 실마리를 찾을 수 없다.
庚	도로(道路)에서 송사가 발생한다. 도모하는 일은 어긋난다.
辛	도로(道路)에서 일이 발생하고, 여인을 만난다.
壬	원행(遠行)하면 실수가 발생한다. 파재(破財)할 수 있으니 주의가 필요하다.
癸	(陰人은) 재산을 일부 잃는 소흉(小凶)한 일이 생긴다.

(8) 휴문(休門)

구궁(九宮)에 비락(飛落)된 개문(開門)은 육의삼기와 만나 주로 '~ 길하고, 성취된다'라는 긍정적인 의미와, '연루된다'라는 부정적인 의미가 육의삼기의 길흉에 따라 해석된다.

<휴문(休門) +>

六儀三奇	含意
戊	재물에 길하다.
乙	소소한 일은 성취할 수 있다.
丙	문서·계약서 등에 길하다.
丁	모든 구설시비·송사는 끝났다.
己	암암리에 숨겨둔 일은 불리하다.
庚	모든 구설시비·송사는 해결된다.
辛	질병은 늦게 완치된다. 잃어버린 물건은 찾지 못한다.
壬	(陰人의) 송사에 연루된다.
癸	(陰人의) 송사에 연루된다.

3. 팔문(八門)과 천봉구성(天蓬九星)

八門	九星	含意
생문(生門)	天任星	• 건축, 이사에 길하다. • 귀인, 상급자 상봉에 길하다. • 출병(出兵)에 길하다.
상문(傷門)	天冲星	• 귀인, 상급자 상봉에 흉하다. • 장례·매장에 흉하다. • 출행(出行)에 도적을 만난다. • 도적을 잡는 일, 사냥하는 일은 길하다.
두문(杜門)	天輔星	• 외적(外敵)을 방비하는 일에 길하다. • 은닉하고, 은둔하는 일에 길하다. • 장례·매장에 길하다.

경문(景門)	天英星		• 귀인, 상급자 상봉에 길하다. • 건의·발표·아이디어에 길하다. • 협의·합의·협동에 길하다.
사문(死門)	天芮星		• 도모하는 일은 성사되지 않는다. • 백사(百死)에 흉하다. • 조문·사냥 등 죽음과 관련한 일은 흉하지 않다.
경문(驚門)	天柱星		• 조직의 재정비에 길하다. • 체포·토벌·재판에 길하다. • 기강 바로잡는 일에 길하다.
개문(開門)	天蓬星		• 상업적 경제효과가 크다. • 경영에 빈틈이 많다.
	天任星		• 기업 운영에 평온하다.
	天沖星		• 경영하는 일은 흥성(興盛)한다. • 공장의 효율성은 높다.
	天輔星		• 기업이 문화를 중요시한다. • 뛰어난 기술 인력이 많다.
	天英星		• 마케팅을 중요시한다. • 상점에 화재 위험이 있다.
	天芮星		• 회사에 신규 인력이 많다. • 경영 관리가 허술하다.
	天柱星		• 기업 내 혼란스러운 일이 발생한다.
	天心星		• 지도자의 책임 의식이 강하다. • 원행(遠行)에 귀인을 만난다. • 도모하는 일은 순조롭다.
	天禽星		• 기업의 규범·제도가 완비되었다. • 기업의 성장은 순조롭다.
휴문(休門)	天蓬星		• 화합·모임에 길하다. • 심신 휴양에 길하다. • 미래를 준비하는 데 길하다.

4장. 기문격국(奇門格局)

  춘추전국시대 전란으로 중국 대륙이 혼란했던 시기에 제후국은 전쟁에서 승리하기 위하여 천시(天時)와 지리(地理)를 이용하고자 했으며, 세상의 이치를 깨닫고 전쟁의 예측학 측면에서 연구 발전된 학문이 기문둔갑이다.

  시시각각 변화하는 전장 상황에 따라 공격과 방어, 아군과 적군, 주방(主方)과 객방(客方), 기습과 매복, 전진과 후퇴 등을 구성의 앉은 자리와 상대 비교를 통해 전쟁의 승패를 예측하고 처세와 행동 요령, 각종 대비책을 마련할 수 있었다.

  이렇듯 기문둔갑은 전쟁 예측을 위한 점술, 점학으로 연구·발전되었기에 점사를 주로 하는 연국기문(煙國奇門)에서는 시간 변화에 따른 시가팔문(時家八門)을 사용한다. 일가팔문(日家八門)을 사용하는 동국기문(東國奇門)은 홍국수를 주요 뼈대로 하기에 기문격국 비중이 그다지 크지 않으나, 연국기문에서의 기문격국이 매우 중요하다 할 수 있다.

1. 기문격국 일반적 사항

(1) 격국(格局)의 구조

  격(格)은 연월일시의 사간(四干)과 구성(九星)·직부(直符)·삼기(三奇)가 서로 조합되어 이루어지며, 국(局)은 팔문(八門)·구성(九星)·팔장(八將)과 삼기(三奇)가 어우러져서 이루어진다.

격국(格局)은 구성요소(構成要素) 간에 특정 조합에 따라 길흉의 함의를 내포하고 있는데, 일반적으로 삼기·길문·길성·길신이 만나면 길격에 해당되는 경우가 많고, 흉문·흉성·흉신이 만나면 흉격에 해당되는 경우가 많다.

(2) 격국에서 직부(直符)와 직사(直使)

직부(直符)는 천봉구성(天蓬九星)의 선행주자로 시 순수(旬首)에 해당하는 지반 육의삼기가 있는 자리에 있는 본래의 천봉구성이다. 직사는 위의 직부와 똑같이 시 순수 궁의 정위(定位) 시가팔문을 말한다.

- 직부는 시 순수 낙재궁의 정위 천봉구성
- 직사는 시 순수 낙재궁의 정위 시가팔문

(3) 주객이론(主客理論)

기문을 해단할 때 주(主)에 이로운지 객(客)에 이로운지 등의 분석이 필수적이므로 주객(主客)을 정확히 정해야 하며, 특히 격국에서 주객은 더욱 그렇다.

일반적으로 점단 시 선동자, 적극적인 자, 공세적인 자가 객(客)이고 수성하는 자, 수세적인 자, 수동적인 자가 주(主)가 되며, 또 천반 육의삼기가 객(客)이고 지반 육의삼기가 주(主)로 해석될 때도 있다. 마지막으로 육의삼기가 객(客)이 될 때는 구궁 오행은 주(主)가 된다.

2. 길격(吉格)

(1) 구둔격(九遁格)

① 천둔(天遁)

성립 요건	天盤	地盤	八門	八將
	丙	丁	生門	

포국 예	<table><tr><td></td><td>丙</td><td></td></tr><tr><td></td><td>丁 生門</td><td></td></tr><tr><td></td><td></td><td></td></tr><tr><td></td><td>문박 (門迫)</td><td>입묘 (入墓)</td></tr></table> • 성기주작 삼기순수(星奇朱雀 三奇順遂), 병정화(丙丁火)가 간토궁의 생문을 생하며, 삼기가 함께 있어 대길하다.
吉凶 작용	• 만사는 생왕하고 도모함은 길하다. • 왕권 행사 및 제사에 길하다. • 윗사람에게 글을 올리는 데 길하다.

② 인둔(人遁)

성립 요건	天盤	地盤	八門	八將
	丁		休門	太陰

포국 예	
	丁 太陰 休門 / 문박(門迫) / (빈칸) / 입묘(入墓) 배치
	• 삼기 丁과 삼길문인 休門, 삼은신인 太陰이 동궁하여 대길(大吉)하다.

吉凶 작용	• 적진을 염탐하고, 매복에 길하다. • 구재(求財)·경영에 길하다. • 청탁·사교·알현에 길하다.

③ 지둔(地遁)

성립 요건	天盤	地盤	八門	八將
	乙	己	開門	

포국 예	
	문박(門迫) / 입묘(入墓) / 문박(門迫) / 乙 己 開門 배치
	• 乙加己는 일기입묘(日奇入墓)로 흉하나, 길문을 얻으면 흉함을 억제하여 활로가 열리니 길해진다. • 입묘(入墓)와 박격(迫格)을 범하지 않아야 길하다.

吉凶 작용	• 대체로 길하나. • 은밀한 계획 수립에 길하다. • 매복에 길하다. • 건축·신축·개축에 길하다. • 문을 내는 데에 길하다.

④ 신둔(神遁)

성립 요건	天盤 丙	地盤	八門 生門	八將 九天

| 포국 예 | 丙
九天 生門 | | |
| | | |
	문박 (門迫)	입묘 (入墓)

• 입묘(入墓)와 박격(迫格)을 범하지 않아야 길하다.

吉凶 작용	• 백사에 길하다. • 상업·경영에 길하다. • 인재를 교육·훈련시키는 데 길하다. • 공격과 원정(遠征)에 길하다.

⑤ 귀둔(鬼遁)

성립 요건	天盤	地盤	八門	八將
	丁		杜門 休門	九地

포국 예	<table><tr><td></td><td></td><td></td></tr><tr><td>丁 九地 杜門</td><td></td><td></td></tr><tr><td>입묘 (入墓)</td><td></td><td></td></tr></table> • **천반 丁과 杜門, 九地가 동궁할 때** • 천반 丁과 休門, 九地가 동궁할 때 • 입묘(入墓)와 박격(迫格)을 범하지 않아야 길하다.
吉凶 작용	• 적을 암암리에 기습하는 데 길하다. • 상대의 허점을 공략하는 데 길하다.

⑥ 풍둔(風遁)

성립 요건	天盤	地盤	八門	宮
	乙 丙		三吉門 開門	巽宮

포국 예	<table><tr><td>乙(丙) 　　開門</td><td></td><td></td></tr><tr><td></td><td></td><td></td></tr><tr><td></td><td></td><td></td></tr></table> • **乙奇가 三吉門(開·休·生)과 巽宮에서 동궁할 때** • 丙奇가 開門과 巽宮에서 동궁할 때
吉凶 작용	• 적을 공격하는 데 길하다.

⑦ 운둔(雲遁)

성립 요건	天盤	地盤	八門	宮
	乙 乙	辛	休·生門 開門	坤宮

포국 예			
	乙 辛　生門		乙 　　開門
	乙 辛　休門		입묘 (入墓)

- **乙加辛이 休門·生門과 동궁할 때**
- 乙奇가 開門과 坤宮에서 동궁할 때
- 입묘(入墓)와 박격(迫格)을 범하지 않아야 길하다.

길凶 작용
- 미래를 준비하는 일에 길하다.
- 사세를 확장하는 데 길하다.
- 수련하고 도를 닦는 데 길하다.
- 구름과 같이 떠돌아다니는 데 길하다.

⑧ 용둔(龍遁)

성립 요건	天盤	地盤	八門	宮
	乙 乙	癸	休門 三吉門	坎宮

포국 예			
	乙 (癸)　休門		

- **乙加癸가 休門과 坎宮에서 동궁할 때**
- 乙奇가 三吉門(開·休·生)과 坎宮에서 동궁할 때

吉凶 작용	• 밀항·매복·기습·도하에 길하다. • 제방을 쌓고 물과 관련한 일에 길하다. • 정신적 활동에서 길하다. 고시에 합격한다.

⑨ 호둔(虎遁)

성립 요건	天盤	地盤	八門	宮
	庚		開門	兌宮
	乙	(辛)	休·生門	艮宮
	乙	辛	休門	坎宮
	辛	(乙)	生門	艮宮

포국 예	
	 ｜　　｜　　｜庚　　｜ ｜　　｜　　｜開門　｜ ｜乙(辛) 休門｜　｜　　｜ ｜　　｜　　｜　　｜ ｜辛(乙) 生門｜乙 辛 休門｜　｜ • **庚이 開門과 兌宮에서 동궁할 때** • 乙加辛 또는 乙이 休·生門과 艮宮에서 동궁할 때 • 乙加辛이 休門과 坎宮에서 동궁할 때 • 辛加乙 또는 辛이 生門과 艮宮에서 동궁할 때

吉凶 작용	• 상대방의 투항을 받아들이는 데 길하다. • 건축에 길하다. • 은폐에 길하다. • 정신활동에 길하다. 고시에 합격한다. • 상거래·판매에 길하다.

※ 구둔격 관련하여 기문문파에 따라 조금씩 상이하여, 구둔격 성립 요건을 모두 기재하였으나, 필자는 구둔격 포국 예 중 첫 번째의 성립 요건(神奇之門 기준)을 점사에 이용한다.

(2) 삼사오가격(三詐五假格)

삼사(三詐)는 천반육의삼기 중 삼기인 정·병·을(丁·丙·乙)이 삼길문(開·休·生門)을 만나고, 팔장(八將) 중 삼음신(三陰神)인 태음(太陰)·육합(六合)·구지(九地)가 가림하는 경우이다.

① 진사격(眞詐格)

성립 요건	天盤	八門	八將
	丁·丙·乙	開·休·生門	太陰
포국 예	丁 太陰 開門	丙 太陰 休門	
		乙 太陰 生門	
	• 삼기(三奇)와 삼길문이 만나서, 太陰과 동궁할 때		
吉凶 작용	• 구관(求官)·구재(求財)에 길하다. • 혼인·원행(遠行)에 길하다.		

② 휴사격(休詐格)

성립 요건	天盤	八門	八將
	丁·丙·乙	開·休·生門	六合
포국 예	<table><tr><td>丁 六合 開門</td><td>丙 六合 休門</td><td></td></tr><tr><td></td><td>乙 六合 生門</td><td></td></tr></table> • 삼기(三奇)와 삼길문이 만나서, 六合과 동궁할 때		
吉凶 작용	• 구관(求官)·구재(求財)에 길하다. • 혼인·원행(遠行)에 길하다.		

③ 중사격(重詐格)

성립 요건	天盤	八門	八將
	丁·丙·乙	開·休·生門	九地
포국 예	<table><tr><td>丁 九地 開門</td><td>丙 九地 休門</td><td></td></tr><tr><td></td><td>乙 九地 生門</td><td></td></tr></table> • 삼기(三奇)와 삼길문이 만나서, 九地과 동궁할 때		
吉凶 작용	• 구관(求官)·구재(求財)에 길하다. • 혼인·원행(遠行)에 길하다.		

오가(五加)는 천반육의삼기와 팔문, 팔장의 조합으로 이루어지는 길격인데, 기문학파에 따라 여러 조합이 있다. 중국 장지춘 선생의 신기지문(神奇之門)의 오가(五假) 성립 요건을 따랐다.

④ 천가격(天假格)

성립 요건	天盤	八門	八將
	丁·丙·乙	景門	九天

포국 예	丁 九天 景門	丙 九天 景門	
		乙 九天 景門	

- 삼기(三奇)와 경문이 만나서, 九天과 동궁할 때

吉凶 작용	• 구관(求官)·구재(求財)·소송(訴訟)에 길하다. • 귀인을 만난다. • 담판·동맹·전쟁에 길하다.

⑤ 지가격(地假格)

성립 요건	天盤	八門	八將
	丁·己·癸	杜門	九地

포국 예	丁 九地 杜門	己 九地 杜門	
		癸 九地 杜門	

吉凶 작용	• 매복·도망·은둔·비밀 채집에 길하다.

⑥ 인가격(人假格)

성립 요건	天盤	八門	八將
	壬	驚門	九天
포국 예	壬 九天 驚門		
吉凶 작용	• 포착(捕捉)·도주·탐사(探査)에 길하다.		

⑦ 신가격(神假格)

성립 요건	天盤	八門	八將
	己·癸	傷門	六合
포국 예	己 六合 傷門 癸 六合 傷門		
吉凶 작용	• 빚을 받은 일에 길하다. • 교역·상거래에 길하다. • 도망자 체포·매장(埋藏)·은신에 길하다.		

⑧ 귀가격(鬼假格)

성립 요건	天盤	八門	八將
	己·癸	死門	九地

성립 요건	포국 예
포국 예	<table><tr><td></td><td>己 九地 死門</td><td></td></tr><tr><td></td><td></td><td></td></tr><tr><td></td><td>癸 九地 死門</td><td></td></tr></table>
吉凶 작용	• 건축·수리(修理)·제사·매장(埋藏)에 길하다. • 괴상한 일에 대한 처치에 길하다.

(3) 삼기득사격(三奇得使格)

성립 요건	天盤	八門
	丁·丙·乙	直使門

	포국 예
포국 예	<table><tr><td>丁 直使 景門</td><td>丙 直使 開門</td><td></td></tr><tr><td></td><td></td><td></td></tr><tr><td></td><td>乙 直使 杜門</td><td></td></tr></table> • 직사(直使)는 時 旬首 낙재궁의 정위시가팔문이다. • 삼기(三奇)와 직사팔문이 만날 때를 삼기득사라 한다. • 삼기(三奇)가 천반, 시순수(時旬首)가 지반에 있을 때 • 직사팔문이 길문이면 대길하고, 흉문이라도 가히 도모하는 일을 성취할 수 있다.

吉凶 작용	❶ 정기득사(丁奇得使) • 송사와 분쟁은 종료되고, 화합 및 협조에 길하다. ❷ 병기득사(丙奇得使) • 금전 및 구재에 길하다. ❸ 을기득사(乙奇得使) • 약한 것으로 강한 것을 이긴다. • 통상(通商)·구재(求財)에 길하다.

(4) 청룡회수격(青龍回首格)

	天盤	地盤
	甲	丙
성립 요건	갑자 직부상의 戊를 甲으로 보기에 다음 시주에 해당할 때에만 戊加丙을 甲加丙으로 본다. 甲子·乙丑·丙寅·丁卯·戊辰·己巳·庚午·辛未·壬申·癸酉時	
포국 예	<table><tr><td></td><td></td><td></td></tr><tr><td></td><td></td><td></td></tr><tr><td>戊 丙</td><td></td><td></td></tr></table> • 천반 甲木 生 지반 丙火 • 丙火는 甲木의 자식이며, 庚金을 극할 수 있어 甲木을 보호한다. • 입묘(入墓)와 박격(迫格)을 범하지 않아야 길하다.	
吉凶 작용	• 백사(百事)가 길하다. • 취직·구관(求官)·윗사람의 천거에 길하다. • 소송(訴訟)에 길하다. • 구재(求財)에 길하다. • 건축·이사에 길하다.	

(5) 천현시격(天顯時格)

성립 요건	日	甲己	乙庚	丙辛	丁壬	戊癸
	時	甲戌	甲申	甲午	甲辰	甲寅

성립 요건	• 팔문(八門)·구성(九星) 복음(伏吟)이나 천현시격이 성립되면 흉하지 않다. • 다만, 복음은 성사가 늦어지니 서두르면 불길해진다.
吉凶 작용	• 구관(求官)·구재(求財)·출행(出行)·용병(用兵)에 길하다.

(6) 비조질혈격(飛鳥跌穴格)

성립 요건	天盤	地盤
	丙	甲

성립 요건	갑자 직부상의 戊를 甲으로 보기에 다음 시주에 해당할 때에만 丙加戊를 丙加甲으로 본다. 甲子·乙丑·丙寅·丁卯·戊辰·己巳·庚午·辛未·壬申·癸酉時
포국 예	(丙/戊 포국도) • 지반 甲木 生 천반 丙火 • 丙火는 남방의 주작(朱雀)으로 어머니인 甲木의 품으로 되돌아왔으니 길하다. • 입묘(入墓)와 박격(迫格)을 범하지 않아야 길하다.
吉凶 작용	• 백사(百事)가 길하다. • 도모하는 일은 반드시 성취한다. • 큰 수고 없이 공을 이룬다. • 취직·구관(求官)에 길하다. • 소송(訴訟)에 길하다. • 구재(求財)에 길하다. • 건축·혼인·이사에 길하다.

(7) 옥녀수문격(玉女守門格)

성립 요건	地盤	八門
	丁	直使門

포국 예	<table><tr><td></td><td>直使</td><td></td></tr><tr><td>丁</td><td>開門</td><td></td></tr><tr><td></td><td></td><td></td></tr></table>
	• 직사는 時 旬首 낙재궁의 정위 시가팔문이다. • 지반 정기(丁奇)와 직사팔문이 만날 때 • 직사팔문이 길문이면 대길하고, 흉문이라도 가히 도모하는 일을 성취할 수 있다.
吉凶 작용	연회(宴會)·혼인(婚姻)에 길하다.

(8) 기의록위격(奇儀綠位格)

성립 요건	天盤	宮
	丁 丙 乙	離宮 巽宮 震宮

포국 예	<table><tr><td>丙</td><td>丁</td><td></td></tr><tr><td>乙</td><td></td><td></td></tr><tr><td></td><td></td><td></td></tr></table>
	• 삼기(三奇)와 록지(綠地) 자리하고 있을 때 • 삼기 록지에 삼길문이 더해지면 길함은 더 크게 된다.
吉凶 작용	• 백사가 길하다. • 구관(求官)·구재(求財)·출행(出行)에 길하다.

(9) 삼기귀인승전격(三奇貴人昇殿格)

성립 요건	天盤	宮
	丁 丙 乙	兌宮 離宮 震宮
포국 예	<table><tr><td></td><td>丙</td><td></td></tr><tr><td>乙</td><td></td><td>丁</td></tr><tr><td></td><td></td><td></td></tr></table> • 정기(丁奇)가 생지(生地), 병기(丙奇)가 왕지(旺地), 을기(乙奇)가 록지(綠地)에 자리하고 있을 때 • 삼길문이 더해지면 길함은 더 크게 된다. • 문이 궁을 극하거나(門迫), 궁이 문을 극하면(宮迫) 길함이 감소된다.	
吉凶 작용	• 정기승전, 지반 戊 만나면 흉함도 길하게 된다. • 병기승전, 지반 辛의 흉의를 완화한다. • 을기승전, 지반 庚의 흉의를 합하여 완화한다. • 삼기승전 방위로의 원행(遠行)·정벌(征伐)·혼인(婚姻)·구재(求財)·구관(求官)·건축(建築)·이사 등에 길하다.	

3. 흉격(凶格)

(1) 연격(年格)·경격(庚格)

성립 요건	天盤	地盤
	庚 年干	年干 庚
凶 작용	天盤이 庚이고 地盤이 年干과 같을 때이다. 天盤이 年干이고, 地盤이 庚일 때도 年格으로 본다. ❶ 백사(百事)가 흉하다. • 甲年干: 생명의 위험이 발생한다. • 乙年干: 신체의 큰 손상이 발생한다. • 丙年干: 폭격과 권력에 의한 화를 당한다. • 丁年干: 도모하는 일에 괴로움을 받는다. • 戊年干: 남에게 사기를 당하여 손실을 본다. • 己年干: 색정에 빠져 고난을 겪는다. • 庚年干: 타인과 반복, 친분 있는 자와 반목한다. • 辛年干: 중요한 물건을 잃어버린다. • 壬年干: 타인과 일이 얽히고 꼬이게 된다. • 癸年干: 본인의 잘못으로 사태가 악화한다. ❷ 연월일시 용신(用神)이 극(剋)을 당하는 게 유리한 국(局)이라면 경격은 오히려 길하다. • 범죄자를 잡는다. 체포한다. • 잃어버린 물건을 찾을 수 있다. • 행인(行人)은 돌아온다. • 실종자를 찾을 수 있다.	

(2) 월격(月格)·경격(庚格)

성립 요건	天盤	地盤
	庚	月干
凶 작용	天盤이 庚이고, 地盤이 月干과 같을 때이다. 天盤이 月干이고, 地盤이 庚일 때도 月格으로 본다. ❶ 백사(百事)가 흉하다. ❷ 연월일시 용신이 극을 당하는 게 유리한 국이라면 오히려 길해진다. (年格과 같은 작용)	

(3) 일격(日格)·경격(庚格)·복간격(伏干格)

성립 요건	天盤	地盤
	庚	日干
凶 작용	天盤이 庚이고 地盤이 日干과 같을 때이다. 天盤이 日干이고, 地盤이 庚일 때도 日格으로 본다. (비간격(飛干格)) ❶ 백사(百事)가 흉하다. • 주객이 흉하나 주가 더욱 흉하다. • 본인과 가족에게 흉사, 부부 이별 등이 발생한다. ❷ 연월일시 용신이 극을 당하는 게 유리한 국이라면 오히려 길해진다. (年格과 같은 작용)	

(4) 시격(日格)·경격(庚格)

성립 요건	天盤	地盤
	庚	時干
凶 작용	天盤이 庚이고 地盤이 時干과 같을 때이다. 天盤이 時干이고, 地盤이 庚일 때도 時格으로 본다. ❶ 백사(百事)가 흉하다. ❷ 연월일시 용신이 극을 당하는 게 유리한 국이라면 오히려 길해진다. (年格과 같은 작용)	

(5) 비간격(飛干格)·경격(庚格)

성립 요건	天盤	地盤
	日干	庚
凶 작용	天盤이 日干이고 地盤이 庚일 때이다. 백사(百事)가 흉하다. • 주객이 모두 흉하다. • 매사 성공하기 어렵다. • 본인과 가족에게 흉사가 발생한다.	

(6) 비궁격(飛宮格)

성립 요건	天盤	地盤
	戊	庚
凶 작용	天盤이 甲子旬首 戊이고, 地盤이 庚일 때이다. 직부(直符)가 庚金에 날아들어 크게 상한다. 백사(百事)가 대흉하다. • 주객이 모두 흉하다. • 매사 성공하기 어렵다. • 사업은 망하고 파재(破財)한다.	

(7) 복궁격(伏宮格)

성립 요건	天盤	地盤
	庚	戊
凶 작용	天盤이 庚이고 地盤이 甲子旬首 戊일 때이다. 庚金이 지반에 잠복해 있는 직부(直符)를 압살한다. 백사(百事)가 대흉하다. • 생명의 위협이 있다. • 주객이 모두 흉하다. • 구인(求人)에 불리하다. • 출행(出行)에 사고가 있다.	

(8) 형입태백격(熒入太白格)

성립 요건	天盤	地盤
	丙	庚
凶 작용	天盤이 熒惑 丙이고 地盤이 太白 庚일 때이다. 백사(百事)가 흉하나, 객(客)은 흉하지 않다. • 객은 이롭고 주는 불리하다. • 행병(行兵)하면 적이 물러난다.	

(9) 태백입형격(太白入熒格)

성립 요건	天盤	地盤
	庚	丙
凶 작용	天盤이 太白 庚이고 地盤이 熒惑 丙일 때이다. 백사(百事)가 흉하나, 주(主)는 흉하지 않다. • 주는 이롭고 객은 불리하다. • 앉아서 고수(固守)해야 길하다. • 구재(求財)·사업에 흉하고, 도적을 만난다.	

(10) 형격(刑格)

성립 요건	天盤	地盤
	庚	己
凶 작용	天盤이 甲申庚이고 地盤이 甲戌己일 때이다. 甲申庚은 未方이고, 甲戌己는 戌方이니 술미상형(戌未相刑)이 되어 형격이라 한다. • 관재구설이 발생한다. • 도모하는 일은 성사되지 않는다. • 명예는 손상된다. • 상거래·경영·투자에 파재(破財)한다. • 질병을 얻고, 사고가 발생한다.	

(11) 대격(大格)

성립 요건	天盤	地盤
	庚	癸
凶 작용	天盤이 庚이고 地盤이 癸일 때이다. • 만사가 불리하다. • 본인의 착오로 실패가 발생한다. • 산모(産母)에 흉하다. • 행인(行人)은 관사(官司)를 당한다.	

(12) 소격(小格)

성립 요건	天盤	地盤
	庚	壬
凶 작용	天盤이 庚이고 地盤이 壬일 때이다. • 출행(出行)에 불리하다. • 도모하는 일은 성사되지 않는다. • 상거래·경영·투자에 파재(破財)한다. • 질병을 얻고, 사고가 발생한다.	

(13) 문박격(門迫格)

성립 요건	八門		剋	宮
포국 예	驚門(金) 開門(金)	休門(水)	傷門(木) 杜門(木)	
	驚門(金) 開門(金)		景門(火)	
	傷門(木) 杜門(木)	死門 生門	景門(火)	
凶 작용	八門 五行이 宮 五行을 극(剋)할 때이다. 단, 월령에 휴수(休囚)된 문(門)은 왕상(旺相)한 궁(宮)을 극할 수 없다. • 길문(吉門)이 궁을 극(剋)하면 길함이 사라진다. • 흉문(凶門)이 궁을 극(剋)하면 흉함이 가중된다.			

(14) 패격(悖格)

성립 요건	天盤	地盤
	丙 丙 時 旬首	時 旬首 年·月·日·時干 丙
凶 작용	天盤이 丙이고 地盤이 時柱 旬首이거나, 天盤이 時柱 旬首이고 地盤이 丙일 때, 또는 天盤이 丙이고 地盤이 年·月·日·時干인 경우를 말한다. 병화(丙火)는 陽火로서 천위(天威)이니 길한 면이 많으나, 오만하여 폭압적 성격으로 질서를 깨뜨리는 흉함도 있어 패격이라 한다. • 위계질서가 문란하다. 부하의 배반이 있다. • 근신·겸허·고수해야 흉함을 누를 수 있다.	

(15) 오불우시격(五不遇時格)

성립 요건	時干		剋		日干
	甲日	乙日	丙日	丁日	戊日
	庚午時	申巳時	壬辰時	癸卯時	甲寅時
	己日	庚日	申日	壬日	癸日
	乙丑時	丙子時	丁酉時	戊申時	己未時
凶 작용	• 백사(百事)가 흉하다. • 재난이 따르며 불길하다. • 구재(求財)·투자·매매(賣買)에 흉하다 • 구학(求學)·혼인(婚姻)에 흉하다. • 구관(求官)·출행(出行)에 흉하다. • 아랫사람이 윗사람을 기만한다. • 주객(主客)이 불화한다.				

(16) 삼기입묘(三奇入墓)

성립 요건	天盤	宮
	乙	乾宮
	丙	乾宮
	丁	艮宮
凶 작용	삼기(三奇)뿐 아니라 육의(六儀)가 입묘돼도 흉격이다. 입묘되면 흉한 정도가 크나, 입고되면 충출(沖出)될 시 성사된다.	

(17) 시간입묘(時干入墓)

성립 요건	天盤	宮
	時干	入墓
凶 작용	時干이 월령에 쇠하면 입묘(入墓)이고, 왕(旺)하면 입고(入庫)이다. 입묘이면 흉함이 크게 발생하나, 입고이면 잠시 곤경에 처해지지만 충출될 시 여전히 성사될 수 있다. 입묘 관련 자세한 내용은 9장을 참조한다.	

(18) 삼기수제(三奇受制)

성립 요건	宮	剋	三奇
포국 예	<table><tr><td></td><td></td><td></td></tr><tr><td></td><td></td><td>乙(木)</td></tr><tr><td></td><td>丙(火) 丁(火)</td><td>乙(木)</td></tr></table>		
	三奇(乙丙丁)가 극(剋)을 받아 길함을 발휘할 수 없다.		

凶 작용	• 거동에 흉함이 발생한다. • 재난이 따르며 불길하다.

(19) 청룡도주격(青龍逃走格)

성립 요건	天盤	地盤
	乙	辛
凶 작용	天盤이 青龍 乙이고 地盤이 白虎 辛일 때이다. • 파재(破財)한다. • 도모하는 일은 이루어지지 않는다. • 아랫사람이 배신하고, 여자가 도망간다. • 주객(主客)이 모두 불리하다.	

(20) 백호창광격(白虎猖狂格)

성립 요건	天盤	地盤
	辛	乙
凶 작용	天盤이 白虎 辛이고 地盤이 乙일 때이다. • 파재(破財)한다. • 소인과 시비하는 일이 생긴다. • 원행(遠行)·혼인(婚姻)·건축에 대흉하다. • 부부간 불협하고 이혼한다. 남자가 도망간다. • 주객(主客)이 모두 불리하다.	

(21) 주작투강격(朱雀投江格)

성립 요건	天盤	地盤
	丁	癸
凶 작용	天盤이 陰火 朱雀 丁이고 地盤이 陰水 癸일 때이다. • 백사(百事)가 불리하다. • 문서·계약서에 착오·지체가 발생한다. • 다툼이 있으면 패하게 된다. • 구속·구금당한다. • 모략이나 사기를 당한다. • 시험에 불합격한다. • 색정에 빠지게 된다. • 주(主)는 흥하지 않다.	

(22) 등사요교격(騰蛇夭矯格)

성립 요건	天盤	地盤
	癸	丁
凶 작용	天盤이 陰水 玄武 癸이고 地盤이 陰火 丁일 때이다. • 우환이 들끓고 불안한 일이 생긴다. • 문서·계약서에 분쟁이 발생한다. • 관재구설이 발생한다. • 생명을 잃을 수 있다. • 객(客)은 흥하지 않다.	

(23) 천망사장격(天網四張格)

성립 요건	天盤	地盤
	癸	癸
凶 작용	天盤이 天網 癸이고 地盤 또한 天網 癸일 때이다. • 만물이 손상된다. • 백사(百事)가 불리하다. • 도망·피난·회피·은둔은 대길하다.	

4부
사안별 용신 및 해단 사례

1장. 길흉분석 일반론

1. 점사 기준시

(1) 개인의 사주(四柱)

우리나라의 동국기문(東國奇門)에서 한 사람의 평생 운세의 흐름과 한해의 길흉을 분석하는 신수국을 살필 때 사주를 기반으로 조식하여 분석한다. 점사를 기본으로 하는 연국기문(烟局奇門)에서는 잘 사용하지 않는다.

(2) 촉발시(觸發時)

특정 시간에 일어나는 사건에 대한 길흉 분석을 위해서 그 시간을 기준으로 하는데 이를 촉발시(觸發時)라 한다. 예를 들어 한국과 일본의 축구 경기가 미래의 어느 시점 개최될 예정이라면, 그 경기가 시작하는 시간을 사건의 촉발(觸發) 기준점 보고 촉발시로 조식하여 아방(我方)과 타방(他方)의 길흉을 분석하게 된다.

(3) 문점시(問占時)

문점자(門占者)가 사안을 물은 시를 기준시로 사용한다. 전화로 물어왔으면 걸려 온 시간을, 이메일로 물어왔으면 이메일 보낸 시간을, 직접 방문하여 물어왔으면 대면한 시간을 기준점으로 하여 기문국을 조식한다. 예를 들어 소송사건인 경우 소송장을 접수했을 때를 기준으로 한다면 촉발시를 기준으로 한 것이고, 소송사건에 대해 문점한 시간을 기준으로 한다면 문점시를 기준으로 한 것이다.

2. 일사일점주의(一事一占主義)와 차객법(借客法)

일사일점주의(一事一占主義)는 두 가지 사안에 하나의 조식을 만들어 동시에 점치지 말라는 이야기다. 중국 주역학회에서는 하나의 기문국으로 2~3개까지는 점사 해석이 가능하다 하였는데 동일한 사안이 가지치기할 경우이다. 예를 들어 승진이 가능한지와 승진하면 어디로 발령 나는지 등은 회사에서의 승진과 이동의 큰 범주에서 가지치기로 나오는 질문이다. 이럴 경우는 가능하다고 한다. 그러나 승진할지와 부인이 임신할지, 부동산 매입이 길한지를 하나의 조식으로 점치기는 한 번 올린 제사상을 두 번 세 번 재탕하는 것과 같다고 본다.

여러 명을 동시에 점단하거나, 한 사람이 다른 카테고리의 질문을 여러 차례 한다면 차객법(借客法)을 써야 한다. 진시(辰時) 기준으로 조식하여 한 차례 해단한 후, 두 번째 질문을 할 때는 사시(巳時) 기준으로 다시 조식하여 해단하는 것이 차객법이다. 상담자가 여러 명이면 주역 서죽, 주사위, 카드 등 미리 준비한 12가지 시를 문점자에게 무작위로 뽑게 하여 조식하기도 한다.

3. 용신(用神)설정

시간 기문둔갑으로 점사를 할 때 한 부호가 여러 가지의 뜻을 내포하고 있다. 앞서 포국부터 각 구성요소의 함의를 설명한 것도 점사 해단에 다양하게 사용되는 용신을 설정하기 위해서였다고 봐도 무방하다. 연월일시(年月日時)의 천간(天干)도 문점(問占) 상황에 따라 다르게 해석하며, 기타 십천간(十天干), 팔문(八門), 구성(九星), 팔장(八將), 구궁(九宮)도 다르게 해석한다. 아래는 기본적인 기문용신(奇門用神)에 대해 서술하였고, 보다 구체적인 용신은 해단 사례에서 기술한다.

(1) 인간관계

- 일간(日干): 문점자(問占者)
- 연간(年干): 윗사람, 부모, 직장 상사
- 월간(月干): 동업자, 친구, 경쟁자
- 시간(時干): 아랫사람, 자식, 부하직원
- 직부(直符): 상사, 상급자, 감독관
- 개문(開門): 법관
- 경문(驚門): 변호사, 경찰
- 상문(傷門): 채권추심인, 검사, 경찰
- 육합(六合): 증인, 중개인, 중매인, 도주범
- 백호(白虎): 검사, 경찰
- 시간천반(時干天盤): 원고, 상대 팀, 다른 나라
- 시간지반(時干地盤): 피고, 홈팀, 우리나라
- 을(乙): 여자, 부인, 첫 번째 여자(첫 부인)
- 정(丁): 여자, 애인, 두 번째 여자(재혼 부인)
- 경(庚): 남자, 남편, 첫 번째 남자(첫 남편), 경찰
- 병(丙): 남자, 애인, 두 번째 남자(재혼 남편)

- 천심(天心): 의사, 한의사, 약사
- 천봉(天蓬): 도둑, 살인자, 중범죄인
- 천보(天甫): 시험관, 학생
- 현무(玄武): 불량배, 경제사범, 사기꾼, 절도범
- 신(辛): 범죄인

(2) 점사 객체

- 시간(時干): 문점하는 내용, 매매하는 대상, 재물
- 연간(年干): 상급기관, 학교, 문점자 입사 희망 기관/대학교
- 개문(開門): 직장, 회사, 사업체, 공장
- 생문(生門): 이윤, 투자이익, 매매차익, 부동산, 주택
- 사문(事門): 사법기관, 부동산, 토지
- 경문(景門): 소송장, 소식
- 직부(直符): 은행, 원고, 채권자, 시장, 시장가격
- 직사(直使): 채무자, 피고, 돈 빌리는 자
- 천을(天乙): 채무자
- 정(丁): 학문, 시험문제
- 천보(天甫): 고사장
- 천예(天芮): 질병
- 천심(天心): 약, 수술치료, 처방
- 육합(六合): 증거
- 현무(玄武): 절도사건
- 무(戊): 자본, 투자금, 대출금
- 경(庚): 흉(凶), 흉한 일, 질병
- 신(辛): 감옥

3. 왕쇠(旺衰)와 생극(生剋) 비교

점사의 용신을 설정하였다면 용신의 힘의 세기와 용신과 용신끼리의 힘의 대결로 문점자가 유리한 상황인지 불리한 상황인지를 파악하게 된다.

(1) 용신(用神)의 왕쇠(旺衰)

명리학처럼 월령을 얻은 것만으로 용신의 힘이 강하다고 보기에는 부족함이 있다. 시가팔문(時家八門)에서는 여러 복합적 요소가 결합하여 용신의 힘의 세기를 가늠한다.

- 격국(格局)의 길흉(吉凶)
- 궁(宮) 오행(五行)과 용신의 생극(生剋)·비화(比化)
- 천반(天盤)이 지반(地盤)을 생하는지 여부
- 팔문(八門)의 길흉(吉凶)
- 팔문(八門)의 오행과 궁 오행의 생극(生剋)·비화(比化)
- 팔장(八將)의 길흉(吉凶)
- 용신(用神)의 형충(刑冲)
- 용신(用神)의 공망(空亡)
- 용신(用神)의 격형(擊刑)과 입묘(入墓)
- 복음(伏吟)과 반음(返吟)

이 책의 3부까지 설명한 격국과 팔문, 팔장, 격형과 입묘, 공망 등 대부분이 점단을 위해 꼭 필요한 힘의 세기와 용신의 설정을 하기 위함이었다.

(2) 생극 비교

힘이 강한 문점자 또는 용신의 궁 오행과 점단을 위한 객체로서의 용신 궁오행과의 오행생극 비교를 통해 점사의 길흉을 분석한다.

예를 들어 구재점(求財占)에서 생문이 무(戊)를 생한다면, 생문은 이윤이고 무(戊)는 투자금이니 투자하면 이득을 볼 수 있다고 점단을 하는 것이다.

다만, 용신의 힘의 무력하면 생극(生剋)을 받을 수 없으니 점사는 다르게 해석될 수 있다.

4. 응기(應期)

(1) 내궁(內宮)과 외궁(外宮)

① 대충방에 따른 구분

일반적으로 기문국에서 내궁(內宮)과 외궁(外宮)은 중궁을 중심으로 대충방인 궁을 말한다. 건궁(乾宮)·감궁(坎宮)·간궁(艮宮)·진궁(震宮)을 내궁으로 손궁(巽宮)·리궁(離宮)·곤궁(坤宮)·태궁(兌宮)을 외궁으로 나눈다.

<九宮>

巽宮	離宮	坤宮
震宮		兌宮
艮宮	坎宮	乾宮

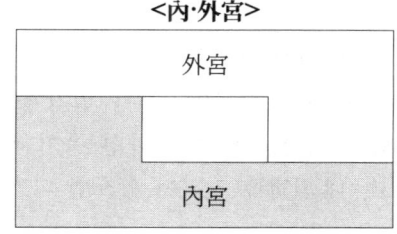

② 절기에 따른 구분

시가기문(時家奇門)에서 점사를 할 때 내궁(內宮)/내반(內盤)과 외궁(外宮)/외반(外盤)은 상기 구분 방법과는 다르다. 먼저 절기에 따라 동지 감궁에서 하지 리궁으로 이어지는 양둔절(陽遁節)의 궁은 내궁, 음둔절(陰遁節)의 궁은 외궁으로 나눈다.

<陰陽遁>

	하지	
陽遁 內宮		陰遁 外宮
	동지	

<內·外宮>

손궁	리궁	곤궁
진궁		태궁
간궁	감궁	건궁

(2) 응기 판단

① 내·외궁 통한 분석

시가기문(時家奇門)에서 점단(占斷)시 일간(日干)은 판단의 기준점 역할을 하므로 분석을 위한 가장 중요한 구성 요소이다. 일간(日干)은 곧 점을 묻고자 하는 문점자(問占者)이자 '나'이기 때문이다. 나를 기준으로 육친(育親)관계도 구별하며, 내가 왕한지 쇠한지를 분석하고, 궁극적으로 내가 길한가 흉한가를 보게 된다.

따라서 도모하는 일의 성사 시기를 찾는 응기(應期) 판단에서 일간(日干)이 기준점이 된다. 일간과 시간(時干) 또는 객체 용신(用神)이 함께 내반(內盤)에 있다면 응기 시기는 매우 빠르다로 예측할 수 있고, 내·외반에 갈라져 있으면 다소 늦다고 판단할 수 있다.

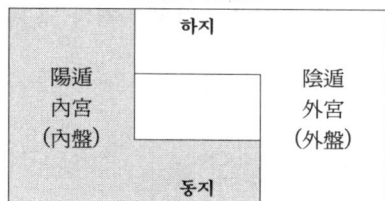
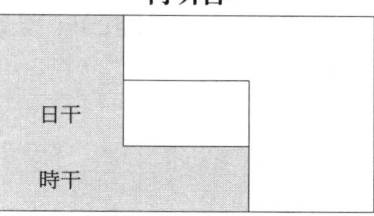

예를 들어 일간(日干)이 진궁(震宮)에 있고, 시간(時干)이 간궁(艮宮)에 있다면 일간과 시간 모두 양둔절, 내반(內盤)에 있으니 이루어지는 시기는 빠르다고 해단(解斷)한다.

점사 상황에 따라 다르게 해석하나, 일반적인 몇 가지를 기술하면 다음과 같다.

- 일간(日干), 시간(時干) 모두 내궁에 있으면 응기가 빠르다.
- 일간(日干), 시간(時干) 내외궁 갈라져 있으면 비교적 늦다.
- 일간(日干), 시간(時干) 모두 외궁에 있으면 매우 늦다.
- 경(庚)이 일간과 내반에서 일간을 극하면 흉은 빨리 온다.
- 흉사 발생 후 경(庚)이 일간과 내반에서 극하면 흉함은 계속된다.
- 경(庚)이 외반에서 일간을 극하면 흉은 오지 않는다.
- 무(戊)와 생문이 내반에서 동궁(同宮)하면 득재가 빠르다.
- 무(戊)와 생문이 내외반 떨어져 있으면 득재 시기가 늦어진다.
- 무(戊)와 생문 모두 외반에 있으면 득재 시기가 매우 늦어진다.

② 용신(用神)이 공망(空亡)인 경우

용신(用神)이 공망(空亡)인 경우 충(沖)하여 충출(沖出)할 때가 응기가 된다.

<공망 충출 예>

辰巳	午	未申
卯		用神 酉 空亡
丑寅	子	戌亥

용신이 태궁(兌宮)에 있고 공망이라면 酉年·酉月·酉日에 충출하니 점사 상황에 따라 연월일을 선택적으로 판단하여 점단한다. 선택적으로 판단한다는 뜻은 점사 시의 상황과 기간을 감안하여 분석하라는 뜻이다. 즉, 일분일초 생사(生死)를 다투는 말기암환자 관련 질병점에 대해서는 酉年·酉月·酉日 중 酉日을 응기로 보는 것이 타당할 것이고, 부동산매매점과 같이 상대적으로 오랜 기간의 시간을 두고 매매가 이루어지는 점에서는 酉年·酉月을 응기로 판단하는 것이 정확할 것이다.

③ 용신이 합(合)과 충(沖) 경우

용신이 합(合)이면 충(沖)할 때, 충이면 합할 때가 응기이다. 예를 들어 용신 정(丁)이 진궁(震宮)에서 지반 임(壬)과 정임합(丁壬合)으로 묶여 있을 때 대충방인 태궁의 지지인 유(酉)에서 정임합이 깨지니, 酉年·酉月·酉日 중에 상황에 따라 연월일을 선택적으로 판단하여 점단한다.

④ 직사(直使)의 지지로 판단

직사문(直使門)이 자리한 궁의 지지로 응기를 판단한다. 직사문이 리궁(離宮)에 있다면 응기 시기는 午年·午月·午日이 된다.

⑤ 용신이 입묘(入墓)인 경우

용신이 입묘(入墓)될 경우 충출(沖出)할 때가 응기이다. 예를 들어 용신 을(乙)이 곤궁(坤宮)에 입묘 시 응기 시기는 대충방에 있는 丑年·丑月·丑日이 된다.

⑥ 복음국(伏吟局)과 반음국(返吟局)

- 복음국은 응기가 매우 늦어진다.
- 복음국에서 득재 시기는 생문궁과 대충방 지지가 응기이다.
- 반음국은 응기가 매우 빨라진다.

⑦ 경격(庚格)[1]

기문에서 육갑(六甲)과 육경(六庚)은 한 쌍의 모순 관계이며 육경은 저격지신(沮隔之神)이라고 부른다. 바꿔 말해 육경은 사물이나 사안을 저지(沮止)하는 주요 부호이다.

육경은 저지하는 것을 좋아하니 당연히 불길하다. 예를 들어 혈관이 저지받으면 중풍이 되고, 뇌혈관이 저지받으면 뇌혈전과 뇌경색이 되고, 심장의 혈관이 저지받으면 심근경색이 되고, 식도가 저지받으면 식도암, 위가 저지받으면 위암, 장이 저지받으면 장폐색이나 장암이 된다. 사업이 저지받으면 발전이 어렵고, 장사가 저지받으면 파재를 면하기 어렵다.

하지만 일을 망치게 될 때 망치는 요인을 막거나 감당하거나 저지

---

[1] 將志春, 『신기지문(神奇之門)』, 중국상업출판사

하는 것이 필요하니 이때 육경을 만나면 자연히 좋은 일이 성취된다. 그래서 기문에서 육경을 만나는 게 모두 흉하고 불길한 게 아니다. 육경의 저격(沮隔)이 필요할 때는 육경은 길한 부호로 작용한다.

위와 같은 경격(庚格)을 사용할 때 주의할 것은 일반적인 정황에서 공망(空亡)과 을경합(乙庚合)이 되면 경격이 되지 않는다는 것이다. 만약 경격이 있는 궁이 공망이라면 경격의 작용이 일어나지 않는다. 만약 경격이 있는 궁이 을가경(乙加庚)이나 경가을(庚加乙)로 나타나면 을경합으로 합(合)을 탐하여 극(剋)을 잊어버리는 탐합망극(貪合忘剋)이 되어 경(庚)은 저지하는 작용을 하기 어려우므로 이 경우는 경격으로 보지 않는다.

㉠ 기문국에 경격이 있을 경우

경가사간[庚加四干, 庚加年干·月干·日干·時干]인 경우는 해당 연월일시에 응기가 있다. 일반적인 정황에서 기문격국에 연격[年格, 庚加年干]이 나타나면 연 내에 사건이 해결되고, 연 내에 도주범을 체포하고, 연 내에 실종된 사람을 찾고, 연 내에 잃어버린 물건을 찾을 수 있다. 월격[月格, 庚加月干]이 나타나면 그달 안에 응기가 있고, 일격[日格, 庚加日干]이면 당일에 응기가 있고, 시격[時格, 庚加時干]이면 당시에 응기가 있다.

- 연격이면 연 내에 해결되고, 월격이면 월 내에 해결되고, 일격이면 당일 내에 해결되고, 시격은 빠른 시간 내에 해결된다.

㉡ 기문국에 경격이 없을 경우

기문국에 경격(庚格)이 나타나지 않고 일간(日干)이 용신인 경우에는 음일간(陰日干)이면 경상지간(庚上之干)을, 양일간(陽日干)이면 경하지간(庚下之干)을 응기로 간주한다.

- 양일간(陽日干)은 경(庚) 밑의 천간이 응기이다.
- 음일간(陰日干)은 경(庚) 위의 천간이 응기이다.

⑧ 기타
- 용신에 구천(九天)과 동궁이면 응기 시기가 빠르다.
- 용신에 구지(九地)와 동궁이면 응기 시기가 늦다.
- 용신과 시간(時干)이 동궁이면 응기 시기가 빠르다.
- 지반(地盤)에 있는 시간(時干)의 궁 지지가 응기이다.

<지반 시간 응기 예>

		乙 丙
	庚 乙	

예를 들어 乙巳年 己卯月 乙亥月 乙酉時라면 시간(時干)은 을(乙)이 되고, 천반 을(乙)은 곤궁(坤宮)에 지반 을(乙)은 진궁(震宮)에 자리하게 된다. 지반 을(乙) 진궁의 지지는 묘(卯)이므로 응기 시기는 묘년(卯年)·묘월(卯月)·묘일(卯日)이 된다.

- 길사 예측 시, 용신이 장생(長生)·왕상(旺相)일 때가, 흉사 예측 시 사(死)·묘(墓)·절(絶)이거나 휴수(休囚) 될 때가 응기이다.
- 용신과 시간(時干)이 동궁이면 응기 시기가 빠르다.
- 역마(驛馬)가 당령(當令)하거나 충(沖)을 받을 때의 응기이다.

2장. 사안별 분석 및 사례

1. 개점(開店)·개업(開業)

(1) 용신(用神)

① 일간(日干)이 문점자(問占者)이다.
② 시간(時干)이 점사 사연이고, 점사객체, 상대방, 고객이나 재물, 화물(貨物), 점포, 고객이다.
③ 갑자무는 자본이고, 생문은 이윤이나 이자이다.
④ 직부는 판매자, 화주(貨主), 물주(物主), 시장, 시세이다.
⑤ 직사는 구매자이다.
⑥ 육합은 중개인 또는 대리점이다.
⑦ 월간은 동업자나 경쟁자이다.
⑧ 경문(景門)은 직부와 함께 시세(市勢)나 시장가격이다.
⑨ 개문은 공장, 가게, 점포, 사무실, 업장이다.
⑩ 생문은 부동산 중 주택, 건물을, 사문은 토지를 말한다.

(2) 판단기법

① 시간(時干)이 길문(吉門)·길격(吉格)·길신(吉神)과 함께하고, 왕상(旺相)하면 손님이 많다.
② 개문(開門)이 왕상(旺相)하며 삼기(三奇)·길성(吉星)·길격(吉格)·길신(吉神)을 띠고 일간(日干)을 생(生)하거나, 비화(比和)하면 대길하다.
③ 생문(生門)이 왕상(旺相)하며 삼기(三奇)·길성(吉星)·길격(吉格)·길신(吉神)을 띠고 일간(日干)을 생(生)하거나, 비화(比和)하면 대길하다.

④ 생문(生門)이 휴수(休囚)하며 삼기(三奇)·길성(吉星)·길격(吉格)·길신(吉神)을 띠고 일간(日干)을 생(生)하거나, 비화(比和)하면 이익은 작다.
⑤ 개문(開門)이 입묘(入墓)·공망(空亡)·반음(反吟)되면 개점할 수 없다. 만약 이미 개점했으면 생산이 중단되거나 폐업한다.
⑥ 개문(開門)에 흉신(凶神)·흉격(格)을 띠고 일간(日干)을 충극(沖剋)하면 개점으로 인한 손실이 따른다.
⑦ 생문(開門)에 흉신(凶神)·흉격(格)을 띠고 일간(日干)을 충극(沖剋)하면 개점으로 인한 손실이 따른다.
⑧ 생문(開門)에 왕상하면 이익이 크나, 흉신(凶神)·흉격(格)을 띠고 일간(日干)을 충극(沖剋)하면 개점으로 인한 손실이 따른다.
⑨ 갑자무와 생문이 입묘(入墓)·공망(空亡)·반음(反吟)되고, 흉신(凶神)·흉격(格)을 띠고 있으면 돈 벌기 어렵다.

(3) 사례

① 사례 1² - 개업을 위한 상가 점포 계약

1999년 9월 27일 오후 3시 40분에 친구로부터 전화를 받았다. 전망을 알 수 없는 태화상성(太和商城) 상가의 점포를 계약할지 물었다.

<己卯年 癸酉月 壬午日 戊申時>

年干									
正官	己 辛	天心_乾 景門_離	六合_卯 太陰_艮	正財	丁 丙	天蓬_坎 死門_坤	太陰_酉 軒轅_震	傷官	乙(乙) 癸(庚)	天任_艮 驚門_兌	螣蛇_巳 太乙_坎
	己加辛爲 濕泥汚玉 游魂入墓				丁加丙爲 姮娥奔月 星隨月轉				乙加癸爲 華蓋逢星 祿野朝霧 乙加庚爲 日奇被刑 天貴落獄	日空
		日墓 帶祿					旺			衰 病
時干			天乙					日干		直符
			載空 時空							日空
偏官	戊 壬	天柱_兌 杜門_巽	白虎_陳 天乙_離	偏印	庚		咸池_兌	比肩	壬 戊	天沖_震 開門_乾	直符_寅 天符_中
	戊加壬爲 山明水秀 青龍天牢				乙加庚爲 日奇被刑 天貴落獄				壬加戊爲 小蛇化龍 蛇入天門	
			浴							死
月干			直使							
			載空 時空							
劫財	癸(庚) 乙(乙)	天芮_坤 傷門_震	玄武_雀 招搖_巽	偏財	丙 丁	天英_離 生門_艮	九地_坤 攝提_坤	正印	辛 己	天甫_巽 休門_坎	九天_乾 青龍_乾
	癸加乙爲 梨花春雨 華蓋逢星 庚加乙爲 太白逢星 太白貪合				丙加丁爲 星奇朱雀 三奇順逢				辛加己爲 入獄自刑 虎坐明堂	
			生 義				胎			時墓 基 絶

일간궁 분석

일간(日干) 임(壬)은 태궁(兌宮)에 앉았다. 진목방(震木方)이 정위(定位)인 천충성(天沖星)이 유월(酉月)을 만나 왕상휴수사 중 사(死)의 상태이니 천시(天時)는 불리하나, 태궁은 酉月에 당령(當令)하였다. 태궁에 있는 길문인 개문은 궁과 비화(比和)되고, 직부(直符)가 있다. 이

---

2 將志春, 『개오지문(開悟之門)』, 204p, 중국상업출판사

사람은 창업 정신이 강하고 주변 사람에게 인기가 있으며 모든 일에 귀인의 도움이 있다.

태궁의 격인 임가무(壬加戊)는 임가무위 소사화룡 사입천문(壬加戊 爲 小蛇化龍 蛇入天門)으로 육임 소사(小蛇)가 육무 청룡(靑龍)이 되는 상이다. 사업 전망은 좋다.

시간궁 분석
시간(時干) 육무(六戊)는 점사의 객체이고, 갑자무(甲子戊)는 투자 자본금인데 진궁(震宮)에서 자묘형(子卯刑)으로 육의격형(六儀擊刑)을 맞았다. 재물이 나간다. 酉月에 진삼궁은 사(死)의 상태이므로 투자액은 3만 위안 또는 13만 위안이다. 단 시공망(時空亡)이 되어 아직 투자는 안 했다.

진궁의 수리는 3.4.8(진궁의 3, 四震雷의 4, 五行數 8)과 관련된다. 진삼궁이 유월에 사(死)의 상태로 쇠약하므로 작은 수리인 '3'을 쓴다.

왕상(旺相)한 육임 일간궁이 휴수(休囚)한 육무 시간궁을 극하므로 능히 계약할 것이고 투자 능력도 있다.

생문은 감궁에서 일간궁과 상생하고, 개문은 사업장인데 일간궁과 동궁(同宮)하니 점포를 능히 인수한다. 생문궁의 격이 병가정위 성기주작 삼기순수(丙加丁爲 星奇朱雀 三奇順遂)로 문서가 길하며 이롭고, 일반인은 편안함과 즐거움이 있다. 병가정(丙加丁)에 생문이 있어 삼기상길문격(三奇上吉門格)과 천둔격(天遁格)이 되어 점포 인수에 성공한다.

이윤인 생문이 자본인 갑자무를 생(生)하므로 인수 후 이익이 많을 것이다.

② 사례 2 - PC방 인수

대기업에서 퇴직하고 무엇을 할까 시장 조사를 많이 했던 L 사장님이다.

치킨집, 음식점 등은 애당초 관심 목록에 없었다. 음식 솜씨도 없을 뿐만 아니라 고객을 응대하는 데도 자신이 없었기 때문이다. 스크린골프, 실내골프연습장은 할만해 보였는데 줄어드는 골프 인구 감소에 높은 권리금에 선뜻 나서기 두려웠다.

그래서 최종 후보로 스터디카페와 PC방을 타깃 업종으로 하고 여기저기 발품을 팔아가며 알아보았다. 대학가 상권, 먹자골목, 중고등학교 주변 등을 탐색하던 차에 맘에 드는 PC방이 매물로 나왔다. 스마트폰 게임의 영향으로 PC방 사업이 하락 추세라지만 목이 좋으면 잘될 것 같은 믿음이 있었다.

80개 좌석, 권리금 1억 원, 최신 기종 PC, 보증금 3,000만 원, 월세 280만 원.

매물로 내놓은 PC방 사장을 만나 시설에 대한 여러 설명을 듣고 계약금을 지불하고 집에 돌아왔는데 영 개운치가 않다.

계약금은 치렀는데 싸게 잘 계약했다는 느낌이 도무지 들지 않았다.

"계약하고 더 알아보니 권리금이 비싼 것 같더라고요. 최신 기종 PC라고 했는데 CPU는 i5에 메모리는 ○○○○이고 더 사양이 낮은 게 40대나 되는 것 같고, 그중 3좌석은 구조적으로 손님이 앉기가 불편한 곳이고요. 그냥 인수해서 사업을 하는 게 맞을까요? 권리금을 깎을 방법이 있을까요?"

"글쎄요. 다 알아보시고 계약하신 거 아닌가요? 상식적으로 계약금을 이미 지불하셨는데 지금 낮추긴 어려워 보여요. 그래도 이왕 오셨으니 기문점으로 한 번 더 알아보죠."

"이번 PC방 매물을 매입하는 게 길하다고 나오네요. 이미 지불한 계약금은 허공에 떠 있는 상태이니 비워주기로 한 날까지 기다려 보세요. 권리금이 줄어들 수도 있을 것 같아요. 지금은 상대방에게 아무 말도 하지 않고 기다리는 게 최선의 방법입니다. 기다렸다 인수하기만 하면 돈 버는 데는 문제가 없어 보여요."

매도인은 동업자와의 이견으로 비워주기로 한 날까지 제때 가게를 비워주지 못했다.

기문점을 미리 들은 L사장님은 인도일이 늦어진 데 대해 강한 압박을 넣었고 매도인은 본인의 귀책으로 어쩔 수 없이 권리금을 3천만 원 깎아 최종 7천만 원에 합의하게 되었다.

3천만 원을 절감하여 PC방을 인수한 L사장님은 아낀 금액만큼 인테리어를 새로 하게 되었고 영업은 성황리에 잘되고 있다.

<癸卯 甲寅 庚子 癸未>

偏官 丙　天沖_震　六合_卯　日空 　　乙　杜門_巽　青龍_乾 　　丙加乙爲 艶陽麗花 日月幷行 　　　　　　　　　　時墓 生養	正財 乙　天甫_巽　白虎_陳　載空 　　壬　景門_離　攝堤_坤 　　乙加壬爲 荷葉蓮花 日奇入地 　　　　　　　　　　　　浴	食神 壬(壬)　天英_離　玄武_雀　載空 時空 　　丁(戊)　死門_坤　招搖_巽 　　壬加丁爲 干合星奇 干合蛇刑 　　壬加戊爲 小蛇化龍 蛇入天門 　　　　　　　　　　　　帶祿
劫財 辛　天任_艮　太陰_酉 　　丙　傷門_震　天符_中 　　辛加丙爲 干合悖師 天庭得明 　　　　　　　　　　　　胎	偏印 　　戊　　　　　　　咸池_兌 　　壬加戊爲 小蛇化龍 蛇入天門	時空 正官 丁(戊)　天芮_坤　九地_坤 　　庚(庚)　驚門_兌　天乙_離 　　丁加庚爲 文書阻隔 火煉眞金 　　戊加庚爲 天武入獄 助針爲虐 　　　　　　　　　　　　旺
年干 月干 時干　　　　　天乙 傷官 癸　天蓬_坎　騰蛇_巳 　　辛　生門_艮　太乙_坎 　　癸加辛爲 陽變爲盛 網罟天牢 　　　　　　　　　　日墓 墓 絶	直符 正印 己　天心_乾　直符_寅 　　癸　休門_坎　軒轅_震 　　己加癸爲 地刑玄武 明堂華蓋 　　　　　　　　　　　　死	日干　　　　　　　　直使 比肩 庚　天柱_兌　九天_乾 　　己　開門_乾　太陰_艮 　　庚加己爲 太白大刑 官符刑格 　　　　　　　　　　　　衰病

복음(伏吟)

팔문(八門)이 복음(伏吟)이다. 복음은 객(客)보다 주(主)에게 이롭다. 기문에서 객(客)은 선동자, 주동자를 의미하니, 주(主)가 되려면 나서지 말고 기다려야 한다. 복음이니 거두어들이고, 매입에는 길하다.

일간궁 분석

일간(日干)이 건궁(乾宮)에 있다. 십간대응결은 경가기(庚加己)로 쇠가 더러운 진흙 속에 빠지는 격이다. 새로운 것을 시도하지 말고 예전 것을 지키는 것이 좋은 격국이다. 다만, 길문인 개문(開門)과 삼은 신인 태음(太陰)이 동궁하여 흉하지 않다.

시간궁 분석

상대방인 시간(時干)은 간궁(艮宮)에 있다. 도적을 상징하는 천봉(天

蓬)과 교활한 등사(螣蛇)가 동궁(同宮)했다. 많은 권리금에 눈이 멀어 동업자와 제대로 상의조차 안 하고 독단적으로 결정하였다.

시간(時干)이 간궁(艮宮)에서 건궁의 일간을 생하고 있다. 궁극적으로 이 PC방은 거래가 성사된다.

자본 무(戊)
자본 무(戊)가 태궁(兌宮)에서 공망(空亡)을 맞았다. 매도인은 계약금을 받았으나 동업자와의 합의가 없어 가져가지 못하는 돈이 된다. 무는 권리금으로 볼 수 있는데 주는 쪽이나 받는 쪽이나 확정되지 않고 붕 뜬 상황이다.

이윤 생문(生門)이 간궁에서 무(戊)를 생하고 있어 L사장은 이 PC방을 인수하게 되면 돈을 벌 것이다.

③ 사례 3[3] - 개업 후 이익 여부

1996년 12월 31일 오전 10시 15분, 태화전자(太和電子)의 대표인 이월진(李月珍)이 개업 후 이익이 있을지를 물었다.

<丙子 庚子 壬寅 乙巳>

正官 己 　　丁 己加丁爲 朱雀入墓 明堂貪生 日墓 墓 絶	日空 天任_艮 白虎_陳 驚門_兌 招搖_巽	劫財 癸 　　庚 癸加庚爲 反吟浸白 太白入網 胎	天沖_震 玄武_雀 開門_乾 天乙_離	正財 丁(丁) 　　壬(丙) 丁加壬爲 星奇得使 玉神互合 丁加丙爲 姮娥奔月 星隨月轉 時墓 生 義	天甫_巽 九地_坤 伏門_坎 攝堤_坤
直使 正印 辛 　　癸 辛加癸爲 天穴華蓋 天牢華蓋 死	載空 時空 天蓬_坎 六合_卯 死門_坤 軒轅_震	年干 偏財 丙 丁加丙爲 姮娥奔月 星隨月轉 旺	天符_中	月干 偏印 庚 　　戊 庚加戊爲 天乙伏宮 有爐無火 浴	天英_離 九天_乾 生門_艮 咸池_兌
時干 傷官 乙 　　己 乙加己爲 日奇入墓 日奇得使 衰病	天乙 載空 時空 天心_乾 太陰_酉 景門_離 太陰_艮	偏官 戊 　　辛 戊加辛爲 青龍折足 反吟淺氣 旺	天柱_兌 騰蛇_巳 杜門_巽 太乙_坎	日干 比肩 壬(丙) 　　乙(乙) 壬加乙爲 逐水桃花 小蛇得勢 丙加乙爲 艶陽麗花 日月幷行 帶祿	直符 天芮_坤 直符_寅 傷門_震 青龍_乾

일간궁 분석

일간궁은 구측인(求測人)의 상황을 보는 곳이다. 일간 육임(六壬)은 건육궁(乾六宮)에 있다. 육임이 임관(臨官)·건록(建祿)의 자리에 있다. 여기에 직부길장(直符吉將)이 있다. 이는 구측인이 대표로 있는 상황과 맞아떨어진다. 일간궁의 임가을(壬加乙)은 축수도화(逐水桃花)에 소사득세(小蛇得勢)이니 길격이며, 은복(隱伏)된 병가을(丙加乙)은 작함화격(雀含花格)이니 이 또한 길격이다.

---

3 將志春, 『신기지문(神奇之門)』, 207p, 중국상업출판사

홍문인 상문(傷門)이 있으나 이는 궁으로부터 금극목(金剋木)수제(受制)를 당하여 문제없고, 병성인 천예(天芮)는 자월(子月)을 만나 휴왕수사상(休旺囚死相) 중 수(囚)의 상태로 큰 문제가 없다.

이렇게 설명하자 구측인은 피로하고 고단하여 좋지 않은 상태라고 했다. 그러나 지반 을기인 의사가 일간궁의 병기를 생하고, 직부길장이 있으며, 천반 을기는 간팔궁에 있어 일간궁을 생하니 큰 장애가 일어나는 일은 없다.

연간궁(年干宮)은 윗사람과의 관계를 보는 곳이다. 병기 연간(年干)이 일간(日干)과 동궁(同宮)하며, 연간궁의 격이 좋다. 실제, 태화전자가 있는 시의 고위층 인사가 사업을 지지하고 있으며, 은행도 지원하고 있다고 했다. 이는 연간궁에 직부(直符)가 있기 때문이다.

육경(六庚) 월간(月干)이 있는 태칠궁(兌七宮)은 동업·동종업계에서 일하는 사람을 보는 곳이다. 태칠궁에 길문인 생문(生門)이 있고, 지반에 육무(六戊)가 있으며, 일간궁과 비화(比和)되니 좋다.

시간궁(時干宮)은 사체(事體)와 아래 사람을 보는 곳이다. 시간궁인 간팔궁이 토생금으로 일간이 있는 건육궁을 생하니 좋다. 현재 인묘(寅卯)가 시공망(時空亡)이 되어 있으나, 전실(塡實)이 된 후 아래 사람의 역할이 강해진다.

영업 장소의 상황

영업점은 개문(開門)이 있는 이구궁이다. 판단월인 자월(子月)에 이구궁은 사지(死地)이다. 좋지 않다. 계가경(癸加庚) 반음침백(反吟浸白)이요 태백입망(太白入網)이니 흉격이며, 육경(六庚)은 조격(阻隔)의 신이다. 팔장은 현무(玄武)이고, 개문궁이 일간궁을 화극금(火剋金)으로 극하고 있다. 개업 이후 어려움이 있다. 관리를 강화할 필요가 있고 도적을 조심하여야 한다.

이익 여부

육무(六戊)가 자본이요, 생문(生門)이 이익이다. 생문이 있는 태칠궁이, 육무가 있는 감일궁을 금생수(金生水)하니 개업 후 이익이 있다. 생문궁과 일간궁도 비화(比和)가 된다. 앞으로 이익은 많아진다.

실제

구측인(求測人)은 1997년 1월 8일 병자년(丙子年) 신축월(辛丑月) 경술일(庚戌日)에 태화전자를 개업하고, 1월에 전국성향전자전기산품전(全國城鄕電子電器産品展)을 개최하였다. 이후 발전하여 전기전자제품의 집산 중심지가 되었다.

④ 사례 4 – 음식점 개업

1853년 7월 미국 매튜 페리(Matthew Perry) 제독은 4척의 군함을 거느리고 일본으로 가 위력 시위를 하였다. 일본과의 통상 외교관계 수립이 목적이었다. 당시 일본은 생각할 시간을 1년 달라고 했고, 페리 제독은 동의했다. 그러나 채 1년이 지나기도 전인 1854년 2월 다시 10척의 군함을 이끌고 일본에 와서 개국을 강하게 요구했고 결국 일본 정부는 이런 미국의 요구를 받아들여 1854년 3월 미국에 일본 항구를 개방하는 미일 화친조약을 맺게 된다.

17년 뒤인 1871년 6월 미국 군함 5척은 조선의 강화도 지역에 접근해, 조선이 개항을 하고 미국과 통상을 할 것을 요구한다. 흥선대원군의 조선은 이를 거절했고 미군과 항전하게 된다. 이 전투가 신미양요이다.

조선은 어재연 장군을 포함해 340명이 전사했고 미군은 불과 3명만이 사망한 조선의 완패로 끝난 전투였으나, 조선군의 굳건한 항전 의지와 상대적으로 작은 나라에 큰 매력을 못 느낀 미군은 조선과의 통상을 포기하고 철수한다.

어쨌든 신식 무기와 전함을 앞세운 미국과 싸워서 이길 수 없다는 걸 안 일본은 평화적으로 조약을 맺었고, 빠르게 개항한 일본은 서양의 문물을 아시아 국가 중에서 가장 먼저 받아들이게 됐다. 조선은 서양 문물을 배척하는 쇄국정책을 계속하다가 결국 일본의 식민지로 전락하게 되었다.

승산 없는 싸움, 질 싸움인지 알면서도 조선은 전쟁을 선택했다.

우리나라 속담에 길고 짧은 건 대 봐야 안다는 말이 있다. 우리 민족의 속성을 잘 표현해 주는 것으로 생각한다.

 결과를 누구나 예측할 수 있지만 몸소 몸으로 경험하여 실패를 맛봐야 하는….

 J씨는 홍대 거리에 음식점을 개업하기 위해 분주했고, 본인이 맘에 들어 하는 자리에 가게를 오픈하면 장사가 잘될지를 문의하였다.

 J씨가 차리려고 하는 업종의 음식점은 이미 가까운 거리에 있었다. 방송도 타기도 했고 맛집으로도 소문나서 대기표를 받아야 할 정도로 성업 중인 가게이다.

 그런데 J씨가 잘 나가는 가게 근처에 비슷한 메뉴의 신규 점포를 개설하려는 다소 의욕적이나 무모한 계획을 진행하고 있었다.

 동일 업종이 모여서 장사가 잘되는 가구, 공구, 문구, 장난감, 의류 업종과는 다르게, 카페/음식점/편의점 등은 경쟁 점포와 최소한의 이격거리를 두어야 한다.

 풍수감정과는 별도로 기문둔갑으로 점사를 하였다.

 기문둔갑으로 점사를 해보니, J사장님은 점포를 개설하면 속칭 개업발로 몇 개월(2개월 예상) 반짝 매출은 기대할 수 있으나, 돈을 벌기는커녕 높은 확률로 자본금을 까먹을 상황이 점단되었다. 장기간 버티면 승산이 없는 것은 아니나, 이미 자본금의 상당수가 대출인 만큼 이자, 임대료, 인건비 등을 감당하기가 쉽지 않을 것이다.

 기문둔갑 결과를 설명하고 다른 장소 물색을 권유했으나, 뭐에 꽂혔는지 결국 그 가게를 계약하고 말았다.

"길고 짧은 건 대 봐야 하지 않을까요."

이미 그 가게로 결정하고 본인의 결정이 맞다는 위안을 받으러 온 J씨였다.

<癸卯 壬戌 乙卯 丙戌>

年干	直使	月干		日干	
			載空 時空		載空 時空
偏印 癸	天沖_震 玄武_雀	正印 壬	天甫_巽 白虎_陳	比肩 乙(乙)	天英_離 六合_卯
壬	開門_乾 攝堤_坤	乙	休門_坎 青龍_乾	丁(辛)	生門_艮 招搖_巽
癸加壬爲 復見騰蛇 沖天奔地		壬加乙爲 逐水桃花 小蛇得勢		乙加丁爲 三奇相佐 奇儀相佐	
				乙加辛爲 青龍逃走 人亡財破	
	基絶		胎		日基 生養
正財 戊	天任_艮 九地_坤	偏官		食神 丁(辛)	天芮_坤 太陰_酉
癸	鷲門_兌 軒轅_震	辛	太乙_坎	己(己)	傷門_震 太陰_艮
戊加癸爲 天武地藏 岩石浸蝕		乙加辛爲 青龍逃走 人亡財破		丁加己爲 火入勾陳 星墜句陳	
				辛加己爲 入獄自刑 虎坐明堂	
	死				浴
時干	天乙		直符		
	日空		日空		
傷官 丙	天蓬_坎 九天_乾	正官 庚	天心_乾 直符_寅	偏財 己	天柱_兌 騰蛇_巳
戊	死門_坤 咸池_兌	丙	景門_離 天符_中	庚	杜門_巽 天乙_離
丙加戊爲 飛鳥跌穴 月奇得使		庚加丙爲 太白入熒 太白加官		己加庚爲 明堂伏殺 顚倒刑利	
	衰病		旺		時基 帶祿

일간궁 분석

일간(日干)은 곤토궁(坤土宮)에 앉았으며, 십간대응결은 을가정(乙加丁)과 중궁의 신(辛)이 기탁된 을가신(乙加辛)이다.

을가정(乙加丁)은 천반 을기(乙奇)가 지반(丁奇)를 목생화(木生火)하며 삼기(三奇)가 같이 있으니 삼기상좌(三奇相佐), 기의상좌(奇儀相佐)라고 하여, 문서나 시험에 대길(大吉)하며 도모하는 일은 모두 뜻대로 이루어지는 길격이다. 그러나 을가신(乙加辛)은 재신(財神) 청룡(靑

龍)이 신(辛)에 의해 진극(眞剋)을 당해 부서지는 청룡도주(靑龍逃走)로 재산이 부서지며, 아랫사람이 배반하는 격이다.

개문궁(開門宮) 분석

신규 점포는 개문(開門)을 용신으로 하는데, 손궁(巽宮)의 천간은 계(癸)로 육의격형(六儀擊刑)을 맞았다. 매사 불리하며 도모하는 일은 성사되지 못하고 파재한다. 손궁은 계가임(癸加壬)으로 천망사장격이다. 작은 물이 큰 물에 합해 넘친다. 매사에 순서를 잃어버리며, 급하게 하여 일을 그르친다. 도모함보다는 관망이 최고의 묘수이다.

상생상극 분석

손목궁(巽木宮)의 개문궁(開門宮)이 곤토궁(坤土宮)의 일간(日干)을 목극토(木剋土)하고 있다. 음식점에 파리만 날리는 형국이다. 고객의 용신은 간토궁(艮土宮)의 시간(時干)이나 역시 개문(開門)으로부터 목극토(木剋土)를 당하고 있다. 가게가 손님의 발길을 끊는 모습이다.

이익은 날까

자본 무(戊)가 이윤의 상징인 생문(生門)을 극하고 있으며, 역시 육의격형(六儀擊刑)이다. 육의격형에 들면 거동 일체를 피하고 사태를 관망하여, 신중한 결정을 하고 모든 동작은 머물러야 길하다. 이윤 발생은 고사하고 투자 자본금이 위태롭다.

약 1년이 지난 시점 지인들과 모임이 있어 그 근처를 지날 일이 있었다. 그 가게는 다른 사람, 다른 간판으로 바뀌어 있었다.

2. 합작(合作)·동업(同業)

(1) 용신(用神)

① 일간(日干)이 문점자(問占者)이다.
② 시간(時干)이 점사 사연이고, 점사객체, 동업자이다.
③ 지반(地盤)의 일간(日干)이 문점자 또는 아측(我方)이고, 위에 승한 천반(天盤)의 천간(天干)이 동업자이다.
④ 월간(月干)은 동업자, 동료로 보기도 한다.

(2) 판단기법

① 천반(天盤)의 간(干)이 지반(地盤) 일간(日干)을 생(生)하면 아방이 유리하고, 그렇지 않으면 타방이 유리하다.
② 시간(時干)이 길문(吉門)·길격(吉格)이고 일간(日干)을 생(生)하면 문점자가 유리하고, 일간(日干)이 시간(時干)을 생(生)하면 동업자가 유리하다.
③ 일간(日干)과 시간(時干)이 비화(比和)되면 공평하여 동업이 가능하고, 시간(時干)이 일간(日干)을 극(剋)하면 문점자가 불리하고, 일간(日干)이 시간(時干)을 극하면 동업자가 불리하다. 둘이 상극(傷剋)되면 동업이 이루어지지 않고, 성사되더라도 순조롭지 않다.
④ 생문궁(生門宮)이 일간(日干)을 생(生)하면 길하나 극(剋)하면 불길하고, 비화(比和)되면 공평하다.
⑤ 일간, 시간이 공망이면 동업되지 않는다.

(3) 사례

① 사례 1[4] - 식기 공장의 합자

하북성(河北省) 대외무역기술상담회 기간 중 대만 '샤취안 주식회사' '양쭤런(楊佐仁)' 대표가 스자좡시(石家庄市) 천홍호텔에 묵었다. 대외무역국 대표와 공장 설립 의향서에 서명한 후 1995년 5월 19일 밤 10시, 합자가 성사되겠는지 물었다.

<乙亥 辛巳 庚戌 丁亥>

	時干	天乙	日干	直符
		截空 時空		截空 時空
食神 壬 乙 壬加乙爲 逐水桃花 小蛇得勢 生 養	正官 丁(戊) 天芮_坤 九天_乾 壬(壬) 傷門_震 太乙_坎 丁加壬爲 星奇得使 玉神互合 戊加壬爲 山明水秀 青龍天牢 浴		比肩 庚(庚) 天柱_兌 直符_寅 丁(戊) 杜門_巽 軒轅_震 庚加丁爲 亨亨之格 亨亨之格 庚加戊爲 天乙伏宮 有爐無火 帶 祿	
年干				
		日空		
正財 乙 天甫_巽 玄武_雀 丙 休門_坎 招搖_巽 乙加丙爲 三奇順遂 奇儀順遂 胎	偏印 戊 青龍_乾 庚加戊爲 天乙伏宮 有爐無火		正印 己 天心_乾 騰蛇_巳 庚 景門_離 太陰_艮 己加庚爲 明堂伏殺 顚倒刑利 旺	
	月干	直使		
偏官 丙 天沖_震 白虎_陳 辛 開門_乾 天乙_離 丙加辛爲 日月相會 丙辛相合 日墓基絶	劫財 辛 天任_艮 六合_卯 癸 鶯門_兌 攝堤_坤 辛加癸爲 天穴華蓋 天牢華蓋 死		傷官 癸 天蓬_坎 太陰_酉 己 死門_坤 咸池_兌 癸加己爲 華蓋地戶 華蓋明堂 時墓衰病	

기업인의 상황

'과거의 나'는 지반(地盤) 일간(日干)인 육경(六庚)이다. 지반 일간인 육경의 천반(天盤)에 있는 육기(六己)가 객(客)이다. 격이 기가경위 전

---

4 將志春, 『신기지문(神奇之門)』, 211p, 중국상업출판사

도형리 형격반명(己加庚爲 顚倒刑利 刑格返名)로 명당복살(明堂伏殺)이다. 육기 지호(地戶)가 육경 태백(太白)의 살기를 안고 있는 다툼의 상이니 격국이 안 좋다. 또 화(火)의 성질인 경문(景門)이 금(金) 성질인 태궁(兌宮)을 극(剋)하니 문박(門迫)이고, 등사(螣蛇)는 사기와 괴이사를 이끈다. 상황이 좋지 않았다.

'현재의 나'는 지반 일간에서 비도(飛到)된 천반의 일간 육경이다. 천반 육경은 곤이궁(坤二宮)에 있어 시공망(時空亡)을 맞았고, 격이 경가무위 유로무화 천을복궁(庚加戊爲 有爐無火 天乙伏宮)이다. 육경 태백(太白)이 육무 천무(天武)와 같이 있어 애만 쓰고 결과가 없는 상이다. 큰일을 이루기 어렵고 험하다.

합자의 성사 여부
합자를 하는 사업장인 개문(開門)과 본인인 일간의 상황을 본다. 개문이 간팔궁(艮八宮)에 있어 입묘(入墓)되고, 일간이 있는 곤이궁은 시공망(時空亡)을 만났다. 비록 개문궁과 일간궁이 토(土)로 비화(比和)되나, 대충방(對沖方)에 있다. 개문이 입묘되고, 일간은 공망인 중, 개문과 일간이 대충하니 합자는 성사되지 않는다.

합자 계약
정기(丁奇)가 합자의 계약서를 뜻한다. 정기가 이궁(離宮)에 있으므로 시공망이다. 또한 정기는 시간(時干)으로 묻는 사안이며 사체(事體)다. 시공망을 만났으니, 계약도 되지 않고 이루어지지 않는다.

실제
합자는 무산되었다.

② 사례 2 - 유치원 공동투자

오랫동안 알고 지낸 유치원 원장 출신인 지인이 유치원에 공동투자를 제안하였다는 장 여사! 수중에 갑자기 많은 여윳돈이 생겨 가만히 은행에 넣어두자니 정기예금 이자는 얼마 되지 않아 무의미하다고 생각하던 차에 동업 제안을 받았다.

시아버지 유산을 잘 굴려 자식들에게 서울에 아파트 한 채씩이라도 해주고 싶은 마음에 투자는 해야겠는데 어떻게 운영할지 몰라 괜히 마음만 급하다.

"여사님 투자는 신중하게 하셔야 돼요. 자식들에게 아파트 물려주려다 빚만 물려줄 수 있어요."

"유치원은 큰돈 벌이는 안 돼지만 그래도 안정적이잖아요. 투자 제안한 지인은 10년 안에 투자원금까지 회수할 수 있다 했는데요."

"유치원 투자는 사립 유치원 투자를 의미하는데요. 사립 유치원은 정부의 지원을 받지 않고 운영되기 때문에, 유치원 운영이 잘되지 않으면 투자자본을 날릴 수 있어요. 정부 정책이 어떻게 변할지 모르고요, 경쟁도 치열하고요. 강남구 같은 지역은 유치원이 많아서, 학생 모집이 어려울 수 있고요. 어설프게 운영했다가 유별난 학부모들 때문에 운영이 시끄러워질 수도 있겠죠."

"그런 점은 다 생각하고 있었어요. 기문점으로 한번 체크해 주세요."

"기문을 보니 역시 투자하면 이윤은 고사하고 투자 자본을 제때 회수하지 못할 수 있어요. 신중하게 판단하시고 투자하셔야 할 것 같습니다."

<壬寅 庚戌 壬戌 乙巳>

劫財 癸 丙 癸加丙爲 華蓋悖師 天心_乾 九天_乾 傷門_震 招搖_巽 明堂犯悖 日基 旺衰	正官 己 庚 己加庚爲 明堂伏殺 天蓬_坎 九地_坤 杜門_巽 太陰_艮 顚倒刑利 祿	正印 辛(辛) 天任_艮 玄武_雀 戊(丁) 景門_離 青龍_乾 辛加戊爲 反吟被傷 困龍被傷 辛加丁爲 獄神得奇 白虎受傷 浴 帶
年干 日干　　　　　　直符 比肩 壬 乙 壬加乙爲 載空 時空 天柱_兌 直符_寅 生門_艮 天符_中 逐水桃花 小蛇得勢 病	正財 丁 辛加丁爲 獄神得奇 白虎受傷 軒轅_震	時干　　　　　　天乙 傷官 乙 壬 乙加壬爲 天沖_震 白虎_陳 死門_坤 太乙_坎 荷葉蓮花 日奇入地 生
偏官 戊(丁) 辛(辛) 戊加辛爲 青龍折足 反吟洩氣 丁加辛爲 燒殿珠玉 朱雀入獄 載空 日空 時空 天芮_坤 騰蛇_巳 休門_坎 天乙_離 死 墓	月干　　　　　　日空 偏印 庚 己 庚加己爲 太白大刑 官符刑格 天英_離 太陰_酉 開門_乾 咸池_兌 絶	直使 偏財 丙 癸 丙加癸爲 黑雲遮日 華蓋悖師 天甫_巽 六合_卯 驚門_兌 攝堤_坤 時基 胎 養

시간궁 분석

유치원 투자 여부의 객체에 해당하는 시간(時干)이 태궁에 임했다. 격국은 을가임(乙加壬)이다. 을가임위 하렵연화 일기입지(乙加壬爲 荷葉蓮花 日奇入地) 을가임위 남유천하 여귀후문(乙加壬爲 男遊天下 女歸侯門)이다. 물 위에 핀 연꽃이다. 격국이 아름다우면 천하가 내 것이다. 괘문(卦門)이 불미(不美)할 때는 유랑하는 중 사람들이 패륜하고 관재, 송사를 당하며, 지망(地網)인 육임 위에서 승도구류(僧道九流)한다. 괘문이 좋을 때는 남자는 호기를 잡게 되고 공명을 떨치며, 여자는 좋은 배필을 만난다. 기문입옥(奇門入獄)으로 공격과 방어하는 병사는 자리를 고수하는 것이 좋다. 즉 무엇을 주도적으로 하기보다는 지키고 관망하는 것이 상책이다.

시간궁의 팔문은 사문(死門)이고 시간궁이 자리한 태궁의 정위의 팔문은 경문(警門)이다. 투자하면 근심, 걱정으로 병에 걸릴 수 있다고 해석할 수 있다.

사문(死門)과 을(乙)의 동궁은 바라는 일은 성사되지 않는다는 함의(含意)를 하고 있어 투자가 뜻대로 되지 않을 것을 암시하며, 또 태궁에 백호(白虎)가 임하여 흉함을 가중한다.

일간궁 분석
장 여사의 용신인 일간(日干) 임(壬)은 진궁(震宮)에 앉았는데 진궁은 곧 사지(死地)이다. 흉하고 쇠락한 기운이 저변에 깔려 있다.

일간궁에 날아든 생문(生門)은 진궁의 정위(定位) 팔문인 상문(傷門)과 조우하는데 이는 친구의 변동·변화를 말해준다. 유치원 투자를 권유하는 친구가 어떤 변화를 맞이했다는 뜻이거나 이번 일을 계기로 친구 관계에 어떤 변화를 맞이한다는 뜻이다.

생극 분석
일간(日干)이 공망(空亡)이다. 모든 게 허무하다.

이윤을 뜻하는 생문(生門)이 진목궁(震木宮)에서 자본을 뜻하는 간토궁(干土宮)의 육무(六戊)가 극(剋)하고 있다. 생문 또한 공망인 상태다.

돈은 벌리지 않고, 투자한 자본을 까먹는다.

③ 사례 3[5] - 동업자와의 관계

사업을 추진하려는데 자금이 부족하여 고군분투하던 중 자금을 투자하겠다는 투자자이면서 동업 희망자를 만났다. 동업자와의 관계는 어떨까? 새로 얻은 가게는 길한가?

<庚寅 丁亥 戊辰 丁巳>

日干 比肩 戊 　　　庚 戊加庚爲 天武入獄 助針爲虐 天心_乾 騰蛇_巳 死門_坤 招搖_巽 帶祿	直符 正財 癸 　　　丁 癸加丁爲 騰蛇妖嬌 火焚莫逃 天蓬_坎 直符_寅 驚門_兌 太陰_艮 旺	偏印 丙(丙) 　　　壬(己) 丙加壬爲 火入天羅 江揮相映 丙加己爲 火悖入刑 大地晋照 天任_艮 九天_乾 開門_乾 青龍_乾 衰 病
正官 乙 　　　辛 乙加辛爲 青龍逃走 人亡財破 天柱_兌 太陰_西 景門_離 天符_中 浴	劫財 己 丙加己爲 火悖入刑 大地晋照 軒轅_震	直使 傷官 辛 　　　乙 辛加乙爲 白虎猖狂 人亡家敗 天沖_震 九地_坤 休門_坎 太乙_坎 死
月干 時干 偏財 壬(己) 載空 時空 　　　丙(丙) 壬加丙爲 水蛇入火 日洛西海 己加丙爲 火悖地戶 火字地戶 天芮_坤 六合_卯 杜門_巽 天乙_離 生 義	天乙 正印 丁 載空 時空 　　　癸 丁加癸爲 朱雀投江 文書有誤 天英_離 白虎_陳 傷門_兌 咸池_兌 胎	年干 食神 庚 日空 　　　戊 庚加戊爲 天乙伏罚 有爐無火 天甫_巽 玄武_雀 生門_艮 攝提_坤 日基 時基 基絶

일간궁 분석

일간궁의 천반(天盤)과 지반(地盤) 육의삼기(六奇六儀) 간의 관계를 본다. 일간 무(戊)는 손궁(巽宮)에 앉았는데 손궁은 무(戊)의 관록지(官綠地)이다. 십이운성상 길(吉)하나, 사문(死門)이 손궁에 앉아 파재함을 뜻하며, 사문(死門)이 무(戊)와 만나면 재물 방면에 허위 조작이 있다고 해석한다. 또 사문(死門)과 경(庚)이 만나면 도적으로 인한 실

---

5 時家奇門學會『시가기문 상업 하편』

탈이 발생한다고 해석한다. 허위·근심을 상징하는 등사(螣蛇)가 동궁하여 재물로 인한 근심이 쌓인다.

무가경(戊加庚)은 합작·동업자와 반목하고 관재구설이 발생한다고 본다. 자리를 옮기거나 사람을 바꿔야 한다.

시간궁 분석

시간(時干)은 동업이 길한지를 문의하는 점사의 객체, 사체이다. 시간 정(丁)은 감궁(坎宮)에 앉았다. 십간대응결은 정가계(丁加癸)로 주작투강(朱雀投江)이다. 주작투강은 관사·시비·구설 등으로 인한 다툼을 의미한다. 상문(傷門)이 정위(定位)의 팔문(八門)인 휴문(休門) 자리에 있다. 이는 재물과 명예 등 방면에 불리한 형상이고, 상문(傷門)과 정(丁)의 만남은 소식이 불길하며, 상문과 경(庚)의 만남은 송사로 인해 억울함이 있어도 하소연할 곳이 없음을 뜻한다. 감궁에 동궁한 백호(白虎)는 상업 방면에서 만사가 막히고 상함을 말해준다. 천영(天英)이 감궁에 자리하여 문서 구설이 발생한다. 시간궁이 시공망(時空亡)을 맞았다. 상업점에서 시간궁이 공망이면 불리하다.

종합적으로 동업은 매우 흉하다.

새로 보아둔 가게는 길한가?

개문(開門)은 점포이다. 곤궁(坤宮)의 대응결은 병가임(丙加壬)이다. 햇빛이 강물을 비춘다. 너무 밝아 재액과 시비가 빈번해질 수 있다. 개문(開門)과 임(壬)이 만났으니 원행하면 실수가 발생하고 파재에 주의하여야 한다.

생극 관계

개문(開門)이 시간(時干) 손님을 극(剋)한다. 점포는 손님에게 인기가 없다. 손님 시간궁(時干宮)에 주작투강격이 있어 시비가 빈번하다. 동시에 백호(白虎), 상문(傷門)도 동궁하여 손님과 시비가 많이 벌어진다는 것이다.

돈을 버는가

갑자무(甲子戊)는 투자자본이고 생문(生門)은 이윤인데, 건궁(乾宮)의 생문은 손궁(巽宮)의 갑자무(甲子戊)를 극(剋)한다. 또 생문궁(生門宮)에 경가무(庚加戊)는 흉격이다. 무토(戊土)의 입장에서는 만사는 도모하지 말아야 한다. 투자자본의 입장에서는 경금(庚金) 태백(太白)을 만나고 건궁에 입묘하고 있다. 그러니 돈을 투자해 봤자 헛고생이다. 생문(生門)이 경(庚)을 만나면 재산에 대한 문제로 송사가 벌어지고 파산한다고 해석한다.

이상으로 보아 이 사업은 안된다.

④ 사례 4[6] - 합작 공장 운영

1997년 12월 5일 오후 2시 15분, 루취안(鹿泉) 시문화센터의 원장인 위안밍(袁恩明)은 친구와 합작으로 공장을 이미 차렸는데, 돈을 벌 수 있을지 문의했다. 투자금은 15만 위안이다. 문점자는 1956년 병신년생(丙申年生)이고 친구는 1953년 계사년생(癸巳年生)이다.

<丁丑 辛亥 辛巳 乙未>

年干								
			截空 時空					日空
偏官	丁	天任_艮	白虎_陳	劫財	庚	天沖_震	六合_卯	偏印 己(己) 天甫_巽 太陰_酉
	己	休門_坎	天乙_離		癸	生門_艮	招搖_巽	辛(戊) 傷門_震 攝堤_坤
	丁加己爲 火入勾陳 星墮句陳			庚加癸爲 反吟大格 太白沖刑				己加辛爲 濕泥汚玉 游魂入墓
								己加戊爲 犬遇青龍 六合天門
			帶祿				旺	時墓 衰 病
傷官	壬	天蓬_坎	玄武_雀	正印				食神 癸 天英_離 騰蛇_巳
	庚	開門_乾	太乙_坎		戊		太陰_艮	丙 杜門_巽 青龍_乾
	壬加庚爲 騰蛇相纏 太白搶蛇			己加戊爲 犬遇青龍 六合天門				癸加丙爲 華蓋悖師 明堂犯悖
			浴					死
時干			天乙				直使	月干 日干 直符
偏財	乙	天心_乾	九地_坤	正官	丙	天柱_兌	九天_乾	比肩 辛(戊) 天芮_坤 直符_寅
	丁	驚門_兌	天符_中		壬	死門_坤	軒轅_震	乙(乙) 景門_離 咸池_兌
	乙加丁爲 三奇相佐 奇儀相佐			丙加壬爲 火入天羅 江揮相映				辛加乙爲 白虎猖狂 人亡家敗
								戊加乙爲 青龍合靈 青龍和會
			日墓 生 養				胎	墓 絶

왜 15만 위안을 투자했는가?

이미 투자하고 온 상황이니, 과거의 자본인 지반(地盤) 무(戊)를 투자한 자본으로 본다. 지반 무(戊)는 중궁(中宮)에서 왕상(旺相)이다. 중궁의 상수는 5와 15인데 왕하니 15만 위안으로 본다.

---

6 將志春, 『개오지문(開悟之門)』, 197p, 중국상업출판사

시간궁 분석

시간(時干)은 알고 싶은 사연, 즉 이 공장 운영에 관한 일이다. 시간(時干)은 경문(驚門)과 동궁이니 구설수가 있고, 경문(驚)이 정(丁)과 함께하니 송사 구설이 발생함을 뜻한다. 또 시간(時干)은 공장 경영에서 생산되는 제품이다. 을(乙)은 경문(驚門)을 가지고 있으니 구설수이고, 경문(驚門)과 을(乙)이 함께하니 재물을 도모하면 득하지 못한다고 해석한다. 그러니 이 공장이 가동되어 제품이 나오면 구설수가 벌어진다는 격이니, 이 산품에 문제가 있는 것이 아닌가?

일간궁 분석

일간(日干)은 점하러 온 자이고 월간(月干)은 동업자인데 모두 신금(辛金)으로서 건육궁(乾六宮)에서 신가을(辛加乙) 백호창광(白虎猖狂) 가패인망(家敗人亡)의 흉격이다. 그러니 가패(家敗)에 해당하는 공장은 망하고 파재(破財)하며 인망(人亡)이라 두 사람은 원한으로 갈라진다.

직사궁 분석

직사문(値使門)은 이 사연의 현상을 알려준다. 사문(死門) 직사(値使)가 감궁(坎宮)에서 궁(宮)을 극하니 흉사가 더욱 흉해진다. 감궁(坎宮)에 천주성(天柱星)은 파군성(破軍星)으로서 구설과 시비가 있다고 말해주고, 병가임(丙加壬)도 직사(値使)가 알려주는 상황인데 화입천라(火入天羅)이다. 시비가 많다. 구천(九天)은 이런 흉한 사연은 크다는 것이다. 1998년은 무인년(戊寅年)이라, 태세 인(寅)은 간궁(艮宮)에서 직사문(値使門)감궁(坎宮)을 극(剋)하고 또 본인 연명(年命) 병화(丙火)를 극(剋)한다. 그러니 98년은 공장이 흉해진다.

개문궁 분석

개문(開門)이 공장·기업의 용신이다. 개문(開門)이 진삼궁(震三宮)에서 궁(宮)을 극하니 흉하다. 길문이 궁을 극하면 길하지 않게 된다.

십간대응결은 임가경(壬加庚) 태백금사(太白擒蛇)이다. 태백이 사(蛇)를 잡는다는 격으로 갑진임(甲辰壬) 장군이 경금(庚金)에게 잡히는 흉격, 즉 천반 임수(壬水)를 객(客)으로 볼 때, 움직이다 경금(庚金)을 만났으니 막히고 당하는 격이다. 개문(開門)이 경(庚)과 만났으니 도로에서 송사가 벌어지고 도모하는 일은 어긋난다고 해석한다. 그러니 기업, 경영 과정에서 구설 시비 송사가 벌어지고, 바라는 일은 되지 않는다. 개문(開門)이 상문(傷門) 자리에 드니 모든 변동하는 사연은 불길하다고 해석한다. 전에 하지 않는 공장 운영을 시작하여 변동이 있으면 흉하다는 것이다. 개문궁(開門宮)에 현무(玄武)는 구설 시비를 상징하고, 천봉성(天蓬星)은 격국이 흉하면 파재(破財)이니, 이 공장은 시작하면 만사는 불리하고, 파재가 따르며 꼭 망한다.

생문과 육합

생문(生門)은 이윤이고, 육합(六合)은 동업자이다. 리구궁(離九宮)에서 경가계(庚加癸) 대격(大格)으로 인신상충(寅申相沖)이다. 관사는 끊이지 않고 흉사가 발생한다. 생문(生門)이 경문(景門宮)인 이궁(離宮)에 있으니 구설이 끊이지 않는다. 두 동업자는 많이 다투게 된다. 생문(生門)과 육합(六合)이 문점자의 연명(年命) 병화(丙火)과 동업자 연명 계수(癸水)를 극충하고 있다. 육합(六合)이 본인과 동업자 연명궁(年命宮)을 극하는 것은 두 사람은 동업하지 말라는 것이고, 생문(生門) 이윤이 본인 연명(年命) 감궁(坎宮)을 충하고, 동업자 연명(年命) 태궁(兌宮)을 극(剋)하는 것은, 이 두 사람은 기업을 하면 이윤이 없고 파재(破財)한다는 것이다. 그러니 이 공장 경영은 어렵다.

일간과 시간 관계

시간(時干) 을(乙)은 동업자, 즉 상대방이고 일간(日干) 신(辛)은 점하러 문점자이다. 시간이 일간을 토생금하나, 건궁(乾宮)에서 신가을(辛加乙)로 백호창광, 가패인망 흉격으로 천지반에 함께 있으며, 지반(地盤) 을(乙)은 건궁(乾宮)에서 입묘(入墓)이다. 그러니 동업하면 재앙이 많고, 가정은 흩어진다는 격이니, 두 사람의 합작은 흩어진다는 것이다.

경문(景門)

경문(景門)은 계책·책략인데 건궁(乾宮)에서 신(辛)을 만나니 음인(陰人)은 송사한다는 뜻이고, 을(乙)을 만나 송사는 뜻대로 되지 않는다는 뜻이다. 두 사람의 동업은 송사가 벌어진다.

파재 시기

지금은 1997년 정축년(丁丑年)이다. 그러니 손궁(巽宮) 연간(年干) 정화(丁火)는 제왕지(帝旺地)에서 당령하니 왕상이라 문제가 없다. 1998년은 무인년(戊寅年)이다. 인목(寅木)은 간팔궁(艮八宮)에서 당령하여 연명(年命) 병화(丙火) 감궁(坎宮)을 극(剋)하고, 1998년 연간(年干) 무(戊)의 건궁은 공장의 용신 개문(開門)이 있는 진궁을 극한다. 생문(生門)은 이윤인데 이구궁(離九宮)에서 자본 무(戊)가 있는 건육궁(乾六宮)을 극(剋)한다. 또 무(戊)는 건궁(乾宮)에 입묘(入墓)되었다.

실제

결국은 무토(戊土) 자본이 1998년에 당령하고 입묘하니, 건육궁의 상수는 6이라 6만 위안을 날리게 되었다.

3. 경영(經營)·상거래(商去來)

(1) 용신(用神)

① 일간이 문점자(問占者)이다.
② 시간(時干)이 점사 사연이고, 점사객체, 공장, 점포, 고객, 재물, 화물(貨物), 매매대상물 등이다.
③ 월간(月干)은 경쟁사, 경쟁자, 동업자, 동료, 대리점이다.
④ 갑자무(甲子戊)는 자본, 자본금, 매매대금이다.
⑤ 생문(生門)은 이윤이나 이자이다.
⑥ 개문(開門)은 사업체, 공장, 기업, 점포, 가게이다.
⑦ 경문(景門)은 광고·홍보이다.
⑧ 직부(直符)는 물주, 판매자, 시장, 시장가격, 고급품이다.
⑨ 직사(直使)는 구매자이다.
⑩ 육합(六合)은 중개인 또는 대리점, 다량의 상품이다.
⑪ 등사(騰蛇)는 변질, 저급한 물품이다.
⑫ 현무(玄武)는 저질, 가품(假品)이다. 매매(賣買)과정에서 사기당할 수 있다. (일간 또는 시간과 동궁일 때)
⑬ 구지(九地)는 오래된 물품이다.
⑭ 구천(九天)은 원거리, 멀리라는 뜻이다.

(2) 판단기법

① 시간(時干)이 길문(吉門)·길격(吉格)·길신(吉神)과 함께하고, 왕상(旺相)하면 손님·고객이 많다.
② 시간(時干)이 육무(六戊) 또는 생문(生門)을 생(生)하면, 거래에서 이윤이 발생한다.
③ 시간(時干)이 육무(六戊) 또는 생문(生門)과 동궁(同宮)·비화(比和)되면 거래에서 이윤이 발생한다.

④ 시간(時干)이 육무(六戊) 또는 생문(生門)와 상극(相剋)이면 거래에서 이윤이 발생하지 않는다.
⑤ 시간(時干)이 사문(死門) 및 계수(癸水)와 동궁이면 매매·거래 과정에서 흉사가 발생한다.
⑥ 개문(開門)이 왕상(旺相)하며 삼기(三奇)·길성(吉星)·길격(吉格)·길신(吉神)을 띠고 일간(日干)을 생(生)하거나, 비화(比和)하면 대길하다.
⑦ 개문(開門)이 휴수(休囚)하며 삼기(三奇)·흉성(凶星)·흉격(凶格)·흉신(凶神)을 띠고 일간(日干)을 극(剋)하면, 파재(破財)·파산(破産)의 위험이 발생한다.
⑧ 생문(生門)이 왕상(旺相)하며 삼기(三奇)·길성(吉星)·길격(吉格)·길신(吉神)을 띠고 육무(六戊) 또는 일간(日干)을 생(生)하거나, 비화(比和)하면 대길하다. 이윤이 많다.
⑨ 생문(生門)이 휴수(休囚)하며 삼기(三奇)·길성(吉星)·길격(吉格)·길신(吉神)을 띠고 육무(六戊) 또는 일간(日干)을 생(生)하거나, 비화(比和)하면 이익은 작다.
⑩ 생문(生門)이 육무(六戊)를 극(剋)하면 이득은 고사하고 파재(破財) 위험이 따른다.
⑪ 육무(六戊)가 생문(生門)을 극(剋)하면 이윤은 발생하나 기대하는 것만큼 크지는 않다.
⑫ 육무(六戊)가 생문(生門)을 생(生)하면 자본을 더 투자해도 이윤이 발생한다.
⑬ 직부(直符)가 직사(直使)를 극(剋)하면, 매매(賣賣)·거래(去來)는 성사되지 않는다.
⑭ 개문궁(開門宮)이 공망이면 부도 위험이 있다.
⑮ 복음(伏吟)이면 불리하고, 반음(反吟)이면 파산한다.

<일간(日干)이 매입자(買入者) 지위>
- 일간(日干)이 시간(時干)을 생(生)하면, 문점자는 물건을 매입하고 싶어 하며, 매매는 성사된다.
- 일간(日干)이 시간(時干)을 극(剋)하면, 문점자는 물건을 매입하고자 하는 의향이 없다.
- 시간(時干)이 일간(日干)을 생(生)하면, 매입은 순조롭고, 상품 질이 떨어지더라도 매입 후 이득이 발생한다.
- 시간(時干)이 일간(日干)을 극(剋)하면, 매입이 어렵다.
- 일간(日干)과 시간(時干)이 동궁(同宮)·비화(比和)되면, 매입은 순조롭고 매입 후 이득이 발생한다.

<일간(日干)이 매도자(賣渡者) 지위>
- 일간(日干)이 시간(時干)을 생(生)하면, 문점자는 물건을 매도(賣渡)하는 데 주저한다.
- 일간(日干)이 시간(時干)을 극(剋)하면, 문점자는 물건을 빨리 매도(賣渡)하고자 하나 늦게 팔린다.
- 시간(時干)이 일간(日干)을 생(生)하면, 팔리지 않는다.
- 시간(時干)이 일간(日干)을 극(剋)하면, 빨리 팔린다.
- 시간궁(時干宮)이 충(沖) 당하면 빨리 팔린다.
- 일간(日干)과 시간(時干)이 동궁(同宮)·비화(比和)되면, 매도는 순조롭게 진행된다.
- 시간궁(時干宮) 격국(格局)이 합(合)하면 매도 물품·화물은 누적되어 있다.

(3) 사례

① **사례 1[7] - 신발 도매업**

1997년 1월 22일 오전 8시, 두 여인이 곱게 다듬은 머리에 깔끔한 복장 차림으로 찾아왔다. 두 사람은 합작하여 신발 도매업을 시작하려는데 혹시나 하는 마음에 기문점을 보러 온 것이다.

"이 장사는 하지 마세요. 돈 벌기는커녕 본전도 못 건집니다."

이 말을 들은 두 사람은 아무리 생각해도 이해가 안 된다. 사실은 그들이 차리고자 하는 점포 위치는 전국에서 이름난 소상품 도매구역이고, 신발을 도매하는 점포만 해도 무려 5~6백 집이 된다. 다른 사람들은 다 돈 번다는데 하필이면 우리만 돈 못 버는가? 무슨 뚱딴지같은 기문점인가?

결국 두 사람은 30만 위안을 가지고 장사를 시작했다. '산동 교주'에서 생산한 운동화가 물량이 딸려 못 팔 정도로 잘 팔린다는 소문을 듣고 먼저 그 공장을 방문했다. 아니나 다를까, 많은 상인이 줄을 서서 기다릴 정도다.

1997년 5월 말에 30만 위안어치의 운동화를 매입해 왔다. 매입가는 한 켤레에 5.8위안이고, 운송비까지 고려하면 6위안이다. 운동화의 시장 소매 가격은 12위안이니 10위안에만 팔아도 큰 이득이다.
그러나 부푼 기대를 안고 운동화를 매입해 팔아보니 전혀 팔리지 않는다. 원인은 하북성 일대의 사람들은 보통 발볼이 넓다. 그런데 이 운동화는 발볼이 좁은 운동화라 이 일대 사람들의 발에 맞지 않는다. 그러니 12원 아니라 본전에 팔아도 살 사람이 없다. 시간이 조금

---

7 將志春, 『신기지문(神奇之門)』, 219p, 중국상업출판사

지나니 신형의 운동화가 시장에 들어온다. 이때야 잘못을 깨달은 이 두 사람은 후회하고 원가보다 더 낮추어 운동화를 처분하기 시작했다.

1998년 2월 24일까지 땡처리하여 팔았으나 아직 여섯 박스가 남아 있다. 그 후에서야 또 찾아와서 일 년간의 경과를 얘기하면서 고생한 것이 원통스러워서 눈물을 흘린다.

<丙子 辛丑 甲子 戊辰>

劫財 己 己 己加己爲 地戶逢鬼 伏吟軟弱 生義	正印 丁 天英_離 太陰_酉 丁 休門_坎 攝堤_坤 丁加丁爲 星奇太陰 兩火成炎 浴	正官 乙(乙) 天芮_坤 六合_卯　載空 乙(庚) 生門_艮 招搖_巽 乙加乙爲 日奇伏吟 伏吟雜草 乙加庚爲 日奇被刑 天貫落獄 日基 常祿
日干 時干　　　　直符 天乙 比肩 戊 天冲_震 直符_寅 戊 驚門_兌 天符_中 戊加戊爲 青龍伏吟 伏吟峻山 胎	食神 庚 咸池_兌 乙加庚爲 日奇被刑 天貫落獄	偏財 壬 天柱_兌 白虎_陳　直使 壬 傷門_震 天乙_離　載空 壬加壬爲 蛇入地羅 伏吟地網 旺
正財 癸 天任_艮 九天_乾 癸 死門_坤 太乙_坎 癸加癸爲 天網四張 伏吟天羅 基絶	年干 偏印 丙 天蓬_坎 九地_坤 丙 景門_離 軒轅_震 丙加丙爲 月奇悖師 伏吟弘光 死	月干　　　日空 時空 傷官 辛 天心_乾 玄武_雀 辛 杜門_巽 太陰_艮 辛加辛爲 天庭自刑 伏吟相剋 時基 衰病

기문국 분석

구성(九星)이 복음(反吟)이다. 복음이면 고서에 이르기를 유보나류(有寶難留)라 하여 보물이 있더라도 내 손에 들어오지 않는다는 격이다. 또 팔문(八門)이 반음(反吟)인데 구재(求財)에 불리하고 본전마저 잃는다. 반음국(反吟局)이면 원행(遠行)은 불리하고, 순리를 거스르고 원행하면 하는 일이 순조롭지 않게 된다. 여기서 원행은 물론 먼 길을 떠나는 내용도 있겠지만, 여기서는 이 장사는 오래 하면 오래 할수록 불리하다는 것이다. 또 반음은 원상태, 원점으로 돌아온다는 뜻이다.

자본과 이윤

무(戊)는 자본이고 생문(生門)은 이윤이다. 무(戊)는 의기복음(儀奇伏吟)이니 당연히 투자하지 말아야 한다. 무가무(戊加戊)는 만사는 막히니 도모하지 말고 움직이면 흉하다는 뜻이다. 진삼궁(震三宮)에 자리한 무(戊)는 육의격형(六儀擊刑)이다. 자본이 격형(擊刑)이면 자본의 손실을 본다는 뜻이다. 진삼궁은 3과 8수가 있으니 투자는 30만 위안이고 손실은 8에서 18만 위안이다.

생문(生門)은 이윤인데 곤이궁(坤二宮)에서 경가경(庚加庚) 태백복음(太白伏吟)이라 관재횡화(官災橫禍)로 관재와 액이 따르고, 을가을(乙加乙)은 일기복음(日奇伏吟)으로 구명(求名)과 구재(求財) 방면에 불리하니 본분을 지키면 길하나 움직이면 불리하다.

천반(天盤)과 지반(地盤) 을기(乙奇)는 곤궁(坤宮)에서 입묘(入墓)한다. 삼기(三奇)가 입묘하면 흉하다.

생문(生門)이 경(庚)과 만나면 재산과 관련한 문제로 송사가 벌어지고 파산한다고 하며, 생문이 곤궁에 자리하면 전택(田宅) 문제로 관사가 발생한다고 한다.

자본 무(戊)는 진궁(震宮)에 자리하였다. 축월(丑月)에 진궁은 쇠(衰)하고, 생문이 있는 곤궁(坤宮)은 왕(旺)하다. 왕한 자본 무(戊)가 생문(生門)을 극(剋)하면 이윤 창출은 가능하지만, 약한 자본 무(戊)가 곤궁을 극하니 이윤을 창출하는 데 역부족이다.

시간궁, 일간궁 분석

시간(時干) 무(戊)는 실체이다. 진삼궁에서 격형(擊刑)이다. 상거래에서 격형(擊刑)이면 구재(求財)하기 어렵다는 뜻이다.

진궁(震宮)은 동방이라 바로 이 여자분들이 가는 곳이다. 즉 산동(山東) 지방이다. 진삼궁(震三宮)에 일간(日干)과 시간(時干)이 모두 무(戊)인데 경문(驚門)과 동궁이니 손실을 보고 소식은 막힌다는 뜻이다.

② 사례 2[8] - 스포츠마사지 업소 경영

　1974년생(甲寅年生) 여사장은 2010년 6월 21일 오전 11시 25분에 스포츠마사지 업소가 언제 매매가 될지 문점하였다. 업소는 2010년 3월 초 1억 5천만 원을 들여 개업했으나 손님이 많지 않아 근근이 점포를 유지하는 수준이었다.

<庚寅 壬午 壬寅 乙巳>

月干 日干　　　　　　　直符	偏官 戊　　天沖_震　九天_乾	時干　　　　　　　　　天乙
比肩 壬　　天任_艮　直符_寅　　　　　日空 　　　乙　　驚門_兌　青龍_乾 　　壬加乙爲 逐水桃花 小蛇得勢 　　　　　　　　　　　　　日墓 墓 絶	辛　　開門_乾　太乙_坎 　　戊加辛爲 青龍折足 反吟洩氣 　　　　　　　　　　　　　　　胎	傷官 乙(乙)　天甫_巽　九地_坤 　　　己(丙)　休門_坎　太陰_艮 　　乙加己爲 日奇入墓 日奇得使 　　乙加丙爲 三奇順逢 奇儀順逢 　　　　　　　　　　　　時墓 生 養
年干 偏印 庚　　天蓬_坎　截空 時空 　　　戊　　死門_坤　騰蛇_巳 　　　　　　　　　　　咸池_兌 　　庚加戊爲 天乙伏宮 有爐無火 　　　　　　　　　　　　　　　死	偏財 丙　　　　　天符_中 　　乙加丙爲 三奇順逢 奇儀順逢	直使 正印 辛　　天英_離　玄武_雀 　　　癸　　生門_艮　軒轅_震 　　辛加癸爲 天穴華蓋 天牢華蓋 　　　　　　　　　　　　　　　浴
正財 丁　　天心_乾　截空 時空 　　　壬　　景門_離　太陰_酉 　　　　　　　　　　　攝堤_坤 　　丁加壬爲 星奇得使 玉神互合 　　　　　　　　　　　　　衰 病	劫財 癸　　天柱_兌　六合_卯 　　　庚　　杜門_巽　天乙_離 　　癸加庚爲 反吟濛白 太白入網 　　　　　　　　　　　　　　　旺	正官 己(丙)　天芮_坤　白虎_陳 　　　丁(丁)　傷門_震　招搖_巽 　　己加丁爲 朱雀入墓 明堂貢生 　　丙加丁爲 星奇朱雀 三奇順逢 　　　　　　　　　　　　　帶 祿

일간궁 분석

　일간(日干)은 손궁(巽宮)에 자리하였다. 천지인신(天地人神) 중 천(天)을 보는 구성(九星)은 천임성(天壬星)으로, 손목궁(巽木宮)으로부터 수극(受剋) 되니 길성의 도움이 떨어진다. 지(地)는 일간 육임(六壬)이 낙궁(落宮)에서 휴(休)의 상태이다. 기운이 없다. 인(人)은 파군(破

8　時家奇門學會『시가기문 상업편』

軍), 경해(驚駭)를 상징하는 소흉문인 경문(驚門)이다. 사람의 도움도 없다. 신(神)은 직부이다. 존귀와 보물을 주장하는 길신이지만 오(午) 월령이 설기하고 낙궁에 설기되니 길함을 발휘하는 데 한계가 있다.

일간궁의 대응결은 임가을위 축수도화 소사득세(壬加乙爲 逐水桃花 小蛇得勢) 또는 일입지호(日入地戶), 일입구지(日入九地)다. 재물을 얻는 일에는 길하게 보지만, 이 또한 격국이 좋을 때의 경우다. 격국이 흉할 때는 육임 지망(地網)을 승도구류하니 바위 위를 달리는 것과 같다. 일간궁의 격국은 육의격형(六儀擊刑)과 지망차적격(地網遮寂格) 으로 흉하다.

시간궁 분석
시간(時干)은 점사 객체이며 점포의 현재 상황이다. 팔문인 휴문이 을(乙)을 만나게 되면 큰일을 도모하는 것은 얼음이 없지만, 작은 일은 이룰 수 있다고 하였다.

일간궁이 시간궁을 손극곤(巽剋坤) 하니 점포에서 이익이 없다.

격으로 을가기위 일기입묘 일기득사(乙加己爲 日奇入墓 日奇得使)로 을기가 입묘(入墓)하였다. 흉문이면 필흉하다. 시간궁에 휴문은 길문이기는 하나, 휴문 수(水) 오행이 곤토궁(坤土 宮) 오행으로부터 극을 당하는 제격(制格)이고, 휴문이 오월(午月)을 만나 실령(失令)하여 길문의 역할이 없다.

일간과 시간이 내·외반이 떨어져 있으므로 매매의 응기가 늦다. 이 국과 같이 일간이 개문궁을 생할 경우 점포를 내놓은 사람이 속으로 애착을 가지고 있어 응기가 늦어진다. 그러므로 응기는 일(日)보다 월(月)로 정한다.

시공망이 충실(沖實)되는 신유월(申酉)과 직사궁(直使宮)의 천반의기(天盤儀奇)인 신(辛)을 종합적으로 분석하면 신유월(辛酉月) 또는 신묘월(辛卯月)에 매매 가능성이 높다.

실제

2011년 3월 16일 신묘년(辛卯年) 신묘월(辛卯月) 경오일(庚午日)에 중개인이 입회하여 업소의 매매계약을 체결했다. 계약 금액은 1억 2천만 원이다. 처음 투자액에서 3천만 원이 빠진 금액이다.

③ 사례 3 - 수건공장의 경영

A공장장은 현재의 사장과 함께 K수건회사에서 20여 년을 함께하였다. K수건회사는 타월을 생산하는 전문 공장으로 대전에 자리 잡아 품질로 승부해 온 전문기업이다.

동남아, 중국산 저가 수건의 공습으로 수건이 팔리지 않자, 대리점에서 받아 간 물량에 대해 회사에 대금 지급은 차일피일 미루고 있으며, 또 추가적인 물량을 주문하지 않아 창고에 쌓아둔 타월이 몇만 장이나 되어 사장과 공장장은 한숨만 나올 따름이었다. 제직기 가동은 절반 이상 세웠고 늘어나는 고정비, 인건비가 감당이 안 되는 최악의 상황이다.

내년엔 상황이 나아질지에 대해 전화 문의하였다.

기문국을 분석한 후 다음과 같이 주문하였다.

"K수건회사에서 생산된 제품은 국내 최고 품질이다. 다만 기문국을 분석해 본 결과 아직 효과적인 광고 홍보를 진행하지 않았다. 고급 제품에 맞는 퀄리티 있는 맞춤형 홍보를 진행하면 7~8개월 후쯤 광고 효과가 나타날 것이다. 그때 되면 공장으로 자금이 유입되고, 대리점의 주문도 늘어날 것이다."

상기와 같이 주문 후, K 수건회사는 ODM, OEM뿐만 아니라 친환경 소재를 강점으로 내세운 광고를 지역민방 및 유명 인플루언서를 통해 진행하였고, 이듬해부터 모든 제직기를 가동해야 할 만큼 공장이 활기를 띠게 되었다.

<辛丑 戊戌 乙巳 丙戌>

	直符	月干		
正官 丙	庚 天英_離 直符_寅 生門_艮 軒轅_震 庚加丙爲 太白入熒 太白加熒 生義	正財	戊(丁) 天芮_坤 九天_乾 庚(庚) 傷門_震 咸池_兌 戊加庚爲 天武入獄 助針爲虐 丁加庚爲 文書阻隔 火煉眞金 載空 時空 浴	正印 戊(丁)	壬(壬) 天柱_兌 九地_坤 杜門_巽 天符_中 壬加戊爲 小蛇化龍 蛇入天門 壬加丁爲 干合星奇 干合蛇刑 載空 時空 日墓 帶祿
時干	天乙	食神		直使
傷官 乙	丙 天甫_巽 騰蛇_巳 休門_坎 招搖_巽 丙加乙爲 艶陽麗花 日月幷行 日空 胎		丁 攝堤_坤 壬加丁爲 干合星奇 干合蛇刑	偏印 壬	癸 天心_乾 玄武_雀 景門_離 天乙_離 癸加壬爲 復見騰蛇 沖天奔地 旺
日干		年干		
比肩 辛	乙 天沖_震 太陰_酉 開門_乾 太陰_艮 乙加辛爲 青龍逃走 人亡財破 日空 墓絶	偏官 己	辛 天任_艮 六合_卯 驚門_兌 青龍_乾 辛加己爲 入獄自刑 虎坐明堂 死	偏財 癸	己 天蓬_坎 白虎_陳 死門_坤 太乙_坎 己加癸爲 地刑玄武 明堂華蓋 時墓 衰病

공장의 상황

개문(開門)은 공장을 상징한다. 개문은 간토궁(艮土宮)에서 궁의 힘을 받아 왕(旺)하다. 공장 자체의 문제는 없다.

일간궁 분석

문점자의 용신은 일간(日干)으로 간궁에 있다. 십간대응결은 을가신(乙加辛)이다. 을기청룡(乙奇靑龍)이 신금(辛金)인 작두 위에 있어 도망가는 청룡도주격(靑龍逃走格)이다. 재신(財神) 청룡(靑龍)이 신(辛)에 의해 진극(眞剋)을 당해 부서진다. 재산이 부서지며, 혼사에는 신부(신랑)가 도망간다. 아랫사람이 배반하는 격이다.

시간궁 분석

공장의 생산 물품을 시간(時干)으로 본다. 시간(時干)은 진궁에 거했다. 진궁의 십간대응결은 병가을(丙加乙)로 태양이 꽃 위에서 노니는 길한 격국이다. 휴문 길문과 천보 길성이 동궁했다. 공장에서 생산되는 상품의 질이 매우 우수하다는 뜻이다.
　시간(時干)이 진궁(震宮)에서 일간을 목극토(木剋土)하였다. 이렇게 시간이 일간을 극(剋)하게 되면, 상품이 잘 팔리는 것을 의미한다.

대리점
　월간(月干) 무(戊)는 대리점주로 본다. 갑자무는 리궁에서 공망을 맞았다. 대리점에서 물건이 팔리지 않아 허둥지둥대고 있으며, 대리점의 자금을 상징하는 천반(天盤) 무(戊)와 이미 지급해야 했을 대금인 지반(地盤) 무(戊)가 모두 공망(空亡)을 맞아 공장에 대금을 지급할 수 없는 상황이다.

광고·홍보
　광고, 홍보는 경문(景門)와 정(丁)을 용신으로 한다. 경문은 태궁에서 설기되고 격국은 계가임(癸加壬)으로 매사 순서를 잃어버리는 형국이다. 홍보를 어떻게 진행할지 몰라 뒤죽박죽인 상황이다.

　정(丁)은 리궁(離宮)에서 공망을 맞아 제품의 품질만 믿고 홍보를 소홀히 한 것이다. 리궁(離宮)의 정(丁)이 해공(解空)되면 공장인 간궁(艮宮)의 개문(開門)을 생(生)해 주게 된다. 광고·홍보를 제대로 신경 써서 진행하면, 대략 7~8개월 후쯤에는 효과가 나타날 것이다.

공장의 이익
　손궁(巽宮)의 생문(生門)이 자본 무(戊)를 생하고 있으나, 현재는 공망(空亡)이라 생(生)할 대상이 없다. 자금·자본의 상징인 육무(六戊)가 리궁(離宮) 제왕지(帝王地)에 앉았고, 일간(日干) 을기(乙奇) 또한 간궁(艮宮)에서 제왕지에 앉아, 해공(解空)되면 자금이 풀린다.

　내년 오(午)월이 되면 공망이 해공(該空)되어, 그때 광고의 효과가 나타날 것이다. 공장에 자금이 들어오고 생산이 늘어날 것이다.

④ 사례 4[9] - 석탄 중개업

1996년 10월 5일 오전 10시 20분, 석가장 무역센터 비철금속부 매니저 천신화 씨는 장저우에 있는 오랜 사업 파트너가 본인 회사를 통해 산시성 탄광의 석탄 5만 톤을 수입하고자 하는데 이 거래가 성사될 것인지 문의하였다.

<丙子 丁酉 乙亥 辛巳>

	月干	直使
		載空
正官 庚(乙) 天芮_坤 玄武_雀 戊(戊) 休門_坎 青龍_乾 庚加戊爲 天乙伏宮 有爐無火 乙加戊爲 陰害陽門 鮮花名甁 生 義	食神 丁 天柱_兌 白虎_陳 壬 生門_艮 太乙_坎 丁加壬爲 星奇得使 玉神互合 浴	載空 日空 時空 傷官 丙(丙) 天心_乾 六合_卯 庚(乙) 傷門_震 太陰_艮 丙加庚爲 熒惑入白 熒入太白 丙加乙爲 艶陽麗花 日月幷行 日墓帶祿
	日干	時干 天乙
正印 壬 天英_離 九地_坤 己 開門_乾 咸池_兌 壬加己爲 反吟泥漿 反吟蛇刑	比肩 乙 天符_中 丙加乙爲 艶陽麗花 日月幷行 胎	日空 時空 偏官 辛 天蓬_坎 太陰_酉 丁 杜門_巽 軒轅_震 辛加丁爲 獄神得奇 白虎受傷 旺
		直符
正財 戊 天甫_巽 九天_乾 癸 驚門_兌 攝堤_坤 戊加癸爲 天武地藏 岩石浸蝕 時墓 墓 絶	偏財 己 天沖_震 直符_寅 辛 死門_坤 天乙_離 己加辛爲 濕泥汚玉 游魂入墓 死	偏印 癸 天任_艮 騰蛇_巳 丙 景門_離 招搖_巽 癸加丙爲 華蓋悖師 明堂犯悖 衰 病

용신 설정

일간(日干) 을기(乙奇)는 석탄 매입을 요청받은 대리 구매자로 손사궁(巽四宮)에 있고, 시간(時干) 신(辛)은 탄광으로 태칠궁(兌七宮)에 있으며 육합(六合)은 중개인으로 곤이궁(坤二宮)에 있다.

---

9 將志春, 『신기지문(神奇之門)』, 220p, 중국상업출판사

시간궁 분석

시간궁(時干宮)이 시공망(時空亡)이다. 탄광 땅속의 큰 구멍으로 해석된다. 또 시간궁에 천봉성(天蓬星)과 동궁(同宮)하였다. 천봉성은 수신(水神)이라 태금궁(兌金宮)으로부터 생(生)을 받으니, 탄광 땅속에 물이 범람했다고 해석할 수 있다. 탄광에 물이 차서 팔 석탄이 없다.

일간궁 분석

일간(日干) 을(乙)은 손궁(巽宮)에서 십간대응결이 경가무(庚加戊)이다. 이 격은 자리를 옮기어 도모하라는 뜻이니 다른 탄광을 찾아가라는 뜻이다.

생극분석

시간(時干)은 상대방 탄광이고 또 중개무역 성사 여부이다. 태칠궁(兌七宮)에 자리한 시간(時干) 신(辛)이 손사궁(巽四宮)에 있는 일간(日干) 을(乙)을 극(剋)하니 이 중개 매매는 성사되지 않는다.

실제

이 말을 듣고 산시성 탄광에 문의하니 확실히 물이 차서 석탄이 없다고 한다.

⑤ 사례 5 – 숙박업의 확장

Y씨는 여행사 대리점을 운영하고 있다. 코로나 사태로 여행업이 한 차례 홍역을 치르고 나니 가정경제, 생계 시스템의 근본적인 변화가 필요한 것을 뼈저리게 느꼈다.

여행업에서 수십 년 잔뼈가 굵은 만큼 아예 새로운 업종으로 전환은 쉽지 않았다. 고민 끝에 본인에게 익숙한 것, 잘할 수 있는 것을 찾아 에어비앤비 서비스를 해보기로 마음먹었다.

마포에 집을 얻어 에어비앤비를 시작했고, 그럭저럭 국내 관광객, 젊은 층 수요만으로도 일정 수입 올리는 것이 가능하다는 것을 확신하고, 자신감이 붙어 강남에 한 곳을 늘려 서비스하였다. 코로나 종식과 함께한 한류 열풍으로 외국인 관광객이 물밀듯 들어와 에어비앤비 장사가 너무 잘됐다.

업종을 여행업에서 숙박업으로 본격적 변경하기로 마음먹고 경복궁, 광화문, 덕수궁, 창경궁 등 관광지가 많은 서울 종로 주변에 확장하기로 마음먹었다.

위치와 사이즈 등이 마음에 들어 모텔주인과 매매협상을 시도해보니 서로 매가 타협점이 너무 차이가 났다. 모텔은 도심권 도시환경정비사업이 활발한 지역에 위치해 있어 매도자는 향후 언제가 개발될지 모르기에 장사는 안되지만, 개발 기대에 잔뜩 부풀어 있었고 그래서 매매가를 비싸게 부르고 있었다.

대출을 끌어와 비싸더라도 매입할 것인가의 고민으로 밤낮을 지새우던 중 기문점을 보기 위해 찾아왔다.

기문점을 보니 충분히 사업성이 있어 보였다.

"귀인이 돕는 형국이다. 매입을 꼭 해야 하는가? 모텔주는 팔 마음이 전혀 없다. 모텔 전체를 통으로 임차해서 리모델링하는 것도 좋다. 지금 자본을 투자하여 확장하면 4년 후에는 투하 자본 이상으로 회수 가능할 것이다. 빠른 시간 내에 반복적으로 찾아가 협상하는 것이 길하다."

Y씨는 매매에서 전체 임차로 선회하였고, 어차피 낡고 노후화되어 장사도 잘 안되는 모텔이었기에 모텔 사장님은 흔쾌히 수락하였다. 어쩌다 보니 모텔 사장님이 귀인이 된 셈이었다.

<甲辰 己巳 壬申 丁未>

偏印 庚 辛 庚加辛爲 撤退碎玉 天沖_震 玄武_雀 開門_乾 咸池_兌 白虎干格 日墓 生義	正印 辛 乙 辛加乙爲 白虎猖狂 天甫_巽 九地_坤 休門_坎 軒轅_震 人亡家敗 浴	傷官 乙(乙) 己(壬) 乙加己爲 日奇入墓 乙加壬爲 荷葉蓮花 天英_離 九天_乾 生門_艮 天符_中 日奇得使 日奇入地 帶祿
偏財 丙 庚 丙加庚爲 熒惑入白 載空 時空 天任_艮 白虎_陳 驚門_兌 青龍_乾 熒入太白 胎	比肩 壬 乙加壬爲 荷葉蓮花 天芮_坤 太陰_艮 日奇入地	年干 日干 直符 比肩 壬(己) 丁(丁) 壬加丁爲 干合星奇 己加丁爲 朱雀入墓 天禽_中 直符_寅 傷門_震 太乙_兌 干合蛇刑 明堂貪生 旺
偏官 戊 丙 戊加丙爲 青龍得明 載空 時空 直使 天蓬_坎 六合_卯 死門_坤 攝堤_坤 日出東山 墓絶	劫財 癸 戊 癸加戊爲 天乙會合 天心_乾 太陰_西 景門_離 招搖_巽 青龍入地 死	時干 天乙 正財 丁 癸 丁加癸爲 朱雀投江 日空 天柱_兌 螣蛇_巳 杜門_巽 天乙_離 文書有誤 時墓 衰病

반음국

팔문(八門)이 반음(反吟)이다. 이런 경우 빠른 시간 내 반복적인 행동이 길하다.

일간궁 분석

일간(日干) 임(壬)이 태금궁(兌金宮)에 임했다. 태궁(兌宮)은 일간 임(壬)의 욕지·도화지이다. 돈 벌겠다는 Y씨의 재물욕이 크며, 도화지에 앉았으니 숙박업 사업에 제격이다. 또, 일간에 길신 직부(直符)가 임해 귀인이 돕는 형국이긴 하나, 태궁에 극을 당하므로 그 효과는 크지 않다.

일간(日干)의 격국은 임가정(壬加丁)이다. 임가정은 정임합목(丁壬合木)의 형상으로 문서는 순리에 맞고 귀인이 돕는 기운이다. 천반 임은 양(陽)이고 남자이니, 정기를 만나 상합하면 자연히 길하게 되니 남자는 길하다고 본다.

시간궁 분석

시간(時干)은 매매대상·매매사연의 용신(用神)이다. 시간의 십간대응결은 정가계(丁加癸)로 주작구설(朱雀口舌)이 강에 떨어지고 육정(六丁) 옥녀가 천망(天網)에 떨어지는 형상이니, 문서 착오수가 있고 사안의 지체가 있으며, 구설시비가 있으며, 다툼도 반드시 패하게 된다.

모텔 사장님과 매매협상으로 가격을 다투고 시간을 지체하는 것보다 다른 방법 즉 임차하는 것이 유리하다. 시간과 일간이 건궁과 태궁에서 비화(比和)되기 때문에 협상은 성취된다.

투자수익 발생 여부

자본의 용신인 갑자무(甲子戊)는 간토궁(艮土宮)에, 이윤의 용신인 생문(生門)은 곤토궁(坤土宮)에 앉아 비화(比和)됐다. 거래하여 자본 투자 시 이윤이 발생한다는 뜻이다.

간궁은 십간대응결은 무가병(戊加丙)이다. 큰 산에 해가 막 떠오른다. 새벽이 곧 물러나듯 시작은 어렵지만 나중은 길하여진다. 재물을 얻는 데 길하다.

투자 발생 시기

이윤이 발생하는 시기는 갑자무와 대충방인 생문방의 임한 곤궁으로 미(未), 신(申)년이다. 3~4년 후에 자본 회수가 가능하다.

실제

얼마간의 돈을 투자하여 전체 리모델링을 진행하였고, 영업을 개시하였는데 외국인 손님들로 항상 90% 이상 점유율을 보인다고 한다. 매입에서 임차로 전환하여 당초 계획보다 더 적은 자본으로 확장할 수 있어서 추가 확장의 여력도 있다고 한다.

⑥ 사례 6 - 하청업체의 납품 재개

T사장님은 원단을 수입하여 의류회사에 납품하는 중소업체 대표이다. 과거 10여 년간 유럽산과 일본산 무명 원단을 수입하여, 트렌치코트 제작용으로 대형 의류회사에 공급해 왔다가. 터무니없는 저마진, 증가하는 물류비 및 인건비, 기타 고정비 상승 등으로 이윤이 남지 않자, 자발적으로 거래 관계를 종료한 게 3년 전쯤이다.

그 회사의 구매 담당 고위 임원이 변동되고, 시스템을 재정비하면서 다시 협력업체를 재선정한다는 이야기가 들린 것이 몇 주 전쯤이다. 다시 납품이 가능할까? 다시 거래 관계가 맺어질까?

<甲辰 丙寅 己亥 甲戌>

	年干	
日空 偏官 乙　　天甫_巽　白虎_陳 　　　乙　　杜門_巽　咸池_兌 　　　乙加乙爲 日奇伏吟 伏吟離草 　　　　　　　　　　　　生養	正財 壬　　天英_離　玄武_雀 　　　壬　　景門_離　軒轅_震 　　　壬加壬爲 蛇入地羅 伏吟地網 　　　　　　　　　　　　浴	載空 時空 偏印 丁(丁)　天芮_坤　九地_坤 　　　丁(戊)　死門_坤　天符_中 　　　丁加丁爲 星奇太陰 兩火成炎 　　　丁加戊爲 有火有爐 青龍轉光 　　　　　　　　　　　時墓 帶祿
月干 正印 丙　　天沖_震　六合_卯 　　　丙　　傷門_震　青龍_乾 　　　丙加丙爲 月奇悖師 伏吟弘光 　　　　　　　　　　　　胎	劫財 戊　　　　　　　太陰_艮 　　　戊　　　 　　　丁加戊爲 有火有爐 青龍轉光	載空 時空 傷官 庚　　天柱_兌　九天_乾 　　　庚　　驚門_兌　太乙_坎 　　　庚加庚爲 太白同宮 伏吟戰格 　　　　　　　　　　　　旺
食神 辛　　天任_艮　太陰_酉 　　　辛　　生門_艮　攝堤_坤 　　　辛加辛爲 天庭自刑 伏吟相剋 　　　　　　　　　　　　墓絶	偏財 癸　　天蓬_坎　螣蛇_巳 　　　癸　　休門_坎　招搖_巽 　　　癸加癸爲 天網四張 伏吟天羅 　　　　　　　　　　　　死	日干 時干　　　　直符 天乙 直使 比肩 己　　天心_乾　直符_寅 　　　己　　開門_乾　天乙_離 　　　己加己爲 地戶逢鬼 伏吟軟弱 　　　　　　　　　　　日墓 衰病

4부. 사안별 용신 및 해단 사례

용신 설정

문점자는 일간(日干), 거래 관계를 맺고 싶은 대상 회사를 시간(時干)으로, T 사장님의 경쟁업체를 월간(月干)으로 용신을 삼는다. 시간은 점사의 사체이기도 하다.

일간(日干)과 시간(時干)이 건궁(乾宮)에 자리하였다. 건궁의 십간대응결은 기가기위 지호봉귀 복음연약(己加己爲 地戶蓬鬼 伏吟軟弱)으로 모래를 모래 위에 쌓고 범사에 실패하므로 기다려야 기회가 온다고 해석한다. 다만, 개문(開門)이 건궁에 임하여 매우 왕하고, 길신인 직부(直符)가 함께하여 기대해 볼 수는 있다.

기문국 분석

복음국(伏吟局)으로 상황이 여의찮다. 복음격이라 공격보다는 방어가 적당하다.

복음국(伏吟局)이라 쉽게 협력업체로 선정되지 않는다. 기가기(己加己)는 범사에 실패하나 음모와 밀계(密計)에는 적당하니, 모종의 방법을 강구하면 재선정이 가능하다.

경쟁업체 상황

월간(月干)은 십간대응결이 병가병(丙加丙) 월기패사(月奇悖師)로 불이 겹쳐 있으니, 실속이 없고, 용기는 있으나 꾀가 없어 손실을 당하며, 병기 월기가 겹쳐 있으니, 문서가 꼬이든지 문서를 잃는다고 해석한다. 월간이 있는 진궁(震宮)은 상문(傷門)이 복음으로 사연에 변동이 발생하고, 원행하면 흉해진다. 상문(傷門)과 병(丙)이 만났으니 도로에서 흉해진다는 뜻으로 협력업체 선정에 흉한 일이 발생함을 암시하고 있다.

생극 분석

　월간(月干)은 진목궁(震木宮)에서 건금궁(乾金宮)의 일간(日干)과 시간(時干)으로부터 금극목(金剋木)을 당한다. 복음국으로 T사장도 좋지 않으나 경쟁업체는 더 안 좋은 상황이다.

　생문(生門)이 간토궁(艮土宮)에서 건금궁(乾金宮)의 일간(日干)을 토생금(土生金)하고, 생문과 자본 육무(六戊)와 비화(比和)되어 이윤은 발생하나, 생문과 무(戊)가 대충방(對沖方)에 있고, 복음국이라 이윤 창출에 불리하므로 이익은 기대한 만큼 크지 않게 된다.

실제

　시간이 꽤 지나 납품을 재개하게 되었다. 몇 개월 사이 엔화 가치가 큰 폭으로 상승하여 큰 수익을 얻지는 못했다.

⑦ 사례 7[10] - 외자 유치

1995년 3월 10일 오후 2시, 중국부녀창업협회 부회장인 이월진(李月珍) 석가장시 북쪽 가장 번화한 지역에 외국인 투자를 유치할 계획이라 했다. 그녀는 전망에 대해 물었고 쇼핑몰의 이름을 지어달라고 했다. 이월진은 임진년생(壬辰年生)이다.

<乙亥 己卯 庚子 癸未>

時干　　　　　　　　天乙		日干
日空 傷官　癸　天沖_震　騰蛇_巳 　　　丁　杜門_巽　青龍_乾 癸加丁爲 騰蛇妖嬌 火焚莫逃 　　　　　　　　　時基 生義	戴空 正官　丁　天甫_巽　太陰_酉 　　　庚　景門_離　攝堤_坤 丁加庚爲 文書阻隔 火煉眞金 　　　　　　　　　　浴	戴空 時空 比肩　庚(庚)　天英_離　六合_卯 　　　壬(丙)　死門_坤　招搖_巽 庚加壬爲 耗散少格 太白退位 庚加丙爲 太白入熒 太白加官 　　　　　　　　　　帶祿
月干　　　　　　　　直符		時空
正印　己　天任_艮　直符_寅 　　　癸　傷門_震　天符_中 己加癸爲 地刑玄武 明堂華蓋 　　　　　　　　　　胎	偏官　　　　　　　咸池_兌 　　　丙 庚加丙爲 太白入熒 太白加官	食神　壬(丙)　天芮_坤　白虎_陳 　　　戊(戊)　驚門_兌　天乙_離 壬加戊爲 小蛇化龍 蛇入天門 丙加戊爲 飛鳥跌穴 月奇得使 　　　　　　　　　　旺
直使	年干	
劫財　辛　天蓬_坎　九天_乾 　　　己　生門_艮　太乙_坎 辛加己爲 入獄自刑 虎坐明堂 　　　　　　　　日基 基絶	正財　乙　天心_乾　九地_坤 　　　辛　休門_坎　軒轅_震 乙加辛爲 青龍逃走 人亡財破 　　　　　　　　　　死	偏印　戊　天柱_兌　玄武_雀 　　　乙　開門_乾　太陰_艮 戊加乙爲 青龍合靈 青龍和會 　　　　　　　　　衰病

　일간(日干)은 문점자·구측자(求測者)인 육경(六庚)으로 곤궁(坤宮)에 앉았다. 일간 육경(六庚)의 자리인 곤궁에는 천영(天英)이 있다. 월령인 묘월(卯月)로부터 목생화(木生火)를 받고 있다. 월령과의 관계를 보면 휴왕수사상(休旺囚死相) 중 상(相)이다. 구성(九星)이 생(生)하는 것이 가장 강한 궁, 즉 내가 궁을 생하는 곳이 가장 강하다는 아생지

10　將志春, 『신기지문(神奇之門)』, 206p, 중국상업출판사

궁위최왕(我生之宮爲最旺)의 원칙에 의해 기세가 가장 왕성하다. 이는 이월진이 천시(天時)의 이익을 보고 있다는 것이다. 일간 육경(六庚)이 곤궁(坤宮)에 있어 관대(冠帶)와 건록(建祿)의 자리에 있다. 이는 이월진이 지리(地利)를 얻었음을 말한다.

일간궁에 사문(死門)이 있다. 사문은 흉문이고 복음(伏吟)이며 병지(病地)에 있다. 이는 이월진이 인화를 얻지 못한 것이다. 이는 어떤 사람이 이월진을 고소한 상황과 부합된다. 그녀는 원래 '동양쇼핑센터'를 짓는 일을 맡았으나 회사 내부인이 문제를 일으켜 그녀를 고발하였다. 그녀는 분노에 차서 그만두고 대만의 투자자를 만나 자신의 건물을 지으려고 한다. 일간궁에 육합인 길장(吉將)이 있는 것은 이월진에게 동업자의 도움이 있는 것을 말한다.

천반의 일간 육경(六庚)은 이월진을 대표하며 객(客)이고 지반에는 육임(六壬)과 병기(丙奇)가 있으니, 경가임(庚加壬)과 경가병(庚加丙)의 두 개의 극응관계(剋應關係)가 형성되어 있다.

경가병(庚加丙)은 태백입형(太白入熒)으로 흉격이지만 객(客)에게는 이롭고 주(主)에게는 파재를 뜻한다. 그러므로 객의 상황에 있는 이월진에게 유리하다. 경가임(庚加壬)은 소격(小格)으로 흉격이다. 또 이탕격(移蕩格)으로 유동과 변동을 이끈다. 이월진은 종전의 부동산 합작 항목에서 뛰쳐나와 자기 일을 찾았으니 주객 관계로 보면 이것도 이월진에게 유리한 것이다. 만약 이월진이 주(主)의 입장에서 원래의 항목을 지켰다면 오히려 불리했을 것이다.

쇼핑몰 이름을 '태화상성'으로 지어주었고 음력 3월 영업허가를 취득하고 공사를 개시하였다.

⑧ 사례 8[11] - 기업 경영

중국 혜만봉(惠滿丰) 활성비료유한공사는 합작투자회사이다. 1997년 3월 19일 밤 10시 15분, 대표회사 사장인 리(李) 씨는 허베이 호텔로 기문학자 두 선생(杜先生)을 초대하여 회사의 경영 현황과 전망에 대해 예측해 달라고 문의하였다.

<丁丑 癸卯 庚申 丁亥>

		直使 月干
正財 乙 天沖_震 六合_卯 戊 乙加戊爲 陰害陽門 鮮花名瓶 帶祿	偏印 戊 天甫_巽 白虎_陳 截空 時空 癸 開門_乾 天乙_離 戊加癸爲 天武地藏 岩石浸蝕 旺	傷官 癸(癸) 天英_離 玄武_雀 截空 時空 丙(己) 休門_坎 攝堤_坤 癸加丙爲 華蓋悖師 明堂犯悖 癸加己爲 華蓋地戶 華蓋明堂 衰 病
食神 壬 天任_艮 太陰_酉 乙 死門_坤 軒轅_震 壬加乙爲 逐水桃花 小蛇得勢 浴	正印 己 天符_中 癸加己爲 華蓋地戶 華蓋明堂	偏官 丙(己) 天芮_坤 九地_坤 辛(辛) 生門_艮 咸池_兌 丙加辛爲 日月相會 丙辛相合 己加辛爲 濕泥汚玉 游魂入墓 死
年干 時干 天乙 日空 正官 丁 天蓬_坎 騰蛇_巳 壬 景門_離 太陰_艮 丁加壬爲 星奇得使 玉神互合 日基 生義	日干 直符 日空 比肩 庚 天心_乾 直符_寅 丁 杜門_巽 太乙_坎 庚加丁爲 亨亨之格 亭亭之格 胎	劫財 辛 天柱_兌 九天_乾 庚 傷門_震 靑龍_乾 辛加庚爲 白虎出力 虎逢太白 時基 基絶

두 선생(杜先生)은 회사 대표에게 현재 기업의 처한 세 가지 상을 지적했다.

첫째, 공장은 가동이 중단되었거나 폐쇄되었다.
둘째, 회사는 비료를 많이 팔았으나 이익은 미미하다.

---
11 將志春,『신기지문(神奇之門)』, 217p, 중국상업출판사

셋째, 현재 회사 여건이 좋지 않고 자금이 부족하며, 제품 출하는 안 되고 있다.

비료회사의 이 대표는 공장에서 생산한 비료를 외상으로 판매한 뒤 대금을 회수하지 못했고, 제품 재고는 500톤이 넘어 공장 가동을 멈춘 상태라고 인정하였다. 언제쯤 회사가 정상운영될지 어떻게 하면 회사가 안정화될지 자문을 구했다.

두 선생은 이렇게 말했다.

"음력 8월 이후에는 상황이 나아질 겁니다. 그전에는 나아질 기미가 보이지 않을 겁니다. 내년 봄이 되면 풍년이 들 겁니다. 그러면 비료 수요도 폭증할 것입니다. 큰돈을 벌 수 있을 겁니다. 지금 상황과 제 예측을 종합해 보면 사업 전략을 바꿔야 합니다.

첫째, 상품이 팔릴 때 바로 수금하는 방식으로 전환해야 하고,

둘째, 지역 대리점을 통해 상품을 홍보하고 특정 우대 조건을 제공해야 합니다. 이를 통해 농부들에게 회사가 생산한 비료의 효능을 알리세요.

셋째, 홍보 활동을 강화하고 광고, 영상물 제작 등 다양한 방법으로 상품을 홍보해야 합니다."

리(李) 사장은 고개를 끄덕이며 한번 시도해 본다고 하였다.

공장 폐쇄 판단

공장은 개문(開門)이다. 개문(開門)이 있는 이구궁(離九宮)이 시공망(時空亡)을 맞았고 흉장인 백호(白虎)가 있다. 생산이 중지되었다. 자본인 갑자무(甲子戊)는 이구궁에 있다. 궁과 자오충(子午沖)된다. 충(沖)이 되고 시공망(時空亡)을 맞았으니 자본도 없다.

상품 판매

판매하는 상품은 시간(時干) 정기(丁奇)이다. 정기는 간팔궁(艮八宮)에 입고(入庫)되었으니, 물건이 쌓여 있는 것이다. 정기 시간궁이 육경 일간궁을 간극감(艮剋坎)하므로 상품은 쉽게 팔린다. 단 시간궁에 파재흉성(破財凶星)인 천봉(天蓬)이 있고, 음화괴이지신(陰火怪異之神)인 등사(螣蛇)가 있어 판매 후에 자금이 회수되지 않는다.

감일궁(坎一宮)의 지반 정기 위에 일간 육경이 있다. 육경은 조격지신(阻隔之神)으로 막아서 통하지 못하게 하고, 두문(杜門)은 두색불통(杜塞不通)이다. 물건이 입고된 후 사장은 판매를 원하지 않는 상이다. 경영은 반드시 불경기이다.

대책 1, 판매 방식

정기 시간궁이 육경 일간궁을 간극감(艮剋坎)하므로 상품은 쉽게 팔리고, 이윤인 생문궁(生門宮)이 육경 일간궁을 태생감(兌生坎)하므로 판매 방식을 바꾸면 이윤을 얻을 수 있다.

대책 2, 상품 설명

판매 대리점인 육합(六合)은 손사궁(巽四宮)에 있다. 육합궁의 경문(驚門)은 헛되이 놀라게 만든다. 육합궁이 상품인 시간궁을 손극간(巽剋艮)하므로 대리점이 상품에 대해 잘 알지 못하고 있다. 그러나 일간궁이 육합궁을 감생손(坎生巽)한다. 대리점에 대한 상품 설명은 필수적이다.

대책 3, 선전 광고

판매 대리점이 상품에 대해 잘 알지 못하는 원인은 무엇일까? 주된 요인은 광고가 부족하기 때문이다. 경문(景門)과 정기(丁奇)가 광고인데 간팔궁에 있다. 천반 정기와 경문(景門)이 일간을 간극감(艮剋坎)

하고, 지반 정기는 감일궁에서 화입수향(火入水鄕)되어 무력한 중 육경(六庚)과 백호(白虎)가 있으니, 광고가 적음을 알 수 있다. 상품 판매를 위하여 선전과 광고를 크게 늘려야 한다.

4. 부동산 매매 및 임대

(1) 용신(用神)

① 일간이 문점자(問占者)이다.
② 직부(直符)는 매수자, 매도자, 시장, 시장가격이다.
③ 천을(天乙)은 매수자, 매도자의 거래상대방이다.
④ 생문(生門)은 주택, 건물 등의 부동산이다.
⑤ 사문(死門)은 토지, 전답 등의 부동산이다.
⑥ 시간(時干)은 문점자의 사연, 거래성사 등 점사객체이다.

(2) 판단기법

① 생문(生門)·사문(死門)이 삼기(三奇)와 동궁이고 길격(吉格)이면 부동산의 위치·상태·질이 좋다.
② 생문(生門)·사문(死門)이 삼기(三奇)가 없고, 흉격(凶格)이면 부동산의 위치·상태·질이 떨어진다.
③ 생문(生門)·사문(死門)이 직부궁(直符宮) 또는 일간궁(日干宮)을 생(生) 또는 비화(比和)하면 매수 후 시세가 오른다.
④ 생문(生門)·사문(死門)이 길격(吉格)이고 직부궁(直符宮) 또는 일간궁(日干宮)을 생하면 매수 후 부동산이 발전하며 시세가 크게 오른다.

⑤ 생문(生門)·사문(死門)이 휴수(休囚)하고 흉격(凶格)·흉신(凶神)이면서 직부궁(直符宮) 또는 일간궁(日干宮)을 극(剋)하면 부동산으로 인하여 파재(破財)한다.
⑥ 직부궁(直符宮)이 생문(生門)·사문(死門)을 생(生)하면, 장래(將來)에 부동산으로 인해 시끄러운 일이 발생한다.
⑦ 생문궁이 공망(空亡)이면 아직 준공되지 않았다.
⑧ 거래의 성사 여부는 상거래 판단법칙과 동일하다.

<일간(日干)이 매입자(買入者) 지위>
- 일간(日干)이 시간(時干)을 생(生)하면, 문점자는 부동산을 매입하고 싶어 하며, 매매는 성사된다.
- 일간(日干)이 시간(時干)을 극(剋)하면, 문점자는 부동산을 매입하고자 하는 의향이 없다.
- 시간(時干)이 일간(日干)을 생(生)하면, 거래는 순조롭고, 부동산 질이 떨어지더라도 매입 후 이득이 발생한다.
- 시간(時干)이 일간(日干)을 극(剋)하면, 매수가 어렵다.
- 일간(日干)과 시간(時干)이 동궁(同宮)·비화(比和)되면, 거래는 순조롭고 매입 후 이득이 발생한다.

<일간(日干)이 매도자(賣渡者) 지위>
- 일간(日干)이 시간(時干)을 생(生)하면, 문점자는 부동산을 매도(賣渡)하는 데 주저한다.
- 일간(日干)이 시간(時干)을 극(剋)하면, 문점자는 부동산을 빨리 매도(賣渡)하고자 하나 늦게 팔린다.
- 시간(時干)이 일간(日干)을 극(剋)하면, 빨리 팔린다.
- 시간궁(時干宮)이 충(沖) 당하면 빨리 팔린다.
- 일간(日干)과 시간(時干)이 동궁(同宮)·비화(比和)되면, 매도는 순조롭게 진행된다.

(3) 사례

① 사례 1[12] – 주택의 매입

1999년 11월 26일 오전 8시 20분에 계축년생(癸丑年生) A씨가 주택을 사려고 하는데 길흉이 어떤지 물었다.

<己卯 乙亥 壬午 甲辰>

年干 正官 己　　天甫_巽　玄武_雀 　　 己　　杜門_巽　太陰_艮 　　 己加己爲 地戶逢鬼 伏吟軟弱 　　　　　　　　　　日墓 帶祿	劫財 癸　　天英_離　白虎_陳 　　 癸　　景門_離　軒轅_震 　　 癸加癸爲 天網四張 伏吟天羅 　　　　　　　　　　　　旺	日空 正印 辛(辛)　天芮_坤　六合_卯 　　 辛(戊)　死門_坤　太乙_坎 　　 辛加辛爲 天庭自刑 伏吟相剋 　　 辛加戊爲 反吟被傷 困龍被傷 　　　　　　　　　　時墓 養病
截空 時空 偏印 庚　　天沖_震　九地_坤 　　 庚　　傷門_震　天乙_離 　　 庚加庚爲 太白同宮 伏吟戰格 　　　　　　　　　　　　浴	偏官 戊　　　　　　咸池_兌 　　 戊 　　 辛加戊爲 反吟被傷 困龍被傷	日空 偏財 丙　　天柱_兌　太陰_酉 　　 丙　　驚門_兌　天符_中 　　 丙加丙爲 月奇悖師 伏吟弘光 　　　　　　　　　　　　死
截空 時空 正財 丁　　天任_艮　九天_乾 　　 丁　　生門_艮　招搖_巽 　　 丁加丁爲 星奇太陰 雨火成炎 　　　　　　　　　　　　生義	日干 時干　　直符 天乙 直使 比肩 壬　　天蓬_坎　直符_寅 　　 壬　　休門_坎　攝堤_坤 　　 壬加壬爲 蛇入地羅 伏吟地網 　　　　　　　　　　　　胎	月干 傷官 乙　　天心_乾　騰蛇_巳 　　 乙　　開門_乾　青龍_乾 　　 乙加乙爲 日奇伏吟 伏吟雜草 　　　　　　　　　　　　墓絶

일간궁 분석

일간(日干)은 임(壬)으로 감수궁(坎水宮)에서 흉성(凶星)인 천봉성(天蓬星)을 만났다. 천봉성이 해월(亥月)을 만나 왕성하니 천시(天時)는 얻지 못했다. 육임이 감일궁에 건록(建祿)으로 지리(地利)는 얻었다. 길문인 휴문(休門)이 있어 인화(人和)는 얻었고, 직부길장(直符吉將)이

12　將志春, 『개오지문(開悟之門)』, 268p, 중국상업출판사

있으니 신조(神助)를 얻었다. 비록 천지인신(天地人神) 중 천시(天時)는 얻지 못했지만, 임일(壬日)에 갑진시(甲辰時)로 복음격이나 천현시(天顯時)로 전혀 흉하지 않다. 구재(求財), 매방(買房), 출행(出行) 등에 이익이 있다. 주택 매입에 길하다.

일간이 구측인(求測人)이고 시간이 사체(事體)이며 양택(陽宅)이다. 일간과 시간이 감일궁에 동궁(同宮)하여 비화(比和)하니 주택 매입에 길하다.

생문궁 분석

생문(生門)이 주택이다. 간팔궁에 있어 득지(得地)하고, 구천(九天)은 고지(高地)에 있는 집이고, 길성 천임(天任)은 대길성(大吉星)으로 환경이 좋다. 격으로는 정가정위 성기태음 양화성염(丁加丁爲 星奇太陰 兩火成炎)으로 만사가 뜻대로 되는 상이다. 주택 매입에 길하다.

생극 분석

매입하려는 A씨는 계축년생(癸丑年生)으로 명년간(命年干) 육계(六癸)는 이궁(離宮)에 있으면서 생문 주택이 있는 간팔궁을 화생토(火生土)하고, 명년지(命年支) 축토(丑土)는 간팔궁과 동궁(同宮)하니 주택 매입에 길하다.

갑자무(甲子戊)가 자본이다. 육무는 곤이궁에 있고, 해월(亥月)의 토(土)는 왕상휴수사(旺相休囚死) 중 수(囚)의 상태다. 곤이궁의 수리는 2, 5, 8, 10(후천수 2, 선천수 8, 오행수 5·10)과 관련되는데, 수(囚)의 상태이므로 주택 매입액은 대략 20만 위안 근처가 적당하다.

② 사례 2[13] - 점포의 매입

1996년 5월 9일 오후 10시, 신축 중인 석가장시 태화전자상가 쇼핑몰의 상가 점포를 사려고 하는데 투자 전망이 어떤지 물었다.

<丙子 癸巳 丙午 己亥>

月干			
	截空 時空		
正官 癸 丁	天沖_震 景門_離 癸加丁爲 騰蛇妖嬌	太陰_酉 天乙_離 火焚莫逃	劫財 丁 庚	天甫_巽 死門_坤 丁加庚爲 文書阻隔	六合_卯 天符_中 火煉眞金	偏財 庚(庚) 壬(丙)	天英_離 驚門_兌 庚加壬爲 耗散少格 庚加丙爲 太白入熒	白虎_陳 咸池_兌 太白退位 太白加官
		帶祿			旺			衰 病
時干		天乙	年干 日干					
		日空						
傷官 己 癸	天任_艮 杜門_巽 己加癸爲 地刑玄武	騰蛇_巳 太陰_艮 明堂華蓋	比肩 丙	庚加丙爲	太乙_坎 太白入熒 太白加官	偏官 壬(丙) 戊(戊)	天芮_坤 開門_乾 壬加戊爲 小蛇化龍 丙加戊爲 飛鳥跌穴	玄武_雀 軒轅_震 蛇入天門 月奇得使
		浴						死
		直符						直使
		日空						
正財 辛 己	天蓬_坎 傷門_震 辛加己爲 入獄自刑	直符_寅 招搖_巽 虎坐明堂	正印 乙 辛	天心_乾 生門_艮 乙加辛爲 靑龍逃走	九天_乾 靑龍_乾 人亡財破	食神 戊 乙	天柱_兌 休門_坎 戊加乙爲 靑龍合靈	九地_坤 攝堤_坤 靑龍和會
		生養			胎			日墓 時墓 墓絶

개문궁 분석

점포를 매입하여 경영할 목적으로 용신은 개문(開門)이다. 태궁(兌宮)에 있으며 십간대응결은 병가무위 비조질혈 월기득사(丙加戊爲 飛鳥跌穴 月奇得使)로 도모하는 모든 일에 이익이 있는 길격이고, 태궁에 원래 있던 임가무위 소사화룡 사입천문(壬加戊爲 小蛇化龍 蛇入天門)은 육임 소사(小蛇)가 육무 청룡(靑龍)이 되는 길격이다. 개문궁이 길하니 점포를 구하는 일에 아주 좋다.

---

13 將志春, 『신기지문(神奇之門)』, 209p, 중국상업출판사

시간궁 분석

시간(時干)은 점사객체(占事客體)이며 점포가 되는데, 일간(日干) 병기(丙奇)가 태궁(兌宮)에서 시간(時干) 육기(六己) 진궁(震宮)을 극(剋)하니 일간이 주동적(主動的)으로 재물을 구하는 상이다. 매입이 가능하다.

생문궁 분석

부동산 투자를 할 때 집과 점포의 용신은 생문(生門)이다. 감일궁(坎一宮)에 있으니 1층에 있는 점포를 사는 게 좋고, 갑자무(甲子戊)는 자본인데 건육궁(乾六宮)에 있으니 투자액은 6천만 또는 6만 위안이 적당하다. 감일궁에 생문이 있으니 재물을 얻는 일에 길하며, 시주 순수인 갑오신(甲午辛)에 삼기(三奇)가 앉은 을기득사격(乙奇得使格)[14]으로 길격이며, 길성(吉星)인 구천(九天)이 탔으니 큰 발전의 상이다.

생극 분석

태칠궁(兌七宮)에 있는 갑자무(甲子戊) 자본이 감일궁(坎一宮)에 있는 생문(生門)을 금생수(金生水) 하는 것도 점포를 매입한 후 수익을 낼 수 있음을 말한다.

응기 시점

경문(景門)이 점포에 대한 문서이다. 손궁(巽宮)에 있는 경문(景門)이 진사(辰巳) 시공망(時空亡)을 만났다. 공망이니 현재 계약하지 않은 상태다.

5월 13일 경술일(庚戌日)과 14일 신해일(辛亥日)에 시공망(時空亡)을 대충방(對沖方)에서 충실(沖實)하니 계약하는 응기다.

---

14 을기득사격(乙奇得使格): 삼기득사격(三奇得使格) 중 하나다. 천반 을기(乙奇)가 순수인 지반 갑술기(甲戌己) 또는 갑오신(甲午辛)에 앉는 것을 말한다. 을기득사격은 사귀는 일과, 약함으로 강함을 이기는 일, 통상(通商)·구재(求財)에 길하다.

실제

5월 13일 1층 점포를 계약했고, 5월 26일 계해일(癸亥日)에 점포권리증을 받았으며, 11월에 낙성식을 했고, 1997년 1월에 영업을 시작하였다.

③ 사례 3 - 상가주택의 매입

은퇴를 앞둔 친한 형인 J는 그동안 벌어둔 자금과 일부 대출을 이용해 서울에 상가주택을 매입하려고 한다. 주말마다 부인과 임장하러 돌아다니면서 포착된 ○○구 ○○동의 오래된 상가주택이 부부의 마음에 쏙 들었다. 투자 타당성을 문의하였다.

"1983년 사용 승인된 건물인데, 노후화했어도 대지면적이 좀 넓어. 땅값만 생각해도 충분히 매력적인 물건이야. 은행 대출 사용하여 적당히 레버리지할 생각이고, 건물 내·외관 리모델링하고, 엘리베이터를 건물 바깥쪽에 새로 설치해서 공실을 다 채우면 수익률이 5% 이상은 나오겠더라고…. 나중에 이 동네 재개발되어 오를 시세차익까지 생각하면 괜찮은 투자 같은데, 마지막으로 내가 잘하는 투자인지 검토해 줘."

<壬寅 癸卯 丁卯 丁未>

正財 庚 辛 庚加辛爲 撤退碎玉 開門_乾 軒轅_震 玄武_雀 白虎干格 基 絕	偏財 辛 乙 辛加乙爲 白虎猖狂 天甫_巽 九地_坤 休門_坎 太陰_艮 人亡家敗 胎	偏印 乙(乙) 己(壬) 乙加己爲 奇入基 乙加壬爲 荷葉蓮花 天英_離 九天_乾 生門_艮 太乙_坎 日奇得使 日奇入地 生 養
劫財 丙 庚 丙加庚爲 熒惑入白 載空 時空 天任_艮 白虎_陳 驚門_兌 攝堤_坤 熒入太白 死	正官 天芮_坤 壬 乙加壬爲 荷葉蓮花 日奇入地	年干 直符 正官 壬(己) 天禽_中 直符_寅 丁(丁) 傷門_震 靑龍_乾 壬加丁爲 干合星奇 干合蛇刑 己加丁爲 朱雀入基 明堂貪生 浴
傷官 戊 丙 戊加丙爲 靑龍得明 直使 載空 時空 天蓬_坎 六合_卯 死門_坤 咸池_兌 日出東山 衰病	月干 偏官 癸 天心_乾 太陰_酉 戊 景門_離 天乙_離 癸加戊爲 天乙會合 靑龍入地 旺	日干 時干 天乙 日空 比肩 丁 天柱_兌 騰蛇_巳 癸 杜門_巽 天符_中 丁加癸爲 朱雀投江 文書有誤 日基 時基 帶祿

일간궁, 시간궁 분석

일간(日干), 시간(時干) 모두 건금궁(乾金宮)에 자리했다. 건궁의 십간대응결은 정가계(丁加癸)이다. 정가계위 주작투강 문서유오 소송필패(丁加癸爲 朱雀投江 文書有誤 訴訟必敗)이다. 정기 주작(朱雀)이 육계 천망(天網)에 갇혀, 문서가 잘못되며, 소송은 지게 된다는 뜻이다. 부동산 투자에서 가장 좋지 않은 격이다. 잡귀가 재난을 일으키는 것이다.

또 건궁에 일간 정(丁)이 두문(杜門)을 만났다. 정(丁)과 두문(杜門)이 동궁(同宮)하면 송사가 발생하거나 어려움이 발생하는 함의를 지닌다. 건궁에 흉신인 등사(螣蛇), 파군성인 천주(天柱)와 동궁하여 투자에 어려움이 예상된다. 다만, 두문(杜門)이 정위(定位)의 팔문(八門)인 개문궁(開門宮) 건궁(乾宮) 자리에 있게 되면 먼저 파재하고 후에 길해진다. 처음에 어려움을 겪다가 나중에 좋아지는 것이다.

투자금 육무(六戊)

자본 육무(六戊)는 생지(生地) 자리인 간궁(干宮)에 임하여 자산의 증식이 기대되고, 간궁의 십간대응결은 무가병(戊加丙)으로 무가병위 청룡득명 일출동산(戊加丙爲 靑龍得明 日出東山)이라 큰 산에 해가 막 떠오르는 길격이다. 새벽이 곧 물러나듯 시작은 어렵지만 나중은 길하여진다는 뜻이다. 결국에는 길한 투자가 된다.

생극 분석

간궁(艮宮)의 육무(六戊)와 곤궁(坤宮)의 생문(生門)이 비화(比和)되어 투자에 있어 길하고, 주택의 용신인 생문(生門)이 일간(日干)을 토생금(土生金)하고 있어 매입하면 이익은 볼 것으로 판단된다. 다만, 육무(六戊)가 있는 간궁(艮宮)이 시공망(時空亡)을 맞아 계획대로 흘러가지는 않게 된다. 다만, 직부(直符)가 일간과 비화(比和)하여 흉사로부터 보호해 주는 역할을 한다.

실제

몇 달 후 J 형을 만나 식사를 하게 되어, 부동산 투자 상황을 알게 되었다.

"어휴, 말도 마. 엘리베이터 신규로 설치하고, 외벽 새롭게 바꾸고 머 이런 계획을 세웠는데, 구청에서 구조변경 허가가 안 나와서 결국 엘리베이터는 설치 못 했어. 인테리어 업체랑 구청에 몇 번을 쫓아다녔는지 몰라. 근데 지금은 더 좋게 됐어. 엘리베이터 설치 비용도 굳고 어쨌든 리모델링해서 임차인도 다 채웠고, 임대료도 올렸고."

④ 사례 4 – 개발사업부지의 매입

J 대표는 지방에 대단지 아파트를 시행하고자 한다.

지방에 아파트를 시행하고자 할 때는 LH에서 공급하는 택지를 매입하거나, 토지를 직접 매입하거나 하는 방식으로 진행된다. LH에서 공급하는 택지는 신도시 개발에 간헐적으로 나올 뿐이고, 당첨될 확률도 높지 않기 때문에, 직접 매입하는 방식으로 아파트를 공급하고자 했다.

낮은 분양가로도 사업성을 갖추려면 대단지여야 했다. 그래서 한두 필지 매입하는 형식으로는 주상복합, 나홀로 아파트만 가능하기에 여러 필지를 동시에 매입하여 진행하고자 했고 그런 조건의 토지를 물색 중이었다. 그러던 차 지방에 대단지로 아파트 건설이 가능한 토지를 찾았다. K건설의 매물이었다.

K건설은 수년 전부터 아파트 자체 시행을 위해 토지를 매입하여 도시개발사업을 진행 중이었는데 회사의 자금 여력이 충분치 않아 토지 일부를 매입하지 못한 채 중단되어 있는 상태였다. 전체 대상부지에서 몇 개의 필지만을 남겨둔 상태에서 이것저것 소송이 걸려 사업이 멈춰진 상태라고 하였다.

J 대표는 K건설 아파트 건설 부지의 매입을 문의하였다.
계약금 70억 원을 K건설에 지급하면, K건설에서 미매입된 토지를 전부 매수하고, 소송을 모두 정리하는 조건이었다.

기문국을 조식하니 먼저 보이는 것은 복음국(伏吟局)이다. 책략상 움직이지 말고 경거망동하지 말아야 한다. 주동적으로 움직이면 파재한다.

<辛丑 丙申 丙午 甲午>

年干 時干　　　直符 天乙 直使 　　　　　　　　　　　載空 時空 正財 辛　　　天甫_巽 直符_寅 　　　辛　　　杜門_巽 攝堤_坤 　　　辛加辛爲 天庭自刑 伏吟相剋 　　　　　　　　　　　　　帶 祿	月干 日干 比肩 丙　　　天英_離 九天_乾 　　　丙　　　景門_離 青龍_乾 　　　丙加丙爲 月奇悖師 伏吟弘光 　　　　　　　　　　　　　　　旺	正官 癸(癸)　天芮_坤 九地_坤 　　　癸(庚)　死門_坤 招搖_巽 　　　癸加癸爲 天網四張 伏吟天羅 　　　癸加庚爲 反吟浸白 太白入網 　　　　　　　　　　　時墓 衰 病
日空 偏官 壬　　　天冲_震 螣蛇_巳 　　　壬　　　傷門_震 軒轅_震 　　　壬加壬爲 蛇入地羅 伏吟地網 　　　　　　　　　　　　　　浴	偏財　　 　　　庚　　　　　　太乙_坎 　　　癸加庚爲 反吟浸白 太白入網	食神 戊　　　天柱_兌 玄武_雀 　　　戊　　　驚門_兌 太陰_艮 　　　戊加戊爲 青龍伏吟 伏吟岐山 　　　　　　　　　　　　　　死
日空 正印 乙　　　天任_艮 太陰_酉 　　　乙　　　生門_艮 咸池_兌 　　　乙加乙爲 日奇伏吟 伏吟雜草 　　　　　　　　　　　　　生 義	劫財 丁　　　天蓬_坎 六合_卯 　　　丁　　　休門_坎 天符_中 　　　丁加丁爲 星奇太陰 兩火成炎 　　　　　　　　　　　　　　胎	傷官 己　　　天心_乾 白虎_陳 　　　己　　　開門_乾 天乙_離 　　　己加己爲 地戶逢鬼 伏吟軟弱 　　　　　　　　　　　日墓 墓 絶

일간궁 분석

　　일간(日干)이 리궁(離宮)에 앉았다. 십간대응결은 병가병위 월기패사 복음홍광 유용무모 파모손실(丙加丙爲 月奇悖師 伏吟弘光 有勇無謀 破耗損失)이라 하여 불이 겹쳐 있으니 실속이 없고, 용기는 있으나 꾀가 없어 손실을 당한다고 하였다. 병기 월기(月奇)가 겹쳐 있으니, 문서가 꼬이든지 문서를 잃는다.

　　또 일간 병(丙)이 있는 리궁에 경문(景門)이 동궁(同宮)하였다. 병(丙)과 경문(景門)의 동궁은 문서는 급박하여도 급히 서두르면 불리하다는 함의가 있다. 문점자는 좀 더 시간을 두고 상황을 지켜보는 것이 맞을 것이다.

　　그럼에도 일간이 이궁(離宮)에서 간궁(艮宮)의 생문(生門)과 곤궁(坤

宮)의 사문(死門)을 화생토(火生土)하니 문점자가 이 토지를 사고 싶어 안달 난 상황인 듯하다.

거래상대방 상황

거래상대방인 시간(時干)은 손목궁(巽木宮)에 앉아 일간을 목생화(木生火)하고 있다. 거래상대방인 K건설도 토지를 팔고 싶어 한다.

시간(時干) 신(辛)이 사지(死地) 앉은 채로 시공망(時空亡)을 맞았다. 거래상대방이 공망을 맞으면 매도자가 구멍에 빠져 없는 형국이라 거래가 성사되지 않는다.

손궁(巽宮)의 십간대응결 신가신(辛加辛)은 사사로운 이익을 취하여 스스로 죄를 뒤집어쓴다는 의미를 갖고 있다. 또 시간에 두문(杜門)이 임하여 물건의 하자를 내부적으로 꼭꼭 숨겨둔 모양새다.

시간궁에 신(辛)과 두문(杜門)이 함께하였는데 이는 타인을 상하게 하고 송사가 발생하는 뜻을 가졌다. 시간궁을 분석해 보니 역시 매매거래가 길하지 못하다.

토지매매거래 상황

문점자의 토지매매자금은 자본 무(戊)로, 태궁(兌宮) 사지(死地)에 앉아 현무(玄武)와 동궁(同宮)했다. 정상적인 자금이 아닌 사채와 같은 비정상적 자금의 성격이다. 문점자는 무리하게 자금을 끌어와 토지대를 지불하려는 것이다. 그렇기 때문에 거래가 잘못되면 큰 손실을 볼 수 있다.

매도자도 산전수전 다 겪은 회사인데 단지 70억 원이 없어서 매도하지는 않을 것 같고 뭔가 다른 의도가 있을 것으로 보았다.

인허가

 도시개발사업에서 가장 중요한 것은 결국 인허가이고, 기문국에서 인허가 증명서는 정(丁)을 용신(用神)으로 하는데, 정(丁)이 휴문(休門), 천봉(天蓬)과 동궁하여 허가받기 어려울 것으로 판단했기 때문에, 토지 매입에 관한 계약조건에 특약사항으로 인허가를 매도인이 완료하는 것과 완료 시점을 특정할 것을 추가하라고 주문하였다.

실제

 상담하고 수주 후 문점자인 J 대표는 토지매매계약서에 날인하고 계약금 70억 원을 지급하였다.

 그러나 계약금 납입 후 6개월이 지나도 매도자의 책임인 사업시행인가 취득을 K건설에서는 성사시키지 못했다. 계약금 납입 후 2년여를 끌다 계약해지 사유로 간신히 계약금만 돌려받았다.

 상담 시 주문한 대로 '특정기간 정지조건부 계약'을 체결하였으면 매도자의 귀책으로 벌써 계약금을 돌려받아야 했으나, J 대표는 그 부분을 간과했다.

 비록 계약금 원금을 돌려받긴 했으나 사채를 끌어다 계약금을 지불한 J 대표는 2년의 기회비용과 이자 등 매몰 비용이 꽤 많이 들었을 것이다.

⑤ 사례 5 – 토지 매매 시기

B 여사는 20여 년을 넘게 보유 중이던 나대지를 최근 부동산에 내놓았다. 현재 자금 소요가 당장 있는 건 아니지만, 본인이 계획하는 일의 실행을 위해 시간적 여유를 두고 부동산에 매도 의뢰한 것이다.

아파트와 같이 하나의 상품처럼 정형화되고 가격 예측이 가능한 부동산은 시장가 수준이거나 조금 낮추면 매매가 쉽게 성사된다. 그러나 토지는 경기의 변동, 금리의 동향, 그 지역의 개발계획 등 고려해야 할 요소가 많기에 매수자가 나타나지 않으면 거래가 좀처럼 성사되지 않는다.

토지는 언제쯤 매매가 성사될 것인가?

<甲辰 甲戌 己巳 辛未>

	月干 日干	直使
偏官 乙 癸 乙加癸爲 華蓋逐星 傷門_震 軒轅_震 祿野朝露 帶祿	比肩 己 戊 己加戊爲 犬遇靑龍 六合天門 天任_艮 六合_卯 杜門_巽 咸池_兌 旺	截空 偏印 丁(丁) 天沖_震 太陰_酉 丙(壬) 景門_離 天符_中 丁加丙爲 姮娥奔月 星隨月轉 丁加壬爲 星奇得使 玉神互合 衰 病
時干 天乙	年干	截空
食神 辛 丁 辛加丁爲 獄神得奇 白虎受傷 天心_乾 玄武_雀 生門_艮 招搖_巽 浴	正財 壬 攝堤_坤 丁加壬爲 星奇得使 玉神互合 胎	偏財 癸 天甫_巽 螣蛇_巳 庚 死門_坤 天乙_離 癸加庚爲 反吟浸白 太白入網 死
		直符
傷官 庚 己 庚加己爲 太白大刑 官符刑格 天柱_兌 九地_坤 休門_坎 太陰_艮 時墓 生 義	正印 丙(壬) 天芮_坤 九天_乾 乙(乙) 開門_乾 靑龍_乾 丙加乙爲 艶陽麗花 日月幷行 壬加乙爲 逐水桃花 小蛇得勢 胎	日空 時空 劫財 戊 天英_離 直符_寅 辛 驚門_兌 太乙_坎 戊加辛爲 靑龍折足 反吟浚氣 日墓 墓絶

일간궁, 시간궁 분석

일간(日干)은 문점자(問占者)로 리궁(離宮)에 앉았다. 매매 상대방 또는 매도하려는 물건의 용신인 시간(時干)은 진궁(震宮)에서 일간을 목생화(木生火)하고 있다. 시간이 일간을 생(生)하면 물건이 팔리지 않는다고 해석한다. 토지는 쉽게 팔리지 않을 것이다.

일간은 리궁(離宮)에 앉아 외반(外盤)에, 시간은 진궁(震宮)에 앉아 내반(內盤)에 갈라져 앉아 있다. 일간과 시간이 내·외반에 나누어져 있으면 늦게 팔리게 된다. 종합해 보면 토지는 쉽게 팔리지 않고 팔려도 늦게 팔릴 것이다.

매매 예상 시점
응기 시점은 다음과 같다.

❶ 직사문(直使門)이 위치한 곤궁 지지인 미월·신월(未月·申月)인 대략 이듬해 양력 7월·8월
❷ 생문(生門)이 진궁에 앉아 대충(對沖)하는 태궁(兌宮)의 지지로 보아 응기는 유월(酉月)인 이듬해 양력 9월
❸ 지반(地盤)에 있는 시간(時干)의 지지로 보아, 지반 시간(時干)인 앉은 건궁의 지지를 응기로 본다. 따라서 술월·해월(戌月·亥月)이므로 이듬해 양력 10월·11월로 예측된다.

일간(日干)과 시간(時干)이 모두 외반에 있다면 매매 시기가 매우 늦기 때문에 술월·해월로 보는 게 맞으나, 일간은 외반에 시간은 내반에 있기 다소 늦은 중간 지점인 유월로 보는 게 타당할 것으로 보인다.

⑥ 사례 6[15] - 술집의 임대연장

1995년 10월 21일 오전 10시, 경영 상태가 좋지 못한 술집을 운영 중인 장 사장이 현재 술집의 임대 갱신과 석가장에 위치한 홍콩 푸드 시티라는 또 다른 점포의 임대가 가능한지 물었다.

<乙亥 丙戌 乙酉 辛巳>

年干 日干				天乙 直使		直符	
比肩 乙 壬	天英_離 死門_坤 乙加壬爲 荷葉蓮花	太陰_酉 天符_兌 日奇入地	食神 丁(辛) 乙(乙) 丁加乙爲 辛加乙爲	天芮_坤 驚門_兌 星奇日耀 白虎猖狂	螣蛇_巳 天乙_離 燒田種作 人亡家敗	偏財 己(己) 丁(辛) 己加丁爲 己加辛爲	載空 日空 時空 天柱_兌 直符_寅 開門_乾 咸池_兌 朱雀入墓 明堂貪生 濕泥汚玉 游魂入墓 日墓衰病
		帶祿			旺		
			時干				時空
正印 壬 癸	天甫_巽 景門_離 壬加癸爲 幼女姦淫	六合_卯 青龍_乾 陰鬱重地	偏官 辛 己加辛爲	招搖_巽 濕泥汚玉 游魂入墓		正官 庚 己 庚加己爲	天心_乾 九天_乾 休門_坎 攝提_坤 太白大刑 官符刑格
		浴					死
			月干				
偏印 癸 戊	天沖_震 杜門_巽 癸加戊爲 天乙會合	白虎_陳 太乙_坎 青龍入地	正財 戊 丙 戊加丙爲	天任_艮 傷門_震 青龍得明	玄武_雀 太陰_艮 日出東山	傷官 丙 庚 丙加庚爲	天蓬_坎 九地_坤 生門_艮 軒轅_震 熒惑入白 熒入太白
		時墓 生養			胎		墓 絶

질문자의 과거 상황

지반(地盤)의 을기(乙奇)는 질문자의 이전 상황을 말한다. 지반 을기는 이궁(離宮)에 있다. 이궁에는 천예(天芮) 병성(病星)이 있고, 흉문인 경문(驚門), 흉장인 등사(螣蛇)가 있으며, 격으로는 신가을위 백호창광 인망가패(辛加乙爲 白虎猖狂 人亡家敗)가 된다. 이 중 경문(驚門)은 관사(官司)를 주도하는데 이궁에 있으니 수제(受制)는 된다. 이

---
15 將志春, 『신기지문(神奇之門)』, 204p, 중국상업출판사

는 경영 상태가 좋지 않고, 관사가 일어날 수 있으며, 사람의 협조를 못 받는 것을 말한다. 지반 을기궁에 있는 등사의 주사는 허영, 사치, 화재, 관재, 구설이다. 또한 을기궁에는 정가을위 성기일요 소전종작(丁加乙爲 星奇日耀 燒田種作)이니 마치 잡초를 태워 옥토를 만드는 것과 같은 상이니 목전에 곤경은 있으나 새로움을 찾아 재물을 만들려는 상황이다.

질문자의 현재 상황

대국(大局)을 보면, 시간(時干) 육신(六辛)이 일간(日干) 을기(乙奇)를 진극(眞剋)하는 오불우시격(五不遇時格)이다. 이 격은 백사가 개흉하고, 비록 삼기를 얻었거나 길문을 얻더라도 쓸 수 없는 격이다. 여기에 시간궁에 경문(驚門)인 흉문을 만났다. 그리고 시간궁은 일간을 기준으로 한 공망의 자리에 있다. 그러므로 근면하지 않거나 열심히 하지 않으면 성공을 할 수 없는 상황이다.

일간 을기가 있는 손사궁에 태음에 있으니 암중모색하는 상이다. 을기가 손목궁(巽木宮)의 생조를 받고 있으나, 을기는 술월(戌月)에 수(囚)의 상태이고, 흉문인 사문(死門)이 술월(戌月)을 만나 왕상(旺相)하니 성공하기 어려운 상이다.

임대차 갱신 가능성

생문(生門)이 현재의 술집이다. 임대 가능 여부는 생문궁과 일간궁의 생극(生剋)을 본다. 생문은 건육궁에 일간은 손사궁에 있다. 낙궁이 대충방(對沖方)으로 금극목(金剋木)한다. 즉, 술집이 일간을 극(剋)하므로 임대가 되지 않는다.

현재 점포의 용신은 건육궁에 있는 생문이다. 건육궁에 병가경위 형혹입백 형입태백(丙加庚爲 熒惑入白 熒入太白)으로 흉하다. 화입금향(火入金鄕)으로 문호에 재물을 잃는 일이 발생하며 도적 등으로 인한 손실이 있다. 생문에 육경이 있는 경우는 재산으로 인한 쟁송이 있고 재산에 불리하다. 또한 천봉 도적이 닿아 점포의 상황이 좋지 않다.

새로운 점포를 얻을 가능성

새로운 점포를 얻어 경영하는 것은 개문이 용신이다. 개문은 곤궁에서 시공망(時空亡)을 만났고, 개문궁에 격국이 기가정위 주작입묘 명당탐생(己加丁爲 朱雀入墓 明堂貪生)으로 옥녀(玉女)가 묘에 빠진 상으로 흉하고, 기가신위 습니오옥 유혼입묘(己加辛爲 濕泥汚玉 游魂入墓)로 습한 진흙을 뿌려 주옥을 더럽히는 흉격이다. 또한 일간낙궁(日干落宮)이 개문낙궁(開門落宮)을 목극토(木剋土)하므로 점포를 얻을 수 없다.

실제

현재의 술집을 임대 갱신하지 못했고, 새로운 점포도 얻지 못했다.

⑦ 사례 7 – 아파트 매매 시기

문점자는 신규 아파트를 분양받아서 내년에 아파트에 입주하게 된다. 입주 시기에 맞춰 현재 살고 있는 아파트를 팔고 매매대금으로 신축 아파트 잔금을 치러야 한다. 그러나 아파트를 팔고 사는 문제가 그리 간단치 않으니 제때 거래가 성사가 될 수 있을까의 걱정으로 미리 현재 사는 곳을 매도하고자 한다.

매도 후 일시적으로 다른 곳에 월세로 살다가 신축 아파트로 넘어갈 심산으로 현재 아파트 매매 시점에 대해 문점하였다.

<甲辰 丁丑 丁丑 乙巳>

年干		直符	月干 日干					日空
正官 乙 壬加乙爲	壬 天英_離 開門_乾 逐水桃花	直符_寅 攝提_坤 小蛇得勢 帶祿	比肩 壬(壬) 丁加壬爲 戊加壬爲	丁(戊) 休門_坎 星奇得使 山明水秀	天芮_坤 威池_兌 玉神互合 青龍天牢 旺	正財 丁(庚) 庚加丁爲 庚加戊爲	庚(庚) 生門_艮 亨亨之格 天乙伏宮	天柱_兌 太陰_酉 天乙_離 亭亭之格 有爐無火 時墓裏病
時干		天乙						日空
偏印 乙 丙 乙加丙爲	乙 天甫_巽 驚門_兌 三奇順逢	載空 時空 九天_乾 太乙_坎 奇儀順逢 浴	傷官 戊 庚加戊爲	戊 軒轅_震 天乙伏宮 有爐無火		食神 己 庚 己加庚爲	己 天心_乾 傷門_震 明堂伏殺	六合_卯 天符_中 顚倒刑利 死
					直使			
劫財 丙 辛 丙加辛爲	丙 天沖_震 死門_坤 日月相會	載空 時空 九地_坤 青龍_乾 丙辛相合 生義	偏財 辛 癸 辛加癸爲	辛 天任_艮 景門_離 天穴華蓋	玄武_雀 太陰_艮 天牢華蓋 胎	偏官 癸 己 癸加己爲	癸 天蓬_坎 杜門_巽 華蓋地戶	白虎_陳 招搖_巽 華蓋明堂 日墓墓絶

반음국(反吟局)

팔문반음(八門反吟)이다. 반음은 보통 매매가 빨리 이루어지나, 다른 상황도 함께 고려해야 한다. 반음국은 객(客)이 유리하므로 주동적으로 상황을 이끌고 나가야 한다.

일간궁 분석

일간(日干)은 문점자의 용신이다. 일간(日干)의 정(丁)은 축월(丑月)에 설기되었으나, 리궁(離宮)에서 왕지(旺地)이며, 무(戊) 또한 왕지이다. 상황이 나쁘지 않다.

리궁(離宮)의 십간대응결은 정가임(丁加壬)이다. 정기 성기(星奇)가 육임 천뢰(天牢)에 들어갔다. 귀인의 도움을 받고, 다툼도 해결된다. 두 번째 대응결은 무가임(戊加壬)이다. 큰 산이 큰 강을 끼고 있다. 용기백배의 자세로 임하면 모든 것이 풀린다.

팔문(八門) 휴문(休門)이 궁오행을 극하고 있다. 이 경우 객(客)은 길하고 주(主)는 어려우니 역시 주동적으로 나서야 한다.

시간궁 분석

집 매매 사연의 객체는 시간(時干)이다. 시간은 진궁(震宮)에서 을가병(乙加丙)이다. 삼기(三奇)가 순서대로 있다. 궁에서 길성(吉星) 천보성(天甫星)을 만나 매우 길하다. 흉문인 경문(驚門)을 만나니 변동수를 암시한다. 10년 살아온 집의 매매라는 문점자에게는 큰 변동이다.

시간 을(乙)이 경문(驚門)과 만났다. 이는 재물을 도모하나 득하지 못한다는 뜻으로 매매 이후 대금이 바로 들어오지 않는 것을 말한다.

거래상대방

직부궁(直符宮)은 매도인, 천을궁(天乙宮)은 거래상대방인 매수인이다. 천을(天乙)이 직부를 생(生)하거나 비화(比和)이면, 부동산 매매는 순조롭게 성사된다. 천을(天乙)은 진목궁(震木宮)에 앉았고, 직부(直符)는 손목궁(巽木宮)에 앉아 비화(比和)되니 거래가 순조로울 것이다.

주택의 매매

시간(時干)은 진궁(震宮)에서 을가병(乙加丙)이다. 삼기(三奇)가 순서대로 있다. 일간(日干)을 목생화(木生火)로 생(生)해주고 있고, 자본무(戊)도 생하고 있으나 현재 공망(空亡) 상태이다. 해공 시점에 거래가 성사된다.

매매 시점

응기 시점은 다음과 같다.

❶ 공망(空亡)인 시간(時干)이 해공(解空)되는 묘월(卯月)로 응기는 양력 3월
❷ 지반(地盤)에 있는 시간(時干)의 지지로 보아, 지반 시간(時干)인 을(乙)이 앉은 손궁(巽宮)의 지지를 응기로 본다. 따라서 진월·사월(辰月·巳月)이므로 응기는 대략 양력 4월·5월
❸ 직사문(直使門)이 위치한 곤궁 지지인 자월(子月)로 응기는 대략 양력 12월

상기의 응기 시점 중 팔문이 반음 상태이므로 쾌속·속전·신속한 응기는 ❶번의 묘월이다. 묘월에 매매가 성사될 가능성이 높다.

실제

2025년 을사년(乙巳年) 묘월(卯月) 거래가 성사되었다. 매도인은 전세로 전환하여 신축으로 이사 전까지 거주하게 되었다.

⑧ 사례 8[16] – 점포 임대는 나가는가

   석가장 물자유통센터 쇼핑몰의 대부분을 외부 임대하기로 결정하고 리원화 부매니저에게 임대업무를 일임하였다. 1996년 3월 22일[17] 오전 11시 30분, 리 부매니저는 쇼핑몰의 임대가 가능한지, 임대가 된다면 우리에게 길한지를 문의하였다.

   "첫째, 5월 1이 전후 임대가 가능하다. 구체적으로 5월 5일 후이다. 둘째, 누가 임대 들어오면 얼마 영업하지 못하고 망한다. 셋째, 관재구설이 발생한다. 넷째, 당신들은 임대료를 60만 위안을 원하나 상대방은 40만 위안만 지급하려 한다."

<丙子 辛卯 戊午 戊午>

日干 時干		天乙	直符 直使		年干	
比肩 戊 壬 戊加壬爲	天英_離 景門_離 山明水秀	九天_乾 青龍_乾 青龍天牢 衰病	正財 癸(庚) 戊(戊) 癸加戊爲 庚加戊爲	天禽_中 死門_坤 天乙會合 天乙伏宮	直符_寅 攝堤_坤 青龍入地 有爐無火 死	偏印 丙(丙) 庚(癸) 丙加庚爲 丙加癸爲	天柱_兌 驚門_兌 熒惑入白 黑雲遮日	騰蛇_巳 招搖_巽 熒入太白 華蓋悖師 基絕
偏財 壬 辛 壬加辛爲	天甫_巽 杜門_巽 淘洗珠玉	九地_坤 天符_中 騰蛇相縛 旺	正財 癸 丙加癸爲	天芮_坤 黑雲遮日	咸池_兌 華蓋悖師	正印 丁 丙 丁加丙爲	天心_乾 開門_乾 姮娥奔月	太陰_酉 天乙_離 星隨月轉 胎
月干								
傷官 辛 乙 辛加乙爲	載空 日空 時空 天沖_震 傷門_震 白虎猖狂	玄武_雀 太乙_次 人亡家敗 帶祿	正官 乙 己 乙加己爲	載空 日空 時空 天任_艮 生門_艮 日奇入基	白虎_陳 軒轅_震 日奇得使 浴	劫財 己 丁 己加丁爲	天蓬_坎 休門_坎 朱雀入基	六合_卯 太陰_艮 明堂貪生 日基 時基 生 養

---

16 將志春, 『신기지문(神奇之門)』, 213p, 중국상업출판사
17 원문에서는 1996년 3월 21일 오전 11시 10분으로 기재되었으나, 예시된 기문국과 일치하기 위하여 3월 22일 오전 11시 30분으로 변경함.

점포는 나간다

일간(日干) 무(戊)는 임대인이고, 시간(時干) 무(戊)는 임차인인데 모두 손사궁(巽四宮)에 동궁하니, 이 현상은 상대방이 나의 점포에 온다는 뜻이다. 그러니 점포를 임차하는 자가 있다.

5월 5일은 응기

시간(時干) 무(戊)는 사연의 실체인데 손궁(巽富)에 있다. 손궁이 왕한 시기가 응기이다. 또 시간(時干) 무(戊)는 자본이고, 관록지(冠祿地)에 있다. 록(祿)은 돈이다. 손궁(巽宮)이 왕(旺)하면 돈과 임차인이 들어오는데 입하절(入夏節)이 시작하는 5월 5일에 손궁(巽宮)이 왕(旺)하다.

누가 들어오면 누가 망한다

상점·점포는 개문(開門)을 용신으로 본다. 개문(開門)이 태금궁(兌金宮)에서 손목궁(巽木宮)의 시간(時干)과 일간(日干)을 극(剋)하고 있다. 이것은 임대인과 임차인에게 모두 불리하다는 것이다. 직사(值使)도 이 사연의 실체인데 직사(值使)가 사문(死門) 흉문이니 임대·개업이 흉하다고 말해준다. 직사궁(值使宮)에 경가무(庚加戊) 복궁격(伏宮格)이라 '이곳은 다른 곳보다 못하다'는 뜻이다.

시간(時干) 무(戊)도 사연의 실체인데 손궁(巽宮)에서 무가임(戊加壬) 청룡입천뢰(青龍入天牢)이다. 즉 청룡(青龍) 무(戊)가 하늘의 옥(獄)에 갇힌다는 격이고, 음양사(陰陽事)는 모두 불길하다는 뜻이다.

또 지반(地盤) 임(壬)은 손궁(巽宮)에서 격형(擊刑)이다. 그러니 크게 흉하다는 것이다.

관재 구설수

시간(時干)과 일간(日干) 무(戊)는 손궁(巽宮)에 자리했다. 손궁의 십간대응결은 무가임(戊加壬)으로 흉격이다. 경문(景門)과 무(戊)가 만나면 재물로 인해 송사가 벌어진다는 뜻이니 관재구설수가 벌어진다는 뜻이다.

임대료

임대인은 60만 위안을 요구하지만 임차인은 40만 위안을 낸다. 생문(生門)은 이윤인데 감궁(坎宮)에서 손궁(巽宮)의 일간(日干)을 생(生)한다. 감궁의 상수는 1과 6이다. 그러니 임대인이 원하는 임대료는 60만 위안으로 본다.

시간(時干) 무(戊)는 임차인이고 또 자본이다. 손사궁(巽四宮)에 있으니 상수 4와 관련 있으니, 임차인은 40만 위안만 내려 한다고 본 것이다.

실제

5월 초, '석가장 블루스카이 쇼핑몰' 측에서 물자유통센터 1층 대부분과 2층 전체를 임대하기로 합의했다. 임대인 측은 임대료로 60만 위안을 요구했으나, 블루스카이 쇼핑몰은 40만 위안만 제시했다. 결국 분기당 40만 위안의 임대료로 5년 계약을 체결했다. 5월 6일 오전, 블루스카이 쇼핑몰은 현금 40만 위안을 지불하였다. 쇼핑몰은 8월 초에 개장했지만, 불과 3개월 만에 막대한 손실로 인해 11월 중순에 문을 닫게 되었다. 리모델링 비용만 따져도 손실액은 100만 위안이다. 양측은 5년 임대 계약을 체결했으나, 블루스카이 쇼핑몰은 운영 3개월 만에 철수했다.

5. 투자(投資)·경매(競買)

(1) 용신(用神)

① 일간이 문점자(問占者), 경매 참가자이다.
② 육무(六戊)는 자본, 투자금, 매입대금이다.
③ 생문(生門)은 이윤, 이익, 매각차익, 부동산 등이다.
④ 시간(時干)은 문점자의 사연, 거래상대방, 투자대상물이다.
⑤ 월간(月干)은 경쟁자이고, 육합(六合)은 중개인이다.
⑥ 직사(直使)는 경매 책임자이다.
⑦ 직부(直符)는 시장, 시장가격이다.
⑧ 사문(死門)은 토지, 전답 등의 부동산이다.

(2) 판단기법

① 생문(生門)이 길격(吉格)·길성(吉星)을 얻거나, 삼기(三奇)를 얻고 육무(六戊)를 생(生)하면 큰 이익을 얻는다.
② 생문(生門)이 길격(吉格)·길성(吉星)을 얻거나, 삼기(三奇)를 얻고 육무(六戊)와 비화(比和)되면 이익을 얻는다.
③ 생문(生門)이 육무(六戊)를 극(剋)하면 손실을 보나, 육무가 생문을 극(剋) 크지 않은 이득을 본다.
④ 육무(六戊)가 생문(生門)을 생(生)하면 자본을 더 투자해야 이윤이 있다.
⑤ 생문(生門)이 묘절지(墓絶地)에 자리하고 흉신(凶神)·흉격(凶格)이 승하면 자본을 다 소모한다.
⑥ 시간(時干)이 일간(日干)을 생(生)하면 경매에 성공한다.
⑦ 시간(時干)이 일간(日干)을 극(剋)하면 경매에 실패한다.

(3) 사례

① 사례 1 - 비트코인 매도

3천만 원대에 비트코인 여러 개를 사서 투자한 문점자 K씨는 비트코인의 반감기가 도래, 미국 비트코인 ETF 출시, 트럼프 당선 등의 호재로 문점일 기준 1억 3,300만 원으로 크게 올랐다. 비트코인 매도 시점을 문의하였다.

<甲辰 乙亥 戊子 戊午>

月干					
正官 乙 壬 乙加壬爲 荷葉蓮花 日奇入地 帶祿	天英_離 九地_坤 景門_離 攝堤_陳	正印 丁(辛) 乙(乙) 丁加乙爲 星奇日耀 燒田種作 辛加乙爲 白虎猖狂 人亡家敗 旺	天芮_坤 玄武_雀 死門_坤 靑龍_乾	日空 劫財 己(己) 丁(辛) 己加丁爲 朱雀入墓 明堂貪生 己加辛爲 濕泥汚玉 游魂入基 衰病	日空 天柱_兌 白虎_陳 驚門_兌 招搖_艮
年干					
偏財 壬 癸 壬加癸爲 幼女姦淫 陰陽重地 浴	天甫_巽 九天_乾 杜門_巽 軒轅_震	傷官 辛 己加辛爲 濕泥汚玉 游魂入基	太乙_坎	食神 庚 己 庚加己爲 太白大刑 官符刑格 死	天心_乾 六合_卯 開門_乾 太陰_艮
		直符 直使 載空 時空	日干 時干 比肩 戊 丙 戊加丙爲 靑龍得明 日出東山 胎	天乙 載空 時空	
正財 癸 戊 癸加戊爲 天乙會合 靑龍入地 生養	天沖_震 直符_寅 傷門_震 咸池_兌		天任_艮 螣蛇_巳 生門_艮 天符_中	偏印 丙 庚 丙加庚爲 熒惑入白 熒入太白 日基 時基 絶	天蓬_坎 太陰_酉 休門_坎 天乙_離

일간궁, 시간궁 분석

일간(日干)이 감궁(坎宮)에 자리했다. 십간대응결은 무가병(戊加丙)으로 무가병위 청룡득병 일출동산(戊加丙爲 靑龍得明 日出東山)으로 큰 산에 해가 막 떠오르는 형상이다. 새벽이 곧 물러나듯 시작은 어렵지만 나중은 길하여진다는 길격이다. 승진, 재물에 매우 길하다. 감궁에 길문(吉門) 생문(生門)과 길성(吉星)인 천임성(天壬星)이 동궁하였다.

육무(六戊)와 생문(生門)이 결합되면 구재(求財), 귀인상봉, 혼인에 있어서 매우 길하며, 생문(生門)과 정위(定位)의 팔문인 휴문(休門)의 결합도 구재에 매우 길하다.

시간(時干)은 투자행위, 점사의 객체·사연으로 역시 감궁(坎宮)에서 일간(日干)과 동궁하고 있다. 일간과 시간이 동궁하면 재물을 크게 얻을 수 있고, 그 성취 시기도 빠르게 된다.

자본 무(戊)가 감궁에서 무가병(戊加丙) 길격(吉格), 생문(生門) 길문(吉門), 천임성(天任星) 길성(吉星)으로 대길하며, 생문(生門)과 동궁하여 투자에 대한 이익이 매우 크다고 볼 수 있다.

매매 시점
❶ 공망(空亡)인 감궁이 해공(解空)되는 자월(子月)로 응기는 양력 12월
❷ 지반(地盤)에 있는 시간(時干)의 지지로 보아, 지반 시간(時干)인 무(戊)가 앉은 간궁(艮宮)의 지지를 응기로 본다. 따라서 축월·인월(丑月·寅月)이므로 응기는 대략 양력 1월·2월
❸ 직사문(直使門)이 간궁(艮宮)에 있어 위와 같다.

실제
비트코인은 정축월(丁丑月) 무술일(戊戌日)인 2025년 1월 29일 역사상 최고점인 1억 5,886만 원까지 상승한 후 4월 1억 초반대로 하락하였다.

② 사례 2 - 주유소 경매

주유소를 갖는 게 수십 년 전부터 꿈이었던 문점자는 경매로 나온 ○○시 주유소를 입찰하기로 마음먹고 있다.

○○시 ○○동   1983년 보존등기
1층 주유소, 사무실   2층 근린생활시설
대지면적 913㎡   최저 매각가격 37억 원

그토록 주유소를 갖고 싶었지만, 증가하는 전기차로 인해 주유소의 수익성은 예전만 못하다 하여 취득 시 경제적으로 이득일지, 경매 참여 시 낙찰이 가능할지에 대해 문점하였다.

<癸卯 丁巳 丙寅 戊戌>

	直符					月干		直使
		戴空 時空						
正財 辛	天柱_兌	直符_寅	偏財 庚	天心_乾	騰蛇_巳	劫財 丁(丁)	天蓬_坎	太陰_酉
戊	景門_離	招搖_巽	癸	死門_坤	天乙_離	丙(己)	驚門_兌	攝堤_坤
辛加戊爲	反吟被傷	困龍被傷	庚加癸爲	反吟大格	太白沖刑	丁加丙爲	姮娥奔月	星隨月轉
		旺 衰			祿	丁加己爲	火入勾陳	星墜句陳
								浴 帶
日干								
比肩 丙(己)	天芮_坤	九天_乾	傷官 己		天符_中	偏官 壬	天任_艮	六合_卯
乙(乙)	杜門_巽	軒轅_震				辛	開門_乾	咸池_兌
丙加乙爲	艶陽麗花	日月幷行	丁加己爲	火入勾陳	星墜句陳	壬加辛爲	淘洗珠玉	騰蛇相纏
己加乙爲	柔情密意	地戶逢星						生
		病						
年干			時干		天乙			日空
正官 癸	天英_離	九地_坤	食神 戊	天甫_巽	玄武_雀	正印 乙	天沖_震	白虎_陳
壬	傷門_震	太陰_艮	丁	生門_艮	太乙_坎	庚	休門_坎	青龍_乾
癸加壬爲	復見騰蛇	沖天奔地	戊加丁爲	火燒赤壁	青龍耀明	乙加庚爲	日奇被刑	天貫落獄
		死 墓			絶			日墓 時墓 胎 養

4부. 사안별 용신 및 해단 사례

일간궁 분석

문점자인 용신은 일간(日干)이고, 진궁(震宮)에 임했다. 십간대응결은 병가을(丙加乙)로 태양이 꽃 위에서 노는 형상이다. 양(陽)인 천반 병기(丙奇)가 음(陰)의 지반 을기(乙奇)에 자연스레 놓여있는 형상이니 일월병행(日月幷行)이라고 하며, 기문길격 14격의 하나이다. 공적인 일뿐만 아니라 사적인 일에도 모두 길하다. 경매에 참여하면 좋은 소식을 듣는다.

일간(日干) 병(丙)은 진궁(震宮)이 욕지(浴地)·도화지(桃花地)이다. 꼭 사고자 하는 욕망이 강해 경제적 판단이 흐려질 수 있다. 천예성(天芮星)이 동궁했으니, 높은 가격을 지급하더라도 꼭 낙찰받으려 할 것이다. 이성적, 경제적으로 생각해야 한다. 또 일간 병(丙)은 두문(杜門)과 동궁하였는데 문건·서류·계약서의 유실 위험을 말해준다. 입찰 서류를 꼼꼼히 챙겨야 한다.

경쟁자 분석

경쟁자·동료·친구의 용신은 월간(月干)이다. 월간은 곤궁(坤宮)에 자리했다. 월간 정(丁) 또한 곤궁이 욕지·도화지이니 본 입찰 물건에 의욕을 갖고 덤벼들 가능성이 높다.

곤궁(坤宮)의 십간대응결은 정가병(丁加丙)이다. 정가병위 항아분월 성수월전(丁加丙爲 姮娥奔月 星隨月轉)으로 달이 해 위에 노닐고 아름다운 정기 옥녀(玉女)가 병기 월기(月奇)에서 노니는 격이다. 관직에 있는 이는 승진하고, 일반인도 발전의 기운이나, 즐거움이 극에 달해 후에는 흉하여질 수 있어 늙은 호랑이가 이빨을 가는 것과 같다. 마냥 길하지만은 않다.

시간궁 분석

시간(時干)은 경매 물건의 용신이면서 경매 참가 사연이다. 시간(時干)이 자리한 감궁의 십간대응결은 무가정(戊加丁)격으로 큰 산이 작은 불로 뜨거워진다. 적은 것으로 큰 것을 이기고, 작은 수로 많은 수를 이긴다. 적은 자본을 투자해서 많은 돈을 벌 수 있다. 경매 참여를 하면 낙찰을 받을 수 있다.

생극 분석

자본 육무(六戊)와 이윤 생문(生門)이 감궁(坎宮)에 동궁(同宮)했다. 구재(求財)에 있어 매우 길하고, 비도(飛到)된 생문(生門)은 정위(定位)의 팔문인 휴문(休門)과 함께하여 구재에 있어 길함을 더해준다.

시간(時干)이 감수궁(坎水宮)에서 진목궁(震木宮)의 일간(日干)을 수생목(水生木)하고 있다. 경매에 참가하면 낙찰받을 수 있다.

이윤 발생 여부

자본 무(戊)는 감궁(坎宮)에 임했는데, 길성인 천보성(天甫星)과 길문인 생문(生門), 태을(太乙)이 동궁하여 낙찰받은 후 크게 돈을 벌 수 있음을 알려준다.

실제

감정가보다 5억 원가량 더 비싼 금액으로 주유소를 낙찰받게 되었고, 1년여가 지난 시점부터 인근 일대 도시환경정비사업 추진 소식으로 부동산 업자들의 매수 문의가 끊이지 않고 있다.

③ 사례 3 – 땅에 대한 투자

경기도 여러 곳에 시네마, 웨딩홀 등을 보유하며 큰 부를 이룬 L 사장은 ○○시의 완만한 경사의 임야지를 오랫동안 관찰한 후 매수하고자 한다. 그곳을 대지정리하고 타운하우스를 분양하면 큰돈을 벌 수 있겠다는 확신이 들어서였다.

<庚子 己丑 辛巳 戊戌>

正官 丙 己 丙加己爲 火悖入刑 大地晋照 截空 時空 天蓬_坎 騰蛇_巳 傷門_震 咸池_兌 日墓 浴 帶	食神 癸 丁 癸加丁爲 騰蛇妖嬌 火焚莫逃 天任_艮 太陰_酉 杜門_巽 軒轅_震 生	時干　　　　　　　　　　天乙 正印 戊(戊) 乙(庚) 戊加乙爲 靑龍合靈 靑龍和會 戊加庚爲 天武入獄 助針爲虐 日空 天沖_震 六合_卯 景門_離 天符_中 胎 養
日干 比肩 辛 戊 辛加戊爲 反吟被傷 困龍被傷 直符 天心_乾 直符_寅 生門_艮 靑龍_乾 祿	年干 劫財 庚 戊加庚爲 天武入獄 助針爲虐 　　　　　太陰_艮	月干　　　　　　　　　　日空 偏印 己 壬 己加壬爲 反吟濁水 地網高張 天甫_巽 白虎_陳 死門_坤 太乙_坎 絶
傷官 壬 癸 壬加癸爲 幼女嘉淫 陰陽重地 天柱_兌 九天_乾 休門_坎 攝堤_坤 旺 衰	直使 偏財 乙(庚) 丙(丙) 乙加丙爲 三奇順遂 奇儀順遂 庚加丙爲 太白入熒 太白020官 天芮_坤 九地_坤 開門_乾 招搖_巽 病	偏官 丁 辛 丁加辛爲 燒殿珠玉 朱雀入獄 天英_離 玄武_雀 驚門_兌 天乙_離 時墓 死 墓

일간궁 분석

일간(日干)은 문점자이고, 진궁(震宮)에 앉았다. 진궁(震宮)은 일간(日干) 신(辛)의 절지(絶地)이다.

진궁(震宮)의 십간대응결은 신가무(辛加戊)이다. 신가무위 반음피상 곤룡피상(辛加戊爲 反吟被傷 困龍被傷)으로 백호(白虎)가 산 위에 뛰어다니다 상처를 당한다. 육무(六戊) 청룡이 자오(子午)충이 되니 곤룡피상이다. 관(官)의 일로 파재(破財)요, 망동으로 재앙을 당하니 무언가를 벌이기보다 관망하는 자세로 현 상태를 고수하는 것이 좋다.

시간궁 분석

토지 투자에 대한 점사 객체는 시간(時干)이다. 시간(時干)은 곤궁(坤宮)에 앉았는데 곤궁은 시간 무(戊)의 쇠(衰)·병지(病地)이다. 일간(日干)은 절지, 시간은 쇠·병지에 앉아 힘이 약하다.

곤궁(坤宮)의 십간대응결은 무가경(戊加庚)이다. 무가경위 천무입옥 조침위학(戊加庚爲 天武入獄 助針爲虐)으로 큰 산이 태백(太白)을 끌어안고 있고, 갑자 직부(直符)를 경금(庚金)이 극(剋)하니 직부비궁(直符飛宮)이다.

무가경(戊加庚)은 이곳은 다른 자리보다 못하다는 뜻으로 해당 부지는 투자 대상으로 적합하지 않음을 보여준다.

무(戊)와 경문(景門)의 만남은 재산으로 인한 송사가 있다는 뜻이 있으며, 경문(景門)과 사문(死門)의 결합은 전택(田宅)으로 인한 상쟁(相爭)이 발생한다는 뜻으로 역시 토지 투자 행위가 길하지 않음을 보여준다.

생극 분석

이윤·수익을 뜻하는 생문(生門)이 진목궁(震木宮)에 앉아, 곤토궁(坤土宮)의 자본 무(戊)를 목극토(木剋土)하고 있다. 투자수익은 고사하고 자본을 까먹는 형국이다.

종합적으로 검토하면 해당 토지에 대한 투자는 매우 흉하다.

실제

　L 사장은 기문점 결과와 상관없이 토지를 매매하였다. 이미 토지를 매수하고 기문점으로 확인받으러 온 것이었다. 대출 없이 전액 자기 자금으로 토지대금을 치르고 기반시설까지 조성하였는데 문제는 이후 발생했다.

　대지조성 사업이 끝난 2년 후 PF 대출을 받아 본격 타운하우스 개발사업을 시작하려 했으나, 국내 PF 금융시장의 경색으로 그 어디에서도 대출을 받을 수 없었고, 설상가상으로 해당 부지를 지나는 송전탑 이전이 무산되어 관계기관과 송사 갈등을 치르고 있다.

④ 사례 4[18] – 그림 투자

기문둔갑 노사(老師)인 두 선생(杜先生)은 허베이성 창저우시 왕 씨 (王氏)로부터 장거리 전화를 받았다.

"두 선생님, 제가 여기에 그림 한 점을 살 수 있는 기회가 있는데, 기문둔갑으로 진품인지 위조품인지 알 수 있을까요? 감정을 받아야 알겠지만 그럴 시간이 없어서요. 또 그림을 사면 이득이 되는지 판별해 주실 수 있나요?"

두 선생은 전화를 받고 기문을 검토하였다. 10분 후 두 선생은 왕 씨에게 전화를 걸어 다음과 같이 말했다.

1. 이 그림은 무채색의 그림이다.
2. 이 그림은 진품이고 유명인이 그린 수준 높은 그림이다.
3. 이 그림은 오래되었고 낡은 그림이다.
4. 당신은 이 그림을 사고 싶어 한다.
5. 당신은 이 그림을 살 수 있다.
6. 이 그림을 매입하면 이득을 본다.
7. 가격은 최저 3천 위안에서 최대 9천 위안 사이이다.
8. 매입 후 매도하면 매각차익은 8만 위안을 볼 수 있다.

이에 왕 씨는 이 그림은 농부 한 분이 직접 가져온 것으로 진품인지 확신할 수 없었다고 하며, 그림은 무채색인 수묵화이고, 진품이라 해도 화가는 '제백석' 씨로 평생 그림을 팔아 생계를 유지하여 시중에 그의 그림이 너무 많이 나돌아다녀, 샀다가 손해 볼 것 같아 걱정된다고 하였다.

전화를 받은 시간은 1997년 5월 7일 오후 5시 40분이다.

---

18 將志春, 『신기지문(神奇之門)』, 215p, 중국상업출판사

<丁丑 乙巳 乙酉 癸酉>

月干 　　　　　　　　　　　直使	直符	時干 　　　　　　　　　天乙
偏官　乙　　天沖_震　九天_乾 　　　戊　　杜門_巽　靑龍_乾 　　乙加戊爲 陰害陽門 鮮花名甁 　　　　　　　　　　　　　基絶	劫財　戊　　天甫_巽　直符_寅 　　　癸　　景門_離　攝堤_坤 　　戊加癸爲 天武地藏 岩石浸蝕 　　　　　　　　　　　　　　胎	載空 偏財　癸(癸)　天英_離　螣蛇_巳 　　　丙(己)　死門_坤　招搖_巽 　　癸加丙爲 華蓋悖師 明堂犯悖 　　癸加己爲 華蓋地戶 華蓋明堂 　　　　　　　　　　　時墓 生 義
日空 正財　壬　　天任_艮　九地_坤 　　　乙　　傷門_震　天符_中 　　壬加乙爲 逐水桃花 小蛇得勢 　　　　　　　　　　　　　　死	日干 比肩　　　　　　　　　　咸池_兌 　　　己 　　癸加己爲 華蓋地戶 華蓋明堂	載空 正印　丙(己)　天芮_坤　太陰_酉 　　　辛(辛)　驚門_兌　天乙_離 　　丙加辛爲 日月相會 丙辛相合 　　己加辛爲 濕泥汚玉 游魂入基 　　　　　　　　　　　　　　浴
年干　　　　　　　　　　　日空 偏印　丁　　天蓬_坎　玄武_雀 　　　壬　　生門_艮　太乙_坎 　　丁加壬爲 星奇得使 玉神互合 　　　　　　　　　　　日基 衰病	傷官　庚　　天心_乾　白虎_陳 　　　丁　　休門_坎　軒轅_震 　　庚加丁爲 亨亨之格 亭亭之格 　　　　　　　　　　　　　　旺	時空 食神　辛　　天柱_兌　六合_卯 　　　庚　　開門_乾　太陰_艮 　　辛加庚爲 白虎出力 虎逐太白 　　　　　　　　　　　　帶祿

그림의 상태 및 진·위품

경문(景門)이 그림의 용신이다. 경문은 이구궁에 있다. 경문궁의 의기(儀奇)는 색상을 의미한다. 의기 중 육무(六戊)는 황토색을 뜻하고, 지반 육계(六癸)는 수(水)이니 검은색이다. 그러므로 그림은 황토색과 검은색이 섞인 그림이다. 팔문복음(八門伏吟)으로 오래된 그림이다. 복음국(伏吟局)은 시간이 오래되었음을 말해 준다.

그림은 진품이다. 경문궁에 길성인 천보(天甫)가 있고, 무가계(戊加癸)는 무계상합(戊癸相合)으로 길하고, 궁에 직부길장(直符吉將)이 있어 품격 있는 그림이다.

그림의 매입 여부

물품을 매입할 때 대상 물품은 시간(時干)이고, 사는 사람은 일간

(日干)이 된다. 시간궁인 곤이궁이 일간궁인 태칠궁을 생한다. 이는 구측인이 그림을 살 수 있음을 말한다. 일간궁에 태음이 있어 오랫동안 매입할 생각을 하고 있었고, 경문(驚門)이 있어 그림 사는 것을 망설이고 있었다.

그림의 이익 여부

간팔궁(艮八宮)에 있는 이윤인 생문(生門)이 태칠궁(兌七宮)의 일간(日干)을 생(生)하고 있으니, 이익이 있다. 생문궁에 있는 현무(玄武)는 투기성이 있고, 천봉(天蓬)은 큰 이익이다.

그림의 구입 가격과 판매 가격

육무(六戊)가 자본이다. 육무는 선천(先天)으로 삼리화(三離火), 후천(後天)으로 이구궁(離九宮)에 있다. 갑자무가 이구궁에 있어 자오충(子午沖)이 된다. 매입 가격은 3천 위안에서 9천 위안 사이이다. 이윤인 생문(生門)은 간팔궁에 있고 천봉과 현무가 있으니, 8만 위안에 팔 수 있다.

실제

정단 후 1998년 3월 25일 무인년(戊寅年) 을묘월(乙卯月) 신미일(辛未日) 왕 모 씨로부터 전화가 왔다. 1997년에 그림은 3천 위안으로 출발한 경매로 구입하였고, 1998년 그림을 8만 위안에 판매하였다고 했다.

6. 대출(貸出)·추심(推尋)

(1) 용신(用神)

① 일간이 문점자(問占者)이다.
② 직부(直符)는 은행, 대출자, 채권자이다.
③ 직사(直使)는 돈 빌리려는 자, 대출 희망자이다.
④ 천을(天乙)은 채무자, 대출 희망자, 돈을 빌린 사람이다.
⑤ 은행 방위의 천반(天盤) 대출희망자, 지반(地盤) 은행이다.
⑥ 상문(傷門)은 채권추심인이다.

(2) 판단기법

<대출 가능 여부>
① 직부(直符)가 직사(直使)를 생(生)하면 대출이 성사된다.
② 직부(直符)가 직사(直使)를 극(剋)하면 대출이 되지 않는다.
③ 직사(直使)가 직부(直符)를 생(生)하면 대출이 되지 않는다.
④ 직사(直使)가 직부(直符)를 극(剋)하면 대출이 성사된다.
⑤ 직부(直符)와 사문(死門) 또는 두문(杜門)과 동궁이면, 대출이 되지 않는다.
⑥ 직부(直符) 또는 직사(直使)가 공망이면, 대출 불가능하다.
⑦ 은행 방위 지반이 천반을 생하면 대출이 성사되고, 천반이 지반을 생하거나 비화, 상극되면 대출이 성사되지 않는다.
⑧ 은행 방위의 궁에 임한 구성(九星)이 대출희망자, 궁(宮)이 은행이다. 궁오행(宮五行)이 구성오행(九星五行)을 생(生)하면 대출이 성사되고, 극(剋)하면 대출이 성사되지 않는다.
⑨ 은행 방위 궁이 공망이면 대출은 성사되지 않는다.

<대출 상환 여부>
① 직부(直符)가 천을(天乙)을 극(剋)하면 대출금 회수가 가능하고, 천을이 직부를 극(剋)하면 회수가 불가하다.
② 천을(天乙)이 직부(直符)를 생(生)하면 대출금 회수가 가능하고, 직부가 천을을 생하면 회수가 불가하다.
③ 상문(傷門)이 천을을 극하면 대출금 회수가 가능하다.
④ 천을이 상문을 극하면 대출금 회수가 불가능하다.
⑤ 상문과 천을이 함께 직부를 생하면, 대출금과 이자를 모두 회수할 수 있다.
⑥ 상문과 천을이 함께 직부를 극하면, 대출금과 이자를 모두 회수할 수 없다.
⑦ 상문이 직부를 생하고, 천을을 극하면, 회수할 수 있다.
⑧ 상문이 천을을 생하고, 직부를 극하면, 회수하지 못한다.
⑨ 상문과 천을이 동궁, 비화이면 빚을 받아 온다.
⑩ 생문과 천을이 함께 직부를 극하면, 대출금이 손실되어 회수가 어렵다.
⑪ 생문과 천을이 함께 직부를 생하면, 대출금과 이자를 모두 회수할 수 있다.
⑫ 육무(六戊)가 개문을 만나고 내궁에 임할 경우, 채무를 빨리 회수할 수 있다.

<대출 상환 채무자의 상태>
① 천을(天乙)이 격국이 길하고, 길문이며, 육무(六戊)가 왕상하면 채무자는 갚을 여력이 있다.
② 육무(六戊)가 격형(擊刑)이거나, 경(庚)과 동궁이거나, 합(合)을 당하면 채무자는 자금이 부족하거나, 돈이 묶여 있어 상환하지 못한다.
③ 천을이 경(庚)과 동궁하여 직부를 극하면 채무 상환과 관련하여 송사가 발생한다.

④ 손궁에 자리한 직부가 천을을 극하고, 정(丁) 또는 경문(景門)과 동궁해도 소송사가 있게 된다.
⑤ 천을이 휴수하고 무력하면, 비록 직부궁을 생하여도, 채무자는 상환할 능력이 없다.
⑥ 천을이 휴수하고 상문을 생(生)하면, 비록 상환할 마음은 있어도 상환할 능력이 없다.
⑦ 천을이 천봉이나 현무와 동궁하여 직부를 극하면, 채무자는 고의로 상환하지 않는다.
⑧ 천을이 등사와 동궁이면 채무자는 교활한 거짓말을 한다.
⑨ 천을이 개문과 동궁이면 빚을 상환하려 하고, 사문과 동궁이면 갚지 않으려 한다.
⑩ 천을이 공망이면 빚 받으러 가도 만나지 못한다.

(3) 사례

① **사례 1[19] – 은행 대출 가능 여부**

1997년 1월 22일 오전 10시 12분, '석가장 물자무역센터' 장숙순 씨가 찾아와 은행에서 300만 위안의 대출을 받을 수 있는지 문의하였다. 은행의 위치는 문점자의 동쪽 방향에 위치해 있다.

<丙子 辛丑 甲子 己巳>

日干		直符	時干		天乙			
								載空
比肩	戊	天沖_震 直符_寅	劫財	己	天甫_巽 螣蛇_巳	正印	丁(丁)	天英_離 太陰_酉
	己	景門_離 靑龍_乾		丁	死門_坤 攝堤_坤		乙(庚)	驚門_兌 招搖_巽
	戊加己爲 天門蒙塵 物以流聚		己加丁爲 朱雀入墓 明堂貪生		丁加乙爲 星奇日耀 燒田種作			
							丁加庚爲 文書阻隔 火煉眞金	
		帶祿			旺			日墓衰病
								載空
正財	癸	天任_艮 九天_乾	食神			正官	乙(庚)	天芮_坤 六合_卯
	戊	杜門_巽 天符_中		庚	咸池_兌		壬(壬)	開門_乾 天乙_離
	癸加戊爲 天乙會合 靑龍入地		丁加庚爲 文書阻隔 火煉眞金		乙加壬爲 荷葉蓮花 日奇入地			
							庚加壬爲 耗散少格 太白退位	
		浴						死
年干		直使	月干					日空 時空
偏印	丙	天蓬_坎 九地_坤	傷官	辛	天心_乾 玄武_雀	偏財	壬	天柱_兌 白虎_陳
	癸	傷門_震 太乙_坎		丙	生門_艮 軒轅_震		辛	休門_坎 太陰_艮
	丙加癸爲 黑雲遮日 華蓋悖師		辛加丙爲 干合悖師 天庭得明		壬加辛爲 淘洗珠玉 螣蛇相纏			
		時墓 生義			胎			墓絶

1법 : 직부(直符)는 은행, 천을(天乙)은 차입인

직부(直符) 천충성(天沖星)은 손궁에 있고, 천을(天乙) 천보성(天甫星)은 이궁에 있다. 손목궁(巽木宮)이 이화궁(離火宮)을 목생화(木生火)하니 대출이 가능하다. 단, 손궁은 내궁(內宮)이요 이궁은 외궁(外宮)으로 일내일외(一內一外)이니 긴밀한 관계는 떨어진다.

---

19 將志春,『신기지문(神奇之門)』, 219p, 중국상업출판사

2법 : 직부(直符)는 은행, 직사(直使)는 대출 희망자

직부(直符)는 손궁에, 직사(直使)는 간궁에 있다. 손목궁(巽木宮)이 간팔궁(艮土宮)을 목극토(木剋土)하니 대출이 안 된다.

3법 : 시간 대출받은 사연, 일간은 차입인

시간(時干)은 사체(事體)이며 사안(事案)이다. 시간궁인 이궁에 사문인 흉문이 있다. 일간 손목궁(巽木宮)이 시간 이화궁(離火宮)을 목생토(木生火)하는 것은 대출 가능 여부가 상관없다. 이궁에 사문(死門)이 있어 불가능하다.[死門主辦事不成]

4법 : 은행은 위치궁, 차입인은 위치궁의 구성

은행은 진궁의 방향에 있다. 대출 희망자는 진삼궁의 구성(九星)인 천임이다. 진목궁(震木宮)이 천임토성(天任土星)을 목극토(木剋土)하니 대출이 안 된다.

종합적으로 보면 1법만 대출 가능하고, 2~4법이 대출 불가능하므로 대출이 불가능하다고 판단한다.

실제
문점자는 대출을 받지 못했다.

② 사례 2 - 지인에게 꿔준 돈 회수

A씨는 장사하면서 알게 된 4살 많은 B씨, C씨와 친하게 지냈다. A씨는 생전 돈 얘기를 꺼내지 않던 B형이 급히 500만 원만 빌려달라 하여 1달 후에 갚는 조건으로 빌려주었다. 1달, 2달이 지나도 상환은 하지 않은 상태에서 오늘 만나기로 하였는데 돈을 갚겠는가?

<壬寅 己酉 甲子 辛未>

	月干		直使
			載空
正官 乙　天蓬_坎　白虎_陳 　　 癸　傷門_震　太陰_艮 　　乙加癸爲 華蓋逢星 祿野朝露 　　　　　　　時墓帶祿	劫財 己　天任_艮　六合_卯 　　 戊　杜門_巽　軒轅_震 　　己加戊爲 犬遇靑龍 六合天門 　　　　　　　　　　　旺	正印 丁(丁)　天沖_震　太陰_酉 　　 丙(壬)　景門_離　太乙_坎 　　丁加丙爲 姮娥奔月 星隨月轉 　　丁加壬爲 星奇得使 玉神互合 　　　　　　　日墓衰病
時干　　　　　　　天乙	年干		載空
傷官 辛　天心_乾　玄武_雀 　　 丁　生門_艮　天乙_離 　　辛加丁爲 獄神得奇 白虎受傷 　　　　　　　　　　浴	偏財 　　 壬　　　　　　咸池_兌 　　丁加壬爲 星奇得使 玉神互合	正財 癸　天甫_巽　騰蛇_巳 　　 庚　死門_坤　天符_中 　　癸加庚爲 反吟浸白 太白入網 　　　　　　　　　　　死
	日干		直符
			日空 時空
食神 庚　天柱_兌　九地_坤 　　 己　休門_坎　招搖_巽 　　庚加己爲 太白大刑 官符刑格 　　　　　　　　　　生義	偏印 丙(壬)　天芮_坤　九天_乾 　　 乙(乙)　開門_乾　攝堤_坤 　　丙加乙爲 艶陽麗花 日月幷行 　　壬加乙爲 逐水桃花 小蛇得勢 　　　　　　　　　　　胎	比肩 戊　天英_離　直符_寅 　　 辛　驚門_兌　靑龍_乾 　　戊加辛爲 靑龍折足 反吟洩氣 　　　　　　　　　　基絶

채무자의 상황

채무자 B씨의 대표 부호는 천을(天乙)로 진궁(震宮)에 있다.

진궁의 십간대응결은 신가정(辛加丁)이다. 신가정위 옥신득기(獄神得奇)라 육신(六辛) 옥신(獄神)이 정기 성기(星奇)를 만나 재물이 느는 즐거움이 있다. 진궁에 현무(玄武)가 임했는데 현무는 도적, 교활한 마음, 사기, 좀도둑을 상징하는 대표 용신으로 천을(天乙)에 현무(玄武)가 동궁하면 교활한 마음으로 빚을 갚을 마음이 없는 것으로 해석할 수 있다.

채권자의 상황

채권자는 직부(直符)로 건궁(乾宮)에 자리하였다. 건궁의 격국은 무가신(戊加辛)으로 무가신위 청룡절족 반음설기(戊加辛爲 靑龍折足 反吟洩氣)라 하여 갑자무(甲子戊)와 갑오신(甲午辛)이 자오충(子午沖)하여 청룡의 다리를 부러뜨리는 형국이다. 재물을 잃거나, 다리를 다칠 수 있고, 상처를 입는다. 채권회수 차원에서는 이자는 고사하고 원금을 다 받지 못할 수도 있다고 해석된다. 경문(驚門)이 무(戊)와 만나 기다리는 소식은 오지 않고 손재수가 있다. 오늘 만나서 빚의 상환을 기대했던 A씨는 오늘 받을 수 없다.

빌린 돈은 받을 수 있는가

직부궁(直符宮)인 건궁(乾宮)에 경문(驚門)이 비도(飛到)되었다. 정위(定位)의 팔문(八門) 개문(開門) 자리인 건궁에 경문(驚門)이 앉으면 관사의 우려는 있으나 귀인을 만날 것이니 흉하지 않다고 한다.

직부(直符)는 건금궁(乾金宮)에서 진목궁(震木宮)의 천을(天乙)을 금극목(金剋木)하고 있다. C와 함께 동석하여 함께 빌린 돈을 요구하면 갚을 것이다.

언제 갚는가

직부(直符)가 시공망(時空亡) 상태이다. 공망이 해공(解空)되는 1~2개월 후인 술·해월(戌·亥月)에 받을 수 있다.

③ 사례 3[20] – 채권 회수

1994년 7월 23일 아침 6시, 서북방에 있는 사람에게 빌려준 돈을 받기 위해 출발한다. 돈을 받을 수 있을지 정단했다.

<甲戌 辛未 庚戌 己卯>

月干		
劫財 辛 辛 辛加辛爲 天庭自刑 伏吟相剋 旺 衰	偏官 丙 丙 丙加丙爲 月奇悖師 伏吟弘光 祿	傷官 癸(癸) 天芮_坤 太陰_酉 癸(庚) 景門_離 天乙_離 癸加癸爲 天網四張 伏吟天羅 癸加庚爲 反吟浸白 太白入網 載空 時空 浴 帶
	日干	
食神 壬 壬 壬加壬爲 蛇入地羅 伏吟地網 日空 病	比肩 庚 青龍_乾 癸加庚爲 反吟浸白 太白入網	偏印 戊 天柱_兌 騰蛇_巳 戊 死門_坤 招搖_巽 戊加戊爲 青龍伏吟 伏吟峻山 時空 生
		直便 年干 時干 直符 天乙
正財 乙 乙 天任_艮 九地_坤 休門_坎 軒轅_震 乙加乙爲 日奇伏吟 伏吟雜草 日空 日墓 時墓 死墓	正官 丁 丁 丁加丁爲 星奇太陰 兩火成炎 絶	正印 己 天心_乾 直符_寅 己 驚門_兌 天符_中 己加己爲 地戶逢鬼 伏吟軟弱 胎 養

채무자의 상황

천을(天乙)은 채무자이다. 천을구성(天乙九星)인 천심(天心)이 건육궁(乾六宮)에 있어 복음(伏吟)이다. 복음인 경우 채무자는 피해 숨어 있는 경우다.

채권회수

상문(傷門)은 추심인, 채무 독촉자이다. 상문은 손사궁(巽四宮)에 있

---

20 將志春, 『신기지문(神奇之門)』, 226p, 중국상업출판사

다. 천을(天乙)이 있는 건육궁으로부터 금극목(金剋木)으로 수극(受剋)되니 빚 독촉의 효과가 없다.

빚을 받기 위해 간 방향은 서북방으로 건육궁 방향이다. 건육궁의 격이 기가기위 지호봉귀 복음연약(己加己爲 地戶逢鬼 伏吟軟弱)으로 모래를 모래 위에 쌓듯 범사에 실패하는 상이다.

경문(驚門)이 정위의 팔문 개문(開門)과 만났으니 관사의 우려가 있으나 흉하지는 않다. 직부길장(直符吉將)이 있어 백 가지 재앙을 해소하니 돌아오는 길은 안전하다.

실제
돈을 빌려준 사람은 아무 소득 없이 돌아왔다.

④ 사례 4 - PF대출 승인

저자 본인이 모 증권사 팀장으로 재직하던 2016년의 일이다.

성남시 신흥역 바로 옆 반듯한 나대지를 매매 계약한 시행사 대표가 회사로 찾아와 PF대출을 요청하였다.

연면적 1만 평이 넘는 건물 전체를 상업시설로 계획하고 있었다. 당시 본인이 속한 회사에서는 상업시설 PF에 대해 단 한 차례도 대출 승인이 난 사례가 없어 나를 포함한 팀 전원이 불가능하다고 판단했다.

주저하던 나는 힘이 들지만 여러 차례 반복 도전하면 대출이 가능하다는 기문점의 해석대로 의지를 갖고 회사 승인 프로세스를 진행하였다.

<丙申 癸巳 甲辰 辛未>

年干						直符
						載空
偏財 丙 癸	天心_乾 九地_坤 死門_坤 攝堤_坤 丙加癸爲 黑雲遮日 華蓋悖師 時墓浴帶	偏印 庚 己	天蓬_坎 九天_乾 驚門_兌 咸池_兌 庚加己爲 太白大刑 官符刑格 生	偏官 戊(戊) 辛(丁)	天任_艮 直符_寅 開門_乾 天乙_離 戊加辛爲 青龍折足 反吟洩氣 戊加丁爲 火燒赤壁 青龍耀明 日墓 胎 養	
		日干				
						載空
傷官 乙 壬	天柱_兌 玄武_雀 景門_離 太乙_坎 乙加壬爲 荷葉蓮花 日奇入地 祿	正財 	丁 軒轅_震 戊加丁爲 火燒赤壁 青龍耀明	比肩 壬 乙	天沖_震 螣蛇_巳 休門_坎 天符_中 壬加乙爲 逐水桃花 小蛇得勢 絶	
時干				月干		直使
		日空				時空
正印 辛(丁) 戊(戊)	天芮_坤 白虎_艮 杜門_巽 青龍_乾 辛加戊爲 反吟被傷 困龍被傷 丁加戊爲 有火有爐 青龍轉光 旺 衰	正官 己 庚	天英_離 六合_卯 傷門_震 太陰_艮 己加庚爲 明堂伏殺 顚倒刑利 病	劫財 癸 丙	天甫_巽 太陰_酉 生門_艮 招搖_巽 癸加丙爲 華蓋悖師 明堂犯悖 死墓	

기문국 분석

　천봉반음국(天蓬反吟局)이다. 같은 일을 하더라도 몇 번의 반복이 필요하며, 반음에서는 주(主)보다 객(客)이 유리하기 때문에 적극적, 능동적, 주동적으로 움직여야 성취할 수 있다. 흉사를 상징하는 육경(六庚)이 리궁(離宮)에서 태궁(兌宮) 일간(日干)을 극(剋)하고 있어 전반적으로 일이 순조롭게 진행되지 않는다.

대출심의

　대출 심의의 객체는 시간(時干)을 용신으로 한다. 시간은 간궁(艮宮)에 있다. 시간 육신(六辛)은 간궁에서 포태법상 태(胎)·양(養)이다. 새로운 일에 대한 탄생의 기운이 응축되고 있다.

　십간대응결은 신가무(辛加戊) 용호쟁강(龍虎爭强)이다. 신가무위 반음피상 곤룡피상(辛加戊爲 反吟被傷 困龍被傷)이라 용과 호랑이가 싸우고, 백호(白虎)가 산 위에 뛰어다니다 상처를 당한다는 격이다. 또 다른 대응결은 정가무(丁加戊)로 정기 옥녀(玉女)가 육무 천문(天門)에서 노닐고, 불이 화로에 있다는 뜻으로 직장인은 승진하고, 상인은 재물을 얻으며, 모든 일에 성공을 기약한다는 길의(吉意)의 대응결도 함께했다.

　회사에서 최종 심의된 대출승인서는 정(丁)을 대표 용신으로 삼는다. 정(丁)은 시간(時干)과 동궁하며, 두문(杜門), 백호(白虎)와 만났다. 두문의 영향으로 승인서는 감춰져 있어 나올 기미가 안 보이고, 백호는 몸과 마음이 피폐해지는 것을 의미한다.

생극 분석

　문점자인 나는 일간(日干)이다. 일간은 태궁(兌宮)에 임했다. 격국은 임가을(壬加乙)로 재물과 명예를 얻는 일에 길하다.

시간이 간토궁(艮土宮)에서 일간 태금궁(兌金宮)을 토생금(土生金)하고 있다.

은행, 대출기관인 직부(直符)가 곤토궁(坤土宮)에서 직사(直使) 건금궁(乾金宮)을 토생금(土生金)한다. 직부가 직사를 생하면 대출이 가능하다.

한편, 최종 의사결정자를 직부(直符)로 보는데 곤토궁(坤土宮)에서 일간 태금궁(兌金宮)을 토생금(土生金)하고 있다. 회사 최종결정권자가 지지한다고 해석한다.

종합적으로 고려하면, 과정이 힘들겠지만 여러 번 주도적으로 도전하면 회사에서 대출이 승인될 것으로 판단된다.

대출 이익
곤궁(坤宮)에 있는 자본 무(戊)가 건궁(乾宮)의 생문(生門)을 생하고 있다. 이렇게 자본 무(戊)가 생문(生門)을 생(生)해 줄 때는 투자 자본금 또는 대출금을 늘리면 더 큰 수익을 기대할 수 있다.

실제
2016년 6월부터 올린 심의는 12차례 심의를 진행한 끝에 2016년 11월 30일이 되어서야 대출승인이 되었다. 당초 대출금 480억 원에서 870억 원 증액되고 전액을 당사에서 대출하였다. 분양 개시 후 얼마 지나지 않아 분양률 100%를 달성하여 모두에게 성공적인 사업이 되었다.

⑤ 사례 5 – 공사 미수금 회수

Y씨는 경남에서 나름 견실하게 오랫동안 건설사를 운영해 온 오너·대표이사이다. 지역 관급공사 위주에서 사세 확장을 위해 경기 ○○시에 타운하우스 공사 일부를 맡게 되었다.

공사기성에 따른 공사비는 받았으나, 공사잔금 일부 및 추가 공사비를 지급받지 못하고 있다. 급격한 부동산 경기 위축으로 분양률이 저조하여 발생한 결과였다.

공사비 미수금을 받을 수 있는지 문의하였다.

<甲辰 己巳 庚辰 庚辰>

年干								日干 時干			天乙
食神	壬	天英_離	玄武_雀	正官	丁(戊)	天芮_坤	九地_坤	比肩	庚(庚)	天柱_兌	截空 日空 時空 九天_乾
	乙	休門_坎	太陰_艮		壬(壬)	生門_艮	招搖_巽		丁(戊)	傷門_震	青龍_乾
	壬加乙爲	逐水桃花	小蛇得勢		丁加壬爲	星奇得使	玉神互合		庚加丁爲	亨亨之格	亭亭之格
					戊加壬爲	山明水秀	青龍天牢		庚加戊爲	天乙伏宮	有爐無火
			浴 帶				生				胎 養
			直使	月干							直符
正財	乙	天甫_巽	白虎_陳	偏印				正印	己	天心_乾	日空 時空 直符_寅
	丙	開門_乾	咸池_兌		戊		天乙_離		庚	杜門_巽	攝堤_坤
	乙加丙爲	三奇順遂	奇儀順遂		庚加戊爲	天乙伏宮	有爐無火		己加庚爲	明堂伏殺	顚倒刑利
			祿								絶
偏官	丙	天沖_震	六合_卯	劫財	辛	天任_艮	太陰_酉	傷官	癸	天蓬_坎	騰蛇_巳
	辛	驚門_兌	軒轅_震		癸	死門_坤	天符_中		己	景門_離	太乙_坎
	丙加辛爲	日月相會	丙辛相合		辛加癸爲	天穴華蓋	天牢華蓋		癸加己爲	華蓋地戶	華蓋明堂
			日墓 時墓 旺 衰				病				死 墓

직부궁 분석

직부(直符)는 채권자로 태금궁(兌金宮)에 앉았다. 태궁의 십간대응결은 기가경(己加庚)이다. 육기(六奇) 지호(地戶)가 육경(六庚) 태백(太白)의 살기를 안고 있다. 송사가 있다면 선동자가 불리하고, 음성(陰星)이 있다면 음모가 있다.

직부궁의 팔문은 두문(杜門)이다. 두문(杜門)과 기(己)가 만났다. 타인을 헤치려 암암리에 도모하고 시비를 초래하며, 두문(杜門)과 정위의 팔문 경문(驚門)이 결합하면 걱정, 근심, 놀랄 일, 관재소송 등이 발생한다.

직부궁을 분석해 보면 채권자인 Y 대표는 주도적으로 미수금 채권을 받으려고 도모하면 오히려 불리한 것으로 해석된다.

채무자 분석

천을(天乙)은 채무자이다. 건궁(乾宮)에서 십간대응결은 경가정(庚加丁)이다. 경가정위 형형지격 정정지격(庚加丁爲 亨亨之格, 亨亨之格) 문길즉길 문흉즉흉(門吉則吉 門凶則凶)이다. 남녀관계나 바르지 못한 일을 하다가 시비와 관사(官事)가 있다. 길문이면 구함이 있으나 흉문이면 흉하다. 건궁에 흉문 상문(傷門)이 들어 채무자의 상황이 좋지 않다.

또 다른 십간대응결은 경가무(庚加戊)이다. 경가무위 유로무화(庚加戊爲 有爐無火)로 화로에 불이 없다. 애만 쓰고 결과가 없고 큰일을 이루기는 어렵고 험한 형국이다.

상문(傷門)이 정위(定位)의 팔문(八門) 사문(死門) 자리인 곤궁(坤宮)에 드니 관사, 문건, 서류, 소식 방면에 흉하다. 또 상문(傷門)과 경

(庚)이 만나 옥살이를 하고 곤장을 맞는다. 천을궁이 흉격과 흉문으로 공사비를 지급하고 싶어도 지급할 돈이 없다.

미수채권회수

상문(傷門)은 미수금을 재촉하거나 받으러 간 자이다. 곤궁에서 천을과 동궁하여 직부를 생하고 있다. 상문과 천을이 동궁하여 함께 직부를 생하기에 미수금과 지연이자를 모두 받을 수 있다.

지급받는 시기

일간(日干)과 시간(時干)이 모두 외반(外盤)에 있으니 미수금은 매우 늦게 받을 수 있을 것이다. 현재 직부(直符)와 직사(直使)가 모두 공망(空亡)이니 해공(解空)되는 시점에 받겠다. 해공되는 시점은 미월(未月)·신월(申月)·유월(酉月)인데 일간과 시간 모두 외반에 있어 가장 늦은 유월이 가능성이 높다.

실제

갑진년(甲辰年) 유월(酉月) 미수금을 변제받았다.

⑥ 사례 6 - 대출금 회수

광역시 소재 정형외과 의사인 W씨는 친동생에게 제법 큰 돈을 빌려주었다.

친동생은 대형 카페를 서울 교외에 차리려는데 당초 계획보다 많은 자금이 소요되어, 형에게 도움을 요청했고 친형제지간이라 차용증 없이, 이자도 합의한 바 없이 거금을 전달했다. 자리 잡히는 대로 갚는다는 것이 일종의 대출금 만기였다.

와이프 모르게 여기저기서 본인 신용으로 융통하여 거금을 빌려줬기에 대출한 지 1년이 넘는 시점에서 돈은 받을 수 있을지에 대해 문점하였다.

<癸卯 戊午 己亥 戊辰>

日干								
			日空	偏印 丁	天英_離 太陰_酉		偏官 乙(乙)	天芮_坤 六合_卯 截空
比肩 己 己	天甫_巽 開門_乾	騰蛇_巳 咸池_兌		丁	休門_坎 軒轅_震		乙(庚)	生門_艮 天符_中
己加己爲 地戶逢鬼 伏吟軟弱				丁加丁爲 星奇太陰 兩火成炎			乙加乙爲 日奇伏吟 伏吟雜草 乙加庚爲 日奇被刑 天貫落獄	
			旺 衰			祿		浴 帶
月干 時干		直符 天乙		傷官				直使 截空
劫財 戊 戊	天沖_震 驚門_兌	直符_寅 靑龍_乾		庚	太陰_艮		正財 壬 壬	天柱_兌 白虎_陳 傷門_震 太乙_坎
戊加戊爲 靑龍伏吟 伏吟峻山				乙加庚爲 日奇被刑 天貫落獄			壬加壬爲 蛇入地羅 伏吟地網	
			病					生
年干				正印 丙	天蓬_坎 九地_坤		食神 辛	天心_乾 玄武_雀 時空
偏財 癸 癸	天任_艮 死門_坤	九天_乾 攝堤_坤		丙	景門_離 招搖_巽		辛	杜門_巽 天乙_離
癸加癸爲 天網四張 伏吟天羅				丙加丙爲 月奇悖師 伏吟弘光			辛加辛爲 天庭自刑 伏吟相剋	
			日墓 死 墓			絶		時墓 胎 養

기문국 분석

천봉구성(天蓬九星)이 복음(伏吟)이다. 구성이 복음이면 투자, 대출, 구재 방면에 불길하다. 팔문(八門)이 반음(反吟)이다. 팔문이 반음이면 고서에 이르기를 유보난류(有寶難留)라 하여, 보물이 있더라도 내 손에 들어오지 않는다는 격이라 했다.

팔문 반음은 재물을 구하는 데 불리하고 본전마저 날아간다. 또 반음은 원행(遠行)에 불리하여, 대출 기간이 오래될수록 대출금 원금 회수는 더 어려워질 것이다.

대출금 자본 무(戊)

무(戊)는 자본이고 생문(生門)은 이윤이다. 무(戊)가 복음이니 만사가 막히고, 무엇인가 도모하면 흉하게 된다. 더욱이 금전거래는 더욱 그렇다.

진궁(震宮)에 거한 무(戊)는 육의격형(六儀擊刑)으로 도모하는 일마다 곤란한 일에 처하며, 자본 무(戊)는 곤궁에 거한 생문(生門)을 목극토(木剋土)하고 있다. 무(戊)는 진삼궁(震三宮)에 자리하고 있으니, 후천수로 3, 선천수로 4, 오행수 8의 상수를 가진다. 부인 몰래 융통하여 대출해 줬으니 3~4억 원이 될 것이다.

생문은 이윤인데 곤궁에서 을가을(乙加乙)이라 본분을 지키고 가만히 있으면 길하나, 움직이면 불리하니 투자하는 행위는 이미 불리한 상황에 놓인 것이다. 생문에 경(庚)이 임하고 있어 이윤을 막는다. 파산을 의미하기도 한다.

시간궁 분석

빌려주는 행위, 투자하는 행위는 점사객체로 시간(時干)을 용신으로 한다. 시간(時干)이 진궁(震宮)에 임하여 역시 육의격형(六儀擊刑)이다. 매매·장사·투자에서 자본 무(戊)가 격형을 맞으면 자본금은 날아간다. 또 시간(時干)이 무(戊)인데, 경문(驚門)과 동궁이니 재물은 손실을 보고 소식은 막힌다는 뜻이다.

W씨는 친동생에게 대출해 준 게 아니고, 미래에 대한 투자라고 생각하며 살아야 마음이 편하다.

⑦ 사례 7[21] - 빌려준 돈을 받을 수 있는지

1995년 9월 12일 오전 8시 30분에 동북방으로 빚을 받으러 가는데 받을 수 있는지 물었다.

<乙亥 乙酉 丙午 壬辰>

日干 比肩　丙 　　　庚 丙加庚爲　熒惑入白 時墓 喪 病	截空 天任_艮　太陰_酉 生門_艮　攝堤_坤 熒入太白	正財　辛 　　　丁 辛加丁爲　獄神得奇 死	時空 天沖_震　螣蛇_巳 傷門_震　青龍_乾 白虎受傷	直符 直使 偏財　庚(庚)　天甫_巽　直符_寅 　　　壬(己)　杜門_巽　招搖_巽 庚加壬爲　耗散少格　太白退位 庚加己爲　太白大刑　官符刑格 墓 絶
正官　癸 　　　辛 癸加辛爲　陽變陰盛 旺	日空 天蓬_坎　六合_卯 休門_坎　軒轅_震 網蟄天牢	傷官　己 庚加己爲　太白大刑 	太乙_坎 官符刑格	劫財　丁　天英_離　九天_乾 　　　乙　景門_離　太陰_艮 丁加乙爲　星奇日耀　燒田種作 胎
食神　戊 　　　丙 戊加丙爲　青龍得明 帶祿	日空 天心_乾　白虎_陳 開門_乾　咸池_兌 日出東山	年干　月干 正印　乙 　　　癸 乙加癸爲　華蓋逢星 浴	天柱_兌　玄武_雀 驚門_兌　天符_中 祿野朝霧	時干　　　　　　　　天乙 偏官　壬(己)　天芮_坤　九地_坤 　　　戊(戊)　死門_坤　天乙_離 壬加戊爲　小蛇化龍　蛇入天門 己加戊爲　犬遇青龍　六合天門 日墓 生 養

상문은 독촉인

이구궁(離九宮)에 있는 상문(傷門) 빚을 받을 사람인 곤이궁(坤二宮)의 직부구성(直符九星)을 리생곤(離生坤)하므로 빚을 받을 사람에게 유리하다.

천을구성은 돈 빌린 사람

건육궁(乾六宮)의 천을구성(天乙九星)을 독촉인 상문(傷門)이 건극리

---

21 將志春,『신기지문(神奇之門)』, 225p, 중국상업출판사

(乾剋離)하므로 빚을 환수할 수 있다.

소거방은 동북방

빚을 받으러 가는 소거방(所去方)은 간팔궁(艮八宮)의 동북 방향이다. 간팔궁에 길문인 개문(開門)이 있고, 격이 무가정위 화소적벽 청룡요명(戊加丁爲 火燒赤壁 靑龍耀明)으로 동작대리(動作大利)하여 성공의 상이다. 간팔궁에 무가정(戊加丁)이 있고, 기묘(奇墓), 궁박(宮迫), 문박(門迫)을 만나지 않아 시비도 없다.

응기의 속도

독촉인 상문, 빌린 사람인 천을구성, 빌려준 사람인 직부구성이 모두 음둔(陰遁) 내반(內盤)에 있어 응기(應期)의 속도가 빠르다. 오늘 중으로 받을 수 있다.

실제

9월 12일 오전 9시 30분에 동북 방향으로 출발하여, 10시 5분에 빌린 사람을 찾아, 오후 1시 50분에 빌려준 10만 위안 중을 회수했다.

⑧ 사례 8[22] - 여자 친구에게 돈을 빌릴 수 있는지

오랜 기간 기문둔갑을 공부한 랴오닝성 류원위안(劉文元) 학생의 사례이다. '류원위안'은 1997년 9월 3일(음력 8월 2일) 오전 9시 50분 버스에서 옛 친구 '류강'을 만났다. 친구 류강은 여자 친구에게 5천 위안을 빌려서 사업을 시작하려는데 빌릴 수 있겠는지 문의하였다. 친구인 류강은 기유년생(己酉年生), 여자 친구는 병진년생(丙辰年生)이다. 돈을 빌릴 수 있을까?

<丁丑 戊申 戊申 丁巳>

年干 時干			天乙							
正印	丁 辛 丁加辛爲	天蓬_坎 開門_乾 燒殿珠玉	玄武_雀 天乙_離 朱雀入獄	正官	乙 丙 乙加丙爲	天任_艮 休門_坎 三奇順遂	白虎_陳 招搖_巽 奇儀順遂	偏財	壬(壬) 癸(庚) 壬加癸爲 壬加庚爲	天沖_震 生門_艮 幼女嘉淫 騰蛇相繞	六合_卯 攝堤_坤 陰陽重地 太白擒蛇
			胎 養				絶				死 基
劫財	己 壬 己加壬爲	天心_乾 驚門_兌 反吟濁水	日空 九地_坤 太乙_坎 地網高張	食神		庚 壬加庚爲	太陰_艮 騰蛇相繞 太白擒蛇	傷官	辛 戊 辛加戊爲	天甫_巽 傷門_震 反吟被傷	太陰_酉 青龍_乾 困龍被傷
			生								病
月干 日干		直使				直符					
比肩	戊 乙 戊加乙爲	載空 日空 時空 天柱_兌 九天_乾 死門_坤 天符_中 青龍合靈 青龍和會		正財	癸(庚) 丁(丁) 癸加丁爲 庚加丁爲	載空 日空 天芮_坤 直符_寅 景門_離 軒轅_震 騰蛇妖嬌 火焚莫逃 亨亨之格 亨亨之格		偏印	丙 己 丙加己爲	天英_離 杜門_巽 火悖入刑	騰蛇_巳 咸池_兌 大地晋照
			時基 浴 帶				祿				日基 旺 衰

손사궁(巽四宮)에 있는 정기(丁奇) 시간(時干)이 간팔궁(艮八宮)에 있는 육무(六戊) 일간(日干)을 손극간(巽剋艮)하므로 돈을 빌리지 못한다. 일간궁에 흉문인 사문(死門)이 있고, 시공망(時空亡)을 만나 목적

---

22 將志春, 『개오지문(開悟之門)』, 194p, 중국상업출판사

을 이루지 못한다. 대국(大局)으로 보면 팔문반음(八門反吟)이고 직사팔문(直使八門)이 사문이다. 이런 국인 경우 도중에 실패한다.

직부는 '대출자', 직사는 '빌리는 사람'

직부구성(直符九星) 천예(天芮)는 감일궁(坎一宮)에 있고, 격은 계가정위 등사요교 화분막도(癸加丁爲 騰蛇妖嬌 火焚莫逃)로 불이 나도 도망갈 길이 없는 흉격이다. 직사팔문(直使八門) 사문(死門)은 간팔궁에 있고, 격은 무가을위 청룡합령 청룡화회(戊加乙爲 靑龍合靈 靑龍和會)로 만사가 개길하긴 하나 길문인 경우는 길하며, 흉문이면 흉하다. 사문은 흉문이니 흉한 격이다. 직부궁과 직사궁의 격이 모두 흉한 중, 흉성을 만났으며, 시공망을 만났고, 직사궁이 직부궁을 간극감(艮剋坎)하므로 돈을 빌리지 못한다.

명년간은 정단의 보조용신

여자 친구의 연명은 병진(丙辰)이다. 명년간 병기(丙奇)는 건육궁(乾六宮)에서 입묘(入墓)되는 중 흉문인 두문(杜門)을 만났고, 팔장 등사(騰蛇)는 허영·사치·구설을 이끌며 성실하지 못하고 믿음이 없는 상이다. 명년간궁을 종합할 때 여자 친구는 돈이 없다. 빌리는 사람의 연명은 기유(己酉)이다. 명년간 육기(六奇)는 진삼궁(震三宮)이 사지(死地)인 중 흉문인 경문(驚門)을 만났고, 팔장 구지(九地)는 폐쇄호정지신(閉鎖好靜之神)이다. 빌리는 사람의 명년간궁을 종합할 때 돈을 빌리기 어렵다. 여기에 여자 친구의 명년간궁이 빌리는 사람의 명년간궁을 건극진(乾剋震)한다. 그러므로 돈을 빌릴 수 없다.

실제

친구 '류강'은 여자 친구로부터 5천 위안을 빌리지 못했다.

7. 민사안건(民事案件)·민사소송(民死訴訟)

(1) 용신(用神)

① 일간이 문점자(問占者)이다.
② 직부(直符)는 원고(原告)이다.
③ 천을(天乙)은 피고(被告)이다.
④ 개문(開門)이 법관(法官), 법원(法院)이다.
⑤ 경문(驚門)이 변호사이다.
⑥ 경문(景門), 정기(丁奇)는 소송장이다.
⑦ 육합(六合)이 증인, 증거이다.

(2) 판단기법

① 직부(直符)가 천을(天乙)을 극(剋)하면 원고는 피고를 용서하지 않는다.
② 천을(天乙)이 직부(直符)를 극(剋)하면 피고는 원고를 용서하지 않는다.
③ 직부와 천을을 생(生)하면 원고가 화해를 구하며, 천을이 직부를 생하면 피고가 화해할 마음이 있다. 직부와 천을이 비화(比和)하면 화해가 성립된다.
④ 개문(開門)이 직부(直符)를 생(生)하면 원고가 승소한다.
⑤ 개문(開門)이 천을(天乙)을 생(生)하면 피고가 승소한다.
⑥ 개문(開門)이 직부와 천을을 모두 생(生)하면 원고와 피고는 합의에 이를 수 있고, 직부와 천을을 모두 극(剋)하면 모두 잘못함이 있음을 판결한다.
⑦ 개문(開門)이 입묘(入墓)되면 재판의 결과는 정확하지 않고 신뢰하기 어려우며, 공망이면 처리하지 않으려 한다.

⑧ 개문(開門)이 경(庚)과 동궁하거나, 충을 맞으면 재판 일정은 빨리 진행되고, 합(合)이 되면 부득이하게 지연된다.
⑨ 개문(開門)이 병(丙)과 동궁이면 재판관의 권위위세가 강하고, 등사와 동궁이면 사건과 사적 연관이 있거나 무리한 주문을 한다.
⑩ 반음국(反吟局)이면 재판을 두 번 하거나, 두 개의 법원을 걸쳐 재판하게 된다.
⑪ 경문(景門)이 길성(吉星)·길격(吉格)·길신(吉神)과 함께하면 소송 내용은 정확하고 근거가 분명하다.
⑫ 경문(景門)이 흉성(凶星)·흉격(凶格)·흉신(凶神)과 함께하면 소송장의 내용은 사실과 다르고, 근거가 부족하며 악의적이다.
⑬ 경문(景門)이 등사(螣蛇)와 동궁 시 소송장은 도리에 맞지 않으며, 현무(玄武)와 동궁 시 소송 내용은 사실과 다르다.
⑭ 개문이 경문(景門)을 생(生)하면 법원에서 소송장을 받아들이며, 극(剋)하면 받아들이지 않는다.
⑮ 경문(景門)이 공망이면 아직 소송장을 접수하지 않았다.
⑯ 일간(日干)이 입묘 또는 천라지망이면 소송을 진행하는 것보다 합의 보는 것이 유리하다.
⑰ 오불우시격(五不遇時格)이면 재판에서 승소하기 어렵다.
⑱ 천반은 원고, 지반은 피고인데, 무가병(戊加丙)은 피고가 유리하고, 원고가 불리하며, 병가무(丙加戊)는 원고가 유리하고 피고가 불리하다.
⑲ 구둔격, 삼사오가격은 유리한 사람을 찾아 도움을 받으면 승소하고 옥녀수문격은 암암리에 해를 끼치는 자가 있다.

(3) 사례

① 사례 1 – 과다 청구된 수도세

L씨는 성수동에서 구제 옷을 파는 자영업자이다. 4층 규모의 건물에서 3층 약 전용 30평가량 임차하여 영업을 시작한 게 3년 전이다. 건물이 노후화됐지만 주변 상권이 발전하여 끊임없이 유동 인구가 유입되고 손님도 늘어나 투자 자본을 회수하였고 돈도 어느 정도 벌었다고 한다.

그런데 건물이 노후화돼서 화장실 위생도 그렇고 주차도 불편하며 가장 큰 문제는 가끔 단전되어 영업하는 데 어려움이 있었다. 이번에 같은 지역, 다른 건물로 확장하여 이전하려고 건물주에게 퇴거 통보하니, 며칠 후 미납 수도세 1,100만 원을 내밀었다.

처음 임차할 때 따로 관리비가 없고, 문제가 생기면 건물주가 직접 해결하는 방식이었고, 수도세는 한 번도 별도 고지 안 하길래 임차인도 잊고 지낸 과실이 있다고 한다. 그런데 퇴거 통보하니 갑자기 거금의 수도세를 청구하여 무척이나 당황하였다.

> "건물주께서는 4층 건물에 수도계량기는 1개이고, 그 금액을 입주한 업체 간에 수도사용량을 감안하여 합리적으로 배분한 것이라 해요. 그런데 1층엔 식당과 커피숍, 2층엔 호프집, 3층은 구제 옷 매장(문점자 본인), 4층에 바(Bar)가 입주해 있습니다. 아마 나이 드신 건물주께서 수도사용량 많은 호프집, 식당, 바 등과 같이 획일적으로 N분의 1로 나눈 것 같아요. 괘씸죄도 추가된 것 같고요."

<甲辰 壬申 乙丑 辛巳>

		時干　　　　　　　　　　天乙
傷官　丙(壬)　天芮_坤　白虎_陳 　　　癸(癸)　景門_離　咸池_兌 　　丙加癸爲 黑雲遮日 華蓋悖師 　　壬加癸爲 幼女姦淫 陰陽重地 　　　　　　　　　　　時墓旺衰	載空 正官　庚　　　天柱_兌　六合_卯 　　　戊　　　死門_坤　攝堤_坤 　　庚加戊爲 天乙伏宮 有爐無火 　　　　　　　　　　　　　禄	載空　時空 偏官　辛(辛)　天心_乾　太陰_酉 　　　丙(壬)　驚門_兌　天乙_離 　　辛加丙爲 干合悖師 天庭得明 　　辛加壬爲 寒塘月影 凶蛇入獄 　　　　　　　　　　　浴　帶
	年干　月干	日干
正財　戊　　　天英_離　玄武_雀 　　　丁　　　杜門_巽　太陰_艮 　　戊加丁爲 火燒赤壁 青龍耀明	正印　壬　　　　　　　青龍_乾 　　　辛加壬爲 寒塘月影 凶蛇入獄 　　　　　　　　　　　　　病	時空 比肩　乙　　　天蓬_坎　騰蛇_巳 　　　庚　　　開門_乾　招搖_巽 　　乙加庚爲 日奇被刑 天貴落獄 　　　　　　　　　　　　　生
		直符
	直使	日空
偏印　癸　　　天甫_巽　九地_坤 　　　己　　　傷門_震　軒轅_震 　　癸加己爲 華蓋地戶 華蓋明堂 　　　　　　　　　　　　死　墓	食神　丁　　　天沖_震　九天_乾 　　　乙　　　生門_艮　太乙_坎 　　丁加乙爲 星奇日耀 燒田種作 　　　　　　　　　　　　　絶	偏財　己　　　天任_艮　直符_寅 　　　辛　　　休門_坎　天符_中 　　己加辛爲 濕泥汚玉 游魂入墓 　　　　　　　　　　日墓 胎 養

일간궁 분석

일간(日干)은 문점자이고 임차인이다. 십간대응결은 을가경(乙加庚)이다. 일기(日奇)가 경금(庚金)에 의해 잘라진다. 여자로 인한 쟁투, 불화가 있거나 재물로 인한 분쟁이 발생한다. 일간궁(日干宮)인 태궁(兌宮)에 개문(開門)이 비도(飛到)되어 정위(定位)의 경문(驚門)과 만났다. 만사는 불리한 형국인데, 일간궁의 등사(騰蛇)로 상황이 꼬여 있는 듯 보인다.

시간궁 분석

시간(時干)은 임대인이자 건물주이다. 곤궁(坤宮)에서 대응결은 신가병(辛加丙)이다. 병기(丙奇) 명당에 육신(六辛) 천진(天進)이 닿는 것이니 이익을 증가시키는 기운은 있으나, 육신 백호(白虎)의 영향으로, 재물로 인해 소송 등의 다툼은 피하지 못한다. 또 다른 대응결은 신가임(辛加壬)으로 신가임위 한당월영 흉사입옥(辛加壬爲 寒塘月影 凶蛇入獄)이다. 주옥을 빠뜨린 차가운 연못에 달그림자만 비춘다. 움직이나 실속 없고 헛된 이름만 남긴다. 육임 흉사가 육신 뇌옥(牢獄)에 들었다. 송사는 멈추지 않으며 먼저 움직이는 것은 이익이 없다.

법관은 개문(開門)

개문(開門)은 법관인데 태궁(兌宮)에서 공망(空亡)을 맞았다. 개문이 공망이면 이 사건을 법원에서 판결하지 않으려 한다. 또 경문(景門)은 소송장인데 손궁(巽宮)에서 흉격, 흉성과 함께 있다. 소송장 내용이 허위이며 근거가 없다는 뜻이다. 또 태금궁(兌金宮)의 개문(開門)이 손목궁(巽木宮)의 경문(景門)을 금극목(金剋木)하고 있어 법원에서 소송 내용을 있는 그대로 받아들이지 않는다.

직부(直符)는 원고(原告)이고 건금궁(乾金宮)에, 천을(天乙)은 피고(被告)이고 곤궁(坤土宮)에 임했다. 개문이 태궁에서 직부(直符)와 동궁하여 원고가 유리한 것 같지만 직부(直符)와 천을(天乙) 모두 시공망(時空亡)을 맞았다.

생극 분석

일간궁과 시간궁에서 격국을 보면 누구에게도 유리하지 않은 것으로 분석된다. 임대인인 시간이 임차인인 일간을 토생금하고, 임차인인 피고 천을이 임대인인 원고 직부를 역시 토생금(土生金)하니 서로 법원 판결까지 가지 않으려 한다.

적당한 선에서 합의 보는 것이 유리하다. 자본 무(戊)가 진궁에 임한다. 진궁은 3, 2, 8을 상징한다. 300만 원은 임대인이 거부할 듯하고 800만 원 선에서 조정될 것으로 보인다.

② **사례 2 – 상가 명도소송**

J 대표는 강남 논현동 부근에 4층 건물을 보유하고 있다.

새로운 사업과 자녀 증여를 위해 보유 건물을 매매하기로 하고 매수자와 계약서를 체결하였다.

매수자인 ○○법인은 매매 후 철거하여 신축하는 것을 원했기에 임차인 명도를 매도자 비용과 책임으로 완료할 것을 요구하여 특약사항으로 매매계약서에 반영하였다.

단 한 점포만 빼고는 명도를 완료하였으나, 명도를 거부한 임차인은 현재 묵시적 갱신 상태이며, 임대료를 띄엄띄엄 지급하고 있었다. 2개월 밀린 후 1개월 치 넣고 또 밀리는 형식이었다.

3기의 차임액에 해당하는 금액에 이르도록 차임을 연체한 사실이 있는 경우 퇴거 요구는 상가건물 임대차보호법상 정당한 임대인의 권리지만, 해당 임차인은 귀신같이 미납을 3개월까지 가지 않는 치밀하고 주도면밀한 세입자이다.

철거를 이유로 명도소송을 진행한다고 협박도 하고, 으름장을 놓아도 전혀 동요하는 게 없는 그 임차인 때문에 자칫 매매계약이 깨질까 하는 우려가 있다.

임차인과의 명도소송으로 가면 어떤지, 명도소송으로 가면 승산이 있는지, 다른 방법이 없는지를 문점하였다.

<甲辰 癸酉 甲午 己巳>

年干				日干				直使			
傷官	壬	天沖_震	白虎_陳 日空	比肩	辛	天甫_巽	六合_卯	正官	丙(丙)	天英_離	太陰_酉 載空
	辛	景門_離	天符_中		丙	死門_坤	天乙_離		癸(庚)	驚門_兌	咸池_兌
	壬加辛爲	淘洗珠玉	螣蛇相纏		辛加丙爲	干合悖師	天庭得明		丙加癸爲	黑雲遮日	華蓋悖師
			衰病				死		丙加庚爲	熒惑入白	熒入太白 日墓墓絶
偏財	乙	天任_艮	玄武_雀	劫財				食神	癸(庚)	天芮_坤	螣蛇_巳 載空
	壬	杜門_巽	青龍_乾		庚		招搖_巽		戊(戊)	開門_乾	攝提_坤
	乙加壬爲	荷葉蓮花	日奇入地		丙加庚爲	熒惑入白	熒入太白		癸加戊爲	天乙會合	青龍入地
			旺						庚加戊爲	天乙伏宮	有爐無火 胎
				時干			天乙				直符 時空
偏官	丁	天蓬_坎	九地_坤	偏印	己	天心_乾	九天_乾	正印	戊	天柱_兌	直符_寅
	乙	傷門_震	太乙_坎		丁	生門_艮	太陰_艮		己	休門_坎	軒轅_震
	丁加乙爲	星奇日耀	燒田種作		己加丁爲	朱雀入墓	明堂貪生		戊加己爲	天門蒙塵	物以流聚
			時墓帶祿				浴				生義

직부궁 분석

　명도소송에서의 승패 여부를 점단하므로 임대인인 J 대표를 원고(原告)로 본다. 기문점에서 원고는 직부(直符)를 용신으로 한다. 직부는 건궁(乾宮)에 임하고 있다.

　건궁의 십간대응결은 무가기(戊加己)로 귀인(貴人)이 육기 지호(地戶)인 옥에 있으니 귀인입옥(貴人入獄)이다. 공사(公私) 간에 좋은 게 없다. 큰 산 작은 산이 모여 있다. 매사 공허로 끝이 나니 흉하다.

　또한 무(戊)는 입묘(入墓)되었고 공망(空亡)에 빠져서 매매대금이 없어질 듯 보인다. 다 된 밥에 재 뿌려질 상황이다. 다만 휴문(休門)과 갑자무(甲子戊)가 함께하니 이번 고비만 넘기면 큰 재물이 들어오고 휴문(休門)과 정위(定位)의 팔문인 개문(開門)이 결합했으니 재물 추구하는 데 길함이 있을 것이다.

천을궁 분석
임차인은 명도소송에서 피고(被告)이며 용신은 천을(天乙)이다. 천을은 감궁(坎宮)에 자리하였고 대응결은 기가정(己加丁)이다. 지호(地戶)인 묘 속에 주작(朱雀)을 들인다. 소식이나 다툼은 처음에는 굽은 것이 종래는 바르게 되는 것으로 보나 결국 고목에 눈이 덮이는 결과를 낳는다.

감궁(坎宮)에 태음(太陰)이 임하였다. 음흉하고 주도면밀하다. 생문(生門)이 있어 이번 사안으로 많은 돈을 벌 수 있다. 생문과 기(己)의 동궁은 귀인의 도움이 있다는 얘기다. 임차인은 전문성이 있는 누군가가 명도소송 관련 조언을 받고 있다. 감궁에 구천(九天)이 임해 임차인은 원하는 돈을 받으면 멀리 떠날 것이다.

생극 분석
법원(法院)·법관(法官)을 상징하는 개문(開門)이 태금궁(兌金宮)에서 임차인인 천을을 금생수(金生水)하고 있다. 소송으로 가면 이기기 어렵다.

이기지도 못할 소송은 하지 않는 게 상책이다. 직부궁이 건궁에서 감궁의 천을을 금생수(金生水)하고 있으므로 합의로 마무리 지어야 한다. 자본 무가 건궁에 있으니 관련된 수는 1, 6이다. 관련된 숫자 범위 내에서 합의금이 선정될 것이다.

실제
명도합의금은 1억 5천만 원 선에서 합의되었다.

③ 사례 3 - 이혼 소송

부인인 E씨는 회사 동료와 오피스 허즈밴드를 넘어 깊은 관계로 발전하였고, 이를 의심한 남편이 탐정을 고용하여 증거를 채집하고 이혼소송을 법원에 신청하였다.

단란한 가정을 꾸렸던 E씨가 외도를 한 것은 잘못한 게 틀림없지만, 남편은 출장을 자주 가고, 집에서 대화하지 않으면서, 주말엔 골프, 평일엔 접대 등으로 정상적인 남편과 아빠의 역할을 다하지 못했다는 변명도 있었다. 여자의 직감상 남편도 따로 여자가 있는 것 같은데, 물증은 없었다.

더는 부부간의 정이 남아 있지 않았기에 E씨는 합의를 통해 이혼하고자 하나, 남편은 소송을 통해 이혼을 추진하고 있다.

<甲辰 丁卯 丙戌 戊戌>

	直符 年干	
截空 時空 正印 乙 　 天任_艮　九天_乾 壬 　 開門_乾　攝堤_坤 乙加壬爲 荷葉蓮花 日奇入地 旺 衰	日空 正財 辛 　 天沖_震　直符_寅 戊 　 休門_坎　咸池_兌 辛加戊爲 反吟被傷 困龍被傷 祿	日空 偏官 壬(壬) 天甫_巽 　騰蛇_巳 庚(癸) 生門_艮 　太乙_離 壬加庚爲 騰蛇相縛 太白擒兌 壬加癸爲 幼女嘉淫 陰陽重地 浴 帶
		時干 　　　　　天乙 直使
傷官 己 　 天蓬_坎　九地_坤 辛 　 驚門_兌　太乙_坎 己加辛爲 濕泥汚玉 游魂入墓 病	正官 癸 　 　　　　　　 　 　 　 軒轅_震 壬加癸爲 幼女嘉淫 陰陽重地	食神 戊 　 天英_離　太陰_酉 丙 　 傷門_震　天符_中 戊加丙爲 青龍得明 日出東山 生
月干	日干	
劫財 丁 　 天心_乾　玄武_雀 乙 　 死門_坤　青龍_乾 丁加乙爲 星奇得耀 燒田種作 死 墓	比肩 丙 　 天柱_兌　白虎_陳 己 　 景門_離　太陰_艮 丙加己爲 火悖入刑 大地晋照 絶	偏財 庚(癸) 天芮_坤 　六合_卯 丁(丁) 杜門_巽 　招搖_巽 庚加丁爲 亨亨之格 亭亭之格 癸加丁爲 騰蛇妖嬌 火焚莫逃 日墓 時墓 胎 養

현재 부부의 상황

남녀 문제 점단 시 부인인 E씨는 용신을 을(乙)로 한다. 을(乙)은 손궁에 자리하였다. 손궁은 을의 욕지(浴地)·도화지(桃花地)이다. 연애, 결혼 시기에 도화지에 임하면 결혼이 성사되나, 기혼자가 도화지에 임하면 외도로 번질 수 있다.

손궁의 십간대응결은 을가임(乙加壬)이다. 괘문(卦門)이 불미(不美)할 때는 패륜하고 관재·송사를 당한다.

부인의 외도상대는 감궁(坎宮)의 병(丙)으로 감궁에서 손궁을 수생목(水生木)하고 있다. 손궁과 동궁한 개문(開門)으로 보아 외도 상대는 직장 동료이다. 개문은 직장을 상징한다.

부인 E씨 남편은 경(庚)이다. 경(庚)은 건궁에 자리했다. 십간대응결은 경가정(庚加丁)이다. 남녀관계나 바르지 못한 일을 하다가, 시비와 관사(官事)가 있는 격국이다.

경(庚)은 건궁에서 손궁의 부인 을(乙)을 금목상충(金木相冲)하고 있다. 두 사람의 결혼 생활은 돌이킬 수 없다.

이혼 합의 성사 여부

소송에서 원고 직부(直符)가 피고 천을(天乙)을 화극금(火剋金)하니 남편이 부인을 용서하지 않는다. 남편은 합의할 마음이 없다.

그러나 육합(六合)은 증거를 상징하는데, 건궁에 있는 육합은 남편 경(庚)과 동궁하여 유리해 보이나 두문(杜門), 천예(天芮)와 동궁하니 남편 측에서도 소송 증거가 충분치 못하다. 또 개문(開門)은 법관을 상징한다. 개문이 남편 경(庚)과 충(冲)하지만 공망(空亡)이다. 개문이 공망이면 소송보다는 합의로 진행된다. 공망이 해공되면 개문이 직부를 생하니 소송으로 가면 부인인 피고가 패소한다. 반드시 합의로 이끌어야 한다.

이혼 합의를 위한 재산분할

집은 생문(生門)이다. 곤궁에 있는 생문이 남편 경을 토생금(土生金) 해 주고 있다. 집에 대한 소유권은 남편에게 넘겨줘야 할 것으로 보인다. 동산, 현금 등은 무(戊)이다. 무는 태궁에서 건궁 경금과 비화 되었다. 이 역시 남편에게 유리하다.

아이의 양육권

아이는 시간(時干)으로 판단한다. 시간 무(戊)는 태궁에서 아빠 경금과 비화이다. 또 태금궁의 시간은 손목궁의 문정자 을(乙)을 극하고 있다. 아이가 아버지를 원하고 있다.

남편은 여자가 있는가

남편 경금의 천간 아래 지반이 정(丁)이다. 남편은 비밀리에 다른 여자를 만나고 있다. 두문(杜門)과 동궁하여 비밀스러운 만남이 세상에 공개되지 않았다. 남편의 여자 정(丁)은 간궁에서 입묘되었다. 따라서 이혼하자마자 바로 재혼하지는 않는다. 남편 경(庚)은 외반에, 남편의 여자 정(丁)은 내반에 있기 때문에 재혼까지는 오랜 시간이 걸린다. 간궁의 정(丁)이 건궁의 경(庚)을 생해주고 있기 때문에 궁극에는 재혼한다.

실제

살고 있던 서울의 아파트는 남편에게, 경기도에 있는 작은 오피스텔은 부인이 갖는 것으로 합의하여 이혼하였다. 아이는 남편이 양육하나 부인이 한 달에 며칠은 함께 있는 것으로 조율되었다.

④ 사례 4[23] - 소유권 관련 소송 승소 여부

허베이 모 제약회사는 전립선 질환 치료제를 생산하는 유명 제약회사이다. 공장 생산능력을 증대키기기 위해 '석가장 하이테크 개발구'에 토지를 매입하였고 대금을 납부하였다. 그러나 건축허가증과 토지 소유권 증명이 발급이 계속 지연되었다. 알고 보니 개발 구역의 토지매각 담당 관리자가 지인에게 그 토지를 매도할 것을 약속하여 행정절차를 지연시키고 있기 때문이었다. 제약회사는 이를 바로잡기 위해 행정적 절차를 진행하였으나 모두 허사였다. 법원에 소송 제기 전 승소 가능성 여부가 궁금하여 1998년 6월 8일 오후 8시에 문점하였다.

<戊寅 戊午 丙戌 戊戌>

日干								
比肩 丙 己	天蓬_坎 傷門_震 丙加己爲	截空 時空 螣蛇_巳 攝堤_坤 火悖入刑 大地晋照 旺 衰	正官 癸 丁	天任_艮 杜門_巽 癸加丁爲	日空 太陰_酉 咸池_兌 騰蛇妖嬌 火焚莫逃 祿	食神 戊(戊) 乙(庚)	天沖_震 景門_離 戊加乙爲 戊加庚爲	天乙 日空 六合_卯 天乙_離 青龍合靈 青龍和會 天武入獄 助針爲虐 浴 帶
					直符			
正財 辛 戊	天心_乾 生門_艮 辛加戊爲	直符_寅 太乙_坎 反吟被傷 困龍被傷 病	偏財 庚	戊加庚爲	軒轅_震 天武入獄 助針爲虐	傷官 己 壬	天甫_巽 死門_坤 己加壬爲	白虎_陣 天符_中 反吟濁水 地網高張 生
					直使			
偏官 壬 癸	天柱_兌 休門_坎 壬加癸爲	九天_乾 青龍_乾 幼女姦淫 陰陽重地 死 墓	正印 乙(庚) 丙(丙)	天芮_坤 開門_乾 乙加丙爲 庚加丙爲	九地_坤 太陰_兌 三奇順遂 奇儀順遂 太白入熒 太白加官 絶	劫財 丁 辛	天英_離 驚門_兌 丁加辛爲	玄武_雀 招搖_巽 燒殿珠玉 朱雀入獄 日墓 時墓 胎 養

---

23 將志春, 『개오지문(開悟之門)』, 248p, 중국상업출판사

일간궁 분석

일간(日干) 병기(丙奇)은 손사궁(巽四宮)에 앉았고 손궁은 병(丙)의 관록지(官祿地)이다. 십간대응결 병가기(丙加己) 화패입형(火悖入刑)으로 길괘(吉卦)·길문(吉門)을 만나면 길하나, 흉문(凶門)을 만나면 문서수는 불길하고 죄인은 형을 받는다. 흉문인 상문(傷門)과 동궁하였으니 와야 하는 문서는 오지 않고 속상한 일이 발생한 것이다. 또 등사(螣蛇)는 시끄러운 일이 칭칭 몸에 감기는 형상이고 시공망(時空亡)을 만났으니 어찌할 바를 모르는 상태이다. 일간 병화(丙火)가 지반 기토(己土)에 빠져 토와 관련 곤경에 빠진 형상이다. 천반 기(己)는 태칠궁(兌七宮)에 사문(死門)과 동궁하였는데, 사문은 토지를 상징한다. 즉 토지 문제로 어려움에 빠졌다.

시간궁 분석

시간 무(戊)는 곤이궁(坤二宮)에 있고, 무(戊)는 자본을 상징하며, 무는 조격지신 경(庚)을 만났다. 그러니 투자 문제로 인한 어려움이다. 경문(景門)은 소송장이다. 투자 문제에 해당하는 송사이다. 곤궁(坤宮)의 무(戊)는 쇠지(衰地)이니 적은 숫자 2이다. 그러니 이 투자액은 2백만 위안이다.

송사 승패

경문(景門)은 소송장인데 곤궁(坤宮)에서 왕(旺)하고, 오월(午月)에 곤궁 또한 왕하다. 육합(六合)은 증인·증거인데, 곤궁에서 경문(景門)과 동궁이다. 이상으로 보아 소송장은 진실이고 소송에서 증거가 충분하다.

경문궁(景門宮)이 개문궁(開門宮)을 극(剋)하니 법원에서 이 소송장을 받아들일 것이다.

직부(値符)는 원고(原告)이고 천을(天乙)은 피고(被告)이다. 직부는 진목궁(震木宮)에서 천을 곤토궁(坤土宮)을 극하고 있다. 그러니 원고는 피고를 용서하지 않을 것이고, 피고 천을이 비록 감궁의 개문(開門)을 극(剋)하지만 개문(開門) 법관은 원고 직부를 생하니 원고가 승소한다.

실제
소송 과정에서 어려움은 있었으나 3개월간의 재판을 거쳐서 1998년 9월에 결국 승소하였다.

⑤ 사례 5 - 승소가 가능할까?

버스터미널에 메디컬센터 건축을 시행하는 시행사 대표 A씨는 토지매입비가 부족하여 투자자 B씨에게 토지매입대금 일부를 빌렸다. 차입조건은 준공 후 사업이익 발생 시 수익 일부를 지급하는 것이었고 그에 대한 담보로 신탁수익권에 질권을 설정하였다. 공사가 당초 일정보다 지연되면서 기존 PF 대출 만기가 도래했고, 신규 대출기관은 깨끗한 담보권을 원했기에 투자자 B씨의 신탁수익권 질권 해제가 전제조건이었다.

2021년 6월 10일 오전 10시 40분, 투자자 B씨는 담보 해제를 조건으로 당장의 추가 수익을 요구했으며, 시행사 대표는 이를 거절하였기에 건설현장 공매까지 상황이 연출되었다. 투자자 B씨는 소송을 준비 중이다. 승소할 수 있을까?

<辛丑 甲午 己丑 己巳>

	日干 時干 天乙	直使
偏印 丁 壬 丁加壬爲 星奇得使 玉神互合 旺 衰	比肩 己 天蓬_坎 白虎_陳 戊 杜門_巽 招搖_巽 己加戊爲 犬遇靑龍 六合天門 祿	日空 偏官 乙(乙) 天任_艮 玄武_雀 庚(癸) 景門_離 靑龍_乾 乙加庚爲 日奇被刑 天貴落獄 乙加癸爲 華蓋逢星 祿野朝霞 浴 帶
正印 丙 辛 丙加辛爲 日月相會 丙辛相合 病	偏財 癸 天乙_離 乙加癸爲 華蓋逢星 祿野朝霞	年干 月干 載空 食神 辛 天沖_震 九地_坤 丙 死門_坤 攝堤_坤 辛加丙爲 干合悖師 天庭得明 生
傷官 庚(癸) 天芮_坤 騰蛇_巳 乙(乙) 休門_坎 軒轅_震 庚加癸爲 太白逢星 太白貪合 癸加乙爲 梨花春雨 華蓋逢星 日基 時基 死基	直符 劫財 戊 天英_離 直符_寅 己 開門_乾 天符_中 戊加己爲 天門蒙塵 物以流聚 絶	時空 正財 壬 天甫_巽 九天_乾 丁 驚門_兌 太乙_坎 壬加丁爲 干合星奇 干合蛇刑 胎 養

404 　　　　　　　　　기문둔갑(奇門遁甲)의 맥(脈) - 연국기문 편 -

일간궁 분석

일간(日干) 육기(六己)는 이화궁(離火宮)에 앉았는데, 육기의 건록지(建祿地)이다. 십간대응결은 기가무(己加戊)로 술(戌)인 개(犬)가 육무청룡(靑龍)을 만나 모사는 이루어지고 귀인을 만나는 즐거움이 있으나, 흉문을 만나면 소모만 있을 뿐이다. 팔문은 두문(杜門)으로 소흉문이니 갈등만 발생한다. 구성 천봉(天蓬)이 리화궁에 비도(飛到)되었다. 천반성(天盤星)이 지반궁(地盤宮)을 극하면 객(客)에게 이롭다. 소송을 적극적으로 준비하고 행동해야 한다. 구성반음(九星反吟)으로 역시 주(主)보다 객(客)에게 이롭다.

두문(杜門)이 정위(定位)의 팔문 경문(景門)의 자리에 있다. 문서와 소식은 막힌다.

시간궁 분석

과거 투자했던 자본은 지반(地盤)의 육무(六戊)이다. 무(戊)가 시간궁에 두문(杜門)과 동궁했다. 두문은 두색불통으로 과거 투자금은 묶여 있는 형국이다. 백호(白虎)는 투자금의 손상을 암시한다.

상생상극 분석

원고인 직부(直符)는 감궁(坎宮)에서 개문(開門)과 동궁하고 있다. 소송관계에서 개문은 법관의 용신이니 법관이 원고를 지지한다. 대응결은 무가기(戊加己) 호일악로(好逸惡勞) 좌식공산(坐食空山)으로 일하는 노고를 싫어하고 매사 공허로 끝이 나니 공사(公私)에 흉하다.

천을(天乙)은 피고로 리화궁(離火宮)이다. 개문(開門)이 직부와 동궁하고 천을을 수극화(水剋火)하니 소송까지 가면 승소하지만 쓸데없이 힘만 쓰고 얻을 것이 없다.

일간(日干)과 시간(時干)이 동궁하고 중재지신 육합(六合)이 손목궁(巽木宮)에서 일간과 시간을 목생화(木生火)하니 실제 소송까지 가지는 않을 것이다.

자본 무(戊)

이윤은 생문(生門)으로 진목궁(震木宮)에 있고, 자본 무(戊)는 감수궁(坎水宮)에서 생문을 생하고 있다. 이럴 경우 자본을 더 투자해야 이윤을 얻을 수 있게 된다. 과거의 자본인 지반 무(戊)는 현재 묶여 있으므로 추가 투자한다면 생문이 지반 무(戊)인 이화궁(離火宮)을 생하게 된다.

실제

투자자 B씨는 사업장에 추가 자본을 투자하여 기존 대출을 상환하였고, 2022년 준공과 함께 추가 수익을 얻게 되었다.

8. 형사안건(刑事案件)·형사소송(刑死訴訟)

(1) 용신(用神)

① 일간이 문점자(問占者)이다.
② 불량배, 절도, 경미한 일반 범죄자는 현무(玄武)이다.
③ 강도, 살인, 중대 경제범, 방화범 등은 천봉성(天蓬星)이다.
④ 갑오신(甲午辛)은 죄인이나 형을 받은 사람이다.
⑤ 상문(傷門), 백호(白虎), 경(庚), 직사(直使)를 검경이다.
⑥ 경문(驚門)은 검경으로도 변호사로도 본다.
⑦ 경문(景門), 정기(丁奇)는 소송장이다.
⑧ 육합(六合)이 증인, 증거, 도주범이다.
⑨ 두문궁(杜門宮) 방위가 범인 은신처이다.
⑩ 사문(死門)은 죽은 자, 시체이다.
⑪ 경문(景門)은 범죄 수단으로 방화·총기·화약이고, 상문(傷門)은 차량을 이용한 범죄, 경·신(庚·辛)은 흉기 등 금속 기구를 이용한 범죄, 손궁(巽宮)은 긴 것을 의미하므로 끈·줄을 이용한 범죄, 등사(騰蛇) 또한 끈·줄을 이용한 범죄, 갑·을(甲·乙)은 나무를 사용한 범죄이다.

(2) 판단기법

① 구성복음(九星伏吟) 또는 용신이 내반(內盤)에 있으면 범인은 내부자 또는 고향 사람이다. 구성과 팔문이 복음이면 범죄자를 잡기 어렵다.
② 구성반음(九星反吟) 또는 용신이 외반(外盤)에 있으면 범인은 외부인, 타 지역 사람, 뜨내기이다. 구성과 팔문이 반음이면 범죄자를 잡는다.

③ 용신·육합·두문이 내반에 있으면 범인은 가까운 곳에 외반에 있으면 먼 곳에 은신해 있다.
④ 사문(死門)이 갑자무(甲子戊)와 동궁이면 재물로 인해 살해당했고, 을·경·정·임(乙·庚·丁·壬)과 동궁하거나, 도화지(桃花地)에 있으면 남녀 문제로 살해당했다.
⑤ 사문(死門)이 태음(太陰)·육합(六合)과 동궁이면 숨겨진 사연·애매한 사연으로 피살당한다.
⑥ 검·경 용신이 궁에서 왕상(旺相)하고 범죄자 용신을 충극하면 범죄자는 잡는다.
⑦ 두문(杜門)이 경·신·임·계와 동궁이면 범죄인을 잡는다.
⑧ 두문궁 천반육의(天盤六儀)가 지반육의(地盤六儀)를 극하거나, 지반육의가 천반육의를 생하면 범죄자를 잡는다.
⑨ 사문과 임(壬)이 동궁이면 범죄자는 자수한다.
⑩ 경격(庚格)이 있으면 범죄자를 잡는다. 연월일시격이면 반드시 잡는다.
⑪ 경(庚)이 연간(年干)과 동궁이면 올해 안에, 월간(月干)과 동궁이면 이달 안에, 일간(日干)과 동궁이면 오늘 내에, 시간(時干)과 동궁이면 현재 시진 내에 범죄자를 잡는다.
⑫ 두 가지 경격이 같이 있다면 반드시 잡는다. 구체적 시간은 양일(陽日)은 경하지간(庚下之干)을, 음일(陰日)은 경상지간(庚上之干)을 보고 판단한다.
⑬ 범인 용신이 경(庚)에 임하면 교활하고 간사한 범인이고, 신(辛)에 임하면 상습범, 전과자이다. 임계(壬癸)에 임하면 도피 중인 범인이다.
⑭ 범인과 검경 용신이 비화되면 범인과 경찰은 한패이다.

(3) 사례

① 사례 1[24] - 동료의 구금

1995년 12월 14일 오전 10시, 회사원이 찾아왔다. 같이 일하는 장 씨가 검찰에 구류되었는데, 앞으로 어찌 될지 물었다.

<乙亥 戊子 己卯 己巳>

偏印 丁 辛 丁加辛爲 燒殿珠玉 朱雀入獄 天柱_兌 九地_坤 景門_離 天乙_離 帶祿	偏財 癸 乙 癸加乙爲 梨花春雨 華蓋逢星 天心_乾 九天_乾 死門_坤 天符_中 旺	月干 直符 劫財 戊(戊) 己(壬) 戊加己爲 天門蒙塵 物以流聚 戊加壬爲 山明水秀 天蓬_坎 直符_寅 驚門_兌 咸池_兌 青龍天牢 衰病 載空 日空	
日干 時干 天乙 比肩 己(壬) 庚(庚) 己加庚爲 明堂伏殺 顚倒刑利 壬加庚爲 騰蛇相纏 太白搶蛇 天芮_坤 玄武_雀 杜門_巽 太陰_艮 浴	正財 壬 戊加壬爲 山明水秀 青龍天牢 太乙_坎	正印 丙 丁 丙加丁爲 星奇朱雀 三奇順逢 天任_艮 騰蛇_巳 開門_乾 軒轅_震 死 載空 日空	
年干 偏官 乙 丙 乙加丙爲 三奇順逢 奇儀順逢 天英_離 白虎_陳 傷門_震 招搖_巽 日基 時基 生義	食神 辛 戊 辛加戊爲 反吟被傷 困龍被傷 天甫_巽 六合_卯 生門_艮 青龍_乾 胎	傷官 庚 癸 庚加癸爲 反吟大格 太白沖刑 天沖_震 太陰_酉 休門_坎 攝堤_坤 基絶 直使 時空	

동료의 현 상황

동료를 묻는 것이니 곤이궁에 있는 월간(月干) 육무(六戊)가 용신이다. 육무는 재물을 상징하고 천봉인 도적이 있으니 재물과 관련이 있다. 경문(驚門)이 곤궁에서 사문(死門)을 만나면 집안에는 상상할 수 없는 괴상한 일이 발생하여 시비가 벌어진다고 해석한다.[驚加死 : 主

---

24 將志春, 『신기지문(神奇之門)』, 281p, 중국상업출판사

因宅中怪异而生是非, 凶]

곤이궁에 갑가기위 귀인입옥 근제발토(甲加己爲 貴人入獄 根制髮土)는 귀인(貴人)이 육기 지호(地戶)인 옥(獄)에 있는 귀인입옥(貴人入獄)의 상이요, 같이 있는 갑가임위 청룡천뢰 쌍범표양(甲加壬爲 靑龍天牢 雙帆漂洋)은 육갑 청룡(靑龍)이 육임 천뢰(天牢)에 갇히는 상이다.

범죄의 점사에서 갑오신(甲午辛)도 죄인의 용신이다. 감일궁에 있다. 지반에 재물을 상징하는 육무를 만났으니 재물에 대한 일임을 알 수 있다. 궁에 있는 신가무위 반음피상 곤룡피상(辛加戊爲 反吟被傷 困龍被傷)은 관(官)의 일로 파재요, 망동으로 재앙을 당하는 상이다.

구속 여부
감궁에 천보(天甫) 길성(吉星)이 있고, 생문(生門) 길문(吉門)이 있으며, 육합(六合) 길신(吉神)이 있으니, 동료는 구속되지 않는다. 또 지반 육신이 있는 손사궁에 삼기(三奇)인 정기(丁奇)가 있고, 천지반 육신에 임계(壬癸) 천라지망(天羅地網)이 없으므로 구속되지 않음을 알 수 있다.

법관인 개문이 있는 태칠궁에서 월간이 있는 곤이궁과 죄인이 있는 감일궁과 상생을 하고 있어 보석으로 나온다. 그러나 곤이궁의 육무 재물에 대흉성 천봉이 있어 파재(破財)는 면할 수 없다.

보석금은 얼마인지?
죄인이 있는 감일궁에서 비도(飛到)된 육무가 있는 곤이궁을 본다. 곤이궁은 2, 8[선천수 8, 후천수는 2]과 관계있고, 토궁이니 5, 10과도 연관이 있다. 천봉이 자월에 왕상(旺相)하므로 보석금은 2만 위안 또는 2만 5천 위안이 든다.

언제 석방되나?

죄인인 갑오신(甲午辛) 밑에 육무가 있으니, 무월(戊月)에 석방된다. 갑자무(甲子戊)를 충(沖)하는 오일(午日)에 응기가 있다.

실제

보석금 2만 5천 위안을 내고, 양력 12월 29일[戊子월 甲午일]에 보석으로 풀려났다.

② 사례 2[25] - 북경은행 강도 사건

1996년 6월 3일 오전 8시, 은행 현금 수송차를 습격하여 현금 74만 위안(한화 약 1억 4,800만 원)을 강탈한 사건이 발생했다. 공안(公安)이 전화하여 이 범죄자를 잡을 수 있는가 하고 묻는다.

<丙子 癸巳 辛未 壬辰>

直便 載空 正印 戊 天沖_震 玄武_雀 己 死門_坤 太陰_艮 戊加己爲 天門蒙塵 物以流聚 日基 時基 胎 義	時空 偏印 己 天甫_巽 九地_坤 丁 驚門_兌 招搖_巽 己加丁爲 朱雀入基 明堂貪生 絕	時空 偏官 丁(丁) 天英_離 九天_乾 乙(庚) 開門_乾 靑龍_乾 丁加乙爲 星奇日耀 燒田種作 丁加庚爲 文書阻隔 火煉眞金 死 基
月干 食神 癸 天任_艮 白虎_陳 戊 景門_離 咸池_兌 癸加戊爲 天乙會合 靑龍入地 生	劫財 天芮_坤 庚 天乙_離 丁加庚爲 文書阻隔 火煉眞金	直符 劫財 庚(乙) 天禽_中 直符_寅 壬(壬) 休門_坎 攝提_坤 庚加壬爲 耗散少格 太白退位 乙加壬爲 荷葉蓮花 日奇入地 病
年干 正官 丙 天蓬_坎 六合_卯 癸 杜門_巽 軒轅_震 丙加癸爲 黑雲遮日 華蓋悖師 浴 帶	日干 比肩 辛 天心_乾 太陰_酉 丙 傷門_震 天符_中 辛加丙爲 干合悖師 天庭得明 祿	時干 天乙 日空 傷官 壬 天柱_兌 騰蛇_巳 辛 生門_艮 太乙_坎 壬加辛爲 淘洗珠玉 騰蛇相纏 旺 衰

범죄자의 은신처

은행강도 사건을 예측함에 있어서 범인자의 용신은 천봉(天蓬)과 육합(六合)이다. 구체적으로 육합은 도망범이다. 천봉과 육합이 모두 내반(內盤)인 간팔궁에 있으므로 범인은 현지인이다. 또, 두문(杜門)은 숨는 방향인데 양둔 간팔궁은 내반이니 가까운 곳에 숨어 있다. 간궁은 7, 8수와 연관이 있으니 범인은 여기에서 8km 내의 거리에

---

25 將志春, 『신기지문(神奇之門)』, 271p, 중국상업출판사

있다.

범인의 모습

천봉성(天蓬星)이 간팔궁에 있고 사월(巳月)이다. 화왕토상(火旺土相)으로 간궁은 병기(丙奇)의 장생지(長生地)이다. 고로 범인은 청장년이다. 간팔궁은 팔백토성(八白土星)이므로 피부색은 백색이다. 두문(杜門)이 간팔궁을 극하므로 키는 크지 않다. 병기는 천성(天成), 천위(天威)요, 두문은 무장(武將)이니 범인의 직업은 군경 계통이다. 태음은 음험(陰險)하니 계획한 것이 오래되었다. 간팔궁에 육합이 있으니 은행강도는 여러 명이다.

체포 가능성

상문·백호·직사팔문(直使八門)이 범인을 잡는 사람이다. 백호 낙 진삼궁, 직사 낙 손사궁으로 모두 천봉 낙 간팔궁을 목극토(木剋土)하므로 체포할 수 있다. 단 사오월(巳午月)은 화왕토상(火旺土相)이므로 목극토가 어려워 신속하게 체포되지 않는다.

응기

❶ 직사문을 이용한 응기

이 사건의 경우 내외반(內外盤)에 일간과 시간이 일내일외(一內一外)하니 쉽게 해결되지 않으며, 늦어진다면 월 단위로 예측을 해야 한다. 단, 태칠궁에 있는 경가임(庚加壬) 시격(時格)은 신속함을 의미하므로 '연'으로 하지 않고 '월'로 응기를 따진다.

백호는 진삼궁에 있고 월령(巳火)를 보니 목생화(木生火)로 휴지(休地)가 된다. 직사팔문(直使八門) 사문(死門)은 손사궁에 있는데, 손사궁은 진사월(辰巳月)이며 당령(當令)이 되므로 직사문인 사문은 왕하다. 직사(直使) 사문(死門)이 손사궁(巽四宮)에 임했으니 관련 상수는 3·4·5·8(후천수 4, 선천수 5, 오행수 3·8)로, 이 숫자를 응기 판단에 사용한다. 사건 후 3개월 내에 완전 해결될 것이다.

❷ 경상지간 응기
  일간이 용신이고 일간인 신(辛)이 음간(陰干)이므로 지반 경상지간(庚上之干)의 천간을 본다. 곤궁의 지반 경 위에 정기가 있으니, 정(丁)의 월이 응기가 된다. 丁이 닿는 월은 정유월(丁酉月)이다.

실제
  은행강도단의 주범은 33세이고 군에서 제대한 자이며, 택시 운전기사였다. 차량강도죄로 사형을 선고받고 복역 중 94년 2월 18일 탈옥한 자였다. 또 한 명은 32세로 강간죄로 복역하여 93년 5월 석방된 자였다. 이 두 사람은 모두 해당 지역에 살고 있었고 96년 6월 3일 1차 은행 화폐 수송차량 강도에 성공하였으나, 96년 8월 27일 2차 은행강도를 저지르던 중 돈은 강탈하지 못하고 은행직원 한 명을 살해하는 데 그쳤다. 96년 9월 2일 차량을 훔쳐 또 다른 범죄를 모색하려던 중 9월 9일 공안에게 잡혔다. 은행강도사건이 발생한 6월 3일로부터 3개월 되는 시점이면 9월 9일은 정유월 기유일(丁酉月 己酉日)이다.

③ 사례 3[26] - 아동유괴

농촌 출신 여자 A와 남자 B는 도시로 와 ○○市 ○○씨 집에서 거주 중이었는데 1996년 11월 23일 ○○씨의 1살 남자아이를 유괴하였다. ○○씨의 신고로 공안(公安)이 두 사람을 체포하였으며 아이는 찾아왔다. 1997년 1월 22일 밤 10시에 유괴범 중 한 명인 여자 A의 친척이 찾아와서 내일 재판을 하는데 형은 어떻게 되는지 문점하였다.

<丙子 辛丑 甲子 乙亥>

正財 癸 己 癸加己爲 華蓋地戶 華蓋明堂 天任_艮 九地_坤 生門_艮 靑龍_乾 帶祿	日干 比肩 戊 丁 戊加丁爲 火燒赤壁 靑龍耀明 天冲_震 九天_乾 傷門_震 攝堤_坤 旺	直符 直使 載空 時空 劫財 己(己) 天甫_巽 直符_寅 乙(庚) 杜門_巽 招搖_巽 己加己爲 柔情密意 地戶逢星 己加庚爲 明堂伏殺 顚倒刑利 日基 衰 病
年干 偏印 丙 戊 丙加戊爲 飛鳥跌穴 月奇得使 天蓬_坎 玄武_雀 休門_坎 天符_中 浴	食神 庚 己加庚爲 明堂伏殺 顚倒刑利 咸池_兌	載空 時空 正印 丁 天英_離 螣蛇_巳 壬 景門_離 天乙_離 丁加壬爲 星奇得使 玉神互合 死
月干 傷官 辛 癸 辛加癸爲 天穴華蓋 天牢華蓋 天心_乾 白虎_陳 開門_乾 太乙_坎 生 養	偏財 壬 丙 壬加丙爲 水蛇入火 日洛西海 天柱_兌 六合_卯 鷲門_兌 軒轅_震 胎	時干 正官 乙(庚) 天芮_坤 太陰_酉 辛(辛) 死門_坤 太陰_艮 乙加辛爲 靑龍逃走 人亡財破 庚加辛爲 撤退碎玉 白虎干格 時基 基 絶 天乙 日空

원고의 상황

직부구성(直符九星)이 원고(原告)이고, 천을구성(天乙九星)이 피고(被告)이다. 직부구성은 지반 시순수궁의 원래 천봉구성이다. 을해(乙亥) 시는 갑술순(甲戌旬)이고 순수(旬首)는 육기(六己)이다. 손사궁에 있던

---

26 將志春, 『신기지문(神奇之門)』, 285p, 중국상업출판사

지반 육기(六己)는 곤이궁에 올라탔으므로 직부구성은 천보(天甫)가 된다. 천을구성은 직부구성이 앉은 궁의 원래 구성이다. 곤이궁의 원래 구성은 천예(天芮)이다. 천예는 건육궁에 있다.

직부구성과 천을구성의 생극 관계를 보면, 직부구성이 있는 곤이궁이 천을구성이 있는 건육궁을 토생금(土生金)하니 원고가 피고를 생한다. 원고는 또 시공망(時空亡)이므로 합의하려는 마음을 갖고 있다.

피고의 상황

천을구성인 천예(天芮)가 피고이다. 천예가 있는 건육궁에 을경(乙庚)이 있으니, 이는 피고가 남녀임을 나타낸다. 건육궁의 지반(地盤)에 갑오신(甲午辛)이 있으니, 범죄로 인해 감옥에 갇인 죄인을 의미한다. 또 을기(乙奇)가 묘궁(墓宮)에 있으니, 구류된 것을 말한다. 그러나 을가신위 청룡도주 인망재파(乙加辛爲 靑龍逃走 人亡財破)로 재산이 부서지며, 혼사에는 신부[신랑]가 도망간다고 했다. 육신인 죄인 위에 을기인 일기(日奇)가 탔으니 석방되어 나오는 현상이다.

법관은 상황

소송에서 개문(開門)은 법관(法官)이다. 개문이 간팔궁에서 입묘(入墓)되었다. 고서에 이르기를 '개문이 입묘된 경우 관에 묻는 일은 명확한 결론이 나지 않는다'[開門入墓, 問官糊涂]라고 했다. 그러나 법관은 판단해야 한다. 형량은 확실치 않으나, 피고가 자신의 집에 남자아이가 없어 동쪽에 있는 집의 아이를 좋아하다 데려온 것이고, 아기 집에서 안 후 바로 돌려보냈다는 것이다. 원고는 피고가 아이를 납치한 것으로 주장하고 있으나 증거가 없다.

개문이 있는 간토궁(艮土宮)이 피고인 천을구성이 있는 건금궁(乾金宮)을 생하고, 원고인 직부구성이 있는 곤토궁(坤土宮)과는 비화(比和)

이나 대충방(對沖方)이다. 그러므로 전체적으로 피고가 재판에 유리하다. 법관인 개문에 위력살상지신(威力殺傷之神)인 백호(白虎)가 있으나 상기 사항을 종합해 보면 화해로 조정할 가능성이 있다.

변호사의 상황

경문(驚門)인 변호사는 감수궁(坎水宮)에 있다. 원고인 직부구성이 있는 곤토궁(坤土宮)과 법관인 개문이 있는 간토궁(艮土宮)에는 토극수로 극을 받고, 피고인 천을구성이 있는 건금궁(乾金宮)과는 금생수 상생을 이루고 있다. 그러므로 변호사는 피고에게 유리하다.

실제

1월 29일(辛丑月 辛未日), 법정에서 공개심리 후 양쪽 변호사가 격렬한 변론 후에 휴정되었다. 조정은 원고가 소송한 것 중 피고의 형사 건에 대해서는 없는 것으로 하고, 피고의 정신상 손해배상 2만 위안을 배상하라는 것이었다.

2월 3일, 법원에서 징역 2년에 집행유예 3년을 선고받고 그다음 날 이 두 사람은 풀려나왔다.

④ 사례 4[27] - 아버지의 석방 여부

1995년 5월 6일 밤 10시, 한 여성이 전화하여 어제 아버지가 검찰에 소환되어 아직 집으로 돌아오지 않았다. 길흉이 어떤지, 언제 돌아올 수 있는지 딸이 질문했다.

<乙亥 辛巳 丁酉 辛亥>

月干 時干 天乙		日空	日干	
偏財 辛 戊 辛加戊爲 時墓基絶	天柱_兌 死門_坤 反吟被傷	玄武_雀 天乙_離 困龍被傷	正財 庚 癸 庚加癸爲 胎	天心_乾 九地_坤 驚門_兌 天符_中 反吟大格 太白冲刑	比肩 丁(丁) 丙(己) 丁加丙爲 丁加己爲 生養	天蓬_坎 九天_乾 開門_乾 咸池_兌 姮娥奔月 星隨月轉 火入勾陳 星墮句陳
劫財 丙(己) 乙(己) 丙加乙爲 己加乙爲	天芮_坤 景門_離 艶陽麗花 柔情密意 日墓衰病	載空 時空 白虎_陳 太陰_艮 日月幷行 地戶逢星 死	食神 己 丁加己爲 火入勾陳 星墮句陳		正官 壬 辛 壬加辛爲 浴	天任_艮 直符_寅 休門_坎 軒轅_震 淘洗珠玉 騰蛇相繞 直符
偏官 癸 壬 癸加壬爲 復見騰蛇 日墓衰病	天英_離 杜門_巽 冲天奔地	載空 時空 六合_卯 招搖_巽	傷官 戊 丁 戊加丁爲 火燒赤壁 青龍耀明 旺	天甫_巽 太陰_酉 傷門_震 青龍_乾	偏印 乙 庚 乙加庚爲 帶祿	年干 直使 天冲_震 騰蛇_巳 生門_艮 攝堤_坤 日奇被刑 天貴落獄

아버지의 용신

연간(年干)인 을기(乙奇)가 여자의 아버지다. 건육궁(乾六宮)은 노부, 영도자이며, 등사(騰蛇)는 관리이며, 생문(生門)이 건육궁(乾六宮)에 있어 재물과 관련이 있다.

아버지는 재물을 다루는 높은 관리다.

---

27 將志春, 『신기지문(神奇之門)』, 280p, 중국상업출판사

아버지의 상태는?

아버지인 을기(乙奇)가 건육궁(乾六宮)에 닿으니 입묘(入墓)되었다. 이는 아버지가 구속된 것을 나타낸다. 십간대응결이 을가경위 일기피형 천귀낙옥(乙加庚爲 日奇被刑 天貴落獄)이니 삼기(三奇) 중 일기(日奇)가 육경(六庚)에 의해 잘라지는 상으로 재산 또는 여자로 인한 분쟁사이다. 을기인 아버지는 건육궁에서 지반 육경(六庚)에게 피형(被刑)된다. 천반 육경은 이화궁(離火宮)에 있다. 이구궁은 건육궁을 화극금(火剋金)한다. 이구궁의 경문(驚門)은 담소에 허위달변으로 '다툼'을 주로 하고, 구지(九地)는 호정지신(好靜之神)이니 아버지를 고소한 사람은 같은 직장에 있는 사람이다.

고소의 내용이 맞는가?

고소장은 경문(景門)이다. 경문이 시공망(時空亡)인 진삼궁(震三宮)에 있으니, 부실하고 날조된 것이다.

어찌해야 하는가?

개문(開門)이 법관이며 검사다. 개문궁에 있는 구천(九天)은 임금, 아버지로 영도자의 상이다. 개문(開門)이 문점자인 일간(日干)과 곤궁(坤宮)에 동궁했고, 곤토궁(坤土宮)은 아버지가 있는 궁인 건금궁(乾金宮)을 토생금(土生金)하니 검사를 만나 동정과 이해를 구하면 된다.

언제 풀려나오나?

아버지가 있는 건궁(乾宮)이 검사 개문(開門)이 있는 곤궁(坤宮)의 생(生)을 받으니 풀려난다. 석방되는 시기는 아버지의 용신인 을기 연간(年干)을 본다. 지반(地盤) 을기(乙奇)가 진삼궁(震三宮)에 있고, 을기(乙奇) 위에 병기(丙奇)와 육기(六己)가 있다. 그러므로 병일(丙日) 또는 기일(己日)에 풀려난다. 진삼궁은 양둔(陽遁)의 내반(內盤)이므로 정단일과 가까운 기일(己日)의 가능성이 더 높다.

실제

질문한 딸에게 후에 들은 바에 의하면, 그녀의 아버지는 건축공사를 하는 회사의 행정과장인데 무고를 당해 검찰에서 조사를 받았으며, 질문한 다음 날인 무술일(戊戌日)에 검사를 만나 동정과 이해를 구했고, 기해일(己亥日)에 석방되었다고 한다.

⑤ 사례 5[28] - 철도 폭탄 테러

1998년 3월, 전국인민대표대회와 중국인민정치협상회의가 베이징에서 열리고 있을 무렵, 베이징-광저우 운행 철도에서 허베이성 신러시(河北省 新岳市) 구간에서 두 건의 폭탄 테러가 발생했다.

첫 번째 사건은 3월 4일 이튿 아침, 대표대회 대표단을 태운 열차가 '신러시' 북쪽 곡선 구간으로 운행하던 중, 열차 앞에서 폭발이 일어나 레일이 구부러지고 침목이 날아가는 사고가 발생했다. 열차는 결국 스자좡(石家庄)으로 돌아가 우회하는 노선으로 변경해야 했다.

두 번째는 3월 14일로, 중국인민정치협상회의 전국위원회가 막 끝났을 때였다. 대표단을 태운 기차가 베이징을 출발해 남쪽으로 향해 운행했고 '신러시' 곡선을 지나자마자 기차 뒤에서 두 번째 폭발이 일어났다. 두 번째 폭발은 첫 번째 폭발 지점으로부터 불과 70m 떨어진 곳에서 일어났다.

이 두 폭발 사고는 의심할 여지 없이 심각한 테러였다. 열차 폭발 사고로 허베이·베이징·광저우의 공안 당국은 엄격한 경계 태세를 유지하고 테러범 색출에 전력을 기울이고 있다.

1998년 3월 20일 오후 8시, '신러시'의 공안국 간부가 전화를 걸어 두 건의 철도 폭탄 테러의 책임자가 누구인지, 그리고 이 사건을 해결할 수 있을지에 대한 예측을 요청했다.

---

28 將志春,『개오지문(開悟之門)』, 139p, 중국상업출판사, 무윤법으로 포국

<戊寅 乙卯 丙寅 戊戌>

劫財 丁 辛 丁加辛爲 燒殿珠玉 載空 時空 天柱_兌 六合_卯 死門_坤 招搖_巽 朱雀入獄 旺衰	正官 癸 乙 癸加乙爲 梨花春雨 天心_乾 白虎_陳 驚門_兌 天乙_離 華蓋逢星 祿	年干 時干　　　　天乙 食神 戊(戊)　天蓬_坎 玄武_雀 　　　己(壬)　開門_乾 攝堤_坤 戊加己爲 天門蒙塵 物以流聚 戊加壬爲 山明水秀 靑龍天牢 浴 帶
傷官 己(壬)　天芮_坤 太陰_酉 　　　庚(庚)　景門_離 軒轅_震 己加庚爲 明堂伏殺 顚倒刑利 壬加庚爲 螣蛇相纏 太白擒蛇 病	偏官 壬　　　　天符_中 戊加壬爲 山明水秀 靑龍天牢	日干 比肩 丙　　天任_艮 九地_坤 　　　丁　　休門_坎 咸池_兌 丙加丁爲 星奇朱雀 三奇順逢 生
月干　　　　　直使 正印 乙　　天英_離 螣蛇_巳 　　　丙　　杜門_巽 太陰_艮 乙加丙爲 三奇順逢 奇儀順逢 死 墓	直符 正財 辛　　天甫_巽 直符_寅 　　　戊　　傷門_震 太乙_坎 辛加戊爲 反吟被傷 困龍被傷 絶	日空 偏官 庚　　天沖_震 九天_乾 　　　癸　　生門_艮 靑龍_乾 庚加癸爲 反吟大格 太白沖刑 日墓 時墓 胎 養

천봉성 분석

이런 중대한 범죄자는 천봉성(天蓬星)이 용신(用神)이다. 묘월(卯月)에 천봉성(天蓬星)은 왕상(旺相)하니 범죄자는 나이가 어리다. 천봉성은 개문(開門)과 동궁이니 공직자일 가능성이 높고, 태세(太世) 무(戊)와 동궁이니 고위직일 가능성이 있다.

십간대응결은 무가기(戊加己) 귀인입옥(貴人入獄) 흉격이고, 무가임(戊加壬) 청룡입뢰(靑龍入牢) 흉격이다.

시간궁 분석

시간(時干) 무(戊)는 알고자 한 사연인 동시에 범죄자이다. 천반(天盤) 무(戊)는 곤궁(坤宮) 외반(外盤)에 있으니 범죄자는 외지에 가서 범죄를 저지르고 있다. 지반(地盤) 무(戊)는 감궁(坎宮)에 있으니 내반(內盤)이고 이 지역 사람이다. 북경 아니면 신악시 사람이다. 지반(地

盤) 무(戊)는 천반(天盤) 신금(辛金)과 동궁이니 이전에 죄를 지은 전과자이다. 감궁에서 천보성(天甫星)과 동궁이니 고학력자이다. 상문(傷門)과 동궁이니 공안, 군, 검찰과 관련된다. 그러니 이 범죄자는 군, 경, 검과 관련된 직업을 가졌고, 직부(値符)가 있으니 직위도 높은 자였다. 무가기(戊加己), 무가임(戊加壬)의 내용과 개문(開門)을 합하여 보니 범죄자는 과거에 공직이 있었던 사람이고, 죄를 범하여 감옥에서 석방된 자이다. 무(戊)는 태세이니 고위직에 있는 자이고, 무(戊)는 곤궁(坤宮)에서 쇠병지(衰病地)이니 나이가 많은 자이다.

범죄자 종합

이 범죄자는 고위직에 있는 자와 잘 아는 자이며 현무(玄武)와 동궁이니 고위직에 있는 자의 보호가 있다. 천봉성(天蓬星)으로 분석하면 범인은 젊은 자이고, 시간(時干)으로 분석하면 나이가 많은 자이니, 범행을 저지른 자는 젊은 사람이고, 뒤에서 지휘하는 자는 고위직에 있는 나이가 많은 사람이다.

곤궁(坤宮)의 상수는 2, 5가 있다. 곤궁은 묘월(卯月)에 쇠(衰)이니 2명이다.

범죄 계획

천반(天盤) 무(戊)의 지반(地盤)은 임(壬)으로 진궁(震宮)에 있다. 그러니 진궁의 내용도 범죄 사건과 관련된다. 진궁에 경문(景門)은 범죄 계획, 책략이다. 또 혈광, 폭팔, 총기, 방화범죄 등이 태음(太陰)이 경문(景門)과 동궁이니 이 폭파 사건은 암암리에 꾸민 것이고, 천예성(天芮星)과 동궁이니 이 계획은 잘못된 계획이다. 진궁의 임(壬)·기(己)는 경금(庚金)을 만나고, 경문(景門)도 경금(庚金)을 만나니, 이 범죄 계획을 실시하는 데는 막힘이 있다. 그러니 두 번이나 폭파를 시도했지만 승객은 무사하다.

범죄자는 어디에 있는가?

두문(杜門)은 범죄자가 숨어 있는 곳이다. 두문은 간궁(艮宮)에 있으니 동북 방향에 은신해 있다. 간궁은 내반(內盤)이니 가까운 북경, 혹은 북경 동북 인근에 숨어 있다. 간궁(艮宮)에 을가병(乙加丙)은 기의순수(奇儀順遂) 길격이니 지금 안전하고, 등사(螣蛇)가 떴으니 묶어 놓았다는 것인데, 범죄 사실 은폐를 위하여 누군가 숨겨주고 지키고 있다는 것이다.

체포 가능한가?

상문(傷門)은 공안인데 천봉성(天蓬星)이 곤궁에서 토극수(土剋水)하고 있고, 백호(白虎)도 공안으로 보는데, 백호는 이화궁(離火宮)에서 천봉성을 화생토(火生土)하고 있다. 직사(值使)도 공안인데 간토궁(艮土宮)에서 천봉성과 비화이다. 경금(庚金)도 공안으로 보면, 천봉성(天蓬星)이 생하고 또 길격(庚格)이다. 경문(驚門)을 공안으로 보면 이화궁(離火宮)에서 천봉성을 생한다. 육합(六合)은 증거·증인인데 손궁(巽宮)에서 시공망(時空亡)을 맞아 증거·증인이 없다. 종합적으로 보면 범인 체포가 불가하다. 사실은 지금까지 잡지 못하였다.

9. 구직(求職)·적성(適性)·승진(昇進)·발령(發令)

(1) 용신(用神)

① 일간이 문점자(問占者)이다. 문점자의 연명(年命)도 중요 용신이다.
② 개문(開門)은 직업(職業)·직장(職場)이다.
③ 직부(直符)는 나를 직접 관리하는 관리자이다.
④ 직사(直使)는 관리자이다.
⑤ 태세(太歲)는 고위 관리자이다.
⑥ 월간(月干)은 직장 동료이다.
⑦ 시간(時干)은 부하직원, 아랫사람, 문점자가 부모인 경우 자녀이다.

(2) 판단기법

① **일간(日干)이 득령(得令)·득지(得地)·왕상(旺相)하고, 삼기(三奇)와 길격(吉格)·길신(吉神)을 얻으면 사회에서 상류층의 직업을 갖게 된다.**
② **팔문의 직업적 성격**

• 생문(生門)
세궁·일간궁(日干宮)에 생문이 있으면서, 생문이 삼기(三奇)를 얻고 왕상(旺相)한 중 길격(吉格)을 얻으면 이 사람은 남북조(南北朝) 시대의 유명한 대부호인 석숭(石崇)처럼 부자가 된다. 직장의 성격은 은행, 증권사 및 직장 내 경제 관련 부서이다.

• 상문(傷門)
세궁·일간궁(日干宮)에 상문이 있으면서, 상문이 삼기(三奇)를 얻고 왕상(旺相), 득령(得令)하면 반드시 무관(武官)을 지낸다. 경찰, 검찰, 군인 등의 직업적 성격을 갖는다.

• 두문(杜門)

세궁·일간궁(日干宮)에 두문이 있으면서, 두문이 삼기(三奇)를 얻고 득령(得令) 득지(得地)하여 왕상(旺相)하면 이 사람은 정보기관, 검찰, 경찰, 군대 부분의 관리가 가능하다.

• 경문(景門)

세궁·일간궁(日干宮)에 경문이 있으면서, 경문이 삼기(三奇)를 얻고 왕상(旺相)한 중 길격(吉格)을 얻으면 이 사람은 문화사업에 큰 성공을 하고, 저명한 작가나 화가, 과학자, 교육가 등으로 성공한다.

• 사문(死門)

세궁·일간궁(日干宮)에 사문이 있으면서, 사문이 삼기(三奇)를 얻고 왕상(旺相)하면 이 사람은 형법을 다루는 관리가 가능하다. 즉 법원, 검찰청, 법무부, 교도소, 구치소의 관리이다.

• 경문(驚門)

세궁·일간궁(日干宮)에 경문이 있으면서, 경문이 삼기(三奇)를 얻고 왕상(旺相)하면 이 사람은 말을 잘하여 외교관, 교사, 가수, 변호사 등의 명이다.

• 개문(開門)

세궁·일간궁(日干宮)에 개문이 있으면서, 개문이 삼기(三奇)를 얻으면 정부, 입법부, 외교부 등 공직자의 명이다. 직장 내에서는 영업, 대외관계 업무 등의 직무적 성격을 갖는다.

• 휴문(休門)

세궁·일간궁(日干宮)에 휴문이 있으면서, 휴문이 삼기(三奇)를 얻고 왕상(旺相)하면 기관장을 보좌하는 관리이다. 예를 들어 비서실장,

관청의 주임, 기관의 사무관리국 국장 등이다. 직장 내에서는 상대적으로 편안하고 조용한 부서를 의미하기도 한다.

③ 구성(九星)의 직업적 성격[29]

• 천봉(天蓬)

천봉은 북방의 흉성(凶星)이다. 담대하나 함부로 행동하고 총명하나 교활하고 사기를 친다. 일간이 길문·길격·득기하여 합국되었고, 천봉이 왕상하고 득지하였다면 장군이 되는 등 대사를 성공하거나 군주를 배신하는 역도의 수장이 될 수 있다. 일간이 실국(失局)한 중 천봉이 실지(失地)하고 수·사(囚·死)의 상태에 처했다면 일반 사병이거나 먹고 살기 위해 훔치는 도둑이 가능하다.

• 천임(天任)

일간이 합국되었고, 천임이 왕상, 득시, 득지하면 인품이 온후하고 넓은 땅과 재물이 많다. 농림부장관, 산림청장, 수자원공사 사장 등 농업과 수리 방면 높은 직위를 누린다. 일간이 실국하고, 수·사(囚·死)의 상태면 힘들게 살아가는 노동자이다.

• 천충(天沖)

천충이 왕상·득시·득지했다면 이 사람은 군대의 무장 부분에 권세와 지위가 있는 사람이다. 속전속결의 성격을 지닌다. 일간이 실국하고, 천충이 수·사(囚·死)이면 이 사람은 운전기사나 뱃사공이다.

---

[29] 將志春,『開悟之門』, 109~114p, 일부 참조,「天蓬乘時, 邊疆之將; 失地利, 軍卒賊人。天任得地, 田土僕馬之福; 受克, 農圃辛苦之人。天沖有氣者武貴, 背時者車船江湖之流。天輔為文昌, 得氣者文雅仕宦; 失地利, 僧道畫工。天英火性 司南離, 乘權者必主文明; 背時者, 貪暴昏庸。天芮本是黑星, 得天時, 性惡霸道; 失天時, 牧隸庸工。七赤天柱位鎮西垣, 有氣者, 舌辯當世; 被沖克, 優伎樂工。天心原是六白, 得地者, 才華國柱; 若空墓, 九流相尋。」

- 천보(天甫)

일간이 합국하고, 천보가 왕상·득시·득지했다면 재산이 풍부하고, 풍류를 알고 학문이 깊으며 문화 과학기술이나 교육 방면에 성공한다. 천보가 수·사(囚·死)의 상태에 처하고 실지하면 스님·도인, 화가이다.

- 천영(天英)

천영이 왕상·득시·득지하면 이 사람은 문화와 과학기술 사업으로 성취하여 세상에 이름을 떨친다. 개국공신이나 국가를 지탱하는 동량(棟樑) 같은 대신이 될 수 있다. 실시·실지하고 수·사(囚·死)면 성질이 급하고, 탐욕스러우며 포악하며 우둔한 사람이다.

- 천예(天芮)

천예가 왕상·득시·득지하면 친구 사귀기를 좋아하나 탐욕이 많다. 성격이 포악하다. 높은 지위와 큰 권력이 있으나 조조와 동탁과 같다. 일간이 실국하고, 수·사(囚·死)면 양과 소를 키우는 노동자이다.

- 천주(天柱)

일간이 합국했으며, 천주가 왕상·득시·득지하면, 외교가·연설가·변호사·가수로 이름을 떨친다. 실시·실지하고 수·사(囚·死)면 거리의 예술가로 떠돈다.

- 천심(天心)

일간이 합국이며, 천심이 왕상·득시·득지하면, 국가의 동량(棟樑)이 되는 인재이다. 높은 지위에 오르거나 저명한 의사, 의학자, 과학자가 될 수 있다. 천심이 수·사(囚·死)나 공망 또는 입묘 상태에 처하면 역술인 등 강호를 떠도는 인물이다.

• 천금(天禽)

일간궁이나 년명궁(年命宮)에 천금인 대길지성(大吉之星)이 있고, 중궁지성(中宮之星)인 천금이 월령(月令)을 얻어 왕상(旺相)하며 삼기(三奇), 길문(吉門), 길격(吉格)을 얻었다면 관리의 우두머리가 될 수 있어 대통령, 주석(主席), 총리(總理) 등이 가능하다.

④ **일간이 실국(失局)하고 팔문과 특정 구성이 결합 시 직업적 성격은 다음과 같다.**[30]

• 개문(開門)과 천심(天心)

일간이 길문인 개문과 길성인 천심을 만났으나 삼기(三奇)와 길격(吉格)을 만나지 못하고, 개문과 천심이 휴, 쇠, 병, 태, 양(休, 衰, 病, 胎, 養)에 있어 기세가 미약한 경우는 의복성상(醫卜星相)에 종사하고 정신노동을 많이 한다. 일반적으로 의사, 관상가, 점술가가 되기 쉽다. 개문과 천심이 수, 사, 묘, 절(囚, 死, 墓, 絶)에 있다면 손재주나 노동으로 먹고사는 사람이 되기 쉽다.

• 휴문(休門)과 천봉(天蓬)

휴문과 천봉이 기세가 미약한 경우는 군대에서 소대장이나 분대장 또는 관청에서 잡역을 하는 관리가 될 수 있다. 현대사회에서는 과장이나 공무원이 될 수 있다. 휴문과 천심이 수, 사, 묘, 절(囚, 死, 墓, 絶)에 있다면 군대에서는 계급이 낮고 사회에서 좀도둑이 될 가능성이 있다.

---

30 將志春, 『開悟之門』, 112p, 일부 참조, 『開門、心星皆是金, 稍有氣, 醫卜星相; 若值死囚, 手藝辛勤。休門、天蓬同是水, 稍有氣, 兵弁役吏; 值死囚, 軍卒賊人。生門、天任是土宿, 得地者, 田地富足; 若失時, 庸工耕耘。傷門、天沖皆為木, 稍有氣, 兵役之首; 值死休, 馬後相奔。杜門、天輔亦是木, 稍有氣, 乃是寒儒; 值墓絕, 僧道山林。景門、天英為火宿, 稍有氣, 行行威烈之表; 全失局, 冶煉勞碌之人。死門、天芮俱是土, 稍有氣, 趙魏家長; 值墓空, 孤窮之人。驚門、天柱同屬金, 稍有氣, 幕賓教授; 若失令, 說唱巫祝之人。』

- 생문(生門)과 천임(天任)

실국(失局)하고 미약하더라도 자신의 토지를 가지고 자신의 노력으로 자급자족할 수 있다. 수, 사, 묘, 절(囚, 死, 墓, 絶)에 있다면 노동력을 제공하는 생활하게 된다.

- 상문(傷門)과 천충(天沖)

실국(失局)하고 미약하더라도 군대·경찰에서 중간 관리자는 될 수 있다. 수, 사, 묘, 절(囚, 死, 墓, 絶)에 있다면 군대·경찰에서 하위직이고, 사회에서는 보통 정도 노역을 한다. 옛날 기마수령(騎馬首領)의 뒤에서 뛰는 군졸과 같은 명이다.

- 두문(杜門)과 천보(天甫)

실국(失局)하고 미약하더라도 청빈한 선비는 가능하다. 수, 사, 묘, 절(囚, 死, 墓, 絶)에 있다면 산속에서 은둔하는 승려나 도인은 가능하다.

- 경문(景門)과 천영(天英)

실국(失局)하고 미약하더라도 문화, 과학, 기술 등과 관련된 사업에서 좋은 성적을 올려 사회적으로 인정받는 사람이 된다. 완전히 실국(失局)하고 수, 사, 묘, 절(囚, 死, 墓, 絶)에 있다면 불과 관련된 곳에서 육체노동을 하는 명이다.

- 사문(死門)과 천예(天芮)

실국(失局)하고 휴, 쇠, 병, 태, 양(休, 衰, 病, 胎, 養)에 있어 기세가 미미한 기운이라도 있으면 일정한 전답과 집을 가지고 부유하게 산다. 수, 사, 묘, 절(囚, 死, 墓, 絶)이나, 공망(空亡)에 있다면 고독하고 의지할 데 없이 가난하게 사는 평민의 명이다.

- 경문(驚門)과 천주(天柱)

실국(失局)하고 휴, 쇠, 병, 태, 양(休, 衰, 病, 胎, 養)에 있어 기세가 미미한 기운이라도 있으면 기획력이 뛰어난 막료(幕僚) 역할을 하거나 가르치는 선생으로 성공할 수 있다. 완전히 실령(失令)한 중 수, 사, 묘, 절(囚, 死, 墓, 絶)에 있다면 기예(技藝)를 하는 사람이거나 하급의 역술인 또는 무당의 명이다.

⑤ 팔문(八門)의 직장에서의 성격

- 삼길문(三吉門): 용신궁에 개문(開門)·휴문(休門)·생문(生門)이 있으면 맡은 책무를 원만히 수행한다.
- 상문(傷門): 호승심(好勝心)이 강하다.
- 두문(杜門): 기술이 있다. 회사의 방침에 순응하지 않는다.
- 경문(景門): 활발한 성격이다. 문화·오락 등에 적합하다.
- 사문(死門): 유쾌하지 않고 소극적이나, 법 관련 직종에 적성이 적합하다.
- 경문(驚門): 우려할 만한 일이 따른다.

⑥ 취업(就業)·구직(求職) 판단

- 일간(日干)이 왕상(旺相)하고 격국(格局)이 길하며, 개문(開門)과 상생(相生)·비화(比和)이면 구직에 유리하다.
- 개문궁(開門宮)이 일간궁(日干宮)을 극(剋)하거나, 개문궁이 공망(空亡)이면 구직에 불리하다.
- 개문궁(開門宮) 격국(格局)이 길하면 직장·직업의 조건이 우수하고, 격국이 불길하면 조건이 좋지 않다.
- 직사(値使)와 문점자 용신(用神)과 상생이면 합격한다.
- 직사(値使) 격국(格局)이 불길(不吉)하고, 일간궁(日干宮)을 극(剋)하면 면접자는 구직자에게 호감이 없다. 면접 통과가 어렵다.

- 시간(時干)이 일간(日干)을 생하고, 개문(開門)이 일간을 생하면 구직에 성공한다.
- 일간(日干)이 목욕지(沐浴地)에 앉고 계수(癸水), 두문(杜門)을 가지고 개문궁(開門宮)을 극하면 구직자는 직장에 대한 요구 조건이 높아 구직 활동에 적극적이지 않다.
- 일간(日干)이 합(合)을 이루면 어떤 사연으로 인해 직장에 가지 못한다.
- 일간(日干)이 쇠약(衰弱)하고 구천(九天)과 동궁하면, 실천하지 못할 큰 것만 바란다.
- 채용 회사 관리자 용신궁(用神宮)이 목욕지(沐浴地)에 앉았거나, 계(癸)·기(己)와 동궁하거나 현무(玄武)와 동궁하면 뇌물을 요구한다.
- 채용 회사 관리자 용신궁(用神宮)에 경문(景門)과 동궁하면, 접대를 요구한다.
- 기문국(奇門局)이 복음(伏吟)이면 매끄럽지 못하다.
- 기문국(奇門局)이 반음(反吟)이면 직장을 바꾸려 한다.

⑦ 이직(移職)·승진(昇進)·퇴직(退職)·관계(關係)

- 일간(日干), 연명(年命)이 왕상(旺相)이고 격국(格局)이 길하며 태세(太歲)가 생하면 승진한다.
- 일간(日干)이 쇠(衰)하거나 공망(空亡)이며 시간(時干)과 태세(太歲)가 일간을 극하면 승진이 어렵고, 맡은 책무를 완수하지 못한다.
- 용신궁(用神宮)이 무가병(戊加丙)이면 승진한다.
- 용신궁(用神宮)이 병가무(丙加戊)이면 연봉이 높고, 임기는 오래 간다.
- 용신궁(用神宮)이 신가을(辛加乙)이면 관직에 불리하고, 을가신(乙加辛)이면 직장에 변동이 있거나 이상한 사연이 발생한다.
- 용신궁(用神宮)에 구둔격(九遁格)을 만나면 승진에 길하다.

- 용신궁(用神宮)이 삼사격(三詐格)을 이루면 부하직원에게 상금을 베풀거나 능력 있는 자를 추천함에 유리하다.
- 용신궁(用神宮)이 오가격(五假格)을 만나면 관직을 사퇴하고 은퇴함이 길하다.
- 연명(年命)이 직부(値符), 생문(生門), 구천(九天) 등을 만나면 관직이나 직장에서 성과가 좋고 전망이 밝다.
- 용신궁(用神宮)에 삼기(三奇)와 직사(値使)를 만나면 직원 상하 간에 화합되고 분위기가 좋다.
- 개문(開門)이 일간을 생하면 맡은 책무를 완수할 수 있고, 직장에서 본인을 중요하게 여긴다.
- 개문(開門)이 일간을 극하면 맡은 책무를 완수하지 못하고, 직장에서 환영받지 못한다.
- 직부(値符)가 일간을 극하면 상사가 싫어하고, 태세(太歲)가 극하면 고위직 상급자도 본인을 선호하지 않는다.
- 직사(値使)가 일간을 극하면 직속상사가 싫어한다.
- 월간(月干)이 일간을 극하면 동료와 불화한다.
- 시간(時干)이 일간을 극하면 아랫사람과 불화한다.
- 반음국(反吟局)이면 직장에서 순조롭지 못하고 변동이 발생한다.
- 반음(反吟)이며 일간이 공망이면 직위(職位)가 없어지거나 직장에서 퇴직(退職)할 가능성이 있다.
- 복음(伏吟)이면 이직(移職)은 안 되거나 이직을 강행하면 불길한 일이 발생한다.
- 일간(日干)이 합(合)을 이루든가 두문(杜門)을 가지고 있으면 본인이 이직하려 하지 않는다.
- 개문궁(開門宮)에 충(沖)이 있으면 회사는 이전을 하거나, 본인의 직무는 조정되게 된다.
- 개문궁(開門宮)에 신가을(辛加乙) 또는 격형(格刑)이면 기업에 구조조정이 있거나 경영 전략상 변화가 있다.

- 일간궁(日干宮)에 격국(格局)이 길하나 공망(空亡)이면 직위에 조정이 있다.
- 일간궁(日干宮)에 충(冲)이 있으면 이직할 마음이 크다.
- 기문국(奇門局)이 반음(反吟)인데 용신궁(用神宮)에 천간(天干)이 합(合) 이루면 직장 내부에서 업무 조정이 있거나, 부득이한 사연으로 움직이지 못하게 된다.
- 일간궁(日干宮)에 태음(太陰)이 있으면 소인(小人)이 나를 해치는 사연이 있거나 막히는 사연이 있다.
- 일간(日干)이 입묘(入墓)하면 뜻을 이루지 못하거나, 능력을 발휘하지 못한다. 동시에 격국이 흉하면 흉사가 발생한다.
- 일간(日干)이 자형(自刑)하고 사문(死門)에 임수(壬水)가 있든가, 경문(景門)에 경금(庚金)이 있으면 만약에 계략에 적극적으로 나서야 한다.

⑧ 구인(救人)

- 시간(時干)이 일간(日干)을 생하거나 비화(比和)이면 구직자는 입사를 희망한다. 합작은 성사된다.
- 시간(時干)이 일간을 극하면 채용이 어렵게 된다.
- 일간이 시간을 극하면 직원 관리가 용이하다.
- 시간이 두문(杜門)을 가지고 합(合)을 이루면 구직자는 회사 채용에 관심이 없거나, 기타 사연으로 채용 절차를 진행하지 않게 된다.
- 시간이 목욕지(沐浴地) 혹은 록지(祿地) 있으면 직장의 조건과 연봉에 욕심이 많다.
- 시간궁(時干宮)에 현무(玄武)를 가지고 있는 지원자는 도둑 심보가 있으니 채용하면 좋지 않다.

(3) 사례

① 사례 1[31] - 승진 발표 시기와 승진자

기문둔갑을 나에게 배웠던 안후이성 쑨진청(孫振程)학생이 본인이 사는 현(縣) 공급판매협동조합의 이사에 누가 승진할지를 예측하여 보내온 편지를 소개한다. 1998년 2월 12일 오후 6시를 기준으로 조합에 승진이 있는지, 있다면 누가 승진하는지, 승진 발표는 언제 있을지 점단하였다.

<戊寅 甲寅 庚寅 乙酉>

月干							時干		天乙 直使
					載空 日空 時空				載空 日空 時空
傷官	癸	天柱_兌 六合_卯	食神	壬	天心_乾 白虎_陳	正財	乙(乙)	天蓬_坎	玄武_雀
	庚	生門_艮 咸池_兌		丙	傷門_震 軒轅_震		戊(辛)	杜門_巽	天符_中
	癸加庚爲 反吟浸白 太白入網			壬加丙爲 水蛇入火 日洛西海		乙加戊爲 陰害陽門 鮮花名瓶			
							乙加辛爲 靑龍逃走 人亡財破		
		旺 衰			祿				浴 帶
年干			劫財			正官	丁	天任_艮	九地_坤
偏印	戊(辛)	天芮_坤 太陰_酉		辛	太陰_艮		癸	景門_離	太乙_坎
	己(己)	休門_坎 靑龍_乾		乙加辛爲 靑龍逃走 人亡財破			丁加癸爲 朱雀投江 文書有誤		
	戊加己爲 天門蒙塵 物以流聚								
	辛加己爲 入獄自刑 虎坐明堂								
		病							生
			日干		直符				
偏官	丙	天英_離 騰蛇_巳	比肩	庚	天甫_巽 直符_寅	正印	己	天沖_震	九天_乾
	丁	開門_乾 攝堤_坤		乙	驚門_兌 招搖_巽		壬	死門_坤	天乙_離
	丙加丁爲 星奇朱雀 三奇順遂			庚加乙爲 太白逢星 太白貪合		己加壬爲 反吟濁水 地網高張			
		日基 死基			絶				時基 胎 養

승진이 있는가?

문관(文官)의 직에 승진이 있는지는 개문궁(開門宮)을 본다. 개문궁

---

31 將志春, 『개오지문(開悟之門)』, 189p, 중국상업출판사

의 격으로 병가정(丙加丁)으로 병가정위 성기주작 삼기순수(丙加丁爲 星奇朱雀 三奇順遂)이다. 귀인은 문서가 길하며 이롭고, 일반인은 편안함과 즐거움이 있는 상이다. 또 개문(開門)이 간팔궁이 있는 경우 정위의 팔문인 생문(生門)을 만나기에, 귀인을 만나고 소망이 성취된다고 해석한다. 간궁의 상황으로 볼 때 승진이 있다.

누가 승진하는가?

개문(開門)이 양둔국에 간팔궁에 있으니 내반(內盤)이다. 내반이니 내부인이 승진한다. 개문이 사정궁(四正宮)[32] 아닌 사유궁(四維宮)에 있으니, 부직(副職)에 있는 직원이다.

간팔궁은 5, 7, 8, 10[후천수 8, 선천수 7, 오행수 5·10]의 수리와 연관된다. 내반에 있으니, 나이는 35, 37, 38세일 것이며, 사는 곳은 (직장에서) 동북방으로 80m 또는 180m 거리에 있는 직원이다.

언제 승진 발표가 있는가?

경문(景門)은 진신(眞信), 주작은 가신(假信), 정기는 소식이다. 경문과 정기가 태칠궁에 있고, 간궁의 지반 정기가 태칠궁 천반으로 비도(飛到)되었으니, 발표가 있다. 충즉발(沖則發)이다. 태칠궁의 은복지지는 유(酉)이고, 유(酉)가 충하는 지지는 卯이다. 정기가 발동하는 날은 계묘(癸卯)이다.

실제

1998년 2월 25일 무인년(戊寅年) 갑인월(甲寅月) 계묘일(癸卯日) 오전에 승진이 발표됐다. 승진한 직원은 37세였고, 동북방으로 180m 떨어진 곳에 거주하고 있었다.

---

32 사정궁(四正宮)은 자오묘유(子午卯酉)가 있는 坎一宮, 震三宮, 離九宮, 兌七宮을 말하며, 사유궁(四維宮)은 사정궁 외의 궁을 말한다.

② 사례 2 - 증권사의 팀 단위 채용

금융회사는 사람이 경쟁력이라 한다. 일반인이 아는 금융회사 브랜드 순위와 소위 실적 순위를 말하는 '리그테이블' 순위는 다르다. IPO, 회사채 주관, 채권 인수, 금융주선, PF 등의 리그테이블 순위는 단순히 회사 브랜드평판, 금융회사의 자본 규모와 크게 상관없이 철저히 사람 또는 팀의 개개인의 영업 능력으로 좌우된다.

그렇기에 실적이 우수한 팀을 팀 단위로 채용하여 회사의 수익을 견인하는 것이 비일비재하여 채용 경쟁이 발생한다. 우수한 팀을 채용하는 것이 회사에서 인정받고 롱런하는 훌륭한 본부장, 부문장의 조건이다.

Y 본부장은 K 팀장 및 팀원들 전원을 스카우트하고 싶어 몇 번 자리를 함께하였다. 그쪽에서 원하는 연봉과 직급, 기타 조건 등의 여러 사항을 최대한 맞추는 걸로 합의하고 회사 연봉 테이블에서 벗어난 부분을 인사팀과 조율 중이었다.

그런데 상반기 마무리 짓고 합류할 듯했던 K팀은 아직 반응이 없다. 아이가 엄마에게 용돈 달라고 조르듯 본부장씩이나 돼서 매번 언제 합류하는지 재촉할 수도 없는 노릇이었다.

K팀은 올 마음이 있는 것일까? 온다면 언제 올까?

<壬寅 丁未 己丑 辛未>

月干						
偏印	丁 戊	天柱_兌 開門_乾	玄武_雀 太乙_坎	正印	丙 壬	天心_乾 白虎_陳 休門_坎 天符_中
	丁加戊爲 有火有爐 靑龍轉光				丙加壬爲 火入天羅 江揮相映	
			時墓 旺衰			祿

				時干		天乙
						載空 日空
				食神	辛(辛) 庚(乙)	天蓬_坎 六合_卯 生門_艮 軒轅_震
				辛加庚爲 白虎出力 虎逐太白		
				辛加乙爲 白虎猖狂 人亡家敗		
						浴 帶

						載空
傷官	庚(乙) 己(己)	天芮_坤 驚門_兌	九地_坤 攝堤_坤	偏官	乙	天乙_離
	庚加己爲 太白大刑 官符刑格			辛加乙爲 白虎猖狂 人亡家敗		
	乙加己爲 日奇入墓 日奇得使					
			病			

				偏財	癸 丁	天任_艮 太陰_酉 傷門_震 咸池_兌
				癸加丁爲 騰蛇妖嬌 火焚莫逃		
						生

年干				直符	日干	直使
						時空
正財	壬 癸	天英_離 死門_坤	九天_乾 靑龍_乾	劫財	戊 辛	天甫_巽 直符_寅 景門_離 招搖_巽
	壬加癸爲 幼女嘉淫 陰陽重地			戊加辛爲 靑龍折足 反吟洩氣		
			日墓 死 墓			絶

				比肩	己 丙	天沖_震 騰蛇_巳 杜門_巽 太陰_艮
				己加丙爲 火悖地戶 火字地戶		
						胎 養

채용하는 대상인 K팀의 용신은 시간(時干)이고, 채용하는 회사 측 Y 본부장의 용신은 일간(日干)이다.

시간궁 분석

시간(時干)이 곤궁에 있다. 시간 신(辛)이 왕지(王地)에 임했다. 매우 성과가 좋아 기고만장한 상태이다. 육합(六合)과 동궁은 여러 회사에서 이직 오퍼를 받았음을 암시한다. 또 곤궁에 천봉(天蓬)이 임했다. K 팀장과 팀원들은 큰 욕망이 있다. 많은 성과급을 기대하고 있다. 십간대응결은 신가경(辛加庚)으로 백호(白虎)와 태백(太白)의 두 살기가 함께하여 주객이 서로 싸워 상처를 당하고 피를 보는 형국이다. 팀 내부에서 갈등이 있다.

일간궁 분석

일간(日干)은 건궁에 앉았다. 십간대응결은 기가병(己加丙)으로 습한 흙이 태양을 가렸다. 양인(陽人)은 원망과 상해를 당하고 음인(陰人)은 음란해진다. 배 위에 탄 말처럼 위태하다.

건궁에 태음(太陰)과 두문(杜門)이 임했다. Y 본부장은 밖으로 얘기할 수 없는 회사 내부의 여러 사정이 있다. 등사(螣蛇)가 있어 회사 조직의 변화를 꾀하고 있는데, 건궁은 현재 시공망(時空亡)인 상태이므로 해공(解空)되면 실행이 가능해질 것이다.

생극 분석

시간(時干)이 곤토궁(坤土宮)에서 일간(日干) 건금궁(乾金宮)을 토생금(土生金)하고 있다. 일간이 공망이라 당장 이직하지 않는다. K팀은 현재 성과가 좋으므로 이번 성과급까지 기존 회사에서 받고 떠날 마음이다.

실제

K팀은 여러 회사에서 오퍼를 받았으나 현 소속 회사에서의 성과급에 욕심이 커 아직 시기를 미루었다. 해공(解空)되는 이듬해 진월(辰月) 이직을 실행하려 했으나 Y 본부장 회사는 급격한 경기 악화와 충당금 이슈로 K팀의 팀 단위 채용 계획을 취소하고 말았다.

③ 사례 3[33] - 승진 가능 여부

1996년 5월 31일 오후 8시, 직장인이 올해 승진이 가능한지 물었다.

<丙子 癸巳 戊辰 壬戌>

時干			天乙								
偏財	壬 丙	天蓬_坎 休門_坎	六合_卯 攝堤_坤	食神	庚 辛	天任_艮 生門_艮	白虎_陳 咸池_兌	正印	丁(丁) 癸(乙)	天沖_震 傷門_震	玄武_雀 天乙_離
	壬加丙爲	水蛇入火	日洛西海		庚加辛爲	撤退碎玉	白虎干格		丁加癸爲 丁加乙爲	朱雀投江 星奇日耀	文書有誤 燒田種作
			時墓浴帶				生				胎 養
日干								年干			
比肩	戊 丁	天心_乾 開門_乾	太陰_酉 太乙_坎	正官	乙	軒轅_震		偏印	丙 己	天甫_巽 杜門_巽	九地_坤 天符_中
	戊加丁爲	火燒赤壁	靑龍耀明		丁加乙爲	星奇日耀	燒田種作		丙加己爲	火悖入刑	大地晋照
			祿								絶
		月干			直符 直使						
劫財	己 庚	天柱_兌 驚門_兌	截空 時空 騰蛇_巳 靑龍_乾	正財	癸(乙) 壬(壬)	天芮_坤 死門_坤	截空 時空 直符_寅 太陰_艮	傷官	辛 戊	天英_離 景門_離	日空 九天_乾 招搖_巽
	己加庚爲	明堂伏殺	顚倒刑利		癸加壬爲 乙加壬爲	復見騰蛇 荷葉蓮花	沖天奔地 日奇入地		辛加戊爲	反吟被傷	困龍被傷
			旺 衰				病				日墓 死墓

일간궁 분석

본인의 용신은 일간(日干)이다. 일간이 진삼궁(震三宮)에 있다. 일간궁의 상황을 보면, 무가정위 화소적벽 청룡요명(戊加丁爲 火燒赤壁 靑龍耀明)으로 승진을 공명을 구하는 일에 길하다. 여기에 개문(開門)과 태음(太陰)이 동궁하니 길문과 길신이 있는 셈이다. 이들만 보면 승진할 수 있는 운기이다.

---

33 時家奇門學會, 『시가기문 인사편』

일간의 격형

육무(六戊) 일간(日干)이 진삼궁(震三宮)에 있으니, 갑자무(甲子戊)의 자수(子水)와 진삼궁의 묘목(卯木)이 자묘(子卯)형을 이뤄 육의격형(六儀擊刑)이 되고, 개문(開門)이 진삼궁인 목궁(木宮)에 있으니 문박(門迫)으로 길문이 역할을 하지 못하여 승진과는 거리가 멀게 된다.

지반의 일간

이전의 상황을 보는 지반(地盤) 육무(六戊)가 건육궁(乾六宮)에 있으니 입묘(入墓)되어 있고, 천반(天盤)에 육신(六辛)이 있으니 대응결은 신가무위 반음피상 곤룡피상(辛加戊爲 反吟被傷 困龍被傷)이다. 백호(白虎)가 산 위에 뛰어다니나 상처를 당한다. 육무(六戊) 청룡이 자오충(子午沖)되니 곤룡피상이다. 관의 일로 파재(破財)요 망동으로 재앙을 당한다.

팔문(八門)은 소흉문인 경문(景門)이 있는데, 경문이 건육궁을 화극금(火剋金)하니 흉이 더 작용하기 쉽다. 결론은 일간궁의 상황도 승진에 적극적으로 길함을 가져다주지 못하고, 일간의 과거궁(過去宮)도 승진에 도움을 못 준다는 것이다.

승진에 영향을 끼치는 요소

승진 여부를 볼 때 직부구성(直符九星)은 기관의 가장 높은 사람이고, 연간(年干)은 기관의 장이다. 직부구성 천예(天芮)는 감일궁(坎一宮)에 있다. 일간을 수생목(水生木)하나 시공망(時空亡)이다. 태칠궁에 있는 연간 병기는 일간을 금극목(金剋木)한다. 승진을 도와주는 윗사람이 없다.

월간(月干)은 동료이며 경쟁자이다. 월간 육계(六癸)가 있는 감일궁(坎一宮)에 직부구성(直符九星)이 있고, 연간(年干) 병기(丙奇)가 월간을 금생수(金生水)로 생(生)하고 있다. 본인보다는 동료가 승진에 유리한 구조이다.

승진의 시기

정축(丁丑)년에는 승진할 수 있다. 일간 육무(六戊)의 지반(地盤)에 정기(丁奇)가 있다. 정축년에는 일간 지반에 태세(太世)가 임하여 대길하고, 태세에 해당하는 정기(丁奇)가 곤이궁(坤二宮)에 있어 일간이 극(剋)을 할 수 있기 때문이다.

실제

당년 6월 14일 승진심사에서 본인은 50표 중 16표를 얻고 경쟁자가 35표를 얻어 승진에 탈락하였고, 정축년 늦여름에 승진하였다.

④ 사례 4[34] – 직위 변동 여부

2008년 8월 30일 중국 국가정부(國家政府)의 간부(幹部)인 류모(劉某)가 찾아와서 자신의 직위 변동에 관해 문점하였다.

"당신은 직위에 변동이 있고, 변동 시기는 멀지 않았다. 이동발령을 함구하고 하위 직원들과 관계를 잘해 놓으셔라."

"그러면 어디로 발령 가는지? 들리는 소식(消息)에 의하면 시정부(市政府)로 간다고 하는데 시정부가 맞는지?"

"당신은 시정부(市政府)로 가지 못하고 현정부(縣政府)로 간다. 2개월 이내인 추석 전후에 이동할 것으로 보인다."

<戊子 庚辛 壬寅 乙巳>

	年干	日干 直符
正官 己　天沖_震　太陰_酉 　　戊　驚門_兌　青龍_乾 　　己加戊爲 犬遇青龍 六合天門 　　　　　　　　日基 旺 衰	偏官 戊　天甫_巽　騰蛇_巳 　　壬　開門_乾　太乙_坎 　　戊加壬爲 山明水秀 青龍天牢 　　　　　　　　　　　　祿	比肩 壬(壬)　天英_離　直符_寅 　　庚(乙)　休門_坎　太陰_艮 　　壬加庚爲 騰蛇相繡 太白擒蛇 　　壬加乙爲 逐水桃花 小蛇得勢 　　　　　　　　　　　　浴 帶
	時干	月干 天乙
劫財 癸　天任_艮　六合_卯 　　己　死門_坤　咸池_兌 　　癸加己爲 華蓋地戶 華蓋明堂 　　　　　載空 時空 　　　　　　　　　　　病	傷官 乙　　　　　天符_中 　　壬加乙爲 逐水桃花 小蛇得勢	偏印 庚(乙)　天芮_坤　九天_乾 　　丁(丁)　生門_艮　軒轅_震 　　庚加丁爲 亨亨之格 亭亭之格 　　乙加丁爲 三奇相佐 奇儀相佐 　　　　　　　　　　　　生
	直使	
正印 辛　天蓬_坎　白虎_陳 　　癸　景門_離　攝堤_坤 　　辛加癸爲 天穴華蓋 天牢華蓋 　　　　　載空 時空 　　　　　　　　　　　死基	偏財 丙　天心_乾　玄武_雀 　　辛　杜門_巽　天乙_離 　　丙加辛爲 日月相會 丙辛相合 　　　　　　　　　　　　絶	正財 丁　天柱_兌　九地_坤 　　丙　傷門_震　招搖_巽 　　丁加丙爲 姮娥奔月 星隨月轉 　　　　　　　　　時基 胎 養

---
34 時家奇門學會, 『시가기문 인사편』

직위 변동
개문궁(開門宮)은 직장·직위인데 등사(騰蛇)와 동궁했으니 변동이 발생한다. 천반 무(戊)는 갑자무(甲子戊)라 이화궁(離火宮)의 오화(午火)와 충(冲)을 한다. 충하면 움직이게 되고 지반 임수(壬水)는 유동(流動)이라 이 자리에서 흘러 다른 곳으로 간다는 것을 의미한다.

현정부(縣政府)로 발령 이유
일간(日干)이 곤궁(坤宮)에 앉으니 곤궁은 시골이며 작은 고장이다. 그러니 도시인 시정부(市政府)로 발령되지 않고 시골인 현정부(縣政府)로 발령된다.

일간 지반에 을(乙)과 경(庚)이 있으니 을기(乙奇)는 동(東)이고 동쪽은 을(乙)의 관록지(官祿地)이며 경(庚)은 서(西)이고 태궁은 경(庚)의 제왕지(帝旺地)이니 동 또는 서쪽의 현(縣)으로 갈 가능성이 높다.

조속한 발령 이유
곤궁(坤宮)에 일간이 있고 대응결은 임가경(壬加庚) 이니 물이 칼날 위에 있는 것과 같이 발령 시간은 빠르다. 또 시간(時干)은 알고 싶은 사연인데 태궁(兌宮)에 구천(九天)이 떴으니 여전히 빠르다는 것이다. 태궁은 추분 후 45일이니 추석 전후에 발령이 난다.

실제
추석 지나고 동쪽 현정부(縣政府)로 발령이 났다.

⑤ 사례 5 – 인력 구조조정

러시아 우크라이나 전쟁 여파로 실물자산의 가치는 폭락하고, 원자재 가격은 상승하며 내수경기는 위축되어 ○○사는 구조조정을 단행하기로 하였다. ○○사에 근무하는 팀장 S씨는 구조조정 대상에 포함되는지 문점하였다.

<癸卯 癸亥 庚午 乙酉>

			年干 月干
正印 己 癸 己加癸爲	天任_艮 玄武_雀 傷門_震 攝堤_坤 地刑玄武 明堂華蓋 襄病	正官 丁 戊 丁加戊爲	載空 時空 天沖_震 白虎_陳 杜門_巽 靑龍_乾 有火有爐 靑龍轉光 死	傷官 癸(癸) 丙(壬) 癸加丙爲 癸加壬爲	載空 時空 天甫_巽 六合_卯 景門_離 招搖_巽 華蓋悖師 明堂犯悖 復見騰蛇 沖天奔地 基 絶

時干		天乙			
正財 乙 丁 乙加丁爲	天蓬_坎 九地_坤 生門_艮 軒轅_震 三奇相佐 奇儀相佐 旺	食神 壬 癸加壬爲	太乙_坎 復見騰蛇 沖天奔地	偏印 戊 庚 戊加庚爲	天英_離 太陰_酉 死門_坤 太陰_艮 天武入獄 助針爲虐 胎

		日干	直符		直使
劫財 辛 己 辛加己爲	天心_乾 九天_乾 休門_坎 咸池_兌 入獄自刑 虎坐明堂 日基帶祿	比肩 庚 乙 庚加乙爲	天柱_兌 直符_寅 開門_乾 天符_中 太白逢星 太白貪合 浴	偏官 丙(壬) 辛(辛) 丙加辛爲 壬加辛爲	日空 天芮_坤 騰蛇_巳 鶯門_兌 天乙_離 日月相會 丙辛相合 淘洗珠玉 騰蛇相縛 時基 生 義

일간궁 분석

일간(日干)은 감궁(坎宮)에 앉았다. 감궁의 십간대응결은 경가을위 태백봉성 태백탐합(庚加乙爲 太白逢星 太白貪合)으로 흉격이다. 육경 태백(太白)이 여린 나무인 을기 봉성(蓬星)을 가로막고 있다. 작은 배가 파도 위에 있다. 전진하고 동(動)하면 흉하고, 정(靜)하면 흉하지 않다.

직장을 상징하는 개문(開門)도 역시 감궁에 있다. 회사의 상황이 좋지 않음을 보여주고 있으나, 일간(日干)과 개문(開門)이 동궁하여 직장 문제로 근심하고 있더라도 직장에서 처한 상황은 나쁘지 않다. 개문(開門)이 정위(定位)의 팔문(八門) 휴문(休門) 자리인 감궁(坎宮)에 비도(飛到)되니 귀인(貴人)을 만나게 된다.

시간궁 분석

점사 객체인 시간(時干)은 진궁(震宮)에 앉았다. 대응결은 을가정위 삼기상좌 기의상좌(乙加丁爲 三奇相佐 奇儀相佐)라 하여 삼기(三奇)가 나란히 있어 매우 길하다. 길문인 생문(生門)과 동궁하여 백사가 개길하다.

상생 분석

일간(日干)과 시간(時干)은 수생목(水生木)으로 상생(相生)하고 있고, 직속 상사인 직사(直使)가 건금궁(乾金宮)에서 금생수(金生水)하고 있으며, 고위직 상사인 직부(直符)와 일간이 동궁하고 있다.

종합해 보면 S 팀장은 구조조정의 대상에서 빠질 가능성이 높다.

실제

○○사의 구조조정으로 짐 싸서 나가는 경우가 많았다. '희망이없는 세상이란 없다. 다만, 희망을 잃은 몇몇 사람들이 그것을 믿을 뿐이다.'라는 헬렌 켈러의 말처럼 S 팀장은 문점 후 희망을 갖고 일했으며 구조조정으로 퇴사한 본부장의 자리를 승진과 동시에 맡게 되었다.

⑥ 사례 6[35] - 직장 이동 시기

2000년 6월 5일 오전 11시 5분에 계림(桂林)에 사는 한 지인이 전화로 본인의 직장 이동이 언제쯤 가능한지 물었다. 지인은 1968년 무신년생(戊申年生)이다.

<庚辰 辛巳 甲午 己巳>

日干			天乙			直符		
		日空						載空 時空
比肩 辛	天英_離	九地_坤	食神 癸(乙)	天芮_坤	九天_乾	偏印 己(己)	天柱_兌	直符_寅
丙	休門_坎	軒轅_震	辛(辛)	生門_艮	太陰_艮	癸(乙)	傷門_震	太乙_坎
辛加丙爲	干合悖師	天庭得明	癸加辛爲	陽響隆盛	網蠱天牢	己加癸爲	地刑玄武	明堂華蓋
		旺 衰	乙加辛爲	青龍逃走	人亡財破 祿	己加乙爲	柔情密意	地戶逢星 日基浴帶
			時干					
正官 丙	天甫_巽	朱雀_午	偏財			正印 戊	天心_乾	載空 時空 騰蛇_巳
丁	開門_乾	攝堤_坤	乙	招搖_巽		己	杜門_巽	青龍_乾
丙加丁爲	星奇朱雀	三奇順遂 病	己加乙爲	柔情密意	地戶逢星	戊加己爲	天門蒙塵	物以流聚 生
		直使	年干			月干		
偏官 丁	天沖_震	句陳_辰	劫財 庚	天任_艮	六合_卯	傷官 壬	天蓬_坎	太陰_酉
庚	驚門_兌	咸池_兌	壬	死門_坤	天乙_離	戊	景門_離	天符_中
丁加庚爲	文書阻隔	火煉眞金 死 基	庚加壬爲	耗散少格	太白退位 絶	壬加戊爲	小蛇化龍	蛇入天門 時基胎 義

일간(日干)으로 본 직장 이동

일간 갑오신(甲午辛)이 문점자의 용신이다. 손사궁에서 입묘(入墓)되었다. 지리(地利)를 얻지 못해 피곤한 상이다. 천영은 인수의 자리인 손사궁에 있어 상(相)의 상태이니 천시(天時)도 불리하다. 단 휴문(休門)은 손사궁을 생하는 길문이다.

---

35 將志春, 『개오지문(開悟之門)』, 321p, 중국상업출판사

손사궁의 격은 신가병위 간합패사 천정득명(辛加丙爲 干合悖師 天庭得明)으로 병기(丙奇) 명당(明堂)에 육신(六辛) 천진(天進)이 앉은 것이니 이익을 증가시키는 기운은 있으나, 육신 백호(白虎)의 영향으로 재물로 인한 소송 등의 다툼은 피하지 못한다. 이는 지인이 현재의 자리에서 불순한 일이 있음을 말한다.

시간(時干)으로 본 직장 이동

시간(時干) 을기(乙奇)는 점사의 사체(事體)이다. 을기가 이구궁의 생지(生地)에 있다. 시간궁에 천금(天禽) 길성이 있고, 생문(生門)인 길문과 길신인 구천(九天)이 있다. 일간궁이 시간궁을 목생화하니 문점인은 전망이 있는 직장으로 이동하는 것을 바라고 있음을 알 수 있다.

개문으로 본 직장 이동

개문(開門)은 직장이다. 개문이 있는 진삼궁에 천보(天甫) 길성이 있고, 병가정위 성기주작 삼기순수(丙加丁爲 星奇朱雀 三奇順遂)의 길격이니 현재의 직장은 당연히 좋은 곳이다. 연간(年干)인 육경(六庚)이 감궁에서 일간궁을 수생목(水生木)하니 상급자의 지지를 받고 있고, 곤궁에 있는 직부구성(直符九星)이 시공망(時空亡)을 만나 가장 높은 위치에 있는 상급자는 혹 없을 수도 있다. 일간궁과 개문궁이 비화(比和)하니 현재의 직장에서 이동하려면 노력을 한 뒤에 가능하다.

연명으로 본 직장 이동

직장의 이동은 인생의 전환점으로 연명과 관련된다. 문점인은 1968년 무신년생(戊申年生)이다. 연명간 육무(六戊)가 태칠궁인 사지(死地)에 있으니, 지리(地利)가 없다. 천심(天心) 길성이 있으나, 두문(杜門)이 있어 두색불통(杜塞不通)의 상이다. 격은 무가기위 천문몽진 물이유취(戊加己爲 天門蒙塵 物以流聚)로 육무 귀인이 육기 지호인 옥에 있으니, 귀인입옥(貴人入獄)으로 공사 간에 좋은 게 없고, 흉신인 등사(螣蛇)가 동궁하고 시공망(時空亡)을 만나니 이동하는 일은 성공하기 어렵다.

직사팔문으로 본 직장 이동

일간궁과 시간궁이 일내일외(一內一外)하니 이동은 지체되고, 직사팔문 경문(驚門)이 간팔궁에 있으니, 간팔궁의 수리인 5.7.8.10[後天數 艮八宮 8, 先天數 七艮山 7, 土 五行數 5.10]이 관련되므로 정단하는 월로부터 최소 5개월째인 정해월(丁亥月)에 가능하다.

월별로 본 직장 이동

갑신월(甲申月)은 직부구성이 있는 곤이궁이 전실(塡實)되고, 최고 상급자인 직부가 태궁의 연명을 생하여 연명궁의 변화가 있다. 을유월(乙酉月)은 연명궁이 당령(當令)하고, 개문궁을 태극진(兌剋震)으로 직충극(直沖剋)하니 현재의 직장에서 발전한다. 병술월(丙戌月)은 진술충(辰戌沖)으로 일간 육신이 충출(沖出)한다. 정해월(丁亥月)은 시역마(時驛馬)인 사화(巳火)를 지반지지가 사해충(巳亥沖)하니 직장의 이동이 가능하다.

실제

설 연휴 기간에 지인으로부터 전화가 왔다. 2000년 12월에 마침내 직장 이동이 성사되었다고 했다.

⑦ 사례 7[36] - 직장에서 징계

1996년 1월 2일 오전 10시, 모 부대 연대장이 부대에서 징계를 받는지 물었다.

<乙亥 戊子 戊戌 丁巳>

年干 正官 乙 庚 乙加庚爲 日奇被刑 天貫落獄 旺 衰	時干 正印 丁 天任_艮 六合_卯 丙 傷門_震 招搖_巽 丁加丙爲 姮娥奔月 星隨月轉 祿	天乙 劫財 己(己) 天沖_震 白虎_陳 戊(辛) 杜門_巽 靑龍_乾 己加戊爲 犬遇靑龍 六合天門 己加辛爲 濕泥汚玉 游魂入基 浴 帶
偏財 壬 天心_乾 騰蛇_巳 己 休門_坎 咸池_兌 壬加己爲 反吟泥漿 反吟蛇刑 病	傷官 辛 天乙_離 己加辛爲 濕泥汚玉 游魂入基	食神 庚 天甫_巽 玄武_雀 癸 景門_離 攝提_坤 庚加癸爲 反吟大格 太白沖刑 生
直符 正財 癸 天柱_兌 直符_寅 丁 開門_乾 軒轅_震 癸加丁爲 騰蛇妖嬌 火焚莫逃 時墓 死 基	月干 日干 直使 載空 時空 載空 時空 比肩 戊(辛) 天芮_坤 九天_乾 乙(乙) 驚門_兌 天符_中 戊加乙爲 靑龍合靈 靑龍和會 辛加乙爲 白虎猖狂 人亡家敗 絶	偏印 丙 天英_離 九地_坤 壬 死門_坤 太乙_坎 丙加壬爲 火入天羅 江揮相映 日墓 胎 養

본인의 상황

일간 육무가 직사팔문(直使八門)인 경문(驚門)과 같이 감일궁에서 시공망(時空亡)을 만나니 좋지 않다. 감일궁에 경문(驚門)은 관재구설이요, 신가을위 백호창광 인망가패(辛加乙爲 白虎猖狂 人亡家敗)로 대흉격이며, 구천(九天)은 호동지성(好動之星)이니 변동을 뜻한다. 일간궁을 종합하면 관재로 변동이 있는 상이다.

---

36 將志春, 『신기지문(神奇之門)』, 194p, 중국상업출판사

현재 직장의 상황

현재의 직장은 개문(開門)이다. 간팔궁인 개문에 있는 직부구성(直符九星) 천주(天柱)는 부대의 장이다. 간토궁(艮土宮)이 감수궁(坎水宮)인 본인을 토극수(土剋水)하니 부대장이 본인을 싫어하고 있다.

두문(杜門)은 부대이다. 곤이궁에서 감일궁인 일간과 직사(直使)를 극하며, 박제화의(迫制和義) 중 팔문(八門)이 궁(宮)을 극하는 박격(迫格)이고, 지반인 일간 육무(六戊)가 백호(白虎) 신(辛)을 만나니 과거에 살인사건에 연루되었다.

징계 여부

직부구성(直符九星), 개문(開門)이 일간(日干)을 생하면 승진하고, 극하면 강등한다. 부대장인 직부구성, 직장인 개문, 군대인 두문이 모두 일간궁을 극하니 반드시 강등이 된다.

응기

개문이 시공망(時空亡)이 되었으니 전실(塡實)이 되는 월에 응기가 있게 된다.

실제

다음 해인 병자년(丙子年) 인월(寅月) 말에 본인과 다른 두 명이 함께 강등되었다.

⑧ 사례 8 - 퇴직

서울 소재 명문대를 졸업하는 H씨는 지금의 ○○은행에 입행하여 근 27년 동안 한 곳에서 직장 생활을 하였다. IMF 시기 많은 선배가 구조조정이 될 때도 H씨는 상대적으로 어리고 직급도 낮아 무사할 수 있었고, 정부 차원의 기업구조조정으로 은행 간 인수합병으로 타 은행에 피인수되었을 때도 살아남았다.

해외 파견 후 국내 복귀하여 지점장으로 발령받은 그는 작년에 승진에서 빠졌고 이번에 승진하지 못하면 회사 생활을 지속하는 게 사실상 어렵다고 한다.

<癸卯 癸亥 辛巳 丁酉>

		時干 天乙
偏財 乙 天心_乾 九地_坤 載空 時空 己 開門_乾 天乙_離 乙加己爲 日奇入基 日奇得使 日基 浴 帶	傷官 壬 天蓬_坎 玄武_雀 癸 休門_坎 招搖_巽 壬加癸爲 幼女姦淫 陰陽重地 生	偏官 丁(丁) 天任_艮 白虎_陳 辛(戊) 生門_艮 攝堤_坤 丁加辛爲 燒殿珠玉 朱雀入獄 丁加戊爲 有火有爐 青龍轉光 胎 養
正官 丙 天柱_兌 九天_乾 庚 驚門_兌 太乙_坎 丙加庚爲 熒惑入白 熒入太白 祿	正印 戊 太陰_艮 丁加戊爲 有火有爐 青龍轉光	劫財 庚 天沖_震 六合_卯 日空 丙 傷門_震 青龍_乾 庚加丙爲 太白入熒 太白加官 絶
日干 直符 直使	年干 月干	
比肩 辛(戊) 天芮_坤 直符_寅 丁(丁) 死門_坤 天符_中 辛加丁爲 獄神得奇 白虎受傷 戊加丁爲 火燒赤壁 青龍耀明 時基 旺 衰	食神 癸 天英_離 騰蛇_巳 壬 景門_離 軒轅_震 癸加壬爲 復見騰蛇 沖天奔地 病	偏印 己 天甫_巽 太陰_酉 乙 杜門_巽 咸池_兌 己加乙爲 柔情密意 地戶逢星 死 基

현재 직장의 상황

직장의 용신은 개문(開門)으로 손궁(巽宮)에 자리하고 있다. 손궁은 시공망(時空亡)이니 직장에서 현재 상황은 좋지 않다. 또한 개문이 손궁(巽宮)에서 궁오행(宮五行)을 극하는 박격(迫格)이니 앞으로 직장에서 발전은 어렵다고 볼 수 있다.

승진 여부

일간(日干)은 간궁에서 자리하였다. 십간대응결은 신가정(辛加丁)으로 육신(六辛) 옥신(獄神)이 정기 성기(星奇)를 만났으니, 재물이 느는 즐거움이 있다. 또 다른 대응결은 무가정(戊加丁)으로 큰 산이 작은 불로 뜨거워지는 형국이다. 적은 것으로 큰 것을 이기고 귀인을 만나는 일, 공명을 구하는 일에 좋다. 직속상사인 직사(直使)와 고위직 상사인 직부(直符)가 모두 동궁하여 회사에서 선배들이 능력을 인정하고 선호하는 모양새이다.

승진 여부를 점하는 객체의 용신인 시간(時干)은 곤궁에서 대응결은 정가신(丁加辛)이다. 보석을 불에 던지고, 정기 주작(朱雀)이 육신 천정(天庭)에 들었다. 일반인은 억울한 일로 원한을 품게 되고 직장인은 그 직을 잃는다.

개문이 손목궁(巽木宮)에서 일간을 목극토(木剋土)하므로 승진은 어려워 보인다. 천봉반음(天蓬反吟), 팔문반음(八門反吟)으로 직장의 변동수가 있다. 승진에 누락되지만 재물이 느는 즐거움은 있겠다.

실제

H씨는 이듬해 승진에 누락되고 명예퇴직을 하여 거금의 명퇴금을 받게 되었다. 작은 회사로 이직까지 성공하였다.

⑨ 사례 9[37] - 적성에 맞는 부서

1996년 11월 4일 오전 8시, 형제출판사(兄弟出版社) 여성편집장이 찾아와 1974년 갑인년생(甲寅年生) 아들이 내년 '베이징 대외경제무역대학교'를 졸업 예정이라 한다. 얼마 전 학교로 채용담당관이 찾아와 '통상경제부'에 사전선발대상자에 포함되었고, '외무부'에도 선발 대상자에 포함되었다고 한다. 아들은 외무부에 들어가고 싶어 한다고 하면서, 어느 기관이 아들의 적성에 맞는지 물었다.

<丙子 戊戌 乙巳 庚辰>

直使 偏印 癸 天心_乾 螣蛇_巳 丙 休門_坎 軒轅_震 癸加丙爲 華蓋悖師 明堂犯悖 浴 帶	直符 載空 偏財 己 天蓬_坎 直符_寅 庚 生門_艮 咸池_兌 己加庚爲 明堂伏殺 顚倒刑刦 生	載空 時空 偏官 辛(辛) 天任_艮 九天_乾 戊(丁) 傷門_震 天符_中 辛加戊爲 反吟被傷 困龍被傷 辛加丁爲 獄神得奇 白虎受傷 胎 養
日空 正印 壬 天柱_兌 太陰_酉 乙 開門_乾 招搖_巽 壬加乙爲 逐水桃花 小蛇得勢 祿	食神 丁 攝堤_坤 辛加丁爲 獄神得奇 白虎受傷	日干 時空 比肩 乙 天沖_震 九地_坤 壬 杜門_巽 天乙_離 乙加壬爲 荷葉蓮花 日奇入地 絶
月干 日空 正財 戊(丁) 天芮_坤 六合_卯 辛(辛) 驚門_兌 太陰_艮 戊加辛爲 青龍折足 反吟洩氣 丁加辛爲 燒殿珠玉 朱雀入獄 時墓 旺衰	時干 天乙 正官 庚 天英_離 白虎_陳 己 死門_坤 青龍_乾 庚加己爲 太白大刑 官符刑格 病	年干 傷官 丙 天甫_巽 玄武_雀 癸 景門_離 太乙_坎 丙加癸爲 黑雲遮日 華蓋悖師 日墓 死墓

아들의 상황

아들의 용신은 시간(時干) 육경(六庚)이다. 감일궁의 육경(六庚)이 사문(死門)을 만나니 근심하고 있음을 알 수 있다. 또한 아들의 보조

---

37 將志春, 『신기지문(神奇之門)』, 192p, 중국상업출판사

용신은 명년간(命年干)이다. 손사궁에 있는 명년간인 갑인계(甲寅癸) 밑에 연간(年干)인 병기(丙奇)가 있으며, 길성인 천심(天心), 삼길문(三吉門) 중 하나인 휴문(休門)이 있으니, 운세는 나쁘지 않다.

어느 부서가 맞는가?

외교부서는 개문(開門)을 용신으로 보는데 진궁(震宮)에 있고, 경제부서는 생문(生門)을 용신으로 보며 이궁(離宮)에 있다. 시간궁(時干宮)인 감수궁(坎水宮)은 외교부서인 진목궁(震木宮)을 수생목(水生木)하고, 경제부서인 이화궁(離火宮)을 수극화(水剋火)한다.

지반 연간궁(年干宮)인 손목궁(巽木宮)은 외교부서가 있는 진목궁(震木宮)과 비화(比和)되고, 경제부서가 있는 이화궁(離火宮)을 목생화(木生火)로 생한다. 경제부서인 이궁의 지반 육경(六庚)은 시간궁으로 비도(飛到)되어 있다. 경제부서가 맞는다.

응기

일간(日干)과 시간(時干)이 내외반(內外盤)에 분리되어 응기는 늦다. 구성반음(九星反吟)으로 응기는 빠르지만 사정에 의해 성패의 반복함이 있다.

실제

11월 25일 오후 6시 30분에 모친에게 전화가 와, 1997년 졸업 후 '통상경제부'로 입직하였다고 들었다.

⑩ 사례 10[38] – 직장의 이동

1997년 4월 15일 오전 10시, '차이나 유니콤'으로부터 입사 제의를 받은 '두신후이'는 직장을 이동할 수 있는지 정단하였다.

<丁丑 甲辰 丁亥 乙巳>

時干　　　　　　　　　天乙	月干　　　　　　　　　直符	年干 日干
偏印 乙　天英_離　九天_乾 　　 辛　生門_艮　太乙_坎 　　 乙加辛爲 靑龍逃走 人亡財破 　　　　　　　　　　旺 衰	日空 正官 壬(乙) 天禽_中 直符_寅 　　 乙(乙) 傷門_震 靑龍_乾 　　 壬加乙爲 逐水桃花 小蛇得勢 　　 己加乙爲 柔情密意 地戶逢星 　　　　　　　　　　　　祿	日空 比肩 丁(丁) 天柱_兌 螣蛇_巳 　　 己(壬) 杜門_巽 太陰_艮 　　 丁加己爲 火入勾陳 星墮句陳 　　 丁加壬爲 星奇得使 玉神互合 　　　　　　　　　　　　浴 帶
截空 時空 偏財 辛　天甫_巽　九地_坤 　　 庚　休門_坎　天乙_離 　　 辛加庚爲 白虎出力 虎逢太白 　　　　　　　　　　　病	正官　　　　天芮_坤 　　 壬　　　　攝堤_坤 　　 丁加壬爲 星奇得使 玉神互合	偏官 癸　天心_乾　太陰_酉 　　 丁　景門_離　招搖_巽 　　 癸加丁爲 螣蛇妖嬌 火焚莫逃 　　　　　　　　　　　生
截空 時空 正財 庚　天沖_震　玄武_雀 　　 丙　開門_乾　天符_中 　　 庚加丙爲 太白入熒 太白加官 　　　　　　　　　 日墓 死 墓	劫財 丙　天任_艮　白虎_陳 　　 戊　驚門_兌　咸池_兌 　　 丙加戊爲 飛鳥跌穴 月奇得使 　　　　　　　　　　　絶	直使 傷官 戊　天蓬_坎　六合_卯 　　 癸　死門_坤　軒轅_震 　　 戊加癸爲 天武地藏 岩石浸蝕 　　　　　　　　　 時墓 胎 養

일간궁의 상황

간궁(艮宮)에 있는 개문(開門)이 일간궁(日干宮)과 대충방(對沖方)에 있다. 충즉동(沖則動), 충즉발(沖則發)하니 곧 이동한다. 개문궁의 갑신경(甲申庚)이 지지와 인신형(寅申刑)이 되는 육의격형(六儀擊刑)이므로 본인이 사직한다.

---

38 將志春,『신기지문(神奇之門)』, 195p, 중국상업출판사

현재 업무의 상황

시간(時干) 을기(乙奇)는 손궁(巽宮)에 있다. 격이 을가신위 청룡도주 인망재파(乙加辛爲 靑龍逃走 人亡財破)로 이동하는 상이다. 궁에 생문(生門)이 있어 재물로 인한 직장 이동이다. 시간은 현재 직장의 업무다. 시간궁이 일간궁을 손극곤(巽剋坤)하므로 현 직장의 업무가 과중하다.

직장 이동이 길한지

태세(太歲)는 백 가지 재앙을 해소하여 대길하다. 태세 정기(丁奇)가 일간(日干)과 곤궁(坤宮)에서 동궁하니 길하다. 직부(直符)는 영도자이고, 월간(月干)은 동료이다. 직부궁과 월간궁이 일간궁을 이생곤(離生坤)하므로 직장 이동에 유리하다. 일간궁의 등사는 예측(豫測)이고, 두문은 기술(技術), 천주는 설교(說敎)다. 예측과 기술 방면에서 능력을 발휘하게 된다.

직장인 개문이 있는 간궁이 공망(空亡)이다. 공망궁을 충(沖)하는 곤궁의 미월(未月)에 직장을 이동한다. 미월에 이르면 정기 일간이 당령(當令)하여 최왕(最旺) 하므로 본인의 능력으로 이동한다.

⑪ 사례 11 – 퇴직 및 전직

화장품회사 임원으로 근무하는 D씨는 마음이 복잡하다. 중국으로의 화장품 수출은 사드 사태[39] 이후 내리막길을 걷다가 이제는 매출은 전무한 수준이 됐다. 주가는 내리막을 걷고 있고, 회사는 조직 슬림화를 한창 진행 중이다. 승진은 기대하기 어렵고, 밑에서 무섭게 치고 올라오는 후배 직원들에 답답함을 느끼다 작은 규모의 회사에 이직할 기회가 생겼다.

이직이 순조로울까?

<甲辰 乙亥 戊子 壬戌>

		直符 直使
劫財 己 天任_艮 太陰_酉 癸 生門_艮 攝提_坤 己加癸爲 地刑玄武 明堂華蓋 時墓帶祿	正印 丁 天沖_震 螣蛇_巳 戊 傷門_震 靑龍_乾 丁加戊爲 有火有爐 靑龍轉光 日空 旺	正財 癸(癸) 天甫_巽 直符_寅 丙(壬) 杜門_巽 招搖_巽 癸加丙爲 華蓋悖師 明堂犯悖 癸加壬爲 復見螣蛇 沖天奔地 日空 裏病
月干	年干 時干	日干
正官 乙 天蓬_坎 六合_卯 丁 休門_坎 軒轅_震 乙加丁爲 三奇相佐 奇儀相佐 浴	偏財 壬 太乙_坎 癸加壬爲 復見螣蛇 沖天奔地	比肩 戊 天英_離 九天_乾 庚 景門_離 太陰_艮 戊加庚爲 天武入獄 助針爲虐 死
		天乙
傷官 辛 天心_乾 白虎_陳 己 開門_乾 咸池_兌 辛加己爲 入獄自刑 虎坐明堂 載空 時空 生義	食神 庚 天柱_兌 玄武_雀 乙 驚門_兌 天符_中 庚加乙爲 太白逢星 太白貪合 載空 時空 胎	偏印 丙(壬) 天芮_坤 九地_坤 辛(辛) 死門_坤 天乙_離 丙加辛爲 日月相會 丙辛相合 壬加辛爲 淘洗珠玉 螣蛇相纏 日墓 基絶

---

39 북한의 4차 핵 실험 및 거듭되는 미사일 도발로 박근혜 정부 시기인 2016년 경북 성주에 고고도지역방어미사일(사드: THAAD)을 배치한다고 발표하였다. 이에 반발한 중국은 한국 관광을 전면 금지시키고 한국에 대한 경제보복조치를 실행하였다.

일간궁 분석

일간(日干)은 태궁(兌宮)에 자리하였고 십간대응결은 무가경(戊加庚)이다. 큰 산이 태백(太白)을 끌어안고 있다. 갑자(甲子) 직부(直符)를 경금(庚金)이 극(剋)하니 직부비궁(直符飛宮)이다. 모든 일이 흉해진다.

육갑(六甲)과 육경(六庚)이 일대 모순을 일으켜 서로 충극(沖剋)한다. 길문(吉門)이 있어도 흉하게 보며 시비와 송사에 휘말리고, 진흙에서 말이 달리는 꼴이다.

팔문(八門)이 구궁(九宮)을 극(剋)하니 객(客)이 이롭고, 주동적으로 움직여야 한다. 가만히 앉아 떠밀리는 것보다 능동적으로 치고 나가야 한다. 또 무가경(戊加庚)은 상대를 피해 다른 곳으로 이동하여야 한다. 즉 옮기는 것이 가만히 있는 것보다 상책이 된다.

시간궁 분석

이직 사연을 시간(時干)으로 본다. 시간은 건궁(乾宮)에서 일간(日干)과 비화(比和)되었다. 이직은 하늘의 순리에 맞다. 십간대응결은 임가신(壬加辛)이다. 물을 부어 주옥을 닦는다. 다툼과 송사는 공평해지고 바름과 틀림이 분명해진다. 다만 육신(六辛)이 육임(六壬)에서 입묘(入墓)[40]되어 등사(螣蛇)가 서로 얽혔다. 길문을 얻더라도 편안치 않고 흉문을 얻으면 사기를 당한다. 또 다른 십간대응결은 병가신(丙辛加)을 태양이 주옥을 비추듯 일·월이 어우러진다. 병신합(丙辛合)하여 이직을 하는 데 발목을 잡는다.

---

40 육신(六辛)은 진방(辰方)에서 입묘(入墓)되는데, 육임(六壬)의 순수(旬首)는 갑진임(甲辰壬)이다.

이직의 성사 여부

현재 직장의 상사가 문제이다. 직장의 인사권자는 직부(直符)로 대표되는데, 곤궁(坤宮)에서 일간을 토생금(土生金)해 주고 있다. 승진시키지도 않으면서 놔주진 않으려 한다. 더욱이 곤궁 계(癸)와 태궁 무(戊)가 상합(相合)을 이루어 보내려 하지 않는 게 확실하다. 직부와 일간이 무계합하고, 시간궁이 병신합하여 떠나려는 자의 발목을 잡고 놔주지 않는다.

이직할 새로운 회사는 개문(開門)으로 간궁(艮宮)에 있다. 개문은 간궁에서 일간을 토생금(土生金)하고 있어, 이직이 성사되면 새로운 기회의 장이 열린다. 다만 개문이 현재 공망이다.
공망이라 생해줄 수도, 이직할 수도 없다.

이직 시기

축월(丑月)이 되면 개문(開門)이 있는 간궁(艮宮)이 해공(解空)되어 이직이 가능하다. 또 축월(丑月)이면, 곤궁(坤宮)을 대충(對沖)하여 무계합(戊癸合)이 파하게 된다.

실제

설 전에 퇴직 발령을 받고, 작지만 튼실한 중견기업으로 이직하게 되었다.

10. 시험(試驗)·고시(考試)·대입(大入)

(1) 용신(用神)

① 일간이 문점자(問占者)이다. 문점자의 연명(年命)도 중요 용신이다.
② 부모가 자녀의 시험을 문점하면 시간(時干)이 수험생, 즉 용신이다.
③ 직부(直符), 직사(直使)는 시험감독관이다.
④ 천보(天甫)는 시험장, 고사장, 학식(學識)이다.
⑤ 개문(開門), 태세(太歲)는 대학교, 입사 희망기관이다.
⑥ 정기(丁奇)가 시험문제, 시험답장이다.
⑦ 경문(景門)은 시험답안이다.

(2) 판단기법

<적성과 수험생의 현재 상태>
① 용신이 직부(直符)와 동궁이면 학교에서 간부이다.
② 용신이 태음(太陰)과 동궁이면 사고력이 좋다.
③ 용신이 육합(六合)과 동궁이면 대인관계와 각종 일 처리 능력이 뛰어나다.
④ 용신이 백호(白虎)와 동궁이면 학업성적이 좋다. 이과·자연계에 적성이 맞다. 단, 백호궁이 흉(凶)하면 성격이 시원시원하다고 본다.
⑤ 용신이 현무(玄武)와 동궁이면 학업성적이 좋다. 문과·인문계에 적성이 맞다. 현무궁이 흉(凶)하면 그 속을 알 수 없다고 본다.
⑥ 용신이 구지(九地)와 동궁이면 속마음이 깊고, 성격은 내성적이다.
⑦ 용신이 구천(九天)과 동궁이면 성격은 외향적이고, 동시에 용신궁이 왕상(旺相)하면 꿈이 원대하다. 하지만 용신궁이 쇠약(衰弱)하면 이루지 못할 큰 것만 바란다.

⑧ 용신이 상문(傷門)과 동궁이면 체육을 좋아하고, 상문, 천충성(天沖星)과 동궁이면 일 처리 능력이 좋다.
⑨ 용신이 천보성(天甫星)과 동궁이면 학업성적이 좋다.
⑩ 용신이 천예성(天芮星)과 동궁이면 친구 사귀기를 좋아하고, 학업에 길하다.

<용신 상태에 따른 현상>
① 용신 지반이 신(辛)이면 사회 규범·규칙 위반을 잘한다.
② 용신 지반이 을(乙), 정(丁)이면 귀인의 도움이 있다.
③ 용신 지반이 병(丙)이면 위험이 있다.
④ 용신 지반이 경(庚)이면 막히는 사연이 있다.
⑤ 용신 지반이 임(壬)이거나, 용신궁에 충(沖)이 있으면 고향을 떠나고 싶은 마음이 있다.
⑥ 용신궁에 합(合)이 있으면 고향에 머무르고자 한다.
⑦ 용신 지반이 계(癸)이면 개인적인 욕심이 많다.
⑧ 용신이 목욕지(沐浴地)에 있든지 용신 지반이 목욕지에 있으면 스스로 자신의 능력과 성적이 좋다고 과대평가한다.
⑨ 용신이 입묘(入墓)하면 되는 일이 없고, 격형(擊刑)이면 피로(疲勞)하다.
⑩ 정(丁)이 천보(天甫)를 생하면 실력이 있는 수험생이고, 정이 입묘되거나 천보를 극하면 실력이 없는 수험생이다.

<시험 합격 여부>
① 용신이 왕상하고, 삼기·길문·길격을 얻고, 태세와 동궁·비화이면 희망하는 학교·기관에 합격한다.
② 용신이 휴수(休囚)·무력(無力)하고, 태세가 용신을 극하면 대학·기관에 불합격한다.
③ 개문(開門)이 천보(天甫)를 생(生)하면 합격하고, 극(剋)하면 불합격한다.

④ 천보성(天甫星)이 용신을 생(生)하면 합격한다.
⑤ 연명(年命)·정(丁)·일간(日干)이 삼합(三合)을 이루면 반드시 합격하고, 연명(年命)이 길문(吉門)·길격(吉格)이어도 합격 가능성이 높다.
⑥ 용신궁이 입묘(入墓)하거나 임(壬)·계(癸)가 있으면 합격이 어렵다.
⑦ 용신이 육의격형(六儀擊刑)이면 수험생은 정상적으로 실력 발휘를 하지 못한다.
⑧ 용신궁이 입묘(入墓)·문박(門迫)·격형(擊刑)이 아니면서, 무가병(戊加丙)·병가무(丙加戊)면 상급성적으로 합격한다.
⑨ 천둔격(天遁格: 丙加丁+生門)·인둔격(人遁格: 天盤 丁+休門+太陰)은 좋은 기회가 왔다고 보고, 용둔격(龍遁格: 坎宮 坐 乙加癸+休門)·호둔격(虎遁格: 兌宮 坐 天盤 庚+開門)은 시험·고시에 합격한다.
⑩ 삼사오가격(三詐五假格)이면 전기에는 불길하나, 후기에는 순조롭다.
⑪ 용신궁이 직사(直使)와 삼기(三奇)가 동궁하거나, 직사와 지반천간이 정(丁)이면 다른 이의 도움으로 좋은 학교에 입학한다.
⑫ 정(丁)이 공망(空亡)이면 시간 내 문제를 다 풀지 못한다.
⑬ 계가정(癸加丁)이면 답장은 엉망이되고 점수가 낮게 나오며, 정가계(丁加癸)이면 답장을 다 쓰지 않았거나 답장이 깔끔하지 못하다.
⑭ 경가일간(庚加日干), 일간가경(日干加庚)이면 시험 장소에 불리한 사연이 발생한다.
⑮ 경가병(庚加丙)·병가경(丙加庚)이면 합격하기 어렵고, 경가계(庚加癸)·경가임(庚加壬)이면 합격 통지서 발급이 막히는 사연이 발생하고, 경가무(庚加戊)·무가경(戊加庚)이면 시험 장소에 불리한 사연이 발생한다.
⑯ 기문국이 반음(反吟)·복음(伏吟)·문박(門迫)이면 점수는 합격선에 달하지만 합격할 수 없다.

(3) 사례

① 사례 1[41] - 딸의 미국 의사 시험 합격 여부

1997년 8월 23일 오전 5시 40분, 국가인문과학원 지도자이자 예 선생이 아침 일찍 두 선생(杜先生)에게 전화를 걸었다. 시험을 통과한 다른 학생들은 8월 12일 자격증 발급을 받았지만, 자신의 딸은 시험점수가 평균보다 비상식적으로 높아 이에 대한 배경 상황에 대한 자료를 요구했다고 한다. 시험센터는 9월 16일 조사를 거쳐 최종 결정한다고 하는데 기유년생(己酉年生) 딸의 미국 의사 시험 합격 여부를 문의하였다.

<丁丑 戊申 丁酉 癸卯>

	天乙	直符
食神 己　　　天英_離　日空 時空 　　丁　　　杜門_巽　太陰_酉 　　己加丁爲 朱雀入墓 攝堤_坤 　　　　　　　　　　明堂貪生 　　　　　　基 絶	偏印 乙(癸)　天芮_坤　騰蛇_巳 　　己(己)　景門_離　靑龍_乾 　　乙加己爲 日奇入墓 日奇得使 　　癸加己爲 華蓋地戶 華蓋明堂 　　　　　　　　　　　　胎	偏財 辛(辛)　天柱_兌　直符_寅 　　乙(癸)　死門_坤　招搖_巽 　　辛加己爲 白虎猖狂 人亡家敗 　　辛加癸爲 天穴華蓋 天牢華蓋 　　　　　　　　　　時墓 生 義
年干 日干	時干	直使
比肩 丁　　　天甫_巽　載空 　　丙　　　傷門_震　六合_卯 　　丁加丙爲 姮娥奔月 軒轅_震 　　　　　　　　　　星隨月轉 　　　　　　　　　死	偏官 　　癸　　　　　　太乙_坎 　　辛加癸爲 天穴華蓋 天牢華蓋	正官 壬　　　天心_乾　九天_乾 　　辛　　　驚門_兌　太陰_艮 　　壬加辛爲 淘洗珠玉 騰蛇相纏 　　　　　　　　　　　　浴
	月干	
劫財 丙　　　天沖_震　載空 　　庚　　　生門_艮　咸池_兌 　　丙加庚爲 熒惑入白 熒入太白 　　　　　　日墓裏病	正財 庚　　　天任_艮　玄武_雀 　　戊　　　休門_坎　天符_中 　　庚加戊爲 天乙伏宮 有爐無석 　　　　　　　　　旺	傷官 戊　　　天蓬_坎　九地_坤 　　壬　　　開門_乾　天乙_離 　　戊加壬爲 山明水秀 靑龍天牢 　　　　　　　　　　帶祿

딸의 상황

아버지가 딸을 물었으므로 육계(六癸) 시간(時干)이 딸이다. 이구궁

41　將志春,『신기지문(神奇之門)』, 185p, 중국상업출판사

(離九宮)의 딸을 연간궁(年干宮)과 일간궁(日干宮)인 진삼궁(震三宮)이 목생화(木生火)로 생하고, 진삼궁에는 문곡(文曲) 길성인 천보(天甫)가 들고, 정가병위 항아분월 성수월전(丁加丙爲 姮娥奔月 星隨月轉)로 달이 해 위에 노니는 격이니 시험은 유리하다. 그러나 성문복음(星門伏吟)으로 시험준비는 부족하다.

명년간궁은 딸을 보조적으로 보는 궁이다. 육기(六己) 명년간이 손사궁(巽四宮)에 있는데, 태음(太陰), 두문(杜門)이 있어 암중(暗中)에 조격(阻隔)이 되고, 기가정위 주작입묘 명당탐생(己加丁爲 朱雀入墓 明堂貪生)으로 소식이나 다툼은 처음에는 굽은 것이 종래는 바르게 되는 상이다.

시험 성적
시험정단에서 연간궁(年干宮)은 시험을 보는 대상·학교이고, 천보(天甫)는 시험장소·고사장·시험관이다. 연간궁과 천보가 있는 진삼궁이 딸이 있는 이구궁을 목생화(木生火)로 생하고, 답안지인 경문(景門)을 생하고, 선생인 천보가 제자인 천예(天芮)를 생하므로 시험 성적은 좋다.

합격통지서의 응기
정기(丁奇)가 통지서이다. 계묘시(癸卯時)는 진사(辰巳)가 공망(空亡)으로 지반 정기가 시공망(時空亡)을 만났다. 시공망을 전실(塡實) 충실(沖實)하는 진사월일(辰巳月日)이나 술해월일(戌亥月日)에 응기가 있게 된다. 본 기문국은 일간 진삼궁은 외반(外盤), 시간 이구궁은 내반(內盤)에 있어 일내일외(一內一外)하고, 팔문복음(八門伏吟)으로 응기가 느려지므로 일(日)보다 월(月)로 응기를 봐야 한다. 술해월로 변경되는 10월 9일 경술월에 통지서를 받게 된다.

실제
10월 7일 송부된 합격 통지서를 10월 9일에 받게 되었다.

② 사례 2[42] - 대학 입학

1996년 7월 4일 오후 8시, 석가장시 전력국의 간부가 정사년생(丁巳年生) 아들의 대학 시험에 대해 문의하였다.

<丙子 甲午 壬寅 庚戌>

月干						直使
		日空	正官 己(丙) 天芮_坤 白虎_陳		劫財 癸(癸) 天柱_兌 六合_卯	
正印 辛 天英_離 玄武_雀			辛(辛) 伏門_坎 太乙_坎		己(丙) 生門_艮 太陰_艮	
乙 開門_乾 靑龍_乾			己加辛爲 濕泥汚玉 游魂入墓		癸加己爲 華蓋地戶 華蓋明堂	
辛加乙爲 白虎猖狂 人亡家敗			丙加辛爲 日月相會 丙辛相合		癸加丙爲 華蓋悖師 明堂犯悖	
		日墓 旺 衰		祿		浴 帶
			年干			
		載空 時空	偏財		正財 丁 天心_乾 太陰_酉	
傷官 乙 天甫_巽 九地_坤			丙 天符_中		癸 傷門_震 軒轅_震	
戊 驚門_兌 咸池_兌			癸加丙爲 華蓋悖師 明堂犯悖		丁加癸爲 朱雀投江 文書有誤	
乙加戊爲 陰害陽門 鮮花名甁						
		病				生
		日干		直符	時干	天乙
		載空 時空	比肩 壬 天任_艮 直符_寅		偏印 庚 天蓬_坎 螣蛇_巳	
偏官 戊 天沖_震 九天_乾			庚 景門_離 天乙_離		丁 杜門_巽 招搖_巽	
壬 死門_坤 攝堤_坤			壬加庚爲 螣蛇相縺 太白擒蛇		庚加丁爲 亨亨之格 亭亭之格	
戊加壬爲 山明水秀 靑龍天牢						
		時墓 死 墓		絶		胎 養

아들의 상황

아들의 상황은 명년간궁(命年干宮)과 시간궁(時干宮)을 아울러 본다. 시간(時干)인 육경(六庚)이 있는 건궁(乾宮)의 십간대응결은 경가정위 형형지격 정정지격(庚加丁爲 亨亨之格 亭亭之格)이다. 정기인 성기(星奇)가 경(庚)에 의해 막히며, 두문(杜門)에 갇히니 대입 시험에 좋지 않다. 또 팔문반음(八門反吟)이 되어 대입 시험은 순탄하지 않다.

---

42 將志春,『신기지문(神奇之門)』, 184p, 중국상업출판사

아들의 실력

정기(丁奇)는 수험생의 실력이다. 정기가 있는 태궁(兌宮)에 앉아 삼기귀인승정전격(三奇貴人陞正殿格)[43]의 길격을 이루었으나, 정가계(丁加癸)는 주작투강격(朱雀投江格)의 흉격이고, 흉문인 상문(傷門)이 있어 좋지 않다. 시험 성적이 좋지 않다. 정기가 있는 태칠궁은 정사년생(丁巳年生) 아들의 명년간궁이기도 하다.

경문(景門)은 시험의 답안지이다. 원래의 자리가 이화궁(離火宮)인 경문이 반음(反吟)의 자리인 감수궁(坎水宮)에 드니 무력하고, 임가경위 등사상전 태백금사(壬加庚爲 螣蛇相纏 太白擒蛇)로 쓸데없이 애만 쓰고 이루어지는 게 없는 상이니 시험 결과는 좋지 않다.

지원 대학과의 관계

연간(年干)인 병기(丙奇)가 대학이다. 이화궁(離火宮)에 있으면서 수험생[명년간궁]과 실력인 정기가 있는 태금궁(兌金宮)을 극하고, 아울러 수험생을 뜻하는 또 다른 요소인 시간(時干)이 있는 건금궁을 극(剋)하니 합격하지 못하는 상이다.

실제

아들은 대입 시험에서 최하위에서 약간 높은 점수를 얻었고, 아버지가 돈으로 컴퓨터학과에 입학시켰다.

---

43 을(乙)이 진궁에, 병(丙)이 이궁에, 정(丁)이 태궁에 앉았을 경우를 말한다. 구관·구명에 관한 청탁에 효험이 있고, 승진·영전 등 관록에 관한 일이 이루어지며, 귀인의 소명을 받는 길격이다.

③ 사례 3[44] - 공무원 시험

2010년 3월 10일 낮 12시 30분 한 어머니가 찾아왔다. 연명이 무(戊)인 아들은 공무원 시험에 합격하는가?

<庚寅 己卯 己未 庚午>

年干 時干　　　　　天乙		
傷官　庚　　天心_乾　白虎_陳 　　　戊　　驚門_兌　天符_中 　　庚加戊爲 天乙伏宮 有爐無火 　　　　　　　　　　　　胎 養	偏印　丁　　天蓬_坎　玄武_雀 　　　癸　　開門_乾　太乙_坎 　　丁加癸爲 朱雀投江 文書有誤 　　　　　　　　　　　　絶	正財　壬(壬)　天任_艮　九地_坤 　　　丙(己)　休門_坎　軒轅_震 　　壬加丙爲 水蛇入火 日洛西海 　　壬加己爲 反吟泥漿 反吟蛇刑 　　　　　　　　　　死 基　載空
	月干 日干	
食神　辛　　天柱_兌　六合_卯 　　　乙　　死門_坤　招搖_巽 　　辛加乙爲 白虎猖狂 人亡家敗 　　　　　　　　　　　　生	比肩 　　　己　　　　　　青龍_乾 　　壬加己爲 反吟泥漿 反吟蛇刑	偏官　乙　　天沖_震　九天_乾 　　　辛　　生門_艮　太陰_艮 　　乙加辛爲 青龍逃走 人亡財破 　　　　　　　　　　　病　載空
		直符
日空 正印　丙(己)　天芮_坤　太陰_酉 　　　壬(壬)　景門_離　天乙_離 　　丙加壬爲 火入天羅 江揮相映 　　己加壬爲 反吟濁水 地網高張 　　　　　　　　日基 時基 浴 帶	直使 　　　　　　　　　日空 偏財　癸　　天英_離　螣蛇_巳 　　　丁　　杜門_巽　攝堤_坤 　　癸加丁爲 螣蛇妖嬌 火焚莫逃 　　　　　　　　　　　　祿	時空 劫財　戊　　天甫_巽　直符_寅 　　　庚　　傷門_震　咸池_兌 　　戊加庚爲 天武入獄 助針爲虐 　　　　　　　　　　旺 衰

고시생의 상황

일간(日干)은 문점하러 온 어머니이다. 시간(時干)은 자식이다. 또 점사의 객체로 곧 사연이다. 시간(時干) 경금(庚金)은 손궁(巽宮)에 있다. 손궁은 경금의 장생지(長生地)이니 득지(得地)하였고 경금 아래 무(戊)는 관록지(官祿地)이다.

시간(時干)은 손궁에서 개문(開門)이 있는 리화궁(離火宮)을 목생화(木

44　時家奇門學會, 『시가기문 인사편』

生火)한다. 개문(開門)은 관직(官職)이다. 이상으로 보아 자식은 국가(國家)의 공무원(公務員)이 되어 국가의 봉록(俸祿)을 바란다는 것이다.

천심성(天心星)이 손궁(巽宮)에서는 휴(休)이다. 길성이 휴이면 좋은 시기가 아니다. 손궁의 경문(驚門)이 정위의 팔문인 두문(杜門)을 만났으니 파재(破財)하여 근심 걱정은 있을 순 있으나 흉하지는 않다고 보고, 경문(驚門)과 경(庚)이 결합하여 손절하고 도적을 만나 흉하다고 해석한다. 손궁(巽宮)은 4궁이다. 그러니 4년 동안에 공무원 시험을 보았건만 손절(損折)하고 성공하지 못하였다. 올해는 5년째이다.

십간대응결은 경가무(庚加戊)는 화로에 불이 없고 육경 태백(太白)이 육무 천무(天武)와 같이 있는 것으로 애만 쓰고 결과가 없고, 큰일을 이루기는 어렵고 험하다는 뜻이 있다. 그러니 기다리는 소식은 막히고 매번 시험을 보았지만, 합격하였다는 소식은 오지 않았다.

경가무(庚加戊)는 이 자리를 떠나라는 격이니 공무원 시험을 다시 도모하지 말라는 것이다.

공무원 시험 합격 판단
천보성(天輔星)은 시험장, 학식이다. 건궁(乾宮)의 천보성(天輔星)은 자식이 있는 손궁(巽宮)을 금극목(金剋木)하고 있고, 또 건궁(乾宮)의 천보성(天輔星)은 공망(空亡)이라 더욱 흉하다.

정기(丁奇)는 수험생의 시험문제, 시험답장이다. 정기(丁奇)는 구궁(九宮)에서 비록 록지(綠地)에 있지만 정가계(丁加癸) 주작투강(朱雀投江) 흉격이니 시험은 엉망이고 바라는 합격 소식은 안 온다는 것이니 올해도 합격의 소식은 없다. 동시에 시험문제가 어렵다.

연명(年命) 무(戊)는 건궁(乾宮)에 있는데 비록 학식(學識)과 관련된 천보길성(天輔吉星)을 가지고 있지만 천보성(天輔星)은 건궁(乾宮)에서 수(囚)이고 동시에 궁이 공망이다. 또 연명 무(年命 戊)는 건궁에서 입묘(入墓)한다. 연명궁에 지반 경금(庚金)은 태백(太白)이니 흉하다. 무가경(戊加庚)으로 비궁격(飛宮格)이다. 연명(年命)이 경(庚)을 만나면 아주 흉하다. 또 올해의 태세(太歲)는 경금 태백인데 연명이 태세를 만나 비궁격(飛宮格)이면 아주 흉하다. 손궁(巽宮)의 연명 무는 태백복궁(太白伏宮), 건궁의 연명 무는 비궁격이다.

종합판단

건궁(乾宮)의 연명 무는 입묘하고 태백경금(太白庚金)을 만났으며 상문(傷門) 흉문(凶門), 천보성(天輔星) 수(囚), 시공망(時空亡) 등이니 모든 면에 흉함이 보인다. 종합해 보면 아들은 공무원 시험의 합격 여부는 둘째치고 생명(生命)이 위태롭다.

고서에서 연명이 공망이면 그 명(命)을 보전하지 못한다고 하였다.

현재는 건궁이 공망이니 무방하나 해공(解空)이 되면 손궁을 충하고 충을 당한 손궁의 백호(白虎)는 발동하여 건궁의 자식 연명을 충한다. 그 시기는 술해월(戌亥月)이다. 또 기문국이 구성(九星) 반음(反吟)이라 흉이 가중된다.

술해월(戌亥月) 술해일(戌亥日)에는 서북(西北)과 동남방(東南方)에는 가지 말라.

④ 사례 4 – 수시전형 대학 입학

서울 ○○고등학교에서 중위권 학생의 대학 합격 여부이다. 의대 정원 증원 열풍으로 재수생·반수생 등 최상위권 학생 수가 급격히 늘어 수시로 방향을 틀어 6개 대학에 지원하였다.

연명이 병술(丙戌)인 여학생의 수시 합격이 가능한지? 합격한다면 어느 대학이 가능할지?

<甲辰 癸酉 丁丑 丁未>

日干 時干　　　　　　　　天乙	年干　　　　　　　　直符	
比肩　丁　　天英_離　騰蛇_巳 　　　庚　　開門_乾　招搖_巽 丁加庚爲　文書阻隔　火煉眞金 　　　　　　　　　　　　旺 衰	正官　壬(己)　天芮_坤　直符_寅 　　　丁(丁)　休門_坎　太陰_艮 壬加丁爲　干合星奇　干合蛇刑 己加丁爲　朱雀入墓　明堂貪生 　　　　　　　　　　　　　　祿	傷印　乙(乙)　天柱_兌　九天_乾　日空 　　　壬(丁)　生門_艮　青龍_乾 乙加壬爲　荷葉蓮花　日奇入地 乙加己爲　日奇入墓　日奇得使 　　　　　　　　　　　　　　浴 帶
正財　庚　　天甫_巽　太陰_酉　載空 時空 　　　辛　　驚門_兌　天符_中 庚加辛爲　撤退碎玉　白虎干格 　　　　　　　　　　　　　病	食神　　己　　　　軒轅_震 乙加己爲　日奇入墓　日奇得使	傷官　戊　　天心_乾　九地_坤　日空 　　　乙　　傷門_震　太乙_坎 戊加乙爲　青龍合靈　青龍和會 　　　　　　　　　　　　　　生
直使 偏財　辛　　天沖_震　六合_卯　載空 時空 　　　丙　　死門_坤　天乙_離 辛加丙爲　干合悖師　天庭得明 　　　　　　　　日墓 時墓 死 墓	劫財　丙　　天任_艮　白虎_陳 　　　癸　　景門_離　咸池_兌 丙加癸爲　黑雲遮日　華蓋悖師 　　　　　　　　　　　　　　絶	月干 偏官　癸　　天蓬_坎　玄武_雀 　　　戊　　杜門_巽　攝堤_坤 癸加戊爲　天乙會合　青龍入地 　　　　　　　　　　　　　胎 養

시간궁 분석

부모가 문점하였으므로 자녀의 용신은 시간(時干)이다. 시간(時干)은 손궁(巽宮)에 앉았다. 손궁은 정기(丁奇)의 제왕지(帝王地)이다. 시간(時干) 삼기(三奇) 정(丁)과 길문인 개문(開門)과 동궁하여 길해 보이나, 개문이 궁을 극(剋)하는 문박(門迫)이라 원하는 학교에 합격선에 있으나 합격하지 못한다.

팔문반음(八門反吟)이라 역시 원하는 대학에는 합격이 어려우며, 손궁(巽宮)의 대응결은 정가경(丁加庚)으로 정(丁) 아래 경(庚)이다. 육경(六庚)은 조격지신(阻隔之神)으로 막힘·지체를 유발한다. 문서에 통함은 있으나 장애가 있고 재물을 실은 배는 파손된다. 면접이나 기타 입시 과정에서 막히는 사연이 발생한다.

연명궁 분석
연명 병(丙)은 감궁(坎宮) 태지(胎地)에 앉았다. 십간대응결은 병가계(丙加癸)로 음인(陰人)에 해로운 일이 발생하고 숨은 자가 공격하며 재액은 빈발하는 격이다.

대학합격 여부
천보성(天甫星)은 고사장을 뜻하고 진궁(震宮)에서 시공망(時空亡)을 맞았다. 면접 장소에 가보지도 못하는 꼴이다. 그나마 다행인 것은 시간(時干) 정(丁)이 거왕하고, 태세 갑진임(甲辰壬)과 정임합(丁壬合)을 이루고 있으며, 개문(開門)과 동궁하였고, 진궁의 천보(天甫)와 비화(比和)되니 눈높이를 낮추어 지원하면 힘들지만 합격할 것이다. 합격 가능 대학은 태세가 정(丁)이 있는 손궁 방향인 동남방 대학교이다.

실제
희망하던 4곳의 대학교는 서류전형 탈락, 면접전형, 전형 착오로 인해 탈락하였다. 눈높이를 낮춘 2개 대학에 합격했는데, 2개 대학은 모두 자택에서 동남방에 위치하고 있다.

⑤ 사례 5[45] – 대학원 박사과정 입학

1996년 11월 3일 오후 4시, 석가장시 쉐라톤 호텔에서 주최한 기문둔갑을 이용한 입시 예측 방법 강연을 마친 후, 허베이 의대 강사인 '진 씨'가 내년에 베이징대 심리학 박사과정에 지원하려는데 합격이 가능한지를 물었다.

<丙子 戊戌 甲辰 壬申>

		年干		
傷官 乙 丙 乙加丙爲 三奇順逢 奇儀順逢	天沖_震 六合_卯 驚門_兌 招搖_巽 時墓浴帶	偏財 丙 庚 丙加庚爲 熒惑入白 熒入太白	天甫_巽 太陰_酉 開門_乾 太陰_艮 生	偏印 庚(庚) 戊(丁) 庚加戊爲 天乙伏宮 有爐無火 庚加丁爲 亨亨之格 亭亭之格	載空 騰蛇_巳 青龍_乾 日基 胎養
	直使	月干			直符
正印 辛 乙 辛加乙爲 白虎猖狂 人亡家敗	天任_艮 白虎_陳 死門_坤 天符_中 祿	正財 丁 庚加丁爲 亨亨之格 亭亭之格	軒轅_震 日空	偏官 戊(丁) 壬(壬) 戊加壬爲 山明水秀 丁加壬爲 星奇得使 玉神互合	載空 直符_寅 太乙_坎 青龍天牢 絶
				日干 時干	天乙
正官 己 辛 己加辛爲 濕泥汚玉 游魂入基	天蓬_坎 玄武_雀 景門_離 天乙_離 旺衰	劫財 癸 己 癸加己爲 華蓋地戶 華蓋明堂	天心_乾 九地_坤 杜門_巽 咸池_兌 病	比肩 壬 癸 壬加癸爲 幼女嘉淫 陰陽重地	時空 天柱_兌 九天_乾 傷門_震 攝堤_坤 死基

일간궁, 시간궁 분석

일간(日干) 갑진임(甲辰壬)과 점을 치는 행위의 객체인 시간(時干) 육임(六壬)이 건궁(乾宮)에 앉았다. 건궁은 육임의 건록지(建祿地)에 있고, 술월(戌月)에 당령(當令)하여 왕상(旺相)하다. 그러나 천주(天柱) 흉성(凶星)과 동궁하고, 시공망(時空亡)을 만나 불길하다. 임가계위

---

45 將志春, 『신기지문(神奇之門)』, 188p, 중국상업출판사

유녀간음 음양중지(壬加癸爲 幼女姦淫 陰陽重地)로 큰물이 자기 길을 아니 가고 시내로 가려 하니 좋지 않으며, 흉문인 상문(傷門)이 개문궁(開門宮)에 있어 모든 변동사에 흉하다. 합격을 돕는 상황이 아니다.

용신궁 분석
정기(丁奇)인 문장이 있는 태궁(兌宮)은 정가임위 성기득사 옥신호합(丁加壬爲 星奇得使 玉神互合)으로 좋으나, 술월에 왕(旺)한 흉성인 천예(天芮)가 있어 불길하다.

답안지인 경문(景門)이 있는 간팔궁에는 기가신위 습니오옥 유혼입묘(己加辛爲 濕泥汚玉 游魂入墓)로 흉격이고, 흉성인 천봉(天蓬), 흉신(凶神)인 현무(玄武)가 있다. 답안이 부족함을 알 수 있다. 비록 정기인 문장과 일간궁 비화(比和)되고, 답안지인 경문(景門)이 일간궁을 토생금(土生金)하나, 정기와 경문궁 자체가 흉하여 합격을 돕지 못한다.

연간(年干) 병기(丙奇)는 대학원이고, 천보(天甫)는 시험 장소이다. 둘 다 이궁(離宮)에 낙궁하여 일간이 있는 건궁과 정기가 있는 태궁을 화극금(火剋金)한다. 합격을 돕지 못한다.

실제
1997년에 대학원 박사과정에 불합격하였고, 1998년에 재도전하여 합격했다.

⑥ 사례 6 - 전업주부의 공무원 시험

서울 소재 의상학과를 졸업하고 패션회사 디자이너로 근무했던 그녀는 출산 후 경력 단절을 우려하여 늦깎이 공무원 준비를 하게 되었다. 대기업 다니는 남편의 지원 아래 정년 걱정 없는 공무원 시험을 준비했으나 계속된 낙방에 시험을 포기할까 고민하던 중 내년 시험 합격 여부를 문의하였다.

<癸卯 癸亥 庚辰 乙酉>

年干 月干			
傷官 癸 庚	天蓬_坎 六合_卯 景門_離 太乙_坎 癸加庚爲 反吟浸江 太白入網	偏官 丙 丁	載空 時空 天任_艮 太陰_酉 死門_坤 天符_中 丙加丁爲 星奇朱雀 三奇順遂	劫財 辛(辛) 壬(己)	載空 日空 時空 天沖_震 螣蛇_巳 驚門_兌 軒轅_震 辛加壬爲 寒塘月影 凶蛇入獄 辛加己爲 入獄自刑 虎坐明堂 時墓 衰 病
	帶 祿		旺		
	直使			日干	直符
偏印 戊 辛	天心_乾 白虎_陳 杜門_巽 攝堤_坤 戊加辛爲 青龍折足 反吟淺氣	正印 己	天乙_離 辛加己爲 入獄自刑 虎坐明堂	比肩 庚 乙	日空 天甫_巽 直符_寅 開門_乾 咸池_兌 庚加乙爲 太白逢星 太白貪合
	浴				死
時干	天乙				
正財 乙 丙	天柱_兌 玄武_雀 傷門_震 青龍_乾 乙加丙爲 三奇順遂 奇儀順遂	食神 壬(己) 癸(癸)	天芮_坤 九地_坤 生門_艮 招搖_巽 壬加癸爲 幼女姦淫 陰陽重地 己加癸爲 地刑玄武 明堂華蓋	正官 丁 戊	天英_離 九天_乾 休門_坎 太陰_艮 丁加戊爲 有火有爐 青龍轉光
	日墓 生 養		胎		墓 絶

일간궁 분석

일간(日干)은 태궁(兌宮)에 앉았다. 십간대응결은 경가을(庚加乙)로 육경 태백(太白)이 여린 나무인 을기 봉성(蓬星)을 가로막고 있다. 을(乙)과 경(庚)은 서로 다른 궁에 있으면 상합(相合)하는 관계로 길하지만, 동궁해 있으면 불리하다. 가정생활과 병행하는 수험생활이 쉽지 않을뿐더러 시험합격이 만만치 않음을 보여주고 있다.

다만, 일간(日干) 육경(六庚)이 태궁(兌宮)에서 왕하고, 길문인 개문(開門)과 길성인 천보(天甫)가 동궁하여 합격 가능성을 높이고 있다. 천보성은 학문, 학교, 시험 장소 등을 상징하며 천보성이 일간을 생하거나, 동궁, 비화하면 시험에 합격하는 것으로 풀이한다.

용신궁 분석

공무원 시험의 합격을 보는 가장 중요한 용신은 정기(丁奇)이다. 정기는 시험문제·시험관청·시험장소 등을 상징한다. 정기(丁奇)와 문점자 간의 상생 관계라면 시험문제가 아는 문제 위주로 출제되거나 시험환경이 문점자에게 유리하게 전개되어 합격한다. 정기(丁奇)는 건궁(乾宮)에 임했다. 정기가 휴문(休門) 동궁하였다. 을병정(乙丙丁) 삼기(三奇)가 개(開)·휴(休)·생(生) 삼길문(三吉門)을 만나면 삼기상길문격(三奇上吉門格)의 길격이 된다. 만사형통이고 백사대길하다. 정기가 건금궁(乾金宮)에서 태금궁(兌金宮)의 일간(日干)과 비화(比和)했다. 정기가 일간을 생하거나, 동궁, 비화이면 시험에 합격한다. 역시 합격 가능성이 높다.

직부(直符)가 용신을 생(生)·동궁·비화해도 시험에 좋은 결과를 보이는데, 일간과 동궁하였다. 올해는 계묘(癸卯)년이고, 내년에는 갑진(甲辰)년이다. 갑진년의 순수는 임(壬)으로 감궁에 거했다. 태세 임(壬)과 정기가 정임합(丁壬合)하니, 내년인 갑진년에는 합격 가능성이 높다.

실제

2024년 갑진년에 지방직 9급 공무원 시험에 합격하였다.

⑦ 사례 7[46] - 아들의 대학 입학

1996년 4월 22일 오전 10시, 어느 출판사의 여성 편집자가 그녀의 아들이 올해 대학 시험에 합격할지를 물었다. 아들은 을묘년(乙卯年)생이다.

<丙子 壬辰 己丑 己巳>

				直使				直符		月干			
傷官	庚	天蓬_坎	九天_乾		劫財	戊	天任_艮	直符_寅	日空	正財	壬(壬)	天沖_震	騰蛇_巳
	癸	生門_艮	太陰_艮			己	傷門_震	招搖_巽			辛(丁)	杜門_巽	青龍_乾
	庚加癸爲 反吟大格 太白沖刑					戊加己爲 天門蒙塵 物以流聚					壬加辛爲 淘洗珠玉 騰蛇相繞		
											壬加丁爲 干合星奇 干合蛇刑		
				旺 衰					祿				浴 帶
年干													載空
正印	丙	天心_乾	九地_坤		偏印		丁	天乙_離		偏財	癸	天甫_巽	太陰_酉
	壬	休門_坎	咸池_兌								乙	景門_離	攝堤_坤
	丙加壬爲 火入天羅 江揮相映					壬加丁爲 干合星奇 干合蛇刑					癸加乙爲 梨花春雨 華蓋逢星		
				病									生
										日干	時干		天乙
													時空
偏官	乙	天柱_兌	玄武_雀		食神	辛(丁)	天芮_坤	白虎_陳		比肩	己	天英_離	六合_卯
	戊	開門_乾	軒轅_震			庚(庚)	驚門_兌	天符_中			丙	死門_坤	太乙_坎
	乙加戊爲 陰害陽刑 鮮花名瓶				辛加庚爲 白虎出力 虎逢太白					己加丙爲 火悖地戶 火字地戶			
					丁加庚爲 文書阻隔 火煉眞金								
				日基 時基 死基					絕				胎 養

수험생의 상황

시간(時干) 육기(六己)가 아들이다. 시간은 건궁(乾宮)에 있고, 육기 시간이 건궁에 있으니, 육기 기준으로 태지(胎地), 양지(養地)에 있으며, 흉문(凶門) 사문(死門)이 동궁하고, 시공망(時空亡)을 맞았다. 십간대응결은 기가병위 화패지호 화자지호(己加丙爲 火悖地戶 火字地戶)로 육기 지호(地戶)가 병기 천성(天成)을 가리며, 습한 흙이 태양을 가

---

46 將志春, 『신기지문(神奇之門)』, 182p, 중국상업출판사

린 상으로 흉격이다. 전체적으로 수험생의 상황이 좋지 않다.

수험생의 실력

정기(丁奇)가 수험생의 문장이며 실력이다. 정기는 감일궁에 낙궁하니 화입수향(火入水鄕)이요, 정기가 지반에 조격지신(阻隔之神)인 육경(六庚)을 만나니 문서에 방해가 있는 형국이다. 또한 천예(天芮)인 병성, 경문(驚門)인 흉문, 백호인 혈광신(血光神)이 있으니 흉하다. 수험생의 실력도 좋지 않은 상황이다.

희망하는 대학의 합격 여부

시험장소는 태궁(兌宮)의 천보(天甫)이다. 아들인 시간궁과 비화(比和)하고, 실력인 정기를 금생수(金生水)로 생한다. 그러나 시간궁은 시공망(時空亡)인 중 천임(天任)이 있는 직부(直符)로부터 화극금(火剋金)으로 수극(受剋)되니, 시험장소와 시간궁이 비화(比和)되는 이점이 없다. 직부는 감독관을 의미한다.

또 시험의 답안지인 경문(景門)은 태칠궁에서 박격(迫格)이라 흉하다. 희망하는 대학은 연간(年干)이다. 아들인 시간(時干)으로부터 금극목(金剋木)으로 수극(受剋)된다. 희망하는 대학에 합격하지 못하는 상황들이다.

명년간(命年干)으로 본 합격의 가능성

수험생 아들은 을묘년생(乙卯年生)이다. 을기 명년간(命年干)은 간궁(艮宮)에 있다. 명년간이 비록 건록(建祿)의 자리에 있지만, 연간 병화궁으로부터 목극토(木剋土)를 당하고 있으니, 원하는 대학을 가는 것은 어렵다.

단, 직부순수 육무(六戊)가 이궁(離宮)에 있어 명년간인 간팔궁을 화생토(火生土)로 생하고, 명년간이 천보성의 낙궁을 생하고, 명년간

을기 아래 갑자무가 있는 것은 좋다. 그러므로, 정규대학을 가는 것은 어렵고 하위 대학[기부금을 내고 가는 중국의 자비학교(自費學校)]을 준비하는 게 좋겠다.

실제

1996년 7월 시험 후 모친이 알려 오기를 아들의 점수가 일반대학에 못 미쳐 자비학교로 가게 되었다고 하였다.

⑧ 사례 8[47] – 막내아들의 대입시험

중국에서 전국 대학 입학시험은 매년 7월 7일·8일·9일에 실시된다. 석가장시 철도국에서 일하는 간부가 그의 막내아들이 대학입시를 마쳤으나 점수에 확신이 서지 못한다면서, 그의 아들이 어떤 성적을 받을지, 어느 학과에 지원하면 좋을지 문의하였다. 문의한 날은 1996년 7월 12일 밤 8시 35분이다.

<丙子 乙未 庚戌 丙戌>

			直使				月干	
傷官 癸 壬 癸加壬爲	天沖_震 開門_乾 復見騰蛇	玄武_雀 咸池_兌 沖天奔地 旺衰	食神 乙 壬加乙爲	壬 休門_坎 逐水桃花	天輔_巽 白虎_陳 攝堤_坤 小蛇得勢 祿	正財 丁(辛) 乙加丁爲 乙加辛爲	乙(乙) 生門_艮 三奇相佐 青龍逃走	戴空 時空 六合_卯 天乙_離 奇儀相佐 人亡財破 浴帶
偏印 戊 癸 戊加癸爲	戊 驚門_兌 天武地藏	日空 天任_艮 九地_坤 太陰_艮 岩石漫餤 病	劫財	辛 乙加辛爲	青龍_乾 青龍逃走 人亡財破	正官 丁(辛) 己(己) 丁加己爲 辛加己爲	天芮_坤 傷門_震 火入勾陳 入獄自刑	太陰_酉 招搖_巽 星墮句陳 虎坐明堂 生
年干 時干 偏官 丙 戊	丙 天蓬_坎 死門_坤 飛鳥跌穴	日空 天乙 九天_乾 軒轅_震 月奇得使 日墓死墓	日干 比肩 丙 庚加丙爲	庚 景門_離 太白入熒	直符 天心_乾 直符_寅 太乙_坎 太白加官 絶	正印 庚 己加庚爲	己 杜門_巽 明堂伏殺	天柱_兌 騰蛇_巳 天符_中 顚倒刑利 時墓胎養

아버지가 아들의 합격 여부를 물은 것이니 아들을 상징하는 시간(時干) 병기(丙奇)가 수험생이다. 병기가 간궁(艮宮)에 있으니, 장생지(長生地)를 만났다. 미월(未月) 정단이니 간궁은 왕상(旺相)하고, 대응 괘는 병가무위 비조질혈 월기득사(丙加戊爲 飛鳥跌穴 月奇得使)로 길하

---
47 將志春, 『신기지문(神奇之門)』, 181p, 중국상업출판사

다. 사문(死門)이 있지만 궁과 비화(比和)되고 미월과 대충궁(對沖宮)에 있어 문제가 없다. 아울러 구천(九天)인 길신이 타고 있다.

시험의 상황

시험장인 천보(天甫)는 이화궁(離火宮)에 있어 화생토(火生土)로 수험생인 시간궁을 화생토(火生土)한다. 시험감독인 직부구성(直符九星) 천심(天心)은 감수궁(坎水宮)에 있어 토극수(土剋水)로 시간궁이 극을 한다. 문장인 정기(丁奇)는 태궁(兌宮)에 있다. 정기는 태궁에서 장생지이다. 시간 병기로부터 토생금(土生金)으로 생을 받는다. 시험지인 경문(景門)은 감일궁에 있는데 경가병(庚加丙)이 있어 그리 좋지 않다.

전체적으로 시험장과 시험감독, 문장, 시험지가 수험생이 있는 시간궁을 극하지 않고, 경문궁에 직부길장이 있고 천심인 길성이 있어 성적은 좋다.

명년간과 점년간

명년간(命年干) 정화(丁火)는 태궁에서 천예(天芮) 병성(病星)과 상문(傷門)을 만났으나, 태궁은 정화의 장생지이면서 태세(太世)인 병(丙)으로부터 토생금(土生金) 생을 받으니 문제가 없다. 시험을 보는 대상 학교는 태세궁인 간팔궁이 있는 방위인 동북방을 택하고, 학과는 간팔궁의 팔문(八門)을 참조한다. 간궁에 있는 사문(事門)은 지리(地理), 무기물(無機物), 죽어가는 사람을 구조하거나 부상한 사람을 돌보는 곳과 관계가 있다. 사문의 학과는 지리, 물리, 의학 계통이 좋다.

실제

아들은 순조롭게 응용물리학과에 합격하였다.

11. 연애(戀愛)·결혼(結婚)·이별(離別)·이혼(離婚)

(1) 용신(用神)

① 일간이 문점자(問占者)이다. 부모가 자식의 혼인을 묻는다면 용신은 시간(時干)이다.
② 경(庚)은 남자, 남편, 첫 번째 남자이다.
③ 을(乙)은 여자, 부인, 첫 번째 여자이다.
④ 병(丙)은 두 번째 남자, 내연남이다.
⑤ 정(丁)은 두 번째 여자, 내연녀이다.
⑥ 용신(일간 또는 시간)과 상합하는 천간은 배우자이다.
⑦ 육합(六合)은 결혼, 부부관계를 뜻하고, 중매인의 용신이다.
⑧ 직사(直使)는 혼인 허락인이다.

(2) 판단기법

<구성(九星)을 통한 남녀 외모·성격·능력>

① 천봉(天蓬)

눈썹이 짙고, 찰색은 검다. 얼굴색은 다소 검으며, 왕상(旺相)하면 큰일을 성취하고, 쇠(衰)하면 집 밖으로 돌아다니기를 즐기고 호색(好色)한 자이다.

② 천임(天任)

신체는 다소 살이 찌고 어깨는 좀 굽었으며, 피부색은 누런색이고 외모는 보통이다. 왕(旺)하면 인심 좋고, 대인관계에서(부부관계) 참을성이 많으며, 고생을 마다하지 않고 가정을 위해 불평불만 없이 열심히 사는 사람이다. 그러나 쇠(衰)하면 고집만 강하다.

③ 천충(天冲)

 장신이고 목소리가 우렁차며, 성격은 급하고 타인과 충돌하는 경향이 있다. 왕하면 일 처리는 빠르고 깔끔하며 쇠하면 일은 거칠고 깔끔하지 못하다.

④ 천보(天輔)

 키가 크고 외모는 출중하다. 왕상하면 지식이 깊고, 언행은 우아하며 성격은 유순하다. 쇠하면 비밀이 많고 숨겨온 사연이 있다.

⑤ 천영(天英)

 찰색은 다소 붉고 말소리는 웅장하다. 왕상이면 명망(名望)이 있고 쇠약하면 성질이 급하다.

⑥ 천예(天芮)

 단신이며 몸은 다소 뚱뚱하며 얼굴색이 검다. 외모는 나 흑점이 있다. 외모는 내세울 것이 없다. 격국이 흉하면 건강이 좋지 않다.

⑦ 천금(天禽)

 외모는 단정하고 수려하며, 얼굴은 사각형 또는 원형이다. 왕하면 진중하고 쇠하면 무뚝뚝하고 고지식하다.

⑧ 천주(天柱)

 얼굴색은 희고 말랐다. 왕하면 골격이 크며, 말이 많고 언변이 뛰어나다. 쇠하면 반골기질이 있다.

⑨ 천심(天心)

 외모는 잘생기고 미려하다. 왕하면 다재다능하고 계획성이 있다. 쇠하면 심보가 고약하다.

<팔문(八門)을 통한 남녀 외모·성격·능력>

① 생문(生門)
직업은 은행, 금융, 부동산업에 종사하고, 재물 방면에는 길 하다. 외모는 출중하며 성격은 순수하고 마음은 온후하다.

② 상문(傷門)
직업은 군·경, 차량과 기계업, 운동선수 등 종사할 가능성이 높고, 키는 크고 몸매가 좋다. 성격은 남과 다투기를 좋아하고 무엇이든 이겨야 속이 풀린다. 결혼에 있어 변덕이 많다.

③ 두문(杜門)
군·검·경·정보기관 등 비밀스러운 직업과 기술이 수반된 직업을 가질 가능성이 높다. 키는 크고 성격은 내향이고 내심을 드러내지 않으며, 혼인(婚姻) 방면에서 여자는 약속을 잘 어기고 남자는 비밀이 많다.

④ 경문(景門)
직업은 전기·전자·반도체 분야 또는 문화산업에 종사할 확률이 높다. 총명하고 영리하며 잘생긴 외모를 갖고 있으나, 허영심이 많고 음주가무를 즐긴다.

⑤ 사문(死門)
행정·법률 계통 종사할 가능성이 높다. 여자라면 시어머니가 사납고 혼인에 불길하다.

⑥ 경문(驚門)
광고·홍보, 언어·문학, 교사 등의 직업에 관련되고, 마른 체형에 근

심 걱정과 의심이 많다.

⑦ 개문(開門)
정부기관, 공기업, 높은 직위 회사원, 성공한 사업가일 가능성이 있다. 외모는 희고 준수하고 성격은 명랑하고 비밀이 없다.

⑧ 휴문(休門)
공무원, 사무직 회사원일 가능성이 높고 외모는 잘생기고, 성격은 약간 느리고 게으른 면이 있다. 한가로이 지내는 것을 선호한다.

<구궁(九宮)을 통한 남녀 외모·성격·능력>

용신인 천간(天干)이 자리한 궁(宮)이 왕(旺)하고 당령(當令)하면 길하고, 사(死)·묘(墓)·절지(絶地)에 있으면 흉하다.

① 감궁(坎宮)
중남(中男), 중년 남자, 얼굴색은 다소 검고 공무원, 사무직이거나, 액체와 관련된 부문에 종사한다. 왕상(旺相)하면 한가한 사람이고 쇠(衰)하면 풍류객이다. 진술축미(辰戌丑未) 월(月)에 혼인(婚姻)을 점한다면 불리하다.

② 곤궁(坤宮)
나이가 많거나 장녀이다. 지방 출신이고 피부는 다소 검고 농업과 관련된 직업을 가지고 있으며, 왕상(旺相)하면 소박하고 실천적이며, 쇠(衰)하면 장래의 전망이 밝지 않다. 봄에 혼인 점한다면 불리하다.

③ 진궁(震宮)
진궁은 장자·장녀를 의미한다. 직업은 공장에 다니든가 운수업, 건축업, 기계 제조업, 체육 등 방면과 관련된다. 왕(旺)하면 멋스럽고, 쇠(衰)하면 누추하고 병치레가 많다. 가을에 혼사를 점한다면 불리하다.

④ 손궁(巽宮)

장녀궁이다. 직업은 상업·무역과 관련되고, 왕(旺)하면 총명하고 지혜가 있고, 쇠(衰)하면 여위고 건강은 약하다. 가을에 혼사를 점한다면 불리하다.

⑤ 중궁(中宮)

곤궁에 기탁하기에 곤궁과 같다.

⑥ 건궁(乾宮)

나이가 많은 남자를 의미하는 궁이다. 피부는 비교적 희고 직업은 대다수 정부 행정 기관, 대기업 등에서 종사하며, 가정이 부유하고 기질은 우아하다. 총명하고 지혜가 있으며 외모는 수려하다. 쇠하면 외모는 누추하고 고독하여 의지할 곳이 없는 사람이다. 여름철에 혼인을 점한다면 불길하다.

⑦ 태궁(兌宮)

소녀, 막내딸이다. 피부는 희고 신체는 야위었다. 직업은 교육, 금융, 언어, 노래, 유흥, 문화서비스업과 관련된다. 왕하면 총명하고 가정이 부유하고 쇠하면 빈곤하다. 여름철에 혼인을 점한다면 불리하다.

⑧ 간궁(艮宮)

차남궁이다. 직업은 보험회사, 금융, 건축, 부동산, 양식업 등과 관련이 있다. 왕하면 신체는 다소 크고, 쇠하면 키는 비교적 작다. 봄에 혼인을 점한다면 불길하다.

⑨ 이궁(離宮)

중녀궁이다. 피부색은 불그레하고 윤기가 있으며 직업은 문화, 오락, IT업, 전기·전자, 음식 방면에 관련된 업종이고 왕하면 영리하고 쇠하면 음주가무를 즐긴다. 겨울에 혼인을 점한다면 불길하다.

<구성(九星)을 통한 남녀 외모·성격·능력>

직부(直符), 태음(太陰), 육합(六合), 구지(九地), 구천(九天)은 보통 혼인에 길하고, 등사(螣蛇), 백호(白虎), 현무(玄武)는 일반적으로 불리하다.

① 직부(直符)

리더십과 기품이 있고 조직력이 좋고, 협조적이다. 직장 내에서 어느 정도의 직위는 있고 혼인에 길하다.

② 등사(螣蛇)

거짓말을 잘하고 귀찮게 치근댄다. 귀가 얇아 타인의 속임수에 잘 넘어가고 종교에 매달린다.

③ 태음(太陰)

격국(格局)이 길하면 귀인(貴人)의 도움이 있고 사고력이 좋으며 애정에는 일편단심이다. 격국이 쇠약하면 타인의 말에 잘 휩쓸리고 자기주장이 없으며 사기를 잘 당한다.

④ 육합(六合)

격국(格局)이 길하면 대인관계가 좋고 일 처리가 원만하다. 배우자와 서로 돕고 사랑하며 가정은 행복할 것이다. 격국이 흉하면 원칙성이 없고, 오지랖이 넓다.

⑤ 백호(白虎)

격국(格局)이 길하면 성품은 시원시원하고 숨김이 없으며, 능력도 출중하다. 흉하면 성질이 사납고 사고 치는 경우가 잦다.

⑥ 현무(玄武)

애매지신(曖昧之神)이다. 격국(格局)이 길하면 총명하고 학업성적이 우수하나, 흉하면 풍류에 빠지고 간사하다.

⑦ 구지(九地)

격국(格局)이 길하면 매사에 신중하고 침착하며 혼인에 길하나, 흉하면 고집불통이고 일 처리는 느리고 깔끔하지 못하다.

⑧ 구천(九天)

성격은 외향적이다. 격국(格局)이 길하면 원대한 포부를 가지고 있고, 흉하면 실천하지 못할 큰 것만 바라본다. 매사 처리는 깔끔하지 못하고 거칠다. 혼인점에서 구천과 동궁하면 남자 측에는 여자와의 혼인을 좋아한다는 뜻이다.

<천간(天干)을 통한 남녀 판단>

일간(日干)이 중요한 판단 근거이고, 일간 천간(天干)이 앉은 궁에서 왕쇠(旺衰) 상태는 길흉(吉凶) 상태를 말해 준다.

① 십천간(十天干)이 십이운성(十二運星)에 따라 장생(長生)·관대(冠帶)·제왕(帝旺) 자리에 있으면 길하다. 결혼·가정·학업·건강·재물 방면에 비교적 길하다고 본다.
② 십천간(十天干)이 십이운성(十二運星)에 따라 목욕지(桃花地)에 앉아 있으면, 미혼한 남녀는 이성 관계에 관심을 가지고 있으며,

기혼자는 배우자에 대하여 정이 넘치거나 또는 내연의 애인이 있다고 추측할 수 있다.
③ 일간(日干) 천반 아래 지반 천간(天干)의 12운성 상태도 점하는 자의 현재 상황을 말해준다. 지반 천간이 관대·건록에 있으면 수입이 많거나 부유하고, 입묘이면 갈피를 잡지 못하고 답답하다는 뜻이고, 만약 목욕(桃花)에 있으면 욕망이 강하다고 본다.
④ 시간(時干)은 점사의 객체인데 시간의 천반 천간과 지반 천간도 알고자 하는 사연의 상태를 말해준다. 시간 천간은 문점자의 현재와 미래의 상황, 시간 지반의 천간은 과거의 상태를 나타낸다.
⑤ 혼인 판단에서 기(己)는 당당하지 못한 애인, 부정한 행위, 부정한 욕망, 부정한 목적을 의미한다. 신(辛)은 범죄·착오·반칙·불법 등을 의미하며 남자 생식능력의 문제를 의미하기도 한다. 임(壬)은 현무(玄武)와 동궁하면 난잡한 이성 교제를 의미하고, 계(癸)는 애정 문제 있어 사욕과 부당한 목적이 있다고 판단한다.

<결혼 판단>

① 경(庚)과 을(乙)이 상생하거나 비화하고, 길문과 길격을 만나면 연애 과정이 순탄하고 결혼이 원만하게 진행된다. 경(庚)이 앉은 궁의 은복지지와 을(乙)이 앉은 궁의 은복지지가 합을 할 경우에도 결혼은 성사된다.
② 경(庚)과 을(乙)이 상극하거나 상충하면 혼인이 성사되지 않거나, 부부관계가 좋지 않다고 본다.
③ 경(庚)이 을(乙)을 극(剋)하면 여자가 남자를 두려워하여 결혼하지 않으려 하고, 을(乙)이 경(庚)을 극하면 남자가 여자를 싫어하여 결혼하지 않으려 한다.
④ 일간(日干)이 일간과 합간(合干)하는 천간과 상생상극 또한 을(乙)·경(庚)의 상생상극 원리와 같다. 일간과 상합 천간이 상생

(相生)·비화(比和)이면 결혼에 있어서 길(吉)하고, 상극(相剋)이면 불길(不吉)하다.

⑤ 일간과 합간(合干)하는 형태에 따라 결혼 생활이 다른 모습을 보이게 되는데, 갑기합(甲己合)·을경합(乙庚合)은 결혼 생활이 원만하고, 병신합(丙辛合)은 위엄지합으로 부부 한쪽이 다른 쪽에 굴복하는 모양새를 보이며, 정임합(丁壬合)은 음탕지합으로 첫눈에 반하거나, 뭐에 홀리거나, 상대방 재물에 욕심이 나거나 해서 결혼하게 되며, 무계합(戊癸合)은 무정지합으로 부부간 감정이 화합되지 않는다.

⑥ 경(庚)이 정(丁)을 생(生)하면 남자는 또 다른 여자를 만나거나 마음속에 품고 있고, 을(乙)이 병(丙)을 생하면 여자 또한 같다.

⑦ 경(庚)이 길문·길격·길성·길신이면 남자 쪽 집안이 부유하고 능력이 좋고, 흉문·흉격·흉성·흉신이면 남자 쪽 집안이 누추하고 병이 있다.

⑧ 을(乙)·경(庚)이 상생·비화이고 길문·길격·길성·길신이면 결혼 후 가정은 평화롭고 행복한 생활을 하며, 길문·길격·길성·길신이나 을(乙)·경(庚)이 상충(相沖)되면 일반적인 결혼 생활을 맞는다.

⑨ 용신이 무가병(戊加丙), 병가무(丙加戊)이면 최고의 남편감 또는 신붓감이 된다.

⑩ 천둔길격(天遁吉格) 또는 인둔길격(人遁吉格)[48]이면 부부간에 상호 존중하며 백년해로한다.

⑪ 남녀의 각각의 연명(年命)이 상생(相生)이면 백년해로한다.

⑫ 용신에 기(己)·신(辛)·임(壬)·계(癸)와 현무(玄武)가 동궁하면 부부 생활에 문제가 발생한다.

⑬ 용신궁에 주작(朱雀)이 있으면 혼인사에 구설이 있고, 백호(白虎)가 있으면 혼인 방해요소가 발생한다. 격국이 좋지 않으면

---

48 천반 丙, 지반 丁과 생문이 동궁할 때 천둔격, 천반 丁과 휴문과 태음이 동궁할 때 인둔격이다.

혼담 깨지고 파경에 이른다. 현무(玄武)가 있으면 혼인사에 속임수, 거짓말이 따른다.

<이혼 판단>

① 을(乙)·경(庚)이 길문·길격·길성·길신이나 상충(相沖)되며, 공망(空亡)을 맞으면 부부는 별거 생활을 한다.
② 을(乙)·경(庚)이 흉문·흉격·흉성·흉신이고 상충(相沖)되거나 공망을 맞으면 부부간 불화가 거듭되고 이혼한다.
③ 일간(日干)과 일간 합하는 천간(天干)이 상충하면 성격 문제로 부부가 불화한다.
④ 용신궁 한쪽에 현무(玄武)와 상문(傷門), 다른 쪽에 백호(白虎), 천충(天沖)이 있으면 부부는 서로 따지고 다투고 매사 대립하여 융화되지 않는다.
⑤ 을(乙)·경(庚) 궁중에 사문(死門)이 있거나, 을경궁(乙庚宮)이 연간(年干)과 상충이고 연간궁(年干宮)에 두문(杜門)·사문(死門)을 가지고 있으면 부모 간섭, 부모의 문제로 인해 이혼한다.
⑥ 을(乙)과 병(丙)이 상생(相生)·비화(比和)이면 부인은 다른 남자가 있고, 경(庚)과 정(丁)이 상생(相生)·비화(比和)이면 남편은 다른 여자가 있다.
⑦ 을경궁(乙庚宮)이 도화지(桃花地)에 앉아, 현무(玄武)·기(己)·신(辛)·임(壬)·계(癸)가 있으면 다른 애인이 있다.
⑧ 을경궁(乙庚宮) 또는 일간(日干)과 상합(相合)하는 천간(天干)에 무(戊) 또는 생문(生門)이 있거나, 을(乙)과 경(庚)이 십이운성 상 건록지(建祿地)에 앉았으면 경제 문제로 인해 이혼한다.
⑨ 경가임(庚加壬)·경가계(庚加癸)이면 출장·파견 등으로 부부는 따로 살게 된다. 이때 을(乙)·경(庚)이 왕상하면서 서로 충극(沖剋)하지 않으면 이혼까지 가지는 않는다.

⑩ 을(乙)·경(庚)이 쇠(衰)·병(病)·사(死)·묘(墓)·절(絶)에 있고, 을(乙)과 경(庚)이 흉문·흉격·흉성·흉신과 동궁하면서 서로 상충(相沖)하거나 육합궁(六合宮)과 상충(相沖)하면 이혼할 가능성이 크다.
⑪ 복음격(伏吟格)이면 부부 중 한쪽은 능력 또는 가정에서의 지위가 없다.

<이혼 후 재혼>

① 을(乙)·경(庚)이 도화지(桃花地)에 있거나, 지반 천간이 도화지에 있으면 재혼할 가능성이 높다.
② 경(庚)과 정(丁)이 경가정(庚加丁)·정가경(丁加庚)을 이루고 있거나 상생(相生)·비화(比和)이면 남편은 이혼 후 재혼할 가능성이 높다.
③ 을(乙)과 병(丙)이 을가병(乙加丙)·병가을(丙加乙)을 이루고 있거나, 상생(相生)·비화(比和)이면 부인은 이혼 후 재혼할 가능성이 높다.

<결혼 응기>

① 복음국(伏吟局)이면 결혼 시기가 늦어지며, 반음국(反吟局)이면 빨리 성사된다.
② 일간(日干)과 시간(時干)이 모두 내반(內盤)에 있으면 결혼이 빠르고, 내외반(內外盤) 나뉘어 있으면 비교적 늦다. 모두 외반(外盤)에 있으면 결혼이 매우 늦어진다.
③ 용신궁에 구천(九天)이 있으면 결혼은 빠르고, 구지(九地)가 있으면 결혼이 늦게 성사된다.
④ 용신이 공망(空亡)이거나 입묘(入墓)일 때 충출(沖出)할 때 결혼이 성사된다. 용신이 태궁에 있고 공망이라면 유년(酉年)·유월

(酉月)·유일(酉日이) 응기가 된다. 복음·반음·구천·구지 등의 기타 응기 판단 요소를 복합적으로 판단해 연월일 중 구체적 응기를 선택한다.
⑤ 용신이 합(合)이면 충(沖)할 때, 충(沖)이면 합(合)할 때가 응기 시점이 된다. 예를 들어 용신 정(丁)이 진궁(震宮)에서 임(壬)과 합(合)하고 있으면, 유월(酉月)·유일(酉日)이 구체적 응기가 된다.
⑥ 직사(直使)·시간(時干)이 있는 궁의 지지가 응기가 된다.

(3) 사례

① 사례 1 - 결혼 후 시어머니와의 합가

예술을 하는 남자에 매력이 끌려 결혼을 결심하는 U씨는 결혼하면 시어머니와 함께 살아야 하는 부담이 크다. 별도로 신혼집을 얻어주진 않고 서울 모처에 있는 시어머니 소유 건물에서 함께 사는 분위기로 쏠리고 있다. 예비 남편이 경제력이 부족하기도 하거니와 홀시어머니가 아들과 함께 사는 것을 강하게 원하기 때문이다. 시어머니를 모시고 사는 것이 결혼 생활에 지장을 주지 않을지, 본인에게 이로울지 문의하였다.

<癸卯 丁巳 乙亥 癸未>

年干 時干 天乙	月干	
偏印 癸 天沖_震 螣蛇_巳 丁 杜門_巽 招搖_巽 癸加丁爲 螣蛇妖嬌 火焚莫逃 旺 衰	食神 丁 天甫_巽 太陰_酉 庚 景門_離 天乙_離 丁加庚爲 文書阻隔 火煉眞金 祿	載空 日空 時空 正官 庚(庚) 天英_離 六合_卯 壬(丙) 死門_坤 攝提_坤 庚加壬爲 耗散少格 太白退位 庚加丙爲 太白入熒 太白加官 時墓 浴 帶
直符 偏財 己 天任_艮 直符_寅 癸 傷門_震 軒轅_震 己加癸爲 地刑玄武 明堂華蓋 病	傷官 丙 天符_中 庚加丙爲 太白入熒 太白加官	日空 時空 正印 壬(丙) 天芮_坤 白虎_陳 戊(戊) 驚門_兌 咸池_兌 壬加戊爲 小蛇化龍 蛇入天門 丙加戊爲 飛鳥跌穴 月奇得使 生
直使 偏官 辛 天蓬_坎 九天_乾 己 生門_艮 太陰_艮 辛加己爲 入獄自刑 虎坐明堂 死 墓	日干 比肩 乙 天心_乾 九地_坤 辛 休門_坎 太乙_坎 乙加辛爲 靑龍逃走 人亡財破 絶	正財 戊 天柱_兌 玄武_雀 乙 開門_乾 靑龍_乾 戊加乙爲 靑龍合靈 靑龍和會 日墓 胎 養

용신궁 분석

시어머니, 시아버지와 같이 부모님과 남편 부모님에 대해 점사를 할 때 용신(用神)은 연간(年干)이다.

연간궁이 길성(吉星)·길문(吉門)·길신(吉神)·길격(吉格)이고, 직부(直符)·구지(九地)·구천(九天)·육합(六合)·태음(太陰)이 있으면 시어머니는 인자하고 자상하다. 반대로 연간궁(年干宮)에 흉성(凶星)·흉문(凶門)·흉격(凶格)·흉신(凶神)이고, 천주성(天柱星)·천영성(天英星)이 있으면 시어머니는 성질이 급하고 불과 같다.

연간궁(年干宮)에 상문(傷門)·사문(死門)·경문(景門)·두문(杜門)이 있으면 시어머니는 까다롭고 본색을 드러내지 않으며 며느리가 아무리 잘해주어도 마음에 들지 않는다. 또 연간궁에 현무(玄武)·등사(騰蛇)를 가지고 있으면 시어머니는 의심이 많고, 상식적이지 않으며, 정가계(丁加癸) 주작투강, 계가정(癸加丁) 등사요교격이 있으면 말썽이 많고 시비를 많이 건다.

상기 기문점에서는 연간궁은 손궁(巽宮)이다. 천간 계(癸)가 육의격형이다. 육의격형이면 충돌·파재·송사·구속·질병 등을 동반하므로 거동 일체를 피하고 현재 상태를 유지해야 한다. 매우 좋지 않다. 연간궁은 계가정(癸加丁) 등사요교격이다.
계가정(癸加丁)은 육계 지망(地網) 속에 아리따운 정기 등사(螣蛇)가 똬리를 틀고 있는 모양으로, 정기인 문서로 인한 다툼이 있고, 불이 나도 도망할 곳이 없다. 땅속에 든 뱀이다.
음해(陰害)를 받고 상해의 위험이 있다.

연간궁에 두문(杜門), 등사(騰蛇)와 동궁했다. 시어머니는 밖으로 내색하진 않지만 불만이 많고, 모함·질투·시기 등으로 며느리와 사이가 틀어질 수 있다.

일간궁 분석
일간(日干) 을(乙)은 감궁에서 병지(病地)이다. 매우 쇠약하여 시어머니 폭압을 당해낼 재간이 없다. 감궁은 을가신(乙加辛)이다. 을가신(乙加辛) 을기청룡(乙奇靑龍)이 신금(辛金)인 작두 위에 있다. 재신(財神) 청룡(靑龍)이 신(辛)에 의해 진극(眞剋)을 당해 부서진다. 재산이 부서지며, 혼사에는 신부(신랑)가 도망간다. 아랫사람이 배반하는 꼴이다. 결혼 생활 내내 도망가고자 하는 마음이 클 것이다.

상생 분석

일간이 연간을 수생목(水生木)하여 생하고 있다. 연간이 일간을 생하거나, 일간이 연간을 극하면 격국이 좋지 않고, 흉문·흉괘라도 능히 제압할 수 있으나 그렇지 못하다. 결혼 생활 내내 힘들어 시어머니를 피해 밖으로 나도는 생활을 할 것이다.

문점자인 예비 며느리의 대표 부호인 을기(乙奇)도 일간과 같다. 역시나 시어머니와 융합할 수 없는 상황이다. 예비 남편의 대표 부호인 경(庚)은 곤궁에 거했다. 시어머니에게 목극토(木剋土)를 당하니 중재할 능력도 없고, 공망(空亡)을 맞았다. 시어머니와 며느리의 대치를 해결할 주체가 없다.

시어머니와 함께 살면 드러나지 않는 문제까지 불거져 관계가 돌이킬 수 없을 정도로 틀어질 수 있다. 지근거리에 따로 살면서 자주 찾아뵙는 것이 결혼 생활에 길하다.

직사(直使)가 간궁(艮宮)에서 곤궁(坤宮)의 육합(六合)과 비화되었다. 직사가 육합을 극(剋)하면 혼인이 깨지나, 비화·상생관계이므로 혼인은 성사된다. 설령 육합이 공망을 맞아도 상극관계를 이룰 수 없으니 역시 혼인은 성사된다.

다만, 문점자가 자기주장을 내세운다 해도 따로 분가해서 살기가 쉽지 않을 듯 보인다.

양둔국이라 일간(日干)과 연간(年干)이 모두 내반(內盤)에 있다. 이렇게 일간과 연간이 내외반에 따로 분리되어 있지 않으면 시어머니와 함께 살아야 하는 운이 강하다.

실제
결혼 후 시어머니와 같이 살게 되었는데, 시어머니는 며느리에게 살갑게 대하지 않고, 모임과 성당에서 며느리 험담을 많이 한다고 한다. 며느리의 행동거지 하나하나가 맘에 들지 않아 매사 트집을 잡고, 변덕도 심하다 한다. 며느리는 결혼 생활 내내 시어머니와 마주할 시간을 줄이기 위해 밖에 나도는 생활을 하고 있다.

② 사례 2[49] - 아들의 결혼 시기

1998년 11월 9일 밤 10시 22분, 모친 왕 씨(王氏)가 찾아왔다. 정미년생(丁未年生) 아들이 31살이 되어도 직장 생활이 바쁘다는 핑계로 결혼을 미루다 3살 어린 경술년생(庚戌年生) 여자 친구를 만나게 되었는데, 그 여자 친구가 가족 모두 마음에 들어 결혼을 재촉하고 있는 상태이다. 그녀와 언제 결혼할지 문의하였다.

<戊寅 癸亥 庚辛 丁亥>

		月干
劫財 辛 乙 辛加乙爲 天英_離 白虎_陳 死門_坤 靑龍_乾 白虎猖狂 人亡家敗 胎 養	正印 己(丙) 辛(辛) 己加辛爲 丙加辛爲 載空 時空 天丙_坤 六合_卯 驚門_兌 太乙_坎 濕泥汚玉 游魂入基 日月相會 丙辛相合 絕	傷官 癸(癸) 己(丙) 癸加己爲 癸加丙爲 載空 時空 天柱_兌 太陰_酉 開門_乾 太陰_艮 華蓋地戶 華蓋明堂 華蓋悖師 明堂犯悖 死 基
		時干　　　天乙 直使
正財 乙 戊 乙加戊爲 天甫_巽 玄武_雀 景門_離 咸池_兌 陰害陽門 鮮花名瓶 生	偏官 丙 癸加丙爲 天符_中 華蓋悖師 明堂犯悖	正官 丁 癸 丁加癸爲 天心_乾 騰蛇_巳 休門_坎 軒轅_震 朱雀投江 文書有誤 病
年干		日干　　　直符
偏印 戊 壬 戊加壬爲 日空 天沖_震 九地_坤 杜門_巽 攝堤_坤 山明水秀 靑龍天牢 日基 時基 浴 帶	食神 壬 庚 壬加庚爲 日空 天任_艮 九天_乾 傷門_震 天乙_離 騰蛇相繞 太白擒蛇 祿	比肩 庚 丁 庚加丁爲 天蓬_坎 直符_寅 生門_艮 招搖_巽 亨亨之格 亭亭之格 旺 衰

일간궁 분석

육경(六庚)이 아들이고 을기(乙奇)가 만나는 여성이다. 육경 낙궁이 을기 낙궁을 건극진(乾剋震)하나, 낙궁의 은복지지가 묘술합(卯戌合)하니 결혼에 성공하는 상이다.

---

49 將志春, 『개오지문(開悟之門)』, 171p, 중국상업출판사

아들은 1967년 정미생(丁未生)이고, 여성은 1970년 경술생(庚戌生)이다. 정기(丁奇)가 있는 태금궁(兌金宮)과 육경(六庚)이 있는 건금궁(乾金宮)이 비화(比和)되고, 천반의 정기는 육경의 지반에서 비도(飛到)되니 결혼은 반드시 성사된다.

정기궁에 길문인 휴문(休門)이 있고, 육경궁에는 길문인 생문(生門)이 있어 아름다운 결혼이 된다. 육무 연간궁(年干宮)이 남녀의 연연궁을 간생태(艮生兌), 간생건(艮生乾)하므로 쌍방의 부모가 모두 찬성하는 결혼이다.

결혼의 시기
육경 일간(日干)과 정기 시간(時干)이 함께 내반(內盤)에 있어 결혼의 시기는 빠르다. 연지(年支)와 시지(時支)가 인해합(寅亥合)으로 연내에 결혼한다.

육합(六合)은 결혼의 용신인데 이구궁에서 시공망(時空亡)을 만났다. 공망 오미(午未)를 충실(沖實)하는 자월(子月), 축월(丑月)에 결혼이 성사된다.

실제
1998년 12월 16일 무인년(戊寅年) 갑자월(甲子月) 병신일(丙申日)에 약혼식을 하였고, 1999년 1월 17일 무인년(戊寅年) 을축월(乙丑月) 기사일(己巳日)에 결혼식을 올렸다. 결혼한 기사일(己巳日)은 역마(驛馬)인 해(亥)를 사해충(巳亥沖)으로 충동(沖動)하는 날이다.

③ 사례 3 - 여자 친구의 애인

L씨의 여자 친구는 항상 바쁘다. ○○주식회사 영업부에서 일하는 여자 친구는 회사일, 회식, 고객 접대로 바쁘고, 친구들과의 모임, 동호회 활동으로 바쁘다. 공사가 다망한 여성이다.

모처럼 데이트를 하면 여자 친구는 핸드폰을 항상 뒤집어 놓는다. 전화가 오면 급히 나가서 전화를 받고, 하루에 한 번 통화하기 힘들다.

여자 친구는 다른 남자를 만나고 있는가?

<甲辰 丙寅 乙卯 癸未>

	時干	天乙		直符
偏官 辛 丙 辛加丙爲 千合悖師 天庭得明 帶祿	偏印 癸(乙) 天芮_坤 九天_乾 辛(辛) 景門_離 天符_中 癸加辛爲 陽遯陰盛 網羅天牢 乙加辛爲 靑龍逃走 人亡財破 旺		偏財 己(乙) 天柱_兌 直符_寅 癸(乙) 死門_坤 咸池_兌 己加癸爲 地刑玄武 明堂華蓋 己加乙爲 柔情密意 地戶逢星 時墓 衰 病	
月干	日干		直便 時空	
傷官 丙 丁 丙加丁爲 星奇朱雀 三奇順遂 浴	比肩 乙 太乙_坎 己加乙爲 柔情密意 地戶逢星		正財 戊 天心_乾 螣蛇_巳 己 驚門_兌 軒轅_震 戊加己爲 天門蒙塵 物以流聚 死	
		日空	年干	
食神 丁 庚 丁加庚爲 文書阻隔 火煉眞金 生 養	正官 庚 天任_艮 六合_卯 壬 休門_坎 靑龍_乾 庚加壬爲 耗散少格 太白退位 胎		正印 壬 天蓬_坎 太陰_酉 戊 開門_乾 攝堤_坤 壬加戊爲 小蛇化龍 蛇入天門 日墓 墓 絶	

여자의 용신은 을(乙)

여자 친구의 용신(用神)는 을(乙)이다. 중궁에 위치한 을(乙)은 곤궁

(坤宮)으로 지반을 기탁하여 육계(六癸)에 고착되고, 천반 육계는 리궁(離宮)에 자리하게 되어, 결과적으로 천반 을기(乙奇) 또한 리궁(離宮)에 앉게 된다. 이궁(離宮)은 을기(乙寄)의 생지(生地)이다. 여자 친구는 기존과 단절하고 새로 탄생하는 형국이다. 즉 기존 이성 관계를 청산하고 새로움을 추구하고자 한다.

십간대응결은 을가신(乙加辛)이다. 을가신위 청룡도주 인망재파(乙加辛爲 靑龍逃走 人亡財破)로 재산이 부서지며 혼사에는 신부가 도망간다. 남자 친구를 떠나려 한다. 리궁(離宮)의 또 다른 대응결은 계가신(癸加辛)이다. 계가신위 양변음성(癸加辛爲 陽變陰盛)이다. 이슬방울이 예리한 칼날 위에 있어 아픈 사람은 생명을 보존하기 어렵고 죄인은 더욱 험악해지며 부부 사이는 위태롭게 된다. 아슬아슬한 상황이다.

남자의 용신은 경(庚)

남자를 상징하는 용신(用神)은 경(庚)으로 감궁(坎宮)에 앉았다. 감궁은 경(庚)의 절지(絶地)이다. 관계의 단절을 의미한다. 감궁의 십간대응결은 경가임(庚加壬)이다. 경가임위 모산소격 태백태위(庚加壬爲 耗散少格 太白退位)로 무거운 쇠가 강에 빠지고 육경 태백(太白)이 육임 지망(地網)에 깃든다. 소모적인 일이 발생하고 멀리 여행하면 길을 잃는다. 좋은 소식도 오지 않고 남성에게는 이혼의 기운이며, 중매를 선 경우 성사되지 않는다.

을(乙)·경(庚) 분석

여자 친구인 을(乙)과 경(庚)은 이화궁(離火宮)과 감수궁(坎水宮)에서 내·외반에 갈라져 있는 상태에서 수화상충(水火相冲)하고 있다. 서로 관계가 틀어졌고 앞으로도 예전의 관계 회복은 힘들다.

새로운 남자 친구는 병(丙)

진궁(震宮)에 병(丙)이 을(乙)을 목생화(木生火)하고 있다. 여자 친구는 다른 남자가 있다. 병(丙)은 진궁이 욕지(慾地)·도화지(桃花地)이다. 다른 남자이자 두 번째 남자인 병은 이성에 대한 욕구가 매우 왕성하다. 또 여자를 사랑하고 있다.

병(丙)은 현무(玄武)와 동궁하였다. 남녀관계에서 용신이 현무와 동궁하면 바람직하지 못한 사랑을 의미한다. 즉 병(丙)은 여자가 애인이 있음을 알고도 만나는 것이다.

리궁(離宮) 천반 을(乙) 아래 지반이 신(辛)이고, 시간(時干)이 계(癸)이다. 용신이 기(己)·신(辛)·임(壬)·계(癸)가 동궁하면 일회성 일탈이 아니라 상습적으로 관계를 맺어온 것을 의미한다. 부부 문제에서 기·신·임·계가 동궁 시 또 다른 내연의 애인 문제로 부부가 이별할 수 있다고 판단한다.

팔문(八門)이 복음(伏吟)이다. 연애 문제에서 한쪽이 능력이 없거나 불순한 사연이 일어날 수 있다.

④ 사례 4[50] – 부부관계

1996년 3월 27일 오전 10시 30분, 기문둔갑 노사(老師)인 두 선생(杜先生)에게 28세 회사원 남성이 현재 처한 부부 불화에 관해 물었다.

<丙子 辛卯 癸亥 丁巳>

		直使
偏官 己　　天柱_兌　　螣蛇_巳 　　　丙　　杜門_巽　　太乙_坎 　　　己加丙爲　火悖地戶　火字地戶 　　　　　　　　　　　　　　旺 衰	正官 戊　　天心_乾　　太陰_酉 　　　辛　　景門_離　　靑龍_乾 　　　戊加辛爲　靑龍折足　反吟洩氣 　　　　　　　　　　　　　　祿	劫財 壬(壬)　天蓬_坎　六合_卯 　　　癸(乙)　死門_坤　太陰_艮 　　　壬加癸爲　幼女姦淫　陰陽重地 　　　壬加乙爲　逐水桃花　小蛇得勢 　　　　　　　　　　　　日基浴帶
日干　　　　　　　　　直符 比肩 癸(乙)　天芮_坤　直符_寅 　　　丁(丁)　傷門_震　天乙_離 　　　癸加丁爲　螣蛇妖嬌　火焚莫逃 　　　乙加丁爲　三奇相佐　奇儀相佐 　　　　　　　　　　　　　　病	食神 　　　乙　　　　　　　攝堤_坤 　　　　　壬加乙爲　逐水桃花　小蛇得勢	正印 庚　　天任_艮　　白虎_陳 　　　己　　驚門_兌　　招搖_巽 　　　庚加己爲　太白大刑　官符刑格 　　　　　　　　　　　　　　生
月干 　　　　　　　　載空　日空　時空 偏印 辛　　天英_離　九天_乾 　　　庚　　生門_艮　天符_中 　　　辛加庚爲　白虎出力　虎逢太白 　　　　　　　　時基 死基	**年干** 　　　　　　　　載空　日空　時空 正財 丙　　天甫_巽　九地_坤 　　　壬　　休門_坎　咸池_兌 　　　丙加壬爲　火入天羅　江揮相映 　　　　　　　　　　　　　　絶	**時干**　　　　　　　　　天乙 偏財 丁　　天沖_震　玄武_雀 　　　戊　　開門_乾　軒轅_震 　　　丁加戊爲　有火有爐　靑龍轉光 　　　　　　　　　　　　　胎 義

육합으로 본 부부 문제

직사팔문(直使八門)인 사문(死門)이 곤궁(坤宮)에 있어 팔문복음(八門伏吟)으로 무기(無氣)인 중, 육합(六合)이 사문과 동궁(同宮)하니 반드시 부부관계에 재해가 있다. 곤궁에 해당하는 미·신월(未申月)부터 부부간 다툼이 있었다. 육합궁에 임가계위 유녀간음 음양중지(壬加癸爲 幼女姦淫 陰陽重地)로 젊은 여자가 간음하고 가내에 추한 소리가 가득해지는 격이다.

50　將志春, 『신기지문(神奇之門)』, 163p, 중국상업출판사

을·경(乙·庚)으로 본 부부 문제

을기(乙奇)는 여자이고, 육경(六庚)은 남자이다. 을기 낙궁인 진궁(震宮)과 육경 낙궁인 태궁(兌宮)은 대충궁(對沖宮)이다. 충즉산(沖則散)이니 이별의 상이다. 을기궁에는 계가정위 등사요교 화분막도(癸加丁爲 螣蛇妖嬌 火焚莫逃)로 정기인 문서로 인한 다툼이 있는 상이고, 육경궁에는 경가기위 태백대형 관부형격(庚加己爲 太白大刑 官符刑格)으로 태백(太白)인 살성이 지호(地戶)인 가택에 드는 상이다. 을기궁, 육경궁의 격은 부부간 다툼이 있고 헤어지는 상이다.

처인 을기는 진궁인 자신의 자리에 있으니, 처는 자신의 집으로 가는 상이고, 을기는 묘월(卯月)에 가장 왕(旺)하고, 육경은 묘월에 수(囚)의 상태로 무력하다. 유력한 처가 이혼을 주장한다.

정기로 본 이혼

정기(丁奇)는 이혼증서이다. 정기가 있는 건궁(乾宮)에 법관인 개문(開門)이 있어 이혼은 확실하고, 정기 아래 자본과 재물을 뜻하는 육무(六戊)가 있으니, 이혼에는 위자료가 오간다. 여기에 현무(玄武)가 득기한 경우 상재교역(商才交易)을 불러오므로 위자료가 있는 합의이혼이 됨을 알 수 있다. 또 위자료는 정기가 처궁인 진궁에서 건궁으로 비도(飛到)되었으므로 처가 요구하는 금액으로 결정된다.

이혼의 시기와 위자료의 금액

이혼을 주장하는 사람은 처이므로, 이혼의 시기는 처가 월령을 얻는 묘월(卯月)에 하게 된다. 이혼증서가 있는 궁에 정가무(丁加戊)가 있으므로 갑자무의 갑일(甲日)에 이혼한다. 위자료 액수는 육무로 본다. 천반 육무는 객(客)으로 처가 요구하는 액수다. 리구궁에 있으니 2.3.7.9와 관련된다. 지반 육무는 주(主)인 구측인(求測人)의 지불하려는 액수다. 건육궁에 있으니 1.4.6.9와 관련된다. 묘월(卯月)에 육무가 왕성하지 않다.

실제

부인은 부부가 버는 돈 보다 더 많은 소비를 했다. 둘의 월급은 합쳐 800위안인데 9천 위안의 피아노를 사야 한다고 고집하는 식이었다. 1996년 3월 18일 신묘월 갑인(甲寅)일에 이혼이 결정되었다. 남자는 6,000위안, 여자는 3,900위안을 각각 재산 분할하게 되었다.

⑤ 사례 5 - 결혼식의 연기

결혼식 하기 좋은 길일(吉日) 택일을 문의하였다.

<甲辰 丁卯 癸未 壬戌>

年干 時干 　　　　　　天乙		日空
劫財　壬　　天柱_兌　玄武_雀 　　　己　　驚門_兌　天符_中 　　壬加己爲　反吟泥漿　反吟蛇刑 　　　　　　　　　　時墓 胎 養	偏印　辛　　天心_乾　九地_坤 　　　丁　　開門_乾　太乙_坎 　　辛加丁爲　獄神得奇　白虎受傷 　　　　　　　　　　　　　　絶	正財　丙(丙)　天蓬_坎　九天_乾 　　　乙(庚)　休門_坎　軒轅_震 　　丙加乙爲　豊郎麗花　日月幷行 　　丙加庚爲　熒惑入白　熒入太白 　　　　　　　　　　日墓 死 墓
日干		直符 直使 　　　　　　　　　　　　日空
食神　乙(庚)　天芮_坤　白虎_陳 　　　戊(戊)　死門_坤　招搖_巽 　　乙加戊爲　陰害陽門　鮮花名瓶 　　庚加戊爲　天乙伏宮　有爐無火 　　　　　　　　　　　　　　生	正印 　　　庚　　　　　　青龍_乾 　　丙加庚爲　熒惑入白　熒入太白	比肩　癸　　天任_艮　直符_寅 　　　壬　　生門_艮　太陰_艮 　　癸加壬爲　復見騰蛇　沖天奔地 　　　　　　　　　　　　　　病
月干	截空 時空	截空 時空
偏財　丁　　天英_離　六合_卯 　　　癸　　景門_離　天乙_離 　　丁加癸爲　朱雀投江　文書有誤 　　　　　　　　　　　　　　浴 帶	偏官　己　　天甫_巽　太陰_酉 　　　丙　　杜門_巽　攝堤_坤 　　己加丙爲　火悖地戶　火字地戶 　　　　　　　　　　　　　　祿	正官　戊　　天沖_震　騰蛇_巳 　　　辛　　傷門_震　咸池_兌 　　戊加辛爲　青龍折足　反吟淺氣 　　　　　　　　　　　　旺 衰

을(乙)·경(庚) 분석

남자인 경(庚)과 여자인 을(乙)이 진궁(震宮)에서 동궁(同宮)하였다. 경·을(庚·乙)이 동궁·비화되면 결혼이 순탄하다. 그러나 흉문인 사문(死門)이 동궁했다. 사문은 주변의 반대, 특히 부모의 반대를 의미한다. 흉성인 천예성(天芮)도 함께하여 흉함을 가중하고 있다.

진궁의 첫 번째 십간대응결은 을가무(乙加戊)이다. 산 위에 꽃이 핀다. 혼인·관광·여행에는 길한 격이나, 흉문이면 파재·상해가 발생한다. 두 번째 십간대응결은 경과무(庚加戊)이다. 화로에 불이 없는 형상으로 애만 쓰고 결과가 없다. 큰일을 도모하기가 어렵고 험하다.

남자 경(庚)은 진궁(震宮)에서 태지이고, 생문궁(生門宮) 재성(財星)인 천임성(天壬星)은 태궁(兌宮)에서 설기(洩氣)되었으며, 결혼 자금을 뜻하는 무(戊)는 건궁(乾宮)에서 팔문(八門), 구성(九星)이 궁으로부터 수극(受剋)되니 결혼 자금이 부족함을 보여주고 있다.

일간궁 분석

문점자인 일간(日干)은 태궁(兌宮)에 거했다. 태궁은 계가임(癸加壬)이다. 작은 물이 큰 물에 합해 넘친다. 매사에 순서를 잃어버리며, 중혼(重婚)을 할 수 있다. 다시 결혼을 하여도 자식이 없다. 급하게 서두르면 일을 그르치며, 영화를 간직할 수 없다. 생문(生門)이 정위(定位)의 팔문 경문(驚門) 자리인 태궁에 비도(飛到)되었다. 생문(生門)이 태궁(兌宮)에 자리하면 공사 간의 문제·병에 대한 문제가 있다고 하고, 생문(生門)과 일간(日干) 계(癸)가 만나니 혼인 문제라면 성사되지 않는다는 뜻으로 해석한다.

시간궁 분석

시간(時干)은 결혼 문제의 사연, 점사의 객체로 손궁(巽宮)에 있다. 임가기(壬加己)이다. 물을 흙에 부어 진흙처럼 짓이겨진다. 육임 지망(地網)이 육기 지호(地戶)와 합해지니 격국이 길할 때는 음모·밀계(密計)를 쓰는 것이 좋다. 일반적으로 재액(災厄)이 오고 만일 송사 다툼이 있을 경우는 필패한다. 송사는 패소하고, 큰 화가 이르게 되니 분수를 지키면 길하고, 망동하면 반드시 흉하다.

상생 분석

일간(日干)이 태금궁(兌金宮)에서 손목궁(巽木宮)의 시간(時干)을 극(剋)하고 있다. 결혼 성사가 어렵다. 혼인 허가자를 직사(直使)로 보는데, 역시 태궁에서 진궁의 여자 을(乙)을 극하고 있다. 육합(六合)은 간궁(艮宮)에서 시공망(時空亡)을 맞았다. 종합적으로 보면 결혼 성사는 힘들어 보인다.

실제

부모의 서울 신혼집 고집과 맞물려 결혼 자금 부족으로 혼인 택일에 결국 결혼식을 올리지 못했다.

⑥ 사례 6[51] - 유부남과의 결혼 문의

1996년 12월 29일 오후 9시 45분, 한 젊은 여성(1972년생)이 가정이 있는 유부남과 결혼을 원하고 있으며, 유부남이 부인과 이혼할 수 있는가를 물었다.

<丙子 庚子 庚子 辛巳>

月干 日干　　　　　　　直符		
日空 比肩　庚　　天英_離　直符_寅 　　　丁　　死門_坤　青龍_乾 庚加丁爲　亨亨之格　享享之格 　　　　　　　　　　　　帶祿	載空　時空 食神　壬(丙)　天芮_坤　腾蛇_巳 　　　庚(庚)　驚門_兌　攝提_坤 壬加庚爲　腾蛇相繞　太白搶蛇 丙加庚爲　熒惑入白　熒入太白 　　　　　　　　　　　　　旺	載空　時空 偏印　戊(戊)　天柱_兌　太陰_酉 　　　壬(丙)　開門_乾　招搖_巽 戊加壬爲　山明水秀　青龍天牢 戊加丙爲　青龍得明　日出東山 　　　　　　　　　　　　衰病
時干　　　　　　　天乙 直使	年干	
正官　丁　　天甫_巽　九天_乾 　　　癸　　景門_離　天符_中 丁加癸爲　朱雀投江　文書有誤 　　　　　　　　　　　　浴	偏官　丙　　　　　咸池_兌 　　　戊 戊加丙爲　青龍得明　日出東山	正財　乙　　天心_乾　六合_卯 　　　戊　　休門_坎　天乙_離 乙加戊爲　陰害陽門　鮮花名瓶 　　　　　　　　　　　　死
傷官　癸　　天沖_震　九地_坤 　　　己　　杜門_巽　太乙_坎 癸加己爲　華蓋地戶　華蓋明堂 　　　　　日墓　時墓　生養	正印　己　　天任_艮　玄武_雀 　　　辛　　傷門_震　軒轅_震 己加辛爲　濕泥汚玉　游魂入墓 　　　　　　　　　　　　胎	劫財　辛　　天蓬_坎　白虎_陳 　　　乙　　生門_艮　太陰_艮 辛加乙爲　白虎猖狂　人亡豪敗 　　　　　　　　　　　　墓絕

시간궁 분석

시간(時干) 정기(丁奇)는 사체(事體)이다. 정기(丁奇)는 진궁(震宮)에 정가계(丁加癸)를 이루고 있다. 정가계(丁加癸)는 주작투강(朱雀投江)으로 구설과 관사를 의미하며, 주작(朱雀)인 구설(口舌)이 강에 떨어지는 형상이고, 정기(丁奇) 옥녀(玉女)가 육계(六癸) 천망(天網)에 닿는 형상이다. 문서 착오 수, 지체(遲滯)가 있으며 다툼도 반드시 패하여

51 　將志春,『신기지문(神奇之門)』, 167p, 중국상업출판사

구속되는 기운으로 해석된다.

유부남과 여자의 상황은?

육경(六庚)은 남자, 을기(乙奇)는 처, 정기(丁奇)는 두 번째 여자이니, 정기(丁奇)가 예측 당사자이다. 육경(六庚)이 손궁(巽宮)에 있다. 궁에서 사문(死門)을 만났으니 유쾌하지 않은 상태이다. 직부길장(直符吉將)이 있으니 남자는 부서의 책임자이다.

육경(六庚) 아래 정기(丁奇)가 있다는 것은 남자에게 애인이 있다는 것을 말한다. 지반 정기(丁奇)도 예측 당사자로 같이 손궁에 있으니 비화(比和) 관계가 된다. 천반 정기(丁奇)가 진궁(震宮)에 있고 육경(六庚)의 손궁과 비화(比和) 관계다. 또한 내반(內盤)에 같이 있으니, 남자와 여자는 같은 직장에 있음을 나타낸다.

부인은 이혼을 생각하고 있는가?

부인은 이혼을 미루고 있다. 남자인 육경(六庚)은 손목궁(巽木宮)에, 처인 을기(乙奇)는 태금궁(兌金宮)에 있다. 부인의 낙궁이 남자의 낙궁을 금극목(金剋木)하여 싫어하는 형상이다. 단, 을기(乙奇)궁은 결혼의 상징인 육합(六合)인 길신을 가지고 있고, 길문인 휴문(休門), 길성인 천심성(天心星)이 함께 있으니 흉한 쪽으로 생각지 않고 있다. 지반 을기(乙奇)도 부인인데 건궁(乾宮)에 있다. 입묘(入墓)되어 있으니, 결단을 내리지 않고 미루고 있는 상태다.

남자가 이혼하면 여자와 재혼할 수 있는가?

육경(六庚) 아래 정기(丁奇)가 두 번째 여자이며 애인이다. 천반 정기(丁奇)가 지반 육계(六癸)에 가해져 정가계(丁加癸)를 이루고, 구천(九天)을 가지고 있다. 이는 남자가 두 번째 여자를 묶어도 머물러 있지 않는다는 것을 의미한다. 그러므로 여자와 재혼할 수 없다.

실제

　판단을 한 후 남자가 부인에게 이혼을 강권하였고, 1996년 1월 3일 부부는 큰 싸움이 있었다. 부인이 맥주병으로 얼굴을 찔러 26바늘을 꿰매는 사건이 발생했다. 후에 부부는 이혼하였지만, 남자는 여자와 재혼하지 않았다.

⑦ 사례 7 – 폴리아모리[52]

1996년에 발매된 「두 명의 애인」이라는 노래가 있다. 각기 다른 매력의 두 명의 애인을 포기할 수 없어 고민한다는 것이 가사의 주요 내용이다.

K씨의 상황이 딱 이렇다. 법조계에 있는 부친, 교수이신 모친 밑에서 남부러울 것 없이 성장한 그는 한국 명문대를 졸업 후 미국 유학길에 올라 MBA를 졸업하였다. 현재 글로벌금융회사에서 남부러울 것 없이 잘 사는 그였다. 고민 하나 없이 귀공자처럼 생긴 그에게도 고민이 있었으니, 노래 가사의 상황과 같이 두 명의 애인이 고민이었다.

우연찮은 인연으로 두 명을 만나게 됐는데, 자유로운 사고방식의 소유자였던 그는 두 명 다 서로 다른 매력이 있어 언제든지 떠날 것을 전제로 교제를 맺어온 게 1년 이상이다.

그러나 집에서 결혼을 종용하는 지금은 결단해야 한다.

---

52 Poly(다수, 복수란 뜻의 접두어)와 Amor(사랑이란 뜻의 라틴어)의 합성어이다. 얼핏 들으면 문란한 성생활, 부도덕한 애정 관계로 해석될 수 있으나, 어떤 제도에 구애·속박받지 않고, 서로를 소유하지 않는 자유연애를 말한다.

<甲辰 庚午 癸丑 辛酉>

時干　　　　　　　　　　　天乙	日干　　　　　　　　　直符 直使	
偏印 辛　　天英_離　九天_乾 　　　丙　　景門_離　攝堤_坤 　　　　辛加丙爲 干合悖師 天庭得明 　　　　　　　　　　　　時墓 旺衰	比肩 癸(乙)　天芮_坤　直符_寅 　　　辛(辛)　死門_坤　咸池_兌 　　　　癸加辛爲 陽變陰盛 網羅天牢 　　　　乙加辛爲 靑龍逃走 人亡財破 　　　　　　　　　　　　　　　祿	偏官 己(己)　天柱_兌　螣蛇_巳 　　　癸(乙)　驚門_兌　天乙_離 　　　　己加癸爲 地刑玄武 明堂華蓋 　　　　己加乙爲 柔情密意 地戶逢星 　　　　　　　　　　　　日墓 浴帶
正財 丙　　天甫_巽　九地_坤 　　　丁　　杜門_巽　太乙_坎 　　　　丙加丁爲 星奇朱雀 三奇順遂 　　　　　　　　　　　　　　　病	食神　　　　　　　　　　　　日空 　　　乙　　　　　　軒轅_震 　　　　己加己爲 柔情密意 地戶逢星	正官 戊　　天心_乾　太陰_酉 　　　己　　開門_乾　天符_中 　　　　戊加己爲 天門蒙塵 物以流聚 　　　　　　　　　　　　　　　生
偏財 丁　　　　截空 日空 時空 　　　庚　　天冲_震　玄武_雀 　　　　　　傷門_震　靑龍_乾 　　　　丁加庚爲 文書阻隔 火煉眞金 　　　　　　　　　　　　死 墓	正印 庚　　　　　截空 時空 　　　壬　　天任_艮　白虎_陳 　　　　　　生門_艮　太陰_艮 　　　　庚加壬爲 耗散少格 太白退位 　　　　　　　　　　　　　　絶	劫財 壬　　天蓬_坎　六合_卯 　　　戊　　休門_坎　招搖_巽 　　　　壬加戊爲 小蛇化龍 蛇入天門 　　　　　　　　　　　　胎 養

두 여성의 용신 설정 및 현황

첫 번째 여성은 금호동에 살고 있다. 문점자가 압구정에 살고 있으니, 문점자 기준 북쪽인 감궁(坎宮)의 육경(六庚)을 대표부호로 본다. 경(庚)은 감궁이 십이운성상 사지(死地)이다.

감궁의 십간대응결은 경가임(庚加壬)이다. 무거운 쇠가 강에 빠지고, 육경 태백(太白)이 육임 지망(地網)에 깃든다. 소모적인 일이 발생하며 이혼의 기운이며, 중매를 선 경우 경가임(庚加壬)이 닿으면 성사되지 않는다. 게다가 시공망(時空亡)을 맞았다.

문점자 일간(日干)이 리화궁(離火宮)에서 감수궁(坎水宮)을 수화상충(水火相沖)한다. 첫 번째 여성은 현재 여러모로 힘든 상황에 처해 있고, 이 남자와의 관계는 나아질 기미가 보이지 않는다. 결혼 후에도 불화가 잦다.

두 번째 여성은 천호동에 살고 있다. 문점자 기준으로 동쪽이며 진궁(震宮)의 병(丙)을 대표부호로 본다. 병기(丙寄)는 십이운성상 진궁이 도화지(桃花地)이다. 도화살을 의미하는 도화지, 즉 욕지에서는 여자가 결혼하고 싶고, 연애하고 싶은 마음이 커, 결혼에 딱 맞는 상황이다. 결혼 적령기의 여성이 도화지인 경우 결혼이 성사된다.

진궁(震宮)에 천보성(天甫星)인 길성과 태을(太乙)이 동궁하였고, 구지(九地)가 함께하여 천천히 오래갈 수 있는 관계이다. 십간대응결은 병가정(丙加丁)이다. 삼기(三奇)가 나란히 있는 귀격이다. 문서가 길하며 이롭고, 편안함과 즐거움이 있다.

적합한 결혼 상대
두 번째 여성과 결혼하면 행복한 결혼 생활을 유지한다. 병(丙)이 앉은 진목궁(震木宮)이 남자의 이화궁(離火宮)을 목생화(木生火)하고 있다. 결혼 생활 내내 부인의 내조가 있다.

결혼 시기
점사의 사체인 시간(時干)이 일간(日干)을 목생화(木生火)로 생해주고 있고, 구천(九天), 경문(景門)이 동궁하여, 이른 시일 내 결혼식을 올릴 수 있다. 다만, 시간의 천반 신(辛)이 입묘하여 결혼 과정 및 기타 이별 통보 과정에서 조금 시끄러운 일이 발생될 수 있다.

⑧ 사례 8[53] - 아들의 결혼 성사

1997년 1월 7일 오후 8시 40분, 모친이 30세 아들의 결혼 성사 여부를 물었다.

<丙子 辛丑 己酉 甲戌>

	年干	
傷官 庚 庚 庚加庚爲 太白同宮 伏吟戰格 基 絶	正印 丙 丙 丙加丙爲 月奇悖師 伏吟弘光 胎	劫財 戊(戊) 天芮_坤 六合_卯 戊(辛) 死門_坤 招搖_巽 戊加戊爲 靑龍伏吟 伏吟峻山 戊加辛爲 靑龍折足 反吟洩氣 載空 時空 時基 生 養
日干 時干 直符 天乙 直使	月干	
比肩 己 己 己加己爲 地戶逢鬼 伏吟軟弱 日空 死	食神 辛 辛 咸池_兌 戊加辛爲 靑龍折足 反吟洩氣 	偏財 癸 癸 癸加癸爲 天網四張 伏吟天羅 載空 時空 浴
偏印 丁 丁 丁加丁爲 星奇太陰 兩火成炎 日空 日基 衰 病	傷官 乙 乙 乙加乙爲 日奇伏吟 伏吟雜草 旺	正財 壬 壬 壬加壬爲 蛇入地羅 伏吟地網 帶 祿

지금 상태가 어떠한가?

감일궁에 있는 을기(乙奇)가 여자이며, 손궁에 있는 육경(六庚)이 남자로 아들이다. 감수궁(坎水宮)이 손목궁(巽木宮)을 수생목(水生木) 하고 있다. 여자 쪽이 아들에 대한 인상이 나쁘지 않다. 그리고 자식을 따르고 있는 상태다. 실제, 선을 본 여성은 정규대학에서 영어를 전공한 후 중학교 교사를 하고 있으며, 여자가 적극적으로 나오고 있으나 자식이 움직이지 않고 있다.

---

53 將志春, 『신기지문(神奇之門)』, 160p, 중국상업출판사

결혼을 할 수 있겠는가?

육경(六庚)인 아들이 있는 손궁(巽宮)을 본다. 두문(杜門)이 있으니 닫혀 있고, 통하지 않는 상이다. 여기에 대국을 보면 구성이 자신의 자리에 그대로 위치하니 구성복음(九星伏吟)이며, 팔문이 원래 위치궁에 있으니 팔문복음(八門伏吟)이다. 구성과 팔문이 복음이라 아들은 변화하지 않는다. 자식이 결혼을 원하고 있지 않고, 변화하지 않는 상이다. 팔장 등사(螣蛇)가 변화가 많은 성정을 가지고 있고, 결혼 임신에 도움을 많을 수 있으나 성문복음의 영향을 더 받는다.

중매인은 도움이 안 되는가?

곤이궁에 있는 육합(六合)을 본다. 중매인의 곤이궁은 남자궁인 손사궁과 목극토, 여자궁인 감일궁과 토극수되는 중 중매인에 해당하는 육합궁(六合宮)에 흉문인 사문(死門)이 있고, 갑술(甲戌)시는 신유(申酉)가 공망이니 공망궁에 해당이 된다. 또한 곤이궁의 무가신(戊加辛)은 갑자무(甲子戊)에 갑오신(甲午辛)으로 자오(子午)충이 되고 있다. 중매인이 역할을 할 수 없고 도움이 안 되고 있다.

실제

반달 후에 점인의 아들은 여자의 키가 작고 얼굴이 검은 것을 이유로 결혼을 안 하기로 하였다.

12. 건강(健康)·질병(疾病)·수술(手術)·출산(出産)

(1) 용신(用神)

① 일간이 문점자(問占者)이다. 가족이 문점한다면 부모·삼촌은 연간(年干), 친구·형제·자매는 월간(月干), 자식·조카 등은 시간(時干)으로 용신을 정한다.
② 문점 대상자의 연명(年命)도 용신으로 한다.
③ 남편이 문점 시 일간(日干) 천간과 합하는 일간이 부인이다.
④ 부인이 문점 시 일간(日干) 천간과 합하는 일간이 남편이다.
⑤ 천예성(天芮星)은 병(病)·치료 부위·상처 등이다.
⑥ 을(乙)은 한의사·치료약물, 천심성(天心星)은 의사이다.
⑦ 곤궁(坤宮)·천예(天芮)·직부(直符)·일간(日干)은 산모(産母)의 용신이다.
⑧ 곤궁(坤宮)에 임한 구성(九星)이 태아이다. 육합(六合)·직사(直使)·시간(時干) 또한 태아이다.
⑨ 등사(螣蛇)는 유산(流産)을 말한다.

(2) 판단기법

① 천예성(天芮星)이 앉은 궁이 아픈 부위이다. (구체적 아픈 부위는 2장 해단요소의 점단함의 1. 구궁편을 참조)
② 천예성(天芮星)을 통해 병의 상태를 파악한다.
- 천예성+구지(九地): 오래된 병, 지병
- 천예성+등사(螣蛇): 전염병
- 천예성+백호(白虎): 고혈압, 상처, 칼상
- 천예성+사문(死門): 칼상
- 천예성+병기(丙奇): 염증
- 천예성+사문(死門)+경(庚): 중상(重傷)

- 천예성+정가계(丁加癸): 안과 질환
③ 천예성(天芮星)이 공망(空亡)이면 새로 얻은 병은 치료 가능하나, 오래된 병이면 치료가 불가능하다.
④ 용신이 입고(入庫)하면 병(病)·상해(傷害)는 경(輕)하고, 입묘(入墓)하면 중(重)하다.
⑤ 을(乙) 또는 천심성(天心星)이 천예성(天芮星)을 극(剋)하면 치료가 가능하다.
⑥ 을(乙) 또는 천심성(天心星)이 천예성(天芮星)을 생(生)하면 치료에 효과적이다.
⑦ 천예성(天芮星)이 을(乙) 또는 천심성(天心星)을 극(剋)하면 치료가 불가능하다.
⑧ 천예성(天芮星)과 을(乙) 또는 천심성(天心星)과 동궁이면 환자는 치료 중에 있다.
⑨ 병을 점할 시 상문살(喪門殺)·조객살(弔客殺)을 함께 봐야 한다. 그해 태세년(太世年) 지지기준으로 두 자리 앞 지지 구궁이 상문방, 두 자리 뒤 지지 궁이 조객방이다. 예를 들어 문점년(問占年)이 병자년(丙子年)이라면 인(寅)방인 간궁(艮宮)이 상문방, 술(戌)방인 건궁(乾宮)이 조객방이 된다.
  - 청년이 병에 걸렸고, 용신이 쇠약(衰弱)할 때 상문·조객방에 있다면 생명에 위험이 있다.
  - 노인이 병에 걸렸고, 용신이 왕상(旺相)할 때 상문·조객방에 있다면 생명에 위험이 있다.
⑩ 오불우시격(五不遇時格)이면 흉사(凶事)가 즉시 오고, 육의격형(六儀擊形)이면 흉사가 천천히 발생할 수 있다.
⑪ 용신이 입묘(入墓)하고, 임·계(壬·癸)를 만나면 병세가 끊이지 않는다.
⑫ 고인(古人)이 '직부공망생명불보(直符空亡生命不保)'이라 하여 직부(直符)가 공망(空亡)이면 병세가 치유되지 않는다.

⑬ 천예성(天芮星)의 정위궁(定位宮)은 곤토궁(坤土宮)이니, 천예성이 진목궁(震木宮)·손목궁(巽木宮)에 앉으면 질병 치료가 용이하다. 천예가 건금궁(乾金宮)·태금궁(兌金宮)에 앉으면 치료할 수 없다.

⑭ 태세(太世) 연간궁(年干宮)이 용신궁(用神宮)과 동궁(同宮)·비화(比和)하면 병세가 약화된다.

⑮ 태세(太世) 연간궁(年干宮)이 용신궁(用神宮)을 생(生)하면 병 치료가 가능하다.

⑯ 병자가 생문(生門)을 얻으면 치유가능하고, 사문(死門)을 얻으면 완쾌되기 어렵다.

⑰ 팔문(八門)이 곤궁을 극하면 산모가 병으로 고생한다. 곤궁이 팔문을 극하면 태아가 불안하다.

⑱ 천반 구성(九星)이 지반 천예(天芮)[54]를 극하면, 태아가 산모를 극하니 산모가 흉하게 되고, 지반 천예가 천반 구성을 극하면 산모가 태아를 극하니 자식이 흉하게 된다.

⑲ 천반 구성이 지반 천예를 생하면, 태아가 산모가 그리워 출산이 느리게 되고, 지반 천예가 천반 구성을 극하면 출산이 빠르게 된다.

⑳ 복음이면 태아가 산모를 그리워 출산이 지연되고, 백호(白虎)와 동궁이면 출산이 빠르게 된다.

㉑ 팔문(八門)으로 태아의 성별을 감별한다.
- 남아: 생문(生門)·상문(傷門)·개문(開門)·휴문(休門)
- 여아: 두문(杜門)·경문(景門)·사문(死門)·경문(驚門)

㉒ 구성(九星)으로 태아의 성별을 감별한다.
- 남아: 천봉(天蓬)·천임(天壬)·천충(天沖)·천보(天甫)
- 여아: 천영(天英)·천예(天芮)·천주(天柱)·천심(天心)

㉓ 천금(天禽)이 곤궁에 임하면 쌍둥이를 출산한다.

---

54 지반 천예의 오행은 천예성의 정위(定位) 자리인 곤궁의 오행을 의미하며, 비도된 구성(九星)의 오행과 생극제화를 분석하여 판단한다.

㉔ 응기(應期)
- 천예가 공망·입묘되는 날이 응기이다.
- 천예 낙궁을 극하는 간지가 응기이다.
- 양일은 경 아래의 천간, 음일은 경 위의 천간이다.
- 곤궁의 대충궁의 천반에 임한 천간이 응기이다.
- 직사 낙궁의 지지가 응기이다.

(3) 사례

① 사례 1[55] – 이모의 병 치료

풍춘평(馮春萍)의 이모가 5월 21일 발병하여 병원에 입원하였다. 기문 회원인 왕건국(王建國)이 전화를 받은 1996년 5월 23일 오후 8시로 포국하여 향후 상황을 판단했다.

<丙子 癸巳 庚申 丙戌>

正印 己 癸 己加癸爲 生門_艮 地刑玄武 天英_離 白虎_陳 招搖_巽 明堂華蓋 胎養	劫財 辛(丁) 天芮_坤 玄武_雀 己(己) 傷門_震 天乙_離 辛加己爲 入獄自刑 虎坐明堂 丁加己爲 火入勾陳 星墜句陳 截空 時空 絶	正財 乙(乙) 天柱_兌 九地_坤 辛(丁) 杜門_巽 攝堤_坤 乙加辛爲 靑龍逃走 人亡財破 乙加丁爲 三奇相佐 奇儀相佐 截空 時空 死 墓
月干　　　　　　　　　　直使		年干 時干　　　　　　　天乙
傷官 癸 天甫_巽 六合_卯 壬 休門_坎 軒轅_震 癸加壬爲 復見騰蛇 沖天奔地 生	正官 丁　　　　　　天符_中 乙加丁爲 三奇相佐 奇儀相佐	偏官 丙 天心_乾 九天_乾 乙 景門_離 咸池_兌 丙加乙爲 艶陽麗花 日月幷行 病
		日干　　　　　　　　　直符
食神 壬 天沖_震 太陰_酉 戊 開門_乾 太陰_艮 壬加戊爲 小蛇化龍 蛇入天門 日空 日墓浴帶	偏印 戊 天任_艮 騰蛇_巳 庚 驚門_兌 太乙_坎 戊加庚爲 天武入獄 助針爲虐 日空 祿	比肩 庚 天蓬_坎 直符_寅 丙 死門_坤 靑龍_乾 庚加丙爲 太白入熒 太白加官 時墓 旺衰

시간 병기(丙奇)가 일간 육경(六庚)을 극(剋)하여 오불우시(五不遇時)이니 대흉하다. 고인(古人)이 이르기를 '오불우시이면 저세상으로 간다[五不遇時人將逝]'고 하였다.

55　將志春, 『신기지문(神奇之門)』, 155p, 중국상업출판사

질병 부위

천예(天芮) 병성(病星)이 이궁(離宮)에 있고 외반(外盤)에 있으니, 머리의 병이다. 이궁에 신가기위 입옥자형 호좌명당(辛加己爲 入獄自刑 虎坐明堂)의 흉격(凶格)이고, 갑오신(甲午辛)이 이궁에 낙궁하여 오오자형(午午自刑)으로 육의격형(六儀擊刑)이 되고, 붉은색의 정기와 수신(水神)인 현무(玄武)가 있어 혈액을 나타내고, 천예 병성이 이궁에서 생을 받아 왕성하다. 종합하면 뇌출혈이다.

용신으로 본 병세

웃어른인 이모의 용신(用神)은 연간(年干)이다. 연간 병기가 태궁(兌宮)에 낙궁하니 사지(死地)가 되고, 월령을 얻은 경문(景門)이 궁을 극하는 박격(迫格)으로 흉하다. 또한 지반 병기는 건궁(乾宮)에서 입묘(入墓)되고, 경가병(庚加丙)은 태백입형(太白入熒)으로 반드시 적이 오는 흉격이고, 지반궁에 사문은 월령을 얻어 왕상하다. 천지반 연간으로 본 병세는 흉하다.

곤궁(坤宮)은 어머니와 이모의 용신궁(用神宮)이다. 두문(杜門)이 곤궁을 극해 궁의 기운이 통하지 않고, 을가신(乙加辛)으로 청룡도주(靑龍逃走)의 흉격이다. 용신궁으로 봤을 때도 병세는 위중하다.

병의 치료 여부

천심성(天心星)은 의사, 을기(乙奇)는 의약품을 상징하는데, 천심성은 태금궁(兌金宮)에서 이화궁(離火宮)의 천예(天芮)를 극하지 못하고, 을기(乙奇) 또한 곤토궁(坤土宮)에서 천예성을 극하지 못한다. 오히려 왕상(旺相)한 천예가 천심성을 이극태(離剋兌)하니 질병은 치료되지 않는다. 천예궁에 있는 현무는 혼미함을 나타낸다. 환자는 깨어나지 못한다.

응기

천예인 병성과 환자인 연간이 같은 외반(外盤)에 있으니, 응기는 신속하다. 환자인 연간이 사지(死地)에 있으므로 기운이 끊어지는 묘절(墓絶)의 지지인 술해일(戌亥日)이 응기이며, 직사팔문(直使八門) 휴문(休門)에 육계가 임했으니 묘일(卯日)이 응기다.

실제

환자는 1996년 5월 26일 오전 1시경 병자년 계사월 계해일(癸亥日) 임자시에 사망했다.

② 사례 2[56] - 딸 불치병 점단

2002년 12월 2일 점심때 북경(北京)에 모 변호사 사무실에 근무하는 왕여사(王女士)가 전화하였다. 딸이 병원에 가서 검사하니 임파선이 비정상이라 큰 병원에 가서 정밀검사를 해보라는 것이었다. 딸이 걱정되어 북경에 있는 어머니에게 알리어 불치병(不治病)인지 점을 해달라는 것이었다.

<壬午 辛亥 甲辰 庚午>

時干　　　　　　　　　　天乙	直符	年干 日干　　　　　　　直使
		截空
偏印　庚　　天英_離　騰蛇_巳	偏官　戊(丁)　天芮_坤　直符_寅	比肩　壬(壬)　天柱_兌　九天_乾
丙　　杜門_巽　招搖_巽	庚(庚)　景門_離　太陰_艮	戊(丁)　死門_坤　青龍_乾
庚加丙爲 太白入熒 太白加官	戊加庚爲 天武入獄 助針爲虐	壬加戊爲 小蛇化龍 蛇入天門
	丁加庚爲 文書阻隔 火煉眞金	壬加丁爲 干合星奇 干合蛇刑
浴 帶	生	日墓 胎 養
日空	正財	截空
偏財　丙　　天甫_巽　太陰_酉	丁　　　　　　軒轅_震	劫財　癸　　天心_乾　九地_坤
乙　　傷門_震　天符_中	壬加丁爲 干合星奇 干合蛇刑	壬　　驚門_兌　太乙_坎
丙加乙爲 艶陽麗花 日月幷行		癸加壬爲 復見騰蛇 沖天奔地
祿		絶
日空	月干	時空
傷官　乙　　天沖_震　六合_卯	正印　辛　　天任_艮　白虎_陳	正官　己　　天蓬_坎　玄武_雀
辛　　生門_艮　天乙_離	己　　休門_坎　咸池_兌	癸　　開門_乾　攝堤_坤
乙加辛爲 青龍逃走 人亡財破	辛加己爲 入獄自刑 虎坐明堂	己加癸爲 地刑玄武 明堂華蓋
時墓 旺 衰	病	死 墓

이 기문국(奇門局)은 복음(伏吟)이니 파재상인(破財傷人)이라는 현상(現象)이다. 천예성(天芮星)이 질병의 용신인데 이구궁(離九宮)에 있고, 이궁은 인체(人體)에서 두부(頭部)라 머리에 있는 병이다. 이궁에 있는 직부(値符)도 두부(頭部)를 말하여 준다.

56　時家奇門學會, 『시가기문 인사편』

천예성궁(天芮星宮) 분석

이궁(離宮) 지반(地盤)에 있는 경(庚)은 병점(病占)에서 흉(凶)함을 의미하지만, 경문(景門)은 흉문(凶門)이 아니다. 사문(死門)이 없다. 또한 직부길신(値符吉神)은 정기(丁奇)와 이궁에서 동궁하고 있다. 직부와 정기가 동반하니 흉하지 않고, 흉하지 않으니 암(癌)이 아니고 일반 종양(腫瘍)이다.

시간궁(時干宮) 분석

시간(時干) 경(庚)은 딸인데 손궁(巽宮)에서 장생(長生)이니 딸은 현재 길한 상태이며 대흉은 없다. 시간은 또 점사로 알고 싶은 사연이다. 시간이 손목궁(巽木宮)에서 곤토궁(坤土宮)의 일간(日干)을 극하니 흉(凶)한 것 같지만 시간 손궁에 등사(螣蛇)가 있으니 이 흉함은 실제가 아니고 허위적인 것이다. 즉 어머니가 딸에게 들은 소식은 진실이 아니다. 그러니 딸이 말한 암(癌)은 존재(存在)하지 않는다.

일간 임(壬)은 곤궁(坤宮)에서 장생(長生)이고 시간 경(庚)도 손궁(巽宮)에서 장생(長生)이니 흉함이 없다.

실제

상급병원 정밀검사 몇 시간 후에 암이 아니고 일반적 임파선 염증이라고 왕 여사에게 전화가 왔다.

③ 사례 3[57] - 조카의 퇴원 시기

1996년 5월 9일 오후 4시 20분, 1975년생 을묘년생(乙卯年生) 조카가 전기공인데 전봇대에서 전기공사 작업하다 떨어져 5월 8일에 수술받았다. 앞으로의 경과가 어떨지, 언제쯤 퇴원할지 삼촌이 찾아와 물었다.

<丙子 癸巳 丙午 丙申>

食神 戊 丁 戊加丁爲 火燒赤壁 青龍耀明 裏 病	載空 時空 天柱_兌 九地_坤 生門_艮 天乙_離	正印 乙 天心_乾 九天_乾 庚 傷門_震 天符_中 乙加庚爲 日奇被刑 天貫落獄 死	直符 正財 辛(辛) 天蓬_坎 直符_寅 壬(丙) 杜門_巽 咸池_兌 辛加壬爲 寒塘月影 凶蛇入獄 辛加丙爲 干合悖師 天庭得明 基 絕
偏官 壬(丙) 天芮_坤 玄武_雀 癸(癸) 休門_坎 太陰_艮 壬加癸爲 幼女姦淫 陰陽重地 丙加癸爲 黑雲遮日 華蓋悖師 旺	天乙 直使 日空 年干 日干 時干 比肩 丙 太乙_坎 辛加丙爲 干合悖師 天庭得明	傷官 己 天任_艮 螣蛇_巳 戊 景門_離 軒轅_震 己加戊爲 犬遇青龍 六合天門 胎
偏財 庚 天英_離 白虎_陳 己 開門_乾 招搖_巽 庚加己爲 太白大刑 官符刑格 帶 祿	月干 劫財 丁 天甫_巽 六合_卯 辛 驚門_兌 青龍_乾 丁加辛爲 燒殿珠玉 朱雀入獄 浴	正官 癸 天沖_震 太陰_酉 乙 死門_坤 攝堤_坤 癸加乙爲 梨花春雨 華蓋逢星 日墓 時墓 生 義

병은 어디에 있는가?

시간(時干)은 사체(事體)이며 조카의 용신(用神)이기도 하다. 진궁(震宮)에 있는 시간(時干) 병기(丙奇)에 병성(病星)인 천예(天芮)가 동궁하고 있으니, 병이 허리 부분에 있다. 아울러 천예궁의 의기(儀奇)가 육임(六壬)·육계(六癸)이며, 진궁은 내반(內盤)에 위치하므로 비뇨기 계

---

57 將志春,『신기지문(神奇之門)』, 154p, 중국상업출판사

통에도 병이 있다.

어떻게 발생한 병인가?

명년간(命年干)으로 환자의 상황을 본다. 조카는 을묘생(乙卯生)으로 이구궁(離九宮)에 있다. 이구궁에는 을가경위 일기피형 천귀낙옥(乙加庚爲 日奇被刑 天貴落獄)으로 일기(日奇)가 경금(庚金)에 의해 잘리는 상이며, 부상을 뜻하는 상문(傷門), 높은 곳인 구천(九天)이 있다. 낙상(落傷)한 것이다. 실제, 조카는 작업할 때 부주의로 전봇대에서 떨어져 꼬리뼈에 다쳤고, 대소변을 가리지 못한 상태에서 수술받았다.

병이 치료가 될 것인가?

용신궁(用神宮)인 시간궁(時干宮)과 명년간궁(命年干宮)을 본다. 시간(時干)이 있는 진궁에 병자년(丙子年) 태세(太歲)가 임했고, 팔문(八門)이 휴문(休門)으로 길하다. 태세는 길함을 가져다주고 흉화를 해결하는 역할을 한다. 병성(病星)인 천예(天芮)가 진삼궁 있어 목극토로 제극(制剋)되었다. 흉이 기승을 부리지 못한다. 고서에 '천예성이 진삼궁이나 손사궁에 있으면 약을 쓰지 않아도 치유된다[天芮星 落三, 四宮 不藥而愈]'고 하였다. 그러므로, 병세는 중하지 않다.

명년간이 있는 이구궁의 을기는 천귀(天貴)·천덕(天德)·일기(日奇)의 길한 의기로 생(生)의 자리에 있고, 길성인 천심(天心)과 길신인 구천(九天)이 있다. 천심은 의사, 의약품이다. 질병 치료에 좋은 영향을 주는 요소들이다.

시간궁(時干宮)과 명년간궁(命年干宮)의 상황으로 볼 때 질병은 치료된다.

언제 퇴원할 수 있는가?

응기는 내외반과 용신궁의 수리를 참조한다. 일간과 시간이 내반(內盤)인 진삼궁에 있어 빠름이 있고, 일간과 직사팔문인 휴문(休門)이 모두 진궁에 있는데 진삼궁은 3.4.8[진삼궁(震三宮)에서 후천수(後天數) 3, 사진뢰(四震雷)에서 선천수(先天數) 4, 진삼궁(震三宮)의 오행수(五行數) 3, 8]의 숫자를 가지고 있다. 3일 후 퇴원한다면 너무 빨라 실제 상황과 맞지 않는다[수술 부위가 봉합되려면 일주일 정도 걸린다]. 그러므로 13일을 초과하지 않을 것이다.

구체적으로 어느 날 퇴원하는가는 질병과 관련 있는 부호를 본다.

첫째, 산다고 보았을 때는 생일(生日)을 만나야 하고, 죽는다고 보았을 때는 사기(死期)를 본다. 이 환자는 이미 산다고 판단하였으므로 생문이 임한 궁을 본다.

둘째, '공망에는 현기(玄機)가 숨어있다'고 하였다. 현재 생문(生門)이 임한 궁이 시공망(時空亡)을 만났다. 공망이 진사(辰巳)인데 정단한 날이 5월 9일 병오일(丙午日)로 10일 후인 19일은 병진(丙辰), 20일은 정사(丁巳)일이다. 공망이 전실(塡實)이 되는 날은 병진(丙辰), 정사(丁巳)이다. 이 이틀이 응기일이다.

실제
5월 20일 정사일(丁巳日) 오전에 병이 치료되어 퇴원하였다. 5월 9일부터 12일째이다.

④ 사례 4[58] – 제왕절개 수술 시간

1997년 3월 25일 오후 6시, 부인이 운전 중 교통사고로 조산할 것 같아 초조하다고 젊은 남성이 전화했다.

<丁丑 癸卯 丙寅 丁酉>

偏官 壬 天柱_兌 九天_乾 己 驚門_兌 招搖_巽 壬加己爲 反吟泥漿 反吟蛇刑 載空 時空 旺衰	正財 辛 天心_乾 直符_寅 丁 開門_乾 天乙_離 辛加丁爲 獄神得奇 白虎受傷 直符 直便 祿	比肩 丙(丙) 天蓬_坎 騰蛇_巳 乙(庚) 休門_坎 攝堤_坤 丙加乙爲 艶陽麗花 日月并行 丙加庚爲 熒惑入白 熒入太白 日干 浴帶
正印 乙(庚) 天芮_坤 九地_坤 戊(戊) 死門_坤 軒轅_震 乙加戊爲 陰害陽門 鮮花名甁 庚加戊爲 天乙伏宮 有爐無火 病	偏財 庚 天符_中 丙加庚爲 熒惑入白 熒入太白	正官 癸 天任_艮 太陰_酉 壬 生門_艮 咸池_兌 癸加壬爲 復見騰蛇 沖天莽地 月干 生
劫財 丁 天英_離 玄武_雀 癸 景門_離 太陰_艮 丁加癸爲 朱雀投江 文書有誤 年干 時干 天乙 時墓 死墓	傷官 己 天甫_巽 白虎_陳 丙 杜門_巽 太乙_坎 己加丙爲 火悖地戶 火字地戶 絶	食神 戊 天沖_震 六合_卯 辛 傷門_震 靑龍_乾 戊加辛爲 靑龍折足 反吟淺氣 日空 日墓 胎 養

부인의 상황

곤궁(坤宮)은 부인의 자리다. 격이 병가경위 형혹입백 형입태백(丙加庚爲 熒惑入白 熒入太白)으로 병기(丙奇) 형혹(熒惑)이 육경(六庚) 태백(太白)의 살기를 만나 흉한 격이다.

또 병기 일간(日干)과 합하는 육신(六辛)이 부인인데, 육신은 이구궁(離九宮)에서 갑오신(甲午辛)이 오오자형(午午自刑)을 맞는 육의격형

---

58 將志春, 『신기지문(神奇之門)』, 175p, 중국상업출판사

(六儀擊刑)이 된다.

태아의 성별

곤궁(坤宮)의 구성(九星)은 천봉(天蓬)으로 양성(陽星)이고, 휴문도 양문(陽門)이고, 시간(時干) 정기(丁奇)가 간궁(艮宮)에 있으니 아들이다. 간궁은 주역 팔괘로 간상련(艮上連)으로 양(陽)이며 아들을 뜻한다.

출산의 상황

팔장 중 직부(直符)는 산모이고 육합(六合)이 태아이다. 병기 일간과 병신합(丙辛合)하는 육신(六辛)이 부인이다. 직부와 육신이 이구궁에 있는데 개문(開門)과 육의격형(六儀擊刑)을 만나 수술한다.

이궁(離宮)의 격이 신가정위 옥신득기 백호수상(辛加丁爲 獄神得奇 白虎受傷)으로 육신 옥신(獄神)이 정기 성기(星奇)를 만나는 길격이고, 곤이궁의 격은 병가을위 염양여화 일월병행(丙加乙爲 艷陽麗花 日月幷行)으로 태양이 꽃 위에서 노니는 길격이다. 여기에 의사인 천심(天心)이 이궁에 있고 의약품인 을기(乙奇)가 곤궁에 있으니, 수술은 잘 된다.

수술의 시간

태아인 시간(時干) 정기(丁奇)가 간궁(艮宮)에서 묘고(墓庫)이고, 천지반이 정계충(丁癸沖) 되며, 격은 정가계위 주작투강 문서유오(丁加癸爲 朱雀投江 文書有誤)로 정기 주작(朱雀)이 육계(六癸) 천망(天網)에 갇힌 흉격이니 정유시(丁酉時)는 수술 시간으로 좋지 않다.

무술시(戊戌時)의 육무(六戊)는 건궁(乾宮)에 있고, 무(戊) 아래 신(辛)은 이궁(離宮)에 비도되어 개문(開門)과 천심(天心)을 만났다.
연간(年干) 정기(丁奇)가 간토궁(艮土宮)에서 건금궁(乾金宮)을 토생금(土生金)하며, 자식인 육합(六合)과 동궁하고 있으니 수술 시간으로 좋다. 또 경격(庚格)에서 양일(陽日)은 육경(六庚) 아래 의기로 응기를 삼는데, 진삼궁에 경가무(庚加戊)가 있으므로 무술시(戊戌時)가 제왕절개 수술하는 시간이 된다.

실제
정단 후 즉시 수술 준비를 하였다가 무술시(戊戌時)에 제왕절개 수술로 아들을 낳았다. 모자가 모두 평안하며 건강했다.

⑤ 사례 5[59] - 딸의 출산 시기

1996년 11월 8일 오후 4시 5분, 아주머니가 찾아와 시집간 딸이 임신 후 열 달이 다가오는데 언제 출산하는지 물었다.

<丙子 己亥 己酉 壬申>

時干　　　　　　　　　　　天乙		直符
		截空
正財　壬(己)　天芮_坤　太陰_酉 　　　庚(庚)　景門_離　太簇_艮 　　　壬加庚爲 騰蛇相繞 太白擒蛇 　　　己加庚爲 明堂伏殺 顚倒刑利 　　　　　　　　　　　　時基 基 絶	偏官　乙　　天柱_兌　騰蛇_巳 　　　丁　　死門_坤　軒轅_震 　　　乙加丁爲 三奇相佐 奇儀相佐 　　　　　　　　　　　　　　　胎	劫財　戊(戊)　天心_乾　直符_寅 　　　壬(己)　驚門_兌　太乙_坎 　　　戊加壬爲 山明水秀 青龍天牢 　　　戊加己爲 天門蒙塵 物以流聚 　　　　　　　　　　　　　生 義
月干 日干		直使
日空 偏印　丁　　天英_離　六合_卯 　　　辛　　杜門_巽　天乙_離 　　　丁加辛爲 燒殿珠玉 朱雀入獄 　　　　　　　　　　　　　　死	比肩　　　　　　　　　　　　 　　　己　　　　　　　咸池_兌 　　　戊加己爲 天門蒙塵 物以流聚 	截空 偏財　癸　　天蓬_坎　九天_乾 　　　乙　　開門_乾　天符_中 　　　癸加乙爲 梨花春雨 華蓋逢星 　　　　　　　　　　　　　　　浴
	年干	時空
日空 傷官　庚　　天甫_巽　白虎_陳 　　　丙　　傷門_震　招搖_巽 　　　庚加丙爲 太白入熒 太白加官 　　　　　　　　　　　　日基 衰 病	食神　辛　　天沖_震　玄武_雀 　　　癸　　生門_艮　攝堤_坤 　　　辛加癸爲 天穴華蓋 天牢華蓋 　　　　　　　　　　　　　　　旺	正印　丙　　天任_艮　九地_坤 　　　戊　　休門_坎　青龍_乾 　　　丙加戊爲 飛鳥跌穴 月奇得使 　　　　　　　　　　　　　帶 祿

육기(六己) 일간(日干)과 육임(六壬) 시간(時干)이 함께 손궁(巽宮)에 있다. 일간과 시간이 비화(比和)되니 모자(母子)가 평안하다.

산실은 곤궁(坤宮), 산모는 곤궁의 지반성(地盤星)인 천예(天芮), 태아는 곤궁의 천반성(天盤星)인 천심(天心)이다. 천예가 천심을 토생금(土生金)하고, 천심이 해월(亥月)에 왕상(旺相)하니 모자가 평안하고 출산도 순조롭다.

59　將志春,『신기지문(神奇之門)』, 173p, 중국상업출판사

또 산실을 곤궁의 천반성(天盤星)인 천심으로, 태아를 곤궁의 경문(驚門)으로 보기도 한다. 곤이궁에 있는 천심과 경문(驚門)이 비화(比和)되고 왕상(旺相)하니 모자가 평안하고 순산한다. 격이 갑가임위 청룡천뢰 쌍범표양(甲加壬爲 靑龍天牢 雙帆漂洋)으로 육갑 청룡(靑龍)이 육임 천뢰(天牢)에 갇히는 상으로 좋지 않지만, 대길한 직부길장(直符吉將)이 있어 문제없이 순산한다.

태아의 성별

곤궁의 천반성(天盤星)인 천심(天心)이 태아다. 천심이 원래 자리인 건궁(乾宮)은 남자를 뜻한다. 그러나 기문둔갑의 구성 음양 구별에서는 음성(陰性)이다. 또 곤이궁의 경문(驚門)도 태아로 본다. 경문(驚門)은 음문(陰門)이다. 또 육합도 태아로 본다. 육합이 진삼궁에 있으니 남자이다. 음성(陰星)이고 음문(陰門)이면 딸이고, 천심의 원래 자리와 육합을 기준으로 보면 아들이다. 딸인지 아들인지 확실하게 알 수 없다.

출산의 응기

출산의 시기는 곤궁 대충궁인 간궁의 천반의기로 정하는 것이 일반적이다. 간궁의 천반의 육경(六庚)이니 11월 19일 경신(庚申)일이다. 경격(庚格)을 사용한다면 기유일(己酉日)은 음일(陰日)이므로 육경 위의 의기(儀奇)를 본다. 지반 경(庚)이 있는 손궁의 천간은 임·기(壬·己)이다. 임일은 11월 21일인 임술일(壬戌日)이다. 술일(戌日)은 건궁의 시공망(時空亡)을 전실(填實)하고, 손궁의 천예와 시간을 충동(沖動)하는 날이다.

11월 21일 새벽 3시 35분 기해월 임술일(壬戌日) 임인시에 남아를 낳았다.

⑥ 사례 6[60] - 얼마나 더 살 수 있는가

1996년 3월 16일 오후 4시, 하북성 국제경제기술협력 회사의 간부인 손 씨가 찾아왔다. 과거에 암 수술을 하였는데 현재의 건강 상태와 앞으로 얼마나 살 수 있을지 물었다.

<丙子 辛卯 壬子 戊申>

月干	年干	直使
正印 辛 己 辛加己爲 天心_乾 騰蛇_巳 景門_離 軒轅_震 入獄自刑 虎坐明堂 日墓 帶祿	偏財 丙 丁 丙加丁爲 天蓬_坎 太陰_酉 死門_坤 太陰_艮 星奇朱雀 三奇順遂 旺	劫財 癸(癸) 乙(庚) 癸加乙爲 癸加庚爲 天任_艮 六合_卯 驚門_兌 太乙_坎 梨花春雨 華蓋逢星 反吟浸白 太白入網 養 病
日干 直符		時干 天乙
比肩 壬 戊 壬加戊爲 載空 日空 時空 天柱_兌 直符_寅 杜門_巽 攝堤_坤 小蛇化龍 蛇入天門 浴	偏印 庚 癸加庚爲 招搖_巽 反吟浸白 太白入網	偏官 戊 壬 戊加壬爲 天沖_震 白虎_陳 開門_乾 青龍_乾 山明水秀 青龍天牢 死
傷官 乙(庚) 癸(癸) 乙加癸爲 庚加癸爲 載空 日空 時空 天芮_坤 九天_乾 傷門_震 咸池_兌 華蓋逢星 祿野朝露 反吟大格 太白沖刑 生 養	正財 丁 丙 丁加丙爲 天英_離 九地_坤 生門_艮 天乙_離 姐娥奔月 星隨月轉 胎	正官 己 辛 己加辛爲 天甫_巽 玄武_雀 休門_坎 天符_中 濕泥汚玉 游魂入墓 時墓 基絶

일간의 상황

일간(日干)이 당사자이다. 육임(六壬) 일간이 있는 진궁에 직부길장(直符吉將)이 있고, 십간대응결이 임가무위 소사화룡 사입천문(壬加戊 爲 小蛇化龍 蛇入天門)으로 길격이고, 묘월(卯月)을 만나 왕성한 진목궁(震木宮)이 목극토(木剋土)로 천예(天芮)가 있는 간토궁(艮土宮) 극하니 건강상 문제가 없다.

---

60 將志春, 『신기지문(神奇之門)』, 151p, 중국상업출판사

천예성(天芮星) 상황

병성(病星)인 천예가 간팔궁에 있다. 간팔궁은 토(土)이고, 양둔(陽遁)에 내궁(內宮)이다. 신체 내부에 병이 있는데, 토(土) 오행의 질병은 비장·위장이다. 대응결은 을가계위 화개봉성 녹야조로(乙加癸爲 華蓋逢星 祿野朝露). 경가계위 반음대격 태백충형(庚加癸爲 反吟大格 太白沖刑)이다. 흉격이다. 흉문인 상문(傷門)이 목극토(木剋土)를 간팔궁을 극하니 더 흉하다. 간팔궁은 왼쪽이다. 실제 1991년[辛未년]에 결장암 수술을 하였다.

수술의 응기

1991년[辛未년]의 미토(未土)는 천예 병성(病星)이 있는 간팔궁을 축미충(丑未沖)하니 수술의 가능성이 있다. 명주는 1943 계미년생(癸未年生)으로 명년간 육계(六癸)가 곤이궁 미토(未土)에서 묘고(墓庫)이니 이 또한 입원하여 수술할 가능성을 높인다.

수술이 잘된 이유

을기(乙奇)는 의약품과 의사의 용신인데 천예궁에서 을경합(乙庚合)한다. 수술을 제때에 했다. 천심(天心)도 의사이다. 천심낙궁인 손목궁이 천예낙궁 간토궁을 목극토(木剋土)하니 수술이 잘되었다.

1997년이 액년인 이유

1997년 정축년(丁丑年)은 명년주 계미(癸未)와 정계충(丁癸沖)이 되어 흉하고, 천예가 있는 간팔궁을 축미충(丑未沖)으로 충발(沖發)시키니 액년(厄年)이 된다. 액년의 6월 미월(未月)이나 12월인 축월(丑月)을 무사히 지나면, 1998년은 무인년(戊寅年), 1999년 기묘년(己卯年)은 목왕(木旺)하다. 병성인 천예성이 있는 간팔궁을 극(剋)해 몇 년 더 산다.

몇 년 더 사는 이유

  계미년생(癸未年生)의 명년간(命年干) 육계(六癸)가 묘고(墓庫)인 곤이궁에 낙했지만, 곤궁에 의사, 의약품 용신인 을기(乙奇)와 동궁이고, 천임(天壬) 길성과도 함께하니 5~10년을 사는 것은 문제가 없다.

⑦ 사례 7[61] - 임신이 언제 가능한지?

　방문한 중년 부인은 자신의 딸이 1971년생으로 1995년 결혼하여 '가족계획부'의 승인을 받아 1996년 출산 할당을 받았다 하였다. 딸은 아들·딸이 중요하지 않으나 남편의 결혼한 두 형은 딸만 두었기에, 시부모와 온 가족은 자신의 딸이 아들을 낳기를 바란다고 하였다. 1996년 1월 13일 오후 4시, 사위와 딸이 함께 방문하여 언제 임신이 가능한지, 아들을 가질 수 있는지 물었다. 아직은 임신이 안 되었다.

<乙亥 己丑 己酉 壬申>

食神 辛　　天心_乾　玄武_雀 　　　己　　休門_坎　青龍_乾 　　辛加己爲 入獄自刑 虎坐明堂 　　　　　　　　　　時墓 墓 絶	正印 丙　　天蓬_坎　九地_坤 　　　丁　　生門_艮　攝堤_坤 　　丙加丁爲 星奇朱雀 三奇順遂 　　　　　　　　　　　　　胎	偏財 癸(癸)　天任_艮　九天_乾 　　乙(庚)　傷門_震　招搖_巽 　　癸加乙爲 梨花春雨 華蓋逢星 　　癸加庚爲 反吟浸白 太白入網 直使 截空 　　　　　　　　　　　生 養
時干　　　　　　　　　天乙 　　　　　　　　　　　日空 正財 壬　　天柱_兌　白虎_陳 　　　戊　　開門_乾　天符_中 　　壬加戊爲 小蛇化龍 蛇入天門 　　　　　　　　　　　　　死	傷官 庚　　　　　　咸池_兌 　　癸加庚爲 反吟浸白 太白入網	劫財 戊　　天冲_震　直符_寅 　　　壬　　杜門_巽　天乙_離 　　戊加壬爲 山明水秀 青龍天牢 直符 截空 　　　　　　　　　　　　　浴
年干 　　　　　　　　　　　日空 偏官 乙(庚)　天芮_坤　六合_卯 　　　癸(癸)　驚門_兌　太乙_坎 　　乙加癸爲 華蓋逢星 祿野朝露 　　庚加癸爲 反吟大格 太白冲刑 　　　　　　　　　　日基 衰 病	偏印 丁　　天英_離　太陰_酉 　　　丙　　死門_坤　軒轅_震 　　丁加丙爲 姮娥奔月 星隨月轉 　　　　　　　　　　　　　旺	**月干 日干** 　　　　　　　　　　　時空 比肩 己　　天甫_巽　騰蛇_巳 　　　辛　　景門_離　太陰_艮 　　己加辛爲 濕泥汚玉 游魂入基 　　　　　　　　　　　帶 祿

　일간(日干)이 당사자이다. 육기(六己) 일간(日干)은 건궁(乾宮)에 있으며 시공망(時空亡)을 만났다. 이는 아직 임신이 안 된 것을 설명한

61　將志春, 『신기지문(神奇之門)』, 172p, 중국상업출판사

다. 시간(時干)은 구하는 현안이니 자식이 된다. 시간 육임(六壬)은 진궁(震宮)에 있다. 진궁은 일주인 기유(己酉)를 기준으로 보면 인묘(寅卯)가 공망이다. 시간궁(時干宮)이 공망이니 이 또한 회임이 안 된 것을 설명한다.

임신 시기

산모인 천예(天芮)가 간궁(艮宮)에 있다. 자식의 용신인 육합(六合)이 있고, 을기(乙奇) 아내와 육경(六庚) 남편이 을경합(乙庚合)이 되니 임신이 가능할 것 같다. 간팔궁은 은복지지(隱伏地支)로 축인(丑寅)이고, 일공망(日空亡)이다. 전실(塡實)이 되는 인월(寅月)에 임신을 한다.

아들 여부

시간궁(時干宮)이 진삼궁으로 장남을 뜻하며, 산모궁인 곤이궁의 팔문과 구성이 태아인데, 양문(陽門)인 상문과 양성(陽星) 천임을 만났으니 아들이다.

실제

1996년 인월(寅月)에 임신을 하였다.

⑧ 사례 8[62] - 아버지의 병 치료

1996년 7월 27일 오후 4시, 하북성 주역연구회 이사가 1921년 신유년생(辛酉年生) 아버지의 병이 치료될 수 있는지 물었다.

<丙子 乙未 乙丑 甲申>

	年干		直符 直使
偏官 辛 辛 辛加辛爲 天庭自刑 伏吟相剋 杜門_巽 咸池_兌 天甫_巽 太陰_酉 旺衰	傷官 丙 丙 丙加丙爲 月奇悖師 伏吟弘光 景門_離 攝堤_坤 天英_離 螣蛇_巳 載空 時空 祿		偏印 癸(庚) 癸(庚) 癸加癸爲 天網四張 伏吟天羅 庚加庚爲 太白同宮 伏吟戰格 死門_坤 天乙_離 天禽_中 直符_寅 載空 時空 時墓 浴 帶
	時干	天乙	
正印 壬 壬 壬加壬爲 蛇入地羅 伏吟地網 傷門_震 太陰_艮 天沖_震 六合_卯 病	正官 庚 癸加庚爲 反吟浸白 太白入網 天芮_坤 青龍_乾 絶		正財 戊 戊 戊加戊爲 青龍伏吟 伏吟崚山 驚門_兌 招搖_巽 天柱_兌 九天_乾 生
月干 日干			日空
比肩 乙 乙 乙加乙爲 日奇伏吟 伏吟雜草 生門_艮 軒轅_震 天任_艮 白虎_陳 死 墓	食神 丁 丁 丁加丁爲 星奇太陰 兩火成炎 休門_坎 太乙_坎 天蓬_坎 玄武_雀 絶		偏財 己 己 己加己爲 地戶逢鬼 伏吟軟弱 開門_乾 天符_中 天心_乾 九地_坤 日墓 胎 養

천예성 분석

천예성(天芮星)은 질병의 용신인데 곤궁(坤宮) 앉았다. 십간대응결은 계가계위 천망사장 복음천라(癸加癸爲 天網四張 伏吟天羅)이다. 백사가 흉하다. 동반자나 행인을 잃고 사람이 상하는 일이 있다. 또 다른 대응결은 경가경위 태백동궁 복음전격(庚加庚爲 太白同宮 伏吟戰格)이다. 관재와 액운이 따르고 주객이 다툰다. 두 개의 격 모두 흉하다.

---

62 將志春, 『신기지문(神奇之門)』, 152p, 중국상업출판사

천심성 분석

천심성(天心星)은 의사·의약품의 용신인데 건궁(乾宮)에 앉았고, 을기(乙奇) 또한 의사·의약품의 용신인데 간궁(艮宮)에 앉았다. 병성(病星)인 천예성(天芮星)을 극(剋)하지 못한다. 병의 치유가 쉽지 않다.

아버지의 용신

아버지를 상징하는 연간(年干) 병기(丙奇)는 이궁(離宮)에 있다. 이궁은 병(丙)의 제왕지(帝王地)인데, 병에 걸린 노인이 제왕지에 있으면 병세는 악화된다. 또 병(丙)은 시공망(時空亡)을 맞아 무력하기까지 하다. 아버지의 연명(年命)은 육신(六辛)으로 손궁(巽宮)에 있다. 손궁은 신(辛)의 사지(死地)·묘지(墓地)이다.

시간(時干)과 일간(日干)이 내외반(內外盤)에 분리되었고, 성문(星門)이 복음(伏吟)일 때는 응기가 늦어진다. 이 국의 경우 아버지인 연간 병기(丙奇)는 이구궁(離九宮)에, 천예(天芮)는 곤이궁(坤離宮)에 있어 모두 내반(內盤)으로 응기는 빠르고 가까우니 응기를 월일(月日)로 판단했다.

점년간(占年干) 병(丙)이 사·묘(死·墓)가 되는 유술월(酉戌月), 명년간(命年干) 신(辛)이 사·묘(死·墓)가 되는 진사월(辰巳月)이 응기인데, 점단월이 미월(未月)이므로 진사월은 이미 지났다. 또 명년간 갑오신(甲午辛)이 오오자형(午午自刑)을 만났다. 형(刑)이 합(合)이 될 때를 응기로 삼으면, 유술월(酉戌月)의 미일(未日)에 사망한다.

실제

양력 9월 7일 정유월(丁酉月) 정미일(丁未日)에 사망했다.

⑨ 사례 9[63] - 사위의 건강 회복 시기

2000년 6월 5일 오후 10시 30분, 옛 동창 왕통푸(王同福)에게 전화가 왔다. 2000년 2월 26일 오후 3시에 일어난 교통사고로 1964년 갑진년생(甲辰年生) 사위가 척추 부상을 당했고, 병원에서 수술 후 입원 중인데 현재 하반신을 움직이지 못한다. 사위가 언제쯤 회복될지 물었다.

<庚辰 壬午 甲午 乙亥>

日干			天乙			直符		
		日空						載空 時空
比肩 辛	天英_離	九地_坤	食神 癸(乙)	天芮_坤	九天_乾	偏印 己(己)	天柱_兌	直符_寅
丙	休門_坎	軒轅_震	辛(辛)	生門_艮	太陰_艮	癸(乙)	傷門_震	太乙_坎
辛加丙爲	陽合悖師	天庭得明	癸加辛爲	陽變陰盛	網蠱天牢	己加癸爲	地刑玄武	明堂華蓋
		衰病	乙加辛爲	靑龍逃走	人亡財破	己加爲	柔情密意	地戶逢星
					死			日墓基絶
			時干					
								載空 時空
正官 丙	天甫_巽	玄武_雀	偏財			正印 戊	天心_乾	螣蛇_巳
丁	開門_乾	攝堤_坤	乙		招搖_巽	己	杜門_巽	靑龍_乾
丙加丁爲	星奇朱雀	三奇順遂	己加乙爲	柔情密意	地戶逢星	戊加己爲	天門蒙塵	物以流聚
		旺						胎
		直使	年干			月干		
偏官 丁	天沖_震	白虎_陳	劫財 庚	天任_艮	六合_卯	傷官 壬	天蓬_坎	太陰_酉
庚	驚門_兌	咸池_艮	壬	死門_坤	天乙_離	戊	景門_離	天符_中
丁加庚爲	文書阻隔	火煉眞金	庚加壬爲	耗散少合	太白退位	壬加戊爲	小蛇化龍	蛇入天門
		帶祿			浴			時墓 生義

사위의 용신은 시간(時干)이다. 지반(地盤) 을기(乙奇) 시간은 곤이궁에서 흉성인 천주(天柱)와 흉문인 상문(傷門)을 만났다. 상문이 곤궁을 극(剋)하니 다른 것에 의해 부상한 것을 설명한다. 곤궁이 시공망(時空亡)이다. 공망인 경우 대충궁(對沖宮)을 보는데, 대충궁인 간

---
63 將志春, 『개오지문(開悟之門)』, 323p, 중국상업출판사

팔궁에는 천충(天沖), 경문(驚門), 백호(白虎)가 있으니, 차로 인한 부상이다. 차 사고가 난 2000년 2월 26일 오후 3시 갑진년(庚辰年) 무인월(戊寅月) 갑인일(甲寅日) 신미시(辛未時)와도 부합한다.

현재 상태

사위의 용신은 시간이다. 천반(天盤) 을기 시간은 이궁(離宮)이 장생지(長生地)다. 천금(天禽)을 품고 있는 천예(天芮)가 있다. 천금은 길성이나 부모의 자리에 앉아 폐(廢)의 상태다. 천예는 흉성이고 병성(病星)이다. 그러므로 천시(天時)를 얻지 못했다. 격으로 을가신위 청룡도주 인망재파(乙加辛爲 靑龍逃走 人亡財破)로 흉격이고, 또한 계가신위 양변음성 망개천뢰(癸加辛爲 陽變陰盛 網蓋天牢)도 흉격이다. 천시를 얻지 못했고 격이 흉하지만, 시간궁에 길문인 생문이 있고, 길장인 구천이 있어 생명을 잃을 염려는 없다.

치료 여부

사위의 연명(年命)은 1964년생 갑진임(甲辰壬)이다. 천반(天盤) 육임(六壬)이 건궁에서 관대(冠帶)와 건록(建祿)의 자리에 있어 왕상(旺相)하다. 격은 임가무위 소사화룡 사입천문(壬加戊爲 小蛇化龍 蛇入天門)으로 육임(六壬) 소사(小蛇)가 육무(六戊) 청룡(靑龍)이 되어 남자는 발달하고 여자는 귀해지는 길격이다. 전망은 좋다. 단 현재는 임오월(壬午月)로 화왕금사(火旺金死)한 중 천예 병성이 있는 이구궁이 연명이 있는 건육궁을 화극금(火剋金)하니 몸을 움직일 수 없다.

사위의 연명 갑진임(甲辰壬)의 지반(地盤) 육임은 감일궁에 있다. 사문(死門)이 감일궁을 극(剋)하므로 차 사고가 난 것이다. 여기에 격이 경가임(庚加壬)으로 경진년(庚辰年)이 불순하다. 육경은 근골(筋骨)이고 경가임위 모산소격 태백퇴위(庚加壬爲 耗散少格 太白退位)는 유동(流動)이니 차 사고로 척추를 다친 것이다. 궁에 사문이 있는 경우 반드시 흉터는 남지만, 길성인 천임과 길장인 육합이 있어 상처 부위는 잘 치료될 것이고 큰 후유증은 없을 것이다.

회복 시기

일간궁과 시간궁이 일내일외(一內一外)이다. 응기는 지연되니 상대적으로 기간이 먼 연월(年月)로 응기를 판단한다. 경가임(庚加壬)이 월격(月格)이나 경진년(庚辰年) 임오월(壬午月)에 건강을 회복하지 못한다. 신사년(辛巳年) 여름은 이구궁에서 시간 을기가 생문을 만나고, 궁은 왕상하니, 상처에 큰 호전이 있게 된다. 신사년(辛巳年) 술해월(戌亥月)에 사위의 명년간(命年干) 육임이 당령(當令)하여 기본적인 건강은 회복된다.

실제

2001년 1월 말 경진년(庚辰年) 기축월(己丑月)에 왕동복(王同福)이 전화로 그간의 치료 과정을 전했다. 수술한 병원을 퇴원한 후 인민의원에서 몇 개월 보냈고, 현재는 척추를 고정한 철심을 제거한 후 집에서 휴양 중이며, 지팡이에 의지해 활동할 수 있으나 다리로 가는 신경이 완전히 회복되지 않은 상태라고 했다.

⑩ 사례 10[64] - 암 치료 가능 여부

강소성(江西省) 태화현(泰和縣)에서 기문둔갑을 공부하는 제자인 '루이창웬'의 기문둔갑 분석 사례이다. 공장에서 일하는 한 노동자가 비강암 진단을 받고 병원에 입원하게 됐는데 자신의 병이 치료될 수 있는지 문의하였다. 문의한 시간은 1996년 9월 23일 오후 6시 반이었다.

<丙子 丁酉 癸亥 辛酉>

		月干
劫財 壬　天英_離　玄武_雀 戊　景門_離　軒轅_震 壬加戊爲 小蛇化龍 蛇入天門 時墓 旺 衰	正印 庚(乙) 天芮_坤　白虎_陳 壬(壬) 死門_坤　咸池_兌 庚加壬爲 耗散少格 太白退位 乙加壬爲 荷葉蓮花 日奇入地 祿	偏財 丁(丁) 天柱_兌　六合_卯 庚(乙) 驚門_兌　天符_中 丁加庚爲 文書阻隔 火煉眞金 丁加乙爲 星奇日耀 燒田種作 日墓 浴 帶
		年干
正官 戊　天甫_巽　九地_坤 己　杜門_巽　招搖_巽 戊加己爲 天門蒙塵 物以流聚 病	食神 乙　　　攝堤_坤 丁加乙爲 星奇日耀 燒田種作	正財 丙　天心_乾　太陰_酉 丁　開門_乾　天乙_離 丙加丁爲 星奇朱雀 三奇順遂 生
	日干　　　直符 直使	時干　　　　　天乙
偏官 己　　載空 日空 時空 癸　天沖_震　九地_乾 傷門_震　太陰_艮 己加癸爲 地刑玄武 明堂華蓋 死 墓	比肩 癸　　載空 日空 時空 辛　天任_艮　直符_寅 生門_艮　青龍_乾 癸加辛爲 陽變陰盛 網蓋天牢 絕	偏印 辛　天蓬_坎　騰蛇_巳 丙　休門_坎　太乙_坎 辛加丙爲 干合悖師 天庭得明 胎 養

병세

천예(天芮)가 병성이다. 천예가 이궁(離宮)에 있으니 머리의 질병이다. 천예 토성(土星)이 유월(酉月)을 만나 휴왕수사상(休旺囚死相) 중 휴(休)의 상태로 왕(旺)하므로 위중한 병이다. 천예궁에 사문(死門)과 백호(白虎)가 있으니 암증(癌症)이다.

---

64 將志春,『개오지문(開悟之門)』, 163p, 중국상업출판사

치료 가능 여부

천심(天心)이 의사이다. 천심이 태칠궁(兌七宮)에 있어 질병이 있는 이구궁(離九宮)을 극(剋)하지 못한다. 치료가 불가능하다.

환자의 상황

일간궁인 감일궁에 길성인 천임(天任), 직부길장(直符吉將), 길문인 생문(生門)있으나, 시공망(時空亡)을 만나 길한 작용을 하지 못한다. 일간궁의 대응결은 계가신위 양변음성 망개천뢰(癸加辛爲 陽變陰盛 網蓋天牢)로 이슬방울이 얇은 칼날 위에 있는 상이다. 질병 정단에서는 반드시 사망하는 상이다.

사망의 응기

병성인 천예가 내반(內盤)에 있으니 응기가 빠르다. 환자의 용신은 일간이다. 일간궁인 감일궁과 직부구성(直符九星) 천임 동궁했는데, 토성(土星)인 천임은 감궁을 극한다. 정유월(丁酉月) 다음 달인 무술월(戊戌月)이 토의 기운이 왕성해지고 천예의 기운 또한 왕성해지므로 응기월이 된다. 일간궁의 지반인 갑오신(甲午辛)은 감일궁의 은복지지인 자수(子水)와 자오충(子午沖)이 된다. '충자(沖者)는 합(合)이 응기'라는 원칙을 적용한다. 오미합(午未合)으로 미일(未日)이 응기일이다. 또한 미일(未日)은 계수(癸水) 일간의 묘고(墓庫)일이기도 하다. 무술월(戊戌月)의 미일(未日)은 10월 13일 계미일(癸未日), 10월 25일 을미일(乙未日), 11월 6일 정미일(丁未日)이 있다. 이 중 정화(丁火) 생(生) 미토(未土)하는 정미(丁未)일이 응기일이다.

실제

환자는 1996년 11월 6일 병자년 무술월(戊戌月) 정미일(丁未日)에 사망했다.

⑪ 사례 11[65] - 부인 죽지 않는다

1997년 12월 27일 오전 9시경, '심천특구신문사'에서 일하던 옛 동창 톈지충(田治忠)이 장거리 전화를 걸어 와서,『당대 화타를 발견하다』를 연재했는데, 사이비 의사 후완린(胡方林)이 기존 의술과는 다른 방식으로 수천 건의 암과 각종 난치병을 치료했다는 내용이 보도되었다고 알려주었다. 동창은 아내가 신장염 등의 질병을 앓고 있는데 주변에서 그 기적의 의사에게 치료를 받을 것을 권유하지만 아내의 병을 고칠 수 있을지, 사이비는 아닌지 걱정된다며 기문으로 알아봐 달라고 문의하였다.

<丁丑 壬子 癸卯 丙辰>

日空 偏印 辛 天蓬_坎 九地_坤 丁 休門_坎 軒轅_震 辛加丁爲 獄神得音 白虎受傷 帶祿	偏官 己 天任_艮 九天_乾 庚 生門_艮 太陰_艮 己加庚爲 明堂伏殺 顚倒刑利 旺	日干　　　　　直符 直使 比肩 癸(癸) 天沖_震 直符_寅 壬(丙) 傷門_震 太乙_井 癸加壬爲 復見螣蛇 沖天奔地 癸加丙爲 華蓋悖師 明堂犯悖 日墓 衰 病
食神 乙 天心_乾 玄武_雀 癸 開門_乾 攝堤_坤 乙加癸爲 華蓋逢星 祿野朝露 浴	時干 正財 丙　　　招搖_巽 癸加丙爲 華蓋悖師 明堂犯悖	年干 偏財 丁 天甫_巽 螣蛇_巳 戊 杜門_巽 青龍_乾 丁加戊爲 有火有爐 青龍轉光 死
月干　　　　　天乙 正官 戊 天柱_兌 載空 時空 己 驚門_兌 白룸_陳 戊加己爲 天門蒙塵 物以流聚 生 養	劫財 壬(丙) 天芮_坤 載空 時空 辛(辛) 死門_坤 天乙_離 壬加辛爲 淘洗珠玉 螣蛇相縷 丙加辛爲 日月相會 丙辛相合 胎	正印 庚 天英_離 太陰_酉 乙 景門_離 天符_中 庚加乙爲 太白逢星 太白貪合 時墓 墓 絶

육경(六庚)은 남편, 을기(乙奇)는 부인이다. 남편이 부인의 안부를

---
65 將志春,『신기지문(神奇之門)』, 156p, 중국상업출판사

물은 것이니 을기(乙奇)를 보면 된다. 을기는 진삼궁(震三宮)에서 건록(建祿)의 자리에 있으니 길하다. 진삼궁의 개문(開門)은 박제화의격(迫制和義格) 중 박격(迫格)[66]이다. 삼길문 중의 하나인 개문의 길의(吉意)가 감소된다. 또 궁에 있는 천심(天心)은 대길성이다. 을기의 상황을 볼 때 대흉(大凶)은 없고, 부인이 사망에 이르는 일은 없다.

일간 상합자도 부인

일간 육계(六癸)가 예측인이면 무계합(戊癸合)으로 상합(相合)하는 육무(六戊)는 부인이다. 육무가 간궁에서 장생(長生)이니 좋다. 간궁은 시공망(時空亡)을 만나 길사도 길하지 않고, 흉사도 흉하지 않다. 그러니 처에게 사망의 흉사는 없다.

일간의 상황

일간 육계가 곤궁에서 입묘(入墓)되었다. 예측 당사자인 남편이 사이비 의사에게서 처가 내년을 넘기지 못한다는 말을 듣고 번민하고 있음을 나타낸다. 상문(傷門)이 곤이궁을 극하니 문박(門迫)으로 흉함이 감소하고, 직부길장(直符吉將)이 같이 있어 온갖 재앙이 소멸되니 처가 죽음에 이르는 흉함은 없다.

실제

부인에게 1998년에 작은 병 외에 특별한 일이 없었다는 전화를 1999년 설날에 받았다.

---

66 박제화의격(迫制和義格) 時家八門의 오행과 구궁오행과의 관계를 말하는 격이다.
 - 박격(迫格)은 팔문오행이 구궁오행을 극(剋)하는 경우
 - 제격(制格)은 팔문오행이 구궁오행으로부터 수극(受剋)되는 경우
 - 화격(和格)은 팔문오행이 구궁오행을 생(生)하는 경우
 - 의격(義格)은 팔문오행이 구궁오행으로부터 수생(受生)되는 경우
  길격(吉格)이 박격, 제격에 해당될 때는 길격을 이루지 못하고, 길문(吉門)이 궁을 생(生)하면 그 기운이 빠지니 길의가 감소되며, 길문을 궁이 극(剋)하면 길의가 감소된다.

⑫ 사례 12[67] - 아내의 순산 여부

1997년 2월 7일 밤 8시, 젊은 남자가 만삭이 된 아내의 순산 여부를 물었다.

<丁丑 壬寅 庚辰 丙戌>

正印 己　　　天英_離　白虎_陳 　　 癸　　　生門_艮　太陰_艮 　　 己加癸爲 地刑玄武 明堂華蓋 　　　　　　　　　　　　浴 帶 　　　　　　　　　　　　直使	劫財 辛(丁)　天芮_坤　玄武_雀　截空 時空 　　 己(己)　傷門_震　招搖_巽 　　 辛加己爲 入獄自刑 虎坐明堂 　　 丁加己爲 火入勾陳 星墜句陳 　　　　　　　　　　　　　　生 年干	正財 乙(乙)　天柱_兌　九地_坤　截空 日空 時空 　　 辛(丁)　杜門_巽　青龍_乾 　　 乙加辛爲 青龍逃走 人亡財破 　　 乙加丁爲 三奇相佐 奇儀相佐 　　　　　　　　　　　　　　胎 養 時干　　　　　　　　　　　天乙
傷官 癸　　　天甫_巽　六合_卯 　　 壬　　　休門_坎　咸池_兌 　　 癸加壬爲 復見騰蛇 沖天奔地 　　　　　　　　　　　　　　祿 月干	正官 　　　　　　　　天乙_離 　　 丁 　　 乙加丁爲 三奇相佐 奇儀相佐 　　　　　　　　　　　　　　病	偏官 丙　　　天心_乾　九天_乾　日空 　　 乙　　　景門_離　攝堤_坤 　　 丙加乙爲 艶陽麗花 日月幷行 　　　　　　　　　　　　　　絶 日干　　　　　　　　　　　直符
食神 壬　　　天沖_震　太陰_酉 　　 戊　　　開門_乾　軒轅_震 　　 壬加戊爲 小蛇化龍 蛇上天門 　　　　　　　　　　　　日基 旺 衰	偏印 戊　　　天任_艮　騰蛇_巳 　　 庚　　　驚門_兌　天符_中 　　 戊加庚爲 天武入獄 助針爲虐 　　　　　　　　　　　　　　病	比肩 庚　　　天蓬_坎　直符_寅 　　 丙　　　死門_坤　太乙_坎 　　 庚加丙爲 太白入熒 太白加官 　　　　　　　　　　　　時基 死 基

태아 안위

곤이궁은 산실(産室), 천예(天芮)는 산모, 곤이궁에 있는 천주(天柱)는 태아이다. 이구궁에 있는 천예가 곤이궁의 천주를 화생토하니 모자가 편안하다.

곤이궁에 있는 팔문(八門)도 태아가 되는데, 두문(杜門)이 목극토(木剋土)로 궁박(宮迫)하고 곤이궁에서 묘고(墓庫)이나 인월(寅月)에 두문

67　將志春,『신기지문(神奇之門)』, 177p, 중국상업출판사

이 왕상(旺相)하며, 구지(九地) 길장과 을기(乙奇) 의사 용신이 동궁하였으니, 태아는 건강하다.

일간(日干) 육경(六庚)은 산모, 시간(時干) 병기(丙奇)는 태아이다. 육경의 건육궁이 병기가 있는 태칠궁과 비화(比和)하니 태아는 역시 평안한다.

직부길장은 산모로 건육궁에 있고 육합은 태아로 진삼궁에 있다. 건육궁이 진삼궁을 금극목(金剋木)하니 산모가 태아를 극하니, 흉하다고 볼 수 있다. 그러나 인월(寅月) 정단에는 목왕(木旺)하고 금수(金囚)의 상태이니 무방하고, 또한 건육궁과 진삼궁간에는 묘술합(卯戌合)이 되니 무방하다. 극(剋)하는 구궁 사이에 은복지지(隱伏地支)가 합이 되는 경우 극하는 힘이 약해진다.

출산 응기일
산실인 곤이궁의 대충궁인 간팔궁의 천반의기가 응기가 된다. 의기가 육임(六壬)이므로 임일(壬日) 임시(壬時)가 응기다. 간팔궁에 개문(開門)이 있어 출산의 응기가 됨을 알 수 있다. 또 직사팔문 낙궁(落宮)이 응기가 되는데 진삼궁은 3.4.8(후천수 3, 사진뢰, 오행수 3·8)이니 사흘 안에 태어난다.

실제
2월 9일 임오일(壬午日) 임인시(壬寅時)에 아들을 순산하였다.

⑬ 사례 13[68] - 태아가 기형인지?

1998년 3월 24일 밤 8시 45분, 임신 6개월 된 부부가 방문하였다. '하북의대 제4부속병원'에서 현대 의료장비를 사용하여 초음파 검사를 진행했는데, 임산부의 양수가 많고, 태아 머리 부분에 그림자가 있어 기형일 가능성이 있다고 하였다. 검사 결과를 듣고 불안해진 부부는 태아가 기형인지, 기형이라면 유산을 하여야 하는지를 물었다.

<戊寅 乙卯 庚午 丙戌>

直使		年干
劫財 辛　　天沖_震　玄武_雀 　　　壬　　死門_坤　天乙_離 辛加壬爲　寒塘月影　凶蛇入獄 衰 病	食神 壬　　　　　截空 時空 　　　戊　　天甫_巽　九地_坤 　　　　　驚門_兌　天符_中 壬加戊爲　小蛇化龍　蛇入天門 死	偏印 戊(戊)　　截空 時空 　　　庚(癸)　天英_離　九天_乾 　　　　　　開門_乾　咸池_兌 戊加庚爲　天武入獄　助針爲虐 戊加癸爲　天武地藏　岩石浸蝕 墓 絶
月干		日干　　　　　　　直符
正財 乙　　天任_艮　白虎_陳 　　　辛　　景門_離　太陰_艮 乙加辛爲　靑龍逃走　人亡財破 旺	傷官　　　　　 　　　癸　　　　　太乙_坎 　　　戊　　　　　　　　 戊加癸爲　天武地藏　岩石浸蝕	比肩 庚(癸)　天芮_坤　直符_寅 　　　丙(丙)　休門_坎　軒轅_震 庚加丙爲　太白入熒　太白加官 癸加丙爲　華蓋悖師　明堂犯悖 胎
		時干　　　　　　　天乙
正印 己　　天蓬_坎　六合_卯 　　　乙　　杜門_巽　招搖_巽 己加乙爲　柔情密意　地戶逢星 日墓 帶祿	正官 丁　　天心_乾　太陰_酉 　　　己　　傷門_震　靑龍_乾 丁加己爲　火入勾陳　星墮句陳 浴	偏官 丙　　　　　　　日空 　　　丁　　天柱_兌　騰蛇_巳 　　　　　生門_艮　攝堤_坤 丙加丁爲　星奇朱雀　三奇順遂 時墓 生 義

태아는 정상이다

시간(時干) 병기(丙奇)가 건육궁(乾六宮)인 묘고(墓庫)에 들어 어머니 뱃속에 있는 상이며, 생문(生門)인 길문이 임하고, 병가정위 성기주작 삼기순수(丙加丁爲 星奇朱雀 三奇順遂)이며, 생문이 같이 있으니,

---

68　將志春, 『신기지문(神奇之門)』, 178p, 중국상업출판사

구둔격(九遁格) 중 천둔(天遁)으로 길하다. 여기에 태세(太世)인 육무(六戊)가 곤이궁(坤二宮)에 있어 토생금(土生金)으로 시간궁(時干宮)을 생하고, 일간궁(日干宮)인 태칠궁(兌七宮)과 시간궁이 비화(比和)되니 태아는 정상이다. 시간궁인 건육궁은 머리이고, 여기에 괴이사(怪異事)인 등사(螣蛇)가 있지만 점년간궁, 일간궁, 시간궁의 관계로 볼 때 등사를 괴이사로 보는 것은 잘못 판단한 것이다.

시간궁의 대충궁은 진단한 의사이다

대충궁(對沖宮)인 손사궁(巽四宮)에 현무(玄武)가 있으니, 어둡고 몽매하다. 육신(六辛)은 착오의 용신이니 의사는 잘못 알고 있다.

재검사의 응기

진단한 의사가 손사궁에 있으니, 3.4.5.8(후천수 4, 선천수 5, 오손풍, 오행수 3·8)과 관련된다. 14일 후 병진월(丙辰月)이 되면 시간궁에 있는 술(戌)을 진술충(辰戌沖)하므로 이때 다시 병원에 재검사받으라고 부부에게 권했다.

태아의 성별

산실(産室)인 곤이궁(坤二宮)의 팔문(八門), 구성(九星), 의기(儀奇)로 판단한다. 팔문은 개문(開門)으로 양문(陽門), 육무(六戊)는 양토(陽土), 구성(九星)은 천영(天英)으로 음성(陰星)이나, 아들로 본다.

출산 상황

곤이궁은 산실이다. 곤이궁의 무가경위 천무입옥 조침위학(戊加庚爲 天武入獄 助針爲虐) 또는 조주위학(助紂爲虐), 청룡지세(靑龍持勢), 직부비궁(直符飛宮)이다. 태아에게 어려움이 있다. 곤이궁에 개문(開門)이 임했으니, 수술로 낳는 형상이다.

천예(天芮)는 산모이다. 천예가 있는 태칠궁에 길문인 휴문(休門)과 길신인 직부(直符)를 만났으나, 경가병(庚加丙) 흉격이 있으니, 난산할 조짐이다.

시간궁의 병기가 묘고(墓庫)에 드니 입묘나망(入墓羅網)이다. 출산이 순탄치 않다. 또 시간이 일간을 극하는 오불우시(五不遇時)이니 흉하다. 산모에게 제왕절개를 권했다.

실제
부부는 14일 후 병원에서 재검사받았고, 의사는 태아가 정상이니 안심하라는 이야길 하였다. 6월 19일 오후 2시 제왕절개 수술을 하여 남아를 낳았다. 아이의 몸무게는 3.3kg이었다. 산통은 이틀 동안 이어졌다.

13. 신수(身手)·선택(選擇)·길흉(吉凶)

(1) 용신(用神)

① 일간(日干)이 문점자(問占者)이다.
② 시간(時干)이 점사의 내용, 예측상황이다.
③ 연간(年干) 태세(太世)는 윗사람, 상급자, 권위자이다.
④ 직부(直符)는 나에게 직접적 영향을 미치는 상급자이다.
⑤ 개문(開門)은 직장, 점포 등이다.
⑥ 생문(生門)은 이윤, 자본, 돈이다.
⑦ 남녀관계에서 경(庚)은 남자, 을(乙)은 여자이다.
⑧ 연명(年命)이 문점자, 비교·분석 대상자이다.
⑨ 선택 대상의 위치에 있는 궁이 용신이다. 하나가 북쪽, 또 다른 하나가 남쪽이라면 감궁(坎宮)과 리궁(離宮)이 용신이 된다.
⑩ 경(庚)이 흉사, 가해자이다.
⑪ 천반 의기(儀奇)는 객(客), 지반 의기는 주(主)이다.

(2) 판단기법

① 일간(日干)·연명(年命)이 왕상(旺相)하거나, 일간·연명 아래 의기(儀奇)가 왕상하고 녹지에 있으면 재운이 길하다.
② 일간·연명이 생문과 상생·비화이면 재운이 길하다.
③ 일간·연명이 쇠약(衰弱)하고 생문의 극(剋)을 받으면 재운이 불길하다.
④ 일간·연명이 생문(生門)을 극(剋)하면 많은 노력을 해야 득재(得財)가 가능하다.
⑤ 무(戊)가 육의격형(六儀擊刑)이면 재운이 불길하다. 일간 또는 연명이 육의격형이면 흉재가 발생하거나 이득을 못 보고 속상하게 된다.

⑥ 복음(伏吟)이면 주(主)가 유리하고 반음(反吟)이면 객(客)이 유리하다. 복음국이면 움직이지 말고 기회를 기다려야 하며, 반음국이면 적극적으로 크게 움직여야 이롭다.
⑦ 일간이 직부(直符) 또는 태세(太世)를 극(剋)하면 윗사람과 관계가 틀어지거나 반항하게 된다.
⑧ 직부(直符) 또는 태세(太世)가 일간을 극(剋)하면 윗사람이 나에게 불만이 있다.
⑨ 시간(時干)이 일간(日干)을 극(剋)하면 하는 일에 문제가 발생하거나, 하급자가 나에게 반항한다.
⑩ 일간(日干)이 월간(月干)을 극(剋)하면 동료들과의 관계 개선이 필요하다.
⑪ 개문(開門)이 일간(日干)을 극(剋)할 때 일간이 쇠약하면 기업 및 직장에서 환영받지 못해 떠나야 할 사연이 발생하고, 일간이 왕상하면 직장 내에서 처리할 일이 많다.
⑫ 일간이 충을 받으면 직장인은 이직·출장하려 하고, 사업가는 상점·공장 등을 이전하고자 한다. 단, 일간궁에 합(合)이 있으면 떠나려 해도 실현되기 어렵다.
⑬ 용신이 입묘되고 경(庚) 또는 태세(太世)로부터 극(剋)을 받으면 일의 진척이 없고 관재(官災)가 발생한다.
⑭ 일간(日干) 아래 경(庚)이 있거나, 경(庚) 아래 일간(日干)이 있다면, 타인의 함정에 빠지기 쉬우며, 소인에게 당하는 일이 발생한다. 거래와 동업을 피하여야 한다.
⑮ 복궁격 경가무(庚加戊), 비궁격 무가경(戊加庚)은 '이곳은 타지보다 못하고, 이 사람은 타인보다 못하다'라는 뜻이므로 바꾸거나 이전하여야 한다.
⑯ 오불우시격(五不遇時格)이면 모든 사연이 불리하고, 노력이 헛되이 된다.

⑰ 내반(內盤)에 앉은 경(庚)이 일간(日干) 또는 시간(時干)을 극(剋)하면 흉재(凶災)가 발생한다. 일간이 왕상하면 흉은 미미하나, 쇠약하면 흉은 크게 나타난다.

⑱ 외반(外盤)에 앉은 경(庚)이 일간(日干) 또는 시간(時干)을 극(剋)한다 해도 큰 흉재는 나타나지 않는다.

⑲ 흉재 이미 발생했다면, 경(庚)이 내반에 있으면 흉재는 지속되고, 상문(傷門)·백호(白虎)와 동궁하면 흉재는 더 흉하게 된다. 반면 외반에 경(庚)이 있으면 곧 사라진다.

⑳ 용신궁 천반(天盤)은 객(客)이요 지반(地盤)은 주(主)이다. 천반이 지반을 생하면 대길(大吉)하며, 지반이 천반을 생하면 차길(次吉)하다. 지반이 천반을 극하면 반길반흉이며 천반이 지반을 극하면 흉하다.

㉑ 선택을 묻는 점, 선거에서 당선자를 묻는 점 등 점사의 대상이 여러 개일 때 연명(年命)과 일간, 연명 간의 왕쇠, 생극제화를 통해 분석한다.

㉒ 기타 십간대응결을 참조하여 길흉·관계·득재·파재·사기·구설·변동 등을 파악한다.

(3) 사례

① 사례 1[69] - 신수운세

1997년 7월 8일 오전 10시, 학원에 근무하는 왕(汪) 여사가 1997년의 신수 운세를 물었다. 왕 여사는 1949년 기축년생(己丑年生)이다.

<丁丑 丁未 辛亥 癸巳>

		時干　　　　　　　　　天乙
截空 正官　丙　　　天蓬_坎　九天_乾 　　　壬　　　杜門_巽　青龍_乾 　　　丙加壬爲　火入天羅　江揮相映 　　　　　　　　　　　日墓 旺 衰	時空 正印　戊　　　天任_艮　九地_坤 　　　乙　　　景門_離　太乙_坎 　　　戊加乙爲　靑龍合靈　靑龍和會 　　　　　　　　　　　祿	食神　癸(癸)　天沖_震　玄武_雀 　　　丁(辛)　死門_坤　太陰_艮 　　　癸加丁爲　螣蛇妖嬌　火焚莫逃 　　　癸加辛爲　陽變陰盛　網蓋天牢 　　　　　　　　　　　時墓 浴 帶
直符 　　　　　　　　　　日空 劫財　庚　　　天心_乾　直符_寅 　　　癸　　　傷門_震　咸池_兌 　　　庚加癸爲　反吟大格　太白沖刑 　　　　　　　　　　病	日干 比肩 　　　辛　　　　　　　天符_中 　　　癸加辛爲　陽變陰盛　網蓋天牢	傷官　壬　　　天甫_巽　白虎_陳 　　　己　　　驚門_兌　軒轅_震 　　　壬加己爲　反吟泥漿　反吟蛇刑 　　　　　　　　　　　生
日空 偏印　己　　　天柱_兌　螣蛇_巳 　　　戊　　　生門_艮　攝堤_坤 　　　己加戊爲　犬遇靑龍　六合天門 　　　　　　　　　　死 基	年干　月干 偏官　丁(辛)　天芮_坤　太陰_酉 　　　丙(丙)　休門_坎　天乙_離 　　　丁加丙爲　姮娥奔月　星隨月轉 　　　辛加丙爲　干合悖師　天庭得明 　　　　　　　　　　　絶	直使 偏財　乙　　　天英_離　六合_卯 　　　庚　　　開門_乾　招搖_巽 　　　乙加庚爲　日奇被刑　天貴落獄 　　　　　　　　　　胎 養

본인 운세

본인의 운세 대강은 일간(日干)과 명년간(命年干)을 아울러 본다. 일간 신(辛)은 감일궁(坎一宮)에서 장생(長生)의 자리에 있고, 길성인 천금(天禽)과 길문인 휴문(休門), 길장인 태음(太陰)과 동궁하였다. 십간대응결은 정가병위 항아분월 성수월전(丁加丙爲 姮娥奔月 星隨月轉)이

---

[69] 將志春, 『신기지문(神奇之門)』, 330p, 중국상업출판사

다. 달이 해 위에 노닌다. 정기 옥녀가 병기 월기에서 노니는 격으로 관직에 있는 이는 승진하고 일반인도 발전의 기운이다.

명년간 육기(六奇)는 간팔궁에 있다. 궁에 있는 생문(生門)이 병성인 천예(天芮)를 간극감(艮剋坎)하고, 곤이궁에 있는 흉성인 사문(死門)을 대충(對沖)한다. 위험한 질병에 걸리지 않고 죽을 기운도 없다. 명년간의 지반에 육무는 청룡(靑龍)이고 재물이므로 돈을 취급하는 일을 하고 있다.

부부 운세
일간 육신(六辛)과 합을 하는 병기(丙奇)가 남편이다. 육신궁이 병기궁을 감생손(坎生巽)하고 같은 외반(外盤)에 있어 문제가 없다. 병기궁에 구천(九天)과 천봉(天蓬)이 있어 남편은 군인, 경찰이거나 이와 관련된 직업이다.

자녀 운세
시간 육계(六癸)가 자녀이다. 육계가 곤이궁에 있어 최소 2명이고, 진삼궁(震三宮)이 정위(定位)인 천충(天沖)이 동궁하니 3명도 가능하다. 실제 아들 2명에 딸 1명이다.

큰아들은 1970년 경술년생(庚戌年生)이다. 명년간 육경(六庚)이 외반(外盤)인 진삼궁에 있어 동방(東方)인 일본에 거주할 것이다. 길성인 천심(天心)과 차량이 상문(傷門)이 동궁하여 자동차와 관련한 직업을 가지고 있다. 시간(時間)인 사시(巳時)를 기준으로 한 역마는 해(亥)이다. 해는 구궁 중 건궁에 해당한다. 건육궁의 지반 육경(六庚) 위에 을기(乙奇)가 있어 을경합(乙庚合)이 되므로 술해일(戌亥日)에 처와 동행한다.

실제 1997년 7월 31일 정미월(丁未月 甲戌日)에 출발하여 8월 1일 정미월(丁未月 乙亥日)에 일본에 도착했다.

큰아들의 명년간 육경 아래 육계가 있다. 곤이궁의 천반 육계는 입묘(入墓)된 중, 정계충(丁癸沖)하고 흉문인 상문(傷門)이 있어 큰아들의 마음은 밝지 않은 상태다.

작은아들은 1977년 정사년생(丁巳年生)이다. 명년간 정기(丁奇)가 감일궁에 있다. 감일궁의 천예(天芮)가 태칠궁의 천보(天甫)로부터 태생감(兌生坎)되고, 길문인 휴문(休門)이 있어, 공부에 문제가 없다.

부모 운세
연간(年干)이 부친이다. 연간 정기(丁奇)가 감일궁에서 화입수향(火入水鄕)이며, 병성인 천예(天芮)와 동궁한다. 지반 정기는 곤이궁에 있고 사문(死門)에 시공망(時空亡)이다. 부친은 일찍 사망했다.

모친은 1923년 계해년생(癸亥年生)이다. 명년간 육계(六癸)가 곤이궁에 사문(死門)에 시공망(時空亡)을 만나 모친도 사망했다.

재물 운세
일간(日干)이 있는 감일궁에 신가병위 간합패사 천정득명(辛加丙爲干合悖師 天庭得明)은 육신(六辛) 백호(白虎)의 영향으로 재물에 관한 소송 등의 다툼은 피하지 못한다. 길문인 휴문(休門)이 있어 일간이 이기는 다툼이다. 직부구성(直符九星) 천심(天心)은 원고, 천을구성(天乙九星) 천충(天沖)은 피고이다. 천심궁이 천충궁을 진극곤(震剋坤)하므로 일간인 원고가 이기는 소송이다.

받을 수 있는 금액은 육무(六戊) 재물을 본다. 육무는 이구궁이 왕지(旺地)이며 미월(未月)에 승령(乘令)하였으므로 9만 위안이다. 단 이

구궁이 시공망(時空亡)이고 갑자무(甲子戊)는 은복지지와 자오충(子午沖)이 되어 이자 2천 위안은 받지 못한다.

직장 운세

육계(六癸) 시간(時干)이 있는 곤이궁이 육신(六辛) 일간(日干)이 있는 감일궁을 곤극감(坤剋坎)하나 시간궁이 시공망(時空亡)을 만나 영향이 없다. 직장의 용신인 개문(開門)이 건육궁에서 연간·월간·일간이 있는 감일궁을 생한다. 개문이 득기하는 술해월(戌亥月)에 승진과 발전이 있을 것이다.

② 사례 2[70] - 올해의 길흉화복

음력 1997년 1월 1일(양력 2월 7일) 오전 12시 10분, 시계가 자정을 알리는 종이 울리자마자 조 씨가 전화하였다. 1957년 정유년생(丁酉年生) 조 씨는 1997년 올해의 길흉화복을 물었다.

<丁丑 壬寅 庚辰 丙子>

日干			月干				直使
比肩 庚 癸 庚加癸爲 反吟大格	天蓬_坎 傷門_震 太白冲刑	白虎_陳 太陰_艮	偏印 戊 己 戊加己爲	天任_艮 杜門_巽 天門蒙塵	玄武_雀 招搖_巽 物以流聚	載空 	食神 壬(壬) 辛(丁) 壬加辛爲 淘洗珠玉 壬加丁爲 干合星奇	天冲_震 景門_離 騰蛇相纏 干合蛇刑	載空 日空 時空 九地_坤 青龍_乾
		浴 帶			生				胎 養
時干		天乙	年干				
偏官 丙 壬 丙加壬爲 火入天羅	天心_乾 生門_艮 江揮相映	六合_卯 咸池_兌	正官 丁 壬加丁爲 干合星奇		天乙_離 干合蛇刑		傷官 癸 乙 癸加乙爲 梨花春雨	天甫_巽 死門_坤 華蓋逢星	日空 時空 九天_乾 攝堤_坤
		祿							絶
									直符
正財 乙 戊 乙加戊爲 陰害陽門	天柱_兌 休門_坎 鮮花名甁	太陰_酉 軒轅_震	劫財 辛(丁) 庚(庚) 辛加庚爲 白虎出力 丁加庚爲 文書阻隔	天芮_坤 開門_乾 虎逢太白 火煉眞金	騰蛇_巳 天符_中		正印 己 丙 己加丙爲	天英_離 驚門_離 火悖地戶	直符_寅 太乙_坎 火字地戶
		日墓 旺 衰			病				時墓 死 墓

병시(丙時)가 경일(庚日)을 극(剋)하니 오불우시격(五不遇時格)이다. 용이 그 눈빛을 잃고, 일월이 빛을 잃어버리는 격이다. 1997년은 전체적으로 순조롭지 않다.

일간(日干) 육경(六庚)이 있는 천봉(天蓬)은 사기·혼란을 불러오는 대흉성(大凶星)이다. 천시(天時)를 얻지 못했다. 상문(傷門)은 상해(傷害)

---

70 將志春,『신기지문(神奇之門)』, 328p, 중국상업출판사

를 불러오는 흉문이니 인화(人和)를 얻지 못했고, 백호(白虎)는 혈광신(血光神)의 흉장이다. 격으로 경가계위 반음대격 태백충형(庚加癸爲 反吟大格 太白冲刑)으로, 사고·재액 등 흉사가 따르는 격이다. 일간궁에 동궁한 상문, 백호, 경가계를 결합하면 차 사고로 인한 흉화를 예상할 수 있다.

시간궁은 점사의 객체

시간 병기(丙奇)가 진궁(震宮)에 있으니 욕지(浴地)이다. 격으로 병가임위 화입천라 강휘상영(丙加壬爲 火入天羅 江揮相映)으로 재액과 시비가 빈번해질 수도 있고, 횡액과 재물의 액이 우려되며, 망동은 불리한 격이다.

명년간의 상황

문점자는 1957년 정유년생(丁酉年生)이다. 명년간(命年干) 정기(丁奇)는 감일궁에서 화입수향(火入水鄕)하니 불길하다. 격으로 정가경위 문서조격 화련진금(丁加庚爲 文書阻隔 火煉眞金)으로 깊은 연못에 낚시가 빠지고, 재물을 실은 배는 파손되는 격이다. 동궁한 격인 신가경위 백호출력 호봉태백(辛加庚爲 白虎出力 虎逢太白)으로 칼날이 주변에 있고 주객이 서로 싸워 상처를 당하고 피를 보는 격으로 흉하다.

명년지의 상황

1957년 정유년생(丁酉年生)의 유(酉) 은복지지는 태궁(兌宮)이다. 태궁에는 대흉문인 사문(死門)이 있고, 계가을위 이화춘우 화개봉성(癸加乙爲 梨花春雨 華蓋逢星)으로 봄비가 꽃을 흩날리고, 흉문이면 이별과 헤어짐이 있는 격이다.

흉사의 응기

대국(大局)의 오불우시격, 일간궁(日干宮)의 상문·백호, 시간궁(時

干宮)의 병가임(丙加壬), 명년간(命年干)의 정가경(丁加庚)·신가경(辛加庚), 명년지(命年支)의 계가을(癸加乙), 사문(死門)을 종합할 때 차 사고를 조심하여야 한다.

시역마(時驛馬)가 인(寅)이고, 시공망(時空亡)이 신유(申酉)이다. 역마월인 인월(寅月), 시역마를 충발(沖發)하는 신월(申月), 공망을 전실(塡實)하는 신월(申月), 유월(酉月), 공망을 충실(沖實)하는 인월(寅月), 묘월(卯月)에 사고의 응기가 있다. 일간, 시간, 명년간이 모두 내반(內盤)에 있으므로 응기가 빠르다. 인월(寅月)이 가장 유력하다.

실제
양력 1997년 2월 12일, 음력 1997년 1월 5일 임인월(壬寅月) 을유일(乙酉日)에 자동차 운전 중, 집에서 동남 방향에 있던 다리 위에서 마주 오던 차와 충돌하여 1인 사망, 1인 부상하는 사고가 발생했다. 당일 자동차로 외출하지 않았으면 이런 흉사를 면할 수 있었을 것이다.

③ 사례 3 - 책임자 선정

경기 안산 소재 염색공장의 생산책임자로 누구를 임명해야 회사와 기업주에게 모두 이득이 될는지 J 사장이 문의하였다. 후보 A는 1976년 병진년생(丙辰年生), B는 1980년 경신년생(庚申年生), C는 1982년 임술년생(壬戌年生)이다.

<甲辰 辛未 辛卯 戊子>

	直符			
劫財 庚(乙)　天芮_坤　直符_寅 　　　戊(戊)　傷門_震　太陰_艮 　　　庚加戊爲　天乙伏宮　有爐無火 　　　乙加戊爲　陰害陽門　鮮花名瓶 　　　　　　　　　　日墓帶祿	載空	偏官 丁　　天柱_兌　九天_乾 　　　壬　　杜門_巽　軒轅_震 　　　丁加壬爲　星奇得使　玉神互合 　　　　　　　　　　　　旺	日空 時空	正官 丙(丙)　天心_乾　九地_坤 　　　庚(乙)　景門_離　太乙_坎 　　　丙加庚爲　熒惑入白　熒入太白 　　　丙加乙爲　艶陽麗花　日月幷行 　　　　　　　　　　　衰 病	日空 時空
年干				月干 日干	直使
傷官 壬　　天英_離　騰蛇_巳 　　　己　　生門_艮　天乙_離 　　　壬加己爲　反吟泥漿　反吟蛇刑 　　　　　　　　　　　　浴		偏財 乙 　　　　　　　咸池_兌 　　　丙加乙爲　艶陽麗花　日月幷行		比肩 辛　　天蓬_坎　玄武_亥 　　　丁　　死門_坤　天符_中 　　　辛加丁爲　獄神得奇　白虎受傷 　　　　　　　　　　　　死	
時干	天乙				
正印 戊　　天甫_巽　太陰_酉 　　　癸　　休門_坎　招搖_巽 　　　戊加癸爲　天武地藏　岩石浸蝕 　　　　　　　　　　生 養		偏印 己　　天沖_震　六合_卯 　　　辛　　開門_乾　攝堤_坤 　　　己加辛爲　濕泥汚玉　游魂入墓 　　　　　　　　　　　胎		食神 癸　　天任_艮　白虎_申 　　　丙　　驚門_兌　青龍_乾 　　　癸加丙爲　華蓋悖師　明堂犯悖 　　　　　　　　時墓 基 絶	

일간의 상황

문점자는 육신(六辛) 일간(日干)으로 태궁(兌宮)에 앉았다. 신(辛)은 태궁이 건록지(建祿地)이다. 십간대응결은 신가정(辛加丁)으로 육신 옥신(獄神)이 정기 성기(星奇)를 만났다. 재물이 느는 즐거움이 있다. 사문(死門)이 태궁에 임했으니 근심과 걱정이 늘어 병에 걸리기 십상이다. 천봉(天蓬)과 현무(玄武)가 동궁하였다. 높은 월급을 주고 적합한 책임자를 공고하여 채용하기에는 재정적으로 아까워하여 현재 있는 직원 중에 차선으로 선정하고자 한다.

시간궁(時干宮) 분석

시간(時干)은 육무(六戊)로 간궁(艮宮)에 앉았다. 대응결은 무가계(戊加癸)로 무가계위 문길불길 문흉초흉(戊加癸爲 門吉不吉 門凶招凶)이다. 길문이면 길하고 흉문이면 흉하다. 간궁에는 휴문(休門) 길문, 천보(天甫) 길성이 동궁하였다. 시간은 아랫사람, 종업원의 용신이며 점사의 객체이다. 시간이 있는 간토궁(艮土宮)이 일간 태금궁(兌金宮)을 토생금(土生金)하고 있다. 3명의 후보자 중 한 명을 책임자로 선정하는 것이 길하다는 뜻이다.

연명(年命) 분석

후보 A는 1976년 병진년생(丙辰年生)이다. 병기(丙奇)는 곤궁(坤宮)에 앉았는데 병가경(丙加庚)·병가을(丙加乙)이다. 육병(六丙) 형혹(熒惑)이 육경 태백(太白)의 살기를 만나 흉하지만, 병기 천성(天成)이 을기 천귀(天貴)에 노니는 길한 병가을(丙加乙)도 함께하여 나쁘지는 않다. 길성인 천심성(天心星)이 동궁하였는데 천심성은 마음속에 계획이 있고 정직한 성품의 소유자임을 의미하며, 동궁한 구지(九地)는 진중함을 말해주고 있다. 곤토궁(坤土宮)이 일간의 태금궁(兌金宮)을 토생금(土生金)해 주고 있다.

후보 B는 1980년 경신년생(庚申年生)으로 손궁(巽宮)에 앉았다. 십간대응결은 경가무(庚加戊)로 화로에 불이 없는 것과 같다. 애만 쓰고 결과가 없고 큰일을 이루기 어렵다. 다른 대응결은 을가무(乙加戊)이다. 을가무위 음해양문 선화명병(乙加戊爲 陰害陽門 鮮火名瓶)으로 산 위에 꽃이 핀다. 혼인, 관광에는 길하나 꽃이 육무 천문(天門)을 막아 양사(陽事), 양인(陽人)에는 해롭다. 궁에 길문이면 도모할 수 있으나 흉문이면 파재한다. 손궁에 흉문 상문(傷門), 흉성인 천예(天芮)가 동궁하였다.

　피고용인을 채용할 때 상문과 천예는 언젠가 주인의 등에 칼을 꼽을 수 있는 사람으로 평가한다.

　후보 C는 1982년 임술년생(壬戌年生)이다. 육임(六壬)이 진궁(震宮)에 앉았다. 대응결은 임가기(壬加己)로 임가기위 반음니장 반음사형(壬加己爲 反吟泥漿 反吟蛇刑)이다. 물을 흙에 부어 진흙처럼 짓이겨진다. 음모·밀계를 잘 쓰고 재액이 오며 큰 화가 따른다. 등사(螣蛇)가 동궁하였다. 남에게 얘기 못한 사연이 있고 교활하고 변화무쌍하다. 어디로 튈지 모른다. 진궁은 일간의 태궁과 금목상충(金木相沖)하는 대충방이다. J 사장에게 도움이 전혀 되지 않는 사람이다.

적합자

　후보자의 각각의 연명(年命)을 분석해 보면 후보자 A가 J 사장에게 가장 길하다. 그러나 현재 병기(丙奇)가 앉은 곤궁은 시공망(時空亡)을 맞았다. J 사장 마음에 아직 차지 않거나, 책임자로 임명해도 후보자 A가 선뜻 나서지 않을 것이다. 공망이 해공되는 미일(未日)·신일(申日) 임명이 진행될 것이다.

④ 사례 4[71] - 올해의 운세

1997년 2월 1일 낮 12시 10분, 왕서민(王瑞民)이 자신의 1997년 신수 운세를 문의하였다.

<丙子 辛丑 甲戌 庚午>

時干　　　　　　　　天乙		年干
傷官　庚　天任_艮　太陰_酉 　　　丙　休門_坎　天符_中 　　　庚加丙爲 太白入熒 太白加官 　　　　　　　　　　　胎 養	偏印　丁　天沖_震　六合_卯 　　　辛　　生門_艮　太乙_坎 　　　丁加辛爲 燒殿珠玉 朱雀入獄 　　　　　　　　　　　　絶	正印　丙(丙)　天甫_巽　載空 日空 　　　癸(乙)　傷門_震　白虎_陳 　　　丙加癸爲 黑雲遮日 軒轅_震 　　　丙加乙爲 艶陽麗花 華蓋悖師 　　　　　　　　　　日月幷行 日基 死 基
直使		月干
正財　壬　天蓬_坎　螣蛇_巳 　　　丁　開門_乾　招搖_巽 　　　壬加丁爲 干合星奇 干合蛇刑 　　　　　　　　　　　　生	偏官　　　　　　　　　 　　　乙　　青龍_乾 　　　丙加乙爲 艶陽麗花 日月幷行	食神　辛　天英_離　載空 日空 　　　己　杜門_巽　玄武_雀 　　　辛加己爲 入獄自刑 太陰_艮 　　　　　　　　　　　虎坐明堂 　　　　　　　　　　　　病
直符	日干	時空
劫財　戊　天心_乾　直符_寅 　　　庚　驚門_兌　天乙_離 　　　戊加庚爲 天武入獄 助針爲虐 　　　　　　　　　　時基 浴 帶	比肩　己　天柱_兌　九天_乾 　　　壬　死門_坤　攝堤_坤 　　　己加壬爲 反吟濁水 地網高張 　　　　　　　　　　　　祿	偏財　癸(乙)　天芮_坤　九地_坤 　　　戊(戊)　景門_離　咸池_兌 　　　癸加戊爲 天乙會合 青龍入地 　　　乙加戊爲 陰害陽門 鮮花名甁 　　　　　　　　　　　　旺 衰

본인 운세

감일궁의 육기(六奇) 일간(日干)이 흉성인 천주(天柱)와 흉문인 사문(死門)이 동궁(同宮)하여 대흉하다. 일간이 사문을 만난 해는 전체적으로 불길하다. 사문은 절명(絶命)이고 상사(喪死), 상복(喪服)를 불러온다.

71　將志春, 『개오지문(開悟之門)』, 285p, 중국상업출판사

부친 운세

부친의 용신은 건궁(乾宮)과 연간(年干) 병기(丙奇)이다.

부친궁인 건궁에 병성(病星)인 천예(天芮)가 있다. 경문(景門)이 건궁(乾宮)을 극(剋)하여 뇌혈관의 질병이 염려된다.

곤궁(坤宮)에 있는 연간(年干) 병기(丙奇)에 있는 상문(傷門)은 목극토(木剋土)로 궁박(宮迫)하니 흉하고, 혈광신(血光神) 백호(白虎)도 흉장이다. 곤궁이 토월인 축월(丑月)을 만나 왕상(旺相)한 상태로 일간 낙궁을 극(剋)하니 부친에게 불리한 해이다.

직장 운세

직장의 용신 개문(開門)은 진궁(震宮)에 있다. 개문은 궁박(宮迫)하고, 등사(騰蛇)는 음화괴이지신(陰火怪異之神)으로 흉하다. 격으로 임가정위 간합성기 간합사형(壬加丁爲 干合星奇 干合蛇刑)이다. 육임(六壬)은 변동을 주관하고 정기는 성기(星奇)로 길하다. 정임합(丁壬合)이 묘월(卯月)의 자리에 있어 변동은 충동(沖動)하는 유월(酉月)에 있다. 실제, 1997년 9월 9일 정축년(丁丑年) 기유월(己酉月) 갑인일(甲寅日)에 직장에서 작은 변동이 있었다.

재물 운세

재물의 용신인 생문(生門)에 정가신(丁加辛)과 육합(六合)이 동궁(同宮)하는 휴사격(休詐格)으로 재운이 길하다. 소길성인 천충(天沖)이 이구궁(離九宮)을 생하고, 주택인 생문이 이구궁으로부터 생을 받는 중, 정가신은 죄인석수(罪人釋囚), 관인실위(官人失位)의 변동 운이니 이사 갈 해이다.

부부 운세

부인인 을기(乙奇)는 건육궁에 있고 남편인 육경(六庚)은 손궁(巽宮)

에 있어 대충(對沖)에 상극(相剋)이 된다. 을기궁은 시공망(時空亡)이고, 육경궁에는 경가병위 태백입형 태백가관(庚加丙爲 太白入熒 太白加官)으로 육경 태백(太白)이 병기 형혹(熒惑)에 들고 도적이 오는 흉격이다. 부부 사이에 심한 불화를 겪는 해이다.

건강 운세

병성(病星)인 천예(天芮)가 시공망(時空亡)이고, 천예가 있는 건육궁이 일간 낙궁인 감일궁을 극하지 않으니, 건강에 문제가 없다.

실제

1997년 7월 20일 오전 3시 45분 정축년(丁丑年) 정미월(丁未月) 계해일(癸亥日) 갑인시(甲寅時)에 부친이 사망했다. 부친의 연명 계해(癸亥)가 시공망(時空亡)으로 위험한 중, 병기 태세는 곤이궁에 있어 정미월(丁未月)에 응하고, 건육궁의 시공망이 전실(塡實)되는 술해(戌亥)는 계해일(癸亥日)에 응한다.

⑤ 사례 5[72] - 2월의 재물운

1997년 3월 3일 오후 8시, 하북성에서 약국을 운영하는 1962년 임인년생(壬寅年生) 여성이 하북성 주역연구회 석건국(石建国)에게 찾아가 문점한 내용이다. 그녀는 올해 2월의 재물운에 대해 문의하였다.

<丁丑 壬寅 甲辰 甲戌>

時干	直符 天乙 直使	年干				
正官 己	天甫_巽 直行_寅	正財 丁	天英_離 螣蛇_巳	傷官 乙(乙)	天芮_坤 太陰_酉	載空 時空
己	杜門_巽 攝堤_坤	丁	景門_離 咸池_兌	乙(庚)	死門_坤 天乙_離	
己加己爲 地戶逢鬼 伏吟軟弱		丁加丁爲 星奇太陰 兩火成炎		乙加乙爲 日奇伏吟 伏吟雜草		
				乙加庚爲 日奇被刑 天貴落獄		
死 基		病		日基 時基 旺 衰		
偏官 戊	天沖_震 九天_乾	偏印		月干 日干		
戊	傷門_震 太乙_坎	庚	軒轅_震	比肩 壬	天柱_兌 六合_卯	載空 時空
戊加戊爲 青龍伏吟 伏吟崚山		乙加庚爲 日奇被刑 天貴落獄		壬	驚門_兌 天符_中	
日空				壬加壬爲 蛇入地羅 伏吟地網		
絶				祿		
劫財 癸	天任_艮 九地_坤	偏財 丙	天蓬_坎 玄武_雀	正印 辛	天心_乾 白虎_陳	
癸	生門_艮 青龍_乾	丙	休門_坎 太陰_艮	辛	開門_乾 招搖_巽	
癸加癸爲 天網四張 伏吟天羅		丙加丙爲 月奇悖師 伏吟弘光		辛加辛爲 天庭自刑 伏吟相剋		
日空						
胎 養		生		浴 帶		

대국(大局)

의기복음(儀奇伏吟), 성문복음(星門伏吟)이다. 복음(伏吟)은 천지적막(天地寂寞)하고 일월무광(日月無光)하여 모든 변화를 꺼린다. 복음에 망동(妄動)하면 파재상인(破財傷人)에 관재횡화(官災橫禍)의 일이 일어난다. 이 여성은 재물에 어려움이 있다.

---

72 將志春, 『개오지문(開悟之門)』, 201p, 중국상업출판사

연명과 일간

연명(年命)은 1962년 임인년생(壬寅年生)이다. 연명과 일간(日干)이 모두 태칠궁(兌七宮)에 있다. 격이 임가임위 사입지라 복음지망(壬加壬爲 蛇入地羅 伏吟地網)으로 외부 내부의 일 모두가 번잡하게 막히는 상이다. 연명궁과 일간궁이 자본인 갑자무(甲子戊)가 있는 진삼궁(震三宮)을 대충(對沖)으로 극(剋)한다. 파재(破財)의 기운이 있다.

파재 액수

갑자무(甲子戊)가 은복지지(隱伏地支) 묘(卯)인 진궁(震宮)에 앉았다. 자묘형(子卯刑)으로 육의격형(六儀擊刑)이 된다. 인월(寅月) 정단에 묘(卯)는 왕상(旺相)하므로 파재 액수는 크다. 정기(丁奇)가 있는 연간궁(年干宮) 이화궁(離火宮)이 일간궁(日干宮)인 태금궁(兌金宮)을 화극금하기에, 이 역시 파재 규모가 크다는 것을 보여준다. 진삼궁의 수는 후천수(後天數)로 3, 선천수(先天數)로 4[四震雷], 오행수(五行數)로 8이다. 파재 액수는 적으면 3만 위안, 많으면 3만 8천 위안이다.

파재 원인

연명궁(年命宮)과 일간궁(日干宮)인 태칠궁(兌七宮)에 정기(丁奇)가 없어 여성으로 인한 파재가 아니고, 천봉(天蓬)과 현무(玄武)가 없으므로 도둑이나 분실로 인한 파재도 아니다. 경문(驚門)이 태궁에 동궁하니 관사(官司) 또는 소송으로 인한 파재(破財)이다.

파재 시기

자본인 갑자무(甲子戊)가 있는 진목궁(震木宮)의 은복지지(隱伏地支)는 묘(卯)이다. 일간궁(日干宮)인 태금궁(兌金宮)으로부터 금극목(金剋木)이 되는 시기는 묘월(卯月)이다. 이달에 파재가 있다.

실제

　질문한 여성은 세무 당국의 1996년 소득에 대한 감사로 1997년 2월에 37,500위안의 벌금이 부과되었다. 이 벌금을 1997년 3월 4일 납부하였다고 3월 5일 전화로 알려왔다.

⑥ 사례 6 - 구청 위생 점검

마포구에서 무인 라면식당을 운영하고 있는 K씨는 구청 위생점검이 신경 쓰인다. 매장을 청결하게 유지한다고 해도, 무인으로 운영하다 보니 상시 관리가 어렵고, 직전 점검에서는 예상치 못한 곳에서 적발됐기 때문이다. 금번 위생점검에서는 문제가 없을지, 다른 흉사는 없을지 문의하였다.

<癸卯 甲子 辛酉 乙未>

劫財 庚 戊 庚加戊爲 天乙伏宮 有爐無火 載空 時空 天心_乾 騰蛇_巳 休門_坎 軒轅_震 日基 帶祿	偏官 丁 癸 丁加癸爲 朱雀投江 文書有誤 天蓬_坎 太陰_酉 生門_艮 太陰_艮 旺	傷官 壬(壬) 丙(己) 壬加丙爲 水蛇入火 日洛西海 壬加己爲 反吟泥漿 反吟蛇刑 天任_艮 六合_卯 傷門_震 太乙_坎 衰 病
日干 　　　　　　　直符 比肩 辛 乙 辛加乙爲 白虎猖狂 人亡家敗 天柱_兌 直符_寅 開門_乾 攝堤_坤 浴	偏印 己 壬加己爲 反吟泥漿 反吟蛇刑 招搖_巽	時干 　　　　　　　天乙 偏財 乙 辛 乙加辛爲 青龍逃走 人亡財破 天沖_震 白虎_陳 杜門_巽 青龍_乾 死
直使 　　　　　　　日空 正官 丙(己) 壬(壬) 丙加壬爲 火入天羅 江揮相映 己加壬爲 反吟濁水 地網高張 天芮_坤 九天_乾 驚門_兌 咸池_兌 生 義	年干 　　　　　　　日空 食神 癸 丁 癸加丁爲 騰蛇妖嬌 火焚莫逃 天英_離 九地_坤 死門_坤 天乙_離 胎	月干 正印 戊 庚 戊加庚爲 天武入獄 助紂爲虐 天甫_巽 玄武_雀 景門_離 天符_中 時基 基 絶

일간궁 분석

일간(日干)은 문점자의 용신이다. 육신(六辛)은 진삼궁(震三宮)이 절지(絶地)이다. 자월(子月)에 설기(洩氣)된 육신(六辛)은 절지에서 힘을 잃은 상태이다. 십간대응결은 신가을(辛加乙)로 백호창광 인망가패(白虎猖狂 人亡家敗)이다. 백호가 수풀에 숨어 미쳐 날뛰니 도모하는 일은 망하고 가업도 무너진다.

시간궁 분석

시간(時干) 또한 점사의 행위·객체로 보는 주요 용신이다. 시간(時干)은 태칠궁(兌七宮)에 자리하였다. 을기청룡(乙奇靑龍)이 신금(辛金)인 작두에 의해 부서진다. 재신 청룡이 신(辛)에 의해 진극당하므로 재산이 부서지며 아랫사람이 배반한다.

호동성인 천충(天沖)과 살상지신 백호(白虎)가 동궁하여 그 흉을 가중시키고 있다. 시간궁(時干宮)은 태궁에서 일간궁(日干宮)과 대충(對沖)하여 금목상충(金木相沖)하고 있다. 흉사가 또 벌어질 수 있다.

육경(六庚)

흉사의 용신은 육경(六庚)으로 손사궁(巽四宮)에 있다. 등사(螣蛇)와 동궁하여 한 개가 아닌 여러 개의 흉사가 오고 있음을 암시하고 있으나 현재는 시공망(時空亡)을 맞아 흉함을 당장은 면할 수 있다. 경가무(庚加戊)는 애만 쓰고 결과가 없고 큰일을 이루기는 험하다.

육무(六戊)와 생문(生門)

건육궁(乾六宮)에 앉은 육무(六戊)를 이구궁(離九宮)의 생문(生門)이 극(剋)하고 있다. 돈 벌려다 자본을 잃는다.

실제

위생점검은 넘어갔으나 몰상식한 관광객과 손님들로 인해 집기가 파손되어 손실이 크게 발생했다.

⑦ 사례 7 – 부족한 배추의 공급처

폭염·폭우에 따른 생육 부진, 재배 면적 감소가 맞물려 2024년 가을 김장철을 앞두고 배춧값이 폭등하였다. 7월 포기당 3,800원에서 9월 1만 원, 9월 중하순에는 2만 원을 넘었다.

H상회는 식자재를 납품하는 업체이다. 해남에서 미리 확보한 배추를 수확하여 수요처에 납품해야 하는데, 공급량이 수요를 따라가지 못하니 어디에 공급해야 할지 골머리를 앓고 있다.

A마트는 동쪽, 아파트 단지 내 대형마트로 물건값을 제때 잘 입금한다. B보쌈은 남쪽, 새로 거래를 튼 곳이고 배추 소비가 많다. C식품은 북서쪽, 아직 받지 못한 식자재 대금이 있으나 거래 관계는 오래되었다. 2024년 9월 18일 저녁에 정단하였다.

<甲辰 癸酉 乙酉 丙戌>

月干 偏印 癸　　天柱_兌　太陰_酉 　　　乙　　傷門_震　天符_中 　　　癸加乙爲 梨花春雨 華蠱逢星 　　　　　　　　　　　　　生義	載空 日空 時空 食神 丁　　天心_乾　螣蛇_巳 　　　辛　　杜門_巽　天乙_離 　　　丁加辛爲 燒殿珠玉 朱雀入獄 　　　　　　　　　　　　　浴	直符 　　　　　　　載空 日空 時空 正官 庚(庚)　天蓬_坎　直符_寅 　　　己(丙)　景門_離　咸池_兌 　　　庚加己爲 太白大刑 官符刑格 　　　庚加丙爲 太白入熒 太白加官 　　　　　　　　　　　日基 常 祿
天乙 偏財 己(丙)　天芮_坤　六合_卯 　　　戊(戊)　生門_艮　青龍_乾 　　　己加戊爲 犬遇青龍 六合之門 　　　丙加戊爲 飛鳥跌穴 月奇得使 　　　　　　　　　　　　　胎	時干 傷官　　　　　　招搖_巽 　　　丙 　　　庚加丙爲 太白入熒 太白加官	年干 正印 壬　　天任_艮　九天_乾 　　　癸　　死門_坤　攝堤_坤 　　　壬加癸爲 幼女嘉淫 陰陽重地 　　　　　　　　　　　　　旺
直使 偏官 辛　　天英_離　白虎_陳 　　　壬　　休門_坎　太乙_坎 　　　辛加壬爲 寒塘月影 凶蛇入獄 　　　　　　　　　　　　基 絶	日干 比肩 乙　　天甫_巽　玄武_雀 　　　庚　　開門_乾　太陰_艮 　　　乙加庚爲 日奇被刑 天貴落獄 　　　　　　　　　　　　　死	 正財 戊　　天沖_震　九地_坤 　　　丁　　驚門_兌　軒轅_震 　　　戊加丁爲 火燒赤壁 青龍耀明 　　　　　　　　　　　時基 衰 病

일간궁 분석

H상회는 일간(日干)으로 감궁(坎宮)에 위치하였다. 감궁은 을가경(乙加庚)으로 일기피형(日奇被刑)·쟁송재산(爭訟財産)이다. 일기(日奇)가 경금(庚金)에 의해 잘라진다. 잘 처리하지 못하면 재물로 인한 분쟁이 발생할 수 있다. 그러나 유월(酉月)에 감궁은 왕(旺)하며, 길문이 개문(開門)이 들었다. 개문(開門)이 감궁에 비도되면 귀인을 만나고 거래와 재물에 길하다고 해석한다. 현무(玄武)와 태음(太陰)이 들어 이번 기회에 돈을 더 벌어보고자 하는 욕심도 있다. 길성인 천보(天甫)가 동궁하였다.

선택지 용신 분석

A마트는 H상회 동쪽에 위치하였기에 진궁(震宮)을 용신으로 삼는다. 진궁은 기가무(己加戊)로 술(戌)인 개(犬)가 육무 청룡(靑龍)을 만난다. 모사는 이루어지고 귀인을 만나는 즐거움이 있다. 생문(生門)과 육합(六合)을 동궁하였다. 일간 감궁이 진궁을 수생목(水生木)하여 상생(相生)하고 있다.

B보쌈은 남쪽에 위치하여 리궁(離宮)을 용신으로 삼는다. 리궁에 흉장인 등사(螣蛇), 소흉문인 두문(杜門)이 동궁했다. 두문(杜門)이 천간 정(丁)과 만나면 남자는 송사가 발생하고 옥살이하는 격이고, 정 위의 팔문인 경문(景門)과 만났으니 문서와 소식은 막힌다고 해석한다. 등사(螣蛇)는 교활한 마음이 가득한 것이고, 두문(杜門)은 두색불통으로 교활한 마음을 겉으로는 드러내지 않는 것을 말한다. 리궁은 정가신(丁加辛)으로 관인실위격(官人失位格)이다. 즉 해야 할 일을 하지 않는다. 주어야 할 대금을 미루거나, 가격이 비싸다고 배춧값을 흥정하려 들것이다. 일간과 대충방에서 수화상충(水火相沖)하니 좋은 거래가 되지 않는다.

C식품은 H상회 기준으로 북서쪽에 위치하였기에 건육궁(乾六宮)을

분석한다. 구지(九地)와 동궁하였기에 H상회와 오랫동안 거래 관계를 유지한 것으로 보인다. 경문(驚門)이 건궁에 비도(飛到)되면 관사(官事) 우려는 있으나 귀인을 만날 것이니 흉하지는 않다고 본다. 건금궁(乾金宮)에서 일간의 감수궁(坎水宮)을 금생수(金生水)하니 거래 관계가 지속될 것이다.

최종 선택

C식품은 비록 미수금이 있으나 건금궁(乾金宮)에서 감수궁(坎水宮) 일간(日干)을 금생수(金生水)하고 있어, 미수금의 즉시 변제 조건으로 1순위로 공급하는 것이 가장 길하며, B마트는 일간이 생하고 있어 차길하다. C식품, A마트, B보쌈 순으로 공급하는 것이 길하다.

⑧ 사례 8 - 딥페이크 협박

보이스피싱 '개인정보'와 '낚는다(Fishing)'의 합성어로 피해자를 기망 또는 협박하여, 개인정보 및 금융거래 정보를 요구하거나 피해자의 금전을 갈취하는 범죄이다.

L 팀장은 기혼자로 우연하게 어떤 여성을 알게 되어 화상통화를 몇 번 하게 되었다. 통화를 하면서 어떤 프로그램을 깔게 되었는데 L 팀장의 휴대폰에 있는 지인의 연락처 모두가 사기범들의 손으로 들어가게 되었다. 며칠이 지나 어떤 남자로부터 나체 동영상을 지인에게 뿌리겠다고 현금 500만 원을 준비하라는 협박을 받게 되었다. L 팀장의 얼굴을 합성한 딥페이크 영상을 지인에게 뿌려 망신을 주겠다는 엄포였다. 사실인지 엄포인지 순순히 돈을 주어야 하는 상황인지 문의하였다.

<甲辰 壬申 辛亥 丙申>

日干		直符	時干		天乙
比肩 辛 丙 辛加丙爲 干合悖師	天任_艮 直符_寅 死門_坤 靑龍_乾 天庭得明	載空 時空	偏財 乙 庚 乙加庚爲 日奇被刑	天沖_震 九天_乾 驚門_兌 太乙_坎 天貴落獄	正官 丙(丙) 戊(丁) 丙加戊爲 飛鳥跌穴 月奇得使 丙加丁爲 星奇朱雀 三奇順遂
		日墓 胎 義		絶	死 墓
偏印 己 乙 己加乙爲 柔情密意	天蓬_坎 螣蛇_巳 景門_離 咸池_兌 地戶逢星	日空	偏官 丁 丙加丁爲 星奇朱雀 三奇順遂	天符_中	劫財 庚 壬 庚加壬爲 耗散少格 太白退位	天英_離 玄武_雀 休門_坎 軒轅_震
		生			病
		年干 月干		日空	直使
食神 癸 辛 癸加辛爲 陽變陰盛	天心_乾 太陰_西 杜門_巽 攝堤_坤 網羅天牢		傷官 壬 己 壬加己爲 反吟泥漿 反吟蛇刑	天柱_兌 六合_卯 傷門_震 天乙_離	正印 戊(丁) 癸(癸) 戊加癸爲 天武地藏 岩石浸蝕 丁加癸爲 朱雀投江 文書有誤	天芮_坤 白虎_陳 生門_艮 招搖_巽
		浴 帶		祿	時墓 旺 衰

일간궁 분석

일간(日干) 신(辛)은 양둔국(陽遁局)으로 손궁(巽宮) 내궁(內盤)에 자리했다. 십간대응결 신가병(辛加丙)은 병기 명당(明堂)에 육신 천진(天進)이 닿는 것이니 이익을 증가시키는 기운은 있으나, 육신 백호(白虎)의 영향으로 재물로 인한 소송 등의 다툼은 피하지 못한다는 격이다. 길문(吉門)이면 길하고, 흉문(凶門)이면 흉하다. 흉문인 사문(死門)이 거하여 격(格)이 흉해졌다. 일간궁이 시공망(時空亡)을 맞아 어려움에 빠졌다.

육경궁(六庚宮) 분석

사기범, 흉사의 용신은 육경(六庚)으로 태궁(兌宮) 외반(外盤)에 거했다. 태궁의 십간대응결은 경가임(庚加壬)으로 무거운 쇠가 강에 빠지고, 육경 태백(太白)이 육임 지망(地網)에 깃든다는 뜻이다. 백호둔전(白虎迍邅)으로 백호가 머뭇거리는 격이다. 사기범은 엄포성이 짙다. 태궁에 현무(玄武)와 동궁하여 사기 치려는 불순한 마음으로 딥페이크 영상을 갖고 협박하고 있지만 L 팀장이 돈을 주지 않을까 불안해하고 있다.

협박의 진위

진궁(震宮)의 경문(景門)은 사기 치는 상황, 소식 등의 용신인데 등사(螣蛇), 천봉(天蓬)과 함께하면서 시간(時干)을 극(剋)하니 진위 여부에서 무시할 만한 허풍은 아닌 것이다.

상생상극 분석

경(庚)이 태금궁(兌金宮)에서 일간(日干) 손목궁(巽木宮)을 금극목(金剋木)으로 극(剋)하니, 사기범이 문점자 L 팀장을 협박하고 있는 상황이다.

그러나 문점자 일간(日干)이 내반에, 경(庚)이 외반에 있어 사기치고 싶어도 사기가 성공할 수 없다. 또 일간(日干)이 시공망(時空亡)으로 금극목(金剋木)할 수 없는 상황이며, 경찰을 상징하는 경문(警門)이 리궁(離宮)에서 태궁(兌宮)을 극(剋)하기에 경찰의 보호를 받을 수 있다. 더욱이 손궁에 직부(直符), 청룡(靑龍)과 함께하여 사기의 위험에서 큰 피해를 보지 않을 것이다.

종합적으로 보면 사기범은 엄포성이 짙고, 실제로 영상을 뿌리지 못할 것이며, 협박에 의한 피해도 없을 것이니 경찰에 신고할 것을 주문하였다.

실제
2024년 8월 15일 오후 4시 40분에 전화하여 상기 사실을 말해주었고, 오후에 기문둔갑 결과를 답변하였다. 그러나 L 팀장은 계속된 협박에 2024년 8월 21일 결국 200만 원을 사기범에게 건넸다고 한다. 그 후 사기범으로부터 추가적인 협박은 없었다.

14. 선거(選擧)

(1) 용신(用神)

① 출마 번호에 해당하는 궁(宮) 천간이 출마자의 용신이다. 기호 1번이라면 감궁, 기호 2번이라면 곤궁이다.

巽宮 四	離宮 九	坤宮 二
震宮 三	中宮 五	兌宮 七
艮宮 八	坎宮 一	乾宮 六

② 출마자의 연명(年命)이 용신이다.
③ 남녀 간 선거 시 남자 후보는 경(庚), 여자 후보는 을(乙)이다.
④ 시간(時干)은 유권자(有權子)이고, 점사의 객체이다.
⑤ 사문(死門)은 권력기관, 유권자를 의미한다.
⑥ 개문(開門)은 정부기관을 의미한다.

(2) 판단기법

① 기문둔갑 다중용신 분석이다. 각 용신 간 상생상극(相生相剋)을 통해 선거에 유불리를 따진다.
② 용신이 앉은 궁의 왕상쇠약(旺相衰弱), 격국을 길흉(吉凶) 분석하여 선거의 유불리를 따진다.

③ 태세(太世)가 생(生)하면 선거에 유리하고, 극(剋)하면 선거에 불리하다.
④ 시간(時干)이 생(生)하면 선거에 유리하고, 극(剋)하면 선거에 불리하다.

(3) 사례

① 사례 1[73] – 이스라엘 총리 선거

2001년 2월 6일 이스라엘 총리 선거가 있다. 이번 화요일인 2월 6일 이스라엘의 운명을 결정하는 총리 선거를 시행한다.

임시 총리인 노동당의 「에후드 바라크」와 우익 리쿠드당 대표 「아리엘 샤론」의 선거 운동이 본격화됐다.

팔레스타인과 이스라엘의 평화 회담은 진전을 이루지 못했을 뿐만 아니라, 오히려 2000년 10월 이후 팔레스타인-이스라엘 갈등이 확대되었고, 미국은 이스라엘-팔레스타인 평화 회담에 반대하며 점령지에 더 많은 유대인 정착촌을 건설할 것을 주장했다.

이번 선거는 중동 평화로 가는 중대한 선거이며 전 세계적 관심이 집중되었다.

이번 선거에서 총리 후보 중 한 명인 「아리엘 샤론」은 유명한 우익 리쿠드당의 강경파이다. 샤론이 집권하게 되면 중동평화는 기약 없이 후퇴할 가능성이 높기에 기문둔갑으로 누가 당선될지 정단하기로 하였다.

---

73 將志春, 『개오지문(開悟之門)』, 150p, 중국상업출판사

아리엘 샤론은 1928년 무진년생(戊辰年生)이고, 에후드 바라크는 1942년 임오년생(壬午年生)이다.

<辛巳 庚寅 庚子 乙酉>

月干 日干 　　　　　直符		
比肩　庚　　天柱_兌　直符_寅 　　　乙　　休門_坎　青龍_乾 庚加乙爲 太白逢星 太白貪合 　　　　　　　　　　　基 絶	日空 正印　己　　天心_乾　螣蛇_巳 　　　壬　　生門_艮　攝堤_坤 己加壬爲 反吟濁水 地網高張 　　　　　　　　　　　胎	截空 時空 傷官 癸(癸) 天蓬_坎　太陰_酉 　　　丁(戊) 傷門_震　招搖_巽 癸加丁爲 螣蛇妖嬌 火焚莫逃 癸加戊爲 天乙會合 青龍入地 　　　　　　　　　　　生 養
正官　丁(戊) 天芮_坤　九天_乾 　　　丙(丙) 開門_乾　天符_兌 丁加丙爲 姮娥奔月 星隨月轉 戊加丙爲 青龍得明 日出東山 　　　　　　　　　　　死	偏印 　　　戊　　　　　　　咸池_兌 癸加戊爲 天乙會合 青龍入地	年干 劫財　辛　　天任_艮　六合_卯 　　　庚　　杜門_巽　天乙_離 辛加庚爲 白虎出力 虎逢太白 　　　　　　　　　　　浴
直使 食神　壬　　天英_離　九地_坤 　　　辛　　驚門_兌　太乙_坎 壬加辛爲 陶洗珠玉 螣蛇相纏 　　　　　　　　日基衰病	時干　　　　　　　天乙 正財　乙　　天甫_巽　玄武_雀 　　　癸　　死門_坤　軒轅_震 乙加癸爲 華蓋逢星 祿野朝露 　　　　　　　　　　　旺	偏官　丙　　天沖_震　白虎_陳 　　　己　　景門_離　太陰_艮 丙加己爲 火悖入刑 大地晋照 　　　　　　　　時基帶祿

연명 분석

바라크는 1942년 임오년생(壬午年生)으로 육임(六壬)은 간궁(艮宮)에 앉았다. 십간대응결은 임가신(壬加辛)으로 임가신위 도세주옥 등사상전(壬加辛爲 陶洗珠玉 螣蛇相纏)이다. 물을 부어 주옥을 닦으니 다툼과 송사는 공평하여지고 바름과 틀림이 분명해진다. 그러나 육신 갑진임(甲辰壬)이 입묘되어 등사가 서로 얽혔다. 길문을 얻더라도 편안치 않고 바라는 일은 기만을 당한다. 경문(驚門)과 동궁하여 사람과 사람의 관계가 좋지 않게 된다.

아리엘 샤론은 1928년 무진년생(戊辰年生)으로 갑자무(甲子戊)가 진궁(震宮)에 앉았다. 진궁(震宮)은 무(戊)의 욕지이다. 권력에 대한 욕심을 갖고 있다. 십간대응결은 정가병(丁加丙)으로 달이 해 위에 노닌다. 정기 옥녀(玉女)가 병기 월기(月奇)에서 노니는 격으로 관직에 있는 이는 승진하고 일반인도 발전의 기운이다. 또 다른 대응결은 무가병(戊加丙)이다. 무가병위 청룡득명 일출동산(戊加丙爲 靑龍得明 日出東山)으로 큰 산에 해가 막 떠오르며 새벽이 곧 물러나듯 시작은 어렵지만 나중은 길하여지는 격이다. 정부기관을 상징하는 개문(開門)과 동궁(同宮)하고 있다. 구천(九天)과 동궁하여 아홉 하늘 위로 군대를 일으킬 수 있다.

진궁은 무(戊)의 육의격형(六儀格刑)의 자리이다. 육의격형을 맞으면 매사 실패하고 파재상인하나, 격국이 길하여 사람이 호전적이고 공격적인 것으로 해석한다.

생극 분석

유권자의 용신인 시간(時干)은 감수궁(坎水宮)에 있다. 연명 임(壬)인 바라크는 시간을 극하니 유권자의 뜻을 거스른다. 시간이 연명 무(戊)를 생하니 아리엘 샤론으로 여론이 기울었다. 연간 무(戊)가 있는 진목궁(震木宮)이 연간 임(壬)이 있는 간토궁(艮土宮)을 목극토(木剋土)하니 아리엘 샤론 당선이 유력하다.

실제

2월 7일 저녁 중국 CCTV 뉴스 방송에서는 아리엘 샤론이 이스라엘 총리로 선출되었다고 보도했다.

② 사례 2 - 트럼프와 해리스

「도널드 트럼프(Donald John Trump)」는 2017년 45대 미국 대통령을 역임했고 현재 공화당 대통령 후보이다. 「카멀라 해리스(Kamala Devi Harris)」는 현 미국 부통령이자 민주당 대통령 후보이다.

두 후보 간에 누가 대통령이 되느냐에 따라 미국의 관세 부과를 통한 보호무역정책, 자국 내 제조업 육성, 재정정책, 거시경제정책, 가상자산 정책 및 이민정책, 미국 우선주의를 통한 나토문제, 유럽 방위비 인상, 우크라이나-러시아 전쟁 휴전, 이스라엘-이란 문제, 중국와 대만의 양안문제 등 여러 분야의 정책이 요동칠 것이 분명하다.

따라서 세계는 미국의 대선 결과에 따라 자국의 무역·산업·국방·외환정책 방향을 크게 수정해야 하는 등 미국 대선 결과는 전 세계적 관심사이다.

2024년 9월 1일 현재 미국 ABC뉴스와 미국 여론조사전문기관 입소스(Ipsos)의 여론조사 결과「카멀라 해리스」의 지지율은 50%,「도널드 트럼프」의 지지율은 46%로 해리스가 4%포인트 앞서가는 상황이다.

국내 대다수 언론매체에서도 해리스의 승리를 예상하는 가운데, 2024년 11월 실시하는 미국의 대통령 선거를 2024년 9월 1일 13:28분에 기문둔갑으로 점단하였다.

「도널드 트럼프」는 1946년 병술년생(丙戌年生),「카멀라 해리스」는 1964년 갑진년생(甲辰年生)이다.

<甲辰 壬申 戊辰 戊午>

正印 丁 癸 丁加癸爲 朱雀投江 文書有誤 死基	直符 直使 正財 癸 天甫_巽 直符_寅 戊 杜門_巽 太陰_艮 癸加戊爲 天乙會合 靑龍入地 病	日干 時干 天乙 比肩 戊(戊) 天英_離 九天_乾 丙(壬) 景門_離 靑龍_乾 戊加丙爲 靑龍得明 日出東山 戊加壬爲 山明水秀 靑龍天牢 旺衰
劫財 己 天任_艮 太陰_酉 丁 生門_艮 天符_中 己加丁爲 朱雀入基 明堂貪生 絶	年干 月干 偏財 壬 軒轅_震 戊加壬爲 山明水秀 靑龍天牢	偏印 丙(壬) 天芮_坤 九地_坤 庚(庚) 死門_坤 太乙_坎 丙加庚爲 熒惑入白 熒入太白 壬加庚爲 螣蛇相繞 太白擒蛇 祿
正官 乙 天蓬_坎 六合_卯 己 休門_坎 天乙_離 乙加己爲 日奇入基 日奇得使 胎養	截空 時空 傷官 辛 天心_乾 白虎_陳 乙 開門_乾 咸池_兌 辛加乙爲 白虎猖狂 人亡家敗 生	截空 時空 日空 食神 庚 天柱_兌 玄武_雀 辛 驚門_兌 攝堤_坤 庚加辛爲 撒退碎玉 白虎干格 日基 時基 浴 帶

용신 연명 분석

해리스의 연명은 갑진년(甲辰年)으로 갑진임(甲辰壬)이 연명이 된다. 임(壬) 태궁(兌宮) 욕지에 앉았다. 현 부통령인 해리스는 대통령 자리에 욕심이 많다. 사법기관을 의미하는 사문(死門)이 동궁하였다. 검사 출신인 해리스는 대통령 당선이 되면 사법기관을 동원하여 트럼프를 법적으로 기소할 마음이 강하다.

십간대응결은 병가경(丙加庚)이다. 병가경위 형혹입백 형입태백(丙加庚爲 熒惑入白 熒入太白)이다. 육병 형혹이 태백의 살기를 만나 파재(破財)하고 도적이 온다. 병든 용이 비를 만난 것과 같이 이루어짐이 없다. 또 다른 대응결은 임가경(壬加庚)이다. 물이 칼날 위에 있다. 쓸데없이 애만 쓰고 이루어지는 것이 없다.

트럼프의 연명은 병술년(丙戌年)으로 병(丙)은 태궁에 앉았다.

태궁은 병과경(丙加庚)으로 무거운 쇠로 주옥을 깨뜨리고, 육경 태백(太白)이 육신 천진(天進)에 드니 좋지 않은 격국은 마찬가지이다. 재물을 구하는 일은 대흉하며, 모든 변동에 불리하다.

용신(用神) 을경(乙庚) 분석

두 후보의 연명 용신이 모두 태궁에 임하여 판단이 어려워 추가적인 분석으로 을경(乙庚)을 분석한다. 트럼프는 남자 후보로 육경(六庚), 해리스는 여자 후보로 을기(乙奇)를 용신(用神)으로 삼는다.

해리스의 을(乙)은 간궁(艮宮)에 앉았는데 간궁은 을의 건록(建祿)·제왕지(帝王地)이다. 그러나 시공망(時空亡)을 맞았다. 대응결은 을가기(乙加己)로 삼기가 원군을 얻은 것같이 꽃이 옥토를 얻었다. 한편으로는 스스로 자기 발등을 찍는 기운이니 조심해야 한다. 길문 휴문(休門)을 만나 길해 보이나 휴문은 궁(宮)으로부터 극(剋)을 당하여 사람으로부터 힘을 얻지 못한다. 휴문은 자리에서 한발 물러남을 뜻하므로 권력의 자리에서 내려와야 한다.

트럼프의 경(庚)은 건궁(乾宮)에 앉았으니 쇠병지(衰病地)에 있다. 십간대응결은 경가신(庚加辛)으로 무거운 쇠로 주옥을 깨뜨리는 형상이다. 경가신 방위는 각종 사고가 빈발하여 다툼이 발생한다. 건궁 방위인 서북방에서 좋지 않은 일이 발생한다. 흉문인 경문(驚門), 흉신인 현무(玄武)가 동궁하여 선거 중반까지 여론의 열세를 보이고 있다. 그러나 건궁(乾宮)은 승리, 수확, 쟁취 등의 의미를 함의하고 있고, 경가신(庚加辛)은 객(客)은 이롭고 승리하는 격이다. 이번 대선에서 트럼프는 여당인 민주당의 도전자로 객이다.

생극 분석

해리스의 간토궁(艮土宮) 역시 트럼프의 건금궁(乾金宮)을 토생금(土生金)해 준다.

유권자인 시간(時干)이 곤토궁(坤土宮)에 앉아 트럼프의 용신궁인 건금궁(乾金宮)을 토생금(土生金)해 주고 있다. 유권자인 시간궁과 해리스의 간궁은 대충방이다. 결국 유권자는 트럼프를 지지한다.

이상의 상황을 조합하여 판단하면 트럼프가 해리스를 이기고 대통령이 될 것이다.

실제

트럼프가 2024년 미국 대통령 선거에서 당선되었다. 트럼프의 용신이 앉은 건궁 방위에서 불리한 결과가 나타났다. (서북방위인 뉴욕, 뉴저지, 메릴랜드에서 해리스에 패하였다.)

③ 사례 3 – 대한민국 20대 대선

2022년 3월 9일 제20대 대한민국 대통령 선거가 있다. 여당인 민주당에서는 이재명 후보를, 야당인 국민의 힘에서는 윤석열 후보를 내세우며 치열한 혼전을 벌이고 있다. 과연 누가 대통령이 될 것인가?

<壬寅 癸卯 辛酉 辛卯>

月干　　　　　　　　直使		日干 時干　　　　　　天乙
截空 食神　癸　天英_離　玄武_雀 　　　戊　開門_乾　軒轅_震 癸加戊爲 天乙會合 青龍入地 　　　　　　日基 時基 帶祿	時空 正官　丙(己)　天丙_坤　九地_坤 　　　癸(癸)　休門_坎　太陰_艮 丙加癸爲 黑雲遮日 華蓋悖師 己加癸爲 地刑玄武 明堂華蓋 　　　　　　　　　旺	時空 比肩　辛(辛)　天柱_兌　九天_乾 　　　丙(己)　生門_艮　太乙_坎 辛加丙爲 干合悖師 天庭得明 辛加己爲 入獄自刑 虎坐明堂 　　　　　　　　　養 病
 正印　戊　天甫_巽　白虎_陳 　　　乙　驚門_兌　攝堤_坤 戊加乙爲 青龍合靈 青龍和會 　　　　　　　　　浴	偏印　　　　　　　　 　　　己　　　　招搖_巽 辛加己爲 入獄自刑 虎坐明堂	直符 劫財　庚　天心_乾　直符_寅 　　　辛　傷門_震　青龍_乾 庚加辛爲 撤退碎玉 白虎干格 　　　　　　　　　死
日空 偏財　乙　天沖_震　六合_乾 　　　壬　死門_坤　咸池_兌 乙加壬爲 荷葉蓮花 日奇入地 　　　　　　　　　生 養	年干　　　　　　　　日空 傷官　壬　天任_艮　太陰_酉 　　　丁　景門_離　天乙_離 壬加丁爲 干合星奇 干合蛇刑 　　　　　　　　　胎	 偏官　丁　天蓬_坎　騰蛇_巳 　　　庚　杜門_巽　天符_中 丁加庚爲 文書阻隔 火煉眞金 　　　　　　　　　基 絶

출마 번호로 본 용신 분석

이재명 후보는 여당으로 기호 1번이다. 감궁의 임(壬)이 용신이다. 감궁에서 임(壬)은 제왕지이므로 이재명 대표의 기세가 좋다. 길성(吉星)인 천임(天壬)이 동궁하여 천시(天時)를 얻는 듯 하였으나 설기되어 힘이 약하다. 십간대응결은 임가정(壬加丁)이다. 정임합(丁壬合)은 음탕합이다. 태음(太陰)이 동궁하여 선거 기간 내내 여배우 스캔들로 시끄러웠다.

윤석열 후보는 야당으로 기호 2번이다. 곤궁(坤宮)의 신(辛)이 용신이다. 곤궁에 앉은 신(辛)은 십이운성상 제왕지이다. 정치 신인이지만 마땅히 당내 대항마가 없어 힘이 왕성하다. 대응결은 신가병(辛加丙)·신가기(辛加己)이다. 보석이 진흙에 빠지고 개구리가 우물에 뛰어든다. 육신 죄인이 육기 묘고인 감옥에 들었다. 아래 사람이 배신한다. 길문인 생문(生門)이 동궁하였다.

연명(年命)으로 본 용신 분석

이재명 후보는 1964년 갑진년생(甲辰年生)이다. 연명간은 갑진임(甲辰壬)으로 역시 감궁에 앉았다. 윤석열 후보는 1960년 경자년생(庚子年生)으로 태궁(兌宮)에 앉아 길성인 천심(天心), 청룡(靑龍), 직부(直符)와 동궁하였다. 대응결은 경가신(庚加辛)으로 흉하나 길성이 동궁하였고, 직부(直符)와 함께하여 천시(天時)를 얻었다. 흉문 상문(傷門)이 동궁하였으나 궁으로부터 극(剋)을 받아 흉사는 발생하지 않는다.

생극 분석

간궁(艮宮)의 사문(死門)은 권력이다. 검찰경찰사법부 등 권력기관이 윤석열 후보를 지지한다. 또 선거에서 권력을 가진 자는 국민이다. 간토궁(艮土宮)이 감수궁(坎水宮)을 극(剋)하고 태금궁(兌金宮)을 생(生)한다.

시간(時干) 또한 유권자이다. 곤토궁(坤土宮) 역시 감수궁을 극하고 태금궁을 생한다. 종합적으로 분석하면 윤석열 후보가 대선에서 승리할 것이다.

실제

윤석열 후보가 0.73%의 차이로 대선에서 승리했다.

④ 사례 4[74] - 2000년 미국 대선

2000년 미국 대선은 매우 중요한 선거였다. 언론은 이번 선거가 앞으로 상당 기간 미국의 정치 방향에 영향을 미칠 것이라 한다.

그 이유는 이번 선거에서는 대통령과 의회 양원 의원을 선출할 뿐만 아니라, 대통령 당선자가 대법원에 새로운 대법관을 임명하기 때문이다.

2000년 11월 7일 선거일은 백악관에 누가 들어갈지 결정하는 가장 중요한 날이다. 이날까지 전 세계 언론은 민주당 대선 후보「앨 고어(AL Gore)」와 공화당 대선 후보「조지 W. 부시(George Walker Bush)」의 승패가 막상막하였고, 누가 이길지 예측하기 어렵다고 보도했다.

미국의 어느 여론조사 기관이 유머러스한 조사 결과를 게시한 적이 있다.「앨 고어」와「조지 W. 부시」는 최종 선거에서 각각 269개의 '선거인단'을 얻을 것이고, 둘 다 대통령이 되지 못할 것이라는 내용이었다. 그냥 농담이긴 하지만, 두 당 후보들의 지지율이 매우 가깝다는 것을 반영하는 것이었다.

이런 상황에서 싱가포르 국립대학교 경제학부 교수이자 싱가포르 응용의학연구소 소장인 황웨이홍(黃偉洪) 씨가 10월 15일 오후 9시 35분에 전화를 걸어, 2000년 미국 대선에서「조지 W. 부시」의 지지율이 비교적 낮기 때문에 예측할 필요가 없다 했다.

누가 미국 대통령이 될지 기문점으로 알아본다.
황웨이홍 교수가 전화 건 시각 기준으로 조식하였다.

---

74 將志春,『개오지문(開悟之門)』, 151p, 중국상업출판사

<庚辰 丙戌 丙午 己亥>

食神 戊 乙 戊加乙爲 青龍合靈 青龍和會 生 義	正印 乙 辛 乙加辛爲 青龍逃走 人亡財破 浴	正財 辛(辛) 己(丙) 辛加己爲 入獄自刑 虎坐明堂 辛加丙爲 干合悖師 天庭得明 帶 祿
	天沖_震 太陰_西 景門_離 攝堤_坤 直使 載空 時空	天甫_巽 螣蛇_巳 死門_坤 青龍_乾	天英_離 直符_寅 驚門_兌 招搖_巽 直符
偏官 壬 戊 壬加戊爲 小蛇化龍 蛇入天門 胎	比肩 丙 辛加丙爲 干合悖師 天庭得明	傷官 己(丙) 癸(癸) 己加癸爲 地刑玄武 明堂華蓋 丙加癸爲 黑雲遮日 華蓋悖師 旺
天任_艮 六合_卯 日空 杜門_巽 軒轅_震	月干 日干 太乙_坎	天芮_坤 九天_乾 開門_乾 太陰_艮 時干 天乙
偏財 庚 壬 庚加壬爲 耗散少格 太白退位 時基基絶	劫財 丁 庚 丁加庚爲 文書阻隔 火煉眞金 死	正官 癸 丁 癸加丁爲 螣蛇妖嬌 火焚莫逃 日基衰病
年干 天蓬_坎 白虎_陳 傷門_震 咸池_兌 日空	天心_乾 玄武_雀 生門_艮 天符_中	天柱_兌 九地_坤 休門_坎 天乙_離

연명궁 분석

「앨 고어」는 1948년 무자년생(戊子年生)으로 용신 육무(六戊)는 손궁(巽宮)에 앉았다. 무(戊)가 손궁 건록지에 앉아 득지하여 현재 부통령의 직위에 있다. 목성(木星)인 천충성(天沖星)이 앉아 천시(天時)도 얻었으며, 경문(景門)은 궁(宮)으로부터 생(生)을 받아 인화(人和)를 이루었다. 무가을위 청룡합령 청룡화회(戊加乙爲 靑龍合 靈 靑龍和會)로 큰 산이 청룡을 끌어안고 영을 합한다. 만사가 개길하다. 그러나 손궁이 시공망(時空亡)을 맞아 길함이 모두 빠져버린 형국이다.

「조지 W. 부시」는 1946년 병술년생(丙戌年生)으로 용신 병기(丙奇)가 태궁(兌宮)에 앉았다. 태궁은 병(丙)의 사지(死地)로 지리(地利)를 얻지 못했으나, 천금(天禽) 대길성(大吉星)이 동궁하여 하늘의 기운이 충만함을 보여주고 있다. 개문(開門)은 정부기관을 의미하므로 용신

병(丙)과 개문이 동궁함은 선거에서 유리하다고 볼 수 있다. 고서에 "천금은 중궁에 있고, 삼기(三奇)를 얻으며, 개문(開門)을 만나면 백관의 원수(元首)가 된다."라고 기록되어 있는데, 이는 대통령으로 선출되는 상징이다. 구천(九天)이 동궁하여 병권을 잡는 것도 의미한다.

십간대응결 병가계(丙加癸)는 태양을 물기 있는 구름이 가리니 숨은 자가 공격하며 재액이 빈발하는 의미이다. 이는 선거 과정에서 많은 어려움과 불리한 상황이 발생할 것을 의미한다. 그러나 술월(戌月)이라 왕(旺)하니 길문을 만났으니 견딜 만하다.

생극 분석

유권자의 용신이 시간(時干)이 태궁 병기(丙奇)와 동궁하니 유권자는「조지 W. 부시」를 지지하고, 시간(時干)은 손궁의 무(戊)를 금극목(金剋木)하고 있다.「조지 W. 부시」가 대통령으로 당선될 가능성이 높다.

실제

11월 7일 미국 대선 이후 고어와 부시 주니어의 득표수는 미국 200년 역사상 전례 없는 수준으로 접전이 벌어졌고, 1876년 이래 가장 치열한 경쟁이 펼쳐졌다. 여러 차례 재검표 후「조지 W. 부시」가 가까스로 대통령에 당선됐다.

15. 전쟁(戰爭)·재난(災難)

(1) 용신(用神)

① 직부(直符)는 주방(主方), 수비군이고, 육경(六庚)이 객방(客方), 공격군이다.
② 일간(日干)이 아군이고, 시간(時干)이 적군이다.
③ 시간(時干) 천반 천간(天干)이 객방(客方)이고, 지반 천간이 주방(主方)이다.
④ 일간(日干)이 문점자, 인류이고 시간(時干)이 재난이다.
⑤ 육경(六庚)이 재난 점사 시 재난·재해·사고이다.
⑥ 경문(景門)은 전쟁 점사 시 전략·전술이고, 재난 점사 시 뉴스·소식이다.
⑦ 천봉성(天蓬星)과 휴문(休門)은 홍수를 의미한다.

(2) 판단기법

① 직부(直符)가 육경(六庚)을 극(剋)하면 주방(主方)이 승리하고, 육경이 직부를 극(剋)하면 객방(客方)이 승리한다. 어느 일방이 수극을 당하여 전쟁에 패해도 길문, 길성, 길격이면 승리한 쪽의 피해 또한 막심하다.
② 직부(直符)와 육경(六庚)이 상생(相生)·비화(比和)·공망(空亡)이면 전쟁이 일어나지 않는다.
③ 직부(直符)와 육경(六庚)이 동궁이면 승부가 나지 않는다.
④ 일간(日干) 또는 시간(時干)이 왕상(旺相)하면 군사력이 강하고 휴수(休囚)하면 군사력이 약하다.
⑤ 육경(六庚)이 구천(九天)을 만나면 공격군의 기세가 드높고, 구지(九地)를 만나면 기세가 약하다.
⑥ 격국(格局)에 따른 양상

- 무가병(戊加丙): 청룡반수(青龍返首)로 격형(擊刑), 입묘(入墓)가 아니면 전쟁에서 승리
- 병가무(丙加戊): 비조질혈(飛鳥跌穴)로 격형(擊刑), 입묘(入墓)가 아니면 복병(伏兵)시 승리한다.
- 병가정(丙加丁)+생문(生門): 천둔격(天遁格)으로 기세가 당당하여 전쟁에서 필승한다.
- 을가기(乙加己)+개문(開門): 지둔격(地遁格)으로 병영을 세우고 매복함이 길하다.
- 정(丁)+휴문(休門)+태음(太陰): 인둔격(人遁格)으로 적의 정보를 탐지함에 길하다.
- 병(丙)+생문(生門)+구천(九天): 신둔격(神遁格)으로 음모를 꾸미거나 공중전에 길하다.
- 정(丁)+두문(杜門)+구지(九地): 귀둔격(鬼遁格)으로 숨어서 적을 습격함에 길하다.
- 을(乙)+휴문(休門): 용둔격(龍遁格)으로 수전(水戰)·해전(海戰)에 길하다.
- 을(乙)+생문(生門)/간궁(艮宮): 호둔격(虎遁格)으로 병사를 모집하고 위엄을 날린다.
- 을(乙)+삼길문/손궁(巽宮): 풍둔격(風遁格)으로 적의 강함을 피한 후 공격해야 길하다.
- 을가신(乙加辛)+삼길문: 운둔격(雲遁格)으로 적을 만나면 멀리 물러서야 길하다.
- 태음(太陰)+삼기(三奇)+삼길문: 진사격(眞詐格)으로 아군이 약해도 기세 당당하게 나가면 강한 것처럼 위장된다.
- 구지(九地)+삼기(三奇)+삼길문: 중사격(重詐格)으로 적을 유인하는 데 길하고 적군의 물자를 뺏는 데 길하다.
- 육합(六合)+삼기(三奇)+삼길문: 휴사격(休詐格)으로 적에게 사기치고 반란을 평정함에 길하다.

- 을가신(乙加辛): 전쟁에서 질 가능성이 높다.
- 신가을(辛加乙): 백호창광으로 전쟁을 도모하지 말고, 자중함이 길하다.
- 계가정(癸加丁): 등사요교격으로 군대 사기가 떨어지니 사기 진작이 필요하다.
- 정가계(丁加癸): 주작투강격으로 주(主)에게 유리하고 객(客)에게 불리하니 방어하고 고수함이 길하다. 적이 이간계(離開計)를 쓸 수 있으니 주의하라.
- 일간가경(日干加庚): 비간격(飛干格)으로 적이 설치한 함정에 빠지니 대책이 필요하다.
- 경가일간(庚加日干): 복간격(伏干格)으로 적이 기습하니 방비가 필요하다.
- 경가무(庚加戊): 복궁격(伏宮格)으로 적의 군사력이 강대하니 적의 예봉(銳鋒)을 피해라.
- 무가경(戊加庚): 비궁격(飛宮格)으로 선봉부대가 필패한다.
- 경가계(庚加癸): 대격(大格)으로 불길하다. 적의 침입이 우려되니 엄중한 방비가 있어야 한다.
- 경가임(庚加壬): 소격(小格)으로 적의 복병이 있다.
- 경가기(庚加己): 형격(刑格)으로 전투는 필패하고 아군의 손실은 매우 심하다.
- 병가시순수(丙加時旬首): 패격(悖格)은 군대 내 혼란이 벌어지고 우려할 일이 발생한다.
- 경가연간(庚加年干): 연격(年格)으로 군 수뇌부의 변란이 발생한다.
- 경가월간(庚加月干): 월격(月格)으로 지휘관이 부상당한다.
- 경가일간(庚加日干): 일격(日格)으로 전투에 불리하다.
- 경가시간(庚加時干): 시격(時格)으로 전투에 불리하다.
- 오불우시격(五不遇時格): 객(客)에게 불리하니 선제공격, 진격하지 말고 적이 퇴각해도 추격하지 말아야 한다.

- 경가병(庚加丙): 객(客)에게 유리하고 주(主)에게 불리하다.
- 병가경(丙加庚): 주(主)에게 유리하고 객(客)에게 불리하다.
- 임가계(壬加癸): 적의 함정에 조심해야 한다.
- 반음(反吟): 객(客)에게 유리하다.
- 복음(伏吟): 주(主)에게 유리하다.

(3) 사례

① 사례 1[75] – 미국과 이라크 전쟁

1998년 2월 7일 저장성에서 사업을 하던 임수청(林守淸) 형제가 사업에 관해 문점하기 위해 찾아왔다. 어제 라디오에서 미국이 세척의 항공모함과 수백 대의 전투기를 이라크 해역에 배치하여 이라크와 다시 전쟁한다고 하는데 기문으로 전쟁이 일어나는지 알아봐 달라고 하였다.

<戊寅 甲寅 乙酉 癸未>[76]

	日干	
傷官 丙　天冲_震　六合_卯 　　 乙　杜門_巽　軒轅_震 　　　丙加乙爲 艶陽麗花 日月幷行 　　　　　　　　　　　帶祿	比肩 乙　天輔_巽　載空 日空 　　 壬　景門_離　白虎_陳 　　　　　　　　　　　太陰_艮 　　　乙加壬爲 荷葉蓮花 日奇入地 　　　　　　　　　　　旺	正印 壬(壬)　天英_離　載空 日空 時空 　　　 丁(戊)　死門_坤　玄武_雀 　　　　　　　　　　　太乙_坎 　　　壬加丁爲 干合星奇 干合蛇刑 　　　壬加戊爲 小蛇化龍 蛇入天門 　　　　　　　　　　時墓衰病
	年干	
偏官 辛　天任_艮　太陰_酉 　　 丙　傷門_震　攝堤_坤 　　　辛加丙爲 干合悖師 天庭before明 　　　　　　　　　　　浴	正財 　　 戊　　　　　　招搖_巽 　　　壬加戊爲 小蛇化龍 蛇入天門	食神 丁(戊)　天芮_坤　時空 　　 庚(庚)　驚門_兌　九地_坤 　　　　　　　　　　　青龍_乾 　　　丁加庚爲 文書阻隔 火煉眞金 　　　戊加庚爲 天武入獄 助針爲虐 　　　　　　　　　　　死
月干 時干　　　天乙	直符	直使
偏印 癸　天蓬_坎　騰蛇_巳 　　 辛　生門_艮　咸池_兌 　　　癸加辛爲 陽變陰盛 網罟天牢 　　　　　　　　　　　生義	偏財 己　天心_乾　直符_寅 　　 癸　休門_坎　天乙_離 　　　己加癸爲 地刑玄武 明堂華蓋 　　　　　　　　　　　胎	正官 庚　天柱_兌　九天_乾 　　 己　開門_乾　天符_中 　　　庚加己爲 太白大刑 官符刑格 　　　　　　　　　　日墓 墓 絶

직부(直符)는 수비 측이므로 이라크이며, 육경(六庚)은 공격 측이므

75　將志春, 『신기지문(神奇之門)』, 303p, 중국상업출판사
76　신기지문 원문에서는 1998. 2. 17. 13:20 기준으로 조식하였다고 했으나, 오타로 보인다. 1998. 2. 7. 15:20 기준으로 조식하여 원문의 기문국과 일치시켰다.

로 미국의 용신이다. 직부(値符)는 감일궁(坎一宮)에 있다. 감궁(坎宮)에 휴문(休門)이 복음(伏吟)이니 파재상인(破財傷人)한다. 십간대응결은 기가계위 지형현무(己加癸爲 地刑玄武)로 흙이 현무인 도적지신을 품고 있다. 좋은 일은 끝나고 환자는 필흉하고 늙은 쥐가 수렁에 빠지는 꼴이다. 이라크는 연합국의 합의를 준수하지 않아 경제제재를 당하니 필수 의약품 부족으로 많은 사람들이 질병에 시달리고 있다.

경(庚)은 미국이다. 경은 건궁에 앉았다. 구천(九天)과 동궁했으니 구천지상 호양병(九天之上 好揚兵)이라 수만의 병력을 불러들여 지휘하려 한다. 십간대응결은 경가기(庚加己)로 관부형격(官府刑格)이니 미국은 세계 경찰 역할을 한다. 천주성(天柱星)은 파군성(破軍星)이고 개문(開門)을 가지고 있으니 미국은 공개적으로 군을 발동하여 이라크를 공격하려 한다.

직부(値符)는 이라크인데 감수궁(坎水宮)에, 경(庚)은 미국인데 건금궁(乾金宮)에 금생수(金生水)하여 상생(相生)하고 있다. 미국은 이라크를 공격하지 않을 것이다. 또 이 기문국은 팔문복음(八門伏吟)이다. 복음이면 군대가 움직이지 않는다.

시간(時干) 계(癸)는 객(客)이니 미국이고 지반 신(辛)은 주(主)이니 이라크이다. 지반 신(辛)이 천반 계(癸)를 금생수(金生水)하니 주객 상생관계이다. 주객이 상생이면 전쟁은 발발하지 않는다.

일간(日干) 을(乙)은 이화궁(離火宮)에 있고 시간(時干) 계(癸)는 간토궁(艮土宮)에 있다. 일간이 시간을 생(生)하니 전쟁은 일어나지 않는다.

실제, 1998년 2월 극적 합의로 미국은 이라크를 공격하지 않았으나 그해 12월 결국 미국은 이라크를 폭격하였다.

② 사례 2[77] - 히틀러의 유럽 침공

1937년 4월 20일 오후 6시에 히틀러는 나치당 전국간부회의 석상에서 당원을 향해 세계를 제패하자고 외쳤다. 이로부터 제2차세계대전이 시작되었다. 히틀러를 중심으로 제2차세계대전이 어떻게 진행될지 분석한다. 조식 기준은 히틀러가 전쟁을 선포한 연월일시이다.

<丁丑 甲辰 丁丑 己酉>

		時干　　　　　　　　　天乙
偏印　乙　　天心_乾　太陰_酉 　　　丁　　傷門_震　攝堤_坤 　　乙加丁爲 三奇相佐 奇儀相佐 　　　　　　　　　　浴帶	偏財　辛　　天蓬_坎　六合_卯 　　　庚　　杜門_巽　咸池_兌 　　辛加庚爲 白虎出力 虎逢太白 　　　　　　　　　　生	食神　己(己)　天任_艮　白虎_陳 　　　壬(丙)　景門_離　天乙_離 　　己加壬爲 反吟濁水 地網高張 　　己加丙爲 火悖地戶 火字地戶 　　　　　　　　　　胎養
傷官　戊　　天柱_兌　騰蛇_巳 　　　癸　　生門_艮　太乙_坎 　　戊加癸爲 天武地藏 岩石浸蝕 　　　　　　　　　　祿　　　載空 時空	劫財　　丙　　　　　軒轅_震 　　　　　　　　 　　己加丙爲 火悖地戶 火字地戶 	偏官　癸　　天沖_震　玄武_雀 　　　戊　　死門_坤　天符_中 　　癸加戊爲 天乙會合 青龍入地 　　　　　　　　　　絶　　　日空
月干　　　　　　　　　直符		年干 日干
正官　壬(丙)　天芮_坤　直符_寅 　　　己(己)　休門_坎　青龍_乾 　　壬加己爲 反吟泥漿 反吟蛇刑 　　丙加己爲 火悖入刑 大地晉照 　　　　　　日墓 時墓 旺衰　載空 時空	正財　庚　　天英_離　九天_乾 　　　辛　　開門_乾　太陰_艮 　　庚加辛爲 撤退碎玉 白虎干格 　　　　　　　　　　病	比肩　丁　　天甫_巽　九地_坤 　　　乙　　驚門_兌　招搖_巽 　　丁加乙爲 星奇日耀 燒田種作 　　　　　　　　　　死墓

히틀러의 상황

일간 정기(丁奇)가 히틀러를 대표한다. 정기는 건궁(乾宮)에 앉아 십간대응결은 정가을위 성기일요 소전종작(丁加乙爲 星奇日耀 燒田種作)이다. 정기 옥녀(玉女)가 승도구류(僧道九流)하며 천덕(天德)을 베푸니 마치 잡초를 태워 옥토를 만드는 것과 같다. 귀인(貴人)은 발전이

77　將志春, 『신기지문(神奇之門)』, 306p, 중국상업출판사

요, 부자는 축재한다. 평인에게도 혼인과 재물에 기쁨이 있다. 싸움에는 객병(客兵)이 유리하다고 해석되는 대응결이다. 이는 히틀러가 뜻을 얻었음을 의미한다.

 일간궁에 있는 경문(驚門)은 구설·놀람·우려를 뜻하니 히틀러가 전쟁 선언을 하여 세계를 놀라게 함을 뜻한다. 일간궁의 구지(九地)는 장구함을 뜻하니 히틀러가 일으킨 전쟁이 1~2년 안에 끝나지 않음을 나타낸다.

 또한, 정기가 있는 건금궁(乾金宮)은 히틀러를 대표한다. 진월(辰月)은 토왕생금(土旺生金)하며, 진월은 건육궁의 술토(戌土)를 충(沖)하여 토생금(土生金)하므로 금(金)이 왕상(旺相)하다. 이는 히틀러가 전쟁을 치를 능력이 있음을 설명한다. 건육궁에는 시역마(時驛馬)인 亥水가 있는 중 진월(辰月)의 충극(沖剋)을 받아 전쟁을 시작할 움직임이 있게 된다.

전쟁의 진행
 구궁의 팔문은 인사(人事)의 흥망성쇠(興亡盛衰)를 보는 요소이다. 일간 정기가 있는 건육궁의 경문(驚門)은 파군(破軍), 구설(口舌)로 히틀러가 전쟁을 선포한 1937년 정축년(丁丑年)이다.

 1937년 정축년(丁丑年), 1938년 무인년(戊寅年), 1939년 기묘년(己卯年)은 간팔궁에서 진삼궁으로 넘어가는데, 길문인 휴문(休門)과 생문(生門)이 있다. 히틀러가 뜻을 얻어 침략을 확장한 시기였다.

 1940년 경진년(庚辰年), 1941년 신사년(辛巳年)의 손사궁에는 상문(傷門)이 있다. 상문은 상해(傷害)·투쟁(鬪爭)의 문이다. 히틀러가 가장 치열하게 전쟁을 수행했던 시기다. 히틀러가 소련을 침공했고, 일본이 진주만을 습격했다.

1942년 임오년(壬午年) 이구궁에는 두문(杜門)이 있다. 두문은 둔장(遁藏)·두색불통(杜塞不通)이다. 미국과 소련이 히틀러에 반격하였고, 히틀러가 무너지기 시작하였다.

1943년 계미년(癸未年), 1944년 갑신년(甲申年) 곤이궁에는 경문(景門)이 있다. 경문은 겉으로는 화려하나 실속이 없다. 마치 잔치판과 같이 외부로는 흥겨움이 있지만 내부로는 낭비 소비가 있고 근심이 있다. 1943년에 동맹국 일원인 이탈리아가 항복하고 히틀러가 무너지기 시작했고, 1944년에 히틀러가 무력해졌다.

1945년 을유년(乙酉年) 태칠궁에는 대흉한 사문(死門)이 있다. 이해 4월에 히틀러가 자살하였고, 8월에 일본이 항복하였다.

전쟁의 승패
전쟁에서 직부구성(直符九星)이 있는 궁이 주방(主方)과 수방(守方)이고, 육경(六庚)이 있는 궁이 객방(客方)이며 공방(攻方)이다.

히틀러의 전쟁에서 연합국을 대표하는 직부구성은 간팔궁에 있고, 진월(辰月) 월령이라 왕(旺)의 상태다. 히틀러를 포함한 동맹국인 육경(六庚)은 감일궁에 있고, 진월(辰月) 월령에 사(死)의 상태로 약하다. 왕(旺)한 간토궁(艮土宮)이 약한 감수궁(坎水宮)을 토극수(土剋水)하므로 정의세계가 반드시 승리한다.

대국(大局)으로 보면 구성반음(九星反吟)이다. 구성은 천시(天時)를 대표하고 반음은 역천(逆天)이다. 이는 히틀러가 천리(天理)를 어기는 상으로 전쟁에서 패배함을 말한다.

패망의 응기

 응기는 직사팔문(直使八門)이 임한 궁으로 판단한다. 직사팔문이 사문(死門)인 것은 히틀러가 일으킨 전쟁이 패망할 것임을 말한다. 사문이 태칠궁에 있으니 7년이, 태칠궁은 금(金)에 속하니 4 또는 9년이 응기가 될 수 있다. 장구함을 뜻하는 구지가 일간궁에 있으니 4.7.9년 중 9년을 응기로 삼는다. 히틀러가 1937년 일으킨 제2차세계대전은 9년 후인 1945년에 히틀러의 패망으로 끝난다.

③ 사례 3[78] - 홍수가 끝나는 시기

1998년 8월 19일 정오에 중국 장강(長江)의 큰 홍수가 언제 끝나는지 정단했다.

<戊寅 庚申 戊戌 戊午>

年干 日干 時干　　　　天乙	月干	
日空 比肩　戊　　天蓬_坎　玄武_雀 　　　丁　　休門_坎　太乙_坎 　　戊加丁爲 火燒赤壁 靑龍耀明 　　　　　　　　　　　　胎 養	食神　庚　　天任_艮　白虎_陳 　　　己　　生門_艮　天符_中 　　庚加己爲 太白大刑 官符刑格 　　　　　　　　　　　　　絶	偏印　丙(丙)　天沖_震　六合_卯 　　　乙(癸)　傷門_震　軒轅_震 　　丙加乙爲 鄧陽麗花 日月幷行 　　丙加癸爲 黑雲遮日 華蓋悖師 　　　　　　　　　　　　死 墓
偏財　壬　　天心_乾　九地_坤 　　　丙　　開門_乾　攝堤_坤 　　壬加丙爲 水蛇入火 日洛西海 　　　　　　　　　　　　　生	正財　　　　天芮_坤 　　癸　　　　天乙_離 　　丙加癸爲 黑雲遮日 華蓋悖師	正印　丁　　天甫_巽　太陰_酉 　　　辛　　杜門_巽　咸池_兌 　　丁加辛爲 燒殿珠玉 朱雀入獄 　　　　　　　　　　　　　病
截空 時空 傷官　辛　　天柱_兌　九天_乾 　　　庚　　驚門_兌　靑龍_乾 　　辛加庚爲 白虎出力 虎逢太白 　　　　　　　　　　　　浴 帶	直符 直使 　　　　　　截空 時空 正財　癸(乙) 天禽_中　直符_寅 　　　戊(戊) 死門_坤　招搖_巽 　　癸加戊爲 天乙會合 靑龍入地 　　乙加戊爲 陰害陽門 鮮花名甁 　　　　　　　　　　　　　祿	劫財　己　　天英_離　螣蛇_巳 　　　壬　　景門_離　太陰_艮 　　己加壬爲 反吟濁水 地網高張 　　　　　　　　　　　日墓 時墓 旺衰

범람이 심한 이유

홍수의 용신은 천봉(天蓬)과 휴문(休門)이다. 천봉과 휴문이 강줄기[河道]인 손사궁에 있다. 천봉은 경신월(庚申月)의 생을 받고 아생지궁[我生之宮, 水生木]에 있어 왕상(旺相)하다. 휴문도 경신월(庚申月)의 생을 받아 왕상하다. 왕상하므로 강물이 갑자기 불어나 범람한다. 음둔(陰遁)에 손사궁은 외반(外盤)이므로 홍수는 비교적 오래갈 것이다.

손사궁에 현무(玄武)는 음기도적지신(陰氣盜賊之神)으로 홍수가 제

78　將志春,『개오지문(開悟之門)』, 264p, 중국상업출판사

멋대로 구는 상이다. 현무, 천봉, 휴문은 수(水)에 속하는데 손사궁에 있어 홍수의 범람이 심함을 알 수 있다. 홍수를 예측할 때 현무, 천봉, 휴문이 동궁하여 곤이궁과 간팔궁 외의 궁에 있으면 왕상(旺相)한 기운이 되어 범람이 심하다.

손사궁에 무가정(戊加丁)을 주객(主客)으로 보면 범람하는 홍수는 육무는 객(客)이고, 장강(長江)은 정기인 주(主)다. 정기인 주(主)가 육무 객(客)을 생하니 다시 한번 홍수의 범람이 심함을 보여 준다.

끝나는 시기
천봉과 휴문이 있는 손사궁의 진(辰)과 건육궁의 술(戌)이 진술충(辰戌沖)한다. 건육궁의 지반은 육임이고 지반지지는 술토(戌土)이다. 그러므로 임술월(壬戌月)이 범람하는 홍수가 끝나는 시기가 된다.

실제
1998년 장강(長江)에서 발생한 대홍수는 임술월(壬戌月)에 끝났다.

④ 사례 4 – 러시아·우크라이나 전쟁

2022년 2월 24일 오전 11시 50분 블라디미르 푸틴 대통령이 우크라이나의 비무장화, 비나치화, 돈바스 지역의 주민들을 보호한다는 명분으로 우크라이나를 침공하였다. 러시아의 공식적인 명칭은 전쟁이 아닌 '특별군사작전'이다.

푸틴이 종신집권을 위한 치적을 쌓기 위해 우크라이나를 병합하려는 목적으로 개시한 전쟁이라는 분석과, 우크라이나 내 친러파의 우세 지역 점령 및 우크라이나의 NATO 가입 저지를 통해 나토의 동진을 막으려 발발하였다는 분석이 주를 이루고 있다.

전쟁 양상과 언제 휴전될 것인가?

<壬寅 壬寅 戊辛 戊午>

日干 時干　　　　　　　　天乙		
比肩　戊　　天沖_震　騰蛇_巳 　　　己　　傷門_震　咸池_兌 　　戊加己爲 天門蒙塵 物以流聚 　　　　　　　　　　　　旺衰	劫財　己　　天甫_巽　太陰_酉 　　　丁　　杜門_巽　軒轅_震 　　己加丁爲 朱雀入基 明堂貪生 　　　　　　　　　　　　祿	正印　丁(丁) 天英_離　六合_卯 　　　乙(庚) 景門_離　天符_中 　　丁加乙爲 星奇日耀 燒田種作 　　丁加庚爲 文書阻隔 火煉眞金 　　　　　　　　　　　浴 帶
直符 直使 　　　　　　　　　　　　　日空 正財　癸　　天任_艮　直符_寅 　　　戊　　生門_艮　青龍_乾 　　癸加戊爲 天乙會合 青龍入地 　　　　　　　　　　　　病	食神　　　　　　　　　　 　　　庚　　　　　　　　太陰_艮 　　丁加庚爲 文書阻隔 火煉眞金	正官　乙(庚) 天芮_坤　白虎_陳 　　　壬(壬) 死門_坤　太乙_坎 　　乙加壬爲 荷葉蓮花 日奇入地 　　庚加壬爲 耗散少格 太白退位 　　　　　　　　　　　　生
載空 日空 時空 偏印　丙　　天蓬_坎　九天_乾 　　　癸　　休門_坎　攝堤_坤 　　丙加癸爲 黑雲遮日 華蓋悖師 　　　　　　　　　　　　死 墓	載空　　時空 傷官　辛　　天心_乾　九地_坤 　　　丙　　開門_乾　招搖_巽 　　辛加丙爲 干合悖師 天庭得明 　　　　　　　　　　　　絶	年干 月干 偏財　壬　　天柱_兌　玄武_雀 　　　辛　　驚門_兌　天乙_離 　　壬加辛爲 淘洗珠玉 騰蛇相纏 　　　　　　　　　日墓 時墓 胎 養

주객(主客) 분석

직부(直符)는 수비방, 주방으로 우크라이나를 대표하는 부호이고, 육경(六庚)은 공격방, 객방으로 러시아를 대표하는 부호이다. 경(庚)은 태금궁(兌金宮)에서 진목궁(震木宮)의 직부(直符)를 금극목(金剋木)하고 있다. 러시아가 궁극적으로 전쟁에서 이길 가능성이 높다.

전쟁 양상

육경(六庚)이 자리한 태궁(兌宮)의 십간대응결은 경가임(庚加壬)이다. 소격(小格)으로 적의 복병이 있으니 공격할 때 주의해야 한다. 태궁에는 사문(死門)과 백호(白虎)가 동궁하여 전쟁으로 인한 사상자로 넘쳐날 것을 말해준다.

러시아가 선전포고와 함께 최정예 스페츠나츠 공수군이 참수작전을 위해 '호스토멜 공항'에 기습하였으나, 미군의 정보로 매복한 우크라이나 군에 의해 전멸하였다. 개전과 동시에 우크라이나 키이우로 진격하여 우크라이나 대통령을 암살하려던 러시아의 참수 작전은 실패로 돌아갔다.

연간(年干)은 육임(六壬)이다. 경가임(庚加壬)으로 경가연간(庚加年干)이면 연격(年格)으로 군 수뇌부의 변란이 발생한다. 또 월간(月干) 또한 육임(六壬)이다. 경가월간(庚加月干)은 월격(月格)으로 지휘관이 부상당한다. 전쟁 공방이 치열하던 중 러시아 측 용병그룹 '바그너그룹'이 반란을 일으켜 러시아 수도 모스크바를 향해 1,000km 진격하여 러시아 군이 우왕좌왕하였으며, 우크라이나의 러시아 흑해함대 기습공격과 지상전 반격으로 러시아 흑해함대 부사령관, 지상군 사령관, 공수사령관 등 러시아군 장군 10여 명이 사망하였다.

오불우시격(五不遇時格)으로 객(客)에게 불리하니 선제공격, 공격군

쪽에게 유리하지 않다. 전쟁 자체를 시도하지 말았어야 했다.

우크라이나 용신인 직부궁(直符宮)에 생문(生門), 천임(天壬), 직부(直符), 청룡(靑龍) 등 길성·길문·길신이 동궁하여 주변국의 군사원조가 풍부하다. 미국의 무기대여법을 통한 군사원조, 나토의 대공미사일 및 전투기 지원 등으로 우크라이나의 반격은 매섭다.

육경(六庚)이 직부(直符)를 극(剋)하여 침략군이 승리하지만 직부궁(直符宮)에 길문 생문(生門), 길성 천임(天壬), 청룡(靑龍)이 동궁하여, 승리하더라도 피해 또한 막심하게 된다. 2024년 현재까지 우크라이군의 전사자는 7.2만 명~15.9만 명, 러시아군의 전사자는 12만 명~23만 명으로 추산하고 있다. 압도적인 전력으로 단기간에 수도 키이우 함락을 목표했던 전쟁이 3년이 흘러도 피해만 극심할 뿐 전선은 교착 상태이다.

전쟁은 언제 종식될 것인가?

직사문(直使門)인 생문(生門)이 있는 진궁(震宮)의 수리를 통해 전쟁 종식 시기를 예측한다. 진궁의 후천수는 3, 선천수는 4이고 목(木)으로 3, 8의 숫자를 내포하고 있다. 종식 시기는 전쟁 발발인 2022년에서 3~4년 되는 2025년 을사년(乙巳年), 2026년 병오년(丙午年)이 될 것이다. 러시아는 우크라이나 동부 일부지역 점령에 대한 허울뿐인 대외적 승리를 선언하나, 내부적으로 막대한 전사상 피해 및 재정 소모를 입고, 우크라이나는 수십만 명의 전사자를 낳았지만 나토 가입은 실패한 채 휴전으로 서로에게 이득이 없는 결과만 낳을 것이다.

⑤ 사례 5[79] - 인류에게 재앙이 일어날 것인가

400여 년 전인 16세기에 프랑스 의사 노스트라다무스(Nostradamus, 1503-1566)는 1999년 7월에 "공포의 왕이 하늘에서 내려올 것"이며 인류에게 큰 재앙이 닥칠 것이라고 예언했다. 1970년대에 도쿄대 교수이자 로켓 공학 전문가인 고토 츠토무는 노스트라다무스 예언집을 근간으로 「위대한 예언: 1999년 인류의 대재앙」이라는 책을 저술하였다.

그는 프랑스 달력으로 7월, 즉 그레고리력으로 8월 18일에 "공포의 왕이 하늘에서 내려올 것"이라고 믿었다. 그때가 태양, 달, 그리고 지구를 제외한 태양계의 8개 행성은 약 90도 각도로 서로 다른 천구 영역에 위치하게 되며, 무시무시한 대십자가 형상을 형성하게 되어 태양의 고에너지 입자가 평소보다 더 많이 행성에 떨어지면서 지구에 큰 재앙과 이상 기후를 초래하고, 결국 지구는 파괴될 때까지 폭발하게 된다고 하였다.

1980년대 이후, 노스트라다무스의 「세기(世記)」와 고토 츠토무의 「위대한 예언: 1999년 인류의 대재앙」이 중국어로 번역되어 출판되었고, 다양한 신문과 정기 간행물에 인용되어 널리 보급되었다. 1999년 8월 18일에 인류에게 큰 재앙이 닥치고 지구가 폭발한다는 예언이 중국 전역에 들불처럼 퍼지게 되었으며, 일부 오컬트 조직은 심지어 이 예언을 이용해 '세상의 종말'이라는 무서운 분위기를 과장하여 퍼뜨리기도 했다.

1999년 7월 25일 오후 4시 20분, 허베이에서 「신기지문(神奇之門)」 관련 두 번째 세미나가 마무리되었다. 세미나에 참석한 사람으로는 베이징, 광저우, 선전, 우한, 톈진, 허베이 등지의 당간부, 교사, 기업인, 노동자, 농민과 칭화대학교 박사후 연구원, 다양한 산업 분야

---
[79] 將志春, 『개오지문(開悟之門)』, 133p, 중국상업출판사

의 사람들이 포함되었다. 이때, 베이징 백운사 중국도교학원의 학생이자 역술인인 최리밍(崔理明)이 일어서서 말했다.

"장 선생님, 질문이 있습니다. 8월 18일이 곧 다가옵니다. 이날 지구가 폭발하고 인류에게 큰 재앙이 닥칠 것이라고 예언했습니다. 곳곳에서 이 문제에 대한 논의가 활발합니다. 선생님은 실제로 그런 일이 일어나리라 생각하십니까?"

"제 생각에는 그런 일은 절대 일어나지 않을 겁니다. 하지만 당신이 그 문제를 제기했으니, 당신이 질문한 시간을 기준으로 기문국을 조식하여 함께 분석해 보는 건 어떨까요?"

1999년 8월 18일, 인류에게 큰 재앙이 실제로 일어날까?

<己卯 辛未 戊寅 庚申>

	月干		直符 直使
偏印 丙　　天心_乾　太陰_酉 　　 戊　　開門_乾　軒轅_震 丙加戊爲 飛鳥跌穴 月奇得使 　　　　　　　　　　浴 帶	傷官 辛　　天蓬_坎　螣蛇_巳 　　 壬　　休門_坎　咸池_兌 辛加壬爲 寒塘月影 凶蛇入獄 　　　　　　　　　　生		日空 正財 癸(癸) 天任_艮 直符_寅 　　 庚(乙) 生門_艮 天符_中 癸加庚爲 反吟濯白 太白入網 癸加乙爲 梨花春雨 華蓋逢星 　　　　　　　　　　胎 養
		年干	
正印 丁　　天柱_兌　六合_卯 　　 己　　驚門_兌　招搖_巽 丁加己爲 火入勾陳 星墮句陳 　　　　　　　　　　祿	正官 乙　　　　　攝堤_坤 癸加乙爲 梨花春雨 華蓋逢星		日空 劫財 己　　天冲_震　九天_乾 　　 丁　　傷門_震　天乙_離 己加丁爲 朱雀入墓 明堂貪生 　　　　　　　　　　絶
時干	天乙		日干
截空 時空 食神 庚(乙) 天芮_坤 白虎_陳 　　 癸(癸) 死門_坤 太陰_艮 庚加癸爲 反吟大格 太白沖刑 乙加癸爲 華蓋逢星 祿野朝露 　　　　　　　　時墓 旺 衰	截空 時空 偏財 壬　　天英_離　玄武_雀 　　 辛　　景門_離　青龍_乾 壬加辛爲 淘洗珠玉 螣蛇相繞 　　　　　　　　　　病		比肩 戊　　天甫_巽　九地_坤 　　 丙　　杜門_巽　太乙_坎 戊加丙爲 青龍得明 日出東山 　　　　　　　　日墓 死 墓

4부. 사안별 용신 및 해단 사례

일간(日干)은 문점자이며 시간(時干)은 점을 치는 목적, 객체이다. 시간(時干)이 재앙의 상징인 경(庚)이다.

흉사의 용신 경(庚)

경(庚)은 간팔궁(艮八宮)에 자리하여 십이운성 상 묘(墓)의 상태이며, 흉성인 천예(天芮), 흉문인 사문(死門), 흉신인 백호(白虎)와 동궁하였다. 십간대응결은 경가계(庚加癸)로 경가계위 반음대격 태백충형(庚加癸爲 反吟大格 太白沖刑)이다. 쇠 밑에 물이 있어 녹이 나고 사고와 재액이 오는 흉사가 있다. 모든 것이 나쁘고 협조자가 없어 고독하다. 사업에서 돈을 잃게 되며, 여행을 하면 차가 고장 난다. 문점자가 질문한 것과 같이 대재앙이 올 것 같지만 시간(時干)이 시공망(時空亡)을 맞아 이런 일은 발생하지 않는다.

소식의 용신 경문(景門)

경문(景門)은 재앙이 올 거라는 소문, 뉴스를 상징한다. 경문은 감궁(坎宮)에 앉아 궁으로부터 극(剋)을 받고 있으며, 현무(玄武)와 동궁하였다. 현무는 허위·거짓을 상징하니 재앙이 온다는 소문은 거짓이며 결코 사실이 될 수 없다.

일간은 문점자이자 인류

일간(日干)은 문점자이면서 인간·인류를 상징한다. 일간 무(戊)는 건궁(乾宮)에 앉았는데, 십이운성상 고(庫)이다. 미월(未月)은 토(土)가 강하므로 무덤인 묘(墓)가 아니라 창고인 고(庫)이다. 또한 소흉문인 두문(斗門)이 함께하니 약간의 어려움이 있을 것이나, 길성인 천보(天甫)와 길신인 구지(九地), 태을(太乙)이 동궁하여 큰 재앙은 발생하지 않는다. 십간대응결은 무가병(戊加丙)으로 큰 산에 해가 떠오른다. 새벽이 곧 물러나듯 시작은 어렵지만 나중은 길하여지는 형상이다.

재앙이 일어날까

한편 8월 18일은 가을이 시작되는 곤궁(坤宮)에 입궁한다. 곤궁에는 길문인 생문(生門), 길성인 천임(天壬), 길신인 직부(直符)가 동궁하여 일간(日干)이 있는 건금궁(乾金宮)을 토생금(土生金)하니 인류의 멸망은 없다.

태세 연간은 기(己) 태궁에 앉았다. 흉문인 상문(傷門)이 있어 부상과 재난이 다소 있을 수 있으나, 상문은 태궁의 극을 받아 봉쇄되니 큰 재난은 없을 것이다. 또한 지반 정기(丁己)는 기(己)하에 있어 이것도 길조이다.

어떤 각도에서 분석하더라도 8월 18일에 지구가 폭발하거나 인류에게 재앙을 초래하는 일은 절대 없을 것이다. 그러나 1999년 천문현상의 비정상으로 기문국에서 구성반음(九星反吟)·팔문반음(八門反吟)이 조식되었으며, 시간(時干)이 공망으로 인류멸망 등의 대재앙은 발생하지 않으나, 일식·지진·허리케인·폭우·이상 기후 등이 흉사는 발생할 것임을 시사한다.

⑥ 사례 6[80] - 매몰된 광부의 구출

1999년 10월 7일 오후 4시 30분, 퇴근해서 집에 들어왔는데 전화벨이 울렸다. 본인이 운영하는 탄광이 무너져 모든 광부들이 매몰되었는데 생사와 구출 여부를 알아봐 달라는 대련시 탄광 책임자의 전화였다.

<己卯 癸酉 壬辰 戊申>

日干		直符			日空			直使
比肩 壬 戊 壬加戊爲	天英_離 傷門_震 小蛇化龍	直符_寅 咸池_兌 蛇入天門 日墓 死基	偏印 庚(乙) 壬(壬) 庚加壬爲 乙加壬爲	天芮_坤 杜門_巽 耗散少格 荷葉蓮花	九天_乾 攝堤_坤 太白退位 日奇入地 病	正財 丁(丁) 庚(乙) 丁加庚爲 丁加乙爲	天柱_兌 景門_離 文書阻隔 星奇日耀	九地_坤 天乙_離 火煉眞金 燒田種作 旺 襄
時干		天乙				偏財 丙 丁 丙加丁爲	天心_乾 死門_坤 星奇朱雀	玄武_雀 招搖_巽 三奇順逢
偏官 戊 己 戊加己爲	天甫_巽 生門_艮 天門蒙塵	載空 時空 騰蛇_艮 太陰_艮 物以流聚 絶	傷官 乙 丁加乙爲	星奇日耀	青龍_乾 燒田種作			祿
年干			月干			正印 辛 丙 辛加丙爲	天蓬_坎 鷲門_兌 干合悖師	白虎_陳 天符_中 天庭得明
正官 己 癸 己加癸爲	天冲_震 休門_坎 地刑玄武	載空 時空 太陰_酉 軒轅_震 明堂華蓋 胎 養	劫財 癸 辛 癸加辛爲	天任_艮 開門_乾 陽變陰盛	六合_卯 太乙_坎 網蓋天牢 生			時墓 浴 帶

광산의 상태

간팔궁이 시공망(時空亡)이다. 선천팔괘(先天八卦)로 칠간산(七艮山)이 공망(空亡)이므로 산에 구멍이 있는 광산과 관련된다. 간팔궁의 휴문(休門)은 우물의 상이고, 태음(太陰)은 지하의 음침하고 어두운 곳의 상이다.

---

80 將志春, 『개오지문(開悟之門)』, 209p, 중국상업출판사

광산은 1999년 6~7월에 폭파 작업을 하였던 곳이다. 6~7월이 있는 곤이궁에는 파군성(破軍星)인 천주(天柱)가 있고, 화약을 상징하는 경문(景門)이 있으며, 광산이 있는 간팔궁을 대충방(對沖方)에서 직충(直沖)한다.

광부의 상태
시간(時干)이 지하에 있는 광부들이다. 시간이 있는 진궁(震宮)에 길성인 천보(天甫)가 있고, 길문인 생문(生門)이 있다. 격은 무가기위 천문몽진 물이유취(戊加己爲 天門蒙塵 物以流聚)로 육무(六戊) 귀인(貴人)이 육기(六己) 지호(地戶)인 옥(獄)에 있는 귀인입옥(貴人入獄)이다. 지하에 있는 광부들이 피곤한 상태라는 것을 말한다. 팔장 등사(騰蛇)가 있는데 광부들이 두려움과 공포로 불안하다는 것을 가리킨다.

광부의 생사
사문궁(死門宮)이 시간궁(時干宮)을 태극진(兌剋震)으로 정충극(正沖剋)하나, 시간궁이 시공망(時空亡)으로 극(剋)을 피할 수 있고, 사문궁에 길성인 천심(天心)과 병기(丙奇)와 정기(丁奇)가 있어 흉사가 일어나지 않는다. 또 시간궁이 광산인 간팔궁을 진극간(震剋艮)하므로 광부들은 건강하다. 만약 간팔궁이 시간궁을 극한다면 광부들은 위험하다.

구출 응기
이구궁에 경가임(庚加壬)은 경격(庚格) 중 일격(日格)이다. 그러므로 사고 당일인 임일(壬日) 중 구출한다.

실제
사고 당일 8시 10분 임진일(壬辰日) 모두 구조되었다.

⑦ 사례 7 - 대통령의 계엄선포

2024년 12월 3일 밤 10:24, 윤석열 대통령이 계엄을 선포하였다. 국회가 22건의 정부 관료 탄핵소추 발의하고, 10명째 탄핵을 추진 중에 있으며, 판사를 겁박하고 국가 주요 예산 전액을 삭감하여, 국정은 마비되고 자유민주주의 체제가 붕괴될 것을 우려한다는 것이 계엄선포의 주 배경이었다.

시민의 저항과 계엄군의 소극적 대처 속에 국회가 일사불란하게 계엄 해제 의결하면서, 시대 상황에 맞지 않는 무리한 계엄선포는 6시간 만에 해제되었다.

윤석열 대통령은 탄핵될 것인가?

<甲辰 乙亥 辛丑 己亥>

		截空 日空 時空		年干		直使	月干	
食神	癸	天沖_震 六合_卯	傷官	壬	天甫_巽 太陰_酉		偏財 乙(乙)	天英_離 騰蛇_巳
	壬	景門_離 咸池_兌		乙	死門_坤 攝堤_坤		丁(辛)	驚門_兌 天乙_離
		癸加壬爲 復見騰蛇 沖天奔地			壬加乙爲 逐水桃花 小蛇得勢		乙加丁爲 三奇相佐 奇儀相佐
							乙加辛爲 青龍逃走 人亡財破
		日墓 浴 帶				生		胎 養
							日干	直符
正印	戊	天任_艮 白虎_陳	比肩		天芮_坤		比肩 辛(丁)	天禽_中 直符_寅
	癸	杜門_巽 太陰_艮		辛	青龍_乾		己(己)	開門_乾 招搖_巽
		戊加癸爲 天武地藏 岩石浸蝕			乙加辛爲 青龍逃走 人亡財破		辛加己爲 入獄自刑 虎坐明堂
							丁加己爲 火入勾陳 星墜句陳
		祿						絶
							時干	天乙
正官	丙	天蓬_坎 玄武_雀	劫財	庚	天心_乾 九地_坤		偏印 己	天柱_兌 九天_乾
	戊	傷門_震 軒轅_震		丙	生門_艮 太乙_坎		庚	休門_坎 天符_中
		丙加戊爲 飛鳥跌穴 月奇得使			庚加丙爲 太白入熒 太白同官		己加庚爲 明堂伏殺 顚倒刑利
		時墓 旺 衰				病		死 墓

일간궁 분석

윤석열 대통령을 일간(日干)으로 용신을 삼는다. 또 대통령이니 직부(直符) 또한 윤 대통령의 용신이다. 일간(日干)과 직부(直符)는 태칠궁(兌七宮)에 앉았다. 태칠궁은 신(辛)의 건록지(建祿地)이며, 정(丁)의 왕생지(旺生地)에 있으니 득의양양하다.

공격과 토벌을 주관하는 구성(九星)인 천금(天禽)이 태칠궁에 임했다. 살벌지상(殺伐之象)으로 무장병권(武將兵權)과 반역(叛逆), 패망(敗亡)을 관장한다. 천금(天禽)과 개문(開門)의 영향으로 시대에 맞지 않는 계엄령 선포에 이르게 되었다.

계엄의 실패

태궁의 격국은 신가기위 입옥자형 호좌명당(辛加己爲 入獄自刑 虎坐明堂)이다. 보석이 진흙에 빠지고 개구리가 우물에 뛰어든다는 의미이다. 육신 죄인(罪人)이 육기 묘고(墓庫)인 감옥에 들었다. 아래 사람이 배신하고 도모하는 일은 성사가 어렵다. 또 다른 대응결은 정가기위 화입구진(丁加己爲 火入勾陣)이다. 정기 성기(星奇)가 육기 지호(地戶)에 갇혔다. 여인으로 인해 병이 든다는 의미이다.

또 부하를 의미하는 손목궁(巽木宮)의 천충(天沖)과 태금궁(兌金宮)이 금목상충(金木相沖)하고 있다. 대다수의 부하와 군인들이 계엄에 동조하지 않고 있다. 윤석열 대통령이 의도했던 계엄령 선포 후 국회 장악 시나리오는 실패로 돌아갔다.

대통령은 탄핵될까?

직부(直符)는 원고(原告), 천을(天乙)은 피고(被告), 개문(開門)은 헌법재판관이다. 개문궁이 원고 직부와 태궁에서 동궁하고 있지만, 피고와 비화(比化)하고 있다. 헌법재판관은 원고 측 의견에 동조하고 있으나 쉽게 판결을 내리지 못하고 있다.

윤석열 대통령의 용신인 피고(被告) 천을궁(天乙宮) 십간대응결이 기가경(己加庚)이다. 육기 지호가 육경 태백의 살기를 안고 있다. 경(庚)은 윤 대통령의 연명(年命)이기도 하다.

휴문(休門)과 동궁하였다. 휴문과 육기(六己)가 만나면 암암리에 숨겨둔 일은 불리하다고 해석하며, 또 휴문은 대통령직에서 물러나는 것을 뜻한다.

탄핵이 인용될 것이다.

16. 출행(出行)·출국(出國)·여행(旅行)

(1) 용신(用神)

① 일간(日干)이 문점자이다.
② 연명(年命)의 예측자, 예측을 구하는 자이다.
③ 시간(時干)이 점사 객체이다.
④ 경문궁(景門宮)이 육로(陸路), 상문(傷門)은 차량이다.
⑤ 휴문궁(休門宮)이 해로(海路), 상문(傷門)이 선박이다.
⑥ 구천궁(九天宮)이 항로(航路), 개문(開門)이 비행기이다.

(2) 판단기법

① 일간(日干)이 왕상(旺相)이고 길문(吉門), 길신(吉神), 길성(吉星)과 동궁이면 흉함이 없다.
② 출행방향(出行方向) 궁(宮)과 일간궁이 상생(相生)·비화(比和)이면 출행은 순조롭다.
③ 출행방향 궁에 길문·길격·길신과 동궁하면서 일간궁을 극(剋)하면 흉함은 없다. 다만, 도모하는 사연이 순조롭지 못하다.
④ 출행방향 궁에 흉문·흉격·흉신·격형이 있으면 흉함은 발생한다.
⑤ 출행방향 궁이 일간의 입묘궁 또는 공망궁이면 불길하다.
⑥ 일간이 쇠(衰)하고 출행인의 연명(年命) 또는 일간(日干)·시간(時干)이 태세년의 상문궁(喪門宮), 조객궁(弔客宮)에 앉으면 흉하다. 예를 들어 문점년(問占年)이 갑오년(甲午年)이라면 신(辛)방인 곤궁(坤宮)이 상문방, 진(辰)방인 손궁(巽宮)이 조객방이 된다.
⑦ 기문국이 반음국(反吟局)이면 도중에 돌아오게 되고, 복음국(伏吟局)이면 출행 자체가 불길하다.
⑧ 일간(日干) 또는 시간(時干)에 현무(玄武)가 뜨면 출행 시, 파재(破財)하거나 물건을 잃어버리게 된다.

⑨ 경문궁(庚門宮)이 상문궁(傷門宮)을 극(剋)하면 도로 상황이 좋지 않아서, 휴문궁(休門宮)이 상문궁(傷門宮)을 극하면 항해 상황이 좋지 않아서, 구천궁(九天宮)이 개문궁(開門宮)을 극하면 비행 상황이 좋지 않아서 사고를 당한다.
⑩ 일간 혹은 시간궁에 역마가 있으면 출행이 빠르고, 일간과 시간이 내궁에 있으면 출행이 역시 빠르다. 일간과 시간이 외궁에 있으면 출행시기가 멀고 일간과 시간이 내외궁에 떨어져 있어도 출행시기가 멀다.
⑪ 일간 혹은 시간궁에 구지(九地)가 있으면 출행은 오래전부터 계획된 것이다.
⑫ 일간 혹은 시간궁에 충(沖)이 있으면 빨리 출행하게 된다. 일간궁에 충이 있으면 본인 움직이고자 하며, 시간궁에 충이 있으면 외부 사연으로 움직이게 된다.
⑬ 일간이 합(合)을 이루면 떠나지 못하는 사연이 발생하고, 두문(杜門)이 있으면 본인이 떠나지 않으려 하며, 개문(開門)이 있으면 꼭 떠나게 된다.
⑭ 일간 혹은 시간궁에 경(庚)이 있으면 어렵고 막히는 일이 있다.
⑮ 일간 또는 시간의 격(格)에 따른 길흉
- 계가정(癸加丁): 출행 중 구설이 있다.
- 정가계(丁加癸): 잡귀의 재난으로 출행에 불길하다.
- 경가일간(庚加日干), 일간가경(日干加庚): 복간(伏干), 비간격(飛干格)이니 출행 도중 변화가 발생한다.
- 경가무(庚加戊), 무가경(戊加庚): 복궁(伏宮), 비궁격(飛宮格)이니 출행 도중 재앙이 따른다. 단, 연명(年命)이 왕상하면 해를 입지 않는다.
- 경가계(庚加癸), 경가임(庚加壬): 대격(大格), 소격(小格)이니 차나 배를 이용하면 흉재가 따른다.
- 경가기(庚加己): 형격(刑格)으로 파재상인(破財傷人)한다.

- 병가시순수(丙加時旬首): 패격(悖格)으로 파재상인(破財傷人)한다.
- 병가경(丙加庚), 경가병(庚加丙): 출행 중 도적을 만나고 흉사가 발생한다.
- 삼기입묘격(三奇入墓格): 출행에 불리하다.
- 오불우시격(五不遇時格): 출행에 불리하다.
- 육의격형(六儀擊刑): 출행에 불리하다.
- 반음(反吟): 길을 잘못 들거나 길을 잃을 수 있다.
- 복음(伏吟): 도로가 막히든 불길한 사연이 발생한다.
- 직부(直符)·직사(直使): 일간 또는 시간에 동궁하면 출행 중 발생하는 흉사를 막을 수 있다.

(3) 사례

① 사례 1 - 세월호 참사

2014년 4월 15일 오후 9시 476명이 탑승한 세월호가 인천항연안여객터미널에서 제주도로 출항하였다. 미상의 원인으로 진도군 관매도 부근 해상에서 침몰한 시간은 2014년 4월 16일 오전 8시 49분이었다. 이 사고로 사망자는 299명, 실종자는 5명으로 역대 한국 해상사고 중 최악의 참사였다.

출항 시간 <甲午 戊辰 丙辰 戊戌>

劫財 丁 天柱_兌 載空 時空 辛 死門_坤 六合_卯 丁加辛爲 燒殿珠玉 朱雀入獄 死 墓	正官 癸 天心_乾 白虎_陳 乙 驚門_兌 招搖_巽 癸加乙爲 梨花春雨 華蓋逢星 病	食神 戊(戊) 天蓬_坎 月干 時干 天乙 己(壬) 開門_乾 玄武_雀 戊加己爲 天門蒙塵 物以流聚 戊加壬爲 山明水秀 青龍天牢 旺 衰
傷官 己(壬) 天芮_坤 太陰_酉 庚(庚) 景門_離 咸池_兌 己加庚爲 明堂伏殺 顚倒刑利 壬加庚爲 螣蛇相纏 太白擒蛇 絶	偏官 壬 天乙_離 戊加壬爲 山明水秀 青龍天牢	比肩 丙 天任_艮 九地_坤 日干 丁 休門_坎 攝堤_坤 丙加丁爲 星奇朱雀 三奇順遂 祿
正印 乙 天英_離 螣蛇_巳 直使 丙 杜門_巽 軒轅_震 日空 乙加丙爲 三奇順逢 奇儀順逢 胎 養	正財 辛 天甫_巽 直符_寅 年干 戊 傷門_震 天符_中 日空 辛加戊爲 反吟被傷 困龍被傷 生	偏財 庚 天沖_震 九天_乾 直符 癸 生門_艮 太乙_坎 庚加癸爲 反吟大格 太白沖刑 日墓 時墓 浴 帶

일간(日干) 병(丙)이 십이운성사 사지(死地)인 태궁(兌宮)에 앉았다. 인천에서 제주로 향하는 선박으로 출행 방향은 남방인 리궁(離宮)이다. 리궁은 계가을(癸加乙)로 이별과 헤어짐을 상징한다. 리궁(離宮)에 경문(驚門), 백호(白虎)가 동궁하여 불길한데, 일간(日干)까지 화극

금(火剋金)으로 극(剋)하고 있다. 제주에 가는 길에 우려스러운 사건으로 인명이 다치는 끔찍한 전개를 암시하고 있다.

태세 갑오년(甲午年)의 지지 오(午)의 상문살(喪門殺)은 신(辛)으로 곧 곤궁(坤宮)이 상문궁(喪門宮)이 된다. 시간(時干)이 곤궁에 앉아 상문궁에 들어있다. 무가기(戊加己)는 귀인이 육기 지호(地戶)인 옥(獄)에 있으니 귀인입옥(貴人入獄)이다. 공사 간에 흉하다. 또 시간궁에 현무(玄武)가 동궁하니 파재상인(破財傷人)한다.

침몰 시간 <甲午 戊辰 丁巳 甲辰>

年干						直符 直使	
偏財 辛 辛 辛加辛爲	天甫_巽 杜門_巽 天庭自刑	九地_坤 咸池_兌 伏吟相剋	偏印 乙 乙 乙加乙爲	天英_離 景門_離 日奇伏吟	九天_乾 軒轅_震 伏吟雜草	食神 己(壬) 己(壬) 己加壬爲 壬加壬爲	天禽_中 直符_寅 死門_坤 天符_中 地戶逢鬼 伏吟軟弱 蛇入地羅 伏吟地網
		帶祿			旺		時墓 衰 病
			時干		天乙	日干	
正財 庚 庚 庚加庚爲	載空 時空 天沖_震 玄武_雀 傷門_震 青龍_乾 太白同宮 伏吟戰格		正官 壬 己加壬爲	天芮_坤 太陰_艮 反吟濁水 地網高張		比肩 丁 丁 丁加丁爲	天柱_兌 騰蛇_巳 驚門_兌 太乙_坎 星奇太陰 兩火成炎
		浴					死
			月干				
劫財 丙 丙 丙加丙爲	載空 日空 時空 天任_艮 白虎_陳 生門_艮 攝堤_坤 月奇悖師 伏吟弘光		傷官 戊 戊 戊加戊爲	天蓬_坎 六合_卯 休門_坎 招搖_巽 青龍伏吟 伏吟峻山	日空	偏官 癸 癸 癸加癸爲	天心_乾 太陰_酉 開門_乾 天乙_離 天網四張 伏吟天羅
		日墓 生 養			胎		墓 絕

시간(時干) 임(壬)이 중궁에서 곤궁에 기탁하여 육의격형(六儀擊刑)을 맞았다. 의기복음(儀奇伏吟) 자체로도 불길한데 흉문 사문(死門)이 동궁하고, 육의격형까지 맞았으니 흉사가 중대함을 알 수 있다. 기가기(己加己) 지호봉귀(地戶逢鬼)이니 범사에 실패하고, 임가임(壬加壬)

은 천혹자형(天獄自刑)으로 구조가 안 되고 막히고 있음을 보여준다.

　무진월(戊辰月)에 설기되고 태금궁(兌金宮) 힘을 잃은 일간(日干)이 흉문인 경문(驚門), 흉신인 등사(騰蛇), 흉성인 천주(天柱)와 동궁하여 쇠약하다.

　출행방향인 리화궁(離火宮)에서 일간(日干)의 태금궁(兌金宮)을 화극금(火剋金)하니 매우 흉한 결과를 맞게 되었다.

② 사례 2 - 제주항공 무안공항 참사

2024년 12월 29일 오전 9시 02분, 181명이 탑승한 제주항공 보잉 737 여객기가 태국 방콕에서 2024년 12월 29일 오전 4시 11분(방콕시간 오전 2시 11분) 출발하여 한국 무안국제공항으로 귀국하던 중 랜딩기어 고장으로 동체착륙을 시도하였으나 오버런하여 콘크리트 로컬라이저와 충돌하여 승객 175명, 승무원 4명이 사망하였다.

이륙 시간 <甲辰 丙子 丁卯 壬寅>

月干 劫財 丙 辛 丙加辛爲 日月相會 丙辛相合 時墓衰病	時空 天任_艮 九地_坤 景門_離 軒轅_震	正財 庚 乙 庚加乙爲 太白逢星 太白貪合 死	天沖_震 九天_乾 死門_坤 太陰_艮	偏財 辛(辛) 己(壬) 辛加己爲 入獄自刑 虎坐明堂 辛加壬爲 寒塘月影 凶蛇入獄 墓絶	直符 天甫_巽 直符_寅 驚門_兌 太乙_坎
直使 傷官 戊 庚 戊加庚爲 天武入獄 助紂犯虐 旺	天蓬_坎 玄武_雀 杜門_巽 攝提_坤	年干 時干 正官 壬 辛加壬爲 寒塘月影 凶蛇入獄	招搖_巽	偏印 乙 丁 乙加丁爲 三奇相佐 奇儀相佐 胎	天英_離 螣蛇_巳 開門_乾 青龍_乾
偏官 癸 丙 癸加丙爲 華蓋悖師 明堂犯悖 日墓帶祿	載空 天心_乾 白虎_陳 傷門_震 咸池_兌	日干 比肩 丁 戊 丁加戊爲 有火有爐 青龍轉光 浴	天柱_兌 六合_卯 生門_艮 天乙_離	食神 己(壬) 癸(癸) 己加癸爲 地刑玄武 明堂華蓋 壬加癸爲 幼女姦淫 陰陽重地 生義	天乙 日空 天芮_坤 太陰_酉 休門_坎 天符_中

일간(日干) 병(丙)이 십이운성사 절지(絶地)인 감궁(坎宮)에 앉았다. 태국 방콕에서 한국 무안으로 향하는 항공편으로 출행방향은 북동방인 간궁(艮宮)이다. 간궁은 계가병(癸加丙)로 물로 급한 불을 끄는 상이다. 간궁(艮宮)에 상문(傷門), 백호(白虎)가 동궁하여 불길한데, 일간(日干)까지 토극수(土剋水)로 극(剋)하고 있다. 무안으로 가는 길에 우려스러운 사건으로 인명이 다치는 끔찍한 전개를 암시하고 있다.

오불우시격(五不遇時格)으로 여행이 매우 불길하다.

태세 갑오년(甲午年)의 지지 진(辰)의 조객살(弔客殺)은 인(寅)으로 곧 간궁(艮宮)이 조객궁(弔客宮)이 된다. 즉 태국 방콕에서 도착지인 한국 무안이 탑승객의 조객방이다.

항로(航路)는 구천궁(九天宮)인데 리궁(離宮)에서 항공기의 용신인 개문(開門)을 화극금(火剋金)하였다. 비행 항로가 순조롭지 못하여 사고가 날 수 있는데, 실제 비행 중 조류 충돌에 의한 엔진 고장이 발생하였다.

사고 시간 <甲辰 丙子 丁卯 甲辰>

偏財 辛 辛 辛加辛爲 天庭自刑 伏吟相剋 天甫_巽 九地_坤 杜門_巽 軒轅_震 衰 病	偏印 乙 乙 乙加乙爲 日奇伏吟 伏吟離革 天英_離 九天_乾 景門_離 太陰_艮 死	直符 直使 食神 己(壬) 天禽_中 直符_寅 己(壬) 死門_坤 太乙_坎 己加己爲 地戶逢鬼 伏吟軟弱 壬加壬爲 蛇入地羅 伏吟地網 時基 基 絶
正財 庚 庚 庚加庚爲 太白同宮 伏吟戰格 天沖_震 玄武_雀 傷門_震 攝堤_坤 旺	年干 時干 載空 時空 正官 天芮_坤 壬 招搖_巽 己加壬爲 反吟濁水 地網高張 天乙 浴	日干 比肩 丁 天柱_兌 騰蛇_巳 丁 驚門_兌 靑龍_乾 丁加丁爲 星奇太陰 兩火成炎 胎
月干 載空 時空 劫財 丙 天任_艮 白虎_陳 丙 生門_艮 咸池_兌 丙加丙爲 月奇悖師 伏吟弘光 日基 帶 祿	傷官 戊 天蓬_坎 六合_卯 戊 休門_坎 天乙_離 戊加戊爲 靑龍伏吟 伏吟峻山 浴	日空 偏官 癸 天心_乾 太陰_酉 癸 開門_乾 天符_中 癸加癸爲 天網四張 伏吟天羅 生 養

세월호 사건의 침몰 시간 기문둔갑 조식과 놀랄 만큼 매우 유사하다.

시간(時干) 임(壬)이 중궁에서 곤궁에 기탁하여 육의격형(六儀擊刑)을 맞았다. 의기복음(儀奇伏吟) 자체로도 불길한데 흉문 사문(死門)이 동궁하고, 육의격형까지 맞았으니 흉사가 중대함을 알 수 있다. 기가기(己加己) 지호봉귀(地戶逢鬼)이니 범사에 실패하고, 임가임(壬加壬)은 천혹자형(天獄自刑)으로 생존이 희박함을 보여준다.

병자월(丙子月)에 태금궁(兌金宮)에 앉아 쇠약해진 일간(日干)이 재앙의 상징인 육경(六庚)과 대충방에서 금목상충 있어 매우 흉하다. 게다가 흉문인 경문(驚門), 흉신인 등사(螣蛇), 흉성인 천주(天柱)와 동궁하여 놀라고 괴기스러운 일이 우려스럽다.

③ 사례 3[81] - 기차 여행의 길흉

2000년 8월 18일 오후 9시 48분이 개차 시간인 기차로 동북 방향으로 가는 여행의 길흉을 정단했다.

<庚辰 甲申 戊申 癸亥>

偏財　壬　　天甫_巽　九天_乾 　　　壬　　杜門_巽　天乙_離 　　　壬加壬爲 蛇入地羅 伏吟地網 　　　　　　　　　　　　旺 衰	正官　乙　　天英_離　九地_坤 　　　乙　　景門_離　招搖_巽 　　　乙加乙爲 日奇伏吟 伏吟離草 　　　　　　　　　　　　祿	正印　丁(丁)　天芮_坤　玄武_雀 　　　丁(辛)　死門_坤　攝堤_坤 　　　丁加丁爲 星奇太陰 兩火成炎 　　　丁加辛爲 燒殿珠玉 朱雀入獄 　　　　　　　　　　　時基 浴 帶
時干 　　　　　　直符 天乙 直使 　　　　　　　　　　日空 正財　癸　　天沖_震　直符_寅 　　　癸　　傷門_震　太乙_坎 　　　癸加癸爲 天網四張 伏吟天羅 　　　　　　　　　　　　病	傷官　辛　　　　　　　太陰_艮 　　　　　　丁加辛爲 燒殿珠玉 朱雀入獄 	劫財　己　　天柱_兌　白虎_陳 　　　己　　驚門_兌　青龍_乾 　　　己加己爲 地戶逢鬼 伏吟軟弱 　　　　　　　　　　　　生
日干 　　　　　　　　載空 日空 時空 比肩　戊　　天任_艮　騰蛇_巳 　　　戊　　生門_艮　天符_中 　　　戊加戊爲 青龍伏吟 伏吟峻山 　　　　　　　　　　　死 基	偏印　丙　　載空 時空 　　　丙　　天蓬_坎　太陰_酉 　　　　　　休門_坎　軒轅_震 　　　丙加丙爲 月奇悖師 伏吟弘光 　　　　　　　　　　　　絶	年干 月干 食神　庚　　天心_乾　六合_卯 　　　庚　　開門_乾　咸池_兌 　　　庚加庚爲 太白同宮 伏吟戰格 　　　　　　　　　　　日基 胎 義

생극 분석

시간(時干)은 사체(事體)이고 일간(日干)은 본인이다. 육계(六癸)가 있는 시간궁이 육무(六戊)가 있는 일간궁(日干宮)을 진극간(震剋艮)하니 여행이 불길하다. 목적지가 동북 방향이니 간팔궁(艮八宮)을 본다. 궁이 시공망(時空亡)이니 역시 불길하다.

---

81 將志春, 『개오지문(開悟之門)』, 222p, 중국상업출판사

용신 분석

기차는 진궁(震宮)에 있는 상문(傷門)이다. 격국이 계가계위 천망사장 복음천라(癸加癸爲 天網四張 伏吟天羅)로 백사가 흉한 흉격이다. 기차인 상문궁이 일간궁을 진극간(震剋艮)하고, 성·문복음(星·門伏吟)으로 출발 시간이 지연된다. 상문이 진삼궁에 있으므로 작게는 3시간 정도 연착된다.

연착의 원인

목적지인 간팔궁이 시공망(時空亡)이니 대충궁(對沖宮)인 곤이궁(坤二宮)을 본다. 곤궁의 천예(天芮), 사문(死門), 현무(玄武)가 흉하고, 격국이 정가정위 성기태음 양화성염(丁加丁爲 星奇太陰 兩火成炎)과 정가신위 소전주옥 주작입옥(丁加辛爲 燒殿珠玉 朱雀入獄)으로 정상적인 상태가 아니다. 정기(丁奇)는 전기이고, 신가신(辛加辛)은 자형(自刑)으로 돌연한 정전이 원인이다.

실제

기차는 3시간 정도 연착하여 오전 12시 57분에 석가장(石家莊)에 도착했다. 정주(鄭州)에서 갑자기 정전되었기 때문이다.

④ 사례 4[82] - 가족 여행의 길흉

1996년 7월 30일 오후 6시 30분에 친구인 정 씨가 전화하여, 다음 날에 룽펑호(龍風湖)로 가족이 놀러 가는데 여행에 문제가 없는지 물었다.

<丙子 乙未 戊辰 辛酉>

	直符 直使	日干				
正財 癸(庚) 辛(辛) 癸加辛爲 陽變陰盛 網蓋天牢 庚加辛爲 撤退碎玉 白虎干格 時基 死 基	天芮_坤 死門_坤 直符_寅 招搖_巽	比肩 戊 丙 戊加丙爲 靑龍得明 日出東山 病	天柱_兌 驚門_兌	九天_乾 太陰_艮	劫財 己(己) 癸(庚) 己加癸爲 地刑玄武 明堂華蓋 己加庚爲 明堂伏殺 顚倒刑利 旺 衰	天心_乾 開門_乾 九地_坤 靑龍_乾
年干		食神			正印	
偏印 丙 壬 丙加壬爲 火入天羅 江揮相映 絶	天英_離 景門_離 螣蛇_巳 天符_中	庚 己加庚爲 明堂伏殺 顚倒刑利 生	軒轅_震		丁 戊 丁加戊爲 有火有爐 靑龍轉光 祿	天蓬_坎 玄武_雀 休門_坎 太乙_坎
時干	天乙	月干				
傷官 辛 乙 辛加乙爲 白虎猖狂 人亡家敗 胎 養	載空 時空 天甫_巽 太陰_酉 杜門_巽 天乙_離	偏財 壬 丁 壬加丁爲 干合星奇 干合蛇刑 生	載空 時空 天沖_震 六合_卯 傷門_震 咸池_兌		正官 乙 己 乙加己爲 日奇入基 日奇得使 日基 浴 帶	日空 天任_艮 白虎_陳 生門_艮 攝堤_坤

용신 분석

일간(日干) 육무(六戊)와 상합(相合)하는 육계(六癸)가 부인이다. 육계가 있는 손사궁에 흉성인 천예(天芮)와 흉문인 사문(死門)이 있다.

격은 계가신위 양변음성 망개천뢰(癸加辛爲 陽變陰盛 網蓋天牢)로 이슬방울이 얇은 칼날 위에 있는 흉격이고, 갑인계(甲寅癸)가 사화(巳

---

82 將志春, 『신기지문(神奇之門)』, 237p, 중국상업출판사

火)의 궁에 있어 인사형(寅巳刑)으로 육의격형(六儀擊刑)이 되었다.

또 경가신위 철퇴쇄옥 백호간격(庚加辛爲 撤退碎玉 白虎干格)으로 육경(六庚) 태백(太白)이 육신(六辛) 천진(天進)에 들어 여행을 금하는 흉격이 들었다. 손사궁에 흉성과 흉문을 만나고 흉격이 겹쳐 있으니, 여행이 좋지 않다. 다행히 지극히 길한 직부길장(直符吉將)이 궁에 있다.

경문(景門)이 도로이다. 진삼궁에 음화괴이지신(陰火怪異之神)인 등사(螣蛇)가 있어 변화가 있고, 격이 병가임위 화입천라 강휘상영(丙加壬爲 火入天羅 江揮相映)으로 흉하다. 상문(傷門)이 차량이다. 감일궁에서 시공망(時空亡)을 만나 불길하다.

여행지 방위 분석
여행지인 룽펑호는 서남 방향에 있으므로 곤이궁(坤二宮)을 본다. 곤이궁에 길성인 천심(天心)과 길문인 개문(開門)이 있다. 그러나 격은 흉하다. 기가계위 지형현무 명당화개(己加癸爲 地刑玄武 明堂華蓋)는 흉격이고, 기가경위 명당복살 전도형리(己加庚爲 明堂伏殺 顚倒刑利)도 흉격이다.

생극 분석
육계 부인이 있는 손사궁이 여행 방향인 곤이궁을 목극토(木剋土)한다. 그러나 미월(未月)에 곤이궁이 당령(當令)하므로 목(木)이 극제(剋制)하기는 어렵다. 여기에 육계는 곤이궁에 입묘(入墓)되므로 여행 방향으로 불길하다.

시간(時干)은 간궁(艮宮)에서 두문(杜門)을 만나 두색불통(杜塞不通)하고, 시공망(時空亡)을 만났으며, 신가을 백호창광(辛加乙爲 白虎猖狂) 흉격이다.

실제

시간(時干)과 상문(傷門)이 시공망(時空亡)이 들어 여행을 갈 수 없다고 말했다. 결과는 정단한 7월 30일 저녁에 큰 비가 내렸고, 여행 예정일인 31일에도 작은 비가 내려 정 씨 가족은 여행을 가지 못했다.

⑤ 사례 5[83] - 딸의 귀가 시점

1997년 3월 12일 오후 8시, 편지 한 통을 남기고 3월 7일 가출한 딸이 언제 귀가하는지 물었다. 딸은 19세로 무오년생(戊午年生)이다.

<丁丑 癸卯 癸丑 壬戌>

	天乙	年干		月干 日干	直符 直使
偏官	己(壬) 天芮_坤 九地_坤 辛(辛) 死門_坤 攝提_坤 己加辛爲 濕泥汚玉 游魂入墓 壬加辛爲 淘洗珠玉 螣蛇相纏 時墓浴帶	偏財	丁 天柱_兌 九天_乾 乙 驚門_兌 咸池_兌 丁加乙爲 星奇日耀 燒田種作 生	比肩	癸(癸) 天心_乾 直符_寅 己(壬) 開門_乾 天乙_離 癸加己爲 華蓋地戶 華蓋明堂 癸加壬爲 復見螣蛇 沖天奔地 日墓胎養
		時干			
食神	乙 天英_離 玄武_雀 庚 景門_離 太乙_坎 乙加庚爲 日奇被刑 天貫落獄 祿	劫財	壬 軒轅_震 癸加壬爲 復見螣蛇 沖天奔地	正官	戊 天蓬_坎 螣蛇_巳 丁 休門_坎 天符_中 戊加丁爲 火燒赤壁 靑龍耀明 絶
偏印	辛 載空 日空 時空 天輔_巽 白虎_陳 丙 杜門_巽 靑龍_乾 辛加丙爲 干合悖師 天庭得明 旺衰	正印	庚 載空 時空 戊 天冲_震 六合_卯 傷門_震 太陰_艮 庚加戊爲 天乙伏宮 有爐無火 病	正財	丙 天任_艮 太陰_酉 癸 生門_艮 招搖_巽 丙加癸爲 黑雲遮日 華蓋悖師 死墓

일간궁, 시간궁 분석

일간(日干)이 외반(外盤)에 있고 시간은 내반(內盤)에 있으니, 일내 일외(一內一外)로 귀가는 늦다. 직사팔문(直使八門)인 개문(開門)이 곤이궁에 있으니, 곤이궁의 수리 2.5.8.10(후천수 2, 선천수 8, 토오행 5·10) 중 늦은 응기를 적용하여 가출일로부터 10일 내지 12일 중에서 귀가의 응기가 있는 것으로 본다.

---

83 將志春, 『신기지문(神奇之門)』, 246p, 중국상업출판사

이 국에서는 경가사간(庚加四干)인 경격(庚格)이 나타나지 않는다. 경격이 나타나지 않고 시간(時干)이 용신이면, 시간궁에 음성(陰星)이 있으면 경상지간(庚上之干)을 보고, 시간궁에 양성(陽星)이 있으면 경하지간(庚下之干)을 응기로 삼는 게 원칙이다.

응기 분석

딸의 용신인 시간궁에 양성(陽星)인 천금(天禽)이 임하니 경하지간(庚下之干)으로 본다. 경하(庚下)에 무(戊)가 있으니, 무일(戊日)에 오기 쉽다. 정단한 날인 3월 12일 계축일(癸丑日)부터 5일이 지난 날이 무오일(戊午)이 응기일이다.

실제

딸은 혼인에 따른 가족과의 불화로 집을 나가 동남방 14리에 있는 남자 친구의 집에 있었다. 그곳에서 심한 감기에 걸려 있던 중, 3월 17일 무오일(戊午日)에 집으로 돌아왔다. 가출한 지 10일 만이다.

⑥ 사례 6[84] - 딸의 가출

1997년 2월 26일 오전 11시 40분, 허베이성 제4 감옥 교도관인 왕은푸(王恩普)의 딸이 어머니와 다툰 후 가출하였다. 가출 소녀는 석가장 제19 중학교 3학년에 재학 중인 19세(1977년생)소녀이다. 딸은 이번 여름에 고등학교를 졸업할 예정이었지만 갑자기 가출하여 가족과 학교에 큰 불안감을 안겨주었다. 4월 11일 부모가 찾아와 딸의 상태와 귀가 여부를 문의하였다.

<丁丑 壬寅 己亥 庚午>

時干	天乙	年干					載空
傷官 庚 丙 庚加丙爲	日空 天任_艮 太陰_酉 休門_坎 咸池_兌 太白入熒 太白加官 胎 養	偏印 丁 辛 丁加辛爲	天沖_震 生門_艮 燒殿珠玉	六合_卯 軒轅_震 朱雀入獄 絶	正印 丙(丙) 癸(乙) 丙加癸爲 丙加乙爲	天甫_巽 傷門_震 黑雲遮日 艷陽麗花	白虎_陳 天符_中 華蓋悖師 日月并行 死 基
月干	直使						載空
正財 壬 丁 壬加丁爲	天蓬_坎 騰蛇_巳 開門_乾 青龍_乾 干合星奇 干合蛇刑 生	偏官 乙 丙加乙爲	太陰_艮 艷陽麗花	日月并行	食神 辛 己 辛加己爲	天英_離 杜門_巽 入獄自刑	玄武_雀 太乙_坎 虎坐明堂 病
	直符	日干					時空
劫財 戊 庚 戊加庚爲	天心_乾 直符_寅 驚門_兌 攝堤_坤 天武入獄 助針稿虐 日墓 時墓 浴 帶	比肩 己 壬 己加壬爲	天柱_兌 死門_坤 反吟濁水	九天_乾 招搖_巽 地網高張 祿	偏財 癸(乙) 戊(戊) 癸加戊爲 乙加戊爲	天芮_坤 景門_離 天乙會合 陰害陽門	九地_坤 天乙_離 青龍入地 鮮花名瓶 旺 衰

가출 이유

점사의 판단이 큰일에 해당하면 일간의 상황과 명년간(命年干)의 상황을 아울러 본다. 딸은 1977년생으로 정사년생(丁巳年生)이다. 명

---

84 將志春, 『신기지문(神奇之門)』, 241p, 중국상업출판사

년간 정기(丁奇)가 이구궁 건록(建祿)의 자리에 있고, 생문(生門)인 길문과 천충(天冲)이 있으며, 외반(外盤)에 있으니, 가출을 작정하고 나갔다. 육합(六合)이 있으니 편한 상태다. 격으로 정가신위 소전주옥주작입옥(丁加辛爲 燒殿珠玉 朱雀入獄)이다. 보석을 불에 던지고, 정기주작(丁奇朱雀)이 육신천정(六辛天庭)에 들어 죄인은 석방되고, 직장인은 그 직을 잃는다. 이 학생이 스스로 대학 입학의 기회를 놓친 것을 말한다.

가출 여학생의 상태
일간궁(日干宮)의 성·문(星·門) 등을 본다. 일간궁에 구천(九天)이 있으니 집에서 멀리 떨어진 곳에 있다. 일간궁에 사문(死門)이 있다. 사문이 감일궁을 극(剋)하나, 정단일인 인월(寅月)에 목왕토사(木旺土死)하여 사문(死門)이 무력하므로 큰 흉함은 일어나지 않는다. 천주(天柱)가 낙궁(落宮)과 정단월에서 휴(休)의 상태에 있어 나쁜 영향을 주고 있다.

가출한 방향
두문궁(杜門宮)의 상황을 본다. 가출할 때 두문(杜門)이 달아나 숨은 방향이다. 범죄자의 은신처 방향도 두문 방향으로 찾는다. 두문이 태칠궁(兌七宮)에 있으므로 정서 방향으로 갔다. 외반(外盤)이니 먼 곳이다. 두문궁에 지반 일간 기(己)가 있다. 신가기위 입옥자형 호좌명당(辛加己爲 入獄自刑 虎坐明堂)은 보석이 스스로 진흙에 뛰어들고, 개구리가 우물에 뛰어들며, 육신죄인(六辛罪人)이 육기(六己)인 묘고(墓庫)에 들었으니 아래 사람이 배신하고 송사는 어렵다고 하였다. 가출 학생이 스스로 고생을 초래한 것이다.

귀가 응기
천반(天盤) 육경(六庚)이 지반 사간(四干) 위에 없으니 경격(庚格)의 응기를 적용할 수 없다. 따라서 직사팔문(直使八門)으로 응기를 정한다. 일간은 내반(內盤)에 명년간은 외반(外盤) 있어 내외반(內外盤)이 분리되어 있으니, 응기는 늦다. 직사(直使)인 개문(開門)이 진삼궁에 있으니, 가출일로부터 3개월 정도 지나 귀가한다. 직사궁에 육임(六壬)이 임하므로 임술일(壬戌日)에 응기가 있다.

실제

가출일로부터 3개월 정도 지난 5월 20일 임술일(壬戌日)에 돌아왔다. 가출 여학생은 공장 생활을 하였고, 피부병을 얻어 스스로 돌아왔다.

⑦ 사례 7[85] – 프랑스 강연을 위한 여권 발급

1999년 4월, 프랑스 주역연구회 회장인 조난창(趙南强) 선생이 파리에서 석가장시로 와서 약 한 달간 머물며 기문둔갑과 풍수에 대한 지식을 전수받았다. 그 인연으로 조난창 선생은 프랑스로 귀국 후 8월에 프랑스 남부도시 칸에서 열리는 '예측 박람회'에 나와 두 선생(杜先生), 왕칭펑을 초대하였다. 우리 세 명은 프랑스로 출국하기 위해 행정절차를 밟기 시작했는데 출국이 순조로울지 기문으로 점단하였다.

<己卯 庚午 辛丑 丙申>

	年干	
正印 戊 己 戊加己爲 天門蒙塵 物以流聚 日基 浴 帶	截空 日空 時空 天沖_震 六合_卯 生門_艮 天符_中	偏印 己 丁 己加丁爲 朱雀入基 明堂貪生 生	天甫_巽 白虎_陳 傷門_震 太乙_坎	偏官 丁(丁) 乙(庚) 丁加乙爲 星奇日耀 燒田種作 丁加庚爲 文書阻隔 火煉眞金 胎 義	天英_離 玄武_雀 杜門_巽 軒轅_震
	月干	
食神 癸 戊 癸加戊爲 天乙會合 青龍入地 祿	天任_艮 太陰_酉 休門_坎 招搖_巽	劫財 庚 丁加庚爲 文書阻隔 火煉眞金	青龍_乾	偏財 乙(庚) 壬(壬) 乙加壬爲 荷葉蓮花 日奇入地 庚加壬爲 耗散少格 太白退位 絶	天芮_坤 九地_坤 景門_離 太陰_艮
時干	天乙 直使	日干	直符		
正官 丙 癸 丙加癸爲 黑雲遮日 華蓋悖明 旺 衰	天蓬_坎 螣蛇_巳 開門_乾 天乙_離	比肩 辛 丙 辛加丙爲 干合悖師 天庭得明 病	天心_乾 直符_寅 驚門_兌 攝堤_坤	傷官 壬 辛 壬加辛爲 淘洗珠玉 螣蛇相纏 時基 死基	天柱_兌 九天_乾 死門_坤 咸池_兌

일간의 상황

일간(日干) 육신(六辛)은 감일궁인 장생지(長生地)에 있고, 직부(直

---

85 將志春, 『개오지문(開悟之門)』, 219p, 중국상업출판사

符) 길장이 있으니 귀인의 도움이 있다. 그러나, 오월(午月)은 화왕절 (火旺節)로 육신(六辛)이 사(死)의 상태에 있으니 때가 불길하다. 격으로, 신가병위 간합패사 천정득명(辛加丙爲 干合悖師 天庭得明)으로 병기 명당(明堂)에 육신 천진(天進)이 닿는 것이니 이익을 증가시키는 기운은 있으나, 길문이면 길하고, 흉문이면 흉하다. 일간궁에 있는 경문(驚門)은 흉문이니 흉하다.

사안의 상황

사체(事體)인 시간(時干) 병기(丙奇)가 간팔궁(艮八宮)에 있으니 장생지(長生地)이다. 지리(地利)를 얻었다. 개문(開門)인 길문은 간팔궁에서 생(生)을 받는다. 천봉(天蓬) 흉성은 간팔궁에서 극(剋)을 받는다. 대응결은 병가계위 흑운차일 화개패사(丙加癸爲 黑雲遮日 華蓋悖師)로 태양을 물기 있는 구름이 가리고, 병기(丙奇) 천성(天成)이 육계(六癸) 화개(華蓋)에 드니 숨은 자가 공격하며 재액은 빈발하는 격이다. 시주 병신(丙申)의 역마는 인(寅)이 되는 데 간팔궁에 있으니, 이는 출국일의 변화가 있게 됨을 말하고, 이는 숨은 자의 방해 때문이다.

일간과 시간

병기(丙奇) 시간(時干)은 오월(午月)이면 왕(旺)하고, 일간 신금(辛金)은 오월을 만나 사(死)의 상태다. 왕성한 병기 시간이 약한 신금 일간을 극(剋)하니, 시간이 일간을 제압한다. 즉 사체(事體)의 상황이 일간의 상황을 좌우하는 상이다. 출국은 이루어지지 않는다.

문서의 상황

경문(景門)이 소식의 문서다. 경문이 태칠궁(兌七宮)을 문극궁(門剋宮)하니 박제화의격(迫制和義格) 중 박격(迫格)이다. 문서는 이루어지지 않는다.

경문궁에는 을가임(乙加壬)과 경가임(庚加壬)이 있다. 을가임위 하엽연화 일기입지(乙加壬爲 荷葉蓮花 日奇入地)로 물 위에 연꽃으로 유랑하는 중 사람들이 패륜하고 관재·송사를 당하는 흉격이고, 경가임위 모산소격 태백퇴위(庚加壬爲 耗散少格 太白退位)로 무거운 쇠가 강에 빠지고, 육경 태백(太白)이 육임 지망(地網)에 깃들어 소모적인 일이 발생하며, 좋은 소식도 오지 않는 흉격이다. 소식과 문서는 이루어지지 않는다. 또한, 경문궁에 천예(天芮)가 있는 것은 문서에 잘못이 있는 것이고, 구지(九地)는 단시간에 성사되지 않음을 말한다. 출국을 위한 여권 발급은 성사되지 않는다.

발급기관과의 상황

직부구성(直符九星)은 출국 수속을 관장하는 기관이고, 연간(年干) 또한 기관·기관장을 상징한다. 직부구성 천심(天心)이 감수궁(坎水宮)에 있으면서 경문(景門)이 있는 태금궁(兌金宮)으로부터 금생수(金生水)를 받고, 연간(年干) 육기(六己)는 이화궁(離火宮)에 있으면서 경문이 있는 태금궁을 화극금(火剋金)한다. 여권 발급을 위해 각급 기관의 승인이 필요한데 한 곳의 불승인으로 발급은 어렵게 된다.

실제

지방 공안국은 승인하였으나, 시 공안국은 해외 문화 교류에 관한 관련 규정이 없으므로 문화부의 추가 승인을 받을 것을 지시했다. 문화부는 '파룬궁' 사건으로 해외여행을 승인하지 않았고 해외 출국 절차가 중단되었다.

17. 스포츠·경기(競技)

(1) 용신(用神)

① 일간(日干)이 아방(我方) 선수, 우리 팀이다.
② 시간(時干)이 타방(他方) 선수, 상대 팀이다.
③ 시간(時干) 천간이 객(客)팀, 원정팀이다.
   두 팀이 모두 다른 나라에서 경기를 하거나, 두 팀 모두 원정경기이면 경기장과 먼 선수 또는 팀이 객이 된다.
④ 시간(時干) 천간이 지반에 있는 궁이 주(主)팀, 홈팀이다.
   두 팀이 모두 다른 나라에서 경기를 하거나, 두 팀 모두 원정경기이면 경기장과 가까운 선수 또는 팀이 객이 된다.
⑤ 선수의 등번호가 용신이 된다.
   두 선수가 같은 나라이면 등번호로 용신을 정하며, 번호는 후천수 구궁배속에 따른다. 번호가 3번이면 진궁이다.
⑥ 용신궁의 정위(定位)의 팔문 낙궁(落宮)도 용신이 된다.
⑦ 용신궁의 정위(定位)의 구성 낙궁(落宮)도 용신이 된다.
⑧ 직부(直符)는 심판이다.
⑨ 경문(景門)은 기술, 전략이다.
⑩ 육신(六辛)이 금메달이다.

(2) 판단기법

① 기문둔갑은 전쟁에서의 승전을 위해 발전한 술법이다. 전투·전쟁와 비슷한 공격과 방어를 하는 축구 경기에 가장 높은 적중률을 보인다. 야구·농구·골프·수영 등의 경기에서 승패 적중률은 상대적으로 떨어진다.
② 기문 조식시간은 경기시간을 기준으로 한다. 이미 경기가 시작되었다면 선제공격한 선수 또는 팀이 객이 된다.

③ 용신 락궁의 생극관계로 승패를 판단한다.
④ 용신궁에 개문(開門)이 있다면 골을 많이 허용한다.
⑤ 용신궁에 두문(杜門)이 있다면 골문이 닫힌다.
⑥ 용신궁에 휴문(休門)이 있다면 전투력·경기력이 약하다.
⑦ 경가기(庚加己) 형격(刑格)이면 팀의 기세가 드높고, 육의격형(六儀擊刑)이면 패배한다.
⑧ 용신궁이 공망(空亡)이면 골문이 텅 빈 것과 같다.
⑨ 직부(直符)와 상생(相生)·비화(比和)이면 심판이 지지한다.
⑩ 금메달 결정전에서 지반 육신(六辛)은 주팀, 천반 육신은 객팀이다. 두 궁의 생극관계로 승패를 판단한다.
⑪ 복음(伏吟)이면 주(主)가 유리하고 반음(反吟)이면 객(客)이 유리하다.

(3) 사례

① 사례 1[86] - 세계탁구선수권대회 남자 결승

1995년 5월 14일 오후 6시, 제43회 세계탁구선수권대회 남자단식 결승전이 오후 6시부터 중국 텐진시(天津市)에서 열렸다.

중국 선수인 등번호 113번인 공령휘(孔令輝)와 등번호 114번인 유국령(劉國良)의 대결이었다. 결승전이 시작되는 시간으로 포국하여 누가 이기는지 정단했다.

<乙亥 辛巳 乙巳 乙酉>

月干			
偏官 辛 丁 辛加丁爲 獄神得奇 白虎受傷 死 基	偏財 己 庚 己加庚爲 明堂伏殺 顚倒刑利 病 截空 時空 天任_艮 玄龍_雀 休門_坎 青龍_乾	偏印 癸(癸) 壬(丙) 癸加壬爲 復見騰蛇 沖天奔地 癸加丙爲 華蓋悖師 明堂犯悖 旺 衰 截空 時空 天沖_震 九地_坤 生門_艮 太陰_艮	
年干 日干 時干 天乙 比肩 乙 癸 驚門_兌 天乙_離 乙加癸爲 華蓋逢星 祿野朝露 絶 日空 天心_乾 六合_卯	傷官 丙 癸加丙爲 華蓋悖師 明堂犯悖 攝堤_坤	食神 丁 戊 丁加戊爲 有火有爐 青龍轉光 祿 天甫_巽 九天_乾 傷門_震 招搖_巽	
正財 戊 己 死門_坤 天符_中 戊加己爲 天乙蒙塵 物以流聚 胎 義 日空	正印 壬(丙) 辛(辛) 壬加辛爲 淘洗珠玉 騰蛇相纏 丙加辛爲 日月相會 丙辛相合 生 直使 天芮_坤 騰蛇_巳 景門_離 咸池_兌	正官 庚 乙 庚加乙爲 太白逢星 太白貪合 日基 時基 浴 帶 直符 天英_離 直符_寅 杜門_巽 軒轅_震	

주객 분석

결승전에 나선 선수들이 모두 중국 선수다. 따라서 선수가 속한 나라에 따라 주객(主客)을 나눌 수 없다. 등번호가 113번과 114번으로

---

86 將志春, 『신기지문(神奇之門)』, 293p, 중국상업출판사

다르므로 등번호의 끝수인 3과 4로 구궁에 배당한다. 113번 공령휘(孔令輝)는 진삼궁에, 114번 유국량(劉國良)은 손사궁에 배당했다.

113번은 진삼궁에 배당되었다. 길성인 천심(天心)이 궁을 금극목(金剋木)한다. 격은 을가계위 화개봉성 녹야조로(乙加癸爲 華蓋逢星 祿野朝露)로 좋지 않다. 흉문인 경문(驚門)이 궁을 금극목(金剋木)하고, 육합 길장이 궁과 비화(比和)될 뿐이다.

114번은 손사궁에 배당되었다. 흉성인 천봉(天蓬)은 궁을 수생목(水生木)하고, 격은 신가정위 옥신득기 백호수상(辛加丁爲 獄神得奇 白虎受傷)로 좋지 않다. 길문인 개문(開門)은 궁을 금극목(金剋木)하고, 흉장인 백호(白虎)는 궁을 금극목(金剋木)한다.

이와 같이 113번과 114번이 배당된 지반궁地盤宮의 성격문장(星格門將)으로 볼 때 승부를 구분하지 못한다.

생극 분석

113번 선수가 배당된 진삼궁의 정위(定位)의 팔문은 상문(傷門)이다. 상문의 낙궁(落宮)은 태칠궁이다. 궁에 길성인 천보(天甫)가 있으나 궁으로부터 금극목(金剋木) 된다. 격은 정가무위 유화유로 청룡전광(丁加戊爲 有火有爐 靑龍轉光)이다. 정기 옥녀(玉女)가 육무 천문(天門)에서 노니는 격으로 직장인은 승진하고, 상인은 재물을 얻으며, 모든 일에 성공을 기약하는 길한 격이다. 상문은 궁으로부터 금극목(金剋木)된다. 보좌하는 구천은 궁과 비화(比和)된다.

114번 선수가 배당된 손사궁의 정위(定位)의 팔문은 두문(杜門)이다. 두문의 낙궁(落宮)은 건육궁이다. 궁에 흉성인 천영(天英)은 궁을 화극금(火剋金)하고, 두문은 궁으로부터 수극(受剋)된다. 격은 경가을위 태백봉성 태백탐합(庚加乙爲 太白逢星 太白貪合)으로 육경 태백(太白)이 여린 나무인 을기 봉성(逢星)을 가로막고 있는 흉한 상이다. 직부길장(直符吉將)은 궁으로부터 금극목(金剋木)이 된다.

천반궁(天盤宮)의 팔문을 비교하면 113번의 격이 비교적 양호하다. 그러나 각 선수의 팔문 낙궁은 모두 금(金)으로 동일하고, 팔문반음(八門反吟)이 되어 승부를 명확하게 구분할 수 없다.

113번 선수가 배당된 진삼궁의 원래 구성은 천충(天沖)이다. 천충은 곤이궁에 있다. 길문인 생문은 토(土)로 궁과 비화(比和)된다. 격이 계가임위 복견등사 충천분지(癸加壬爲 復見騰蛇 沖天奔地)로 흉격이고, 계가병위 화개패사 명당범패(癸加丙爲 華蓋悖師 明堂犯悖)로 불리하다. 보좌하는 구지(九地)는 궁과 비화된다. 삼길문(三吉門)과 삼기(三奇), 삼음신(三陰神-太陰 六合 九地)이 동궁(同宮)하는 경우 진사(眞詐)가 되는데, 곤이궁에 생문, 병기, 구지가 있어 은둔, 수련, 소원을 구하는 일에 길한 진사가 이루어진다.

114번 선수가 배당된 손사궁의 원래 구성은 천보(天甫)이다. 천보는 태칠궁에 있다. 길성인 천보는 궁으로부터 금극목(金剋木)이 되며, 격은 정가무위 유화유로 청룡전광(丁加戊爲 有火有爐 靑龍轉光)으로 정기 옥녀(玉女)가 육무 천문(天門)에서 노니는 길격이다. 흉문인 상문은 궁으로부터 금극목(金剋木)이 된다. 문(門)이 궁(宮)으로부터 극(剋)되면 흉하다. 보좌하는 구천은 궁과 비화(比和)된다.
구성 천반궁(天盤宮)의 성격문장(星格門將)으로 볼 때 113번이 약간 양호하다.

사월(巳月)은 화왕절(火旺節)이다. 113번의 곤이궁을 생조(生助)하여 궁이 왕상(旺相)하고, 114번의 태칠궁을 극제(剋制)하여 궁이 휴수무력(休囚無力)하다. 그러므로 시령(時令)을 얻은 113번이 승리한다.

실제
113번 선수가 114번 선수를 3:2로 이겼다.

② 사례 2[87] - 세계탁구선수권대회 여자 단체전 결승

1995년 5월 7일 오후 8시, 제43회 세계탁구여자단체결승전이 오후 8시부터 중국 텐진시(天津市)에서 열렸다. 여자 단체전은 한국과 중국의 대결이었다. 어느 팀이 이기는지 가족이 물어 승부를 정단했다.

<乙亥 辛巳 戊戌 壬戌>

月干			
傷官 辛 天柱_兌 太陰_酉 戊 驚門_兌 太陰_艮 辛加戊爲 反吟被傷 困龍被傷 時墓 胎 養	食神 庚 天心_乾 六合_卯 癸 開門_乾 招搖_巽 庚加癸爲 反吟大格 太白沖刑 絕	正印 丁(丁) 天蓬_坎 白虎_陳 丙(己) 休門_坎 靑龍_乾 丁加丙爲 姮娥奔月 星隨月轉 丁加己爲 火入勾陳 星墜句陳 死 墓	
偏印 丙(己) 天芮_坤 螣蛇_巳 乙(乙) 死門_坤 咸池_兌 丙加乙爲 艶陽麗花 日月幷行 己加乙爲 柔情密意 地戶逢星 生	劫財 己 天乙_離 丁加己爲 火入勾陳 星墜句陳	偏財 壬 天任_艮 玄武_雀 辛 生門_艮 攝堤_坤 壬加辛爲 淘洗珠玉 螣蛇相纏 病	
正財 癸 天英_離 直符_寅 壬 景門_離 軒轅_震 癸加壬爲 復見螣蛇 沖天奔地 浴 帶	比肩 戊 天甫_巽 九天_乾 丁 杜門_巽 天符_中 戊加丁爲 火燒赤壁 靑龍耀明 祿	正官 乙 天沖_震 九地_坤 庚 傷門_震 太乙_坎 乙加庚爲 日奇被刑 天賁落獄 日墓 旺 衰	

直符 直使 日干 年干
載空 時空 載空 時空

주객 분석

중국에서 결승전이 열리므로 주객(主客) 중 주팀은 중국이고 객팀은 한국이다.

주팀의 용신인 시간(時干) 육임(六壬)이 지반(地盤)에 있는 궁은 간궁(艮宮)이다. 간궁에 심판인 직부구성(直符九星)이 있다. 심판의 마

---

87 將志春, 『신기지문(神奇之門)』, 290p, 중국상업출판사

음이 주팀인 중국에 있다.

　간궁(艮宮)에 천영(天英)이 있는데 천영은 오행이 화(火)이다. 화생토(火生土)로 간팔궁을 생하니 주팀이 힘이 있다. 궁에 있는 경문(景門)은 기술지도이다. 역시 화생토하니 기술이 뛰어나다. 주팀이 있는 간팔궁은 토(土)에 속하고 정단월이 사월(巳月)이니 화생토로 주팀의 사기가 왕성하다.

　객팀의 용신인 시간(時干) 육임(六壬)이 천반(天盤)에 있는 궁은 태궁(兌宮)이다. 금오행(金五行)에 속하는 태칠궁이 길성인 천임(天壬)과 길문인 생문(生門)으로부터 토생금(土生金)이 되니 한국의 실력도 아주 좋다. 그러나 정단월인 사화(巳火)는 화왕금사(火旺金死)하니 시령(時令)은 한국에 불리하다.

　두 팀은 금메달을 놓고 결승한다. 육신(六辛)이 금메달이다. 지반(地盤) 육신은 태금궁(兌金宮)에 있고, 천반(天盤) 육신(六辛)은 손목궁(巽木宮)에 있다. 홈팀인 지반궁이 객팀인 천반궁을 금극목(金剋木)하니 주팀인 중국이 승리한다.

　이상을 종합하면 중국팀이 이긴다.

실제
중국팀이 한국팀을 3:0으로 이겼다.

③ 사례 3[88] - 세계탁구선수권대회 남자 단체전 결승

1995년 5월 8일 밤 9시 50분, 제43회 세계탁구남자단체결승전이 7시부터 중국 톈진시(天津市)에서 열렸다. 중국과 스웨덴의 대결로 많은 사람이 주목한 결승전에 어느 팀이 이길지 정단했다.

<乙亥 辛巳 己亥 乙亥>

年干 時干　　　　　　　　天乙	日干　　　　　　　　　　直符	
偏官　乙　　天英_離　九天_乾　　日空 　　　辛　　驚門_兌　咸池_兌 乙加辛爲 靑龍逃走 人亡財破 　　　　　　　　　　　　胎 養	比肩　己(壬)　天芮_坤　直符_寅 　　　乙(乙)　開門_乾　軒轅_震 己加乙爲 柔情密意 地戶逢星 壬加乙爲 逐水桃花 小蛇得勢 　　　　　　　　　　　　　絶	偏印　丁(丁)　天柱_兌　載空 時空 　　　己(壬)　休門_坎　騰蛇_巳 丁加己爲 火入勾陳 星墜句陳 丁加壬爲 星奇得使 玉神互合 　　　　　　　　　　　　死 墓
月干　　　　　　　　　　直使		
食神　辛　　天甫_巽　九地_坤 　　　庚　　死門_坤　靑龍_乾 辛加庚爲 白虎出力 虎逢太白 　　　　　　　　　　　　　生	正財　　　　　　　　　　　 　　　壬　　　　　　　太陰_艮 丁加壬爲 星奇得使 玉神互合 　　　　　　　　　　　　　病	偏財　癸　　天心_乾　太陰_酉 　　　丁　　生門_艮　太乙_坎 癸加丁爲 騰蛇妖嬌 火焚莫逃
傷官　庚　　天沖_震　玄武_雀 　　　丙　　景門_離　攝堤_坤 庚加丙爲 太白入熒 太白加官 　　　　　　　　　　日基浴帶	正印　丙　　天任_艮　白虎_陳 　　　戊　　杜門_巽　招搖_巽 丙加戊爲 飛鳥跌穴 月奇得使 　　　　　　　　　　　　　祿	劫財　戊　　天蓬_坎　六合_卯 　　　癸　　傷門_震　天乙_離 戊加癸爲 天武地藏 岩石浸蝕 　　　　　　　　　　時基旺衰

주객 분석

주객(主客) 중 주팀은 경기가 열리는 나라인 중국으로 지반 시간이다. 지반(地盤) 을기(乙奇)는 이궁(離宮)에 있다. 사월(巳月)은 화왕(火旺)한데 중국팀은 왕궁(旺宮)에 있어 득지(得地), 득시(得時)하여 사기가 왕성하다. 직부구성(直符九星)은 심판의 대표부호인데 이궁에 동궁하여 중국팀에 유리하다. 이궁의 격은 기가을(己加乙)과 임가을(壬

---

88 將志春,『신기지문(神奇之門)』, 291p, 중국상업출판사

加乙)이 있다. 기가을위 유정밀의 지호봉성(己加乙爲 柔情密意 地戶逢星)으로 반길반흉하며, 임가을위 축수도화 소사득세(壬加乙爲 逐水桃花 小蛇得勢)로 육임 소사(小蛇)가 을기 일기(日奇)를 얻으니 길하다.

객팀은 원정국인 스웨덴으로 천반 시간이다. 천반 시간궁이 지반 시간궁을 손생이(巽生離)하니 주팀인 중국에 유리하다. 손사궁에 천영(天英)이 있어 목생화(木生火)로 궁이 설기(洩氣)되고, 경문(驚門)은 흉문으로 문박(門迫)하며, 구천(九天)도 궁을 금극목(金剋木)한다. 궁이 실지(失地), 실시(失時)하였다. 손사궁의 격은 을가신위 청룡도주인망재파(乙加辛爲 靑龍逃走 人亡財破)로 을기 청룡(靑龍)이 육신에 의해 진극(眞剋)을 당하는 흉격이다. 손사궁이 주팀인 이구궁을 생하고, 손사궁이 약하고 흉격이니 객팀에 불리하다.

육신은 금메달

육신(六辛)이 금메달의 용신이다. 지반 육신은 손궁에 있고, 천반 육신은 진궁에 있다. 궁오행이 모두 목(木)으로 비화되므로 승부를 가리기 어렵다. 그러나 지반 육신궁에는 길장인 구천(九天)이 있고, 천반 육신궁에는 구지(九地)와 흉문인 사문(死門)이 있다. 천반 육신에 속하는 객팀이 불리하다.

기술 및 전략은 경문(景門)이다. 간궁에 있으면서 주팀과 상생하며, 객팀과 상극하여 주팀이 유리하다.

실제

3:2로 주팀인 중국이 우승했다.

④ 사례 4[89] - 유로 2000 축구 경기

2000년 7월 1일 정오, 광둥성에 사는 친구로부터 갑자기 전화를 받았다. 2000년 7월 3일 오전 1시 40분, 네덜란드 로테르담에서 개최하는 「유로 2000 결승전」에서 프랑스와 이탈리아 중 어느 팀이 우승할지 예측해 달라고 부탁하였다.

<庚辰 壬午 壬戌 辛丑>

年干　　　　　　　　　　時空		月干 日干　　　　　　　直使
偏印　庚　天甫_巽　九天_乾 　　　庚　休門_坎　招搖_巽 　　　庚加庚爲 太白同宮 伏吟戰格 　　　　　　　日墓 時墓 胎 養	正財　丁　天英_離　九地_坤 　　　丁　　　　　生門_艮 太陰_艮 　　　丁加丁爲 星奇太陰 兩火成炎 　　　　　　　　　　　　絶	比肩　壬(壬)　天芮_坤　玄武_雀 　　　壬(己)　傷門_震　青龍_乾 　　　壬加壬爲 蛇入地羅 伏吟地網 　　　壬加己爲 反吟泥漿 反吟蛇刑 　　　　　　　　　　　　死 墓
時干　　　　　　直符 天乙 　　　　　　　　　　　載空 正印　辛　天沖_震　直符_寅 　　　辛　開門_乾　天符_中 　　　辛加辛爲 天庭自刑 伏吟相剋 　　　　　　　　　　　　生	正官　己　　　　　　軒轅_震 　　　己 　　　壬加己爲 反吟泥漿 反吟蛇刑	傷官　乙　天柱_兌　白虎_陳 　　　乙　杜門_巽　太乙_坎 　　　乙加乙爲 日奇伏吟 伏吟雜草 　　　　　　　　　　　　病
載空 日空 偏財　丙　天任_艮　螣蛇_巳 　　　丙　驚門_兌　天乙_離 　　　丙加丙爲 月奇悖師 伏吟弘光 　　　　　　　　　　　　浴 帶	日空 劫財　癸　天蓬_坎　太陰_酉 　　　癸　死門_坤　咸池_兌 　　　癸加癸爲 天網四張 伏吟天羅 　　　　　　　　　　　　祿	偏官　戊　天心_乾　六合_卯 　　　戊　景門_離　揭堤_坤 　　　戊加戊爲 青龍伏吟 伏吟峻山 　　　　　　　　　　　　旺 衰

주객 분석

대회가 개최하는 네덜란드 로테르담에서 상대적으로 멀리 떨어진 이탈리아가 객팀이 되며, 프랑스가 주팀이 된다.

시간(時干) 천반 육신(六辛)이 객팀인 이탈리아, 지반 육신이 주팀

---

89 將志春, 『개오지문(開悟之門)』, 252p, 중국상업출판사

인 프랑스인데 복음국(伏吟局)으로 진궁(震宮)에 있으며, 금메달을 의미하는 육신(六辛) 또한 시간(時干)과 동일하여 양 팀의 경기는 치열하고 과열될 것이다. 그러나 복음국에서는 주팀이 유리하므로 프랑스가 좀 더 유리하다.

프랑스는 네덜란드 남서쪽에 위치하고 있으므로 곤궁(坤宮)을, 이탈리아는 네덜란드 남동쪽에 위치하고 있으므로 손궁(巽宮)을 용신으로 하여 추가 분석한다.

경기가 시작하는 오월(午月)의 생조를 받은 곤궁(坤宮)은 왕(旺)하며, 상문(傷門)·천예(天芮)가 동궁하여 기세가 드높다.
손궁(巽宮)은 오월(午月)에 설기(洩氣)된 가운데 휴문(休門)과 동궁하여 경기력이 떨어져 있다. 게다가 손궁은 시공망(時空亡)을 맞았다.

종합적으로 보면 프랑스가 힘겹게 승리한다.

실제
프랑스가 경기에서 우세한 모습을 보이며 승리할 거란 예상이 많았지만, 대등한 경기를 보였다. 경기는 연장전 끝에 프랑스가 이탈리아를 2:1로 꺾고 유로컵 우승을 차지하였다.

18. 기문래정법(奇門來情法)

(1) 용신(用神)

① 일간(日干)은 문점자이다.
② 시간(時干)은 점사 객체, 알고 싶은 사연이다.

(2) 판단기법

① 용신궁(用神宮)에 동궁한 상징부호로 판단한다.
  - 개문(開門)이면 직업, 사업 문제이다.
  - 사문(死門) 또는 천예성(天芮星)이면 질병 문제이다.
  - 지반이 육신(六辛)이면 착오로 인한 문제이다.
  - 경문(驚門)이 있으면 관재구설로 인한 문제이다.
② 일간이 육의격형(六儀擊刑)이면 사연은 급하다.
③ 일간궁에 사문(死門)이 있으면 유쾌하지 않은 문제이다.
④ 갑자무(甲子戊)
  - 일간 또는 시간궁에 무(戊)가 있으면 구재 사연이다.
  - 무(戊)가 격형(擊刑)이면 파재(破財)가 있다.
  - 무(戊)가 합(合)을 이루면 자본이 묶여 있는 상태이다.
⑤ 용신궁이 록지(祿地)에 있든지, 시간 또는 일간 지반 육의 삼기가 록지(祿地)있는지, 용신궁에 생문(生門)이 동궁이면 구재(求財) 관련 사연이 있다.
⑥ 복음국(伏吟局)이면 파재상인(破財傷人) 사연이다.
⑦ 반음국(反吟局)인데 문점자가 직업 관련 문의한다면 직업의 변동이 있거나 파견에 관한 것이다.
⑧ 반음국(反吟局)인데 문점자가 구재에 관련 문의라면 유보난류(有寶難留)로 재물이 쌓이지 않는다고 판단한다.
⑨ 시간(時干) 지반이 을(乙)·경(庚)·병(丙)·정(丁)이면 혼인에 대한 문제로 왔다.

⑩ 용신궁 천간 상충, 지지 상충하면 변동하는 사연이 있다.

㉠ 천간상충(天干相沖)
  - 을신(乙辛), 병임(丙壬), 정계(丁癸), 무경(戊庚)
㉡ 지지상충(地支相沖)
  - 갑자무(甲子戊)·갑오신(甲午辛)의 자오충(子午沖)
  - 갑진임(甲辰壬)·갑술기(甲戌己)의 진술충(辰戌沖)
  - 갑인계(甲寅癸)·갑신경(甲申庚)의 인신충(寅申沖)
㉢ 지지낙궁(地支落宮) 상충(相沖)
  - 갑자무(甲子戊)가 리궁(離宮)에서 자오충(子午沖)
  - 갑술기(甲戌己)가 손궁(巽宮)에서 진술충(辰戌沖)
  - 갑신경(甲申庚)이 간궁(艮宮)에서 인신충(寅申沖)
  - 갑진임(甲辰壬)이 건궁(乾宮)에서 진술충(辰戌沖)
  - 갑인계(甲寅癸)가 곤궁(坤宮)에서 인신충(寅申沖)
㉣ 충(沖)할 시 사연
  - 무(戊)·신(辛): 재물로 인한 변동
  - 정(丁)·계(癸): 시비구설로 인한 움직임
  - 을(乙)·신(辛): 직업, 결혼으로 인한 변동
㉤ 충(沖) 궁중 부호로 인한 판단
  - 개문(開門) 동궁 시: 직업으로 인한 변동
  - 휴문(休門) 동궁 시: 여행으로 인한 움직임
  - 생문(生門) 동궁 시: 재물로 인한 움직임
  - 상문(傷門) 동궁 시: 차, 교통사고로 인한 문제
  - 두문(杜門) 동궁 시: 말 못 할 사연으로 인한 움직임
  - 경문(景門) 동궁 시: 학업, 문서, 광고 등의 변동
  - 사문(死門) 동궁 시: 불쾌한 사연으로 인한 변동
  - 경문(驚門) 동궁 시: 관사(官司)로 인한 움직임

⑪ 용신궁 천지반 정(丁)임(壬) 합(合)을 이루면 부적절·부당한 합이며, 무(戊)·계(癸)가 합을 이루면 재물이 증가됨을 의미한다.

(3) 사례

① 사례 1[90] – 말을 안 해도 알 수 있다

2005년 1월 18일 오후 3시 40분에 임 씨(林氏)에게 또 전화가 왔다. 이전에 세 번이나 만나자고 하는 것을 바쁘다는 핑계로 피했는데 오늘은 사무실 밖에 와서 기다린다 하니 더 이상 미룰 수 없어 올라오라고 하고 급히 기문을 쳐보니 무슨 사연으로 왔는가를 알 수 있다.

<甲申 丁丑 壬寅 戊申>

正官 己 癸 己加癸爲 地刑玄武 日基 浴 帶 日空 天英_離 太陰_酉 開門_乾 招搖_巽 明堂華蓋	正印 辛(丁) 己(乙) 辛加己爲 入獄自刑 丁加己爲 火入勾陳 月干 天芮_坤 六合_卯 休門_坎 天乙_離 虎坐明堂 星墜句陳 生	傷官 乙(乙) 辛(丁) 乙加辛爲 靑龍逃走 乙加丁爲 三奇相佐 天柱_兌 白虎_陳 生門_艮 攝堤_坤 人亡財破 奇儀相佐 胎 養
劫財 癸 壬 癸加壬爲 復見騰蛇 祿 載空 時空 天甫_巽 騰蛇_巳 驚門_兌 軒轅_震 沖天奔地	正財 丁 乙加丁爲 三奇相佐 天符_中 奇儀相佐	偏財 丙 乙 丙加乙爲 艶陽麗花 直使 天心_乾 玄武_雀 傷門_震 咸池_兌 日月幷行 絶
日干 比肩 壬 戊 壬加戊爲 小蛇化龍 旺 衰 直符 載空 時空 天沖_震 直符_寅 死門_坤 太陰_艮 蛇入天門	偏官 戊 庚 戊加庚爲 天武入獄 時干 天任_艮 九天_乾 景門_離 太乙_坎 助針爲虐 病	年干 偏印 庚 丙 庚加丙爲 太白入熒 時基 死基 天蓬_坎 九地_坤 杜門_巽 靑龍_乾 太白加官

조금 지나 임 씨는 사무실에 들어왔다. 자리를 하자마자 임 씨가 하는 말이 "올 한 해는 어떠한가요?"라고 묻는다.

기문에서 보면 "당신은 직업 변동 사연으로 왔지요."라고 물으니

---

90 時家奇門學會, 『시가기문 인사편』

그렇다 한다.

직업 변동 사연으로 판단한 근거
시간(時干)은 점사의 객체이다. 무(戊)는 감일궁(坎一宮)에 앉았다. 감궁의 무가경(戊加庚)은 자리를 옮긴다는 격이다. 구천(九天)은 멀리 있는 직장으로 떠난다는 것이다.

개문(開門)은 직장의 용신이다. 감수궁(坎水宮)의 시간(時干)이 손목궁(巽木宮)의 개문을 생하니 임 씨는 직장을 옮기고 싶어 하고, 또 일간궁이 시역마(時驛馬)[91]이니 변동이 있다.

직장 변동이 길한가
개문궁(開門宮)이 간토궁(艮土宮)에 있는 일간(日干)을 목극토(木剋土)하고 있다. 개문궁이 일간궁을 극(剋)해 직장이 없어지는데, 시간이 개문궁을 생(生)하니 또 다른 직장이 생긴다는 것이다. 임 씨의 연명 정(丁)과 지반 기(己)는 이궁(離宮)에서 관록지이고, 개문의 생(生)을 받고 있다. 직장의 변동과 동시에 승진한다. 일간 임(壬)은 간궁(艮宮)에서 임가무(壬加戊)이다. 임가무는 소사화룡(小蛇化龍)이니 역시 승진한다.

실제
2005년 6월 17일 직장 변동이 있었고 승진까지 했다고 전화로 알려주었다.

---

91 시주(戊申)의 지지인 신(申)의 역마(驛馬)는 인(寅)이므로 간궁이 시역마궁이다.

② 사례 2[92] - 입을 안 열어도 안다

1997년 7월 12일 오후 2시, 싱가폴국립대 교수인 황 선생이 찾아왔다. 황 선생의 여동생도 함께 왔는데 점심을 먹은 후 황 교수의 여동생이 알고 싶은 사연이 있어 기문점을 봐달라고 했다. 내가 문점하고 싶은 사연을 먼저 종이에 적은 후, 다른 사람에게 공개하라 하였다.

"직장을 옮기려는데 좋은가요?"

이때 나는 <직장 변동 사연>이라고 적은 종이를 여러 사람들에게 보여줬다. 당시 많은 사람들은 놀랄 정도이다.

<丁丑 丁未 乙卯 癸未>

正官 庚 丙 庚加丙爲 太白入熒 太白加官 衰病	正財 戊(丁) 天芮_坤 六合_卯 庚(庚) 景門_離 青龍_乾 戊加庚爲 天武入獄 助針爲虐 丁加庚爲 文書阻隔 火煉眞金 死 載空	正印 壬(壬) 天柱_兌 太陰_酉 戊(丁) 死門_坤 招搖_巽 壬加戊爲 小蛇化龍 蛇入天門 壬加丁爲 干合星奇 干合蛇刑 時墓 墓絶 載空 時空
傷官 丙 乙 丙加乙爲 艶陽麗花 日月幷行 旺	食神 丁 太乙_坎 壬加丁爲 干合星奇 干合蛇刑 年干 月干	偏印 癸 天心_乾 螣蛇_巳 壬 驚門_兌 太陰_艮 癸加壬爲 復見螣蛇 冲天奔地 胎 時干 天乙 時空
比肩 乙 辛 乙加辛爲 青龍逃走 人亡財破 帶祿 日干	偏官 辛 天任_艮 九天_乾 己 休門_坎 天符_中 辛加己爲 入獄自刑 虎坐明堂 浴 直使 日空	偏財 己 天蓬_坎 直符_寅 癸 開門_乾 天乙_離 己加癸爲 地刑玄武 明堂華蓋 日墓 生義 直符

---

92 時家奇門學會, 『시가기문 인사편』

직업 변동 사연으로 판단한 근거

시간(時干), 일간(日干), 직사(直使)는 손님의 내정(來情)을 알 수 있는 판단의 근거이다. 시간(時干) 계(癸)는 태궁(兌宮)에서 계(癸)하(下)에 임수(壬水)가 있다. 임수(壬水)는 흐르는 물이라 유동(流動)이다. 계가임(癸加壬)은 가취중혼(嫁娶重婚)으로 새로운 주인을 섬긴다는 뜻이다. 궁중의 등사(螣蛇)는 변화를 말하니 새로운 주인을 섬기는 변화가 있다는 것이다. 태궁(兌宮)에 경문(驚門)이 있다. 근심 걱정하는 마음이다.

일간(日干) 을기(乙奇)는 간궁(艮宮)에 있고 제왕지(帝旺地) 이 능력이 크게 발휘되는 시기이다. 을가신(乙加辛)은 청룡도주(靑龍逃走)이니 떠난다는 뜻이고, 간궁의 생문(生門)은 돈과 관련이 된다. 생문이 정위의 생문 자리에 앉으니 먼 길을 떠나게 되고 구재(求財)에 길하다.

직사(値使) 휴문(休門)은 감궁(坎宮)에서 구재(求財)에 길하다. 감궁의 신(辛)은 갑오신(甲午辛)이라 궁의 은복지지 자(子)와 자오충(子午冲)이다. 충하면 움직인다. 신가기(辛加己)는 머슴이 주인을 배반한다는 격이라 현재 주인인 회사를 배반하게 된다. 감궁의 구천(九天)은 멀리 떠난다고 해석한다.

일간(日干) 을기(乙奇)는 간토궁(艮土宮)에서 생문(生門)과 동궁한 채 직장 용신 개문(開門)이 있는 건금궁(乾金宮)을 생(生)한다. 종합적으로 보면 더 높은 연봉을 위한 직장의 변동이다.

③ 사례 3[93] – 손금은 모르나 어떤 문제인지 알 수 있다

1997년 5월 22일 안후이성(安徽省)에서 개최한 '중국역학과학기술 응용 학술세미나'를 마치고 식당으로 갔다. 같은 테이블에 앉아 식사를 한 사람 중에는 강소성 주역연구회 회장이자 난징대 철학과 교수인 리롄(李蓮), 항저우 주역연구회 부회장 런이더(任伊德), 산시 주역연구회 회장이자 관상손금의 달인인 천딩룽(陈定龍), 후베이 대학 리위루이(李悳瑞), 회의의 사회를 맡은 가오페이(高飛) 등이 있었다.

이 많은 중국 역학계의 명인들이 처음으로 한자리에 모이게 되니 서먹서먹한 분위기가 있는 가운데, 모두 신기함 또한 느끼며 대화가 이루어졌다. 음식이 나오지 않은 상태에서 모두가 식탁에 앉아 있을 때 한 여성이 눈에 띄어 가오페이 씨에게 누구인지 물었더니 본인의 부인이라 한다.

유명한 관상손금 전문가인 천딩룽(陈定龍)은 날카로운 눈으로 부인을 바라보며 관상학적으로 부인이 얼마나 착하고 마음씨가 좋은지, 하지만 화를 내면 TV와 냉장고를 부수기도 한다고 익살스럽게 말해 주변의 분위기를 화기애애하게 만들었다.

이때 기문술사인 두 선생이 손금은 볼지 모르나 부인의 상황을 말해보겠다며 얘기하니 참석자들의 눈길이 쏠리게 되었다.

"우선, 당신은 사업가잖아요. 예전에는 공직자 또는 관공서에 다녔지만, 지금은 혼자 장사를 하시는데, 장사 품목은 담배랑 술이네요? 하지만 여사는 사업이 잘 안돼 손해를 보고 있어요. 고급 담배랑 술이 백 상자나 있는데 팔지도 못하잖아요. 그뿐만 아니라 어제는 험담에 슬퍼하고 화가 났으며, 심지어 눈물까지 흘렸네요."

---

93 將志春, 『신기지문(神奇之門)』, 343p, 중국상업출판사

"아! 두 선생님, 정말 정확하시네요! 제 손금을 보지도 않으셨는데 어떻게 그렇게 구체적이고 정확하게 말씀하실 수 있나요?"

좌석에 앉은 모든 역술계의 명사들은 놀라는 눈길을 보냈다.

<丁丑 乙巳 甲子 癸酉>

時干　　　　　　　　　天乙		直使
正財　癸　　天蓬_坎　六合_卯 　　　乙　　杜門_巽　青龍_乾 　　　　癸加乙爲 梨花春雨 華蓋逢星 　　　　　　　　　　　　墓 絕	傷官　辛　　天任_艮　白虎_陳 　　　壬　　景門_離　攝堤_坤 　　　　辛加壬爲 寒塘月影 凶蛇入獄 　　　　　　　　　　　　胎	偏印　丙(丙)　天沖_震　玄武_雀 　　　丁(戊)　死門_坤　招搖_巽 　　　　丙加丁爲 星奇朱雀 三奇順遂 　　　　丙加戊爲 飛鳥跌穴 月奇得使 　　　　　　　　　日墓 時墓 生 養 載空
	日干	月干　　　　　　　　　載空
劫財　己　　天心_乾　太陰_酉 　　　丙　　傷門_震　天符_中 　　　　己加丙爲 火悖地戶 火字地戶 　　　　　　　　　　　　死	比肩　　　　天芮_坤 　　　戊　　咸池_兌 　　　　丙加戊爲 飛鳥跌穴 月奇得使	正官　乙　　天甫_巽　九地_坤 　　　庚　　鷲門_兌　天乙_離 　　　　乙加庚爲 日奇被刑 天賁落獄 　　　　　　　　　　　　浴
	直符	日空 時空
食神　庚　　天柱_兌　螣蛇_巳 　　　辛　　生門_艮　太乙_坎 　　　　庚加辛爲 撤退碎玉 白虎干格 　　　　　　　　　　　　衰 病	比肩　戊(丁)　天禽_中　直符_寅 　　　癸(癸)　休門_坎　軒轅_震 　　　　戊加癸爲 天武地藏 岩石浸蝕 　　　　丁加癸爲 朱雀投江 文書有誤 　　　　　　　　　　　　旺	偏財　壬　　天英_離　九天_乾 　　　己　　開門_乾　太陰_艮 　　　　壬加己爲 反吟泥槳 反吟蛇刑 　　　　　　　　　　　　帶 祿

과거 공직자라고 판단했던 이유

일간부(日干戊)는 문점자의 용신으로 감일궁(坎一宮)에 있다. 감궁(坎宮)에 자리한 휴문(休門)은 이전 직업이 시간적으로 여유로운 직업이고, 휴문은 공직과 관련된다. 개문(開門)은 직업궁인데 건궁(乾宮)에서 일간(日干)을 생(生)하고, 휴문(休門)을 생(生)하고 있는데 건궁(乾宮)이 시공망(時空亡)이라 일간(日干)과 휴문(休門)을 생하지 못한다. 그러니 현재 부인은 개문(開門) 방면인 직장에 덕(德)이 없다. 그러니 현재는 공직생활을 하지 않는다고 판단한다. 일간(日干) 감궁의 휴문(休門)은 물러난다는 의미이니 과거 공직에서 물러났다는 뜻이다.

현재 상업에 종사한다고 판단한 근거
일간(日干) 무(戊)는 감궁(坎宮)에 있으니 감궁의 모든 내용이 부인의 현재 상황이다. 감궁에 무(戊)는 자본이고, 상업(商業)의 궁인 손궁(巽宮)을 생(生)한다. 그러니 부인은 자본을 투자하여 상업에 종사하고 있다.

감궁(坎宮)에 직부(値符)는 일인자이니 본인이 직접 상업을 운영하는 사장이다.

술·담배 장사를 하는 근거
시간(時干) 계(癸)는 점사의 객체인 사연이고, 장사의 항목과 관련이 있다. 천반(天盤) 계(癸)는 음수(陰水)이며, 손궁(巽宮)은 인체 부위에서 신경계통을 말하니 이를 조합하면 계(癸)는 술이다. 또 손궁(巽宮)은 화초(花草)의 궁이고 신경계통과 결합하면 담배·마약·양귀비 등과 관련되는데 정당하게 장사하는 사업이라 담배로 판단한다.

장사가 안된다는 근거
이 기문국(奇門局)은 팔문(八門)이 복음(伏吟)이라 상업 경영이 움직이지 않는다는 격이고, 또 복음은 파재상인(破財傷人)이라 현재 장사가 안된다고 판단하였다.

갑자무(甲子戊)는 자본(資本)이고 생문(生門)은 이윤(利潤)인데, 생문이 간궁(艮宮)에서 감궁의 자본인 갑자무(甲子戊)를 토극수(土剋水)한다. 그러니 현재는 파재(破財)이고 자본(資本)마저 까먹고 있다.

장사가 안되는 항목
부인은 술과 담배 장사를 한다고 분석했는데, 담배는 손실을 보는 경우가 극히 드물다. 하지만 고급 술은 경기 상황에 따라 팔리지 않

을 때가 많다. 기문에서 손궁의 계수(癸水)는 상품이고 음수(陰水)로
서 간궁의 생문(生門) 이윤을 극(剋)한다. 자본 무(戊)와 일간 무(戊)는
감궁(坎宮)에서 상업궁이면서 시간(時 干)인 손궁(巽宮)을 생(生)하나,
손궁은 이윤인 생문을 극(剋)한다. 손궁(巽宮)이 왕(旺)하면 왕할수록
이윤을 극하는 형태이다. 그러니 술로 인하여 손실을 보고 있다.

또 시간(時干)은 점사의 상황, 사연이고 상품이다. 시간궁(時干宮)에
두문(杜門)이 있으니 두색불통이라 상품 유통이 막힌다는 뜻이다. 손
궁에 천봉성(天蓬星)은 파재성(破財星)이니 파재(破財)하고 있다.

일간 무(日干戊)는 매도인(賣渡人)이고 시간(時干)은 상품(商品)인데
일간 무(戊)가 감궁에서 시간(時干) 계(癸)를 생(生)하니 상인은 상품을
팔려 하지 않는다. 그 원인은 시간(時干) 상품이 이윤 생문을 극하니
가격이 낮아서 팔지 않고 창고에 쌓아만 두고 있다.

술이 백 상자가 쌓여 있다는 근거
장사는 자본을 투자해 상품을 매입한 후 이윤을 붙여 팔아 이익을
극대화한다. 이 기문국은 팔문복음(八門伏吟)이니 상품이 움직이지
않고 누적되어 있다는 것이다. 자본 무(戊)는 감궁에서 무계합(戊癸
合)을 이루고 있으니 역시 술 재고가 쌓여 있음을 보여준다. 감궁의
상수는 1과 6이다. 그런데 무(戊)는 감궁에서 태지(胎地)이니 작은 수
1을 취하여 백으로 본다.

무엇 때문에 속상한 일로 눈물을 흘렸다고 보는가?
일간(日干) 무(戊)는 문점자인데 감궁(坎宮)에 자리하였다. 천반과
지반이 무계합(戊癸合)하였는데 이는 무정지합(無情之合)이니 무정한
사연이 있고, 정가계(丁加癸)는 시비구설이니 종합하여 보면 무정한
시비구설이 있었다. 팔문이 복음인데 복음은 내부의 일이니 남편과

의 무정한 시비구설이 발생했다.

시간(時干)은 사연이다. 시간(時干) 계(癸)는 손궁에 있다. 육의격형(六儀擊刑)을 맞으면 사람이 속상한 일이 발생한다. 오늘은 갑자일(甲子日)인데 자(子)는 감궁에서 격형이 없고, 어제는 계해(癸亥)일이니, 계(癸)는 갑인계(甲寅癸)로 손궁(巽宮)에 육의격형이다. 또 해(亥)는 건궁(乾宮)에서 손궁(巽宮)의 시간(時干) 계(癸)와 충(冲)이다. 또 건궁은 공망인데 해일(亥日)이면 해공(解空)이 되어 손궁과 상충한다. 손궁은 여자의 궁이고 건궁은 남자의 궁이다. 그러니 남녀의 충돌이다.

정기(丁奇)는 눈이다. 정기는 감궁에서 화입수향(火入水鄕)이고, 정가계(丁加癸)는 눈에 병이 있다고 해석하는데, 비록 감궁에 천예(天芮) 병성(病星)이 있지만 직부(値符) 길신(吉神)이 있으니 눈에 병이 있다고 보지 않는다. 그러니 어제 남편과 시비구설이 있었고 남편의 무정함에 속상한 사연이 발생해 눈물을 흘렸다고 판단한다.

19. 부동산의 길흉(吉凶)·풍수(風水)

(1) 용신(用神)

① 일간(日干)은 문점자, 부동산 이용하려는 자이다.
② 시간(時干)은 점사 객체, 부동산 환경이다.
③ 직부(直符)는 새 부동산, 직사(直使)는 이전 부동산이다.
④ 십천간(十天干)
- 갑(甲): 대들보, 고급스러운 가구
- 을(乙): 묘목, 침대, 창문
- 병(丙) 부엌, 굴뚝, 높은 장소
- 정(丁): 전기, 스탠드, 문고리
- 무(戊): 담, 마당, 높은 언덕
- 기(己): 토지, 움푹 들어간 장소, 묘지
- 경(庚): 금속 구조물, 막히게 하는 물건
- 신(辛): 좁은 길, 날카로운 금속물, 가마솥
- 임(壬): 우물, 상수도
- 계(癸): 물웅덩이, 하수도

⑤ 팔문(八門)
- 개문(開門): 넓은 장소, 대문
- 휴문(休門): 물, 집안 내부
- 생문(生門): 주택·건물
- 상문(傷門): 큰 나무
- 두문(杜門): 조경, 바람
- 경문(景門): 시장, 풍경이 있는 곳, 학교, 그림
- 사문(死門): 토지, 죽은 사람, 과거의 사연
- 경문(驚門): 배기구, 사무공간

⑥ 팔신(八神)
- 직부(直符): 새집, 신규 부동산

- 등사(螣蛇): 불길한 장소, 꾸불꾸불한 장소
- 태음(太陰): 어둡고 침침한 장소
- 육합(六合): 회의실, 거실, 길한 기가 모이는 장소
- 백호(白虎): 도로, 흉살이 있는 장소
- 현무(玄武): 하수도
- 구지(九地): 지하실, 평안한 장소, 암실
- 구천(九天): 명당, 마당, 높고 크고 웅대한 장소

⑦ 구성(九星)
- 천봉(天蓬): 연못, 늪
- 천임(天任): 높은 곳, 논밭, 문고리
- 천충(天沖): 큰 나무, 대들보, 대문
- 천보(天甫): 화단, 정원
- 천영(天英): 농작물, 좁은 길, 조상을 모시는 장소
- 천금(天禽): 손님을 접대하는 곳
- 천주(天柱): 돌기둥, 문틀, 복도, 허물어진 담벽
- 천심(天心): 가장이 기거하는 방, 병풍, 그림이 있는 벽

(2) 판단기법

① 시간(時干)이 일간(日干)·연명(年命)을 생(生)·비화(比和)하면 이 집을 매수하거나 거주하는 것은 길하다.
② 일간(日干)·연명(年命)이 왕상(旺相)하고 시간(時干)을 극(剋)하면 장기간 거주는 불길하다. 단기 거주는 무방하다.
③ 일간(日干)·연명(年命)이 휴수(休囚)하고 시간(時干)을 극(剋)하면 힘이 무력하여 집에 거주하면 불길하다.
④ 일간(日干)·연명(年命)이 시간(時干)을 생(生)하면 집주인이 설기(泄氣)되어 재물과 건강을 잃는다.
⑤ 시간(時干)이 일간(日干)·연명(年命)을 극(剋)하면 집에 거주하는 것이 불길하다.

⑥ 격(格)에 따른 길흉
- 무가병(戊加丙): 청룡회수(靑龍回首)로 거주에 길하다.
- 병가무(丙加戊): 비조질혈(飛鳥跌穴)로 거주에 길하다.
- 병가정(丙加丁)+생문(生門): 천둔격(天遁格), 길하다.
- 을가기(乙加己)+개문(開門): 지둔격(地遁格), 길하다.
- 정(丁)+휴문(休門)+태음(太陰): 인둔격(人遁格), 길하다.
- 병(丙)+생문(生門)+구천(九天): 신둔격(神遁格), 길하다.
- 정(丁)+두문(杜門)+구지(九地): 귀둔격(鬼遁格), 길하다.
- 을(乙)+휴문(休門): 용둔격(龍遁格), 길하다.
- 을(乙)+생문(生門)/간궁(艮宮): 호둔격(虎遁格), 길하다.
- 을(乙)+삼길문/손궁(巽宮): 풍둔격(風遁格), 길하다.
- 을가신(乙加辛)+삼길문: 운둔격(雲遁格)으로 적을 만나면 멀리 물러서야 길하다.
- 태음(太陰)+삼기(三奇)+삼길문: 진사격(眞詐格), 길하다.
- 구지(九地)+삼기(三奇)+삼길문: 중사격(重詐格), 길하다.
- 육합(六合)+삼기(三奇)+삼길문: 휴사격(休詐格), 길하다.
- 경가병(庚加丙): 집에 도적 침입 우려가 있다.
- 병가경(丙加庚): 화재의 우려가 있다.
- 오불우시격(五不遇時格): 불길하다.
- 을가신(乙加辛): 불길하다.
- 신가을(辛加乙): 불길하다.
- 계가정(癸加丁): 주방, 부엌이 불길하다.
- 정가계(丁加癸): 귀신이 재앙을 부린다.
- 일간가경(日干加庚): 비간격(飛干格), 상해를 당한다.
- 경가무(庚加戊): 복궁격(伏宮格), 시기 질투로 해를 입는다.
- 무가경(戊加庚): 비궁격(飛宮格), 재난사고를 초래한다.
- 경가계(庚加癸): 대격(大格), 불길하다.
- 경가기(庚加己): 형격(刑格), 가족이 요절한다.

- 병가시순수(丙加時旬首): 패격(悖格), 가족이 요절한다.
- 육의격형(六儀擊刑): 흉한 재난이 잠복해 있다.
- 삼기입묘격(三奇入墓格): 집안이 적막하다.
- 임가계(壬加癸): 불길하다.
- 계가계(癸加癸): 불길하다.
- 반음(反吟): 불길하다.
- 복음(伏吟): 불길하다.

(3) 사례

① 사례 1[94] – 흉한 집을 계약했다

2002년 10월 5일 오전 8시에 집을 매매계약한 남성이 풍수지리로 볼 때 좋은지 물었다. 이 남성은 1만 위안의 계약금을 집주인에게 이미 지불한 상태였다.

<壬午 己酉 丙午 壬辰>

年干 時干　　　　　　　　天乙	直符	
載空 偏官　壬　　　天英_離　螣蛇_巳 　　　戊　　　驚門_兌　攝堤_坤 　　壬加戊爲 小蛇化龍 蛇入天門 　　　　　　　　時墓 生 義	時空 偏財　庚(乙)　天芮_坤　直符_寅 　　　壬(壬)　開門_乾　靑龍_乾 　　庚加壬爲 耗散少格 太白退位 　　乙加壬爲 荷葉蓮花 日奇入地 　　　　　　　　　　　　　浴	時空 劫財　丁(丁)　天柱_兌　九天_乾 　　　庚(乙)　休門_坎　招搖_巽 　　丁加庚爲 文書隔隔 火煉眞金 　　丁加乙爲 星奇日耀 燒田種作 　　　　　　　　　　　　帶祿
直使 　　　　　　　　　　日空 食神　戊　　　天甫_巽　太陰_酉 　　　己　　　死門_坤　軒轅_震 　　戊加己爲 天門蒙塵 物以流聚 　　　　　　　　　　　胎	正印 　　　乙　　　　　　　　　太乙_坎 　　丁加乙爲 星奇日耀 燒田種作	日干 比肩　丙　　　天心_乾　九地_坤 　　　丁　　　生門_艮　太陰_艮 　　丙加丁爲 星奇朱雀 三奇順逢 　　　　　　　　　　　　　旺
月干 　　　　　　　　　　日空 傷官　己　　　天沖_震　六合_卯 　　　癸　　　景門_離　咸池_兌 　　己加癸爲 地刑玄武 明堂華蓋 　　　　　　　　　　　墓絶	 正官　癸　　　天任_艮　白虎_陳 　　　辛　　　杜門_巽　天符_中 　　癸加辛爲 陽變陰盛 網蓋天牢 　　　　　　　　　　　死	 正財　辛　　　天蓬_坎　玄武_雀 　　　丙　　　傷門_震　天乙_離 　　辛加丙爲 干合悖師 天庭得明 　　　　　　　　　　日墓衰病

시간궁 분석

시간(時干) 육임(六壬)은 손궁에 앉아 입묘(入墓)되었고, 갑진임(甲辰壬)이 손궁에서 진진자형(辰辰自刑)으로 육의격형(六儀擊刑)이 된다. 경문(驚門)은 흉문으로 궁을 금극목(金剋木)한다. 등사(螣蛇)는 음화괴

94　將志春, 『개오지문(開悟之門)』, 269p, 중국상업출판사

이지신(陰火怪異之神)으로 음사혈광(陰事血光)을 일으키는 흉장이다. 천영성(天英星)과 손궁(巽宮)은 여자이며, 육임(六壬)은 연간(年干)으로 부모이다. 여자인 부모, 즉 모친에게 불리한 가옥이다.

사문(死門)은 집터·건축부지

사문(死門)은 대지(垈地)이다. 사문은 직사팔문(直使八門)으로 진궁(震宮)에 있다. 박제화의(迫制和義) 중 궁(宮)이 문(門)을 목극토하고 있다. 천보(天甫)는 길성이나 유월(酉月)을 만나 휴왕수사상(休旺囚死相) 중 사(死)의 상태로 역할이 떨어진다.

격은, 무가기위 천문몽진 물이유취(戊加己爲 天門蒙塵 物以流聚)로 귀인(貴人)이 육기 지호(地戶)인 옥(獄)에 있으니 귀인입옥(貴人入獄)으로 흉하다. 육무(六戊)가 진삼궁에 있어 자묘상형(子卯相刑)이니 역시 육의격형(六儀擊刑)을 맞았다. 진궁(震宮)은 장남궁으로 장남에게 불리한 집터이다.

실제

주인의 모친이 2001년 이곳에서 목을 매 자살하였고, 주인의 장남이 할머니를 부르다가 물에 뛰어들어 자살하였다.

집을 매입계약한 남성이 추후 이 사실들을 확인하였고, 계약금 1만 위안을 포기하고 집을 사지 않기로 하였다.

② 사례 2[95] – 기문 풍수지리

하북성(河北省) 주역 연구회의 고위 지리학자인 왕 씨(王氏)는 나에게 기문(奇門)을 배운 뒤 학문적 성숙도가 깊어졌다. 그해 봄, 광둥성 선전의 지역 단체와 토지주가 그에게 풍수지리적 환경을 조사해 달라고 요청했다.

의뢰인은 기문풍수(奇門風水)에 대해 전적으로 신뢰하지 못해 현지 풍수 전문가인 73세의 우(吳) 선생과 공동 답사를 진행토록 하였다.

왕 씨는 묘지를 둘러보며 말했다.

"이 묘지 주인의 아들은 은행에 다니거나, 아니면 굉장히 부유한 집 안일 겁니다."

우 선생은 미소를 지으며 말했다.

"맞아요. 이 집안의 셋째 아들이 지방 중국공상은행 총재입니다. 수억 위안에 달하는 자금을 맡고 있을 겁니다."

깜짝 놀란 우 씨가 좌향(坐向)이 그려진 지형도를 왕 씨에게 내밀었다.

"저는 20년 넘게 이산 저산 명당을 찾으러 돌아다녔습니다. 제가 묻히려고 찾은 이 명당자리에 대해 어떻게 생각하십니까?"

왕 씨는 우 선생이 그린 지형도를 보고, 기문국을 보며 말했다.

"당신이 택한 땅은 웅장하고 아름다우며 튼실하고 참으로 좋은 땅입니다. 하지만 너무 좋아서 쓸 수가 없습니다. 이곳은 풍수계 고수가 쇠사슬 자물쇠로 잠갔으니 우 선생께서 사용할 수 없습니다."

---
95 將志春, 『신기지문(神奇之門)』, 317p, 『개오지문(開悟之門)』, 271p, 중국상업출판사

왕 씨가 이렇게 말하자 우 선생은 매우 놀라 반문하였다.

"현장에 가서 시찰하지 않으셨는데, 어떻게 아셨습니까?"

왕 씨는 기문조식도를 가리키며 말했다.

"모두 다 여기 있어요!"

우 씨는 깊은 감명을 받아 이렇게 말했습니다.

"정말입니다! 작년에 제가 직접 이곳을 파봤는데, 구덩이의 시작, 중간, 끝에서 못을 발견했고, 앞에는 빈 비석도 있었습니다. 못을 치우고 집에 돌아온 후 심하게 앓았습니다."

<戊寅 甲寅 辛亥 戊戌>

	月干	年干 時干　　　　天乙
偏官　丁　　天柱_兌　六合_卯 　　　辛　　死門_坤　招搖_巽 丁加辛爲 燒殿珠玉 朱雀入獄 截空 時空 　　　　　　　　　日墓 胎 養	食神　癸　　天心_乾　白虎_陳 　　　乙　　驚門_兌　天乙_離 癸加乙爲 梨花春雨 華蓋逢星 　　　　　　　　　　　　絶	正印　戊(戊)　天蓬_坎　玄武_雀 　　　己(壬)　開門_乾　攝堤_坤 戊加己爲 天門蒙塵 物以流聚 戊加壬爲 山明水秀 靑龍天牢 　　　　　　　　　死 墓
偏印　己(壬)　天芮_坤　太陰_酉 　　　庚(庚)　景門_離　軒轅_震 己加庚爲 明堂伏殺 顚倒刑利 壬加庚爲 騰蛇相纏 太白擒蛇 日空 　　　　　　　　　　　　生	傷官　壬　　天符_中 戊加壬爲 山明水秀 靑龍天牢 　　　　　　　　　　　　病	正官　丙　　天任_艮　九地_坤 　　　丁　　休門_坎　咸池_兌 丙加丁爲 星奇朱雀 三奇順逢 　　　　　　　　　　　　病
偏財　乙　　天英_離　騰蛇_巳 　　　丙　　杜門_巽　太陰_艮 乙加丙爲 三奇順逢 奇儀順逢 日空 　　　　　　　　　　　　浴 帶	比肩　辛　　天甫_巽　直符_寅 　　　戊　　傷門_震　太乙_坎 辛加戊爲 反吟被傷 困龍被傷 日干　　　　直符 　　　　　　　　　　　　祿	劫財　庚　　天沖_震　九天_乾 　　　癸　　生門_艮　靑龍_乾 庚加癸爲 反吟大格 太白沖刑 　　　　　　　　　時墓 旺 衰

668　　　　　　　　　　　　　　기문둔갑(奇門遁甲)의 맥(脈) - 연국기문 편 -

우 선생이 보여준 자리가 명당인 이유

음택 묘지의 풍수를 보는 것이니 사문(死門)을 용신으로 한다. 사문(死門)은 손궁(巽宮)에서 임했는데, 손궁은 오행(五行)으로 목(木)이요, 인월(寅月)이라 왕(旺)하여 이 묘지는 기세가 웅장하다. 천간 정기(丁奇)는 손궁에서 제왕(帝王)이니 이 묘지는 강인하며, 또 정기(丁奇)는 옥녀(玉女)이니 경관이 수려하기까지 하다. 또 이 묘지는 천주성(天柱星)과 육신(六辛)은 모두 금(金)에 해당하니 강건(剛健)하다.

이상으로 보아 이 묘지는 수려하고 웅장하며 강건한 훌륭한 명당이다.

명당자리와 우 선생의 상황

시간(時干)은 점하여 알고자 한 사연이다. 그러니 시간도 묘지의 풍수이다. 시간 무(戊)는 곤궁(坤宮)에서 길문 개문(開門)과 동궁이니 묘지의 지리적 기(氣)가 웅대하다. 한편 현무(玄武)가 동궁하여 이 묘지는 이미 암암리에 파헤치고 열어 보았다는 것이다.

일간(日干) 신(辛)은 이 묘지를 사용하고자 하는 사람, 즉 우 선생인데 감궁(坎宮)에서 길성인 천보(天甫)와 동궁하니 학식이 있는 분이나, 신가무(辛加戊) 곤룡피상격(困龍被傷格)이니 갇혀 있는 용이 상처를 입었다는 뜻이고, 상문(傷門)과 동궁이니 여전히 상(傷)한 상태이다. 곤궁(坤宮)에 있는 시간(時干)이 감궁(坎宮)에 있는 일간(日干)을 극(剋)하니 우 선생은 명당자리를 파헤치다 귀신에게 상해를 받았다.

우 선생이 명당자리를 사용하지 못하는 이유

일간(日干) 신(辛)은 손궁(巽宮)에 있는 사문(死門)을 생(生)하고 있으니 우 선생은 이 자리를 쓰고 싶어 한다. 그러나 시간(時干) 무(戊)가 곤궁(坤宮)에서 일간(日干) 감궁(坎宮)을 극(剋)하니 이 묘지는 우 선생이 쓰면 흉하게 된다.

왜 묘지는 고인이 쇠사슬로 잠갔다고 하는가

사문(死門)은 들어올 수 없게 잠갔다는 것이고, 육합(六合)은 자물쇠이다. 묘지를 잠그는 방법은 양쪽이 뾰족한 철근으로 혈 자리에 박아놓은 것이다. 궁중의 정(丁)은 대못의 형상이고 천주성(天柱星)과 신금(辛金)은 금속이다.

무엇 때문에 풍수 고수가 선점했다고 보는가

묘지(墓地)를 대표하는 시간(時干) 무(戊)는 바로 연간(年干)이니 연간(年干)은 윗사람, 직장 상사를 의미한다. 무(戊)는 곤궁(坤宮)에서 쇠·병지(衰·病地)이니 역시 늙은 사람이라고 봐야 한다. 곤궁(坤宮)에 천봉성(天蓬星)은 지혜성(智慧星)이며, 개문(開門)과 동궁이니 지혜가 있고 직위(職位)가 있는 사람이니 풍수계(風水界)의 고수(高手)라고 본 것이다. 현무(玄武)와 개문(開門)이 결합하여 보면 선배 고수인 노인이 이미 이 땅을 차지하고 있다는 것이고. 연간(年干)과 시간(時干)이 일간(日干)을 극(剋)하고 있으니 우 선생은 이 묘지를 쓸 수 없다.

③ 사례 3 – 계속 망했던 가게의 신규 임차

　현공풍수(玄空風水)는 공간과 시간을 배합한 풍수학파인데 땅의 지기는 20년 주기로 변하고 있다고 한다. 2023년까지는 하원 8운, 2024년 갑진년(甲辰年)부터 20년간 새로운 하원 9운으로 기(氣)의 흐름이 바뀐다고 설명한다. 기존에 망했던 가게도 새로운 기운으로 장사가 잘될 수 있다는 이론이다.

　A씨는 계속된 폐업으로 오랫동안 공실인 1층 상가 점포를 저렴하게 임차하고자 한다. 업종은 전자담배 판매점이다. 장사가 잘될 수 있을지 문의하였다.

<甲辰 癸酉 癸未 己未>

	年干	
食神　乙　　天任_艮　白虎_陳 　　　辛　　生門_艮　咸池_兌 　　乙加辛爲 靑龍逃走 人亡財破 　　　　　　　　　　　　旺 衰	劫財　壬　　天沖_震　六合_卯 　　　丙　　傷門_震　攝堤_坤 　　壬加丙爲 水蛇入火 日洛西海 　　　　　　　　　　　　　祿	偏印　辛(辛)　天甫_巽　太陰_酉　日空 　　　癸(庚)　杜門_巽　天乙_離 　　辛加癸爲 天穴華蓋 天牢華蓋 　　辛加庚爲 白虎出力 虎逢太白 　　　　　　　　　　　　日基 浴 帶
偏財　丁　　天蓬_坎　玄武_雀 　　　壬　　休門_坎　太陰_艮 　　丁加壬爲 星奇得使 玉神互合 　　　　　　　　　　　　　病	正印 　　　庚　　　　　　青龍_乾 　　辛加庚爲 白虎出力 虎逢太白	正財　丙　　天英_離　螣蛇_巳　日空 　　　戊　　景門_離　招搖_巽 　　丙加戊爲 飛鳥跌穴 月奇得使 　　　　　　　　　　　　　　生
時干　　　　　　　　　　　天乙 　　　　　　　　截空 時空 偏官　己　　天心_乾　九地_坤 　　　乙　　開門_乾　軒轅_震 　　己加乙爲 柔情密意 地戶逢星 　　　　　　　　　　　時基 死 基	截空 時空 正官　戊　　天柱_兌　九天_乾 　　　丁　　驚門_兌　太乙_坎 　　戊加丁爲 火燒赤壁 青龍耀明 　　　　　　　　　　　　　絶	月干 日干　　　　　　直符 直使 比肩　癸(庚)　天芮_坤　直符_寅 　　　己(己)　死門_坤　天符_中 　　癸加己爲 華蓋地戶 華蓋明堂 　　庚加己爲 太白大刑 官符刑格 　　　　　　　　　　　胎 養

일간궁, 시간궁 분석

  일간(日干)은 문점자이고 시간(時干)은 알고 싶은 사연 즉 풍수의 길흉이다. 시간 육기(六己)가 간궁(艮宮) 앉았다. 간궁은 기(己)의 묘지(卯地)이다. 또 간궁은 시공망(時空亡)을 맞았다. 이런 이유로 기존에 장사만 하면 망해서 나가는 가게였을 것이다.

  시간궁(時艮宮)은 기가을(己加乙)로 문전옥답에 싹이 돋아나는 형국이다. 간토궁(艮土宮)에서 건금궁(乾金宮)의 일간(日干)을 생(生)해주고 있다. 시간(時干)은 점포인데 임차인이자 문점자인 일간(日干)을 생(生)하니 장사가 잘될 것 같으나 시공망(時空亡)상태로 생해줄 수가 없다.

  일간(日干)은 육계(六癸)로 건궁(乾宮)은 제왕지(帝王地)이며 유월(酉月)에 승왕(承旺)하다. 일간궁(日干宮)은 계가기(癸加己)로 물이 없는데 우물을 파지 말고 몸을 피하는 게 상책이다. 또 다른 대응결은 경가기(庚加己)로 쇠가 더러운 진흙 속에 빠지는 격이다. 새로운 것을 시도하지 말고 예전 것을 지키는 것이 좋다. 흉문 사문(死門), 흉성 천예(天芮)가 동궁하니 일간이 왕(旺)해도 버틸 재간이 없다.

생극 분석

  자본 육무(六戊)가 감궁(坎宮)에 앉아 손궁(巽宮)의 생문(生門)을 수생목(水生木)하고 있다. 자본을 더 많이 투자하면 이윤을 얻을 수 있다고 해석하나, 육무가 시공망(時空亡)이다.

  지기가 20년 단위로 변동되고 새로운 지기가 당도했다고 하나 이 자리는 아직 때가 아닌 것 같다.

④ 사례 4[96] - 회사의 풍수는 길한가

 2007년 5월 19일 오전 10시, ○○회사의 풍수를 살피기 위해 답사하였다. 우선은 이 회사의 건물은 청산록수(靑山綠水)로 경관이 아주 아름답다. 그러나 이곳은 음기(陰氣)가 너무나도 중하여 기업에는 불리하다.

<丁亥 乙巳 癸丑 丁巳>

	年干 時干	天乙
正印 庚 戊 庚加戊爲 天乙伏宮 有爐無火 浴 帶	偏財 丁 天蓬_坎 白虎_陳 癸 驚門_兌 咸池_兌 丁加癸爲 朱雀投江 文書有誤 生	劫財 壬(壬) 天任_艮 玄武_雀 丙(己) 開門_乾 天乙_離 壬加丙爲 水蛇入火 日洛西海 壬加己爲 反吟泥漿 反吟蛇刑 日墓 胎 養
直使 日空 偏印 辛 天柱_兌 太陰_酉 乙 景門_離 太乙_坎 辛加乙爲 白虎猖狂 人亡家敗 祿	月干 偏官 己 軒轅_震 壬加己爲 反吟泥漿 反吟蛇刑	食神 乙 天沖_震 九地_坤 辛 休門_坎 天符_中 乙加辛爲 靑龍逃走 人亡財破 絶
日干 直符 截空 日空 時空 正財 丙(己) 天芮_坤 螣蛇_巳 壬(壬) 杜門_巽 靑龍_乾 丙加壬爲 火入天羅 江揮相映 己加壬爲 反吟濁水 地網高張 時墓 旺 衰	截空 時空 比肩 癸 天英_離 直符_寅 丁 傷門_震 太陰_艮 癸加丁爲 螣蛇妖嬌 火焚莫逃 病	正官 戊 天甫_巽 九天_乾 庚 生門_艮 招搖_巽 戊加庚爲 天武入獄 助針爲虐 死 墓

공장의 풍수는 길한가

 이 기문국은 구성(九星)이 반음(反吟)이라 풍수는 흉하다. 시간(時干)은 알고 싶은 사연이니 풍수의 길흉을 말한다. 시간(丁火)은 이구궁(離九宮)에 있다. 이궁(離宮)에는 흉성인 천봉(天蓬), 흉문인 경문(驚門), 흉신인 백호(白虎)가 있어 흉함을 가중시킨다. 십간대응결은 정

---

96 時家奇門學會,『시가기문 풍수지리』, 142p, 무윤법으로 조식

가계(丁加癸)로 주작투강(朱雀投江) 흉격이다.

　직사문(値使門)도 알고 싶은 사연이니 풍수의 길흉이다. 직사경문(値使景門)은 진삼궁(震三宮)에서 파군성(破軍星)인 천주(天柱)를 가지고 있고, 천간 신금(辛金)은 사람의 뼈를 뜻하며, 동시에 음기가 강한 태음(太陰)이 동궁하였다. 십간대응결은 신가을(辛加乙) 백호창광(白虎猖狂)으로 흉격이다. 가정은 파(破)하고 사람이 죽는다는 격이다.

　개문(開門)은 회사이니 개문궁을 분석한다. 개문(開門)은 곤궁(坤宮)에서 현무(玄武) 흉신을 가지고 있다. 십간대응결은 임가기(壬加己) 흉사입옥(凶蛇入獄) 흉격이고, 관사는 패소가 큰 화가 곧 온다는 의미를 갖고 있다. 임가병(壬加丙) 수사입화(水蛇入火) 흉격이니 관재로 화를 당하고 흉사가 끝이 없다. 종합적으로 보면 현재의 회사 풍수는 매우 흉하다.

　풍수가 흉하다고 나왔으니 사문(死門)을 분석한다. 사문(死門)은 손사궁(巽四宮)에서 경가무(庚加戊)로 복궁(伏宮) 흉격이다. 공장 건물은 생문(生門)이니 생문(生門)을 분석한다. 생문은 건육궁(乾六宮)에서 무가경(戊加庚) 비궁격(飛宮格)이며, 동시에 역마이다. 그러니 이 회사는 이곳에서 더 이상 있을 수 없고 이사를 하여야 한다.

　종합적으로 보면 이 공장의 풍수는 흉하고, 흉살지기(凶煞之氣)는 강하며 음기(陰氣)가 너무 강하다. 사건·사고·관재구설·소송 등이 끊임없이 발생한다. 경문(景門)은 혈광(血光)과 관련되고 동시에 교통(交通)과 관련이 된다. 과거에 교통사고로 피를 본 사건이 발생하였다. 즉 비정상적인 사망이 벌어졌다.

사망사고가 발생한 시점

직사(直使)가 앉은 진궁(震宮)의 지지는 묘(卯)이다. 그러니 묘년(卯年)에 발생했을 가능성이 높다. 진삼궁(震三宮)의 수(數)는 후천수 3, 선천수 8수, 목오행 3·8이다. 2007년 현재에서 3년 전이면 갑신년(甲申年)이니 묘년(卯年)이 아니다. 그러면 3년 전이 아니고 8년 전이니 1999년 기묘년(己卯年)이다. 바로 그해 죽은 자가 있다.

죽은 자는 남자인가 여자인가?

진궁 천반 천간 신(辛) 아래 지반 천간은 을기(乙奇)로 여자이다. 을기(乙奇)가 신금(辛金)에 죽었다. 지반에서 비도(飛到)된 천반(天盤) 을기(乙奇)는 태궁(兌宮) 앉았는데 대응결은 을가신(乙加辛)이다. 청룡도주(青龍逃走) 흉격이고, 태궁은 소녀(少女)의 궁이다. 젊은 아가씨가 죽었다.

실제

이 말을 듣던 ○○회사의 사장은 교통사고가 있었다고 인정하며 1999년에 이곳에서 출납을 보던 경리 ○○ 아가씨가 차에 치여 죽었다고 한다.

이어 사장이 하는 말이 확실히 이곳에 온 후 흉사가 계속 벌어지고 모든 일이 순조롭지 않으며, 관송사(官訟事)가 자주 발생한다고 하였다. 제일 금액이 큰 소송은 그 금액이 2,000만 위안에 달한다고 한다.

동시에 멀지 않은 곳에 있는 묘지를 가리키며 하는 말이, 이곳의 음기가 너무나 중(重)하여 할 수 없이 이사를 가야겠다고 한다.

추후 새로운 공장 예정지에 가서 풍수를 살펴보기로 하였다.

참고 문헌

- 장량광(張糧鑛), 『奇門遁甲應時天機』, 중국무릉출판사, 1988
- 증전진개(增田真介), 『奇門遁甲實占』, 중국 무릉출판사, 1990
- 고안령(高安齡), 『奇門遁甲選應用研究』, 중국무릉출판사, 1995
- 장량문(張糧文), 『奇門遁甲天地全書』, 중국무릉출판사, 1996
- 무전거사(武田居士), 『奇門遁甲個別用秘義』, 중국무릉출판사, 2002
- 만진(萬真), 『生活化奇門遁甲』, 중국삼역관리출판사, 2005
- 두신회(杜新會), 『奇門遁甲豫測學』, 중국국제광파출판사, 2006
- 류문원(劉文元), 『奇門啓悟』, 중국 중국상업출판사 2009
- 장지춘(將志春), 『神奇之門』, 중국상업출판사, 2011
- 장지춘(將志春), 『開悟之門』, 중국상업출판사, 2012
- 장숭준(張崇俊), 『金函玉鏡眞詮』, 중국무릉출판사, 2013
- 이과유(李科儒), 『奇門遁甲選時占應用』, 중국무릉출판사, 2019
- 일선거사(一善居士), 『奇門遁甲應用訣』, 중국익선출판사, 2019
- 황연지(黃連池), 『道家陰盤奇門遁甲』, 중국진원출판사, 2023

- 장태상, 『기문둔갑예측학』, 전통문화사, 2001
- 오청식, 『시가 기문둔갑입문』, 효정출판사, 2010
- 박흥식, 『기문둔갑비급대성』, 삼한, 2008
- 박흥식, 『기문둔갑옥경』, 삼한, 1999
- 시가기문학회, 『時家奇門』, 2010
- 이을로, 『기문둔갑 Ⅰ』, 동학사, 2001
- 이을로, 『기문둔갑 Ⅱ』, 동학사, 2003
- 류래웅, 『기문둔갑 건곤대법』, 태을, 2021
- 류래웅, 『기문둔갑 신수결』, 대유학당, 2005
- 류래웅, 『홍연찰요』, 태을, 2003
- 류래웅, 『기문연구반』, 고려기문학회, 2014

- 곽동렬, 『생활기문둔갑』, 성보사, 2001
- 신병삼, 『기문둔갑』, 명문당, 1974
- 제갈공명·한중수譯, 『기문둔갑비급법』, 한림원, 1989